U0903747

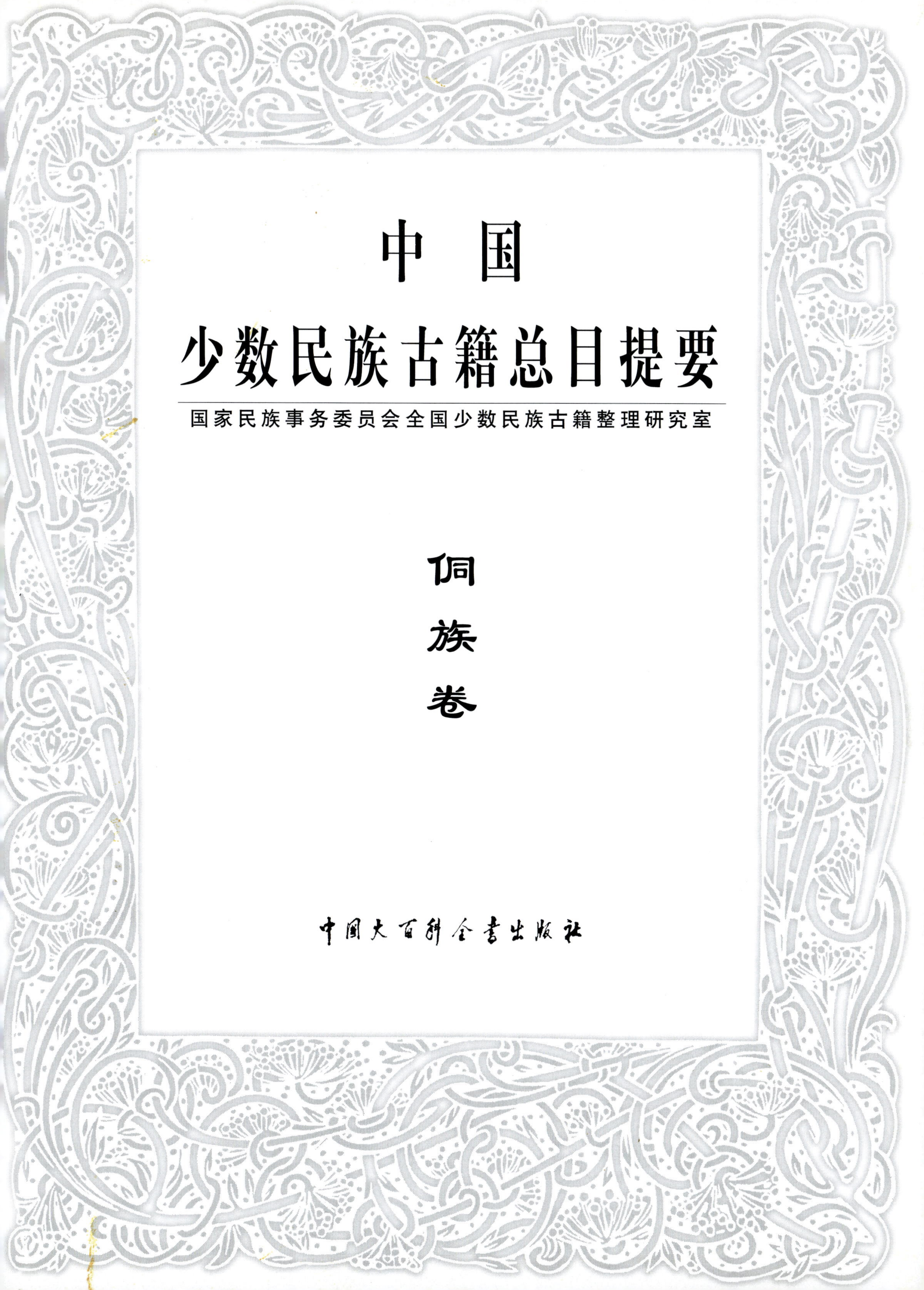

中国
少数民族古籍总目提要

国家民族事务委员会全国少数民族古籍整理研究室

侗族卷

中国大百科全书出版社

图书在版编目(CIP)数据

中国少数民族古籍总目提要·侗族卷/国家民委全国少数民族古籍整理研究室组织编写.—北京:中国大百科全书出版社,2010.12
ISBN 978-7-5000-8499-0

Ⅰ.①中… Ⅱ.①国… Ⅲ.①少数民族—古籍—内容提要—中国②侗族—古籍—内容提要—中国 Ⅳ.①Z838

中国版本图书馆 CIP 数据核字(2010)第 256285 号

责任编辑:滕振微 蒴 晏
技术编辑:王丽荣
装帧设计:胡建斌
责任印制:王丽荣

中国大百科全书出版社 出版
(北京阜成门北大街 17 号 邮政编码:100037 电话:010-68315606)
网址:http://www.ecph.com.cn
北京鑫联必升文化发展有限公司排版
涿州市星河印刷有限公司印刷
开本:889 毫米×1194 毫米 1/16 印张:27.25 字数:620 千字 彩插:32 面
2010 年 12 月第 1 版 2010 年 12 月第 1 次印刷
ISBN 978-7-5000-8499-0
定价:180.00 元

《中国少数民族古籍总目提要》特邀顾问名单

司马义·艾买提	原全国人大常委会副委员长
阿沛·阿旺晋美	原全国政协副主席
帕巴拉·格列朗杰	全国政协副主席
白立忱	全国政协副主席
费孝通	原全国人大常委会副委员长
布　赫	原全国人大常委会副委员长
铁木尔·达瓦买提	原全国人大常委会副委员长
叶选平	原全国政协副主席
赵南起	原全国政协副主席
李晋有	全国政协民宗委副主任、原国家民委副主任
季羡林	古文字学家、北京大学教授
启　功	书法家、原中央文史研究馆馆长

《中国少数民族古籍总目提要》领导小组名单

名誉组长：	杨　晶	国家民委主任
组　　长：	丹珠昂奔	国家民委副主任
副 组 长：	李冬生	国家民委全国少数民族古籍整理研究室主任
	李晓东	国家民委全国少数民族古籍整理研究室副主任
成　　员：	李文亮	国家民委专职委员
	武翠英	国家民委文化宣传司司长
	张公瑾	中央民族大学教授
	王钟翰	中央民族大学教授
	陈　理	中央民族大学校长
	余振贵	中国伊斯兰教协会副会长
	金毓嶂	北京市民委副主任
	马　竞	天津市民委副主任
	马宇骏	河北省民宗厅副厅长
	阿迪雅	内蒙古自治区民委主任
	杨丰陌	辽宁省民委副主任
	常吉霖	原吉林省民委助理巡视员
	关立卓	黑龙江省民委副主任
	王在郑	江苏省民委副主任
	陈智慧	浙江省民宗委副主任
	许世文	安徽省民委副主任
	钟　安	福建省民宗厅副厅长
	张国培	江西省民宗局副局长
	马银平	山东省民委副主任

李尊杰	河南省民委副主任
胡祥华	湖北省民宗委副主任
李显福	湖南省民委副主任
马建钊	广东省民宗委党组成员、广东省民族宗教研究院院长
周　健	广西壮族自治区民委副主任
蒋妹芳	海南省民宗委副主任
刘杰锋	重庆市民宗委副主任
何晓平	四川省民委副主任
刘　晖	贵州省民委副主任
李国林	云南省民委副主任
次旺晋美	原西藏自治区社科院院长
刘青兰	甘肃省民委纪检组长
普日哇	青海省民委主任
张进海	宁夏社科院院长
木合塔尔·艾山	新疆维吾尔自治区民委（宗教局）副主任

《中国少数民族古籍总目提要》编纂委员会名单

宫炎涛	安徽省民委民族二处干部
蓝炯熹	原福建省民宗厅民族宗教研究所所长
马徽江	江西省民宗局民族处处长
吴传宝	山东省民委民族一处调研员
王平鸽	河南省民委民族一处处长
张贤和	湖北省民宗委文教处处长
梁先学	湖南省民委古籍办主任
马建钊	广东省民族宗教研究院院长兼古籍办主任
欧薇薇	广西壮族自治区民族古籍办主任
王建成	海南省民宗委文化宣传处处长
任　华	重庆市民宗委文教处处长
龙　彦	四川省民委古籍办主任
陈乐基	贵州省民族古籍办主任
普学旺	云南省民委古籍办主任
巴桑次仁	西藏自治区社科院古籍出版社副社长兼古籍办主任
马更志	甘肃省民委古籍办主任
金索南	青海省民委古籍办主任
雷晓静	宁夏社科院回族古籍文献研究所所长兼古籍办主任
伊斯拉木·伊萨合	新疆维吾尔自治区民委（宗教局）古籍办副主任
孙继为	国家民委全国少数民族古籍整理研究室综合处副处长
努尔加玛丽	国家民委全国少数民族古籍整理研究室综合处副调研员
惠　峰	国家民委全国少数民族古籍整理研究室业务处主任科员
王　君	国家民委全国少数民族古籍整理研究室业务处副主任科员

《中国少数民族古籍总目提要·侗族卷》编纂委员会人员名单

总　　序

《中国少数民族古籍总目提要》（以下简称《总目提要》）是我国第一部全国少数民族古籍解题书目套书。全书约60卷，110册。《总目提要》作为少数民族古籍整理工作的一项重要科研项目，1997年正式立项，1998年付诸实施。2006年8月，这一项目正式列入《国家“十一五”时期文化发展规划纲要》。这一项目完成后，将把我国各少数民族落之于笔墨、传之于口头的各种古籍文献一一清点入册。这是承前启后的一项巨大文化建设工程，是“盛世修典”的壮举。这一跨世纪工程的实施，充分体现了党和政府对保护和发展少数民族传统文化的高度重视，顺应了建设中国特色社会主义文化事业的需求，具有深远的历史意义和重大的现实意义。

一

我国55个少数民族，在长期的历史发展过程中，创造和积累了丰富多彩的历史文化，留下了涵载这些历史文化的卷帙浩繁的古籍文献。这是一笔价值难以估量的财富，是中华民族智慧与创造力的结晶，也是全国各族人民全面建设小康社会、完善新文化、创造新生活可资借鉴的宝贵历史遗产。

中国少数民族古籍（简称民族古籍），是指中国55个少数民族在历史上形成的文献典籍和口头传承及碑刻铭文等。其内容涉及政治、哲学、法律、历史、宗教、军事、文学、艺术、语言文字、地理、天文历算、经济、医学等领域。民族古籍主要分为两大类：一是有文字类；二是无文字类。有文字类的民族古籍包括：①各少数民族文字及少数民族古文字记载的历史文书和文献典籍；②用汉文记载的有关少数民族内容的古代文献典籍；③用少数民族文字和汉文记载的有关少数民族内容的碑刻铭文。无文字类的民族古籍主要是指各少数民族在历史上口头传承下来的具有历史和文化价值的各种资料。

民族古籍中以少数民族文字古籍最具特色。我国古代少数民族创制使用的文字有30种左右，以这些文字形成的典籍文献难计其数，形式千姿百态，内容博大精深，包含着丰富的历史内容和对实践经验的深刻体察。许多闪闪发光的著作，曾经照耀过一代代各民族的先民披荆斩棘、艰苦创业、生息繁衍的历程，为后人留下了关于自然、社会和人生的特殊认识与深邃思考。由于各民族先辈所处的自然、人文和社会环境不尽相同，他们对事物的认知体验也存在着差异，而正是这种差异，构成了中华民族文化的多样性和兼容性，形成了多元一体的格局。但由于少数民族文字流传空间狭窄等因素的限制，少数民族文字古籍一直很少为世人所了解。

有关少数民族内容的汉文古籍，历来是研究我国古代少数民族历史和文化的主要依据。这些汉文古籍包括二十四史和《清实录》，各个朝代史家的记述，各地的地方志书，旅行家的笔录，赴边官员向朝廷的述职报告，当地政要、文人的著作等。倘若没有这些记载，我们就无法知道古代的三皇五帝、夷蛮戎狄，也无法知道春秋战国时期北方的匈奴、南方的百越，以及后来数千年中各少数民族的演变发展。这些记载一代又一代地延传下来，勾勒出了中国多民族历史的主要脉络。这些典籍文献蕴涵着十分丰富的文化资源，对其进行系统的整理、编纂，可以丰富《总目提要》的信息储备，拓展少数民族古籍的研究空间。

各少数民族在历史上口耳相传下来的各种史料，以其独特而浓厚的民族性、群众性、文学性，充实和完善了少数民族传统文化。这部分口传古籍在形成的时间上往往十分久远，大都可以追溯到相关民族的起源、早期历史和最初的宗教信仰、原始的文学形式。原始宗教的颂词最初都是以口头形式传承的，无文字民族一代代地口耳相传，有文字民族则以文字的形式固定下来，成为宗教经典，也就形成了这些民族最早的古籍文献。在传播过程中，口传古籍具有很强的变异性，无文字民族口传的原始宗教资料有的演绎为神话故事，有的变化为创世史诗，有的成为这些民族迁徙流变的历史记述。随着时间的推移，少数民族口传古籍更趋丰富，还包括诸如战争的传说、反抗压迫奴役的故事、发明创造的掌故、生产活动经验的积累和生活习俗的叙述等方面的内容。在表达形式上，既有神话、史诗、故事，还有歌谣、谚语和谜语等诸多文体。因此，在一定程度上，少数民族的口传古籍所含有的历史文化价值并不逊于文字古籍，同样是我们不应该忽视的重要文化遗产。

二

民族古籍是中华民族文化遗产的重要组成部分。在长期的传播交流过程中，发挥了积极进取的价值取向和经世致用的社会功能。民族古籍中的一些有代表性的优秀作品，其价值已超出了自身专业范畴，往往代表了一门学科、一个阶段，甚至一个时代，再现了一个民族的社会事实和历史走向。

首先，民族古籍蕴藏着丰富的事实知识，充实了中国历史和文化的内容。我们伟大祖国和中华民族形成、发展的历史进程，如果没有少数民族古籍作为必要的补充，仅仅依靠汉文古籍，就不可能得到全面而完整的记录。民族古籍在微观层面上是对少数民族历史和社会文化进程的客观描述，在宏观层面上是真实反映中国历史的重要依据。在这方面，民族古籍有着许多突出的成就与贡献。比如，纳西族是一个文化发达并珍重传统的民族，纳西族在古代创造的独特文化，被今人称为“东巴文化”，东巴文是现今世界上最完整、沿用时间最长的图画——象形文字，现已成为东西方学术探讨的热点；青藏高原是一片神奇的土地，它不仅以其独特的地质地貌和藏民族多彩多姿的生活令人向往，更以神秘的宗教和发达的古代文化为世界所瞩目，其藏文古籍数量之多居我国少数民族之冠，其中成书于14世纪的大藏经《甘珠尔》、《丹珠尔》堪称藏族古代学术的集大成者；地处欧亚大陆交接处的新疆维吾尔自治区，曾是中西文化的荟萃之地，11世纪前后，是维吾尔族文化发展史上的辉煌时期，维吾尔族历史上大量传世巨著便是这一时期的产物，其中《突厥语大词典》、《福乐智慧》和《金光明经》三部作品，被后人誉为维吾尔族古典著作的三大瑰宝；居住在我国北部辽阔草原上的“马背上的民族”——蒙古族在探寻本民族历史方面成绩卓著，《蒙古黄金史》、《蒙古源流》、《蒙古秘史》即是蒙古族古代三大历史著作，为今天人们研究这个民族的历史源流、文化风貌和中国北方社会提供了第一手资料。我国少数民族的三大英雄史诗——蒙古族的《江格尔》、柯尔克孜族的《玛纳斯》和现今世界上最长的史诗藏族的《格萨尔王传》，可以与《荷马史诗》和印度史诗相媲美，它们以宏大的篇幅、精湛的语言、丰富的内容，表现了草原民族和高原民族雄健的气魄和炽热的情感。所以，我们说这些优秀的民族古籍所蕴涵的内容已经成为一种文化的象征，它们不仅在国内，而且在国际上都已成为研究的热点。值得一提的是，元、明、清及民国中央政府赐封西藏地方政府最高权力的金印、金册，还成为西藏自古以来就是祖国领土不可分割的一部分这一事实最具说服力的证据。从这一角度着眼，民族古籍除了代表着一种文化现象以外，还被赋予了重要的政治意义。

其次，民族古籍提供的各民族创造的文化成果，可以为学术研究提供较为真实可信的资料，有利于中华各民族传统文化的继承和发扬。把我国各民族宝贵的文化遗产妥善保存下来，不至于失传，这是历史赋予我们的重要使命。民族古籍内容广博，涉及领域众多，并且带有浓郁的地方特色和民族特色，大多是汉文文献没有涉足的，它所记载的每一项内容相对汉文文献都是新鲜和充满生命力的。由于历史上统治阶级对少数民族的歧视，汉文文献所记载的历史大多站在统治阶级的立场上，认为“非我族类，其心必异”，所作记述有欠公允。经过长期的反复承传，这些文献的记述又往往被视为事实而得以播散。因此，就出现过一些不够客观和错误的认识和看法。随着民族古籍保护、整理和研究工作的进一步开展，这方面的欠缺将会得到弥补，历史将会更完整地再现出真实的面目，中华民族的历史文化宝库也必将随之不断得到丰富和充实。

再次，各民族的古籍文献都是各民族对特定环境的适应能力及适应成果的映射，可以为我们提供新的认识世界的视角和方法。在远古时期，由于各民族所处的环境不同，其适应社会的方式、观察客观世界的视角和方式也会不同。游牧民族看到的动物种类就比农耕民族多，渔业民族看到的水生动物就比山地民族多。在思维方式上，有的民族整体性思维强一些，有的民族则偏重于对事物作具体分析。就是同一民族，在不同的社会历史时期，思维方式也存在着差异。在原始宗教古籍中，神本主义明显占据主导地位；随着生产的发展、社会的进步、人们认知能力的提高，人本主义逐渐兴起，观察问题的视角和方式发生了显著变化，使得人们对自然界、社会及人类自身的认识也更趋于客观、准确。民族古籍对此都从不同的角度和层面作了广泛而大量的记载。因此，从人类认识史的进化角度考量，借助民族古籍提供的信息，对有关少数民族先辈思维活动的视角、方式、特点加以诠释和总结，从而提高对人类认识能力的更全面把握，更真实地认识客观世界，也具有重要意义。

另外，通过挖掘整理少数民族古籍，能够提炼和反映少数民族的民族精神，增强少数民族的民族自豪感和爱国主义意识。现实是历史的延续和发展。一个民族要屹立于世界文明民族之林，必须对本民族的传统文化有充分的理解，对本民族优秀的传统文化有所继承和发扬，这是增强民族自信心和民族自尊心的一个重要条件。我国是一个统一的多民族国家，各民族的祖先几千年来就在这块辽阔富饶的土地上劳作、生息。在漫长的历史岁月中，各民族都有着自己特殊的形成和发展过程，都留下了异彩纷呈的民族历史文化，并为共同缔造中华文明作出了各自的贡献。各民族古籍文献就是这一历史进程的最好见证。我们应该通过保护、整理和研究民族古籍的有效工作，对这方面的精粹进行深入的挖掘，来反映中华民族成长和发展的光辉历程，以密切中华各民族源远流长、血肉相连的民族关系，繁荣我国的民族文化。这对提高各民族的历史地位，增强民族自强、自立、自尊、自信意识，推进各民族之间的思想文化交流，建设社会主义精神文明，培养各族人民特别是青少年一代的民族自豪感和爱国主义精神，进一步加强民族团结，维护祖国统一都有重要的现实意义。

三

伴随着现代人文社会科学和自然科学体系逐步在我国的确立，从20世纪三四十年代起，有少数专家学者开始将关注视野转移到少数民族研究领域，陆续深入到少数民族地区进行田野调查和研究工作，其间保护、抢救、挖掘了一批珍贵的民族古籍。但这相对于浩瀚的民族古籍资源而言，只是沧海一粟。由于得不到国家的重视和有效保护，丰富的民族古籍资源长期陷于被埋没的境地，甚至遭到不同程度的破坏，散失情况十分严重。中华人民共和国成立后，党和政府坚持大力发展少数民族经济文化事业的方针，高度重视少数民族古籍的保护、整理和研究工作。在国家尚处于百废待兴的20世纪50年代初期，就开展了全国范围的少数民族社会历史和语言调查，在调查过程中，发现、搜集到了大量的民族古籍文献，为进一步开展民族古籍工作奠定了良好的基础。

以党的十一届三中全会为标志，我国的民族古籍工作迎来了一个发展的黄金时期。党和政府对民族古籍工作的重视程度不断提升，政策措施不断完善，投入力度不断加大。1981年中共中央在《关于整理我国古籍的指示》中指出："整理古籍，把祖国宝贵的文化遗产继承下来，是一项十分重要的、关系到子孙后代的工作。"1984年4月，国务院办公厅在转发《国家民委关于抢救、整理少数民族古籍的请示》的通知中强调："少数民族古籍是祖国宝贵文化遗产的一部分，抢救、整理少数民族古籍，是一项十分重要的工作。"这些指示精神指明了包括民族古籍在内的古籍整理工作的重要性，明确了古籍整理工作在现实社会中的地位。同年7月，全国少数民族古籍整理出版规划领导小组成立，下设办公室（1989 年改为全国少数民族古籍整理研究室，隶属于国家民族事务委员会），负责“组织、协调、联络、指导”全国民族古籍工作。有关地方也逐步建立、健全并完善了民族古籍工作的领导机构。迄今为止，全国已有 28 个省、自治区、直辖市建立了少数民族古籍机构，有 14 个民族建立了省区协作组织，全国民族古籍工作从上到下基本理顺了工作关系，扩大了信息交流范围，取得了工作上的主动权，使全面组织与宏观指导有机地结合起来。与此同时，大力加强少数民族古籍专业人才的培养，落实经费，我国的少数民族古籍工作开始走上了有组织、有计划的轨道。

近 30 年来，在抢救、搜集、整理、出版和研究少数民族古籍工作的具体工作中，国家民族事务委员会和各地政府及古籍领导机构密切合作，精心策划，统筹安排，民族古籍的校订、整理和出版工作取得了超过以往任何时期的进步。从 1986 年开始，陆续制定并实施了中国少数民族古籍工作“七五”、“八五”、“九五”、“十五”、“十一五”五个五年计划，抢救、挖掘、保护了一大批濒临消失的少数民族古籍，整理出版了一大批优秀的少数民族古籍精品。据不完全统计，这一时期抢救、整理的少数民族古籍就有百万余种（不含馆藏及寺院藏书），其中包括许多珍贵的孤本、珍本和善本，并公开出版了 5000 余部有影响和价值的典籍文献。与此同时，还有组织地吸引和带动一批社会和学术界的研究力量投身于民族古籍事业中来，努力加强民族古籍专业人才的培养，经常举行定期和不定期的民族古籍培训班。中央民族大学还设立了民族古籍文献本科班和研究生班，培养高层次的专业人才，为民族古籍队伍不断增添新鲜血液，提高了民族古籍工作的整体水平。这一切都表明，我国少数民族古籍整理和研究体系已经基本形成，我国的民族古籍事业方兴未艾，前景光明。

四

我国自古以来就有整理古籍、编纂目录的传统。从西汉时中国历史上第一部大型汉文图书目录《七略》开始，此后各个朝代都有目录版本存世，其中清代乾隆年间编纂的《四库全书总目提要》可以说是中国历史上汉文古籍解题书目的最重要成果。但是在多民族中国数千年发展的漫长岁月中，历朝历代的中央政府从未对各少数民族典籍文献进行过系统的整理和研究，更没有编纂过一部全面反映少数民族历史和文化精华的民族古籍目录和提要，这是中国文化史上的一大缺憾。

过去我们常说，少数民族古籍浩如烟海，但具体到各民族拥有古籍的数量，谁也说不清楚。因为要把各民族的古籍文献汇总起来，查清楚每个民族有多少古籍，有哪些古籍，每一种古籍是什么形式，有些什么内容，保存在哪里，做到心中有数，这绝非专家学者通过个人或某些团体的努力所能实现的。有幸的是，随着改革开放的不断深化，我国的综合国力迅速增强，社会主义物质文明建设和精神文明建设进一步发展，作为社会主义文化建设重要组成部分的少数民族古籍工作，越发引起政府和社会各方面的关注。

1996 年，国家民族事务委员会在北京召开了第二次全国少数民族古籍工作会议。会议根据江泽民同志关于“整理出版古籍，继承祖国优秀的文化遗产，为建设有中国特色的社会主义服务”的重要指示，提出了集中力量编纂《总目提要》的设想，认为在当今时代实施这一设想的条件已基本具备，时机已基本成熟。会后，经过充分酝酿、论证，于次年正式通过了编纂《总目提要》的立项申请。为更好更系统地做好这项工作，国家民族事务委员会以民办（文宣）字［1997］114 号文件下发了《关于印发〈中国少数民族古籍总目提要〉编写纲要的通知》，对全国少数民族古籍总目提要编纂工作进行了全面部署。文件下发后，各地反响强烈，20 余个省、自治区、直辖市先后制定了《总目提要》分卷实施方案及编写计划书，就编纂《总目提要》的重要意义、完成项目的可行性、项目实施步骤及经费来源等方面进行立项论证，并在加强普查、强化领导机制、培训人员、实施计划、筹措经费等方面积极落实。

在具体运作过程中，各省、自治区、直辖市不但立足本地，还广泛进行协作，不同省区对同一民族的古籍总目编写分工合作，互通有无。为便于从领导和组织上保证这项工作的顺利实施，经国家民族事务委员会批准，2002年成立了《总目提要》领导小组和编纂委员会，正式建立了《总目提要》工作的组织机构。

通过《总目提要》的编纂，一方面能够使我们比较全面地掌握少数民族古籍的整体情况，可以确保今后的古籍整理研究工作做到重点突出，目的明确，成果的质量也就更有保障；另一方面，有助于增强各民族之间的相互了解，做到资源共享，相互学习，相互尊重，共同充实和丰富我们的精神世界，不断巩固和发展各民族的大团结；同时，也进一步使我国的民族古籍资源为世界所了解，所享用，进而增强各国研究者对我国少数民族文化的关注和兴趣。19世纪末至20世纪中叶，一些外国传教士、探险家和少数研究者曾经到我国少数民族地区收集资料，做过有关少数民族历史、文化和古文献的研究工作，但这些工作都是在当时非正常的情况下进行的。如今开放的中国正在日益走向世界，我们把自己的财富不加保留地呈现于世人，既能够开创一个互助合作、友好研讨的新局面，又能够增进国外对中国少数民族传统文化的全面认识，还能够振奋我国各族人民的民族精神，弘扬民族文化。

五

编纂《总目提要》，是新中国也是中国历史上对少数民族古籍资源进行的首次全面普查，是一次新的尝试。由于民族古籍内容广泛，情况极为复杂，在编排体例方面很难完全套用以往约定俗成的形式一以贯之，除了参照目前通用的古籍文献学和目录学等学科的理论规范以外，还必须从实际出发，因势利导，体现出自己的风格和特色。

顾名思义，古籍必然要体现“古”的性质，据此，《总目提要》收录的古籍下限原则上与汉文古籍一样止于1911年。但考虑到各少数民族的历史特点和古籍存世情况的差异，诸如一些没有确切时间记载而又只见到后期写本的书册，一些20世纪前期用本民族文字追记历史事件和历史掌故的旧文体著述，一些从古代延续到现代的编年体著作或族谱、家谱，以及一些曾在本民族中长期流传，到了现代才有文字记录的口传资料等，只要有价值，则作适当变通，其下限延伸到1949年。

《总目提要》全书以民族为单元分卷，如《纳西族卷》。对于古籍数量特别多的民族，一个民族卷又可包括若干分册；对于古籍数量比较少的民族，也可以几个民族卷合为一册。古代民族按文种分卷，如《西夏文卷》。鉴于少数民族古籍文献载体形式不同，《总目提要》每卷一般包括四编：甲编书籍类，乙编铭刻类，丙编文书类，丁编讲唱类。各编再按具体内容分类排列，排列方法尽量与《中国图书馆分类法》相一致，只根据民族古籍的具体情况作适当调整。有的民族对本民族古籍原来就有自己传统的分类编排方法，因此也按本民族的分类编排方法排列。

现在，《总目提要》陆续与读者见面了。我们由衷感谢社会有关方面的关注和支持。正是由于这些关注和支持，编纂《总目提要》这一宏伟构想才得以变为现实。我们感谢各分卷编委会成员和编写人员的通力合作、辛勤耕耘，使昔日沉寂的少数民族古籍得以再现辉煌。

只有民族的，才是世界的。中国各少数民族祖先留给后人的民族古籍文化遗产，不仅属于创造它的民族，不仅属于中华民族，更属于全人类。古为今用，古可喻今，古可鉴今。我们相信，随着《总目提要》诸卷的相继问世，少数民族先辈经世致用的智慧，必将越来越显现出其对人类无可估量的价值。

《中国少数民族古籍总目提要》

编纂委员会

2009年4月6日改定

序　言

侗族是中华民族大家庭中的一员，具有悠久历史。在漫长的历史发展进程中，侗族人民创造了光辉灿烂的文化。大歌、鼓楼、风雨桥是侗族文化的三大瑰宝，是侗族人民智慧的结晶，是人类优秀的文化遗产。

一

侗族是我国人口上百万的少数民族之一，据全国第五次人口普查，全国有侗族人口296万余人。侗族主要分布在贵州、湖南、广西、湖北四省区比邻地区。在贵州省主要分布在黔东南苗族侗族自治州的黎平、从江、榕江、天柱、锦屏、三穗、剑河、镇远等县，以及铜仁地区的玉屏侗族自治县和江口、石阡、铜仁、万山等县（市、特区）。在湖南省主要分布在通道侗族自治县、新晃侗族自治县、芷江侗族自治县、靖州苗族侗族自治县，以及会同、绥宁、洪江、怀化等县（市）。在广西壮族自治区主要分布在三江侗族自治县、龙胜各族自治县、融水苗族自治县等。在湖北省恩施土家族苗族自治州的恩施、宣恩、咸丰等县（市）有侗族近7万人。此外，还有10多万人散居在全国各地。习惯上人们把天柱、剑河、锦屏、三穗、镇远、玉屏、新晃、芷江等称为侗语北部方言区，把黎平、榕江、从江、三江、通道、龙胜等称为侗语南部方言区。

侗族自称为gaeml。由于方音的变化，有的地方又称为jaeml或jongl。从词源来看，各地的自称是一致的。与侗族杂居的水族也称侗族为gaeml，苗族称之为dax gul，当地的汉族称之为“侗家”或“侗族”。在侗语里，gaeml意思是指“用木条、树枝等作为障碍物进行设防、遮拦、隔离”，用作族称其本意是“被大山阻隔、被森林遮盖的人们”。

根据研究，gaeml最初是一种自我封闭的自然环境。这种自然环境在先秦以前的汉族文献里称为“黔”，生活在这种环境中的人们称为“黔首”。秦始皇统一中国，在“黔”的地方设立了黔中郡。唐宋时代，“黔”演称为“峒”或“峝”。“黔首”也演变成了“溪峒之民”或“峒民”。历史学家徐中舒说，“峒是历史上用以记述南方部族居住的自然环境的”。唐宋时期，中央王朝在“峒区”设立羁縻政权，委任土官，称为“羁縻州峒”。《桂海虞衡志》记载：“羁縻州峒，自唐以来内附。分析其种落，大者为州，小者为县，又小者为峒。”《炎缴纪闻》记载：“聚而成村者为峒，其酋长曰峒官。”羁縻州一般辖有若干“洞”。至今侗族地区不少的村寨仍然保留着“洞”的名称，如黎平、从江的肇洞、顿洞、贯洞一带叫“六洞”，岩洞、曹滴洞一带叫“九洞”，黎平的潭洞、特洞一带叫“八洞”，三江、龙胜、锦屏、天柱、新晃等地的不少侗寨也叫做“洞”。侗族这一族名的来历与“溪峒”之名有密切的关系。

侗族由古代的百越族群发展而来，魏晋南北朝时期称之为“僚”。侗族的自称最早见于宋代的史籍，用反切的方法记为“仡伶”或“仡览”。《宋史·西南溪峒诸蛮》载：“乾道七年，靖州有仡伶杨姓，沅州生界有仡伶副峒官吴自由。”南宋陆游《老学庵笔记》卷四载：“在辰、沅、靖州之地，有仡伶、仡览。”辰、沅、靖州之地就是今天的新晃、芷江、玉屏、天柱、三穗、通道、靖州、会同一带，正是侗族聚居区的中心地带。证明侗族先民居住该地已有1000多年的历史，在唐代就已成为单一民族载于史册。历史上，侗族先民被称为“僚人”、“侗僚”、“峒人”、“洞蛮”、“峒苗”，或泛称为“苗”或“夷人”。民国时期称为“侗家”，中华人民共和国成立以后称为侗族。

侗族使用侗语。侗语属于汉藏语系壮侗语族侗水语支的一种语言。侗语以锦屏县启蒙镇为界，分成南北两个方言区，每个方言因各地语音的不同又各分为四种土语。侗语方言的形成明显带着受汉语影响的印记。相对而言，北部方言区的侗族人民和汉族人民交往较密切，历史较早，懂汉语文的人较多，汉文化水平较高，因此，语言中吸收汉语词汇和使用汉语语法形式较为广泛，语音也趋于简化。而南部方言则保持较古的面貌，元音分长短，有一套完整的促声韵。侗语虽然形成了两种方言，但方言之间的差异不大。南北方言的语法规则基本一致，方言之间的同源词超过70%，不同方言区的人们经过一段时间的交往接触就能通话。

中华人民共和国成立以前，侗族有语言而无文字。清代在侗族地区先后出现用汉字记侗音的方式来记录巫师的经文及民间文学中的款词、歌谣、戏曲剧本等，但由于没有统一和规范记音的方法，因此，用汉字记侗音也未能广泛流传和普及。1958年，在中国共产党和中央人民政府的领导下，创制了侗文方案，并开始在侗族地区试点推行。侗文的创制与推行，对侗族传统文化的保护和发展起到了积极的推动作用。

在历史上，侗族经历过漫长的原始社会，跨越了奴隶社会而直接进入封建社会，直到清咸同年间农民起义以后，才逐步沦为半殖民地半封建社会，但在中华人民共和国成立前夕，地主经济在农村仍然居于支配地位。在封建社会时期，历代的封建王朝虽然先后在侗族地区建立了府、厅、州、县、砦、堡等权力机构，但侗族社会的内部组织，则是以地缘为纽带、具有军事联盟性质的“合款”，直到清末民初，合款仍然起着重要的作用。侗族社会内部的这种“合款”制度，大约从原始氏族社会后期的部落联盟开始，一直到封建社会末期才真正结束。

二

在漫长的历史发展过程中，侗族人民创造了丰富多彩的具有本民族特色的优秀文化遗产。由于侗族在历史上没有本民族的文字，这些文化遗产只能依靠口耳世代相传。明末清初，汉字传入侗族地区，一些侗族文人始用汉字记侗音的方式记录侗族的文化，如款词、巫词、歌谣、族谱、契约文书、戏曲剧本等，侗族地区始有文字古籍的出现，但传世的数量并不多见。目前能见到的用文字记录的古籍（包括汉字和汉字记侗音），较多的有戏曲剧本、歌书、契约文书、巫词和碑刻等。明清以来，侗族地区留下的碑刻较多，成为侗族古籍的一种重要载体。

侗族地区的碑刻，大致上有款碑、公有建筑（如风雨桥、鼓楼、庙宇、石板路、井亭等）的碑记、墓碑及界碑、告示碑、分路碑等。

（1）款碑。侗族的基层款组织，在盟誓立约之时，在款坪或交通要道以及村寨鼓楼坪旁边树立石碑，以示所立之规约，谁人也不能触犯。清代以前，多为无字石碑（仅起到象征性的作用）。清代以后，有的用汉字记侗音的方法把款组织的规约直接刻录在石碑上面，有的则把款组织规约的核心内容译为汉文以后刻录在石碑上面。前者称为侗语款碑，后者称为汉语款碑。目前见到的多数为汉语款碑。汉语款碑有如下一些特点：①多为基层款组织所立，或一洞一坪，或一村一寨，其所刻条文内容都比较简单，从中很难看出款规款约的全貌；②这类款碑基本上都是清代乾隆年间以后所立，当时封建王朝的统治已深入到侗乡各地，并在村寨中设立相关军职，款组织的活动相应受到制约，故款约中对重罪处以极刑的很多条款被限制刻录；③多数碑文均渗入了当时地方官府的旨意，为地方官府所利用；④由于原来的规约已翻译成汉文，再加上受篇幅的限制，使款规款约所固有的形式和艺术色彩几乎完全消失。保留到现在比较著名的有“独峒款碑”，立于清同治十一年（1872），是广西三江独峒地区款组织条规碑，由三江独峒各村款众所议定，内容主要为不能以强凌弱、遵守习惯法等，对研究侗族款组织社会的规约治理有参考价值。

（2）公共设施碑记。侗族村寨，一般均建有风雨桥、鼓楼、庙宇、井亭等公共设施。清代以后，这些公共设施在峻工之时，通常均立有碑刻，以记述该设施修建的缘由、过程、时间以及首士和众多的乐捐者捐献的钱物的数量，以表彰这种乐于公益事业之举。但由于这些设施大多为木建筑，当村寨发生火灾时，通常也容易遭到焚毁，而碑记也同时遭到毁坏（这类碑记通常镶嵌在风雨桥头或鼓楼和庙宇里边的廊檐之内），因此，具有百年以上历史的公共设施为数不多，有百年以上历史的碑记也就比较少见。

（3）墓碑。侗族村寨中的各个氏族，通常都有自己的公共墓地，除了非正常死亡者之外，历代祖先都安葬在公共墓地里。清代以后，随着汉文化的传播，多数坟墓均立有墓碑。墓碑上刻记的文字和图案格式大体统一。碑的上方，刻有日月和飞鸟图案；碑的正中，刻有墓主的姓名（但女性仅记其姓）；墓主姓名的右边，刻有其出生和去世的年月日；墓主姓名的左边，刻有其孝子孝孙之名字。碑的两边刻有对联（如“青龙生贵子，白虎旺人丁”之类）。多数侗族地区，刻有文字的墓碑，多在清乾隆年间以后所立（在此之前，多为无字墓碑）。

（4）其他碑刻。主要有：①界碑。侗族主要居住在贵州、湖南、广西三省区毗邻地区。清代以后，多在互相毗邻的两省接界之地埋有界碑，以划定省际之间的地域界限。如在贵州、湖南、广西交界的三省坡的东南角（广西三江独峒与湖南通道独坡交界）和西南角（广西三江独峒与贵州黎平洪洲交界）就分别埋有两块界碑。②告示碑。多为地方官府所立，以向地方通告或告诫某事。如广西三江河里南寨如今保存的“永遵额粮告示碑”（清光绪十八年闰六月九日怀远知县所立）。③分路碑。在通往各村寨的交叉路口，通常均立有指示行人通往何地的分路碑（多为乐善好施者所立）。此种碑刻，数量极多，大小道路，每逢岔路口，必有碑刻指路。

侗族地区流传的契约文书，主要有清代中叶以来的清水江流域的林业契约文书。

在历史上，侗族的口传传统文化资料十分丰富。侗族的民间文学艺术，形式多样，内容丰富，风格独特，是中华民族文化百花园中的一朵奇葩。侗族文化的传承，首先依赖于其各种风情习俗的传承和延续。由于侗族社会内部款组织长期起到凝聚作用，侗族多数地区，至今仍然比较完整地保存着各种本民族独特的风情习俗。这些独特的风情习俗，不仅其本身就是一种很有价值的文化遗产，而且它还作为一种载体，使与其有关的文学艺术种类传承下来。如婚恋习俗，在其传承过程中，不仅使文学的婚嫁歌、恋情歌、先祖歌、走寨歌、玩山歌等歌谣得到传承和发展，而且使《婚姻祝词》、《起源耶》等珍贵的史料得以流传于世。至今侗族传统的讲款习俗还在延续，因此，在款碑上没有完整传承下来的款规款约以及其他与款文化有关的史料，通过讲款活动得以传承。侗族文化的传承，还依赖于侗族村寨中历代众多的“文人”。侗族对村寨中的“文人”通称为“相”（sangs）或桑。“相”者，师也，匠也。善于唱歌和编歌者，称为歌师或歌匠；善于讲款和编款（词）者，称为款师；善于讲故事和编故事者，称为故事师；善于演戏和编导者，称为戏师；能背诵经文，进行“卜卦算命”、“驱鬼避邪”者，称为鬼师（或巫师）；能主持许愿、还愿等傩事者，称为傩师；能主持祭祀仪式（包括祭祀萨坛、主持丧礼等）者，称为祭师。侗族的每个村寨，历代都有一群这样的文化人——精通本民族文化的“大师”们。侗族传统的文学艺术、宗教文化、款文化，主要通过他们世世代代的搜集、传授、传唱、创作，才得以传承和发展。

（1）故事。侗族称为“暖”（nyonc）或“古”（gus），包括神话、传说、寓言、童话等。侗族的神话故事，多与族源、万物起源以及宗教信仰有关，一般由巫师、傩师、祭师在比较庄重的场合讲述。侗族的传说故事，多与历史上的真人真事有关，主人翁的姓名以及事件发生的缘由、时间、地点及过程均具有一定的真实性，是侗族口传的“历史演义”，不仅具有较高的文学研究和欣赏价值，而且具有史学研究价值。如《吴勉和白惹》、《吴朝堂的传说》等等。传说故事在侗族的故事中数量最多。通常由故事师、款师讲述。其他如爱情故事、动物故事、地名故事、机智人物故事等等，有的也有一定的真实性（根据真人真事创编），但多数均属于文学创作，除文学价值之外，对研究侗族的社会生活及世态人情、风俗也有一定的参考价值。侗族的寓言和童话，有一定的数量，多由故事师对儿童进行讲述，对侗族儿童学会做人有启蒙作用。

（2）歌谣。侗族通称为“嘎”（gal）和“耶”（yees）。“嘎”，包括各种各样的歌谣（包含边说边唱、散韵相间的说唱文学），内容丰富多彩。从演唱方言角度可分为两大种类——侗语南部方言民歌和侗语北部方言民歌。“耶”实际为侗族特有的一种边唱边跳的歌舞形式。

侗语南部方言民歌按演唱方式和曲调的不同通常分为十二部类。有器乐伴奏的四部类：①琵琶歌。用琵琶伴奏的抒情歌（多为短歌）和叙事长歌。表演方式有一人自弹自唱和多人集体弹唱两种。抒情类的短歌，以情歌为主；叙事长歌则多以历史上的真人真事为主要内容，对历史研究有参考价值。②笛子歌。用侗笛伴奏的抒情歌（多为短歌），一般句式为四句或八句，也有几十句一首的。男女声对唱，按演唱时的程序组合成不同的套数。内容以情歌为主，也有历史、伦理、礼俗等方面的内容。③牛腿琴歌。用牛腿琴伴奏的抒情歌，多在男女青年坐月时演唱，以情歌为主要内容。④木叶歌。用木叶吹伴奏或直接用木叶奏的抒情短歌，多为男女青年在玩山时对唱。无器乐伴奏的八部类：①细声歌。细声独唱或男女对唱的短歌，内容多为情歌，句式多为二句或四句。男女对唱时多有套数，内容连贯，层层推进。若把对唱的每首歌组合起来，即为一首很好的长歌。细声歌通常分为走寨歌（男女青年行歌坐月时演唱）、玩山歌（有的地方称为河边歌，男女青年在山上、河边谈情说爱时演唱）。这类歌对研究侗族的婚恋习俗有价值。②双歌。二男二女对唱或二人重唱的短歌，句式多为四句或八句。有套数，多为三至六首组成一套，分为进堂歌、初相会、结情歌、雁鹅歌、私奔歌、父母歌、媒人歌、散堂歌等。以情歌为主，也有历史、伦理、礼俗等方面的内容。③拦路歌。侗族村寨进行文化交流和集体做客，在寨门或大门口以设障碍拦路的方式迎客送客时演唱的短歌（主队与客队互相对答），句式多为四句或八句，内容多与历史事件、生活礼俗有关。④酒歌。在婚宴或迎宾的酒宴上演唱的短歌，句式多为四句或八句。多为二男二女对唱，也有一人领唱众人合唱的。有套数，内容多与族源、物种起源、礼俗、爱情有关。⑤大歌。为多声部侗族民歌，由歌队（四人以上组成）演唱。大歌不仅为多声部，而且曲调优美动听，演唱技艺高超，是侗族民歌的精品。大歌既有抒情短歌，也有叙事长歌。短歌内容以爱情、礼俗、伦理为主；长歌内容以神话传说、历史事件和爱情故事为主。⑥讨油歌。多为一人演唱或二人重唱，句式为四句或八句。因演唱人多为走村串寨通过唱歌向别人讨要油茶者而得名，多为赞颂或祝福方面的内容。⑦哭丧歌。在丧礼上为追念死者而演唱的歌。⑧儿歌。包括儿童演唱的歌谣和母亲为幼儿哼唱的催眠曲。⑨耶歌。一种边唱边舞的歌舞形式。分为集体合唱和一人唱众人和两种（有些地区的曲调有多声部）。既有四句或八句的短歌，也有数十句以上的长歌。短歌有套数，通常分为进堂耶、圣母耶、树威壮胆耶、父母耶、祝福耶、赞颂耶、恋情耶、争份耶、十二生肖耶、祖源耶、谜语耶等。长歌多以祝福、赞颂为主要内容，多在鼓楼和风雨桥峻工时由歌师创编演唱。耶歌是侗族最古老的艺术形式之一，通常在举行祭祀圣母以及重大庆典仪式或歌堂祭祀祖先祈求五谷丰登的仪式上演唱。侗族的耶歌，具有神话、历史、民族、宗教、文学等多方面的研究价值。

侗语北部方言民歌没有多声部民歌，器乐伴奏的民歌（除木叶歌外）也多已失传，因此，多为无器乐伴奏的单声歌。其种类也很丰富，主要分为山歌、玩山歌、酒歌（好事歌）、伴嫁歌、劳动歌、白话歌、儿歌等多种类别。①山歌。有独唱或男女对唱两种形式。每逢节日或庆典活动，通常均举行山歌盛会，民间称为赶歌场。赶歌场所唱的山歌，内容广泛，既有情歌对唱，也有唱历史、传说、故事、生育、生活等方面的主题。多有套数，每一套数以一种内容为主题。②玩山歌。即男女青年玩山赶坳时所唱的山歌，多为情歌对唱，分为高山腔和河边腔两种，均有套数，反映着侗语北部方言地区侗族的婚恋习俗。③酒歌。也称好事歌，是人们在婚礼、起新房、“打三朝”（为刚出生的小孩办喜酒）、为老人做寿等酒宴上所唱的歌。酒歌通常分为两种：一种是以中老年人为主，互相劝酒、互相祝福、互相盘问（主客之间互相对答，答不上就罚酒）和互相辞别的歌；另一种是以青年男女为主，主客双方互相对唱（由歌师领唱、众人帮腔）的歌，以历史和故事为主要内容，真嗓假嗓并用。④伴嫁歌。姑娘出嫁前与女友对唱的歌，有的地方也称姐妹歌。有套数，分为告别父母、告别兄嫂、告别亲友、为人媳妇、为人之母等多层内容。⑤劳动歌。即拉木歌和放排歌的总称。前一种演唱方式为一领众和，歌词简单，用以配合劳动节奏和活跃劳动气氛；后一种是在放排过程中所演唱，起到消除疲劳和放松内心紧张情绪之作用，歌词有趣而浪漫。⑥白话歌。一种只讲不唱的歌，侗语称“垒”（leix）。多为男女青年谈情说爱时互相对答的有韵的一种道白。有套数，如初相会、相结情、借信物、相别离等等。⑦儿歌。即儿童平时玩耍游戏时所唱的歌和母亲哄小孩入睡的歌。

（3）款词。是一种有节奏、有韵律、专用于吟诵的侗族特有的文学样式，可视为侗族的赋体诗歌。款词是从古代原始宗教的祭词符语衍生的。侗族社会的款组织出现以后，款首们借用原始宗教的祭词符语的形式来订立款规款约和叙述款的来历、组成方式，款词这一名称就产生了。后来，随着内容的逐渐丰富，款词也就变成一种严格意义上的文学体裁。款词内容十分广泛，除各款组织订立的众多的款规款约之外，尚有创世款、族源款、迁徙款、祖先入村款、英雄款、祝福款、丰收款、风俗款等。众多的款词，记述和保存了侗族历史上许多重要的史料，特别是有关侗族历史上的社会组织、民间规约以及款组织发起的一些重大事件的史料，尤其珍贵，这是在其他类别的侗族古籍中难以找到的。

（4）戏曲。侗族的戏曲，主要为侗戏。侗戏产生较晚，至今只有不到 200 年的历史。侗戏约于清道光年间从侗族的叙事琵琶歌“嘎锦”（gal jins，一种边弹边唱的曲艺体琵琶歌）中孵化而产生。最初的侗戏，由一个人戴上不同的面具（扮演各个角色）演唱“嘎锦”。这是由“嘎锦”发展为侗戏的过渡阶段。1828～1838 年期间，贵州省黎平县腊洞村的吴文彩在借鉴汉族地方戏曲艺术的基础上，同时创编了侗戏音乐，并开始由演员登台表演，从而使侗戏真正从“嘎锦”中脱胎出来。在中华人民共和国成立前 100 多年的时间里，侗戏艺术虽然有了较大的发展，在侗族地区出现了一批戏师和一批优秀的剧目，然而如今能见到的流传于世的戏曲作品却不到 20 部。中华人民共和国成立以后，侗戏艺术发展很快，剧本创作十分繁荣，而且出现了侗族歌剧和侗族歌舞剧。侗族地区的大部分村寨，几乎都建立有自己的戏班和戏台，侗族戏曲的一些剧目，曾先后参加全国戏曲展演和比赛，并多次获奖。

（5）宗教经词。侗族的宗教信仰，主要为原始宗教，同时也受到道教的一些影响。在侗族村寨，没有专职脱产的神职人员和宗教人士，所有从事宗教活动的巫师、傩师、祭师平时都参加生产劳动，没有特殊的地位和身份，他们只是在别人请去“看病”（“卜卦算命”、“招魂驱鬼”）、做法事（“去邪消灾”、许愿还愿）、主持祭祀活动（祭祀祖先、丧礼）、主持婚礼和庆典活动时，才以某种“师”的身份出现。其中巫师与祭师，有的一身兼两职，只要他掌握经词，并出过师，即可既当巫师又当祭师。只有傩师专司法事，不与巫师、祭师相混。此外，侗族有些地区尚有一种专做道场和谢土的道灵先生，侗语称为“桑夏”，约于清代末年从汉族地区传入，其经词全为汉语。巫师和祭师的经词，大部分仍保持本民族的语言，为其古代祖师所传，有小部分经词很明显是受道教影响，汉侗掺杂或全为汉文，是侗族原始宗教与道教混合的产物，侗族原始宗教的内核中加进了道教的成分。傩师的经词，大部分仍为侗语（口传），虽然有部分用汉文分科书写成册，但内容属其一家独有（很可能从原来的侗语经词翻译成文），祭祀的主要神灵，均与侗族的原始宗教有关，整个法事活动内容仍然保留着浓厚的原始宗教色彩。

三

侗族悠久的历史和丰富多彩的文化遗产，在中华人民共和国成立以前并不为外界所了解。中华人民共和国成立后，侗族作为一个单一的民族列于世界民族之林，才广为世人所知。特别是侗族音乐，20 世纪 50 年代初期，侗族大歌开始走出侗乡，以其优美、独特的多声部旋律，轰动了首都舞台。改革开放以来，侗族大歌更是走出国门，走向世界。1959 年，由音乐家肖家驹主编的《侗族大歌》出版发行，由中央人民广播电台录制的《侗族大歌》唱片也在全国发行。与此同时，侗族民间歌舞、侗戏、侗族建筑文化等也相继在全国范围内得到推介和宣传，广西三江程阳风雨桥还被确认为世界四大历史名桥之一。2009年9月30日，《侗族大歌》被联合国教科文组织列入《人类非物质文化遗产代表作品录》。

作为侗族文化遗产重要组成部分的侗族古籍的挖掘、整理、出版，在20世纪80年代初期开始全面进行。1980年，上海文艺出版社出版了由杨通山等人选编的《侗族民歌选》，这是第一部从传统文学的角度选编的侗族民歌专集。此后至21世纪初，《侗族民间故事选》、《侗族民间爱情故事选》、《侗乡风情录》、《养鹅小姑娘》（侗族民间儿童故事集）、《侗族琵琶歌》、《侗族礼俗歌》、《侗族祖先哪里来》、《侗族情歌》、《侗族叙事歌》、《侗款》、《侗垒》、《酒歌集》、《双凤斗龙》、《长发妹》、《贵州侗族歌谣选》、《侗族祭祖歌》、《娘花与太阳的儿子》、《侗族好事酒歌》、《侗族史诗——起源之歌》、《侗族大歌》等20多种集子相继出版。这期间，在国家民委和文化部的统一部署下，各地广泛开展民族古籍搜集和民间文学艺术集成整理工作，侗族地区的各个县市均整理出版了多种内部资料集。这些资料集较为系统地反映了侗族地区的古籍和传统文化的基本状况。贵州、湖南、广西三省区，还在此基础上对侗族各地的资料集进行了汇编，整理出版了本省区侗族的资料集成。如贵州的《侗族文学资料》（1～5集）、《民间文学资料》（侗族酒歌、侗族叙事歌、侗族曲艺、侗戏等专集），广西的《广西侗族文学史料》，湖南的《侗款》、《侗垒》等。

国内对侗族社会、历史和文化的研究，现见到的较早的专著是《侗族简史简志合编》（1963年，中国科学院民族研究所贵州少数民族社会历史调查组编）、《侗族简史》（贵州民族出版社1985年10月出版）。20世纪80年代中期以后，各地相继出版了州县（市）概况，在此基础上编写出版了州志、县志、民族志等。这一时期，对侗族传统文化研究的各种理论专著也纷纷面世。《侗族文学史》、《侗学研究》、《侗族民间文艺美论》、《侗族文化与侗族习俗》、《黔东南苗族侗族民间文学论文集》、

《贵州侗戏》、《侗族服饰探秘》、《九歌与沅湘民俗》、《神判论》、《侗族歌谣研究》、《侗族民间文学史》、《侗族文化新论》、《侗族文化概论》、《广西傩文化探幽》、《侗族民间叙事文学》、《巫术与巫文化》、《侗族民间文化审美论》、《侗族文化研究笔记》、《没有国王的王国》（侗款研究）、《侗族通览》、《侗族百年实录》等近30部专著相继出版。同时，国内学者在国内外报刊上发表不少研究侗族历史、文化的论文。国外的学者也逐步重视侗族文化历史的研究，20世纪80年代以来，美国、日本、芬兰、法国、澳大利亚、泰国等国的一些学者到侗族地区考察侗族传统文化，并在国际上发表了一些学术论文。1986年，中国民间文艺家协会与芬兰国际民间叙事创作研究会、土尔库大学联合组织40多名学者在广西三江对侗族民间文学进行考察。考察之后，联合出版了论文集。这是第一次以国际联合的方式对侗族传统文化进行考察和研究，从而使侗族传统文化在世界上的影响越来越广。进入21世纪以后，又有一批专家学者研究侗族传统文化的理论专著出版，如《文化与图像》、《黔东南山寨的原始图像》、《诗意的深沉》、《中国侗族村寨文化》、《独坡八寨侗族文化》、《和谐的密码——侗族大歌的文化人类学诠释》、《侗族传统社会过程与社会生活》等。

四

1997年，国家民委确定编纂《中国少数民族古籍总目提要》这一跨世纪的重点文化建设工程，并印发了《中国少数民族古籍总目提要编写纲要》。1998年5月，国家民委在广西桂林举办全国少数民族古籍编目培训班。此后，各个民族的古籍编目工作陆续启动，侗族古籍的编目工作也提到议事日程。侗族分布的有关省区分别进行前期准备工作。1998年12月26日贵州省民委向全省下发《关于编纂贵州民族古籍总目提要的通知》，对全省民族古籍编目工作进行安排部署。贵州省民委古籍办多次组织有关人员深入基层调查摸底，并在1999～2005年期间先后在全省九个市、州、地分别举办了11期民族古籍编目培训班，全省共有440人参加了培训。按照国家民委的要求，贵州、广西、湖南、湖北四省区民委经过充分协商，于2004年7月，由贵州省民委牵头在贵阳召开《中国少数民族古籍总目提要·侗族卷》编纂工作跨省区协作会。会议总结了上一阶段工作情况，审定并通过了《中国少数民族古籍总目提要·侗族卷编纂工作规划》。会后，各省区积极组织侗族卷条目的撰写工作，并于2006年上半年陆续将条目稿件送交贵州省民委古籍办，由其进行汇编。2007年8月，由贵州省民委牵头组织召开八省区市《中国少数民族古籍总目提要》苗族卷、侗族卷审定稿会议。

《中国少数民族古籍总目提要·侗族卷》严格按照《中国少数民族古籍总目提要编写纲要》的要求进行收录。需要说明的是，在书籍、文书、铭刻三大类古籍条目中，有一部分的时间下限延伸到1949年。因为这部分古籍，有的没有确切记载时间而又只见到后期的写本（传抄本）或碑刻；有的为从古代延续到现代的族谱、家谱（其原谱已不存在，只有后期的传抄本或分支谱）；有的曾在侗族民间长期流传，到了现代才有文字记录资料（如款书、经文）。在讲唱类中，有的虽然篇幅很短，但考虑到具有特别的历史、文化价值（或形成古老，或内容独有，或艺术性独具一格），因而作为样品也给予收录。在集中汇编过程中，有些重复的条目合并为一个条目，但所有参加登录该条目的人员名字和流传地区全部列上；对标题相同，版本不同的，各自保留为独立条目；凡1949年以后搜集、整理、出版的书籍，按照编写纲要要求，一律作为讲唱类处理。

书籍类：共收录用汉字记侗音的方式记录的款书、地方志、族（家）谱等共67条。由于这部分古籍传世不多，因而收录的条目也相对较少。

铭刻类：主要为碑刻，共收录条目235条，用汉文刻录的款碑和公共设施碑记占大多数，其次是清代侗族地区府、州、县三级地方署衙下发的告示和公文（用碑刻的方式晓谕地方）。款碑，记录了侗族地区款组织社会的地方规约，对研究侗族历史上的政治、法规以及道德规范、社会治安等方面具有较高价值。公共设施碑记，记述了侗族村寨中鼓楼、风雨桥、庙宇等公共建筑的建筑过程及其艺术特色。

文书类：共收录30条。这类古籍保存下来的为数不多，现收录的基本上为清代后期（多数为乾隆年间以后）的文书，集中反映了清代侗族社会的经济状况及社会生活状况。

讲唱类：共计收录1424条。讲唱类作品形式多样，而且内容丰富多彩，有神话、传说、故事、歌谣、款词、宗教经词、侗戏（曲）等，是侗族历史文化的集大成者，也是本书收录的重点。侗族讲唱类作品，流传于侗语南部方言区的，绝大多数用侗语讲述或演唱；流传于侗语北部方言区的，有的用侗语讲述或演唱，有的用汉语讲述或演唱，有的为侗语与汉语相杂。内容包括了历史、宗教、哲学、政治、经济、法律、道德、文学、艺术、风情习俗等众多方面。

《中国少数民族古籍总目提要·侗族卷》经过众多编写人员数年的共同努力，并经过专家的认真审校，终于面世了。它第一次系统地将侗族古籍的概貌展现于世人面前。通过它，人们可以了解侗族历史文化的渊源和发展脉络，以及侗族文明的整个历史构架。

《中国少数民族古籍总目提要·侗族卷》

编纂委员会

2010年5月15日

目　　录

凡　例

一、本书收录贵州、湖南、广西、湖北四省区侗族古籍条目共1756条，其中书籍类67条，铭刻类235条，文书类30条，讲唱类1424条。

二、本书按甲、乙、丙、丁四编的顺序编排。

三、甲编书籍类，分为四个部分：一是款书；二是地方志；三是族谱；四是其他。各部分条目一般按年代先后顺序编排。

四、乙编铭刻类，分为四个部分：一是款碑；二是公共设施碑记；三是墓碑；四是其他。各部分条目一般按年代先后顺序编排。

五、丙编文书类，分为四个部分：一是圣旨敕谕；二是告示；三是契约；四是诉状。各部分条目按年代先后顺序编排。

六、丁编讲唱类，分为七个部分：一是神话；二是传说，其中又分为史事传说、习俗传说、地方风物传说；三是故事，其中又分为历史人物故事、机智人物故事、爱情故事、伦理道德故事、生活故事、动植物故事；四是歌谣，其中又分为古歌古词、叙事歌、琵琶歌、耶歌、礼（习）俗歌、生活歌、情歌；五是款词；六是宗教经词，其中又分为傩愿经词、巫符经词、祭祀经词；七是侗戏（曲）。

条目分类目录

甲篇　书籍类

一、款　　书

二、地方志

三、族　　谱

四、其　　他

乙编　铭刻类

一、款　　碑

二、公共设施碑记

三、墓　　碑

四、其　　他

丙篇 文书类

一、圣旨敕谕

二、告　示

三、契　约

四、诉　　状

丁编　讲唱类

（口传传统文化资料）

一、神　　话

二、传　　说

（一）史事传说

（二）习俗传说

（三）地方风物传说

三、故　　事

（一）历史人物故事

（二）机智人物故事

（三）爱情故事

（四）伦理道德故事

（五）生活故事

（六）动植物故事

四、歌　谣

（一）古歌古词

（二）叙事歌

（三）琵琶歌

（四）耶　　歌

（五）礼（习）俗歌

（六）生活歌

（七）情　　歌

五、款　　词

六、宗教经词

（一）傩愿经词

（二）巫符经词

（三）祭祀经词

七、侗戏（曲）

甲编 书籍类

一、款　书

款书　不分卷，1册，14页。佚名撰。汉字记侗音款书。又名“约法款”等，以款词形式流传。记录有“六面阴规”、“六面阳规”以及族源款、祖宗入村款等14条款约和款词，规定对杀人、抢劫、偷盗、乱伐公共山林、悔婚、交易欺诈等行为进行处罚，以维护社会秩序和款组织的权威。对研究侗族文化有参考价值。20世纪40年代款师杨维堂抄本。印刷纸，册页装，行书，黑色。页面15cm×21.2cm，16行，每行13字。首页和尾页有残损。原件今藏广西壮族自治区三江侗族自治县博物馆。大部分内容收入农冠品主编《中国歌谣集成·广西卷》，中国社会科学出版社1992年版。（广西　吴　浩）

现在我来讲六面阳规　佚名撰。汉字记侗音款书。记录有侗族民间对偷盗财物、盗伐森林、毁坏水坝、悔婚、缺斤少两等行为处罚的规约，以及侗族建村立寨的祖公入村款、耶歌等。对研究侗族款文化有参考价值。手抄本。散页，行书，黑色。页面22cm×26cm，12行，每行18字。残存40页。原书今藏广西壮族自治区三江侗族自治县八江乡吴家英处，复印件存广西壮族自治区民族古籍整理办公室。收入农冠品主编《中国歌谣集成·广西卷》，中国社会科学出版社1992年版。（广西　梁杏云）

侗款　3卷，331页。清佚名撰。侗族地区独有的以民间口头文学为载体的地方规约。又称“石头法”。包括“款”的来历，人的起源、祖先居地及迁徙经过，“鸡尾客”、芦笙来历，款坪设置方位及范围，乡规民约（六面阴六面阳、六面厚六面薄、六面上六面下），汉、侗、苗、壮民族的不同习俗，行年的由来，野兽的驯养，侗族崇拜的领袖吴勉王的起义经过及祭祀词等诸项内容。是研究侗族社会发展史的重要参考资料。刻本。草纸，线订册叶装，楷书，黑色。页面27cm×19.5cm，版框21cm×14cm，四周单边，14行，每行10字。保存完好，今藏湖南省通道侗族自治县文化局。1988年经杨锡光、杨锡、吴治德整理、译释，由岳麓书社出版。（湖南　谭少剑）

侗款　不分卷，2册，25页。清光绪三年（1877）佚名撰。侗族民间乡规民约书。记录侗族的“六面阴六面阳”的适用范围及处罚程序。对研究古代侗族民间自治管理有重要参考价值。清光绪三年手抄本。草纸，线订册叶装，楷书，黑色。页面19cm×13.5cm，墨框11cm×10cm，四周单边，6行，每行15字。白口。今藏湖南省通道侗族自治县双江镇上团村杨正宁、杨通德家各一册。

（湖南　谭少剑　吴家荣）

侗垒　1册，292页。又称《侗词》。记录侗族古时祭祀神灵、祈祷祝福的吟诵词、祭祀垒词或条理话。是侗族古代流传至今的“垒金堆玉”似的吉祥雅语。分为创世垒、祭祀垒、迁徙叙词、寨规垒、英雄颂词、劝诫词、祝贺吉语、情话垒八种。对研究侗族民间文学和习俗有参考价值。手抄本。纸质，线装，仿宋，黑色。页面 20.5cm×14cm，版框 15.5cm×10cm。28 行，每行 27 字。保存完好。今藏湖南省新晃侗族自治县民族宗教局。1989 年经杨锡光、张家祯整理、译释，由岳麓书社出版。 （湖南　杨正平）

二、地方志

靖州志（明洪武） 不分卷，1册，83页。明洪武年间唐宗元纂修。记述靖州的历史沿革和当时的人文、地理、风情、风俗等方面情况。对研究靖州侗族历史有重要参考价值。手抄本。宣纸，线装，楷书，黑色。页面14.5cm×20.5cm，墨框14.5cm×18.5cm，四周单栏，行格不规则。白口。保存完好。今藏湖南省靖州苗族侗族自治县图书馆。（湖南 龙立明）

靖州志（清康熙） 6卷，不分册，232页。清康熙年间祝钟贤纂修。记述靖州的历史概貌、人文、地理、人物等方面情况。对研究靖州侗族历史有参考价值。手抄本。宣纸，线装，行书，黑色。页面18cm×25cm，墨框15cm×25cm，无边栏，8行，每行20字。白口。保存完好，今藏湖南省靖州苗族侗族自治县图书馆。（湖南 龙立明）

靖州直隶州志 20卷，不分册，2350页。清光绪年间吕宣会纂修。记述靖州的历史、地理、政治、经济、军事、人文、风俗等方面情况。对研究靖州侗族的社会历史文化有重要参考价值。刻本。宣纸，线装，楷书，黑色。页面27cm×17.5cm，四周单栏，10～25行，每行20～50字。白口。保存完好。今藏湖南省靖州苗族侗族自治县史志办。（湖南 龙立明）

靖州乡土志 不分卷，3册，161页。清光绪年间金蓉镜纂修。记述靖州城乡的历史变迁、人文、地理、政治、军事等方面情况。对研究靖州侗族历史、社会、人文等状况有重要参考价值。油印本。宣纸，线装，楷书，黑色。页面16.3cm×23.8cm，版框11cm×15.5cm，四周单栏，11行，每行21字。白口。保存完好。今藏湖南省靖州苗族侗族自治县图书馆。（湖南 龙立明）

通道县志 24卷，84页。殷道正纂修，清康熙二十三年（1684）刊刻。记录疆地、沿革、风俗、山川、古迹、城池、公署、学校、职官、乡科、贡士、人物、灾异、户口、文艺等诸方面情况。对研究通道侗族历史有参考价值。刻本。绵纸，线订，楷书，黑色。页面19cm×11.5cm，版框14.7cm×10cm，四周双栏，9行，每行19字。白口。有鱼尾、口题、页码。有印章、插图。今藏北京市档案馆，复印本存湖南省通道侗族自治县档案馆。（湖南 陆有智）

通道县志 24卷，167页。殷道正纂修，康熙二十三年（1684）刊刻。记录疆城、沿革、风俗、山川、古迹、城池、公署、学校、职官、选举、人物、灾异、物产、田赋、户口、文艺、奏疏等方面情况。对研究通道侗族历史有参考价值。刻本。绵纸，线订，楷书，黑色。页面24.5cm×15cm，版框21cm×13cm，四周双栏，8行，每行20

字。白口。有鱼尾、口题、页码、印章、插图。今藏武汉大学图书馆，复印本存湖南省通道侗族自治县档案馆。（湖南　陆有智）

通道县志　9卷，68页。张嘉麟纂修，清康熙四十九年（1710）刊刻。记录有各朝名宦、秩官、选举、人物等九个方面情况。对研究通道侗族历史有参考价值。刻本。绵纸，线订，楷书，黑色。页面24.3cm×14.5cm，版框20cm×13.2cm，6行，每行12字。白口。有鱼尾、口题、页码、印章。今藏江苏省南京市档案馆，复印本存湖南省通道侗族自治县档案馆。（湖南　陆有智）

通道县志　10卷，322页。蔡象衡纂修，清康熙四十九年（1710）刊刻。记录有封域、营建、赋役、典礼、秩官、人物、选举、风土、文艺、见闻十个方面情况。对研究通道侗族历史有参考价值。刻本。绵纸，线订，楷书，黑色。页面25.3cm×15.5cm，版框20cm×12.2cm，四周双栏，8行，每行18字。白口。有鱼尾、口题、页码、插图、校改、印章。保存基本完好。今藏湖南省通道侗族自治县档案馆。（湖南　陆有智）

芷江县志　2卷，6册。闵从隆纂修。记载芷江县城池建造、桥梁水利工程修建、户口、文武举人、寺庙的修造与赋税状况等。对研究芷江侗族的历史沿革有重要的参考价值。清乾隆二十五年（1761）刻本。毛边纸，线装，仿宋，黑色。页面25.4cm×15cm，版框20.2cm×14cm，边栏1.5cm×1.5cm，11行，每行25字。保存基本完好。今藏湖南省芷江侗族自治县史志办。

（湖南　曹小荣）

芷江县志　64卷，16册。胡礼箴、黄凯纂修。记录芷江当时的星野、兴图、沿革、疆域、山川、方都、古迹、城池、塘堰、田赋、户口、学校、坛庙、风俗、人物等情况，有各种地形图。对研究芷江侗族的历史有参考价值。清道光十九年（1839）刻本。毛边纸，线装，宋体，黑色。页面24.3cm×17.2cm，版框21.2cm×13.3cm，边栏3.1cm×3.9cm，10行，每行21字。保存完好。今藏湖南省芷江侗族自治县史志办。

（湖南　曹小荣）

芷江县志　64卷，16册。盛庆绂、吴粟慈纂修。记述芷江从沅州府改制为芷江县的基本情况，序中提到同治年间的匪患（“遍地瓦砾白骨榛莽追弓目不忍睹而”）以及军民共抗匪的情况。对研究芷江侗族的历史有参考价值。清同治八年（1869）刻本。毛边纸，线装，宋体，黑色。页面24.8cm×17.7cm，版框19.8cm×13.8cm，边栏3.8cm×1.8cm，10行，每行22字。保存完好。今藏湖南省芷江侗族自治县史志办。

（湖南　曹小荣）

沅州府志　50卷，15册。王唐珠、朱景英纂修。记述清乾隆年间芷江作为沅州府的重要历史地位，芷江建置沿革、疆城形势、城街巷坊、水利、田赋、风俗、物产、坛庙寺观、古迹墓冢等情况。对研究当时的人物及芷江侗族的历史有重要参考价值。乾隆二十三年（1758）刻本。毛边纸，线装，仿宋，黑色。页面26.4cm×18.5cm，版框25.2cm×14cm，边栏3.5cm×0.8cm，10行，每行21字。保存较好。今藏湖南省芷江侗族自治县史志办。（湖南　曹小荣）

沅州府志　40卷，24册。吴嗣仲纂修。记录清代末年的芷江概况，与原县志的分类基本相同，第二卷始有芷江“八大景”绘嵊、沅州府城图。对考证芷江历史、发展芷江旅游有重要的参考价值。清同治十年（1871）刻本。毛边纸，线装，宋体，黑色。页面25cm×17.4cm，版框20cm×13.4cm，边栏1.3cm×3.7cm，9行，每行21字。保存完好。今藏湖南省芷江侗族自治县史志办。

（湖南　曹小荣）

晃州厅志　44卷。清道光五年（1825）海盐俞克振纂修。记录天文、地理、历史沿革、文物古迹、军事、政治、艺文等情况，体例比较完备。对研究新晃侗族历史文化有参考价值。道光五年木板刻本。毛边纸，线装，宋体。今藏湖南省新晃侗族自治县档案馆。2003年3月由龙景和校注重印。

（湖南　杨正平）

平溪卫志书　1册，113页。清康熙十二年（1673）郑逢元纂修。记录平溪卫建置、舆图、星野、形势、山川、津梁、土产、风俗、田赋、人丁、驿递、役夫、铺司、设官、驻防、祭祀、学校、科目、明经、人物、忠臣、孝子、孝女、节烈、乡贤、乡望、名宦、寄寓、仙释、实翼、名胜、艺术、文志、诗等方面情况。对研究玉屏地区侗族社会历史有参考价值。线装本，楷书、黑色。页面14.5cm×22cm，版框11.5cm×16.5cm，印有“平溪卫志书”字样及页码。封面“平溪卫志书”，框有8cm×2cm双线黑幅。抄本今藏上海图书馆，复制本存贵州省玉屏侗族自治县图书馆。（贵州　陈昌文）

贵州玉屏县志　4册，10卷，696页。清乾隆二十二年（1757）田榕纂修。卷首：凡例、图说；卷二：区域志；卷三：建设志；卷四：学校志；卷五：赋役志；卷六：职官志；卷七：选择志；卷八：人物志；卷九：事记志；卷十：艺文志。对研究玉屏地区侗族社会历史有参考价值。活字印刷。白绵纸，线装本，楷书，黑色。页面12.5cm×21cm，版框11cm×18cm。标有卷序及页序，版口印有“玉屏县志”、玉屏县政府编、“贵阳大中印刷厂承印”。1947年仅存玉屏绅士郑毓桢存留孤本，保存完好。1948年由时任玉屏县长郑一平主持重刻印，1948年交贵州省玉屏县档案局保存。

（贵州　陈昌文）

贵州玉屏县志　8册，10卷，944页。清乾隆二十二年（1757）田榕纂修。卷首：凡例、图说；卷二：区域志；卷三：建设志；卷四：学校志；卷五：赋役志；卷六：职官志；卷七：选择志；卷八：人物志；卷九：事纪志；卷十：艺文志。对研究清代玉屏地区侗族社会历史沿革有参考价值。白绵纸，线装，楷书，黑色。页面14cm×21.8cm，版框11cm×17cm。贵州省图书馆有十卷原刻本。国家图书馆有卷一至卷九原刻蓝、晒本。旧抄本今藏上海图书馆，复印本存贵州省玉屏侗族自治县图书馆。（贵州　陈昌文）

三、族　　谱

木本水源　不分卷，1 册，23 页。石阡安氏族人撰。为元明代葛彰葛商长官司正长官司安氏族谱。记述安氏祖于南宋绍兴年间，与思州田佑恭等据有其地。有谱序、人物等。对研究思州历史等有参考价值。手抄本。页面 50cm×32cm，12 行，每行 33 字。楮纸，蝴蝶装，楷书，黑色。石阡县安崇基搜集、整理。今藏贵州省石阡县河坝乡安崇基处。　（贵州　蔡正国）

贵州石阡杨氏谱系　不分卷，1 册，37 页。石阡杨氏族人撰。由宋历元至明及清，传 40 世。其中 17 世杨九龙，元至元十六年（1279）授石阡司副长官，世袭至清光绪间。为协助官府管理少数民族事务时间较长的土司。对研究石阡侗族社会政治有参考价值。线装本。楷书，黑色。页面 21cm×25cm，7 行，每行 18 字。白口。有“司正堂杨”印章两枚。原本今藏贵州省石阡县老校场杨岷山处，影印本存石阡县民族宗教局。

（贵州　蔡正国）

贵州石阡王氏族谱　2 卷，2 册，297 页。清同治十一年（1872）石阡乐乔王孚撰。记石阡司左副长官司乐桥王氏之谱。谱志其王氏历宋元以降，由思州、石阡，而居乐乔。凡族人中有学生、功名者皆志之。并有钱邦艺等多官之序文诗，诗作多篇。对研究侗族一定范围的历史文化有参考价值。旧抄本。楮纸，蝴蝶装，楷书，黑色。页面 21cm×29cm，20 行，每行 22 字，左右单边，花口。版口有谱名、“凡例”、“家训”、“序”、“诗”、世系。原本今藏贵州省石阡县乐桥村王氏处，复印件存贵州省石阡县民族宗教局。　（贵州　蔡正国）

广西龙胜平等李氏宗谱　不分卷，1 册，19 页。清末民国初佚名撰。广西龙胜平等蒙洞李氏宗谱。记李家从山西迁出，辗转到了湖南，最后来到龙胜定居平等蒙洞。宗谱记录古公李仲春与吞广才斗牛屡输，为挽回脸面，干脆娶吞家女儿为儿媳，结为秦晋之好。后来因儿媳泄露娘家斗牛获胜的诀窍，导致两家反目成仇。又记李仲春之孙李光王、李金事、李度奴在迁徙路上放罗盘、祭牛头，以称河水的方式决定迁徙方向，以及重孙李太宝、李太田打猎来到龙胜平等，根据钻林子的猎狗的身上沾有浮萍，判断这里水土丰腴、适合开田，于是决定定居于此。对研究侗族迁徙史有参考价值。旧抄本。绵纸，线订册页装，行书，黑色。页面 26cm×19cm，四周单栏，有栏线，10 行，每行12～16字。原件今藏广西壮族自治区龙胜各族自治平等乡蒙洞村李勋处，复印件存广西壮族自治区民族古籍整理办公室。

（广西　黄钟警）

广西三江周坪吴氏家谱　不分卷，1 册，52

页。佚名撰。清道光八年（1828）始修，同治三年（1864）重修。谱分远祖和近支两大部分。前者叙述周太王长子泰伯远逃江南，建立句吴。后吴为越王勾践所灭，子孙便以国为姓，世代相传至今。后者记其先祖原住贵州省黎平县龙安高寨，后迁入广西三江，至清代中期已历20代。现吴姓散居周坪（最早迁入之地）、独峒、八江等乡。对研究侗族吴姓族源及迁徙情况有参考价值。现有1986年抄本。绵纸，册页装，楷书，黑色。页面23cm×16cm，9行，每行2～20字不等。复印本存广西壮族自治区三江侗族自治县图书馆。（广西　吴　浩）

广西三江老堡塘杨氏族谱　不分卷，1册，37页。清佚名撰。侗族族谱。记载杨氏来源和各代族人名字。杨氏原籍为江西吉安府泰和县清白堂分支，鼻祖兄弟四人分别为杨时开、杨时泰、杨时荣、杨时昌，明代时居住于广西思恩府宾州大港口十余年，后迁至柳州府怀远老堡塘入南寨开基创业，承传已逾19代，现子孙散居三江各地。对研究侗族杨氏族源及迁徙情况有参考价值。清刻本。线装，汉文，楷书，黑色。页面26.5cm×25cm，版框22.1cm×21cm，四周双栏，16行，每行2～24字不等。白口，有双鱼尾，上鱼尾下写“日进千金”、“成隆造”字样。保存完好。原件存处不详，复印件存广西壮族自治区三江侗族自治县图书馆。（广西　韦如柱）

湖南省通道粟氏族谱　不分卷，1册，52页。清乾隆九年（1744）赵大鲸等撰。记粟氏家族事。该谱记载了粟姓从明初到清朝，从江西不断迁徙的经过和居地以及粟姓历史上有影响的人名官位，还记载粟氏的家教家训。对了解侗族粟氏的历史变迁有参考价值。乾隆九年佚名抄本。草纸，线订册叶，楷书，黑色。页面17cm×13cm，墨框13cm×9cm，四周双边，10行，每行11字。白口。正文有朱印行格。保存完好。今藏湖南省通道侗族自治县牙屯堡镇树团村粟兴贤家。（湖南　谭少剑　吴家荣）

湖南通道李氏族谱　13卷。清乾隆二十九年（1764）李浚源撰。作者从续修族谱、本公世系吊图、荣公世系吊图、坚公世系吊图、以仁公世系吊图等13个方面编撰。对研究通道侗族李氏一族有参考价值。乾隆二十九年青莲堂刻本。绵纸，线订，楷书，黑色。页面23.5cm×16cm，版框20cm×13.3cm，四周双栏，10行，每行20字。白口。原件存处不详，复印本存湖南省通道侗族自治县档案馆。（湖南　陆有智）

湖南通道吴氏宗谱　不分卷，1册。清道光八年（1828）佚名撰。有吴氏44代祖宗简介及其生卒与子嗣。记商殷武丁时期至东汉建初元年（公元76）到通道宗支各代人名及其官职和迁徙情况。对研究汉族迁徙到侗族地区融合为侗族有参考价值。道光八年抄本。绵纸，线装，楷书，黑色。页面18.6cm×14.7cm，墨框16cm×13.5cm，无边，8行，每行18字。有印章、校改标志。原件存处不详，复印本存湖南省通道侗族自治县档案馆。（湖南　陆有智）

湖南省通道杨家族谱　18卷。清道光十三年（1833）杨光美、杨晟湖、杨进文、杨晟麒撰。作者从家训、凡例、卧碑、名宅图式等18个方面编撰。对研究通道侗族杨氏一族有参考价值。道光十三年杨光美抄本。绵纸，线订，楷书，黑色。页面46cm×27cm，墨框33cm×19.5cm，无边，10行，每行23字。有印章、标志。原件今藏湖南省通道侗族自治县陇城镇竹塘村杨秀俊处，复印本存通道侗族自治县档案馆。

（湖南　陆有智）

湖南省通道杨氏宗谱　27卷。民国三年（1914）唐盛才、粟有余等撰。作者从家训、图谱、修云房通昭一支世系、绾公房通福一支世系、绾公房通照一支世系等27个方面撰写。对研究通道侗族杨氏一族有参考价值。民国三年三驥堂刻本。绵纸，线订，楷书，黑色。页面33cm×21.2cm，版框24.6cm×17.8cm，四周双栏，10行，每行25字。有鱼尾、口题、页码、刻印作坊、印章、插图。原件存处不详，复印本存湖南省通道侗族自治县档案馆。（湖南　陆有智）

湖南省芷江田氏族谱　8卷，8册。佚名撰。清康熙十六年（1677）刻本。记述大垅侗族田氏家族的情况，包括人丁繁衍、田亩分布、家族中搬迁后的分布和墓葬情况、家族中对国家有功的人物、本家族祠堂地形及房屋分布等情况。对研究芷江侗族田氏一族有参考价值。毛边纸，线装，宋体，黑色。页面39cm×26cm，墨框20.2cm×29.8cm，边栏2.4cm×3.6cm，四周框线，12行，每行21字。部分破损。今藏湖南省芷江侗族自治县大垅乡下寨龙开金处。

（湖南　曹小荣）

湖南省芷江郭氏族谱　20卷，10册。佚名撰。记载郭氏家族族源、分布、田亩、墓葬、迁徙、分支情况及本族值得记载的人物等基本情况。清光绪十九年（1883）刻本。毛边纸，线装，楷书，黑色。页面39cm×26cm，版框20cm×30cm，边栏2.4cm×3.6cm，12行，21字。保存较好。今藏湖南省芷江侗族自治县大树坳乡凉水井郭其树处。（湖南　曹小荣）

湖南省芷江杨氏族谱　9卷，8册，1440页。佚名撰。记述杨氏第三分支的家族情况，包括人丁繁衍、田亩分布、家族中搬迁后的分布和墓葬情况、家族中对国家有功的人物、本家族祠堂地形及房屋分布等情况，有祖先的画像及部分地形图。清光绪二十六年（1887）刻本。毛边纸，线装，宋体，黑色。页面39cm×26cm，墨框20.2cm×39.8cm，边栏2.4cm×3.6cm，四周框线，12行，每行21字。今藏湖南省芷江侗族自治县冷水溪帏台上杨务进处。

（湖南　曹小荣）

湖南省芷江杨氏族谱　24卷，16册，1440页。杨氏21代孙杨生国撰。叙述芷江碧涌扬氏第十分支子孙起源、迁徙、日常生活、基地分布、田亩分布及本族70岁以上老人的名讳、本族分支等情况，杨氏人员中历代（自周朝起）为国立功人物的志铭及杨氏家族中杨家将众位人物的英雄事迹。清宣统二年（1910）刻本。毛边纸，线装，宋体，黑色。页面39cm×26cm，版框20cm×30cm，边栏2.4cm×3.6cm，12行，21字。有四知堂印刷标志。部分破损。今藏湖南省芷江侗族自治县碧涌镇碧河洋溪塘杨志清处。

（湖南　曹小荣）

湖南靖州许氏族谱　不分卷，1册，348页。清道光三十年（1850）岁次庚戌菊月、上浣吉旦家族裔孙公撰。其中记录的“古孝弟训意摘抄”、“古笃宗族雍睦之训”、“许氏续谱诫勉词”等，对研究侗族文化和伦理道德有参考价值。刻本。宣纸，精装本，宋体，黑色。页面19cm×26.5cm，版框14.5cm×21.5cm，四周单栏，行格不规则。白口。黑体字，汉文页码。保存完好。今藏湖南省靖州苗族侗族自治县图书馆。

（湖南　龙立明）

湖南靖州龙氏族谱　不分卷，1册，408页。民国六年（1917）丁巳岁仲冬月谷旦公撰。族谱中"谱规"、"家规"、"家庭内教"、"婚礼仪注"、"丧礼仪注"等段，叙述较为详尽，对研究靖州侗族文化和伦理道德等有参考价值。油印本。宣纸，精装，黑体，黑色。页面19cm×26.5cm，版框14cm×21cm，行格不规则。白口。保存完好。今藏湖南省靖州苗族侗族自治县图书馆。

（湖南　龙立明）

湖南靖州储氏族谱　不分卷，1册，901页。民国二十四年（1935）河东堂撰。记述靖州储氏家史。对研究靖州地方史有参考价值。刻本。宣纸，精装，宋体，黑色。页面26cm×19cm，版框21cm×15cm，22行，每行29字。白口。保存完好。今藏湖南省靖州苗族侗族自治县史志办。

（湖南　龙立明）

湖南靖州林氏通谱　不分卷，1册，75页。述及林氏家训等内容。族谱中涉及到的列传，对研究侗族历史有参考价值。油印本。宣纸，线装，宋体，黑色。页面18.8cm×26cm，版框14.5cm×21.8cm，四周单栏，行格不规则。白口。保存完好。今藏湖南省靖州苗族侗族自治县图书馆。

（湖南　龙立明）

湖南靖州覃氏族谱　9卷，不分册，720页。民国年间佚名撰。记载靖州覃氏家族史。对研究靖州地方史有参考价值。油印本。宣纸，线装，楷书，黑色。页面19cm×27.5cm，版框15cm×23cm，四周双（单）栏，行格不规则。白口。有花边。保存完好。今藏湖南省靖州苗族侗族自治县图书馆。　（湖南　龙立明）

湖北宣恩吴氏族谱　8卷，8册，581页。清道光三年（1823）吴士楹撰。湖北宣恩西坪吴氏家谱。记西坪吴氏家族的宗族起源、发展、迁徙情况和祖训、家规族规、习俗等。是研究鄂西南侗族习俗和历史的参考资料。道光三年吴士楹刻本。草纸，线装，楷书，黑色。页面36.5cm×26.5cm，版框28cm×21.5cm，边栏6cm×1cm，10行，每行20字。有页码，有抄配。部分残损。今藏湖北省宣恩县西坪吴光胜处。

（湖北　吴光胜）

湖北宣恩吴氏族谱　不分卷，1册，83页。吴可全撰。详细记载了吴士万后代又一分支的迁徙、发展、家训、族谱、族规等。对研究吴氏侗族的繁衍生息及伦理习俗有一定参考价值。吴可全手抄本。草纸，线装，楷书，黑色。页面27cm×18cm，版框25.4cm×6.1cm，四周单栏。12行，每行16字。有页码，有旁注。保存较好。今藏湖北省宣恩县会口吴仁阶处。　（湖北　姚祖瑞）

湖北宣恩吴氏宗族家谱　不分卷，2册，530页。民国三十五年（1946）吴士元、吴国栋等撰。介绍吴氏宗族的起源、发展及迁徙、支系、字辈、家训及人员情况。对研究湖北宣恩侗族的迁徙、生活、民俗及文化发展有参考价值。民国三十五年吴士元等抄本。草纸，线装，楷书，黑色。页面27×20cm，版框25.1×18.3cm，无边栏，24行，每行28字。有口题。保存完好。今藏湖北省宣恩县长潭河侗族乡马家溪马宝山处。　（湖北　姚祖瑞）

湖北宣恩杨氏家谱　不分卷，1册，20页。杨再瑞撰。记宣恩侗族杨氏分支的起源、迁徙、发展及支系宗谱情况。对研究宣恩侗族杨氏家族的繁衍生息情况有参考价值。抄本。

草纸，线装，楷书，黑色。页面 25cm×16cm，版框 23.1cm×13.7cm，无边栏，20 行，每行 9 字。有页码，有旁注。保存完好。今藏湖北省宣恩县会口杨顺清处。

（湖北　姚祖瑞）

湖北宣恩姚氏族谱　不分卷，1 册，164 页。清光绪六年（1880）姚福赓撰。是湖北宣恩覃家坪姚氏家谱。记姚氏族人起源、迁徙、族规、孝义传家训语、风俗习惯等。其中迁徙过程为：康熙末期姚氏从湖南省沅州府芷江县（今湖南新晃）伞寨村坡脚寨迁入宣恩覃家坪马里光居住。对研究鄂西南侗族历史、习俗及社会生活有参考价值。光绪六年姚福赓刻本。草纸，线装，楷书，黑色。页面 25cm×21cm，版框 23.3cm×18.7cm，四周单栏，8 行，每行 28 字。有页码，有旁注。保存基本完好。今藏湖北省宣恩县覃家坪马里光姚源泉处。（湖北　姚祖瑞）

湖北宣恩姚氏族谱　不分卷，1 册，37 页。民国四年（1915）姚本江撰。是宣恩大茅坡营姚氏家谱。记大茅坡营姚氏族源、支系及姚氏从湖南迁至贵州又至湖北的迁徙和发展过程。对研究鄂西南侗族的历史和习俗有参考价值。刻本。草纸，线装，楷书，黑色。页面 26cm×19cm，版框24.3cm×17.1cm，无边栏，8 行，每行 20 字。保存基本完好。今藏湖北省宣恩大茅坡营姚祖佩处。

（湖北　龙顺成）

湖北宣恩龙氏族谱　不分卷，1 册，40 页。清光绪二十七年（1901）龙凤楼撰。宣恩县铜锣坪龙氏家谱。记龙氏祖先由湖南迁徙至湖北西坪的过程、龙氏支系和族规等。对研究鄂西南侗族历史及社会生活等有参考价值。刻本。草纸，线装，楷书，黑色。页面 30cm×15cm，版框 24cm×13cm，边栏 5cm×1cm，8 行，每行 27 字。内有图 7 幅。残损五处。今藏湖北省宣恩县铜锣坪龙首典处。

（湖北　龙顺成）

湖北宣恩黄氏族谱　不分卷，1 册，32 页。黄启垫撰。湖北宣恩贡黄家河黄氏家谱。叙述黄氏侗族的起源、迁徙、发展过程。对研究宣恩贡黄家河黄氏侗族的民情风俗有一定参考价值。草纸，线装，楷书，黑色。页面 30cm×21cm，版框 27cm×18cm，无边栏，10 行，每行 15 字。有口题、页码，有旁注。严重残损。今藏湖北省宣恩县贡黄家河黄国乾处。（湖北　姚祖瑞）

湖北宣恩邓家坪杨氏族谱　不分卷，1 册，43 页。民国三十年（1941）杨顺皆撰。湖北宣恩县五里牌邓家坪杨氏家谱。记杨氏字派由“再正通光昌胜秀”改为 28 字。并记录了杨天应、姚渐先（君赞）、吴世万、黄金代四人在沅洲芷汉结为兄弟过程。杨氏进山始祖杨昌德、杨昌明、杨昌祠于清乾隆年间，由湖南省沅州府芷江县黄泥塘杨家水晶（井）迁湖北宣恩东乡里二甲中心堡定居落业。是研究鄂西南侗族历史和习俗的参考资料。刻本。草纸，线装，楷书，黑色。页面 27cm×23cm，墨框 24.7cm×21cm，无边栏，12 行，每行 14 字。有页码，有旁注。基本保存完好。今藏湖北省宣恩县五里牌邓家坪杨天明处。（湖北　姚祖瑞、吴光友）

湖北宣恩大岩坝杨氏族谱　不分卷，1 册，43 页。湖北宣恩晓关杨氏家谱。叙述宣恩晓关大岩坝杨氏侗族的起源、发展、迁徙及宗族派系等情况。对研究宣恩晓关杨氏家族迁徙有参考价值。湖北宣恩伍家台、杨光韶抄本。草纸，线装，楷书，黑色。页面 25cm×9cm，墨框 23.5cm×17cm，四周单栏，7 行，每行 14 字。有页码，有旁注。残损严重。今藏湖北省

宣恩县伍家台杨光韶处。 （湖北 姚祖瑞）

湖北宣恩会口杨氏族谱 不分卷，1册，45页。清同治十三年（1874）杨宗友撰。湖北宣恩会口侗族杨氏家谱。会口侗族人士杨宗友为其做斋而编成，记湖北宣恩会口侗族杨氏家族的起源、发展、迁徙及其派系情况。对研究湖北宣恩会口杨氏侗族的发展史有参考价值。抄本。草纸，线装，楷书，黑色。页面25cm×15cm，墨框23.1cm×13.5cm，无边栏，10行，每行20字。有页码，有旁注。保存完好。今藏湖北省宣恩县会口洗马坪杨顺让处。 （湖北 姚祖瑞）

湖北宣恩会口杨氏族谱 不分卷，1册，76页。民国八年（1919）杨重皆撰。湖北宣恩会口杨氏族谱记会口杨氏侗族的起源、迁徙及其发展情形，同时载录了为杨宗林做斋的过程。对研究宣恩会口杨氏侗族的发展有参考价值。民国八年杨重皆抄本。草纸，线装，楷书，黑色。页面26cm×28cm，墨框24cm×16.1cm，无边栏，6行，每行12字。有口题、页码、旁注。部分残损。今藏湖北省宣恩县会口杨天桂处。（湖北 姚祖瑞）

湖北宣恩会口姚氏族谱 不分卷，1册，72页。清光绪十六年（1890）姚复厚撰。宣恩会口侗族姚氏家谱。通过姚母杨老孺人之逝，记述了其丧葬过程及后世子孙的繁衍情况。对研究宣恩会口侗族姚氏家族的发展史有参考价值。抄本。楷书，黑色。页面22cm×14cm，墨框19.8cm×12.1cm，边栏3cm×2cm，5行，每行12字。有页码，有口题。保存完好。今藏湖北省宣恩县民宗局姚祖瑞处。 （湖北 姚祖瑞）

湖北宣恩会口姚氏族谱 不分卷1册，59页。民国三十四年（1945）姚绍田、姚绍良撰。湖北宣恩会口姚氏家谱。记姚氏家族起源、迁徙、派系及其字辈等情况。是研究宣恩会口姚氏侗族的重要参考资料。民国三十四年姚绍金抄本。草纸，线装，楷书，黑色。页面27cm×23cm，墨框24.7cm×20.3cm，无边栏，10行，每行14字。有页码。残损严重。今藏湖北省宣恩县会口黄田姚祖成处。 （湖北 姚祖瑞、吴光友）

四、其　　他

南集通书　3卷，341页。佚名撰。在通道侗族地区通称为“侗族三本书”。内容涉及历法、天文地理、生产生活、建房、修路、造塘、婚丧嫁娶等。对研究侗族的社会文化和民间信仰有参考价值。刻本。草纸，线订册页装，楷书，黑色。页面27cm×19.5cm，版框21cm×14cm，四周双栏，5行，每行14字。白口。有汉文页码、刻工名，有插图。保存完好。今藏湖南省通道侗族自治县文化局资料室。

（湖南　谭少剑）

侗耶　2卷，352页。佚名撰。侗耶是侗族民间一种文化艺术形式。多采用一问一答式。内容涉及侗族的建房、嫁娶、安葬、出行求财、修塘、服饰、迁居、织造、渔猎、十二生肖、历法等。耶词以《南集通书》（侗族称之为三本书）为母本，运用天干地支、五行和八卦推算出生产生活诸方面的吉、忌（凶）日，以指导人们生活的诸方面。刻本。草纸，线订册页装，楷书，黑色。页面27cm×19.5cm，版框21cm×14cm，四周单边，11行，4字。白口。有汉文页码。书由湖南省民委古籍整理办公室1986年整理成册。今藏湖南省通道侗族自治县文化局档案室。

（湖南　谭少剑）

六十甲子答耶歌　不分卷，1册，34页。佚名撰。侗族歌书。耶歌亦称“侗耶”，是侗族一种边唱边舞的艺术形式，分为集体合唱、一人领唱众人合唱和一问一答对唱三种形式，既有四句或八句的短歌，也有数十句以上的长歌，多在祭祀圣母、祖先时和重大庆典仪式上唱诵。此为长歌，以问答形式叙唱六十甲子的名称、历史事件、生产生活常识等。对研究侗族文学、艺术有参考价值。抄本。绵纸，册页装，楷书，黑色。页面18.4cm×13cm，8行，每行18字。保存基本完好。自湖南通道搜集。今藏广西壮族自治区三江侗族自治县博物馆。

（广西　韦如柱）

择日通书　不分卷，1册，76页。佚名撰。侗族俗称“侗书”，汉字记侗语。由“三本”（即总纲）和细目组成。“三本”按干支次序把每月常见的吉日凶日标出，细目则包括选择平宅基地、起新房、入宅移居、种田、买牛、造牛栏、修鱼塘、架桥、做棺木、结婚嫁女、安葬、送神等内容。对研究侗族的宗教文化习俗有参考价值。抄本。麻纸，线订册页装，楷书，黑色。页面26cm×18.5cm，10行，每行15～17字。今藏广西壮族自治区龙胜各族自治县乐江乡宝赠村上寨吴代荣处。

（广西　黄钟警）

民间医方　不分卷，1册，144页。清佚名撰。清代医药书。刊载民间中草药医方千余例，是民间郎中看病寻药的依据。对研究侗族民间医药有参考价值。刻本。草纸，线订册页装，楷书，黑色。页面 25cm×11.5cm，版框 20cm×9.5cm，四周单边，10 行，每行 24 字。白口。残损严重。今藏湖南省通道侗族自治县黄土乡新寨村李政处。

（湖南　谭少剑）

侗族医方　不分卷，1 册，78 页。清乾隆元年（1736）吴国恩撰。侗族医药书。记载侗族民间中草药偏方三百余剂。是指导侗族民间医生看病用药的专用书籍。对研究侗族传统医药有参考价值。乾隆元年抄本。草纸，线订册页装，楷书，黑色。页面 28cm×20cm，墨框 23cm×15cm，四周双栏，10 行，每行 21 字。白口。有页码。保存基本完好。今藏湖南省通道侗族自治县坪坦乡民间医生吴永旭家。（湖南　谭少剑　吴家荣）

古典医书　1 卷，6 册。佚名撰。记各种民间偏方，分小儿科、妇科、跌打损伤等类。对研究侗族传统医药有参考价值。清光绪十二年（1886）抄本。毛边纸，线装，楷书，黑色。页面 22cm×14.2cm，版框 20.3cm×13cm，边栏 1.7cm×1.2cm，11 行，每行 23 字。保存较好。今藏湖南省芷江侗族自治县大树坳凉水井郭其树处。　（湖南　曹小荣）

龙溪草堂诗抄　10 卷。清光绪八年（1882）晃州（今新晃）张日仑著。包括五言绝诗、五言律诗、七言律诗、七言绝诗、试贴诗计 2000 余首。对研究古代侗族文人文学有参考价值。清光绪八年刻本。页面 24cm×15cm。今藏贵州省贵阳图书馆。

（湖南　杨正平）

舞阳别词　不分卷，1 册，15（双）页。民国二年（1913）张伯英等著。民国元年张伯英任晃州厅知事，翌年调离，临别时以舞阳地方风物为题赋诗四首，唱和颇多。对研究新晃地方风物有参考价值。民国二年铅印本。仿宋。页面 25.5cm×15cm。保存完好。今藏湖南省新晃侗族自治县档案馆。

（湖南　杨正平）

东山集　6 卷，129 页。民国三十四（1945）晃县（今新晃）舒幼恂撰。包括杂文、杂诗、诗话、零话、随便谈谈、附录。对研究古代侗族文人文学有参考价值。民国三十四年中国晨报社出版。铅印，宋体，黑色。页面 19.5cm×13.5cm，无边。保存完好。今藏湖南省新晃侗族自治县档案馆。

（湖南　杨正平）

侗戏剧本　侗族南部方言汉字记侗音剧本。流传于贵州黎平、从江、榕江等侗族地区。贵州省黎平县吴德隆译撰。有“珠郎娘美”、“梁山伯与祝英台”及自创剧目和劝世歌、谢世歌等十多篇。其中“珠郎娘美”讲述我国侗族南部方言地区的一个真实故事。清道光年间，榕江车江青年珠郎和娘美相爱至深，却遭到双方家庭极力反对，无奈只有私奔。他们奔逃到从江贯洞，当地寨主银尼贪图娘美美貌，为了霸占娘美，谋害珠郎。失去心爱之人的娘美在悲痛欲绝中设计亲手杀死银尼，为珠郎报仇。“梁山伯与祝英台”是根据汉族同名故事改编成的侗戏剧本。手抄本。平装，行书。32 开纸 100 页。有句读、校改。保存基本完好。稿存贵州省黔东南苗族侗族自治州民族博物馆。

（贵州　钟凯琼）

打菜　又名“盗菜”。不分卷 1 册。侗语北部方言阳戏剧本。赖声昭撰。记大文因连夜薅菜，疲惫不堪，倒在树下睡着了。早就对大文有爱慕之心的小凤，趁机故意进菜园“盗菜”，待大文发觉时，小凤刚出菜园，大文追小凤，小凤追大文，经一番周旋，大文领会了小凤的心意，答应次日到小凤家为其母庆寿，并由此结成良缘。手抄本，麻纸，线装。32 开纸 84 页，8 行，每行 21 字。稿存贵州省天柱县文化馆。（贵州　龙启休）

河边洗裙　侗语北部方言阳戏剧本。杨昌合、杨文干撰。记陈母李氏外出串亲，吩咐儿子去前村换蛋孵鸡，吩咐女儿翠圆到河边洗衣裙。翠圆洗衣时，不小心把金戒掉到河里，书生何德明路过，问明情由，下河帮翠圆打捞，翠圆十分感激，邀其到家喝茶，互倾爱慕之心。正巧弟弟叫门，翠圆便叫德明躲在自己身后，巧妙地搪塞弟弟。送走德明，互赠礼物，约定后会之期。李氏回家，弟弟多嘴，引出一番喜闹情节。该剧根据北部侗族地区流传的民间故事改编而成。手抄本，行书。32 开纸 34 页，18 行，每行 21 字。棉纸线装。收入《戏曲曲艺概览》，贵州人民出版社 2001 年版。稿存贵州省天柱县文物管理所姚敦屏处。（贵州　龙启休）

乙编 铭刻类

一、款　碑

从江日字碑　石碑1通。明崇祯十五年十一月初一日（1642年11月23日）由黎靖副总府和××府委官同罗寨乡老奉两府明文所刻的文告。该碑为从江县留存的历史上最早的碑刻。碑文内容为对假借公差诈骗乡民行为要严惩不贷。对研究明代侗族地区的历史、文化有重要价值。碑面79cm×47cm。字迹浸漫严重，全文180字，能辨认120余字。拓片存于贵州省从江县文管所。碑文收入《从江石刻资料汇编》（第一集），贵州省从江县文化体育广播电视局2007年内部编印。（贵州　张子刚）

从江增冲“万古传名”碑　石碑1通。清康熙十一年（1672）七月十二日立于从江增冲。碑文有议定款约12条，内容涉及治理偷盗、婚姻关系、娱乐越轨、田地买卖、山林纠纷等行为的处罚办法和金额。对研究清末侗族地区历史、文化和侗族习惯法有重要参考价值。碑在今贵州省从江县增冲鼓楼内。碑文收入《从江石刻资料汇编》（第一集），贵州省从江县文化体育广播电视局2007年编印。（贵州　张子刚）

从江高增寨款碑　石碑1通。清康熙十一年（1672）七月初三立于高增寨。碑文有议定款约12条，内容涉及禁止偷盗、砍伐林木、通奸强奸、内外勾引、山场纠纷、生端行蛮、嫁祸于人，以及婚姻关系、男女拐带、失火烧房、烧坟等条文规定和处罚数额。对研究侗族地区的历史、文化有重要参考价值。碑文有前言和12个条款，全文共计560多字。碑文收入《从江石刻资料汇编》（第一集），贵州省从江县文化体育广播电视局2007年编印。（贵州　张子刚）

黎平十洞款禁碑　石碑1通。清乾隆二十二年（1757）佚名撰文，佚名抄刻。贵州黎平十洞款组织所立的禁款。古时十洞（包括岩洞、竹坪、新洞、朋岩、述洞、同关、寨拱、迷洞、四寨、坑洞、山洞11个村寨）为一个款坪。款坪所在地为“便引”。此碑原立于“便引”款坪内。记述该款组织于乾隆二十二年二月共同订立的禁条。禁条打击的主要对象是偷盗者。“如有偷盗，拿获查实者，通历众寨，绑捆款上，立即打死。一不许赴官；二不许动凶；三不许隐匿抗违。如有三条查一，同治罪。”并录各村款首姓名。还记述了十洞小款的地域范围，说明款组织在和平年代的主要任务是维护地方治安。对研究侗族款约组织有重要参考价值。碑在今贵州省黎平县岩洞竹坪便引新村。两面有字，楷书。阳面110cm×30cm，汉文135字；阴面110cm×30cm，汉文88字。碑呈不规则形，最宽处39cm，最窄处30cm。碑额有“碑记”二字。阳面刻款禁内容，阴面刻寨名、人名。保存完好。碑文收入吴浩主编《中国侗族村寨文化》，民族出版社2004年版。

（广西　吴　浩　贵州　龙耀宏　龙小金）

龙胜庖田禁革碑　石碑1通。清乾隆四十四年（1779）十月临桂县正堂郑某撰文，佚名刻。清朝桂林府禁止广南汛官兵扰民损民的告示碑。乾隆四十四年，龙胜瑶人（瑶人或苗人是当时龙胜少数民族的统称）龙金全、石唐胜、石富全向桂林府状告广南汛官兵买东西不按市价强买和滥派民伕，为防止民反（广南一带是乾隆五年农民领袖吴金银率龙胜各族武装反清的策源地），官府作出了“广南汛官兵柴火马草并鸡鸭鱼物以及围园竹签等项，俱照市价公平采买，其居住营房，各兵自行修补”和“嗣后毋许砍伐民间山场竹木以及派累苗瑶民”的规定，同时还警告“该苗瑶亦不得妄为滋事”。对研究龙胜少数民族历史有参考价值。碑在今广西壮族自治区龙胜各族自治县平等乡庖田村庖田组。碑面126cm×87cm，汉文，楷书。13行，共291字，保存完好。碑文收入《龙胜县志》，汉语大词典出版社1992年版。

（广西　黄钟警）

三江河里南寨限禁碑记　石碑1通。佚名撰文，清乾隆五十九年（1794）三月初三日佚名抄刻。广西三江河里、南寨、欧阳、寨贡等村群众，为禁止人们在三王庙前后左右之山坡上安葬立坟，破坏神地风水，经过商议，立下规约，刻石立碑，以传后世。碑文中所禁限之地，共有十处，每处均“埋石封堆”，划定界限，在“封堆”范围之内，严禁安葬立坟，如有违纪，则按乡规严加惩处。对研究侗族宗教信仰及习惯法有参考价值。碑在今广西壮族自治区三江侗族自治县河里南寨三王庙大门外人和桥头。碑面84cm×40cm。面刻汉文，楷书，12行。碑额为半圆形。有少数字迹漫漶。

（广西　吴　浩）

锦屏高柳“永定江规”碑　石碑1通。清嘉庆十六年（1811）闰三月立。碑文为黎平知府周景益就高柳与鬼鹅两寨为争放远山客木控案下的判词。鬼鹅与高柳寨民本是同谱宗族，后为争放远山客木却发生了争执，鬼鹅寨民向宗开等控告到黎平府，知府周景益在调查基础上酌断如下：“高柳、鬼鹅二处共二百二十余户，着分为六股，鬼鹅运一年之后，高柳接运二年，周而复始，永定章程。”可供研究侗族林业经济史参考。碑在今贵州省锦屏县铜鼓高柳村下寨锁口桥头。一面有字。碑面180cm×70cm。碑头楷书阴刻“永定江规”四字，正文每字3平方厘米。

（贵州　龙小金）

锦屏九南水口山护林碑　石碑1通。清嘉庆二十五年（1820）十一月一十九日当地村民立。记捐款买地植树护林之事。其中记述：“境内水口，放荡无阻，古木凋残，财爻有缺，于是合乎人心捐买地界，复种植树木。故栽者培之郁乎苍苍，而千峰叠嶂罗列于前，不使斧斤伐于其后，永为护卫，保障回环，岂曰小补之哉。”可供研究侗族地区林业史参考。碑在今贵州省锦屏县敦寨九南村水口山公路侧。青石质。碑面100cm×87cm。碑文竖向，楷书，阴刻。5行，共计101字。碑文收入《锦屏碑文选辑》，锦屏县政协文史资料委员会、锦屏县志编纂委员会办公室编印。

（贵州　彭金銮）

天柱鲍塘永禁碑记　石碑1通。清道光十一年（1831）佚名撰文，佚名抄刻。记述鲍塘及周边村寨山多田少，全赖杉木为生，而多有将杉木砍伐谋一己私利，或入山窃砍，或临溪偷伐，遗害不小。为此，当地侗族群众遵循先民古训，商议不准运买栋子、放火烧山，不准拖放木材毁田，立碑为约。对研究侗族经济和环保意识有参考价值。碑在今贵州省天柱县坌处鲍塘。碑面 110cm×80cm，面刻 88cm×63cm。汉文，楷书，16 行。青石质。（贵州　龙启休）

龙胜杉木坳禁伐碑记　石碑 1 通。清道光十八年（1838）九月初二日寨枕村佚名撰文，民国十一年（1922）吴结义重立刻文。碑名“亘古碑记”。为广西龙胜平等寨枕村保护杉木坳树木的禁约碑。碑记开头云：“尝闻《诗》有云：蔽芾甘棠，勿剪勿伐。然后人思其德，故爱树而不忍伤也。”杉木坳“自古栽培松杉等树，惟夭惟乔，蔽芾森林，虽非其德，亦也藉人以遮荫，而且与风水有关，岂又忍伤乎”？经大众公议：“自禁约之后，仍再胆敢砍伐者，议众全家抄掠后解官法究，决不宽贷。”对研究侗族地区林业保护村规民约有参考价值。碑在今广西壮族自治区龙胜各族自治县平等乡寨枕村杉木坳。碑面 118cm×71cm，面刻 112cm×68cm。汉文，楷书。11 行，共 168 字。保存完好。碑文载政协龙胜各族自治县委员会编《龙胜文史》第三辑。（广西　黄钟警）

黎平大寨封禁古山碑　石碑 1 通。清道光二十年（1840）佚名撰文，佚名抄刻。碑名“封禁碑”。贵州黎平肇洞款众订立的封禁碑。碑文认为盖古山是一寨主地脉搏，能保人民安康，但有人不听众论，砍龙脉山水，造成家家不泰，户户不安。为此陆今海等人，请双县主前来勘验，蒙恩判断，封禁龙脉山水，永远不准开砍、攘坝砌埂取水，因此满寨共同立此禁碑，以流传后世。对研究侗族的宗教信仰及村寨规约有参考价值。碑在今贵州省黎平县肇兴大寨。碑面 80cm×60cm，面刻 70cm×50cm。汉文 132 字。楷书。保存完好。碑文收入吴浩主编《中国侗族村寨文化》，民族出版社 2004 年版。（广西　吴　浩）

通道金甸牧牛地界碑　石碑 1 通。清道光二十二年（1842）佚名撰文，叶合元抄刻。记牧牛地界划分事。金甸上中团、下中团因牧牛地界不清，屡屡发生纠纷，后经两寨头人共同商议达成协议，并经他寨头人作为凭中人，以款约形式解决这一事件，立碑公布。对研究侗族款约有参考价值。碑在今湖南省通道侗族自治县牙屯堡金甸。四面有字。其中，一面刻 110cm×30cm，汉文，7 行；二面刻 110cm×30cm，汉文，7 行；三面刻 110cm×30cm，汉文，7 行。石刻，楷书。保存完好。（湖南　谭少剑）

靖州楠木山不许舅霸姑婚碑　石碑 1 通。清道光二十三年（1843）佚名撰文，佚名抄刻。记述“不许舅霸姑婚”款禁，“姑所育之女，定为妻舅之媳”为“陋习”，“害非小者”。此碑为乡规民约，反映少数民族为摆脱近亲结婚的落后习俗束缚的强烈愿望。对研究侗族古代婚姻史有参考价值。碑在今湖南省靖州苗族侗族自治县平茶乡楠木山。碑面 58cm×109cm，面刻 50cm×100cm。汉文，12 行。石刻，草书，黑色。保存完好。碑文收入《靖州县志》，三联书店 1994 年版。（湖南　龙立明）

石阡河东轮水碑　石碑 1 通，清道光二十四年（1844）立。记合理用水灌田事。分枧上、当湾、榜上、美栖（坝上）轮流灌溉。公议款五条，违者罚款修堰。是侗乡“石碑律”的一种表现形式。对研究侗乡社会政治、生产活动有参考价值。碑在今贵州省石阡县中坝镇河东村鲤鱼井边。四面有字。碑面一：127cm×104cm，20 行；碑面二：

127cm×38cm，8行；碑面三：127cm×33cm，5行；碑面四：127cm×33cm，7行。赤石刻，楷书。（贵州　蔡正国）

三江整治社会治安告示碑　石碑1通。清道光二十七年（1847）孟春怀远知县张某撰文，佚名抄刻。告示碑。原碑名为“永垂不朽”。记述：黔楚从前本境居民，素称淳朴，而近年以来，社会治安每况愈下，常有“勾结为害”之民，并有“外匪闯入兹扰”。为整治社会秩序，知县约束乡村各寨绅士议立乡规永远禁勒，如有不遵者，统众公罚。这是当时知县利用当地的款组织及其规约来整治社会治安秩序的一个实例。对研究当时侗族社会的政治状况有参考价值。碑在今广西壮族自治区三江侗族自治县博物馆。碑面120cm×60cm，面刻110cm×54cm。汉文12行，楷书。有部分文字难以识读。

（广西　吴　浩）

榕江冷里乡规碑　石碑1通。道光三十年（1850）冷里侗民公立。记严禁“窝藏贼匪”、“砍伐生柴”、“盗取山上根条、苞谷以及园内瓜茄蔬菜”诸项，违者罚钱，或“送官处治”。对研究侗族乡规民约有参考价值。碑在贵州省榕江县平永镇冷里村河边。一面有字。碑面167cm×67cm。碑额横向正楷阳刻“禁条碑记”。碑文竖向，正楷，阴刻，22行，满行51字，共计581字。碑文收入《榕江县文物名胜志》。（贵州　杨远松）

从江高传“万古不朽”碑　石碑1通。清道光三十年（1850）十一月初五立。为高传傅氏家族出祭祀田或交赋税的勒石记录。对研究清代侗族地区的历史、文化有一定的参考价值。碑在今贵州省从江县往洞乡高传寨祖母堂前。碑面88cm×55cm。碑眉竖行楷书阴刻13行，满行27字。碑文收入《从江石刻资料汇编》（第一集），贵州省从江县文化体育广播电视局2007年编印。

（贵州　张子刚）

从江“永定规模”碑　石碑1通。清咸丰元年（1851）立。碑文内容是永从县“六洞”侗族民众对县差役下乡扰民的呈控和黎平府授理呈控后作出的八条规定。对研究清末侗族社会历史有参考价值。碑在今贵州省从江县洛香镇独洞村鼓楼内。拓片藏贵州省从江县文管所。碑面104cm×72cm。碑额阴刻“永定规模”楷书四字。碑面楷书竖排阴刻，个别字体漫漶。碑文收入《从江石刻资料汇编》（第一集），贵州省从江县文化体育广播电视局2007年编印。（贵州　张子刚）

通道上湘封山蓄禁碑　石碑1通。清咸丰六年（1856）黄金先撰文，佚名抄刻。以侗族“款约”形式，阐述保护林木，美化环境的重要性。谴责毁林的行为，重新议定公约蓄林禁伐，严惩毁林之徒。对研究侗族地区的环境（森林）保护和乡规民约有重要参考价值。碑在今湖南省通侗族自治县道播阳上湘。一面有字。碑面110cm×77cm，面刻103cm×72cm，汉文，9行。石刻，楷书。保存完好。（湖南　谭少剑）

从江庆云乡例碑　石碑1通。清咸丰十年（1860）润三月二十七日立于从江庆云乡寨全村。碑文记录款约七条，涉及公共财产、婚丧嫁娶、买卖田产等方面的调解款项。对研究清末民初侗族地区的历史、文化和侗族习惯法有参考价值。碑在今贵州省从江县庆云乡寨全村歌堂内。碑面100cm×70cm。碑眉有“乡例碑”三个字，正文535字，落款15字，共553字。全碑无装饰花纹图案。碑文收入《从江石刻资料汇编》（第一集），贵州省从江县文化体育广播电视局2007年

编印。（贵州　张子刚）

三江独峒禁赌碑　石碑1通。佚名撰文，清同治元年（1862）七月初一佚名抄刻。同治元年广西三江独峒平流、华练二团（实为二村款组织）立的禁赌碑。它记述，“华练平流二团，僻处穷乡，地连黔楚，世安耕读，素明顺逆”。只因“本年正月以来，有无赖之徒，开场聚赌，引诱愚民，破家荡产”。故此，三寨乡老共同议定，“赌博非理等项，一切革除”。对研究清代侗族地区社会秩序状况及基层款组织约法状况有参考价值。碑在今广西壮族自治区三江侗族自治县独峒乡平流村公所。碑面90cm×60cm，面刻汉文9行。楷书。保存完好。（广西　吴　浩）

从江大向山营盘“流芳百代”碑　石碑1通。清同治十年（1871）侗款款首梁维干等人立于络香镇郎寨村。大向山营盘建于咸同年间，由侗款款首梁维干等人依山而建，屯兵据守，抗击清兵。现为县级文物保护单位。碑文记述了修筑缘由及御敌措施。对研究清代侗族地区历史、文化有参考价值。碑面90cm×48cm，右下角字迹漫漶。碑文收入《从江石刻资料汇编》（第一集），贵州省从江县文化体育广播电视局2007年编印。

（贵州　张子刚）

三江独峒款碑　石碑1通。清同治十一年（1872）独峒等村款组织撰文，佚名抄刻。三江独峒地区款组织条规碑。记录琵团、具峒、谏冲、归彭、平流、华练、高臣等村款众于清同治十一年所议定的五条规约：一为不以强凌弱；二为如有旧隙，一皆既往不咎；三是如有强牵耕牛非为等害公之事，众款不饶，重加处罚；四是遇事大小，必鸣公理论处；五是如有勾串外和（当内奸危害地方），必论众法（多处以极刑）。碑文要求立规之后，“各安本份，诚守天理”。对研究侗族款组织社会规约有参考价值。收入《三江侗族自治县志》，中央民族学院出版社1982年版。

（广西　吴　浩）

榕江色边乡规碑　石碑1通。清同治十二年（1873）当地侗族村民公立。记严禁盗窃行凶、失火烧寨、内勾外引、伤风败俗等乡规。碑在今贵州省榕江县郎洞镇色边村北端。一面有字。碑面142cm×74cm。汉文，正楷，阴刻。碑额横刻“永垂后世”。碑文竖向，22行，满行38字，共计550字。碑文收入《榕江县文物名胜志》。

（贵州　杨远松）

三江马胖为出示严行查拿事碑　石碑1通。清光绪元年（1875）柳州府怀远知县撰文。碑文记述：“据马胖团武生吴昌义等禀报，该团三十余村，常有外来游棍，群结党，向各村民倚事生端，恣行吓索，又或赌肆偷窃，撬门挖孔，盗取牛马，奸弊从兹，实属不堪其扰，恳请出行告示查禁。知县除派差往密查拿外，合行示谕：‘嗣后如有前项匪棍，纠伙入境，向尔等恣其故态，扰害地方，准即约众拘拿，解送到案。’“实贴马胖村晓谕。”对研究侗族款组织与地方政权对民族地区的治理有参考价值。碑在今广西壮族自治区三江侗族自治县八江乡马胖村鼓楼坪，碑面90cm×60cm，面刻汉文10行，共300字。楷书。保存完好。碑文收入《三江侗族自治县志》，中央民族学院出版社1982年版。

（广西　吴　浩）

三江马胖“永定条规”碑　石碑1通。清光绪元年（1875）十月三江八江马胖村款组织撰文，佚名抄刻。马胖村款组织所制定之条规碑。碑文中所立之条规30款，主要记述当地款民违反款规而公罚的银两数额。如：

"半路拦截（抢劫），公罚钱六十四千文；挖墙破壁，公罚钱三十二千文；偷牛盗马，公罚钱三十二千文；私开赌博，公罚钱一十二千文。"又如："勾生吃熟（充当内奸），公罚钱六千八百文；银匠私杂铜银，公罚钱一十二千文；头人受贿，偏袒不公（指款首处理公事），公罚钱六千四百文。"对研究侗族款组织有参考价值。碑在今广西壮族自治区三江侗族自治县八江乡马胖村鼓楼坪。碑面90cm×60cm，面刻汉文32行，每行14字。楷书。保存完好。碑文收入邓敏文、吴浩著《没有国王的王国》，中国社会科学出版社1995年版。

（广西　吴　浩）

从江"永垂不朽"告示碑　石碑1通。清光绪七年（1881）黎平知府邓在镛与西山"千三"、"百六"各寨乡团韦廷贵等人协商后形成文告，立碑以示。内容是西山"千三"、"百六"距黎平较远，难于投纳，故而改革赋税的具体事项。对研究清末侗族地区的历史、文化有参考价值。碑面134cm×95.5cm。碑眉"永垂不朽"四字带方框楷书左向横行阴刻。"告示"二字分别排在"永垂不朽"四字两端，碑文带圆框楷书阴刻，34行，满行43字，全文约1100字。拓片存于贵州省从江县文管所。碑文收入《从江石刻资料汇编》（第一集），贵州省从江县文化体育广播电视局2007年编印。

（贵州　张子刚）

从江平友永沾禁止碑　石碑1通。清光绪十年（1884）十二月十九日开泰县知县俞鸿逵设立的文告碑。内容是禁止汉民"欺虐苗民，借端盘剥"的各种事项。对研究清末苗侗地区的社会历史有参考价值。碑在今贵州省从江县谷坪乡平友寨。碑面158cm×100cm。碑文收入《从江石刻资料汇编》（第一集），贵州省从江县文化体育广播电视局2007年编印。

（贵州　张子刚）

榕江"万世章程"碑　石碑1通。清光绪十年（1884）立。杨玉恭撰书。记古州清军府召集俾当、俾睹、高兴、归利、栽麻等侗寨寨老共商维护村规民约事。对研究侗族乡规民约有参考价值。碑在今贵州省榕江县平江乡归利村。一面有字。碑面100cm×70cm。汉文，正楷，阴刻。碑额横刻"万世章程"。碑文竖向，22行，满行15字，共计532字。无残损。

（贵州　杨远松）

从江梦奔"万古不朽"碑　石碑1通。清光绪十四年（1888）十月二十二日立。为永从县正堂关于处理划分洒洞与独洞因田地河段纠纷而形成的分界文告性碑刻。对研究清代侗族地区的历史、文化有参考价值。碑在今贵州省从江县洛香镇梦奔村。碑面81cm×53cm。碑额行楷左向横书阳刻，碑版楷书，竖行阴刻7行，满行24字，无漫漶。碑文收入《从江石刻资料汇编》（第一集），贵州省从江县文化体育广播电视局2007年编印。

（贵州　张子刚）

榕江朗洞禁山碑　石碑1通。光绪十六年（1890）二月立。记朗洞营、理民县联合颁布严禁在西门坡上开山采石，损坏山林告示。对研究侗族乡规民约有参考价值。碑在今贵州省榕江县朗洞镇朗洞小学大门内左侧。青石质，长方形。一面有字。碑面58cm×38cm。汉文，正楷，阴刻。碑额横刻"永垂不朽"。碑文竖向10行，满行18字，共计145字。保存完好。

（贵州　杨远松）

黎平纪堂"永世芳规"款碑　石碑1通。清光绪十八年（1892）七月初八日立。碑题"永世芳规"，为黎平县的肇兴、纪堂、登江和从江县的弄邦、朝洞等侗寨同立。碑文分序文、条文两大部分，条文规定：一不许半途盗窃；二不许翻田串坳；三不偷牛偷马；四不许客留匪类；五不赌博；六不砍伐古树；七不偷衫茶木柴棉；八不摸鸡摸狗；九不偷窃蔬菜；十不强奸；十一不好事诉讼；十二不拐妻拐夫。内容涉及禁赌、禁偷、防匪、婚姻、丧葬、诉讼、诬陷等方面。对研究清末侗族地区的历史、文化和侗族习惯法有重要参考价值。石刻，楷书800余字。碑原立在纪堂通往登江途中的芦笙场边，“文化大革命”时期碑左下角与碑脚被砸断，损坏五字。后新塘群众建粮仓，将其移到寨边作仓库基石。碑系青石，一面有字。碑面160cm×64cm。碑眉横书阳刻“永世芳规”四字，碑文竖行正楷阴刻，字体清秀。碑文收入《黔东南苗族侗族自治州志·文物志》，贵州人民出版社1992年版；吴浩主编《中国侗族村寨文化》，民族出版社2004年版。

（广西　吴浩　贵州　龙耀宏　张子刚）

从江增冲“遗德万古”碑　石碑1通。清光绪二十二年六月二十日（1896）立于从江增冲。内容是鼓励生育、发展经济的条规。绪言记载了光绪年间增冲寨人口急剧下降的史实。对研究清末侗族地区的历史、文化和侗族习惯法有重要参考价值。碑在今贵州省从江县增冲鼓楼内。碑文收入《从江石刻资料汇编》（第一集），贵州省从江县文化体育广播电视局2007年编印。（贵州　张子刚）

从江信地“除暴安良”碑　石碑1通。清光绪二十四年（1898）晓谕性碑刻。碑文内容是古州总镇、贵东兵备道严办保甲，加强巡防，严拿匪类，除暴安良等具体条款和措施。对研究清末侗族地区的社会历史有参考价值。碑面156cm×100cm。碑额题“除暴安良”四个大字，每字约8cm。碑文楷书阴刻17行，满行39字，共计607字。碑在今贵州省从江县往洞乡宰兰寨。收入《从江石刻资料汇编》（第一集），贵州省从江县文化体育广播电视局2007年编印。

（贵州　张子刚）

龙胜宝赠上寨永古封碑　石碑一通。清光绪二十五年（1899）仲冬月七日佚名撰文，佚名抄刻。广西龙胜宝赠上寨关于爱护迴龙桥（风雨桥）和石板路的禁约碑。上寨迴龙桥地面全用青石板铺筑，桥中间立有专供奉祀的神台。为了保护神灵不受亵渎，禁约规定神台前不准堆放木头和柴火，务必保持干净整洁；为了保护桥上的石板不受损害，禁止在石板上烧灰，不准妇女在上面烧禾草（取碱）。禁约还规定，各家房前屋后石板松动，各家自修，不得推诿。对研究侗族历史和习俗有参考价值。碑在今广西壮族自治区龙胜各族自治县乐江乡宝赠村上寨。碑面122cm×87cm，面刻109cm×78cm。汉文13行，274字，楷书。保存完好。（广西　黄钟警）

从江下江“永定章程”碑　石碑1通。清光绪二十七年（1901）下江游击杨（无史料可稽，名字待考）示九十六寨众民所立。碑文内容是为了革除时弊、严禁苛派，保卫地方，宽纾民力而制定的12条章程。内容详细具体，从各个方面体恤百姓疾苦。对研究清末从江地方政治、经济、军事、司法等有较高的参考价值。碑在今贵州省从江县下江关帝庙前。碑眉“永定章程”四字横书，正文36行正楷竖书，满行69字，全文12条，约2400字。碑文收入《从江石刻资料汇编》（第一集），贵州省从江县文化体育广播电视局2007年编印。（贵州　张子刚）

会同“规围定永”碑　石碑1通。清光绪三十年（1904）甲辰岁暑月上浣旦抄刻。内容为严禁拦路打劫、勾生吃熟，不准打牌赌博等。对研究侗族习惯法有参考价值。碑在今湖南省会同县城粟裕公园后栋屋背。两面有字，文字清晰。碑面 140cm×70cm。一面刻 135cm×78cm，14 行；另一面刻 75cm×20cm。青石岩，正楷。左下角缺 50cm×5cm。（湖南　甄必全）

从江六洞公众禁约碑　石碑 1 通。清末民初立于“六洞”。碑文有议定款项 10 条，涉及盗窃、赌博、纵火、谋财害命、掳掠奸淫等处罚办法及金额。对研究清末民初侗族地区的历史文化和侗族习惯法有参考价值。碑文共 612 字，其中前言 179 字，条款 433 字。碑文收入《从江石刻资料汇编》（第一集），贵州省从江县文化体育广播电视局 2007 年编印。（贵州　张子刚）

榕江岑最契约碑　石碑 1 通。清光绪三十四年（1908）立。记侗民山场木植买卖规章。青石质，长方形。一面有字，碑面 95cm×38cm。汉文，正楷，阴刻，首题竖刻“立断”。碑文竖向 13 行，满行 40 字，共计 250 字。左下角空白处，于民国四年（1915）添加新内容，记买卖山林纳税事。榕江县知事兼税验契所长吴宗周立。碑文竖向 9 行，满行 41 字，共计 342 字。碑额横刻“税验买契”。碑在今贵州省榕江县寨蒿镇岑最村村后侧。对研究侗族乡规民约有参考价值。碑文收入《榕江县文物名胜志》。（贵州　杨远松）

黎平肇兴整团体碑　石碑 1 通。佚名撰文、抄刻。民国元年（1912）二十九日立。贵州黎平肇兴团众所立规约之序文。是碑所言之规约，是在当时永从县长的授意之下而订立的。肇兴地方地连两广，山多小径，多有匪类出没，众乡亲需精诚团结，以绝外匪，方能保团寨的安宁。其内容主要为“整顿团甲，歼除内奸，扑灭外匪”。要求各团甲对所议之条约，必须严格遵守，“违者必罚，忘则必诛”。对研究侗族社会款组织有参考价值。碑在今贵州省黎平县肇兴大寨。碑面 128cm×86cm，面刻 118cm×76cm，汉文 338 字，楷书。碑文收入吴浩主编《中国侗族村寨文化》，民族出版社 2004 年版。（广西　吴　浩　贵州　龙耀宏）

榕江晚寨保树碑　石碑 1 通。民国元年（1912）晚寨侗民公立。记严禁砍伐古树条规。对研究侗族乡规民约有参考价值。碑在今贵州省榕江县寨蒿镇晚寨村村西。青石质，长方形，一面有字。碑面 64cm×43cm，厚 5cm。汉文，正楷，阴刻。碑额横刻“禁止晓谕碑”，碑文竖向，楷书，阴刻。15 行，满行 13 字，共计 179 字。碑文收入《榕江县文物名胜志》。（贵州　杨远松）

龙胜平等侗乡民众规约碑　石碑 1 通。民国二年（1913）二月团绅吴通杰等撰文，佚名抄刻。平等民众规约。记述平等款坪邻近各村，自古以来就有公山，“素无得私行买卖者，专因培植贫农自尽力，扩充地利，共沾发达之目的”。因道光年间，“有奸人违约，伪造诡称”，“将我衙寨所有权之众山凭契买就，随处阴垦，遂使贫农地无立锥，无由谋生”。“故于民国二年二月，传集团中父老，面行议定，所有诡称契买众山诸家，自愿一律取消，永定作为公山，不得私卖私买”。“恐有仍称私契营业，招致众怒，致肇巨祸者，特立此碑，重石为据”。同时，将所有公山之名称开列于条约之后。对研究侗族地区土地状况及款组织的地方规约有参考价值。碑在今广西壮族自治区龙胜各族自治县平等乡衙寨款坪。碑面 95cm×70cm，面刻汉文 23 行，每行 27 字，楷书。碑文收入《广西少数民族地区碑文契约资料集》，广西民族出版社 1987 年版。　（广西　吴　浩）

龙胜平等永定和约碑　石碑 1 通。民国二年（1913）二月二日牙寨绅士吴通仁等撰文，佚名刻。广西龙胜平等乡牙寨保护众山的村规民约。自古以来，平等乡各姓都把各自的众山留下来，不许买卖，以达到“培植贫农自由尽力垦种，扩充地利，共沾发达之目的”。到了清道光年间，有人伪造山契把众山权属出卖，使贫农地无立锥，无由生活。地方绅士睹此情况，传集所属民众议定，将所有诡称有契约买卖的众山统统收回，永定为公山，并把所有众山重新界定公布，特立此碑垂后为据。碑上还有 13 个地方绅士的落款。此碑对研究侗族历史发展和社会组织有参考价值。碑在今广西壮族自治区龙胜各族自治县平等乡平等村牙寨。碑面 120cm×82cm，面刻 113cm×76cm，汉文 13 行，共 338 字，楷书。保存完好。碑文收入《龙胜县志》，汉语大词典出版社 1992 年版。

（广西　黄钟警）

石阡柿坪公议碑　石碑 1 通，民国四年（1915）十二月佚名撰文。柿坪村维护社会安宁的乡规民约。清末民初，社会动乱，年发饥饿而盗贼遍起，该村民众议，订出五条法规，以自我约束。其中包括：不准私盗田产；不准乱放牲畜；不准放火烧山；不准乱采林木产品；不准窝留匪盗等。有资料价值。碑在今贵州省石阡白沙柿坪村化稿坪。碑面 85cm×38cm，碑文收入《石阡县民族志》，贵州省石阡县民族事务委员会 1990 年编印。　（贵州　蔡正国）

从江高增“恩垂万代”碑　石碑 1 通。民国六年（1917）永从县县长王正甫指示头人立。碑文内容有三个告示，为禁止寄派供应、革除专制恶习等文告。对研究侗族地区历史、文化有参考价值。碑面 122cm×73cm。碑眉“恩垂万代”左向横书，采用双钩刻法。碑文楷体竖行阴刻 14 行，满行 28 字，全文约 160 字。碑在今贵州省从江县高增乡高增村上寨鼓楼边。拓片存贵州省从江县文管所。碑文收入《从江石刻资料汇编》（第一集），贵州省从江县文化体育广播电视局 2007 年编印。　（贵州　张子刚）

从江岜扒“万古章程”碑　石碑 1 通。民国十九年（1930）十一月二十六日立于从江高增乡岜扒村。碑文记录议定条款 15 条，涉及对偷盗、烧山、婚嫁等方面的处罚范围及罚金，还对接待供应和无子户续嗣作了规定。对研究民国时期的历史文化和侗族习惯法有参考价值。碑文共计 697 字。拓片存贵州省从江县文管所。碑文收入《从江石刻资料汇编》（第一集），贵州省从江县文化体育广播电视局 2007 年编印。　（贵州　张子刚）

二、公共设施碑记

石阡罗家寨小桥记　石碑1通。明万历七年（1579）佚名撰文，江南石匠郑回隆抄刻。记民众捐资、捐粮在军屯（中屯）前修桥事。在一华里的小溪上修桥三拱，俗称“一里三拱桥”，故竖其碣。所载捐资者为施、陈、封、高等姓氏，而无军屯人姓氏。碑在今贵州省石阡县花桥镇梁家屯罗家寨前。碑面116cm×64cm。汉文，11行。青石，楷书。碑文载《石阡文史资料》第四辑。

（贵州　蔡正国）

石阡龙塘坳“三块碑”　石碑3通。清康熙三十七年（1697）至雍正十年（1732）撰文。记江口、石阡、印江三县毗邻民众集资投工修路事。碑名“万姓同登”、“三碑同善”等。载450余户捐资银和分段劳作，使一条从坪寨至洋溪的赶场的山路得以通行，江口、石阡、印江三县联系更紧密。有史料价值。碑在今贵州省石阡县石固乡龙塘坳村猫猫冲梁子山。碑面分别为：100cm×59cm，17行；100cm×50cm，17行；92cm×46cm，14行。青石，楷书。各碑均有碑冠。

（贵州　蔡正国）

通道小水总关桥碑　石碑1通。清乾隆十二年（1747）杨再明撰文，佚名抄刻。记载以当时僧人为首率百姓捐资修建小水总关桥事宜。对研究侗族地区的公益事业与桥梁建筑有参考价值。碑在今湖南省通道侗族自治县杉木桥小水。一面有字。碑面165cm×90cm，面刻160cm×80cm。汉文，35行。石刻，楷书。保存完好。　（湖南　谭少剑）

通道金甸“功修无漏”碑　石碑1通。清乾隆二十年（1755）李进华撰文，佚名抄刻。记载乾隆年间，金甸瑶朗民众在头人李进华、李进汉等人倡导下捐资维修鼓楼，整旧为新。对研究侗族地区行善积德的风俗有参考价值。碑在今湖南省通道侗族自治县牙屯堡金甸。一面有字。碑面148cm×78cm，面刻143cm×76cm。汉文，21行。石刻，楷书。保存完好。　（湖南　谭少剑）

通道土溪大门碑　石碑1通。清乾隆二十一年（1756）佚名撰文，佚名抄刻。记载当地民众捐资修建土溪寨大门事，录有捐资人姓名及捐银两数额。对研究侗族习俗有参考价值。碑在今湖南省通道侗族自治县黄土新寨。一面有字。碑面80cm×45cm，面刻60cm×40cm。汉文，12行。石刻，楷书。保存完好。　（湖南　吴家荣　谭少剑）

石阡包溪四方碑　石碑1通。乾隆二十三年（1758）佚名撰文，陈通武、钟仁杰等六人抄刻。碑本名“普济桥”碑。记包溪村民441户捐资银修村边小桥事宜。后因包溪与大地方人为山村边界发生纠纷，经官府调处后，包溪人便将碑移上半坡作为界碑。对研究侗族社会习俗有参考价值。碑在今贵州省石阡县坪山乡包溪坡猪头山下路旁。三面有字。碑面 195cm×151cm。24 行。青石刻，楷书，有四角形宝顶碑冠。（贵州　蔡正国）

通道土溪修路功德碑　石碑 1 通。清乾隆二十三年（1758）佚名撰文，佚名抄刻。记载民众捐资修建土溪至同古石板路（约 5 里），录有捐资人姓名及其银两数额。对研究侗族习俗有参考价值。碑在今湖南省通道侗族自治县县溪镇土溪坳。一面有字。碑面 155cm×85cm，面刻 148cm×75cm。汉文，31 行。石刻，楷书。碑头雕刻有双龙托宝图案。保存完好。土溪至同古的路为古道，行人多，现已荒芜，少有行人。

（湖南　吴家荣　谭少剑）

通道占子崖回龙桥碑　石碑 1 通。清乾隆二十四年（1759）佚名撰文、抄刻。记当地百姓捐资修建回龙桥事。对研究侗族社会习俗有参考价值。碑在今湖南省通道侗族自治县锅冲占子崖。一面有字。碑面 170cm×59cm，面刻 165cm×53cm。汉文，22 行。石刻，楷书。保存完好。　（湖南　谭少剑）

通道播阳白衣观碑　石碑 1 通。清乾隆二十九年（1764）佚名撰文，佚名抄刻。记载民众捐田作白衣观观田，维持该观兴旺，公布捐田人姓名及数量、田土地点。对研究侗族民间宗教信仰有参考价值。碑在今湖南省通道侗族自治县播阳农场。一面有字。碑面 168cm×79cm，面刻 163cm×75cm。汉文，18 行。石刻，楷书。碑头刻有“义烈常新”字样。保存完好。“白衣观”为省级文物保护单位。　（湖南　吴家荣　谭少剑）

通道云聚山庵堂碑　石碑 4 通。清乾隆三十四年（1769）杨偕撰文，佚名抄刻。记载道教地云聚山庵堂始建及重建经过。划定庵堂田地的范围、数量。对研究侗族地区的宗教信仰、民俗风情有参考价值。碑在今湖南省通道侗族自治县杉木桥桃子坪。一面有字。碑面 200cm×80cm，面刻 190cm×75cm，汉文，30 行。石刻，楷书。保存完好。

（湖南　谭少剑）

从江丙妹八仙桥碑　石碑 1 通。清乾隆四十一年（1776）立于从江丙妹镇。记录建桥的缘由及官员和民众捐资名单。对研究清代侗族地区的历史、文化有参考价值。碑面 165cm×80cm，面南背北竖立，青石质。碑版分为序言、官员捐资、信宦捐资、民众捐资、首事和石匠、落款几个部分。碑额有“八仙桥”三字，每字 10 平方厘米。碑文楷书阴刻，19 行，满行 45 字，共计 850 余字。八仙桥遗址为县级文物保护单位。碑文收入《从江石刻资料汇编》（第一集），贵州省从江县文化体育广播电视局 2007 年编印。

（贵州　张子刚）

从江西山陡寨田坝水井碑记　石碑 1 通。清乾隆四十五年（1780 年）二月初一立。记述永从县西山陡寨修造水井事，录有 70 名捐资人姓名及所捐金额。对研究侗族地区公益事业有参考价值。碑面 75cm×60cm。碑在今贵州省从县西山乡陡寨田坝。碑文收入《从江石刻资料汇编》（第一集），贵州省从江县文化体育广播电视局 2007 年编印。

（贵州　张子刚）

通道阳烂鼓楼碑记　石碑 1 通。清乾隆五十二年（1787）佚名撰文，佚名抄刻。碑文记载阳烂鼓楼的建筑年代、建筑形制及格局。对研究侗族建筑工艺有参考价值。碑在今湖南省通道侗族自治县坪坦阳烂。一面有字。碑面 90cm×60cm，面刻 85cm×55cm。汉

文，7行。石刻，楷书。保存完好。阳烂鼓楼系省级文物保护单位。（湖南　谭少剑）

通道黄土“功存永远”碑　石碑1通。清乾隆五十七年（1792）佚名撰文，佚名抄刻。记修黄土铁链木桥事。碑文记载修桥原由，当地民众捐资修建铁链木桥，方便隔河两岸百姓往来的善举。对研究侗族地区的公益事业有参考价值。碑在今湖南省通道侗族自治县黄土新寨。一面有字。碑面 90cm × 55cm，面刻 103cm × 60cm。汉文，15 行。石刻，楷书。字迹漫漶。（湖南　谭少剑）

龙胜平等修坝常石板路碑记　石碑1通。清乾隆五十七年（1792）佚名撰文、抄刻。广西龙胜平等村坝常至广南的道路，原来崎岖泥泞，乾隆五十六年村民集资修成石板路，路中置石板，两旁用碎石镶砌扎实，“此往彼来，无不歌颂赞扬”，至今仍然为路人通行，路面石板基本保存完好。碑文记述修路缘起及乐捐人姓名、银两数额。对研究侗族地区的公益活动有参考价值。碑在今广西壮族自治区龙胜各族自治县平等村坝常路边。碑面 118cm × 80cm，面刻 108cm × 70cm。汉文，89 字（捐钱人名单及捐银数额未计入），楷书。碑文收入吴浩主编《中国侗族村寨文化》，民族出版社 2004 年版。

（广西　吴　浩）

黎平竹坪广嗣桥碑　石碑1通。清乾隆五十七年（1792）佚名撰文，刘天隆抄刻。广嗣桥为石板桥，坐落于贵州黎平岩洞竹坪大寨寨脚的砂石溪流之上。宽 150cm，厚 50cm，长 1000cm。建于乾隆五十七年，由两户人家捐资修建。碑文记述了该桥的地理位置，“上通永从长春等处，下通古州两粤数省”，是交通要道。此地原有木桥，但不时朽坏。施主吴田龙、吴龙柱“体先人之志，欲后嗣之昌”，于是不惜多金改建为石桥，以追求“永垂不朽”。此碑为侗族地区目前见到的最早的桥碑之一，为两户人家独立捐资修建之桥，具有特殊性。对研究侗族桥文化有参考价值。碑在今贵州省黎平县岩洞竹坪大寨寨脚。碑面 90cm×70cm，面刻 80cm×60cm。汉文 117 字，楷书，保存完好。收入吴浩主编《中国侗族村寨文化》，民族出版社 2004 年版。

（广西　吴　浩）

天柱修兴隆庵碑记　石碑1通。正面为嘉庆二年（1797）王政三撰文，嘉庆三年罗仪发抄刻；背面为道光二十年（1840）王如松撰文，罗淳贵抄刻。正面碑文记述嘉庆年间当地信士、僧人募化钱银兴建兴隆庵，立庵以尊佛，兼以之“培风水”。背面碑为“重修碑记”，说兴隆庵道光七年遭火灾，僧舍佛身亦烬，今得众信士好施行善，赈捐钱粮，虔心起造，立愿重兴。对研究侗族宗教信仰有参考价值。碑在今贵州省天柱县坌处三门塘小学校门口。碑面 338cm×152cm。正面 318cm×132cm，汉文，6 行；背面 318cm×132cm，汉文，5 行。青石质，楷书。

（贵州　龙启休　谌业林）

三江广南永远碑记　石碑1通。清嘉庆四年（1799）二月佚名撰文、抄刻。为修建平等广南兴隆桥之碑记。兴隆桥建在成山破（侗语译音，即名叫山破的山）山下的广南河上，建成于清嘉庆四年。由于此处扼龙胜北区交通的咽喉，既无旁路可通，也无小路可行，建桥便成了唯一选择。碑文简述这里山水的险阻和行人面对洪水“伫立以观，不觉战兢”的无奈，赞颂建桥工程的浩大和善男信女慷慨捐赠的功德，展示大桥建成后“千祥云集，福祉骈臻”的景象。碑记后半部为捐献者的名单。此碑对研究侗族历史和民俗有参考价值。碑在今广西壮族自治区龙胜各族自治县平等乡广南村兴隆桥头。碑面188cm×124cm，面刻170cm×116cm。汉文39行1837字。楷书。有五分之一字迹漫漶。（广西　黄钟警）

通道阳烂“善扬宣古”碑　石碑1通。清嘉庆九年（1804）龙云徒撰文，佚名抄刻。记述团寨侗族群众踊跃捐资出工、齐心协力修筑长达两公里石板路的来龙去脉。对研究侗族社会习俗有参考价值。碑在今湖南省通道侗族自治县坪坦阳烂。一面有字。碑面125cm×64cm，面刻120cm×60cm。汉文，21行。石刻，楷书。字迹漫漶。

（湖南　谭少剑）

靖州枫冲学亭碑　石碑1通。嘉庆十四年（1809）佚名撰文、抄刻。记载嘉庆十二年所建学亭被土匪烧毁，嘉庆十四年由村民集资复修之事。对研究清朝时期的文化教育有参考价值。碑在今湖南省靖州苗族侗族自治县三锹乡枫冲村。单面有字。碑面100cm×80cm。汉文，8行。石刻，楷书，黑色。保存较完好。收入《靖州苗族侗族自治县民族志》，湖南人民出版社1997年版。（湖南　龙立明）

黎平竹坪“以破天荒”碑　石碑1通。清嘉庆十五年（1810）杨映云为新落成的竹坪学堂而写的碑记。记述竹坪村各位父老乡亲捐钱、捐料、捐工修建学校一事。对研究侗族地区教育发展史有重要参考价值。石刻，楷书，220字。碑文收入吴浩主编《中国侗族村寨文化》，民族出版社2004年版。

（贵州　龙耀宏）

通道坪坦“明发有怀”碑　石碑1通。清嘉庆十五年（1810）龙云徒撰文，佚名抄刻。记述当地乡绅为首捐资修建棺墩陈放屋，以防止火灾、匪盗，保护私产安全事。对研究侗族丧葬习俗有参考价值。碑在今湖南省通道侗族自治县坪坦。一面有字。碑面140cm×80cm，面刻135cm×75cm。汉文，19行。石刻，楷书。保存完好。

（湖南　谭少剑）

通道茶溪大门碑　石碑1通。清嘉庆十七年（1812）佚名撰文、抄刻。记载民众捐资修建茶溪寨大门，公布捐资人姓名及数量。对研究侗族习俗有参考价值。碑在今湖南省通道侗族自治县县溪镇茶溪。一面有字。碑面110cm×58cm，面刻105cm×53cm。汉文，18行。石刻，楷书。保存完好。

（湖南　吴家荣　谭少剑）

通道黄土普修桥碑　石碑1通。清嘉庆十九年（1814）佚名撰文，佚名抄刻。记载当地乡绅率众乡亲捐资修建黄土水口风雨桥，方便过往行人，为百姓提供休闲乘凉场所、美化侗寨的善举。对研究侗族的民俗风情和工艺建筑有参考价值。碑在今湖南省通道侗族自治县黄土。一面有字。碑面120cm×75cm，面刻115cm×70cm。汉文，20行。石刻，楷书。保存完好。（湖南　谭少剑）

通道芋头学馆碑记　石碑1通。清嘉庆二十年（1815）佚名撰文，佚名抄刻。记述芋头侗寨寨老率本寨群众为改变本寨地处僻壤、文化落后、子弟无处读书的状况，捐资修建学馆，请师授业解惑、教育侗族子弟事宜。对研究侗族地区的文化教育有参考价值。碑在今湖南省通道侗族自治县双江芋头。一面有字。碑面163cm×78cm，面刻160cm×75cm。汉文，26行。石刻，楷书。保存完好。芋头侗寨古时分里外两寨，此碑系外寨学馆碑。（湖南　谭少剑）

通道芋头学馆碑记　石碑1通。民国十年

(1922)佚名撰文,佚名抄刻。记述芋头侗寨寨老率本寨群众,为改变本寨地处僻壤、文化落后、子弟无处读书的状况,捐资修建学馆,请师授业解惑、教育侗族子弟事宜。对研究侗族地区的教育文化有参考价值。碑在今湖南省通道侗族自治县双江芋头。芋头侗寨过去分里、外两寨,此碑是里寨的学馆碑。一面有字。碑面120cm×80cm,面刻115cm×75cm,汉文,26行。石刻,楷体。保存完好。(湖南 谭少剑)

通道上中团“永远流芳”碑 石碑1通。清嘉庆二十三年(1818)李顺龙撰文,佚名抄刻。记载金甸上中团鼓楼地基下陷,以头人李顺龙等人为首捐资出力填平地基并铺上石板,使鼓楼得以保全。对研究侗族乐善好施的风俗有参考价值。碑在今湖南省通道侗族自治县牙屯堡金甸上中团。一面有字。碑面116cm×62cm,面刻110cm×60cm,汉文,20行。石刻,楷书。保存完好。

(湖南 谭少剑)

三江重修平寨鼓楼碑 长方形石碑1通。清道光元年(1821)佚名撰文,佚名抄刻。侗族功德碑。碑题“亘古千秋碑”。记述本寨庚辰年(1820)修建鼓楼、鼓楼坪、往来路等工程事。此项工程由当地乡坤吴宗成、杨传宪等出面组织,集资修成。为本寨民众提供宽敞的歌舞、休憩、举行芦笙堂会场所。对研究侗族地区公益活动有参考价值。碑在今广西壮族自治区三江侗族自治县林溪乡平岩村平寨屯平察鼓楼坪。一面有字,碑面94cm×66cm,汉文13行,每行23字。石材,楷书。保存完好。(广西 欧薇薇)

龙胜修筑普团寨石板路碑 石碑1通。清道光三年(1823)癸未孟冬佚名撰文、抄刻。广西龙胜宝赠普团寨修筑石板路的功德碑。碑文诉说行走坎坷道路之艰辛和万众一心修石板路的必要,赞扬众人捐资修路慷慨行善精神之可贵,并刻录捐资者名单。此碑与其他20块修路、修石坪、架桥、造鼓楼的碑刻组成普团侗寨的功德碑群,原题“功德不巧”。对研究侗族历史发展和文化习俗有参考价值。碑在今广西壮族自治区龙胜各族自治县乐江乡宝赠村普团寨。碑面108cm×74cm,面刻105cm×63cm,汉文19行,753字,楷书。保存完好。(广西 黄钟警)

黎平竹坪寨头水井碑记 石碑1通。清道光三年(1823)吴元章撰文,谷志和抄刻。竹坪大寨寨头水井碑记。侗族村寨,寨内总有数口井泉。村人对井泉十分重视,或镶砌石板为“井”,或凿石引水为“牛头泉”,并在井泉旁边设亭,一为美化村寨,二为取水饮水者歇息之所。但是,为修建井泉而立碑者,为数不多。此碑为如今见到的较早的井泉碑之一。碑文记述修建井泉的重要,“从来朝夕之所必需者,水也;昼夜之所宜防者,盗也。前者此井未修,斯亭未建,不独风水欠培植,兼且汲引不便,守望不周焉”。于是,本寨民众“不惜囊内之资,大修寨头之井。鸠工集石,经数月而始成”。对研究侗族村寨建设有参考价值。碑在今贵州省黎平县岩洞竹坪大寨寨头水井边。原题“悠久无疆碑”。碑面110cm×80cm,面刻100cm×70cm。汉文,190字,楷书。收入吴浩主编《中国侗族村寨文化》,民族出版社2004年版。(广西 吴 浩)

黎平竹坪大寨石板井碑记 石碑1通。清道光三年(1823)秋立,有碑题“悠久无疆”。序文记述竹坪村众“不惜囊内之淡,大修寨头之井,鸠工集石,经数月而始成”的过程,并建有井亭一座。对研究侗族村寨建筑和公益事业有参考价值。石刻,楷书189

字。碑文收入吴浩主编《中国侗族村寨文化》，民族出版社 2004 年版。

（贵州　龙耀宏）

通道土溪坳凉亭碑　石碑 1 通。清道光四年（1824）佚名撰文，佚名抄刻。记载民众捐资修建土溪坳凉亭。对研究侗族习俗有参考价值。碑在今湖南省通道侗族自治县土溪坳。一面有字。碑面 117cm×70cm，面刻 105cm×65cm。汉文，25 行。石刻，楷书。碑头刻有“流芳百世”字。保存完好。

（湖南　吴家荣　谭少剑）

通道兵书阁功德碑　石碑 1 通。清道光五年（1825）佚名撰文，佚名抄刻。记当地百姓捐资修建兵书阁事。碑在今湖南省通道侗族自治县锅冲占子崖。一面有字。碑面 128cm×57cm，面刻 123cm×50cm，汉文，17 行。石刻，楷书。保存完好。兵书阁为通道县级文物保护单位。

（湖南　谭少剑）

从江重修流架风雨桥碑　石碑 2 通。流架风雨桥清道光六年（1826）二月十四日开工、道光二十一年十一月竣工，二碑先后立于从江县谷坪乡流架村。碑文记录立碑缘由及捐资名单。该风雨桥被列为省级重点文物保护单位。对研究清代侗族地区的历史文化有一定的参考价值。碑文收入《从江石刻资料汇编》（第一集），贵州省从江县文化体育广播电视局 2007 年编印。

（贵州　张子刚）

从江寨己义渡碑　石碑 1 通。清道光九年（1829）立于从江寨己义渡。该义渡始设于清嘉庆二十三年（1818）。碑文记录立碑缘由及捐资者名单。对研究清代侗族历史、文化有重要的参考价值。碑面 125cm×65cm。碑额楷体左向横书双钩，碑版楷体竖行阴刻 26 行，满行 35 字。拓片存于贵州省从江县文管所。碑文收入《从江石刻资料汇编》（第一集），贵州省从江县文化体育广播电视局 2007 年编印。

（贵州　张子刚）

通道芋头修路碑记　石碑 1 通。清道光九年（1829）佚名撰文，佚名抄刻。记述道光年间，芋头侗寨寨老率侗族民众捐资、出工修建寨里所有道路（全部用青石板铺成，现保存完好）事宜。对研究侗族的社会习俗有参考价值。碑在今湖南省通道侗族自治县双江芋头。一面有字。碑面 126cm×75cm，面刻 120cm×70cm。汉文，24 行。石刻，楷书。字迹漫漶。

（湖南　谭少剑）

通道团头观碑　石碑 1 通。清道光十年（1830）佚名撰文，佚名抄刻。记重修“团头观”捐资名单及银两。碑在今湖南省通道侗族自治县牙屯堡。一面有字。碑面 160cm×76cm，面刻 155cm×70cm。汉文，24 行。石刻，楷书。字迹漫漶。

（吴家荣　谭少剑）

黎平竹坪石板桥碑记　石碑 1 通。清道光十二年（1832）潭溪杨映云撰文，吴邦朝等抄刻。侗族功德碑。原题“领位斯境碑”。石板桥位于竹坪大寨寨脚的溪流上，是竹坪规模最大的一座石板桥，由两块宽分别为 85cm、60cm，厚 24cm，长 6300cm 的巨大石板平行铺设而成，两边用两根大杉木作护栏。碑文对桥及其功用作了阐述：“杠梁之设，统名之桥者何？曰桥者，翘也，翘然于水面之上也。其所以翘然于水面之上者何？曰，或以通行走，或以锁龙脉也。而斯桥之建后也，通行走锁龙脉也。”对研究侗族桥文化有参考价值。碑在今贵州省黎平县岩洞竹坪大寨寨脚。碑面 110cm×90cm，面刻 100cm×80cm，汉文，楷书，274 字。另刻有捐款人名单及捐钱数额。保存完好。碑文收入吴浩主编

《中国侗族村寨文化》，民族出版社 2004 年版。（广西 吴 浩 贵州 龙耀宏）

芷江苞桑永固碑 石碑 1 通。佚名撰文，清道光十四年（1834）抄刻。记述侗族龙姓家祠修建始末及族人捐资情况。对研究侗族社会文化有参考价值。碑在今湖南省芷江侗族自治县大垅乡政府院内。一面有字。碑面 190cm×80cm，面刻 180cm×66cm。汉文，楷体，30 行，共 400 字。基本完好。

（湖南 曹小荣）

龙胜平等修衙寨石阶碑记 石碑 1 通。清道光十八年（1838）佚名撰文、抄刻。衙寨在山顶，上衙寨有 200 多米高的陡坡，以前行走艰难，后来“老幼邀议，恭化善男信女，仁人君子备捐钱银”，请匠备石料，全部用长 2 米，宽 60 厘米，厚 25 厘米的石条，一条一级，层层铺砌，改修成石阶，形似楼梯。此碑记述了修石阶的缘起和过程。对研究侗族村寨的公益活动及民间信仰有参考价值。碑在今广西壮族自治区龙胜各族自治县平等村衙寨。碑面 141cm×72cm。汉文楷书，19 行，每行 52 字，其中序文 119 字，其余为捐献者名单。碑文两边有祥云图案。保存完好。碑文收入吴浩主编《中国侗族村寨文化》，民族出版社 2004 年版。

（广西 吴 浩）

通道上洞水口桥碑 石碑 1 通。清道光十八年（1838）佚名撰文，龙月飞、李玉训抄刻。记述百姓捐资修建湖南、广西交界的上洞河木桥一事。对研究通道侗族地区的风土民情有参考价值。碑在今湖南省通道侗族自治县临口上洞。一面有字。碑面 114cm×73cm，面刻 110cm×70cm，汉文，22 行，楷书。保存完好。（湖南 谭少剑）

榕江鸡卦神坛碑 石碑 1 通。道光十八年（1838）立，王国桢撰书，光绪二十年（1894）春刻。正面记车江乡口寨村王姓侗族迁徙情况和建神坛事。有史料价值。碑在今贵州省榕江县文物管理所内。两面有字。碑额横刻“名垂万古”。碑文竖向 21 行，满行 25 字，共计 393 字。背面记建圣通灵祠事及捐资名录。碑额横刻“有美必彰”。碑文竖向 11 行，满行 32 字，共计 229 字。楷书，阴刻。碑面 132cm×70cm。

（贵州 杨远松）

从江庆云歌堂碑 石碑 1 通。清道光十九年（1839）正月初八永从县云洞宰嫩寨民众为修建歌堂而立。碑文由序言、歌谣、捐银人姓名及金额、落款等部分组成。对研究侗族地区历史、文化有参考价值。碑面 100cm×67cm。碑眉“歌堂碑”三字左向横行楷书阴刻，碑文竖行楷书阴刻 21 行，满行 41 字。材质为沙石，碑版漫漶严重。拓片存贵州省从江县文管所。碑文收入《从江石刻资料汇编》（第一集），贵州省从江县文化体育广播电视局 2007 年编印。（贵州 张子刚）

三江河里三王庙重修传记碑 石碑 1 通。清道光二十五年（1845）秋佚名撰文、抄刻。记述当地为三王神塑像祭祀之传统习俗：每逢癸卯年，为三王神塑画圣像，祭大牢、修葺庙宇；癸卯年癸亥月甲辰日庚午时请神下殿沐浴（清洗神之塑像）；甲辰年丁卯月丁未日乙巳时请神上殿开光。按乡俗，每一花甲（60 年）为三王神塑画圣像一次，并对庙宇进行修建补葺。此碑还对此次重修庙宇的缘首及其梓匠作了记录。缘首有杨植萃等 18 人，梓匠有杨金仁、吴朝汉等 6 人。尚有 14 块碑刻记列此次重修各地参与募捐的人名及其捐献的银两数额，涉及桂、黔、湘交界地区近百个村寨。对研究侗族宗教信仰有参考价值。碑在今广西壮族自治区三江侗族自治县河里三王庙右侧碑廊。碑面164cm×23cm。汉文12行，楷书。碑题四字为浮雕，每字刻于一圆形之内。保存完好。

（广西　吴　浩）

三江补修怀邑城厢道路碑　长方形石碑1通。清道光二十六年（1846）十月怀远知县张某撰文，江北阮玫书写，佚名抄刻。侗族功德碑。记述怀远县城建成后，修建城厢内道路的原由及经过。对研究清代侗族地区城镇建设有参考价值。碑在今广西壮族自治区三江侗族自治县丹洲古城东门城墙。一面有字。碑面134cm×85cm，汉文18行，每行32字。石材，楷书，保存完好。

（广西　欧薇薇）

锦屏水冲溪口修路碑　石碑1通。清咸丰元年（1851）立。锦屏温江（今稳江）杨光炳撰文并书。记募捐修锦屏亮江南彪至向家村一带道路事。对研究侗族民俗有价值。碑在今贵州省锦屏县铜鼓水冲溪口亮江河边路坎上。一面有字。碑面130cm×124cm。两侧树有碑柱，上罩碑帽。碑上书刻正楷“道德并彰”四字。二柱有联：“凿石槌峰道水千秋而不朽；捐功立德名垂百代以常存。”正楷阴刻，每字12平方厘米。贵州省锦屏县人民政府1987年10月20日公布为县级文物保护单位。碑文收入《黔东南苗族侗族自治州志·文物志》，贵州人民出版社1992年版。

（贵州　龙小金）

从江上皮林人文蔚起碑　石碑1通。清咸丰二年（1852）立于从江洛香镇皮林。由候補训导聂毓瑸撰写。通义学碑。简述皮林义学的历史。对研究清末侗族教育史有重要的参考价值。碑面85cm×54cm。碑右上角断裂，部分字迹漫漶。碑版楷书阴刻。全碑除去26个捐款人姓名及金额外，尚余170字。碑在今贵州省从江县洛香镇皮林小学校园内。碑文收入《从江石刻资料汇编》（第一集），贵州省从江县文化体育广播电视局2007年编印。

（贵州　张子刚）

榕江萨玛祠“千古流芳”碑　石碑2通。清李应贤撰文并书，咸丰三年（1853）立。记修建脉寨侗族萨玛祠经过及捐资名录。对研究侗族的萨神信仰有参考价值。碑在今贵州省榕江县车江乡脉寨村萨玛祠大门墙两边。左碑面90cm×73cm；右碑面84cm×58cm。汉文，楷书，阴刻。碑额横刻“千古流芳”。碑文竖向，39行，满行27字，共计793字。

（贵州　杨远松）

湖南公山碑　石碑1通。道光二十八年（1848）冬唐文翥撰文，罗定元抄刻。记述湖南辰、靖、衡、宣府离湘入黔从贸之祖先遵循当地侗族丧葬习俗设置坟山，因原设众地立官山已葬满，杨再朝等人首倡，众人勇力乐捐，买老山左地一块，增补阴穴。对研究侗族丧葬习俗有参考价值。碑在今贵州省天柱县坌处长滩清水江北岸。碑面192cm×112cm，面刻170cm×100cm。汉文，楷书，49行。青石质。碑文收入《天柱文物地图点》。

（贵州　龙启休）

三江修筑上寨石板路碑　石碑1通。清咸丰十一年（1861）三月三十日佚名撰文，佚名抄刻。龙胜宝赠上寨修筑石板路的功德碑。原题“永垂古记碑”。碑文简述铺筑石板路的工程浩大，费工费时，赞颂村人齐心合力捐资行善修路的美德，并开列了捐资者的名单。对研究侗族历史和文化习俗有参考价值。碑在今广西壮族自治区龙胜各族自治县乐江乡宝赠村上寨。碑面133cm×76cm，面刻107cm×71cm。汉文，楷书，25行，共516字。保存完好。此碑与上寨的万代流传碑（咸丰十年）、芳规芳躅碑（光绪五年）、万古千秋碑（民国五年）等功德碑组成上寨修石板路的功德碑群。

（广西　黄钟警）

通道横岭鼓楼碑　石碑1通。清咸丰年间（年代不详）佚名撰文，佚名抄刻。记载当地民众捐资修建横岭鼓楼事及捐资人名及捐资数额。对研究侗族民俗风情及建筑艺术有参考价值。碑在今湖南省通道侗族自治县坪坦横岭。一面有字。碑面120cm×80cm，面刻115cm×75cm。汉文，24行。石刻，楷书。字迹漫漶。（湖南　谭少剑）

龙胜龙坪迴龙桥碑　石碑1通。清同治四年（1865）佚名撰文，佚名刻。记述龙坪男女老幼踊跃捐献、投工投劳建迴龙桥，终于“集腋为裘，工程告竣”。对研究侗族历史和民俗有参考价值。碑在今广西壮族自治区龙胜侗族自治县平等乡龙坪村迴龙桥头。碑面64cm×85cm，面刻52cm×83cm。汉文，楷书，33行，共712字。此碑残为半截碑，与民国三十二年（1943）的四块石碑和2000年的七块石碑组成迴龙桥碑群，反映了该桥三变位置五度修建的历程。

（广西　黄钟警）

通道黄土新寨“鼎建喜新”碑　石碑1通。清同治十三年（1874）欧正铨撰文，佚名抄刻。记当地群众捐资修建黄土新寨寨门，以保团寨安宁及整体建筑布局。对研究侗族建筑的民俗风情有参考价值。碑在今湖南省通道侗族自治县黄土新寨。一面有字。碑面138cm×78cm，面刻135cm×70cm。汉文，14行。石刻，楷书。字迹漫漶。

（湖南　谭少剑）

通道横岭“万古当新”碑　石碑1通。清光绪六年（1880）佚名撰文，佚名抄刻。记当地捐资修建雷祖、南岳、飞山三庙，乞求神灵庇佑事宜。对研究侗族宗教信仰、风土民情有参考价值。碑在今湖南省通道侗族自治县坪坦横岭。一面有字。碑面143cm×84cm，面刻138cm×80cm。汉文，20行。石刻，楷书。字迹漫漶。（湖南　谭少剑）

通道高步同敬堂碑　石碑1通。清光绪九年（1883）佚名撰文，佚名抄刻。记载民众捐资修建关圣（关公）桥，祈盼神灵保佑地方百姓平安之事。对研究侗族的信仰和风俗民情有参考价值。碑在今湖南省通道侗族自治县坪坦高步。一面有字。碑面110cm×65cm，面刻100cm×60cm。汉文，23行。石刻，楷书。字迹漫漶。（湖南　谭少剑）

三江马胖村修路碑　长方形石碑1通。清光绪十年（1884）佚名撰文，佚名抄刻。侗族功德碑。碑题为“众修路碑”。记载三江马胖村村民修路的原因、过程及路通后给民众带来的好处，后列吴、龙、雷、陈、周各姓捐款人共48人姓名及捐款数额。对研究清代侗族社会经济有参考价值。碑在今广西壮族自治区三江侗族自治县八江乡马胖村鼓楼前。一面有字，碑面72cm×49.5cm，汉文，20行，共560字。石刻，楷体。保存完好。（广西　韦如柱）

从江首事倒钟碑　石碑1通。清光绪十年（1884）三月初三日立。修庙碑刻。对研究侗族地区的历史文化和宗教信仰有参考价值。碑面83cm×62cm。碑眉四字开题左向横书阴刻，“事”和“倒”二字中间刻一五角星。碑版竖行楷体阴刻17行，满行21字。拓片存贵州省从江县文管所。碑文收入《从江石刻资料汇编》（第一集），贵州省从江县文化体育广播电视局 2007 年编印。

（贵州　张子刚）

黎平竹坪下寨鼓楼序碑　石碑 1 通。清光绪十二年（1886）二月佚名撰文，佚名抄刻。记述该楼原创建于甲戌之年（1814），鼓楼内火塘边及大门台阶之条石安于丙戌之岁（1826）。丙辰年（1856）因战乱被烧毁，使“雕梁焕彩之楼变为旷地，画栋连云之阁倏作荒坪”。村人“睹此情景，人人奋志，爰是老幼倾心共乐捐助。建煌煌之祖业，不惜物力之维艰，造巍巍之华楼，庶亦功成而造峻矣”。对研究侗族村寨建设有参考价值。碑在今贵州省黎平县岩洞竹坪下寨。碑面 120cm×96cm，面刻 110cm×80cm，汉文，186 字，楷书。保存完好。碑文收入吴浩主编《中国侗族村寨文化》，民族出版社 2004 年版。（广西　吴　浩　贵州　龙耀宏）

从江佰二“功垂不朽”碑　石碑 1 通。清光绪十二年（1886）生员石士玉撰文，光绪十三年三月初八靖州石匠萧才仲勘石。叙述皮林石氏家族由江西祖籍迁徙到皮林建立家园和遭遇兵灾后再创家立业的原因和经过，对重建鼓楼进行了浓墨重彩的描绘，语言颇有文采。对研究清代侗族地区历史文化有重要的参考价值。碑面 110cm×70cm。碑眉、碑版均为楷书阴刻。分为序言、作者姓名、写作时间、助钱人的姓名及捐钱金额、刊刻时间和石匠姓名等几个部分。序言共 540 多字。碑在今贵州省从江县洛香镇佰二村鼓楼内。碑文收入《从江石刻资料汇编》（第一集），贵州省从江县文化体育广播电视局 2007 年编印。（贵州　张子刚）

天柱凤城重修观音洞碑记　石碑 1 通。清光绪十三年（1887）三月佚名撰文，佚名抄刻，记明至清光绪年间，观音洞前后两殿几经毁坏，当地信士僧人积德行善捐募重修，布告养殿田产及参与重修人员、捐银钱数量等。对研究侗族的宗教信仰有参考价值。碑在今贵州省天柱县凤城观音洞内。面刻 790cm×67cm，汉文，275 行。石炭石质，楷书。石刻分上下两幅，上幅刊刻序文，下幅刊刻田产及募捐人员、数量。碑文收入《天柱文物地图点》文。

（贵州　龙启休　谌业林）

通道坪阳“马田鼓楼”鼓楼坪碑　石碑 1 通。清光绪十三年（1887）佚名撰文，佚名抄刻。记载民众捐资修建坪阳“马田鼓楼”鼓楼台坪，以方便群众开展对歌、赛芦笙等娱乐活动事。对研究侗族地区的民间文化有参考价值。碑在今湖南省通道侗族自治县坪阳马田。一面有字。碑面 145cm×106cm，面刻 140cm×100cm。汉文，35 行。石刻，楷书。碑头刻有“福缘善庆”字。保存完好。（湖南　吴家荣　谭少剑）

三江老堡义学碑　石碑 1 通。清光绪十四年（1888）柳州府署怀远知县撰文，佚名抄刻。为捐置学田立宪章程记事碑。记述筹办义学的经过与缘由。事因怀远县办学经费紧缺，时有门、周、覃、张四姓田产纠纷，知县断定“乃折中办法将田仍归周姓，断其捐银壹佰捌拾两缴县统作老堡义学经费”。另有二例卖田款也收为办学经费。同时记述了筹办义学章程 8 条，其中心内容为：捐置、购置义学田，以田供养塾师；立碑时有头人作证。对研究侗族地区教育史及汉文化传入状况有参考价值。碑在今广西壮族自治区三江侗族自治县老堡乡政府大院内。碑面 120cm×80cm。汉文，楷书，27 行。有部分字迹漫漶。（广西　吴　浩）

龙胜重修平等乡观音庙碑　石碑 2 通。清光绪十六年（1890）佚名撰文，佚名抄刻。侗族功德碑。原碑无题。记载平等乡观音庙重修原因、过程及主要发起人姓名。对研究侗族社会、经济、宗教史等有参考价值。碑在今广西壮族自治区龙胜各族自治县平等乡广南村礼堂内。一通碑面 114cm×91cm，汉文，26 行，每行 41 字。石刻，楷体。另一通碑面为 97cm×203cm。保存完好。

（广西　韦如柱）

从江丙妹城隍庙重修碑记　石碑 1 通。清光绪十六年（1890）立于从江丙妹。记述庙宇的修建过程。丙妹城隍庙建于清雍正四年（1726），咸丰五年（1855）毁于战乱。光绪十六年县丞周立昌倡捐重修。丙妹城隍庙为县级文物保护单位。对研究清末侗族地区的历史和宗教信仰有参考价值。碑文收入黔东南苗族侗族自治州文化局编印《黔东南文物志》（第四集）中黄孟德撰的《丙妹城隍庙遗址》；《从江石刻资料汇编》（第一集），贵州省从江县文化体育广播电视局 2007 年编印。

（贵州　张子刚）

三江河里捐资修建庙宇功德碑序　石碑 1 通。佚名撰文，清光绪十八年（1892）佚名抄刻。叙述捐资修建庙宇之目的。其文曰："夫为人者，四象相合，受父母之胎膏，五脏百骸，赖乾坤之融洽。为五行不齐，百疾所生；因血脉不调，千端疴症。或求医未效，或药治不周，或卜卦不灵，则默默而无计，是以仰祷圣恩，天神护佑，伏愿自今已往，惟言之从一方，蒙神圣恩，监去膏肓之疾……以虔心解囊捐资作善，降之百祥矣，是为序。"序之后，列有众多捐资人姓名。对研究侗族宗教信仰有参考价值。碑在今广西壮族自治区三江侗族自治县河里三王庙大殿右侧碑廊。碑面 144cm×26cm。汉文，楷体。8 行。保存完好。

（广西　吴　浩）

通道马田"功垂万代"碑　石碑 1 通。清光绪二十一年（1895）佚名撰文，佚名抄刻。记田星寨修路事。碑文记载光绪年间，当地百姓捐资修建石板路，以便于行人行走。对研究侗族习俗有参考价值。碑在今湖南省通道侗族自治县坪阳马田。一面有字。碑面 158cm×92cm，面刻 150cm×87cm。汉文，楷体。24 行，每行 34 字。石刻。保存完好。

（湖南　吴家荣　谭少剑）

通道坪坦修建庙宇碑记　石碑 1 通。清光绪二十一年（1895）龙崇飞撰文，佚名抄刻。记侗族群众集资修建三大信奉神灵雷祖大帝、南岳大王、飞山侯王庙宇事。碑文记述三大神灵神力无边，百姓必须虔诚信奉的规约。对研究侗族地区宗教信仰和民俗风情有参考价值。碑在今湖南省通道侗族自治县坪坦。一面有字。碑面 125cm×70cm，面刻 120cm×65cm。汉文，24 行。石刻，楷体。保存完好。

（湖南　谭少剑）

三江河里三王庙重修碑记　石碑 1 通。清光绪二十一年（1895）二月靖州萧德谦撰文、书写，佚名刻。记述三王及其庙宇之历史："溯我河里南寨之有圣庙尊神，威灵显烁，惠泽覃敷，实千秋之福主，乃四民所钦崇。爰考三王之发祥也，昉于汉代施州之水，应时而挺。竹君继姜嫄之奇迹，迄诞而生三子，精忠事汉，封夜郎侯，殁后圣灵于明，俊蒙帝啓封为三王，配竹君而同歆峨血食，滇黔粤而泽被生民。"碑文对本次重修之原由作了记述："某等稽诸往迹。创自前明原有正宫两座，共属房廊，头门戏榭，百堵威周。自昔以来，屡经修葺，规模宏敞，殿宇巍峩，但以阅历阿弥深，渐凋残于虫蚁，堂榱倾仄，众目系而感伤。"于是"承诸父老佥议，从新鼎建"。对研究侗族宗教信仰有参考价值。碑在今广西壮族自治区三江侗族

自治县河里南寨三王庙内右侧碑廊。碑面144cm×73cm。汉文，楷体，12行。保存完好。原无碑题。　（广西　吴　浩）

芷江大坨“永定章程”碑　石碑1通。佚名撰文，清光绪二十二年（1896）抄刻。系田姓侗族刊学堂永定章程而立。碑文1600余字，分三部分纂刻：一为序言；二为捐学田章程；三为捐田、捐资人姓名及所捐数量。对研究侗族教育史有参考价值。碑在今湖南省芷江侗族自治县大坨乡政府院内。一面有字。碑面145cm×90cm，面刻140cm×83cm。汉文，21行。石刻，楷体，黑色。基本完好。　（湖南　曹小荣）

龙胜修衙寨桥序文碑　石碑1通。清光绪二十三年（1897）六月佚名撰文，佚名抄刻。侗族功德碑。碑题“永古不朽”。分序文和捐款物人姓名两部分。序文记述衙寨背后原有桥，为村民出入要道，因年久桥木多已折颓，造成众人来往不便，众人商议修新桥代之。修桥有赖于各族人慷慨捐献，同成美举。捐款物人姓名共列156人。对研究侗族地区公益活动有参考价值。碑在今广西壮族自治区龙胜各族自治县平等乡平等村衙寨屯。一面有字。碑面123cm×82cm。汉文33行，每行52字。石刻，楷体。保存完好。　（广西　韦如柱）

黎平竹坪上寨重建鼓楼碑　石碑1通。清光绪三十四年（1908）诚州李瑞撰文，新洞陆凤魁抄刻。原题“万古长存碑”。贵州省黎平岩洞竹坪上寨鼓楼重建碑记。鼓楼原建于光绪二十三年，因火灾被毁，光绪三十四年重建。碑文记述上寨的地形和重建鼓楼过程。后列乐捐芳名101人。对研究侗族宗教信仰及村寨建设有参考价值。碑在今贵州省黎平县岩洞竹坪上寨。碑面120cm×90cm，刻面110cm×80cm，汉文，楷体，319字。保存完好。碑文收入吴浩主编《中国侗族村寨文化》，民族出版社2004年版。

（广西　吴　浩）

通道官团七星庵碑　石碑1通。清光绪三十四（1908）年杨光庭撰文，佚名抄刻。七星庵始建于明洪武年间，距今有600多年。碑文记道教七星庵的始建和重修次数，再次确定七星庵的管辖范围，庵田地点及数量。对研究通道侗族的道教有参考价值。碑在今湖南省通道侗族自治县临口官团。一面有字。碑面150cm×80cm，面刻145cm×75cm。汉文，30行。石刻，楷体。碑右上角残损。

（湖南　谭少剑）

黎平竹坪重修上寨鼓楼碑记　石碑1通。清光绪三十四年（1908）立。记述黎平县竹坪上寨鼓楼于光绪二十三年遭毁，众乡老又捐资、捐工重修的过程。对研究侗寨鼓楼建筑有参考价值。石刻。楷体，300字。碑文收入吴浩主编《中国侗族村寨文化》，民族出版社2004年版。　（贵州　龙耀宏）

天柱三门塘修井路碑记　石碑1通。清宣统二年（1910）潘滋大、王起明撰文，王贞珉抄刻。记贵州天柱坌处三门塘16位妇女在王贞的首倡下，捐资修井、修路之事。对研究侗族妇女公德意识有参考价值。碑在今贵州省天柱县坌处镇三门塘雄闷。碑面92cm×50cm。汉文，楷体，7行。保存完好。

（贵州　龙启休）

三江岩寨重建鼓楼碑　石碑1通。清宣统二年（1910）贡生杨恒青撰文，佚名抄刻。侗族功德碑。碑题“万古千秋”。记述平寨屯原有鼓楼太靠近水边，旁有房屋，路窄不便进出，今集资异地重建，立碑记其事。后有捐款人姓名及捐款、捐物数额。计有杨、吴、陈姓约104人。对研究侗族地区公益活动有参考价值。碑在今广西壮族自治区三江侗族自治县林溪乡平岩寨屯鼓楼。一面有字。碑面135cm×92cm。汉文，楷体，34行，每行41字。石材。保存完好。

（广西　欧薇薇）

黎平纪堂圣母祠碑　石碑1通。民国六年（1917）纪堂寨首陆鸿仪等撰文，佚名抄刻。碑文述说“我先祖自肇硐移上纪堂居住，追念杏妮圣母娘娘，功威烈烈，火德洋洋，以能保民清吉，六畜平安。特请工匠建宫立神供奉香烟。”还记述为供祭圣母祠村人共同购置的产田，这些田产由村人轮换耕种，耕种者每年在农历正月初一出祭肉三斤，并负责一切敬香之费用。对研究侗族宗教信仰有参考价值。碑在今贵州省黎平县肇兴纪堂寨圣母祠，碑面128×86cm，面刻110×80cm，汉文，楷体，共338字。保存完好。碑文收入吴浩主编《中国侗族村寨文化》，民族出版社2004年版。（广西　吴　浩）

通道高步社王碑　石碑1通。民国八年（1919）佚名撰文，佚名抄刻。记载侗族信奉的神社王的功德及民众捐资修建其神社王宫之事。对研究侗族的宗教信仰及民俗风情有参考价值。碑在今湖南省通道侗族自治县坪坦高步。一面有字。碑面120cm×69cm，面刻110cm×64cm。汉文，30行。石刻，楷体。字迹漫漶。（湖南　谭少剑）

榕江寨头重建古渡碑　石碑1通。民国九年（1920）立。黎平贡生管绍铭撰并书。记维修车江寨头古渡经过及捐赠名录。碑在今贵州省榕江县车江乡寨头村古渡北侧榕树下，现被树根包含其中。一面有字。碑面90cm×65cm。汉文，楷体，阴刻。碑额横刻“勒之于石”。碑文竖向，20行，满行30字，共554字。碑文收入《榕江县文物名胜志》。

（贵州　杨远松）

通道牙屯老寨鼓楼碑　石碑2通。民国十年（1921）佚名撰文，佚名抄刻。记载老寨原有鼓楼一座，后被土匪放火烧毁，为保团寨安全，方圆百姓重修鼓楼。碑在今湖南省通道侗族自治县牙屯老寨。一面有字。碑面110cm×78cm，面刻105cm×72cm。汉文，27行。石刻，楷体。保存完好。

（湖南　谭少剑）

龙胜平等重修蒙洞风雨桥碑　石碑1通。民国十二年（1923）壬戌仲春佚名撰文，佚名抄刻。为修复平等蒙洞风雨桥的碑记。原题“名传万古”。清代蒙洞先人在蒙洞河上建起一座名为“接龙桥”的风雨桥，成为当地民众往来之通衢，后来毁于一场洪水。碑文称当时的蒙洞人为纪念前人修桥之功德和造福后代子孙，便依照原“接龙桥”的样式和规模在原址重新修起一座新桥，所不同的是原来的石墩换成了四排独具特色的石柱。碑记赞颂为建桥“四方仁人长者或施床头之金，善信男女或助囊内之粟”的美举，特依照老幼善果共赐福寿以绵延之愿望，将新桥更名为“福龙桥”。碑记的后半部开列捐献的名单。对研究侗族历史文化有参考价值。碑在今广西壮族自治区龙胜各族自治县平等乡蒙洞村福龙桥头。碑面136cm×72cm，面刻132cm×68cm。汉文，楷体，105行，共3922字。保存基本完整。与此碑同时立的还有三块碑，分别是“流芳百世”碑、“永垂千秋”碑和一块无名碑。（广西　黄钟警）

三江平岩“共结善缘”碑　石碑1通。佚名撰文，民国十四年（1925）佚名抄刻。为南岳庙重修捐资记事碑。林溪平岩曾建有南岳庙，于20世纪60年代拆毁，碑被搬到鼓楼作棋盘用。碑有序文和捐资人姓名及其捐资数额。从残存的碑文可知，此地对南岳神的祀奉历史久远，南岳庙宇曾多次重修，庙内供南岳神塑像，每隔7年即举行大祭。南岳神，在侗族巫师的祭词中被尊称为“南岳忠精大王”，是侗族巫师祭拜的主神之一。对研究侗族宗教信仰有参考价值。碑在今广西壮族自治区三江侗族自治县林溪乡平岩鼓楼内。碑面144cm×86cm。汉文，楷体，14行。碑正中文字残损。　（广西　吴　浩）

三江程阳永济桥序碑　石碑1通。民国十五年（1926）程阳马安村陈栋梁撰文，佚名抄刻。碑文记述程阳永济桥建桥之缘由及其过程，对该桥的建筑规模和特色亦有描述，如：“兴修舆桥，俾永古便利行人济渡，故名曰永济桥。”“深蒙各界仁人仁士，善男信女，慷慨输将，解囊乐助，捐金献银，同修善念，舍木放工，共襄美举，集腋成裘，鸠工兴建，惨淡经营，十载于斯，而今工程告竣。”对研究侗族建桥习俗有参考价值。碑在今广西壮族自治区三江侗族自治县程阳风雨桥碑廊。碑面120cm×80cm。汉文，楷体，14行。原碑已损坏，1986年按原碑刻制。碑文收入《三江侗族自治县志》，中央民族学院出版社1982年版。

（广西　吴　浩）

玉屏修复县衙低屋蔽舍碑　石碑1通，民国三十一年（1942）李世家撰文，夏如宾刻。碑记时任县长李世家鉴于县衙低蔽舍，年久失修，原有房屋半成颓废，乃倡议兴修衙署。经贤达佥赞集资10万，并聘刘炳焘等为委员，分理总管、文牍采购、运输及监工。更有帮贤及地方民众相助。平溪、新店、纸柱等地运砖瓦石灰，动众约万余人。经数月建成新衙署。有史料价值。一面有字，碑面147cm×77cm。汉文16行，青石，楷体。保存完好。　（贵州　陈昌文）

宣恩小河重修廉让桥序　石碑1通。民国三十三年（1944）向炳臣、罗会瀛、覃禹钟、姚炳若撰，姚炳若刻。此碑为颂扬修桥人功德而立。碑文记姚复旦（晓亭）修建石拱桥，名“廉让桥”的过程，为乡民做好事，解决了当地侗民过河困难。对研究侗族人民的社会生活有参考价值。碑在今湖北省宣恩县龙头堡小河。一面有字，碑面136cm×86cm，正面130cm×80cm，汉文，30行。石刻，楷体。保存完好。　（湖北　姚祖瑞）

三江盘贵重修文星桥序碑　石碑1通。民国三十七年（1948）湖南靖州莫棹撰文，广西三江独峒盘贵杨再祯抄刻。文星桥为三江独峒盘贵村的风雨桥，坐落于盘贵村下方的溪河上。为石礅木面桥，两台一礅，在礅台上设亭，亭间设廊，是侗族典型的风雨桥。原桥修建年代不详，民国三十三年（1944）重修，五年始成。碑文记述“文星桥因年久失修将倾，故村之父老集资鸠工重修”。同时记述文星桥所处之地理位置为三江北门之镇锁钥，西接黔黎（贵州黎平）、东邻湘通（湖南通道）。序文对该桥的建筑艺术及其功用也作了阐述。对研究侗族风雨桥文化有参考价值。碑在今广西壮族自治区三江侗族自治县独峒乡盘贵村风雨桥头。碑面116cm×75cm，面刻汉文18行，共400字，楷体，保存完好。　（广西　吴　浩）

通道黄土重修普修桥碑　石碑1通。民国三十七年（1948）吴居敬撰文，佚名抄刻。碑文记述了当地乡绅为首捐资在原木墩桥上修建石墩风雨桥的善事。此碑对研究侗族建筑工艺有参考价值。碑在今湖南省通道侗道自治县黄土。一面有字。碑面112cm×77cm，

面刻107cm×72cm，汉文，27行。石刻，楷体。保存完好。普修桥为县级文物保护单位。（湖南　谭少剑）

三江欧阳杨氏“祖德流芳”碑　石碑1通。民国三十八年（1949）佚名撰文，佚名抄刻。三江河里欧阳村杨氏宗祠碑记。记述欧阳村杨氏始祖杨仁明、杨安华由元末明初迁入浔江牙塘（三江境内），“劈草开疆，肇基立业，但代远年湮，历今五百余年”，杨姓为侗族之一大姓，其祖先来源虽不同一地，其迁入侗族现今之居地，也有先有后，但像这样立有宗祠并刻石立碑记述其祖先迁徙过程者为数极少。对研究侗族历史上的迁徙状况有参考价值。碑在今广西壮族自治区三江侗族自治县河里欧阳寨杨氏宗祠内。碑面160cm×94cm，汉文，9行，楷体。碑题为阳刻，每字刻在一圆圈之内。有少量文字漫漶。（广西　吴　浩）

榕江平松重修祠亭碑　石碑1通。民国三十八年（1949）平松、盘踅、定弄等寨侗民立。记重建土地祠亭和民国三十四年（1945）古州遭受百年不遇特大洪水事。有史料价值。碑在今贵州省榕江县忠诚镇平松村村南歇气坳。青石质，长方形。一面有字，碑面111cm×74cm。汉文，正楷，阴刻，碑额横刻“重建祠亭铭”。碑文竖向25行，满行44字，共961字。保存完好。

（贵州　杨远松）

三、墓　　碑

墓志铭（张岁羽、雪泉）　墓碑1通。明朝广西平乐府推官汤尚贤撰文。明朝文林郎张岁羽，生于弘治十三年（1500），从小聪颖，但七举未中。嘉靖三十五年（1556）由贡生授广西苍梧知县，其为官期间，“仁敷化洽，讼简民安，督府旗之，当道信之，僚属睦之”。张岁羽四子宗夔、宗曾、宗孟、宗程请曾任广西平乐府推官汤尚贤撰文并勒石成墓志铭以记。此碑由大小相同、厚薄相等的两块合成，外有铁箍一道围箍。两块碑中，刻详情一块，外形完好，刻字面部分脱落。而刻文林郎雪泉墓志铭的一块已破。碑在今贵州省玉屏侗族自治县平溪镇张家坪张桂洪家。两面有字。一面41.5cm×41.5cm，26行；二面41.5cm×41.5cm，1行。青石，阴刻，楷体。　（贵州　陈昌文）

皇清待赠帮显考黄讳昌隆老大人之墓　墓志1合。清康熙六十年（1721）黄胜德撰刻。为缅怀祖先、祈福后世昌盛而立。记黄昌隆生于清顺治十五年（1658），系湖南省沅州府芷江县恶滩四路天井寨（今新晃）人氏，卒于康熙六十年，葬于湖北省施南府恩邑（今宣恩）头棚杨家湾枞树岭。对研究侗族历史有参考价值。碑在今湖北省宣恩县头棚杨家湾枞树岭。一面有字，碑面96cm×56cm，正面90cm×50cm。汉文，8行。石刻，楷体。碑面文字字迹漫漶。（湖北　姚祖瑞、吴光友）

故显考姚讳光金老大人之墓　墓志1合。清乾隆二十九年（1764）姚昌吉撰，姚昌吉、姚永祥、姚永安、姚永凤刻。记姚光金生于清康熙二十四年（1685）二月十一日午时，系湖南省沅州府芷江县平五里八甲伞寨村坡脚寨生长人氏，乾隆十三年因灾害携全家16人迁湖北省施南府宣恩县东乡里二甲会口岩头三村沙土梁子上田（坪）定居，卒于乾隆二十九年九月十五日。对研究鄂西南侗族社会历史和迁徙史有参考价值。碑在今湖北省宣恩县岩头三村通踏湾龙扑树坪。碑面100cm×60cm，面刻90cm×50cm。汉文，9行。石刻，宋体。保存完好。　（湖北　姚祖瑞）

故显考姚讳光星老大人之墓　墓志1合。清乾隆三十四年（1769）姚昌先撰，姚昌贵、姚昌先刻。记姚光星字了璋，生于清康熙二十三年（1684）冬月十三日丑时，卒于乾隆三十四年，系湖南省沅州府芷江县地崇村生长人氏，因自然灾害于乾隆十三年迁湖北省施南府宣恩县东乡里二甲会口岩脚（姚家湾）定居。对研究鄂西南侗族社会历史和迁徙史有参考价值。碑在今湖北省宣恩县会口黄田湖坪半坡。碑面100cm×60cm，面刻90cm×50cm。汉文，8行。石刻，宋体。保存完好。　（湖北　姚祖瑞）

故显考故显妣李府谢氏老孺子之墓　墓志1合。清乾隆三十七年（1772）李登鳌撰，李登鳌刻。记李谢氏生于清雍正七年（1729）

闰七月，系湖南省常德府武陵县鸡颈村生长人氏，乾隆年间与子李登鳌（白莲教农民起义领袖）从湖南省沅州府芷江县雷祖殿迁湖北省施南府宣恩县东乡里二甲龙马山二岩坎定居，卒于乾隆三十七年。对研究鄂西南侗族社会历史和迁徙史有参考价值。碑在今湖北省宣恩县龙马山二岩坎。碑面 96cm×55cm，面刻 90cm×50cm。汉文，9 行。石刻，宋体。保存完好。（湖北　姚祖瑞、吴光友）

故显妣姚府张母老孺子之墓　墓志 1 合。清乾隆三十八年（1773）姚胜幸撰，姚胜元、姚胜晚刻。记姚张氏生于清康熙二十八年（1689）二月初五日未时，卒于乾隆三十八年；张氏系湖南沅州府芷江县团山寨人，乾隆十三年携子姚胜幸、姚胜元、姚胜晚迁湖北省施南府宣恩县东乡里二甲黄田岩洞定居。对研究鄂西南侗族社会历史和迁徙史有参考价值。碑在今湖北省宣恩县黄田斗逢界四方土。碑面 100cm×60cm，面刻 90cm×50cm。汉文，8 行。石刻。保存完好。

（湖北　姚祖瑞）

故显二姚讳昌华老大人之墓　墓志 1 合。清乾隆四十六年（1781）姚胜魁、姚胜文撰，姚胜生、姚胜贵、姚胜富、姚胜榜刻。记姚昌华生于清康熙五十二年（1713），系湖南省沅州府芷江县永镇里九甲平地寨生长人氏，于乾隆二年迁湖北省施南府宣恩县东乡里二甲封口坝竹园堡定居落业，卒于乾隆四十六年。对研究鄂西南侗族社会历史和迁徙史有参考价值。碑在今湖北省宣恩县竹园堡桐木湾。碑面 95cm×55cm，面刻 90cm×50cm。汉文，8 行。石刻，宋体。保存完好。（湖北　姚祖瑞）

故显考姚讳胜滔老大人之墓　墓志 1 合。清乾隆四十六年（1781）姚秀英撰，姚秀荣、姚秀举、姚秀德、姚秀林刻。记姚胜滔字文必，生于乾隆五年七月二十七日寅时，系湖南省沅州府芷江县永镇里九甲坪地寨生长人氏，于乾隆十三年迁居湖北省施南府宣恩县东乡里二甲会口湾枫树台，卒于乾隆四十六年五月初十日未时。对研究鄂西南侗族社会历史和迁徙史有参考价值。碑在今湖北省宣恩县会口湾粉坊坡。碑面 100cm×60cm，面刻 90cm×50cm。汉文，8 行。石刻，宋体。保存完好。（湖北　姚祖瑞）

故显考李讳长鳌老大人之墓　墓志 1 合。清乾隆五十五年（1790）李旭撰刻。记李长鳌字龙友生于清康熙四十二年（1703），系湖南省沅州府芷江县飞蛾塘生长人氏，于雍正二年（1724）迁湖北省施南府宣邑会口小茶园定居，卒于乾隆五十五年。对研究鄂西南侗族社会历史和迁徙史有参考价值。碑在今湖北省宣恩县龙马山桐木湾。碑面 90cm×50cm。汉文，8 行。石刻，宋体。保存完好。（湖北　姚祖瑞）

龙讳通丑老大人之墓　墓志 1 合。清乾隆五十五年（1790）龙兴宗撰刻。记龙通丑生于清顺治十八年（1661），系湖南省芷江县回龙庵凌堂人，亡于康熙六十一年（1722），葬于湖北宣恩头棚杨家枞树岭。对研究鄂西南侗族社会历史和迁徙史有参考价值。碑在今湖北省宣恩县头棚杨家岭。一面有字，碑面 95cm×55cm，正面 90cm×50cm。汉文，7 行。石刻，楷体。保存完好。

（湖北　姚祖瑞　吴光友）

故显考黄讳秀祥老大人之墓　墓志 1 合。清乾隆五十五年（1790）黄再兴撰刻。记黄秀祥生于清雍正十年（1732），系贵州省铜仁府鳌寨侗盖长溪人，亡于乾隆四十六年（1781），葬于湖北宣恩杨家湾枞树岭。对研究鄂西南侗族的社会历史和迁徙史有参考价值。是碑在今湖北省宣恩县头棚杨家岭。一面有字，碑面 95cm×55cm，正面 90cm×50cm。汉文，9 行。石刻，楷体。碑面右下角残损。（湖北　姚祖瑞　吴光友）

故显考龙讳自富老大人之墓　墓志 1 合。清嘉庆元年（1796）龙章德撰，龙章义刻。记龙自富生于清康熙五十二年（1713）四月十三日戌时，系贵州省思州府玉坪（屏）县砂坪生长人氏，雍正六年（1728）迁湖北省施南府宣邑（恩）东乡里二甲卸甲坝居住，卒于嘉庆元年。对研究鄂西南侗族社会历史和迁徙史有参考价值。碑在今湖北省宣恩县卸甲坝三座（祖）坟。碑面 100cm×60cm，面刻 90cm×50cm。汉文，9 行。石刻，楷体。保存完好。（湖北　姚祖瑞）

故显妣董府黄老孺人之墓　墓志 1 合。清嘉庆八年（1803）董世高、董世民撰，董世全、董世荣、董世龙、董世虎刻。记董黄氏生于清康熙十九年（1680）冬月初四日巳时，系湖南省靖州直隶州会同县董家冲人氏，于清康熙末期携子迁湖北省施南府宣邑（恩）三甲桐麻园居住，卒于乾隆二十三年（1758）。对研究鄂西南侗族社会历史和迁徙史有参考作用。碑在今湖北省宣恩县桐麻园。碑面 100cm×60cm，面刻 90cm×50cm。汉文，9 行。石刻，宋体。保存完好。（湖北　姚祖瑞）

故显考姚讳永龙老大人之墓　墓志 1 合。清嘉庆二十年（1815）姚胜章撰，姚胜魁刻。记姚永龙字启茂，生于清雍正九年（1731）冬月二十八日午时，系湖南省沅州府芷江县辣子坪生长人氏，17 岁时赴武岗州和茅山学武练法，1765 年携其妻杨氏从新晃坡脚至湖北省施南府宣恩岩头三村定居，卒于嘉庆二十年九月九日未时。对研究鄂西南侗族社会历史和迁徙史有参考价值。碑在今湖北省宣恩县岩头三村通踏湾龙爪树坪。碑面 100cm×60cm，面刻90cm×50cm。汉文，9 行。石刻，宋体。保存完好。（湖北　姚祖瑞）

三江富禄岑旁吴公墓碑　墓志 1 合。清道光年间佚名抄刻。吴公墓位于岑旁村家族墓地。其中一块碑的正面刻有墓主的名号以及生卒年月、儿孙辈序和立碑年月日。碑柱两旁刻有“贵富锦锦占祖德，子孙蛰蛰赖慈恩；龙腾虎卧平安第，水秀沙明富贵村”等对联。另一块较为古老的碑没有字，但刻有数条游龙图案。对研究侗族历史及丧葬习俗有参考价值。碑在今广西壮族自治区三江侗族自治县富禄岑旁村。碑面 80cm×20cm，面刻汉文 4 行，楷体。另刻有两只对鸣的凤凰和两只灯笼，灯笼头下有一对水麒麟，龙尾碑檐的空隙处刻浮雕半身人物。（广西　石祖勋）

石阡中坝杨成林墓志　墓志 1 合。清道光二十四年（1844）果勇侯杨芳撰文。道光二十七年雷国维抄刻。叙贵州石阡中坝杨氏源流。其墓志为墓主在世时，果勇侯杨芳（松桃人）所作。志其先祖同宗，也掌铜、镇、思、石侗司，其流愈盛。书赠其母百岁匾额“瑶池春永”，并赠他“有嫌汤仗”。对研究石阡中坝侗族杨氏源流及彼此联系活动有参考价值。原物在今贵州省石阡县中坝河东村。碑面 96cm×106cm。16 行。青石刻，楷体。落款有“杨芳篆印”二枚。（贵州　蔡正国）

皇清待赠故显考杨讳秀虎老大人之墓　墓志 1 合。清道光二十七年（1847）杨明撰，杨凤、杨龙刻。碑记杨氏祖先从江西迁四川成都再迁贵州，最终在湖北定居过程。对研究鄂西南侗族社会历史和迁徙史有参考价值。碑在今湖北省宣恩县李家河金陵寨岩峰头。三面有字，碑面 110cm×55cm。第一面 100cm×50cm，汉文，22 行，每行 16 字；二面 100cm×50cm，汉文，12 行，每行 26 字；三面 100cm×50cm，汉文，26 行，每行 16 字。石刻，楷体。碑额有“山”字形图案。保存完好。（湖北　龙顺成）

三江独峒高定吴万泰墓碑　墓志一合。民国八年（1919）二月佚名撰文，佚名抄刻。吴万泰约于清乾隆年间去世，葬于其氏族公共墓地（独峒平流村边，距高定村 25 里）。但直至民国八年二月始立碑。其墓碑整体为塔形。碑之上部雕刻有三层瓦檐，顶层内翘檐，檐脊中间雕刻有葫芦串，形似塔尖。下层瓦檐中部有“祭如在”三字。碑之中部，两旁雕刻有屋柱和对联。第一联文为“青龙包得千里路，白虎护佑万代人”；第二联文为“山明生贵子，水秀发人丁”。碑之正中，刻有“清故恩深显考吴万泰之墓”。其右刻有“中华民国己未年二月二十七日立”，其左刻有孝男、孝孙名。碑之下部，刻有双龙抢宝图案。对研究侗族图腾崇拜和丧葬习俗有参考价值。碑在今广西壮族自治区三江侗族自治县独峒乡平流吴通氏族公共墓地，碑面 80cm×60cm，面刻汉文 8 行。碑之上部有裂痕，少量字迹漫漶。（广西　吴　浩）

四、其　他

靖州《登飞山》诗石碑　石碑1通。明万历十年（1582）靖州参将邓子龙撰文，佚名抄刻。碑刻有邓子龙诗8句，抒发邓子龙登上飞山时的感情。对研究靖州历史有参考价值。碑在今湖南省靖州苗族侗族自治县飞山大殿内。单面有字。碑面100.3cm×213cm。汉文，8行。石刻，草书。基本完好。碑文收入《靖州县志》，三联书店1994年版。（湖南　龙立明）

靖州禁谕碑　石碑1通。明万历三十七年（1609）佚名撰文，佚名抄刻。碑文内容为当时州府发布的各项禁谕条文。对研究古代朝廷对西南少数民族地区的统治有参考价值。碑在今湖南省通道侗族自治县下乡团伦。一面有字。碑面140cm×70cm，面刻135cm×65cm。汉文，14行。石刻，楷书。字迹漫漶。（湖南　谭少剑）

通道各宪严禁夫投碑　石碑1通。清雍正七年（1729）佚名撰文，佚名抄刻。记载清雍正年间直隶靖州府通道县令、牙屯堡驻军首领等联合发布的禁止向当地百姓乱派夫役及扰乱乡民事。对研究清代朝廷对侗族地区的治理有参考价值。碑在今湖南省通道侗族自治县县溪镇茶溪村上寨。一面有字。碑面135cm×87cm，面刻130cm×80cm。汉文，8行，16字。石刻，楷书。保存完好。

（湖南　吴家荣　谭少剑）

芷江大垅长生灯碑　石碑1通。佚名撰文。清雍正年间（具体不详）抄刻。系芷江大垅侗族大城、大盛、大美、大玉、仁青等祖孙损田为“祖师殿”点“长生灯”、为“回龙庵”点“朝薯灯”而“勒碑以重”。边刻支纹，其下刻碑额“长生灯碑记”。底刻三角几何图案，碑首中刻“忽”字，右左为“日月”二字。碑在今湖南省芷江侗族自治县大垅供销社内。一面有字。碑面190cm×80cm，面刻180cm×66cm。汉文，26行。石刻，楷体，黑色。保存较好。

（湖南　曹小荣）

从江下江挡水岩勒石　石碑1通。刻于清乾隆八年（1743）冬，距从江县城43公里。碑文如下：“乾隆癸亥冬，南至马鞍山，北至雀山，东至凤凰山，西至龙金鸡山，杨之义，吕文魁。”勒石共有31字，镌刻于长方形框内，分7行竖写，隶书双钩阴刻，每字约10平方厘米。碑文收入《从江石刻资料汇编》（第一集），贵州省从江县文化体育广播电视局2007年编印。（贵州　张子刚）

通道芋头“永远流传”碑　石碑1通。清乾隆八年（1743）钟茶明撰文，佚名抄刻。记述乾隆八年双江和芋头民众为山林边界打官司到绥宁县衙，由县官正堂陈某朱批公布判决结果。对研究清代侗族地区的民事讼诉有参考价值，碑在今湖南省通道侗族自治县双

江芋头。一面有字。碑面 110cm×77cm，汉文，18 行。石刻，楷书。碑断裂，下半部不存。（湖南　谭少剑）

通道县主恩示碑　石碑 1 通。清乾隆十年（1745）佚名撰文，佚名抄刻。记载乾隆年间直隶靖州府通道县令发布关于严禁地痞恶棍与外匪勾结扰乱乡民的告示。对研究清朝廷对侗族地区的治安管理有参考价值。碑在今湖南省通道侗族自治县牙屯堡团头。一面有字。碑面 90cm×62cm，面刻 85cm×56cm。汉文，14 行 29 字。石刻，楷书。字迹漫漶，残四块。（湖南　吴家荣　谭少剑）

通道县主恩示碑　石碑 1 通。清乾隆五十六年（1791）魏××撰文，佚名抄刻。记录当时直隶靖州府通道县对团头、牙屯堡所辖十一寨的粮税及各种捐税的摊派条文。对了解清朝廷对西南边民的税赋情况有参考价值。碑在今湖南省通道侗族自治县团头鼓楼。一面有字。碑面 94cm×75cm，面刻 87cm×70cm。汉文，11 行，13 字。石刻，楷书。保存完好。（湖南　吴家荣　谭少剑）

三穗瓦寨冷神碑记　石碑 1 通。乾隆十四年（1749）镇远知府朱桂桢撰文，隆十四年抄刻。记圣婆姓杨出吴氏，从伏耳山来瓦寨岑娄山，以及圣婆井、斑竹、圣婆坟的来历。当地人崇拜圣婆遗物为“圣物”。明末，张鬼钱作乱，里人得圣婆遗裙作帜捍御，避免了屠戮。故土人世代虔诚信奉。对研究侗族“萨文化”有参考价值。碑在今贵州省三穗县文化馆。碑面 200cm×80cm。汉文，16 行，694 字。宋体。圆头碑，两块并列，一大一小，小块已失，大块碑已断。碑文收入《三穗县民族志》，贵州人民族出版社 1989 年版；《黔东南苗族侗族自治州文物志》，贵州人民出版社 1992 年版；《三穗县志》，民族出版社 1994 年版。（贵州　万德才　张忠碧）

飞山庙碑　石碑 1 通。清乾隆二十八年（1763）天运太岁癸未仲春二十四日上浣谷旦撰文。为铭记祖先恩德而立，于乾隆二十八年建成。记原籍湖南芷江的吴正邦等搬迁至湖北恩施老马坪居住的情况。反映其本人迁徙、创业情况和宗教文化信仰及宗庙的修建情况。对研究吴正邦对侗族文化的传承有参考价值。碑在今湖北省恩施市盛家坝乡老马坪飞山庙。一面有文，碑面 143cm×89cm，面刻 114cm×61cm。汉文，19 行。少数字迹漫漶。碑文收入王晓宁编著《恩施自治州碑刻大观》，新华出版社 2004 年版。（湖北　袁　勇）

通道封禁马龙耙冲矿山碑　石碑 1 通。清乾隆三十二年（1767）陈蜀东撰文，佚名抄刻。记载清乾隆年间外地人在马龙开采铜矿污染农田、毁坏禾苗，当地百姓状告矿主，朝廷派官调查，当地百姓胜诉，立碑禁止采铜矿之事。对研究通道侗族地区的采矿历史有参考价值。碑在今湖南省通道侗族自治县马龙汉龙。一面有字。碑面 195cm×84cm，面刻 160cm×73cm。汉文，18 行。石刻，楷书。保存完好。（湖南　谭少剑）

从江小黄侗族风俗画碑　石碑 1 通。清乾隆三十八年（1773）九月立于贵州省从江县高增乡小黄金兔寨。以碑画的形式描述了古代侗族民间风俗。是研究侗族古代社会绘画、歌舞及文化交流不可多得的实物史料，也是清代康乾盛世民间歌舞升平的缩影。碑面 110cm×70cm。碑版有 6.5cm 宽的云龙纹镶边。原碑毁于战火，余下三分之一下部，字迹漫漶严重。碑文收入《从江石刻资料汇编》（第一集），贵州省从江县文化体育广播

电视局2007年编印。（贵州　张子刚）

三江三王庙鸣钟铭文　铜钟一口。清乾隆四十年（1775）佚名撰文。文曰："沐恩粤东永益会众信弟子虔具钟一口，重一百余斤，敬在三王爷上案前，永远供奉。"以下开列出资人名。同时刻有"风调雨顺，国泰民安"等字。另一面刻有云雷纹。钟钮为连体双头蛙之造型，铸有"隆盛炉造"及"乾隆四十年季冬吉日立"等字。钟为钢铸。对研究侗族宗教信仰有参考价值。钟在今广西壮族自治区三江侗族自治县河里乡南寨三王庙内。汉字铭文，隶书12行。

（广西　吴　浩）

三江为远贾放行告示碑　石碑1通。佚名撰文，清乾隆五十二年（1787）季春抄刻。远贾通行各地经商之告示碑。原碑无标题。在乾隆年间已有异省远贾到广西三江境内经商，设立店铺。这些商人为能在县境及其周边地区通行，征得当地道台及县官之令，勒石告示地方，"辨奸察诈"，"警恶释良"，以使商路畅通。碑中记录有吴复兴、邓宣茂、周源盛等远贾12人，录有三得店、广合店、元仓店等7个店铺，此碑由这12位远地商人及这7个店铺出资请人刻制，立于河里南寨路口，晓谕地方。对研究侗族地区的商业发展有参考价值。碑在今广西壮族自治区三江侗族自治县河里南寨三王庙内正殿碑廊。碑面96cm×40cm，汉文楷书，14行。部分字迹漫漶。（广西　吴　浩）

三江大塘坳坡顶路口分界碑　石碑1通。约清乾隆年间佚名撰文、抄刻。此碑立于湘、黔、桂三省区交界地三省坡西侧，为广西与贵州的分界碑。碑之北，为今贵州省黎平县洪州镇之境地；碑之南，为今广西壮族自治区三江侗族自治县独峒乡之境地。自古以来，以三省坡为中心，方圆数百里，均为侗族居住地，但历代封建王朝，却将其分而治之，使侗族在行政区划上被分隔。碑上只有"分界碑"三字。对研究侗族地区行政区划有参考价值。碑在今广西壮族自治区三江侗族自治县独峒乡林略大塘坳坡顶。碑面60cm×40cm。保存完好。

（广西　吴　浩）

雷凹大路口分界碑　石碑1通。约清乾隆年间佚名抄刻。此碑立于湘、黔、桂三省区交界地三省坡东侧，是广西与湖南的分界碑。碑之南面为广西三江独峒境，碑之北面为湖南通道独坡境。碑上只有"分界碑"三字，是当时州府的行政行为。对研究侗族地区行政区划有参考价值。碑在今湘黔桂三省区交界地三省坡东侧雷凹大路口。碑面60cm×40cm。楷书。保存完好。（广西　吴　浩）

从江永从县界碑　石碑1通。清嘉庆年间，贵州永从县贯洞贵纪寨与广西怀远县省口寨为争"将军山"，多次发生械斗，官司双方各有输赢，但不明断。至道光元年（1821）由永从县派官吏朱珍到现场裁决，并立碑为界。对研究清代侗族地区地界纠纷的调解有重要的参考价值。碑文收入《从江石刻资料汇编》（第一集），贵州省从江县文化体育广播电视局2007年编印。（贵州　张子刚）

从江增冲"名扬百代"碑　石碑1通。清道光五年（1825）立于从江增冲。记述道光五年增冲村民不惜重金所买的牛王因病而亡，全村人"是以见其生，不忍见其死；闻其声，不忍食其肉"的悲痛心情，并为牛王举行"荣殡其身"、"垒其佳城"、树碑立传的隆重葬礼。是研究侗族地区斗牛民俗的历史资料。碑面110cm×80cm。碑文均为正楷阴刻；除题额"名扬百代"系横书之外，碑版正文11行419字、落款1行20字均为竖书。全碑共443字。下部正中阴刻一盛开荷花为饰。碑在今贵州省从江县往洞乡增冲鼓楼内。碑文收入《从江石刻资料汇编》（第一集），贵州省从江县文化体育广播电视局2007年编印。（贵州　张子刚）

三江平流“万古传明”碑　石碑1通。清道光十年（1830）怀远县署汤某撰文，吴田通、王汤银抄刻。记述道光十年独峒华练村首民杨太、吴付贵等14人与同村首民杨万章、梁堂贵、杨传泰等人“互相控告，混乱乡规”。怀远县署为调解纠纷，出此告示，“赏给章程”，规定“嗣后尔等村内禾谷，不许抬高时价以及贩卖出境”，如仍有违反，“许该头人，精名亶扳，以拿究”。对研究清代侗族社会状况及官府与款组织的关系有参考价值。碑在今广西壮族自治区三江侗族自治县独峒乡平流村。碑面95cm×60cm。汉文，13行，楷书。保存完好。

（广西　吴　浩）

锦屏启蒙“因时致宜”碑　石碑1通。清道光十一年（1831）十月二十二日立。记录婆洞10个村寨侗族人民关于婚俗改革的8条规定。碑原立于贵州省锦屏县启蒙镇边沙村文昌阁，因阁楼已被拆除，现移立于启蒙小学操场侧。对研究北部侗族的风土人情及婚姻习俗的变迁有参考价值。一面有字。碑面100cm×70cm，碑文正楷阴刻。贵州省锦屏县人民政府1987年10月20日公布为县级文物保护单位。碑文收入《黔东南苗族侗族自治州志·文物志》，贵州人民出版社1992年版；《锦屏民间文学资料》，1982年锦屏县委宣传部、锦屏县民族事务委员会、锦屏县文化馆编印。（贵州　龙小金）

三江为重修三王庙捐献龙牌碑　石碑1通。清道光二十四年（1844）十一月二十七日佚名撰文，佚名抄刻。原题“百世流芳”。记述三江河里南寨三王庙在道光年间重修之时，信士杨华通妻吴氏，“感于先圣安止之意”，独捐己囊，为三殿尊王敬酧龙牌一对。三王庙每次重修，均有众多信男信女捐献财物或出义务工以作善举，现庙内碑廊即存有37块碑刻，将他们的姓名及其所捐献财物的数额记录其上，少有为一人之善举而独立刻碑的，是碑实属例外。对研究侗族宗教信仰有参考价值。碑在今广西壮族自治区三江侗族自治县河里南寨三王庙内左侧碑廊。碑面74cm×40cm，汉文，楷书10行。保存完好。

（广西　吴　浩）

会同高椅杨姓十甲家祠　石碑1通。清道光二十年（1840）岁次庚孟夏月谷旦抄刻。记述高椅杨姓从何地何时而迁到高椅，同时注明杨再高中举之后迁居南京以及高椅杨姓家规、族规、礼仪等。对研究高椅当时的历史、文化、经济、风俗习惯有参考价值。碑在湖南省会同县高椅乡文化站。两面有字。碑面240cm×99cm。一面刻220cm×81cm，汉文，22行，每行108字；二面刻200cm×78cm，汉文。青石岩，正楷，本色。右下角残损28cm×18cm。

（湖南　甄必全　杨武强）

怀远县总图、县城图碑　石碑1通。清道光二十六年（1846）十月谷旦怀远知县张某撰文，佚名刻。碑上部刻《怀远县总图》，图中列有当时县境所辖各峒、塘（均为当时行政单位，相当于今之乡镇一级）及村寨名，同时标有主要的山脉及河流，图之东、西、南、北还标有与湖南、贵州及本省其他县境接界之地。碑下部刻《怀远县城图》，城之四周为四方形，有城墙，东、西、南、北城门之上各有城楼一座，城内标有县署等主要建筑之名称及位置。对研究清代侗族地区的行政区划有参考价值。碑在今广西壮族自治区三江侗族自治县丹洲古城东门城墙，总图120cm×70cm，城图110cm×64cm。左上角有残损。研究文章有杨宗运、覃骏《广西三江发现的怀远古城图碑》，载《考古》1965年第8期。（广西　吴　浩）

通道恭城书院碑　石碑1通。清咸丰五年（1855）佚名撰文，佚名抄刻。恭城书院建于宋崇宁四年（1105），清乾隆三十七年（1772）重建。碑文记载咸丰年间生员李乡绅捐茶山、捐田土等维持书院正常开展教书育人事宜。是研究侗族地区文化教育的重要资料。碑在今湖南省通道侗族自治县县溪镇。一面有字。碑面152cm×87cm，面刻150cm×85cm。汉文，12行。石刻，楷书。字迹漫漶，从中断裂。（湖南　谭少剑）

从江下江渡船口告示碑　石碑1通。清咸丰四年（1854）十一月十九日下江厅军政长官颁发的告示。记述黎平分驻下江清军府立章程事，禁止胥吏扰民以稳定当地民众。对研究清末侗族社会历史有参考价值。碑在今贵州省从江县下江镇渡船口。告示碑方柱形，上有碑帽，碑面60cm×30cm。全碑直行阴刻146字，其中碑题刻“告示”二字，正文133字，落款11字。正面保存较完好。碑文收入《从江石刻资料汇编》（第一集），贵州省从江县文化体育广播电视局2007年编印。（贵州　张子刚）

会同坪村“拯民水火”碑　石碑1通。清同治二年（1863）四月十四日札伏乡公立。记述湖南直隶洲靖州棠香严行禁草，不准府吏轿马下乡任意逼索，以解民困。对研究侗族地区社会历史有参考价值。碑在今湖南省会同县坪村粟裕中学。碑面130cm×59cm，面刻115cm×49cm。汉文，楷书，34行。青石质，本色。破成两块。（湖南　甄必全）

通道金甸“永定章程”碑　石碑1通。清同治三年（1864）佚名撰文，佚名抄刻。记断案事。金甸李姓因葬坟纠纷，上诉到直隶靖州府绥宁县。县衙公布了判决结果。碑在今湖南省通道侗族自治县牙屯堡金甸。四面有字。碑面110cm×30cm。一面刻110cm×30cm。汉文，7行；二面刻110cm×30cm，汉文，7行；三面刻110cm×30cm，汉文，7行。石刻，楷书。字迹漫漶。

（湖南　谭少剑）

通道金甸“永定章程”碑　石碑1通。清同治九年（1870）佚名撰文，佚名抄刻。记载金甸李春芳等与甲田李向荣因建房发生纠纷而上诉到靖州直隶绥宁县衙，经绥宁县县亟审理判决的结果。对研究当时侗族地区社会状况有参考价值。碑在今湖南省通道侗族自治县牙屯堡金甸。一面有字。碑面124cm×72cm，面刻120cm×70cm。汉文，20行。石刻，楷书。保存完好。

（湖南　谭少剑）

剑河天河洗甲碑　石碑1通。同治七年（1868）李光僚立。记贵州天柱农民姜应芳起义被镇压事。同治七年十月甲子日，清廷派湘军李光燎率兵镇压义军，以陈大禄、李洪基为首的苗族、侗族义军被清军攻破，万余义军惨死于凯寨之江口屯，江水为之赤流。碑在今贵州省剑河县南明镇河口村安碑塘崖壁洞内。碑面140cm×70cm，面刻135cm×68cm。竖写，汉文，楷书，91字，阴刻。碑由三块大青石板组成，无碑座，依壁而立，右上角缺。碑文左下方有朱际平题诗一首和浅刻树枝、花鸟图案。正碑左右为副碑，横列于洞口外两边。楷书，阴刻。右为“天河”，左为“洗甲”四个大字，每字47平方厘米。对研究侗族农民起义有参考价值。“天河”碑1976年被毁。碑文收入《剑河县志》，贵州人民出版社1994年版。

（贵州　姜通文　龙启休）

通道金甸捐资购戏服碑　石碑1通。清同治十三年（1874）李光浩撰文，佚名抄刻。记载金甸侗族地区每年农闲各寨都有唱戏的习俗，各寨均在戏服上新换旧，互相交流技艺。对研究侗族地区的民俗风情有参考价值。碑在今湖南省通道侗族自治县牙屯堡金甸。一面有字。碑面80cm×52cm，面刻75cm×52cm。汉文，21行。石刻，楷书。保存完好。（湖南　谭少剑）

榕江平比“告示章程”碑　石碑1通。同治十三年（1874）古州清军府立。记贵州巡抚颁布严禁土司拉夫派粮告示。碑在今贵州省榕江县忠诚镇干烈村平比寨寨西寨门边。一面有字。碑面99cm×60cm。汉文，楷书，阴刻。碑额横刻“告示章程”。碑文竖向，14行，共304字。保存完好。

（贵州　杨远松）

榕江瘗骨碑　石碑1通。清光绪二年（1876）朗洞居民立。记清咸丰年间，朗洞战乱，残骨满山，罗秉元等人捐资开大塘，收埋尸骨之事。碑在今贵州省榕江县文管所。一面有字。碑面112cm×54cm。汉文，正楷，阴刻。碑额竖刻“瘗骨碑序”。碑文竖向，12行，共284字。碑文收入《榕江县文物名胜志》。（贵州　杨远松）

黎平黄冈“万古沾恩”碑　石碑1通。清光绪二年（1876）黎平知府发给各乡团寨老的文告。记黎平府禁止当地官绅胥吏应夫供役及一切供应陋规。对研究清末黎平、从江等地侗族地区的社会历史有参考价值。碑在今贵州省黎平县黄冈寨脚，拓片存贵州省黎平县文管所。碑面145cm×75cm。碑额楷书左向横行阴刻；碑版竖排楷书阴刻17行，满行34字。保存基本完好。碑文收入《从江石刻资料汇编》（第一集），贵州省从江县文化体育广播电视局2007年编印。

（贵州　张子刚）

剑河敏洞“流芳百世”碑　石碑1通。清光绪六年（1880）十二月团首王家珍、王延槐、王成太等20人立。记同治七年（1868）清军席保田、李光燎进剿义军，血洗江口屯等情况。碑在今贵州省剑河县敏洞乡沟洞村石拱桥头。有史料价值。碑面105cm×65cm。碑眉镌刻“流芳百世”四字，每字7平方厘米。碑文竖刻，共653字。碑文收入《剑河县志》，贵州人民出版社1994年版。

（贵州　姜通文）

剑河磻溪晓谕碑　石碑1通。清光绪六年（1880）十二月磻溪地方绅团立。碑文虽对农民起义进行污蔑、攻击，但记载了咸同年间张秀眉、包大肚、杨大六等率领苗族义军攻占沟洞，克团丁于平棍卡，并与姜应芳领导的侗族起义军联合攻下天柱县城等战斗情况。可供研究侗族革命史和侗族与苗族关系史参考。碑在今贵州省剑河县磻溪乡沟洞村桥头。一面有字。碑面105cm×65cm。有碑座。碑眉书刻“流芳百代”四字。碑文字迹清晰，共671字。碑文收入《黔东南苗族侗族自治州志·文物志》，贵州人民出版社1992年版。（贵州　龙小金）

通道高步“万古流芳”碑　石碑1通。清光绪七年（1881）佚名撰文，佚名抄刻。碑文记录高步侗族信奉的先祖母神萨岁坛周边的隔开距离及有关禁忌。对研究侗族的信仰、母系氏族社会的遗迹及民俗风情有参考价值。碑在今湖南省通道侗族自治县坪坦高步。一面有字。碑面 75cm × 69cm，面刻 70cm × 64cm。汉文，20 行。石刻，楷书。字迹漫漶。　（湖南　谭少剑）

黎平地坪禁革碑　石碑 1 通。清光绪八年（1882）刻立。记录贵州巡抚林肇元为严禁土司勒收兵谷等所发布的告示。可供研究侗族土司史参考。碑在今贵州省黎平县城南 109 公里地坪风雨桥亭之右侧。一面有字。碑面 120cm × 93cm。无碑座。为县级文物保护单位。碑文收入《黔东南苗族侗族自治州志·文物志》，贵州人民出版社 1992 年版。　（贵州　龙小金）

通道高步“善流芳”碑　石碑 1 通。清光绪十三年（1887）佚名撰文，佚名抄刻。记载高步乡绅为首捐资雕塑飞山庙众神祇之事。对研究侗族宗教信仰和风土民情有参考价值。碑在今湖南省通道侗族自治县坪坦高步。一面有字。碑面 120cm × 59cm，面刻 110cm × 52cm，汉文，19 行。石刻，楷书。字迹漫漶。　（湖南　谭少剑）

锦屏彦洞瑶白定俗碑　石碑 2 通。分别为瑶白碑、定俗碑。清光绪十四年（1888）十二月五日立。两碑除序文不同及瑶白碑有碑题“定俗垂后”四字外，正文均为黎平知府俞渭禁革“舅公礼”及“转娘头”的婚姻习俗布告。对研究侗族婚姻史有参考价值。定俗碑在今贵州省锦屏县彦洞乡彦洞村彦洞粮站仓库房，瑶白碑在瑶白村寨旁中堂边。碑面 130cm × 150cm。贵州省锦屏县人民政府 1987 年 10 月 20 日公布为县级文物保护单位。碑文收入《黔东南苗族侗族自治州志·文物志》，贵州人民出版社 1992 年版。　（贵州　龙小金）

剑河小广“永定风规”碑　石碑 1 通。清光绪十四年（1888）七月，剑河小广、下敖（今化敖）及谢寨的头人潘松乔等为改革风俗，将嘉庆二十年（1815）特授镇远府正堂加二级纪录三次朱和同治十二年（1873）署理清江军民府即补直隶州正堂出示的两个关于改革风俗的晓谕，加序刻碑立字，定名“永定风规”。当时，小广、下敖、谢寨均是侗族聚居之地，但也有少量历年随军征战留下的汉民。因汉民占少数，其风俗习惯逐渐被侗族同化。潘松乔等团首为了阻止这种融合同化，请示镇远府、清江厅后施行禁革。但除繁装改简装、禁止“女还舅门”、削减“吃红钱”为侗族人民接受外，其他如禁止男女青年自由恋爱、行歌坐月，禁止结婚时所举行的种种礼仪等因违背侗族人民的意愿，故禁而不止，革而无果。可供研究侗族风俗演变参考。碑在今贵州省剑河县城东 50 公里的小广乡环龙庵前。一面有字。碑面 143cm × 83cm。楷书阴刻。碑眉横刻“永定风规”四个大字，7 平方厘米。碑文为竖刻，共 1076 字，清晰可辨。1981 年 8 月，贵州省剑河县人民政府公布为县级文物保护单位。碑文收入《黔东南苗族侗族自治州志·文物志》，贵州人民出版社 1992 年版。　（贵州　龙小金）

榕江岑最“照”字碑　石碑 1 通。光绪十六年（1890）五月十四日立。记黎平府宣判杨氏山林地界诉讼案事。有史料价值。碑在今贵州省榕江县朗洞镇岑最村村后侧。青石质，长方形。一面有字。碑面 95cm × 4cm。汉文，11 行，共 252 字。正楷，阴刻。碑额刻有“照”字。碑文竖向。残角。　（贵州　杨远松）

从江开泰县正堂示谕碑　石碑 1 通。碑文为清光绪十七年（1891）黎平府开泰县赵知县给八洞地区的指示。碑文记述光绪十八年起，八洞地区苗民只上正粮银，布、麻折钱3000文概予免除，永不再纳。有史料价值。无碑眉，碑面51cm×65cm. 全碑行楷竖行阴刻16行，满行21字，共约200字。拓片存于贵州省从江县文管所。碑文收入《从江石刻资料汇编》(第一集)，贵州省从江县文化体育广播电视局2007年编印。

（贵州　张子刚）

怀远县永遵额粮告示碑　石碑1通。怀远知县曲某撰文，清光绪十八年（1892）闰六月初九日佚名抄刻。钱粮定章程之告示碑。对当时怀远县（今广西三江）所辖的六甲三峒所须缴纳的钱粮作了规定。碑文记述："怀远地处边隅，民猺（对侗、苗、瑶之诬称）杂处，山多田少，额粮无多。"有"布缕之征"（以布抵钱粮）和"穗纳"之征"（以禾把抵钱粮），"犹存三代之风焉"。允许武猛等处（现今八江、独峒、同乐等侗族、苗族乡），"仍照旧章"，"以布抵粮"完纳；猺犹等处（现今老堡、富禄、高基等瑶、苗、侗族杂居之乡镇），以禾把、鸡、米、蛋等物折钱征纳。其余地方，由当地团总按规定收取银两之后，统一征纳。对研究侗族地区社会及经济发展状况有参考价值。碑在今广西壮族自治区三江侗族自治县河里三王庙正殿前碑廊。碑面164cm×73cm。汉文，楷体。20行。保存完好。碑文收入民国《三江县志》卷十。

（广西　吴　浩）

三江遵宪示永定粮额碑　石碑1通。清光绪十八年（1892）佚名撰文，佚名抄刻。记广西三江侗族地区"钱粮定章，出示勒石，永垂遵守"事。文中指明钱粮定章的历史原因是，过去征粮额不定，民无以遵，且有不法官员乱行摊派，造成民生负担加重，官民矛盾不断。为规范各地征粮行为，增强各地纳粮积极性，各地纳粮一律定额、定点，规定可以钱代粮，限一月内纳毕。对研究清代侗族社会经济有参考价值。碑原在广西壮族自治区三江侗族自治县公安局，今在三江侗族博物馆内。一面有字。碑面156cm×104cm，汉文，楷体。22行，每行36字。右下角损佚，碑沿中线断为两块，文字基本完好。

（广西　韦如柱）

通道高步遵宪永定粮额碑　石碑1通。清光绪十八（1892）年佚名撰文，佚名抄刻。公布清光绪年间地方政府对高步民众所定还粮（应税）名单及应税数额。对研究清代地方政府对侗族地区的赋税征收有参考价值。碑在今湖南省通道侗族自治县坪坦高步。一面有字。碑面147cm×73cm，面刻140cm×700cm。汉文，19行。石刻，楷体。字迹漫漶。

（湖南　谭少剑）

龙胜庖田去思碑　石碑1通。清光绪二十年（1894）七月初五王禹卿撰文，佚名刻。清代龙胜北团乡绅追思武翼都尉李崇山德政碑。碑文称赞李崇山的韬略，颂扬李崇山"壮军旅之威"、"除奸顽之弊"、"怜惨黎之忧"和"御患其难"之举，并说明刻碑的目的是为了"后车可鉴"。对研究侗族历史文化有参考价值。碑在今广西壮族自治区龙胜各族自治县平等乡庖田村庖田组。拓片存龙胜各族自治县档案馆。碑面162cm×85cm，面刻146cm×74cm。汉文，楷体。12行，共225字。保存完好。碑文收入《龙胜乡贤诗文拾零》，民国三十七年（1948）版。

（广西　黄钟警）

龙胜万恩宪"永定章程"碑　石碑1通。清光绪二十八年（1902）佚名撰文，佚名抄刻。碑文为龙胜厅官府关于准予龙胜土童（少数民族考生）参加科岁考试和与客童

（汉族考生）一起在当地应试的告示。清王朝歧视龙胜少数民族，不准龙胜少数民族考生参加政府举办的科岁两试。直到嘉庆三年（1798），清廷礼部才批准广西巡抚准予龙胜土童每次以两个名额参加，但要由龙胜厅移送义宁县（今临桂县）附考录送桂林府。至光绪十八年开始，才有“土著童生自可准其在厅应试，以归一律”的规定，龙胜土童才免除长途跋涉赴义宁应试之苦，享有和客童一起在龙胜参加考试的权益。对研究龙胜少数民族文化教育历史有参考价值。碑在今广西壮族自治区龙胜各族自治县平等乡广南村广南寨。已断成两截。碑面 183cm×91cm，面刻 175cm×85cm。汉文，楷体。残存 14 行，共 320 字。（广西　黄钟警）

靖州“右仰通知”碑　石碑 1 通。清光绪二十九年（1903）佚名撰文，佚名抄刻。记述从江西一带到靖州来收购木材的客人日益增多，导致靖州、通道一带乱砍滥伐严重，特立右仰通知，禁止乱砍之风。对研究靖州、通道历史有参考价值。单面有字。碑面 110cm×190cm，面刻 100cm×185cm。汉文，16 行。石刻，草书。完好无缺。1998 年存放于湖南省靖州苗族侗族自治县县城万寿宫。（湖南　龙立明）

龙胜粮官禁革碑　石碑 1 通。清光绪三十四年（1908）八月佚名撰文，佚名抄刻。碑文为龙胜厅官府对粮官征收官粮作出约束的布告。清代末期，龙胜粮官征收官粮贪污舞弊，表现为计量的容器极不规范，而且装斛时还要堆成高尖，民众怨声载道。为此乡绅粟必祥、石崇超等人上告粮官“浮收舞弊”行为，为防止矛盾激化，官府作出“请将斛斗升改换大小一律”、“各乡遵照平斛平斗征收，合勺抄亦照例折准制造”的规定。对研究历史上侗族赋税有参考价值。碑在今广西壮族自治区龙胜各族自治县平等乡庖田村广南城组，拓片存龙胜各族自治县档案馆。碑面 112cm×65cm，面刻 92cm×43cm。汉文，楷体。12 行，共 235 字。保存完好。（广西　黄钟警）

剑河南孟永定江规碑　石碑 1 通。清宣统元年（1909 年）五月二十五日立。记述清水江南孟段木坞层层，商贾繁华，录有木材进出管理规则。对研究侗族林业经济史有史料价值。碑在今贵州省剑河县南孟小学。一面有字。碑面 150cm×100cm。碑文收入《黔东南苗族侗族自治州志·文物志》，贵州人民出版社 1992 年版。（贵州　龙小金）

三江独峒指路碑　石碑 1 通。清末民初佚名抄刻。在交叉路口为路人指名通往各地的指路碑。此碑位于湘、黔、桂三省区交界的三省坡南侧的大塘坳。两面有文，一面刻有“左走广西林略，右走贵州水口”，另一面刻有“上走广西高定，下走贵州阳平”等字。还有一段碑记云：查大塘坳山深林密，时有匪盗强行，野兽出没，过往商贾客旅，不得在此停留。对研究侗族社会习俗有参考价值。碑在今广西壮族自治区三江侗族自治县三省坡大塘坳。碑面 100cm×60cm。刻面 80cm×50cm，汉文，楷体，7 行；阴面 80cm×50cm，汉文，楷体，2 行。碑上有葫芦、草花等图案，头方形，前后上面四角刻有葫芦，有勾云纹相连，有箭头标示。（广西　石祖勋）

通道金甸永远封禁碑　石碑 1 通。民国四年（1915）李先谦撰文，佚名抄刻。碑文记载经团寨众人商议，达成一项禁令，禁止出殡时通过鼓楼，一律绕道而行。对研究侗族地区习俗有参考价值。碑在今湖南省通道侗族自治县牙屯堡金甸。一面有字。碑面 70cm×

52cm，面刻 65cm×48cm。汉文，14 行。石刻，楷体。保存完好。（湖南　谭少剑）

靖州芦笙场碑　石碑 1 通。民国五年（1915）佚名撰文，佚名抄刻。刻记各寨届期“赴芦笙场吹笙歌舞”，以祈求和庆祝“风调雨顺”和“五谷丰登”的条款及一些禁律。对研究侗族、苗族文化有参考价值。碑在今湖南省靖州苗族侗族自治县藕团乡高营村塘保芦笙界。单面有字。碑面 62cm×100cm×8cm，面刻 55cm×90cm。汉文，15 行。石刻，草书，黑色。保存较为完整。碑文收入《靖州县志》，三联书店 1994 年版。

（湖南　龙立明）

龙胜宝赠上寨达摩天子娘娘坛田户告示碑　石碑 1 通。民国十年（1921）十二月二十九日佚名撰文抄刻。龙胜宝赠上寨划定达摩天子娘娘坛（堂）的田产的告示碑。达摩天子娘娘侗语叫“萨”（祖母），是侗族人民心目中至高无上的女性祖神，几乎每个侗乡都设有奉祀达摩天子娘娘的“萨坛”（“萨堂”）。碑文赞颂达摩天子娘娘的恩德和神力，说明供奉“萨坛”需要一定的田产作物质保证，把本寨属于奉祀“萨坛”用的公田予以公布。对研究侗族历史和宗教信仰习俗有参考价值。碑在今广西壮族自治区龙胜各族自治县乐江乡宝赠村上寨。碑面 98cm×82cm，面刻 80cm×73cm。汉文，楷体，13 行，共 246 字。保存完好。碑名为今拟。（广西　黄钟警）

从江西山“模范千秋”碑　石碑 1 通。碑文为民国十年（1921）八月十二日的一份民事诉讼判决。对西山平寨与陡寨就派夫出款纠纷裁定以人户为标准。对研究民国时期侗族地区社会历史有参考价值。碑面 92cm×54cm。碑额楷体左向横书阴刻，碑版楷体竖行阴刻 16 行，满行 25 字。无漫漶现象。拓片存贵州省从江县文管所。碑文收入《从江石刻资料汇编》（第一集），贵州省从江县文化体育广播电视局 2007 年编印。

（贵州　张子刚）

三江独峒辞路免行碑　石碑 1 通。民国十三年（1924）莫如旨等撰文，佚名抄刻。独峒里盘村风雨桥是三江经独峒通往贵州黎平、湖南通道等地的主要通道，凡登山必从此桥开始，山上当时常有强盗拦路抢劫。当地村民为使路人有所戒备，在桥上立碑告示。对研究侗族地区历史上社会治安状况有参考价值。碑在今广西壮族自治区三江侗族自治县独峒里盘村风雨桥内，碑面 95cm×65cm，汉文，5 行。保存完好。（广西　吴　浩）

从江高拱土地祠纪略碑　石碑 1 通。民国十七年（1928）立。碑文描绘了土地祠及周围环境，语言颇有文采。碑面 66cm×43cm。无碑眉，开题阴刻 13 行，标题占 1 行，满行 20 字。字迹清秀。拓片存贵州省从江县文管所。碑文收入《从江石刻资料汇编》（第一集），贵州省从江县文化体育广播电视局 2007 年编印。（贵州　张子刚）

三江大塘坳告示碑　石碑 1 通。民国二十五年（1936）佚名撰文，佚名抄刻。告白碑。位于三江独峒林略村高山上的大塘坳，为湘、黔、桂交界的三省坡的一个坳口，是三省之间的交通要道。民国期间，常有多股土匪及强盗在此出没，当地民众在修路之时，于大塘坳口广西境内一方之大路边立此告示碑。碑文记述此地山高路险，常有豺狼当道，告诫客商行旅不要从此路通行。对研究民国时期侗族地区治安状况及社会生活有参考价值。碑在今广西壮族自治区三江侗族自治县独峒乡大塘坳大路边。碑面 84cm×60cm，面刻汉文 12 行，每行 14 字，楷体。

碑之上部左右角均有残损。碑文收入《三江侗族自治县志》，中央民族学院出版社 1982 年版。（广西　吴　浩）

通道金甸纪录捐洋买戏色碑　石碑 1 通。民国三十年（1941）李光浩撰文，佚名抄刻。碑文记载金甸侗族地区每年正月唱大戏的习俗。为了在比赛中取胜，各团寨在演出服装和化妆色彩中下功夫，不惜捐资购买戏服和色彩。是碑对研究侗族地区的风土民情有参考价值。碑在今湖南省通道侗族自治县牙屯堡金甸。一面有字。碑面 100cm×70cm，面刻 95cm×65cm，汉文，21 行。石刻，楷书。保存完好。（湖南　谭少剑）

锦屏龙池大岩洞石刻　摩崖石刻 1 处。南宋景定二年（1261）张开国撰文并主持抄刻。记叙当年贵州湖耳（今锦屏）少数民族抗暴斗争，被新任靖州节制张开国血腥镇压之事。石刻在今贵州省锦屏县敦寨镇龙池村大岩洞。面刻 200cm×84cm。汉文，28 行。石灰岩，楷书，每字大小 5cm，“张开国”三字 7cm。约 15％为溶岩覆盖，洗刷后尚可辨认。收入清初《黎平府志》；《锦屏县志》，贵州人民出版社 1995 年版。（贵州　吴恩荣）

从江“一洞天”摩崖石刻　摩崖石刻 1 处。清乾隆八年（1743）刻。“一洞天”摩崖在今贵州省从江县下江镇。都柳江南岸有一巨石依坡成凸状壁立，距江岸约 50 米，有一断面平整，高 160 厘米，宽 100 厘米，摩崖即在其中。中书“一洞天”三字，每字 50 平方厘米；右阴刻楷书“乾隆癸亥菊月”，左落款楷书“龙江吕文魁题”。字迹流畅，刚劲有力，笔走龙蛇。隔江眺望，历历在目。“一洞天”摩崖为县级文物保护单位。收入《黔东南文物志》（第三集），黔东南苗族侗族自治州文化局 1990 年编印；《从江石刻资料汇编》（第一集），贵州省从江县文化体育广播电视局 2007 年编印。（贵州　张子刚）

三穗等溪贞寿坊石刻　石刻 1 件。镇远府正堂朱德萃门下生恩进士瞿仕清撰文，清道光二十七年（1847）冬月抄刻。坊为表彰龙氏的节操，并祝其长寿。对研究清朝时期侗族传统伦理观有参考价值。坊在今贵州省三穗县款场便路。多面有字，碑面 456cm×430cm，正面刻抄 300cm×24cm，250×24cm。汉文，4 行，694 字。石刻，楷书，保存完好。收入《黔东南苗族侗族自治州文物志》，贵州人民出版社 1992 年版；《三穗县志》，民族出版社 1994 年版。（贵州　张忠碧　邰再净）

新晃“南峙黔峰”石刻　摩崖石刻 1 处。清咸丰十年（1860）佚名撰文，佚名抄刻。外壁刻有“南峙黔峰”四个如斗大字，内壁刻有捐资人姓名。对研究湘黔两省交界地区侗族风俗习惯及历史传统有参考价值。石刻在今湖南省新晃侗族自治县中寨镇岑翰坡石凉亭上。两面有字。碑面 176cm×70cm。一面刻 166cm×58cm，汉文，73 行；二面刻 160cm×60cm，汉文，1 行。石刻。保存完好。（湖南　杨正平）

新晃“西耸岑翰”石刻　摩崖石刻 1 处。清咸丰十年（1860）佚名撰文，佚名抄刻。外壁刻有“西耸岑翰”四个如斗大字，内壁刻有捐资人姓名。对研究湘黔两省交界地区侗族风俗习惯及历史传统有参考价值。石刻在今湖南省新晃侗族自治县中寨镇岑翰坡石凉亭上。两面有字。碑面 176cm×70cm。一面刻 166cm×66cm，汉文，67 行；二面刻 160cm×60cm，汉文，1 行。石刻。保存完好。（湖南　杨正平）

新晃“北撑楚岫”石刻　摩崖石刻 1 处。清咸丰十年（1860）佚名撰文，佚名抄刻。外壁刻有“北撑楚岫”四个如斗大字，内壁刻有捐资人姓名。对研究湘黔两省交界地区侗族风俗习惯及历史传统有参考价值。石刻在今湖南省新晃侗族自治县中寨镇岑翰坡石凉亭上。双面有字。碑面216cm×76cm。一面刻185cm×65cm，汉文，65行；二面刻160cm×60cm，汉文，1行。保存完好。

（湖南　杨正平）

新晃石凉亭记　石刻1件。清咸丰十年（1860）吴腾熙、杨大动、吴腾动、吴秀业等撰文，佚名抄刻。外壁刻有“东衍新村”四个如斗大字，内壁刻有“培元石亭记”、“培元石亭偶作”、“培元石亭四时乐趣词”、“石亭落成狂歌”、“培元石亭赋”。石刻详细记述了湘黔两省交界地区群众修建石凉亭过程，描述了石凉亭建成后千千万万周边各族群众的喜悦心情及石凉亭的四时美景，反映了湘黔两省交界地区侗族群众修建凉亭的风俗习惯以及热情好客、与周边各族群众和睦相处的历史传统。对研究湘黔两省周边侗族古建筑及侗族风俗习惯、历史传统有参考价值。石刻在今湖南省新晃侗族自治县中寨镇岑翰坡石凉亭上。双面有字。碑面176cm×75cm。一面刻166cm×69cm，汉文，64行；二面刻160cm×60cm，汉文，1行。石刻。保存完好。

（湖南　杨正平）

新晃石凉亭左山前后椽柱对联　石刻1组。清咸丰十年（1860）佚名撰文，佚名抄刻。楹联为“骚人乘凉步内外，游客采风旅西东”。石刻在今湖南省新晃侗族自治县中寨镇岑翰坡石凉亭上。碑面140cm×15cm，面刻128cm×8cm。汉文。石刻。保存完好。

（湖南　杨正平）

新晃石凉亭后正门对联　石刻1组。清咸丰十年（1860）佚名撰文，佚名抄刻。楹联为“过位坐云则坐吾上位，入门立之斯立不中门”。石刻在今湖南省新晃侗族自治县中寨镇岑翰坡石凉亭上。碑面140cm×15cm。一面刻128cm×8cm，汉文；二面刻160cm×8cm，汉文。石刻。残损35%。

（湖南　杨正平）

新晃石凉亭左山前正门对联　石刻1组。清咸丰十年（1860）佚名撰文，佚名抄刻。楹联为“不入我门飘风弗弗，大启尔宇维石岩岩”。石刻在今湖南省新晃侗族自治县中寨镇岑翰坡石凉亭上。碑面140cm×15cm，面刻128cm×8cm。汉文。石刻。保存完好。

（湖南　杨正平）

新晃石凉亭前门进左二柱左侧对联　石刻1组。清咸丰十年（1860）佚名撰文，佚名抄刻。楹联为“来于雅尔言勿去，坐吾语子游遂行”。石刻在今湖南省新晃侗族自治县中寨镇岑翰坡石凉亭上。碑面140cm×15cm，面刻128cm×8cm。汉文。石刻。保存完好。

（湖南　杨正平）

新晃石凉亭正门进二柱对面对联　石刻1组。清咸丰十年（1860）佚名撰文，佚名抄刻。楹联为“坐而言贤者不乐此，居移气乡人皆好之”。石刻在今湖南省新晃侗族自治县中寨镇岑翰坡石凉亭上。碑面140cm×15cm，面刻128cm×8cm。汉文。石刻。保存完好。

（湖南　杨正平）

新晃石凉亭左山二尊对面对联　石刻1组。清咸丰十年（1860）佚名撰文，佚名抄刻。楹联为“来来来，大家同坐；坐坐坐，列位后来”。石刻在今湖南省新晃侗族自治县中寨镇岑翰坡石凉亭上。碑面140cm×15cm，

面刻 128cm×8cm。汉文。石刻。保存完好。（湖南　杨正平）

新晃石凉亭后边柱正面对联　石刻 1 组。清咸丰十年（1860）佚名撰文，佚名抄刻。楹联为“楚岫呈图辉朝，黔山入霭夕阳”。石刻在今湖南省新晃侗族自治县中寨镇岑翰坡石凉亭上。碑面 140cm×15cm，面刻 128cm×8cm。汉文。石刻。保存完好。

（湖南　杨正平）

新晃石凉亭正门进二柱内侧面对联　石刻 1 组。清咸丰十年（1860）佚名撰文，佚名抄刻。楹联为“噫久要奚为后我，唯深有道尽贤人”。石刻在今湖南省新晃侗族自治县中寨镇岑翰坡石凉亭上。碑面 140cm×15cm，面刻 128cm×8cm。汉文。石刻。保存完好。（湖南　杨正平）

新晃石凉亭左二柱侧面对联　石刻 1 组。清咸丰十年（1860）佚名撰文，佚名抄刻。楹联为“战车跃地龙韬武，神马腾空骥而飞”。石刻在今湖南省新晃侗族自治县中寨镇岑翰坡石凉亭上。碑面 140cm×15cm，面刻 128cm×8cm。汉文。石刻。保存完好。

（湖南　杨正平）

新晃石凉亭前边柱正面对联　石刻 1 组。清咸丰十年（1860）佚名撰文，佚名抄刻。楹联为“新溪左畔群宗峡，晃水南疆第一亭”。石刻在今湖南省新晃侗族自治县中寨镇岑翰坡石凉亭上。碑面 140cm×15cm，面刻 128cm×8cm。汉文。石刻。保存完好。

（湖南　杨正平）

新晃石凉亭右山二柱对面对联　石刻 1 组。清咸丰十年（1860）佚名撰文，佚名抄刻。楹联为“好风哥歇些气去，无酒客吃袋烟玩”。石刻在今湖南省新晃侗族自治县中寨镇岑翰坡石凉亭上。碑面 140cm×15cm，面刻 128cm×8cm。汉文。石刻。保存完好。（湖南　杨正平）

新晃石凉亭后门椽柱内对面对联　石刻 1 组。清咸丰十年（1860）佚名撰文，佚名抄刻。楹联为“悠悠我里征夫遑止，殖殖其庭君子攸宁”。石刻在今湖南省新晃侗族自治县中寨镇岑翰坡石凉亭上。碑面 140cm×15cm，面刻 128cm×8cm。汉文。石刻。保存完好。（湖南　杨正平）

新晃石凉亭前进右二柱内面对联　石刻 1 组。清咸丰十年（1860）佚名撰文，佚名抄刻。楹联为“子为谁奚自敢问，某在斯弗望如也”。石刻在今湖南省新晃侗族自治县中寨镇岑翰坡石凉亭上。碑面 140cm×15cm，面刻 128cm×8cm。汉文。石刻。保存完好。（湖南　杨正平）

新晃石凉亭正门椽柱对面对联　石刻 1 组。清咸丰十年（1860）佚名撰文，佚名抄刻。楹联为“自西自东愿闻其指，或远或近敢问所安”。石刻在今湖南省新晃侗族自治县中寨镇岑翰坡石凉亭上。碑面 140cm×15cm，面刻 128cm×8cm。汉文。石刻。保存完好。（湖南　杨正平）

新晃石凉亭前进右二柱右面对联　石刻 1 组。清咸丰十年（1860）佚名撰文佚名，抄刻。楹联为“风烈君子可逝也，原集先生如何之”。石刻在今湖南省新晃侗族自治县中寨镇岑翰坡石凉亭上。碑面 140cm×15cm，面刻 128cm×8cm。汉文。石刻。保存完好。（湖南　杨正平）

榕江高硐芦笙乐板　墨书木质乐板一件。制作于清康熙五年（1666）。芦笙吹奏艺人用符号将当地芦笙音乐记录在一条竖线上，研究者称为“一线谱”。乐板正面和背面各记录两首乐曲。原藏于贵州省榕江县栽麻乡高硐村，后征集收藏于贵州省榕江县文物管理所。乐板 198cm×20cm。为侗族芦笙文化和世界古谱研究提供了实物证据。 （贵州 普 虹）

三江河里三王庙内雕版 长方形雕版（木刻）5 块。清同治至光绪年间佚名抄刻。为颂扬王神神威而刻雕版。据当地老人回忆，河里南寨三王庙内，过去曾悬挂众多木刻雕版。后因庙宇改作学校、商店之用，许多雕版已丢失，现存历史较久的雕版共有 5 块。其中 2 块为一副对联，贴于正殿内左右柱，上联为“报国奋精忠隆对迭荷汉明宋”；下联为“发祥同履武徽号仍传天地人”。每块规格 374cm×32cm。光绪二十一年（1895）孟春奉。另三块均为牌匾，其一文为“恩可遍施”。规格 128cm × 80cm，清同治七年（1868）杨成洛、杨成兰同敬。其二文为“功昭万古”。规格 144cm × 80cm，清同治九年杨植盛奉敬。其三文为“赖及万方”。128cm×80cm，光绪四年吴栋纲敬奉。对研究侗族宗教信仰有参考价值。雕版在今广西壮族自治区三江侗族自治县河里乡南寨三王庙正殿内。木刻，楷书。 （广西 吴 浩）

丙编 文书类

一、圣旨敕谕

敕命 1纸。明洪武二十七年（1394）二月颁发。记王实从军，累立战功及任职情况。封王实为“昭信校卫锦衣卫”，调偏桥（今施秉）卫左所，并赠其父王凉为“昭信校卫”，赠春母赵氏、妻夏氏为“安人”。有史料价值。缣帛，楷体，墨书。页面65cm×30cm。18行，共302字。北面裱糊。今藏贵州省石阡县白沙镇大岩村村民王廷荣处。收入《石阡县文物志》，石阡县文化局1982年编印。（贵州 蔡正国）

嘉靖诰封 1纸。明嘉靖时诰封石阡长官司副长官杨正东之母为“安人”。明郭子璋《黔记·土司土官世传》载：“正东袭南、征铜、平四、辩采木修松明山囤，进忠献校卫。”对研究明王朝的土司政策有参考价值。缣帛、楷体，墨书。页面67cm×21cm。15行，92字。今藏贵州省石阡县汤山老校场杨岷山处。收入《石阡县文物志》，石阡县文化局1982年编印。（贵州 蔡正国）

二、告　示

湖南省通道县正堂告示　1纸。清康熙三十八年（1699）王某撰文、颁发。湖南省通道县正堂王某对新寨村的告示。内容为：村民曹成略所告的命案一事，是多年遗案，他屡告不止，定有隐情，但无法追究，希望以后村民要早早报案。抄本。绵纸，楷体。页面52cm×40cm，11行，共200余字。有印章。有残损。今藏湖南省通道侗族自治县档案馆。（湖南　陆有智）

湖南省通道县正堂谕　清同治年间陆某撰文、颁发。湖南省通道县正堂陆某任命吴文华为占字岩户首的手谕。有史料价值。抄本。绵纸，楷体。页面58.5cm×27.5cm。12行，共200余字。有印章。保存完好。今藏湖南省通道侗族自治县档案馆。

（湖南　陆有智）

怀远县安民告示　2纸。清宣统二年（1910）六月怀远县（今三江）正堂颁发。记述当时县境内武洛江（今之八江、林溪乡等地）一带，有的村寨“纠集多人，围攻官兵，殊属不法已扱，除择尤剿办外，有所协从各村，如能悔过自新，亦应加恩免剿”。“兹据蜈公冲村缴交军械，赃罚具结讫，抚前来业，经照准合行出示哓谕，为此示仰诸色人等遵照，尔等须知，该村业已恩准归农，凡有各营兵勇以及外来闲集人等，均不准入村滋扰”。此告示当时贴蜈公冲村。后被村人收录入《吴氏宗谱》。对研究当时三江侗族地区社会治安状况有参考价值。绵纸，页面25cm×21cm。行体墨书，9行，每行15字。复印件存广西壮族自治区三江侗族自治县图书馆。（广西　吴　浩）

种植桐树漆树告文　1纸。民国二十年（1931）十二月二十八日贵州省锦屏县县长通告全县各区、乡、镇，强令种植桐树、漆树20万棵。文载：“查二十一年份应遵令造林二十万株，又各项林木惟桐，漆易收效……决定一律播种。其办法以禁烟罚金为标准；凡出禁烟罚金一元者，植树五十株，出十元者植树五百株，以次类推……各乡、镇务须遵令办理，召集闾邻长开会讨论进行办法……事关造林要政，切切勿违。”文告共238字。可供研究侗族地区林业经济参考。今藏贵州省锦屏县档案馆。收入《侗族社会历史调查》，贵州民族出版社1988年版。（贵州　龙耀宏）

提倡种植蓖麻文告　1纸。民国二十年（1931）贵州省锦屏县县长万宗震布告全县各乡镇大种蓖麻。文载：“查锦屏人民平素只知经营木业，不知兼办其它实业。近来木业停滞，金钱涸枯已达极点……惟查蓖麻油一项，现刻上海因国外需要，此物每一磅重十二两，价值大洋一元八角，农业物品获利之厚，无与伦比。本县长为提倡实业起见，特发大洋四十元交建设局，向城乡收买蓖麻籽种两石，供分发各乡镇分植之用……仰各族乡长遵照办理。”文告共306字。可供研究侗族地区林业经济参考。文藏贵州省锦屏县档案馆。收入《侗族社会历史调查》，贵州民族出版社1988年版。（贵州　龙耀宏）

湖南省粮政局布告　民国三十一年（1942）元月谢铮撰文、颁发。湖南省粮政局自民国三十年九月一日起至三十一年元月二十日止，代购后方通道县等二十八县军粮实数及汇发各该县购粮资金数目表。有史料价值。抄本。绵纸，楷体。页面75cm×50cm，40行，共300余字。有印章。有残损。今藏在湖南省通道侗族自治县档案馆。

（湖南　陆有智）

三、契　约

永远存照断卖杉木山场地契　1纸。清乾隆二十八年（1763）六月二十七日卖主姜凤宇立，姜文炯代书，姜良所凭中。文载："姜凤宇为因家下要银使用，自愿将祖贵山场一所，坐落土名卧兰山，出卖下房姜远福名下承买为业，当面议定价银一两九钱整，亲手领回受用，其木山价银交清，不欠分厘……今欲有凭，一字二纸，各执一张，永远存照。"共239字。可供研究侗族社会经济参考。今存贵州省民族研究所。收入《侗族社会历史调查》，贵州民族出版社1988年版。

（贵州　龙耀宏）

立卖杉木山场存照　1纸。清乾隆三十四（1769）四月初十日卖主姜远福立，姜起谓代笔，姜士贤凭中。文载："契人姜远福，今因家下无处，情出自愿将本名杉木二所，四至分界，请中间到天柱雷寨阳仕俊名下承买为业，当日凭中三面议定价银一两二钱整，入手领回应用，分厘不欠。自卖之后，其杉木任从阳姓子孙世代修理管业，姜姓人等房族弟兄不得异言。今欲有凭，立此杉木存照。"共238字。可供研究侗族社会经济参考。今存贵州省民族研究所。收入《侗族社会历史调查》，贵州民族出版社1988年版。

（贵州　龙耀宏）

立断卖山场契　1纸。清乾隆四十一年（1776）九月十五日卖主老路、老岩立，姜国昌代书，范文德凭中。文载："老路老岩族弟，因要银使用无出，兄弟商议，情愿将已受分祖遗公山一股，坐落地名甘食，出断与兴周、佐周兄弟名下承继为业，当日凭中实受断价纹银三两三钱伍分，亲手领回应用。其山自断之后，任二兄管业，卖主不得异言……一断百了，永不反悔。今恐人信难凭，立此断契存照。"共204字。可供研究侗族社会经济参考。今存贵州省民族研究所。收入《侗族社会历史调查》，贵州民族出版社1988年版。

（贵州　龙耀宏）

立断卖杉木存照　1纸。清乾隆四十三年（1778）十二月十七日姜朝佐亲笔立，凭中人姜乔香。文载："姜朝佐为因家下缺少银用，无从出处，自愿将到祖业山场一块，坐落土名纲晚山，三大股均分，朝佐名下占一股，今将朝佐半股杉木并地出卖与本房内姜兴周叔爷名下承买为业，当日议定断价纹银七两整，入手领回应用。其杉木之后，任从买主子孙世代永远管业，而卖主不得悔言。立此断契存照为据。"共174字。可供研究侗族社会经济参考。今存贵州民省民族研究所。收入《侗族社会历史调查》，贵州民族出版社1988年版。

（贵州　龙耀宏）

佃种山场合同　1纸。清乾隆四十五年（1780）正月二十九日佃种人吴光才、李富林等与地主姜兴周、姜永凤等共立，凭中及

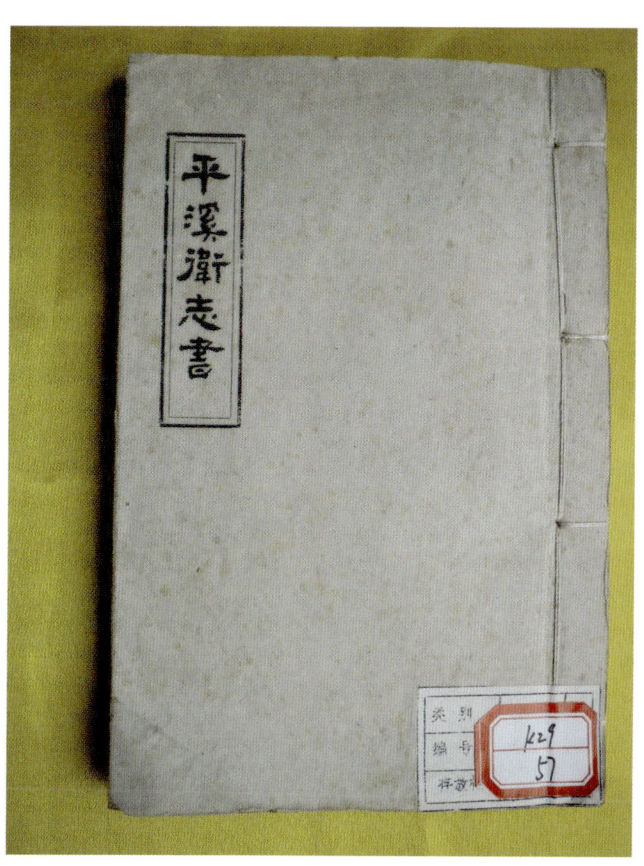

清康熙十二年（1673）《平溪卫志书》　（张子刚摄）

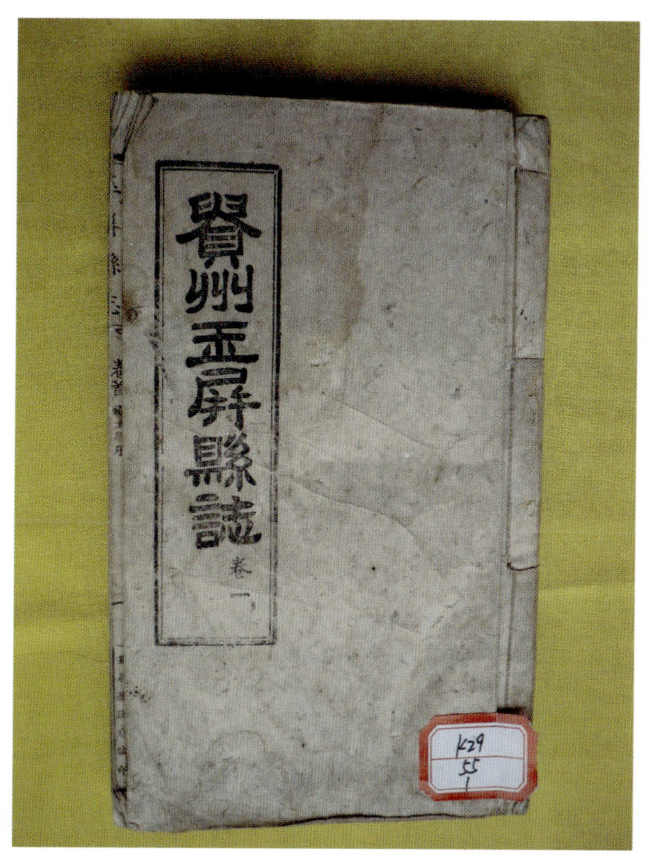

《贵州玉屏县志》　（陈昌文提供）

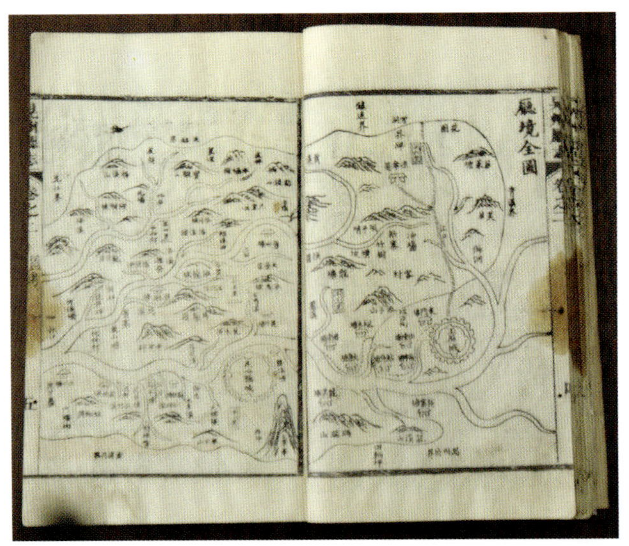

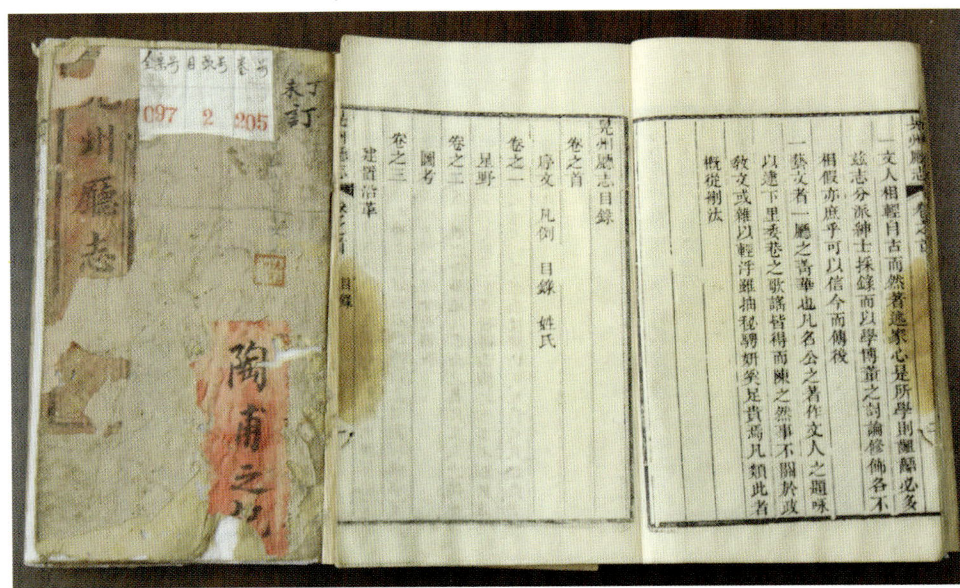

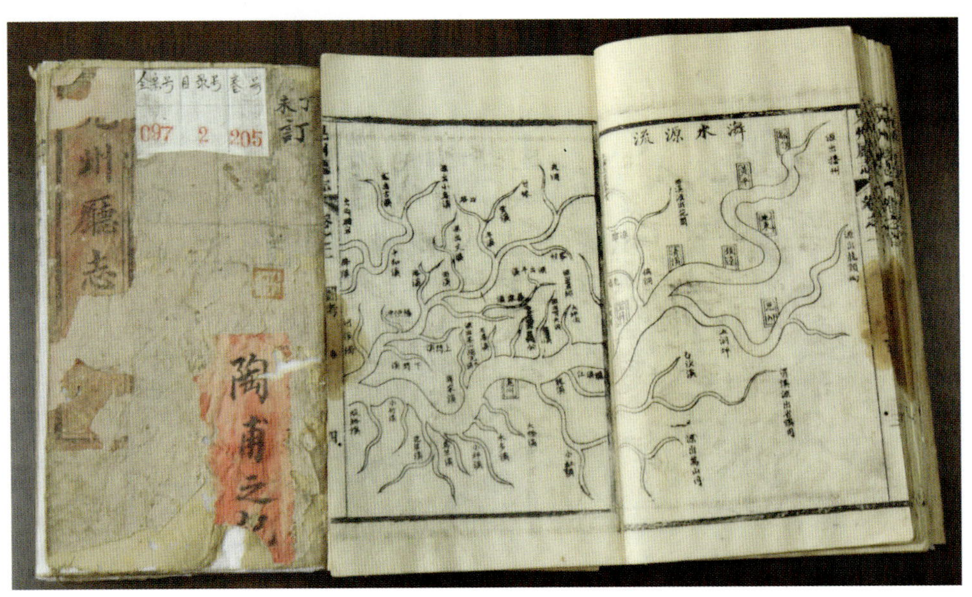

清道光五年（1825）《晃州厅志》

清康熙十一年（1672）从江增冲“万古传名”碑 （杨昌焕摄）

清乾隆四十五年（1780）从江西山陡寨田坝水井碑记 （杨昌焕摄）

清乾隆四十一年（1776）从江丙妹八仙桥碑　（杨昌焕摄）

清嘉庆永从县界碑正面　（张子刚摄）

清嘉庆永从县界碑背面　（张子刚摄）

清道光五年（1825）从江增冲“名扬百代”碑　（杨昌焕摄）

清道光十九年（1839）从江庆云歌堂碑　（张子刚摄）

清道光年间从江重修流架风雨桥碑　（杨昌焕摄）

清道光年间从江重修流架风雨桥碑　（杨昌焕摄）

清道光三十年（1850）从江高传“万古不朽”碑　（杨昌焕摄）

清咸丰四年（1854）从江下江渡船口告示碑　（张子刚摄）

清光绪十二年（1886）从江佰二“功垂不朽”碑　（杨昌焕摄）

清光绪十四年（1888）从江梦奔“万古不朽”碑　（张子刚摄）

清光绪十六年（1890）从江丙妹城隍庙重修碑记　（杨昌焕摄）

清光绪二十二年（1896）从江增冲“遗德万古”碑　（杨昌焕摄）

清光绪二十四年（1898）从江信地“除暴安良”碑　（张子刚摄）

清光绪二十七年（1901）从江下江“永定章程”碑　（杨昌焕摄）

民国十年（1921）从江西山“模范千秋”碑　（张子刚摄）

清乾隆二十二年（1757）黎平十洞款禁碑　（银永明提供）

清光绪十八年（1892）黎平纪堂"永世芳规"款碑　（陆根茂提供）

民国六年（1917）黎平纪堂圣母祠碑　（陆根茂提供）

新晃石凉亭记

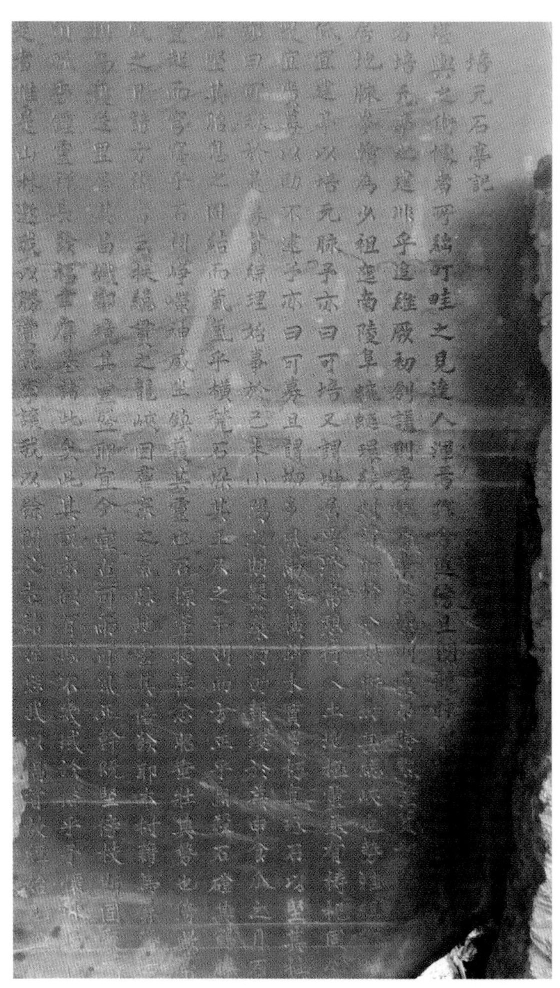

新晃石凉亭记（局部）

新晃“南峙黔峰”石刻

新晃“西耸岑翰”石刻

新晃“北撑楚岫”石刻

明代怀远县（今三江）总图　（刘克青摄）

明代怀远县（今三江）总图　（刘克青摄）

明代怀远县（今三江）县城图　（刘克青摄）

明代怀远县（今三江）县城图　（刘克青摄）

民国八年（1919）三江独峒高定吴万泰墓碑　（吴桂贞摄）

民国十五年（1926）三江程阳永济桥序碑　（吴浩摄）

代书姜梦然、曹聚周、龙文魁等。文载："吴光岳、吴光才、李富林等人，亲自问到文斗下房姜兴周、姜永凤、姜文襄得买乌养山一所，乌书山一所，今龙、吴、李三姓投山种地，以后栽杉修理长大发卖，乌书山二股平分，乌养山四六股分，栽手占四股，地主占六股；乌书山栽手占一股，地主占一股。其山有老木、各归地主，不得霸占。今恐无凭，立此投佃字存照。"可供研究侗族社会经济参考。今存贵州省民族研究所。收入《侗族社会历史调查》，贵州民族出版社1988年版。　　（贵州　龙耀宏）

立断卖杉木契　1纸。清乾隆五十年（1785）十二月二十四日姜举周立，姜朝佐代笔，凭中姜国珍、姜文启。文载："姜举周为因家中要银使用，无从出处，自愿将到祖遗杉木一块，坐落土名皆晚，出卖与族内姜佐周、侄姜朝瑾叔侄二人名下承买为业。当日议定价银二两伍钱整，亲手领回。其杉木四至分明，日后木植长大，发卖砍尽，地归原主，不得翻悔异言，立此卖契为样。"共204字。可供研究侗族社会经济参考。今存贵州省民族研究所。收入《侗族社会历史调查》，贵州民族出版社1988年版。

（贵州　龙耀宏）

立断卖田地契　1纸。清乾隆五十年（1785）十二月二十四姜举周立，姜朝佐代笔，姜国珍、姜文启凭中。文载："立卖田契人姜举周，为因家中要银使用，自愿将到祖遗田一丘，坐落土名北斗，出卖与族内姜佐周、朝瑾叔侄二人名下承买为业。当日凭中议定断价银十两，亲手领回应用。其田自卖之后，任凭买主耕种管业，卖主不得反悔异言。恐后无凭，立此断契存照。"共136字。可供研究侗族经济参考。今存贵州省民族研究所。收入《侗族社会历史调查》，贵州民族出版社1988年版。（贵州　龙耀宏）

立佃栽杉木字　1纸。清嘉庆三年（1798）二月二十四周万镒、周顺镒二人与地主姜朝瑾五兄弟立，代笔龙光池。文载："立佃栽杉木字人勤（黔）阳县周万镒、周顺镒二人，兄弟自己问到下文堵（斗）寨姜朝瑾五人兄弟之祖山坐落土名乌格溪，其山下节杉成林，主家自己修理，周姓不得分份；其有上节佃与周姓栽杉，言定五股均分，残木在内，主家占三股，周姓占两股。候四五年杉木成林，另分合同。如有不栽杉木修理，周姓无分。今欲有凭，立佃帖是实。"可供研究侗族社会经济参考。今存贵州省民族研究所，收入《侗族社会历史调查》，贵州民族出版社1988年版。　　（贵州　龙耀宏）

出卖杉山合同　1纸，清嘉庆四年（1799）八月十八日立。卖主姜番乔、姜岩乔，写老约姜宗义，照老约托姜佐周，凭中姜功勋。文载："立托得买岩乔、番乔之乌格溪山场杉木一场，其山二股均分，功勋占一股，岩乔、番乔兄弟占一股，今兄弟一股出卖与本房姜佐周，侄朝瑾、朝瑚三人共买为业。当日凭中议定价银五两整，日后修理出人工，照纸上股数出人。长大砍伐，照股均分。不得异言。今欲有凭，立此托字，永远为据，大发大利。"可供研究侗族社会经济参考。今存贵州省民族研究所。收入《侗族社会历史调查》，贵州民族出版社1988年版。

（贵州　龙耀宏）

立卖杉木并地存照　1纸。清嘉庆五年（1800）十二月一日廷瑾亲笔立，凭中姜绍魁。文载："立卖杉木并地字人，六房姜廷瑾、姜光儒二人，因家中要银使用，自愿将到父亲先年得买山一块，地名九壤，请中间到姜朝瑾、朝甲弟史名下承买为业，当面凭中议定价银四两二钱整。亲手收回应用，其山木自卖之后，任凭买主修现管业，卖主不得异言。口说无凭，立此卖字存照。”对研究侗族社会经济有参考价值。今存贵州省民族研究所。收入《侗族社会历史调查》，贵州民族出版社 1988 年版。（贵州　龙耀宏）

立断卖杉木契约　1 纸。清嘉庆六年（1801）十一月十七日岩湾寨罗咸泰立，王维城代书，凭中范绍贤、姜光祥。文载：“立断卖杉木约人岩湾寨罗咸泰，为因先年胞兄罗老久与子婿姜有保、老祥三人佃栽文斗寨姜朝瑾、姜朝甲兄弟山场一块，坐落土名纲晚上载，当日议定杉木长大，二股均分，地主占一股，栽手占一股，这一股分为三小股，老久名下占一小股，不幸亡故，今胞弟咸泰父子，请中出卖与地主姜朝瑾、姜朝甲二人承买为业，而议价银六两二钱正，入手领回，自断之后任从买主管业，卖主房弟兄父子不得争论。断约存照。”可供研究侗族社会经济参考。今存贵州省民族研究所。收入《侗族社会历史调查》，贵州民族出版社 1988 年版。（贵州　龙耀宏）

立卖山场杉木油山存照　1 纸。清嘉庆八年（1803）九月初一日姜弘仁父子立，凭中陆云辉、姜绍魁。文载：“文斗寨六房姜弘仁父子，为因家下缺少银用无出，自己将到油山一块，出卖下文斗寨姜映林名下承买为业。当日凭中议定价银拾叁两正，亲手领回应用。其油山杉木自卖之后，任凭买主修理管业，卖主房族弟兄不得异言。令恐无凭，立此断卖存照。”共 210 字。可供研究侗族社会经济参考。今存贵州省民族研究所。收入《侗族社会历史调查》，贵州民族出版社 1889 年版。（贵州　龙耀宏）

分山合同　1 纸。清嘉庆十二年（1807）十月二十四立，合同甲方为姜佐周、姜朝瑾等乙方为陆云辉，姜朝佐代笔，凭中姜映林、姜光周。文载：“立分山场林木清白字人姜佐周、姜朝瑾、姜宗智等与陆云辉，情因先年得买姜举周土名冉楼卡山场林木一所，原系二大股均分，光辉名下占一大股，佐周等共占一大股，至今二比自愿请凭中族仍然分为二大股，挖空为界，佐周等连木代（带）地占上边，云辉连本代（带）地占下边。自分之后，各管各出。今人不古，立此分山场杉木清白字样为据，各存一纸，永远为照。”可供研究侗族社会经济参考。今存贵州省民族研究所。收入《侗族社会历史调查》，贵州民族出版社 1988 年版。（贵州　龙耀宏）

断卖山场杉木存照　1 纸。清嘉庆十八年（1813）十一月初三日姜朝相亲笔立，凭中余可升、潘绍芳。文载：“立断卖山场杉木约人上房姜怀德、朝相，今因家下缺少银用，无处得出，自愿将到祖遗山场杉木一块，土名刚晚……出卖与姜伟公名下承买为业，当场凭中议定价银四两三钱，亲手收回应用，其山场林木，自卖之后任凭买主修理管业，卖主不得异言……立此断卖山场杉木存照。”共计 306 字。可供研究侗族社会经济参考。今存贵州省民族研究所。收入《侗族社会历史调查》，贵州民族出版社 1988 年版。（贵州　龙耀宏）

立租佃字　1 纸。清嘉庆十九年（1814）七月十六日佃农蒋玉山、蒋景春与文斗地主姜朝瑾立，姜士光凭中、代笔。文载：“湖广黔阳县佃农蒋玉山等佃到文斗下寨主家姜朝瑾之山，此山四至分明，言定五股均分，地主占三股，栽手占二股，限定五年木植一起成林；如若不成，栽主毫不参分。玉山、景春自愿将先年佃姜光前乌球略之山栽手股作抵。倘有不成，任凭朝瑾弟兄仰当管业，而蒋姓弟兄不得异言。今恐人信难凭，特立佃当字为据。”可供研究侗族社会经济参考。今存贵州省民族研究所。收入《侗族社会历史调查》，贵州民族出版社 1988 年版。

（贵州　龙耀宏）

立断卖山场契约　1 纸。清嘉庆二十一年（1816）二月二十六日范绍田立，范绍卿代笔，凭中范德连、范承尧。文载：“岩湾寨范绍田为因无银使用，自愿将到杉山二块，凭中出卖与文斗寨姜绍韬承买为业。当日议定价银二十两整，亲手收回应用。其杉山自卖之后，任从买主修理管业，而卖主子孙不得异言，恐后无凭，立此断卖字承照是实。”共 274 字。可供研究侗族社会经济参考。文存贵州省民族研究所。收入《侗族社会历史调查》，贵州民族出版社 1988 年版。

（贵州　龙耀宏）

分树合同　1 纸。清嘉庆二十四年（1819）二月三十日杨盈安父子与山主姜朝瑾立，李正称代笔，凭中高贵茂、姜廷扬等四人。文载：“杨盈安父子为因先年佃到文斗下寨姜朝瑾兄弟山场一块，四至分明。当日议室五股平分，地主占四股，栽手占一股。至今杉木长大成林，我兄弟与杨盈安父子二家，凭寨老客长分合同，日后欲伐下河，照合同股数均分，不得错乱。自分之后，杨姓逐每年修理，若不修理，栽手无分。合欲有凭，立此合同，各执一纸，永远为据。”可供研究侗族社会经济参考。今存贵州省民族研究所。收入《侗族社会历史调查》，贵州民族出版社 1988 年版。　（贵州　龙耀宏）

立断卖油山字据　1 纸。清道光三年（1823）五月二十八日姜本兴亲笔立。文载：“立断卖油山字人姜本兴，为因要银使用，无处得出，自愿将到祖遗油山一块，土名风礼甲，请中出卖与堂叔姜朝瑚等，当面议定价银柒钱正，亲手领回应用。其山自卖之后，任从堂叔众等修理管业，卖主不得异言。……今欲有凭，立此断卖字为据。”共 170 字。可供研究侗族社会经济参考。今存贵州省民族研究所。收入《侗族社会历史调查》，贵州民族出版社 1988 年版。

（贵州　龙耀宏）

立断卖油山存照　1 纸。清道光十年（1830）九月二十二日姜桐连、桐儒弟兄立，凭中、代笔姜邦彦。文载：“字人姜桐连、桐儒弟兄，为因要银使用，无处得出。自己将到祖遗油山一块，地名皆屡，四至分明，自己请中卖与本房姜维新叔名下，实承买为业，当日三面议定价银二两六钱正，亲手领清，其油山凭买主修理管业，卖主弟兄房族不得异言。今欲有凭，立此卖字，永远存照。”共 168 字。可供研究侗族社会经济参考。今存贵州省民族研究所。收入《侗族社会历史调查》，贵州民族出版社 1988 年版。

（贵州　龙耀宏）

立分拨油山契约　1 纸。清道光十年（1830）九月初三日姜老凤、姜应桥立，凭中姜春发、姜宗德。文载：“立分拨油山字人姜老凤、姜应桥兄弟二人，为因先年老凤种卖祖父遗油山内有杉木一块，土名笼早，出卖与姜春发，清中理讲，蒙中解劝，老凤分拨笼早路坎脚山土一块，弟应桥全受，应桥栽油，老凤永远无分。今欲有凭，立此分拨字样为据管业。”共 218 字。可供研究侗族社会经济考。今存贵州省民族研究所。收入《侗族社会历史调查》，贵州民族出版社 1988 年版。　（贵州　龙耀宏）

四、诉　　状

状书　康熙四十四年（1705）李保顺、李才万撰文。李保顺、李才万告叔父李应还霸占他们财产的状书。有史料价值。抄本。绵纸，楷体。页面 41cm × 25cm。14 行，共 250 余字。有残损。今藏湖南省通道侗族自治县档案馆。（湖南　陆有智）

民事诉讼状书　民国十年（1921）粟再文等撰文、颁发。民国时期诉讼状书（共 8 件），有史料价值。绵纸，楷体。印章、花押。有残损。今藏湖南省通道侗族自治县档案馆。（湖南　陆有智）

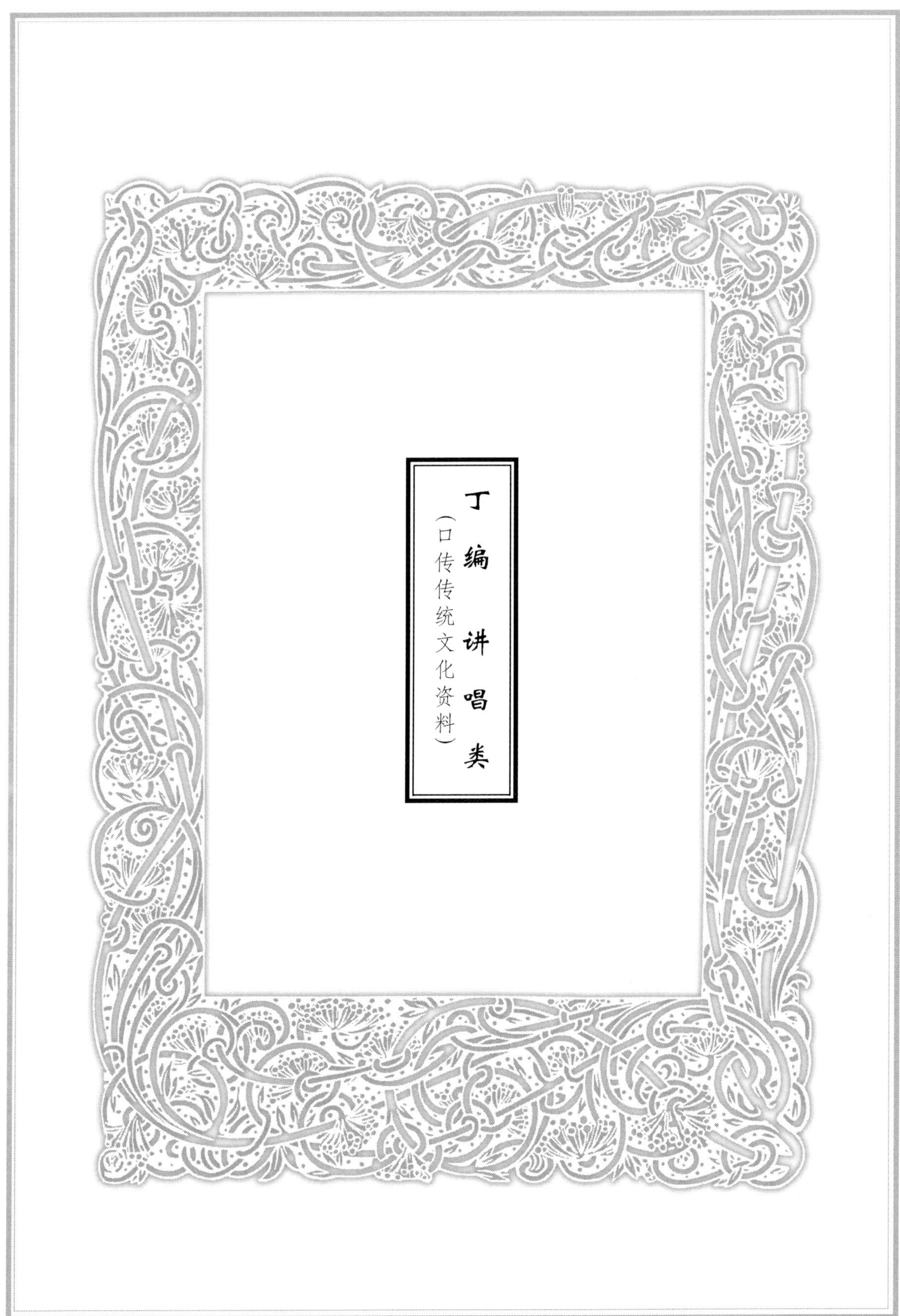

丁编 讲唱类

（口传传统文化资料）

一、神　　话

开天辟地的传说　侗语南部方言神话。流传于广西三江侗族地区。讲述起初天地混沌，大地被洪水淹没，幸免于难的张良、张妹兄妹结亲，人类才得以繁衍。后来，禹王大帝开河道把洪水引走，隧人氏钻木取火，人类有了火种。玉帝大王见人类耕田太辛苦了，派牛大王和猪将军为人们耕田。猪太懒，玉帝大王叫人类杀掉它吃它的肉。牛大王老老实实耕田，老虎讥笑牛，牛说人太聪明了，有十二计。老虎向人讨要十二计，人说十二计放在屋里，回去要又怕你跑了，把你绑在树蔸上等吧。老虎点头答应，牛知道老虎中人的计了，笑得合不拢嘴，不小心跌下田坎，跌掉了上门牙。对研究侗族人类起源传说有参考价值。1985年广西壮族自治区三江侗族自治县八江乡吴伸堂讲述，莫俊荣、贺嘉笔录，莫俊荣译成汉文。32开纸3页，2000字。收入侗族本土文化丛书《救太阳》，广西民族出版社2002年版。　（广西　杨树清）

开天辟地的传说　侗语北部方言神话。流传于贵州三穗侗族地区。相传天地原来是一大团的东西，后有人在此居住，但不适应这里的气候，于是张古、盘古开天辟地，撕开这团东西。由于分布不均，天大地小，便有张古、盘古挤天，并把天地对换。可供研究侗族神话参考。杨引兰、周天明口述，1983年周昌武搜集、整理。32开纸2页，汉译文989字。收入《侗族文学资料·第三集》（三穗县专集），《侗族文学史》编写组1984年编印。　（贵州　龙耀宏）

开天辟地　侗语北部方言神话。流传于贵州剑河、锦屏、天柱等地区，搜集于剑河小广、化敖地区。叙述张古老和盘古样开天辟地，创造万物，生出天王十二兄弟，地王十二兄弟，人王十二兄弟。后来天狗吃月亮，犯了天条，引发洪水滔天。人王兄弟躲在葫芦瓜里得救，张良、张妹繁衍人类，并置下玩山找伴的古规代代相传。可供研究侗族神话参考。王元江、文兴宪口述，陈远焯搜集、整理。32开纸4页，143行。收入《黔东南苗族侗族自治州民间文学资料集》（第一集），黔东南苗族侗族自治州文学艺术研究室1981年编印。　（贵州　龙耀宏）

人是怎么来的　侗语南部方言神话。流传于湖南通道。传说张妹因救出天上的雷公，在洪水登天时坐在雷公赠与的南瓜里幸免于难。后来兄妹结成夫妻，生下一肉坨，他（她）们听信土地公的话，将肉坨垛碎撒向大地，结果就有了汉人、侗人、苗人的祖先。可供研究人类起源神话参考。戴向礼讲述，1983年李才锦笔录。32开纸4页，108行。收入《中国民间歌谣谚语集成·湖南卷·通道县资料本》，通道侗族自治县民间文学集成办公室1987年编印。

（湖南　谭少剑）

人的根源　侗语南部方言神话。流传于湖南通道。讲述盘古开天辟地的混沌年间，侗族传说中的最早祖先姜良、姜妹在洪水登天、万物灭足迹之时，因乘坐神仙所赐的葫芦瓜得以生存，后来二人结为夫妻，生下肢体不全的儿子并将其砍碎，分为数块，于是就形成了汉、苗、瑶、侗、壮诸多民族。各民族有各自的居住地和生活习俗。对研究人类起源神话有重要参考价值。龙儒太、杨光礼等讲述，1982 年杨锡光、杨锡、吴治德笔录、汉译。32 开纸 15 页，142 行。收入《侗款》，岳麓书社 1988 年版。（湖南　谭少剑）

祖先的故事　侗语南部方言神话。流传于广西三江独峒、八江、林溪等侗族地区。属侗族“洪水”故事母本。讲述侗族祖先繁衍人类的故事。很古以前，松土生八个孩子，即雷公、龙郎、虎郎、蛇郎、猫郎、豺郎、张良和张妹。孩子中凡是捣蛋、好吃懒做的都被松土赶走，唯独留下张良、张妹在身边。雷公起歹心，跟张良、张妹打架被关进洞里。雷公施计叫张妹舀水给它喝。雷公喝三口水喷三次，化为雷电轰鸣，石洞破开。雷公窜上天去撒尿弄得地上水汪汪，张良、张妹钻进葫芦里免于一难。兄妹俩爬上高山顶各丢石磨下山冲，石磨滚下冲底合在一起，兄妹俩结为夫妻。张妹怀孕九百九十九天，生下一女无头无脚。夫妻俩把女儿切成颗粒，挫成粉末，撒向四方，变成汉人住平原，侗人住河边，瑶人、苗人住高山。对研究人类起源神话有参考价值。1984 年广西三江林溪程阳公包芳演唱，吴浩笔录、汉译。16 开纸 5 页，4200 字。收入过伟主编《中国民间故事集成·广西分卷》，中国 ISBN 中心 2001 年版。（广西　杨树清）

张良张妹　侗语南部方言神话。流传于广西三江、龙胜、融水，湖南通道等侗族地区。讲述侗族兄妹结亲，繁衍人类的故事。古时候有个老太婆在深山里吃了五颗豆子怀下四男一女，即雷公、老虎、龙王、张良和张妹。老太婆去世后，老大雷公邀四兄妹比武。老大雷公一跃上天，轰轰作响，弄得天昏地暗，日月无光。轮到老虎和龙王上场，也各显威风。最后张良和张妹上场，他们划起火镰，燃起大火，烧得老虎窜进深山、龙王潜入大海、雷公溜上天空。雷公设法报复，抡起大铜锤把天敲得隆隆响，大雨哗哗下了九九八十一天，大地全被淹没。张良、张妹躲进葫芦瓜幸免于难。雷公又请来十个太阳，妄图将大地烧焦。张良、张妹向土蜂求救，射落了九个太阳。这时地上只有张良、张妹兄妹二人，燕子、岩鹰、山雀、竹子、杉树、石磨都劝说他们结为夫妻，繁衍人类。兄妹俩成亲后，生下肉团并将其切成小块，脑汁变汉人，骨头变苗人，腑脏变瑶人，肌肉变侗人。从此，世上有了子孙后代。对研究侗族人类起源神话有参考价值。1962 年广西壮族自治区三江侗族自治县同乐苗族乡平溪村韦甫花、兰甫锦讲述，覃垣、郑光松笔录、汉译。16 开纸 5 页，3800 字。收入《三江侗族自治县民间故事资料集》，三江侗族自治县民间文学三套集成办公室 1989 年编印。（广西　杨树清）

兄妹成亲　侗语北部方言神话。流传于贵州岑巩侗族地区。叙述古时候地神和雷神是一对同胞兄弟，地神善良、能干，而雷神无所事事，到处惹事生非，造成人间灾难不断。于是地神将他抓住关起来，雷神趁地神外出之时，用甜言蜜语哄骗看管他的侄儿侄女，最后逃出。于是天下涨起了最大的洪水，从此人间绝了人烟。侄儿侄女兄妹二人因得雷神给的南瓜而幸存，最后到处找伴成亲都没有结果。于是他们问古树、竹子、巨石，它们都说世上人死绝，只有你二人，传宗接代是大事，兄妹快成亲。虽然它们很生气，但无可奈何结成夫妻，传宗接代。可供研究侗族神话参考。姚本春口述，北斗搜集、整理、汉译。32 开纸 6 页，2934 字。收入《中国民间文学三套集成·岑巩县卷》，岑巩县民间文学三套集成办公室 1990 年编印。

（贵州　欧俊姣）

太阳仙　侗语北部方言神话。流传于贵州岑巩的天马、凯本一带。叙述古时候天上没有太阳，人间昼夜不分，人们生活疾苦，太阳仙同情人间遭遇，于是俏俊善良的她向玉母玉帝要了一面光阳镜来照亮人间，人们过上了美好生活。玉帝得知后很生气，但当他知道事情原因后，又左右为难，想叫女儿去心里又舍不得。玉母想出一个两全其美的办法，她把人间分成昼夜及一年 365 天，太阳仙每天往返天上人间。人间懒汉贪恋其美貌，而她施展仙术，发出刺眼光芒不让懒汉看到她，所以太阳仙就成了今天这个样子。可供研究侗族神话参考。刘志远口述，武生搜集、整理、汉译。32 开纸 2 页，968 字。收入《中国民间文学三套集成·岑巩县卷》，岑巩县民间文学三套集成办公室 1990 年编印。

（贵州　欧俊姣）

救太阳　侗语南部方言神话。流传于广西三江、龙胜侗族地区。讲述古时的太阳被一个魔鬼从天上敲落，大地一片黑暗，是广和挧两兄妹历经千辛万苦把太阳挂到天上去，使天地间恢复了光明。对研究侗族日月神话和民间信仰有参考价值。广西壮族自治区三江侗族自治县板必村黄大奶讲述，1979 年鼓声、卜朗笔录、汉译。32 开纸 3 页，1800 字。收入《侗族民间故事选》，上海文艺出版社 1982 年版。

（广西　吴　浩）

救月亮　侗语南部方言神话。流传于广西龙胜、三江侗族地区。讲述古时月亮很亮，后被一妖魔作法，使榕树在月亮上生长起来，树叶把月亮光遮住了，天地一片黑暗。侗家有个叫叟的武士，勇敢地爬到月亮上，把榕树砍了，使月亮光又重新照亮了天地。对研究侗族民间信仰和神话有参考价值。广西壮族自治区龙胜各族自治县平等乡奈勾村讲述，1962 年华谋笔录、汉译。32 开纸 2 页，1200 字。收入《侗族民间故事选》，上海文艺出版社 1982 年版。

（广西　吴　浩）

贯公和冶乡　侗语南部方言神话。流传于贵州从江贯洞区龙图村。传说古时侗族祖先贯公与母亲相依为命，他是一个勤劳朴实的农民。在母亲去世后他与一妖怪姑娘结婚，他的好友冶乡由于喝了蜥蜴的光牙水能识别真假人妖，当他来贯公家做客时认出贯公的老婆是一女鬼并帮贯公除掉了女鬼。而冶乡后来娶了一虎老婆为妻，被贯公算出并设法连老虎群一起消灭。后来他俩住在一起，觉得没事干便捉弄蚂蚱和猴子打架，从此蚂蚱和猴子结下了冤仇。可供研究侗族神话参考。吴修胜、石瑞冒口述，梁晋明搜集、整理、汉译。32 开纸 15 页，9750 字。收入《中国民间故事集成·从江县卷》，从江县民间文学集成编委会 1989 年编印。

（贵州　龙耀宏）

螺赢的故事　侗语南部方言神话。流传于贵州从江新安、龙图一带。叙述天上有十个太阳，大地上的生灵几乎灭绝，人间只剩藏在葫芦里的两兄妹。死里逃生的螺赢见此很痛苦，便在腰间拴上柴刀趁守护太阳的雷婆洗澡时砍下九个太阳，为天下的生灵造福。但他的腰被柴刀拴细了不能生育，从此他就抚养别人的孩子。可供研究侗族神话参考。王国付口述，黄央仁搜集、整理。32 开纸 2 页，汉译文 850 字，收入《中国民间故事集

成·从江县卷》，从江县民间文学集成编委会1989年编印。（贵州　龙耀宏）

龟婆的故事　侗语南部方言神话。流传于贵州黎平、从江等地。叙述上古时候，世上没有人类，有四个龟婆曾先后两次孵蛋，分别孵出了松恩、松桑一男一女，两人开亲后生下了十二个儿女。但是这十二个儿女却不争气，常因小事闹得天翻地覆，以致后人死光，只剩下丈良、丈美两兄妹。无奈，两兄妹只有开亲，人类才得以繁衍。可供研究侗族神话参考。吴生贤、吴金松等口述，杨国仁、涛声等搜集、整理。32开纸4页，汉译文约2550字。收入《侗族民间故事》，黔东南苗族侗族自治州文学艺术研究室1982年编印。（贵州　龙耀宏）

二、传　　说

（一）史事传说

萨岁（圣尼）的传说　侗语南部方言史事传说。流传于贵州黎平侗族地区。讲述侗族祭奉的最高女神萨岁，名叫圣尼（“仙女”之意），父母原为梧州地方的人。其父为鲤鱼生在河滩上，为吴氏夫妇收养，取名吴都囊。都囊长大与仰香为婚而生杏妮（为仙女投胎）。这时，他们已从梧州迁移到大团寨（今属贵州从江）。因寨上财主迫害，又迁到丹阳寨。在丹阳寨，因受李家财主迫害，都囊与仰香双亡，杏妮逃往六甲寨（黎平水口），与石道相识结为夫妻，生两女佳巨、佳美。杏妮与石道都有一身武艺，杏妮挖塘时获得九龙宝刀。在贯公协助下，杏妮组织队伍与李家财主及官军进行九年零九月的战争。最后杏妮与两个女儿佳巨、佳美一起在弄塘概（黎平肇兴）跳岩就义，其魂化为神仙。可供研究侗族民间信仰和文学参考。黎平肇兴奶坤贤讲述，1956 年陆坤贤笔录、汉译。32 开纸 10 页，5000 字。收入吴浩主编《中国侗族村寨文化》，民族出版社 2004 年版。　（广西　吴　浩）

祖宗随江寻上　侗语南部方言史事传说。流传于湖南通道一带。叙述侗族先祖居住地和侗族十三姓先祖的姓名。先祖们带领子孙寻江而上，不断迁徙，经过湖南会同、靖州，然后在通道一些地方停脚，繁衍生息。对研究侗族历史来源有重要参考价值。杨政等讲述，1982 年杨锡笔录、汉译。32 开纸 9 页，90 行。收入《侗款》，岳麓书社 1988 年版。

（湖南　谭少剑）

祖先古州来　侗语南部方言史事传说。流传于湖南通道一带。讲述黄柏、独坡侗族先祖四姓的姓名及祖先从何而来、经过的地方，讲述侗族祭祀时不杀猪而杀牛的独特习俗。对研究侗族的来历及习俗有参考价值。杨再发、吴文才、吴银显讲述，1982 年杨锡搜集、整理，杨锡光汉译。32 开纸 9 页，55 行。收入《侗款》，湖南岳麓书社 1988 年。

（湖南　谭少剑）

祖先古州来　侗语南部方言史事传说。流传于湖南通道一带。讲述侗族百姓祖先的来历和迁徙经过。可供研究侗族历史和风俗习惯参考。石庆贤、石万顺讲述，1982 年经杨锡光、杨锡搜集、整理，杨锡汉译。32 开纸 4 页，44 行。收入《侗款》，岳麓书社 1988 年版。　（湖南　谭少剑）

宗支簿　侗语南部方言史事传说。流传于湖南通道一带。讲述侗族始祖的居住地及不断迁徙的过程及地点。对研究侗族族源及迁徙变化有重要参考价值。杨政等讲述，1982年杨进文笔录，1982年杨锡光、杨锡汉译。32开纸19页，150行。收入《侗款》，岳麓书社1988年版。（湖南　谭少剑）

金王的传说　侗语南部方言史事传说。流传于广西龙胜侗族地区。关于广西侗族吴金银抗击官府、保护侗族人的传说。很久以前，官府派人来侗乡逼粮追款，吴金银扮成轿夫把粮官抬到龙塘湾丢下河去，又将夺回的谷子分给众乡亲。吴金银从此被人称为金王。一天晚上，金王梦见一位胡子老人送剪刀、金布、金伞三宝助他打朝廷官兵。醒后，金王听到瀑布滩水声异响，查看时只见一条蛟龙向他扑来。金王提刀斩断一根龙角。龙角变成一把剪刀。金王用剪刀剪纸人纸马，撒上天去变成真人真马。金王带领千军万马打败朝廷官兵。后来官兵反扑，金王以“金布”对阵，打退官兵。后因官兵太多，金王剪开“金布”分给众人护身，却不灵验。官兵围追金王，金王撑开“金伞”脱身，躲到深山里去练兵。对研究侗族农民起义有参考价值。广西壮族自治区龙胜各族自治县陆德高、杨炎、韦景芳讲述，1979年杨金江、赵峰笔录，杨炎、杨金江、过伟汉译。32开纸3页，2000字。收入《侗族民间故事选》，上海文艺出版社1982年版。

（广西　杨树清）

金月　侗族南部方言史事传说。流传于贵州从江侗族地区。传说从前云洞寨有一个力大勇猛异常的莽汉叫金月，他心地善良，帮助弱小，于是各地人都知道了他。有一年，两猛将找他比试，见他把两人无法弄断的粗竹捏一捏就弄碎便吓跑了。因此金月的名气更大了。但母亲看他找不到媳妇很着急，后他帮腊弄寨赶走抢银嘎精的土匪，为了感谢他，寨老把年轻美丽的姑娘嫁给他，从此两寨成了亲戚。可供研究侗族传说参考。陈春圆、梁松年、梁之槐搜集、整理、汉译。32开纸3页，1950字。收入《中国民间故事集成·从江县卷》，从江县民间文学集成编委会1989年编印。（贵州　龙耀宏）

银宝　侗族南部方言史事传说。流传于贵州从江侗族地区。传说清咸丰年间，九洞增冲的银宝从小聪明伶俐，能歌善舞，人见人爱，成人后与朝剥姑娘相遇，两人情投意合，私定终身。后银宝因相思成病不久死去，这时朝剥姑娘在家生一儿子，待儿子会讲话时，常说他是银宝，并且对银宝家中的一切都很熟悉。银宝父母听说后便与朝剥父母商量，把他接去抚养以继承祖业。可供研究侗族传说参考。王胜先、陈春圆、梁松年搜集、整理、汉译。32开纸1页，660字。收入《中国民间故事集成·从江县卷》，从江县民间文学集成编委会1989年编印。

（贵州　龙耀宏）

偷功夫　侗语南部方言史事传说。流传于广西三江侗族地区。传说从前侗乡有个叫汉隆的武士到处拜师求艺。他听说有个持“左手棍头”绝招把土匪打得抱头逃命的杨师傅，便慕名前去拜师。杨师傅不肯将技艺传授给汉隆。汉隆想尽办法，最后采取了“偷”的手段，就派徒弟去“偷”杨师傅的油茶子。杨听说有人敢偷他的茶子，就赶到现场。偷茶子的人不但不跑，反而与之吵骂。杨师傅举目细看，此人正是汉隆。杨师傅使出“左手棍头”绝招，汉隆虽摔得疼痛，但看得十分真切，从地上爬起来连拜三拜说：“谢谢师傅传授‘左手棍头’。”又转身对徒弟说：“快把茶子还给师傅。”杨师傅恍然大悟，自言自语道：“啊！原来是偷功夫哪！”对研究侗族民间故事有参考价值。广西壮族自治区三江侗族自治县八江乡杨正玉、杨正榜讲述，1979年杨通山笔录、汉译。32开纸2页，1800字。收入侗族本土文化丛书《努志潭》，广西民族出版社2002年版。

（广西　吴永培）

张三丰的画　侗语北部方言史事传说。流传于贵州岑巩、江口一带。相传，张三丰在寒冬时节来到思州城办事，在城外遇到一个在豪门富人家当长工，并遭毒打被赶出来而走而投无路的孤儿杨再生。张三丰很同情他，问杨再生想要什么，因为张三丰画画神奇，要什么有什么。张三丰给杨再生提供棉衣、大火、油饼让他除寒暖身，解除饥饿。见杨再生忠厚老实，人品高尚不贪婪，张三丰又问杨再生今后为生存最想要什么。杨再生说他靠自己的双手生活，不要金银，只要一头牛、一套犁耙、一间草棚。张三丰很高兴，在白纸上画上所需之物，而杨再生靠此在一个山清水秀的干沽荒滩——烧寨定居。可供研究侗族传说参考。刘宗华口述，刘胜余搜集、整理。32开纸4页，汉译文1948字。收入《中国民间文学三套集成·岑巩县卷》，岑巩县民间文学三套集成办公室1990年编印。

（贵州　欧俊姣）

四个武夫的传说　侗语北部方言史事传说。流传于贵州三穗款场、等溪一带。叙述第一个武夫名叫杨大儒。大儒18岁时就身材魁梧，力气大，拜师学艺回家后喜好打抱不平。第二个武夫叫龙大汉。大汉吃得多，力气大，干活有力。官兵攻打侗寨时，他屯守的山从没被攻占过，官兵被他打得死伤无数。第三个武夫叫瞿仕八。仕八替人找回牛，收拾土匪，功劳不小。第四个武夫叫铁人。铁人跟官兵斗，吓走官兵。参加乡试考武举，被录取。因有侗家人志气，他不去京城保驾，皇帝因此也说："侗人不可轻侮。"可供研究侗族民间文学参考。杨运发口述，周昌武搜集、整理。32开纸9页，汉译文5472字。收入《侗族文学资料》第三集（三穗县专集），《侗族文学史》编写组1984年编印。

（贵州　龙耀宏）

大汉子杨牯　侗语北部方言史事传说。流传于贵州三穗等溪。叙述大汉杨牯力大无穷，因交不上粮而与官兵相斗。后皇帝得知，派人请杨牯上京城，准备叫他当保镖，随从皇帝。酒席上，皇帝叫人放铁炮，试杨牯胆量，皇帝见杨牯胆小，便打发他百银，回家种田。可供研究侗族民间文学参考。杨昌钊口述，杨精学搜集、整理。32开纸2页，汉译文920字。收入《侗族文学资料》第三集（三穗县专集），《侗族文学史》编写组1984年编印。

（贵州　龙耀宏）

吴本艳的故事　侗语北部方言史事传说。流传于贵州三穗侗族地区。叙述吴本艳因心地善良、乐于好善而得到师傅的真传。后吴本艳被捕入狱，他用其本领为百姓求雨，解除旱灾，因此而获释出狱。临走时县令设宴并要给奖赏。吴本艳只要一挑谷子。谁知县令打开粮仓却撮不满他装谷子的牛角。原来他用法术把谷子都送到家里，分给受灾群众，人们得以度过饥荒年代。可供研究侗族民间文学参考。吴质文、周规运口述，杨精学、吴展明搜集、整理。32开纸4页，汉译文1932字。收入《侗族文学资料》第三集（三穗县专集），《侗族文学史》编写组1984年编印。

（贵州　龙耀宏）

打虎英雄龙化红　侗语北部方言史事传说。流传于贵州三穗侗族地区。叙述一百多年前，磐晓背后是大山林，时常有老虎、豹子出没，吃掉肥猪，扛走小孩，搞得百姓人心惶惶，不得安宁。有一个叫龙化红的青年，仗义疏财，多为人们做好事。一日，他在家和老庚喝酒，忽然听到有人叫喊有老虎进寨，龙化红凭机智与勇猛打败了老虎。可供研究侗族民间文学参考。龙吉运口述，杨精学搜集、整理。32开纸2页，汉译文935字。收入《侗族文学资料》第三集（三穗县专集），《侗族文学史》编写组1984年编印。（贵州　龙耀宏）

姜牧童的传说　侗语北部方言史事传说。流传于贵州三穗、天柱、剑河、锦屏等侗族地区。讲述明洪武年间由于官府压迫，聪明机智、武艺出众的姜牧童率众起义，抗击官兵等故事。可供研究侗族历史人物参考。姜锡三、姜玉芹、张先喜等口述，悟少光、吴展明搜集、整理。32开纸11页，汉译文6496字。收入《侗族文学资料》第三集（三穗县专集），《侗族文学史》编写组1984年编印。（贵州　龙耀宏）

杨天应收云雾　侗族鄂西南汉语方言传说。流传于湖北宣恩。通过杨天应在中寨借助鸟儿帮忙，堵住雾口、驱散云雾的传说，表现了侗族祖先的勤劳勇敢和希望战胜自然灾害的美好愿望。对研究侗族风俗民情有参考价值。1983年姚绍番、吴可全、龙永培口述，杨习光、姚祖瑞笔录。18开纸2页，汉译文1344字。收入《侗族文学史》，贵州民族出版社1988年版；《宣恩县民族志》，中国文联出版社2001年版。（湖北　姚祖瑞）

老明和小龙　侗语北部方言传说。流传于贵州锦屏九寨等地。叙述一个小伙子叫老明，靠卖柴为生。一天上山打柴，看见一四脚蛇很可怜，便带其回家养护。逐渐蛇长成小龙，又通人性，老明便把它带到一个山洞来住。小龙把洞门前的一个山萝卜炼成龙宝送给老明。老明从此衣食无忧。不料皇帝要龙眼治眼病，得知老明家有龙，下旨说谁拿出龙眼封谁“万户侯”，不服则斩头。小龙为报救命之恩把一只龙眼给了老明，老明过上了侯爷的生活。但老明贪心想当大官，又向小龙要另一只眼睛，小龙忍无可忍把他吞下肚去回到了大海。可供研究侗族民间传说参考。王德波口述，石修科、肖祖槐搜集、整理、汉译。32开纸3页，1300字。收入《贵州侗族民间故事选》，西南交通大学出版社1994年版；《九寨风情》，华夏文化艺术出版社2002年版。（贵州　龙耀宏）

牛娃和后娘　侗语北部方言传说。流传于贵州锦屏、天柱一带。相传牛娃三岁丧母，父亲再娶又生一弟弟。父亲去世后，后娘只爱弟弟，叫牛娃一人到野外搭棚守牛。东海龙王家的小姐在凡间出游遇难，被牛娃相救。为了感谢救命之恩，小姐化为人为牛娃做饭。牛娃在小姐的邀请下去了龙宫，后与小姐结成夫妻，过上了幸福的生活。后娘得知，多次为难牛娃，让他做一些常人无法做到的事情，然而在龙女的帮助下牛娃都完成了。可供研究侗族民间传说参考。肖昌义口述，肖祖槐、石修料整理、汉译。32开纸8页，3800字。收入《贵州侗族民间故事选》，西南交通大学出版社1994年版；《九寨风情》，华夏文化艺术出版社2002年版。（贵州　龙耀宏）

无义与知恩　侗语北部方言传说。流传于贵州锦屏九寨等地。叙述庵堂香姥告诉忠厚善良的噶老，本地将在石象眼睛出血时发大水，叫他赶做一只船。有一天，屠夫戏弄噶老，在石象眼上倒猪血，果真发了洪水，父子上船得救，同时还搭救了姓曾的孤儿、一只喜鹊和一只猴子。之后香姥又告诉噶老皇帝的玉玺掉到了井里。噶老的儿子找到了玉玺。皇帝召他的儿子进京受赏，但儿子还小，噶老就让姓曾的孤儿去了。姓曾的孤儿蒙骗皇帝，当了驸马一去不回。噶老的儿子去找他时，被他毒打关进了监牢。最终在喜鹊和猴子的帮助下，皇帝得知实情，将孤儿处以酷刑，招噶老的儿子为驸马。后就有“救人无义、救鸟有恩”的说法。可供研究侗族民间传说参考。肖昌义口述，石修科整理、汉译。32 开纸 4 页，1700 字。收入《贵州侗族民间故事选》，西南交通大学出版社 1994 年版；《九寨风情》，华夏文化艺术出版社 2002 年版。　（贵州　龙耀宏）

信朵修仙　侗语北部方言传说。流传于贵州锦屏、天柱、剑河一带。叙述清水江边一个人叫信朵，与妻子勤勤恳恳过着日子。但信朵对这平凡的日子厌倦了，决心去修练成仙，于是他年复一年为路过一座高山的人解难排忧。一天，一个神仙化作老人来考验他，神仙指出他有缺点还不能成仙，可他还不死心，用流血来表决心，让蚂蝗来吸血。三年后神仙又来考验他，化作大蚂蝗，信朵被吓跑了，他又失败了。最后在妻子的劝说下信朵回到了田园。可供研究侗族民间传说参考。吴光字口述，吴定昌整理、汉译。32 开纸 3 页，1300 字。收入《贵州侗族民间故事选》，西南交通大学出版社 1994 年版；《九寨风情》，华夏文化艺术出版社 2002 年版。　（贵州　龙耀宏）

马员外招女婿　侗语北部方言传说。流传于贵州锦屏侗族地区。叙述一个员外有一个独生女儿舍不得让她嫁出，于是贴出招郎榜文，从众人中选了三个人，叫文郎、武郎、柴郎，并给他们分别出了道难题，文郎要写文章三百篇，武郎要把一树柳叶射完，柴郎要去西天取花鼓，谁在三个月内完成，便选谁为上门女婿。后善良的柴郎得到神仙的帮助取得花鼓，小姐嫁给了柴郎。可供研究侗族民间传说参考。罗康学、龙再有口述，陆景川搜集、整理、汉译。32 开纸 4 页，1850 字。收入《锦屏民间文学资料》，锦屏县委宣传部、锦屏县民族事务委员会、锦屏县文化馆 1982 年编印；《九寨风情》，华夏文化艺术出版社 2002 年版。

（贵州　龙耀宏）

嘎老定亲　侗语北部方言传说。流传于贵州天柱、锦屏各地。叙述有一嘎老早年丧妻，他好酒贪吃，家境贫寒，但家有一女美若天仙。一天，他出村游走，为了吃到猎手的凤尾雉、青年农夫的鲤鱼、秀才的酒肉饭，他把女儿同时许配给这三个人，并在三月三日让他们同时带着礼物登门认亲。三人同时到来，老人要秀才写文章十篇，要猎手打落一树的桃花，要农夫找花鼓，谁完成了女儿归谁。农夫在仙人的指点下找到了花鼓，最终农夫娶到了嘎老的女儿。可供研究侗族民间传说参考。肖昌义口述，石修科、肖祖槐整理、汉译。32 开纸 4 页，1750 字。收入《中国民间故事集成·锦屏县卷》，锦屏县民间文学集成编委会 1988 年编印；《九寨风情》，华夏文化艺术出版社 2002 年版。

（贵州　龙耀宏）

郎付的故事　侗语南部方言传说故事。流传于贵州黎平、从江一带。叙述有个名叫郎付的穷孩子，父亲早死，母子二人相依为命。郎付从小就给财主放羊，经常遭到财主的毒打，痛得两眼直冒火星。郎付长大后喜得龙王第三女为妻，生活过得很幸福。郎付由穷变富令人刮目相看，后遭到官府的欺压。但郎付夫妻二人能说善辩，斗败了官府，为民除害，全寨人民不再受官府欺压，过上了称心如意的日子。可供研究侗族民间传说参考。吴智英搜集、整理。32 开纸 7 页，汉译文 4200 字。收入《侗族民间故事》，黔东

南苗族侗族自治州文学艺术研究室 1982 年编印。 （贵州　龙耀宏）

丁郎龙女的故事　侗语南部方言传说。流传于贵州榕江车江一带。叙述榕江三宝地方，有个孤儿名叫丁郎。一场大雨过后，丁郎无意间救了一条被困在小水凼里的小鱼，这条鱼不是普通的小鱼，而是龙女的化身。为了感恩，龙王便将龙女许配给丁郎为妻，此后两人过着衣食不愁的生活。可是这样的日子不长，几经波折，一切又恢复了原样，丁郎还是在那间破旧茅屋里，重新过着穷汉的生活。可供研究侗族民间传说参考。杨成林口述，杨国仁整理。32 开纸 4 页，汉译文 2000 字。收入《侗族民间故事》，黔东南苗族侗族自治州文学艺术研究室 1982 年编印。 （贵州　龙耀宏）

娘妮的故事　侗语南部方言传说。流传于贵州黎平、从江等地。叙述娘妮与归郎交换信物私定终身。娘妮才貌出众，却遭“六洞”大财主陆百万的百般刁难。又因白玉蝉而闯了大祸，八个唱蝉歌的姑娘被官府围困于火海之中，化为八只白蝉向空中飞去。后来蝉歌便成为侗家人最爱唱的歌。可供研究侗族大歌起源传说参考。吴张富、吴仁和口述，潘萍搜集，棠棣华、潘萍整理。32 开纸 18 页，汉译文 9000 字。收入《侗族民间故事》，黔东南苗族侗族自治州文学艺术研究室 1982 年编印。 （贵州　龙耀宏）

傻小子学乖　侗语北部方言传说。流传于贵州锦屏九寨各地。叙述有爷孙二人，家底较厚，但孙子傻里傻气，为保家业，爷爷为孙子找了个巧媳妇。不料，一富贵人家要霸占巧媳妇。为争气，爷爷决定叫孙子去学本事。孙子跟秀才学了一年回来，恰逢巧媳妇与别人大喜之日。孙子去到岳父家，无意中把背熟的几句话随口说出，正合当时的情景。别人听他说这几句，以为他不傻，是来找茬的，都很害怕，便把姑娘乖乖送上傻小子家的门。可供研究侗族民间传说参考。尚昌义口述，石修科、肖祖槐整理、汉译。32 开纸 3 页，1400 字。收入《中国民间故事集成·锦屏县卷》，锦屏县民间文学集成编委会 1988 年编印；《九寨风情》，华夏文化艺术出版社 2002 年版。 （贵州　龙耀宏）

张三斩妖　侗语南部方言传说。流传于贵州从江地区。讲述张三忠厚善良、有勇有谋，敢于与蛇妖作斗争，与他哥哥张二的诡诈相反。在解救皇帝女儿的过程中，邪不压正，张三取得了胜利，并娶皇帝的女儿为妻。可供研究侗族民间文学参考。杨达新口述，杨秀云记录、汉译。32 开纸 7 页，4200 字。收入《从江民间文学资料集》（第一集），从江民族事务委员会、从江县文化馆 1983 年编印。 （贵州　欧俊姣）

君风遗传　侗语南部方言传说。流传于贵州从江“六洞”地区。讲述两个有钱的寨老吴百万、吴千万，个人品性各异，一好一坏，一正一邪，最终吴千万葬身于火海而臭名远扬，吴百万得到仙人的赏赐而留名青史。可供研究侗族民间文学参考。杨秀云搜集、整理。32 开纸 3 页，汉译文 1400 字。收入《从江民间文学资料集》（第一集），从江县民族事务委员会、从江县文化馆 1983 年编印。 （贵州　欧俊姣）

钓鱼郎　侗语北部方言传说。流传于贵州天柱、剑河、锦屏等地区。叙述龙王的三姑娘不甘忍受龙宫的寂寞，变成金鳞红鱼出来游玩，来到名叫龙塘的地方，被一个钓鱼郎钓到，又放回江里。钓鱼郎是一个穷小子，但是为人善良，待人热情，三番五次钓到同一条金鳞红鱼，却不知是龙王第三女。后来龙女一变，变成了一个大美人，两人情投意合，结为夫妻，过着幸福美满的日子。可供研究侗族民间传说参考。李万增搜集、整理。32 开纸 3 页，汉译文 1400 字。收入《侗族民间故事》，黔东南苗族侗族自治州文学艺术研究室 1982 年编印。

（贵州　龙耀宏）

宝珠的故事　侗语北部方言民间传说。流传于贵州天柱侗族地区。叙述冷溪有母子二人，母亲勤劳贤惠，儿子也很聪明、能干。母子俩都给财主家当短工。儿子去割草喜获一宝珠，他把珠子放进米坛，米坛就会满，这样他们就可以周济周围的穷人。福祸相生，不久儿子把珠子吞下肚里，顿时浑身似火烧，无奈只有扑进溪水变成一条五色金龙。母亲难忍失子之痛，儿子便把她带下溪去，也变成了一条龙。可供研究侗族传说参考。饶其愚搜集、整理。32 开纸 4 页，汉译文 2000 字。收入《侗族民间故事》，黔东南苗族侗族自治州文学艺术研究室 1982 年编印。（贵州　龙耀宏）

龙角峰的传说　侗语北部方言传说。流传于贵州剑河。讲述有一位棋迷在郎洞河口听到弈棋声，便顺声跑去观棋赛。下棋老者要他上树摘桃子解渴，他两次上树均只找到四个桃子，他没有吃一个，老者看他很有孝心，就让他添一口桃子。这一添，他便睁不开眼打起盹来，当他醒来时，时光已经过去了几百年，他虽满头青丝，但仍然像一位二三十岁的青年人。可供研究民间文学参考。隆德发口述，艾人搜集、整理。32 开纸 2 页，汉译文 895 字。收入龚立新编《美女蛇》，香港天马图书有限公司 2000 年版。

（贵州　龙耀宏）

读不通两百个篆字的传说　侗语北部方言传说。流传于贵州剑河。讲述在南旁靠清水江岸边的悬崖峭壁上有一幅两百字的篆体石刻，如果有人能一口气读通一百五十字，江面就会出现一船金一船银，通读二百字就能得到它。唐僧师徒去取经路过此地，只读了一百九十九个字，一位外地的墨客骚人只读了一百九十八个字，明代著名旅行家徐霞客只读了一百九十七个字，因此他们都只看到那一船金和一船银而没有得到它。此后，没有人再能读通一百个字，那两船金银也没有再出现过。可供研究侗族民间文学参考。黎林森口述，艾人、彦文搜集、整理。32 开纸 2 页，汉译文 848 字。收入龚立新编《美女蛇》，香港天马图书有限公司 2000 年版。

（贵州　龙耀宏）

郎义成仙记　侗语南部方言传说。流传于贵州从江皮林一带。叙述有一后生叫郎义，与母亲相依为命。因小时听说天仙佛祖故事便一心想成仙。郎义长大后告别母亲去拜佛，途中遇到天仙叫他回家侍奉母亲。郎义回家对母亲百依百顺，一时因孝顺而成名。郎义与月忌成亲后，母亲不幸去世，后全家登仙。可供研究侗族传说参考。石振基口述，石彦章、谭继尧搜集、整理。32 开纸 47 页，汉译文 30550 字。收入《中国民间故事集成·从江县卷》，从江县民间文学集成编委会 1989 年编印。　（贵州　龙耀宏）

郎付建房七昼夜　侗语南部方言传说。流传于贵州从江洛香。叙述一后生叫郎付，家贫如洗，与母亲相依为命。一天，郎付在河边救了一条要死的小花鱼。小花鱼竟是龙女的化身。一年后为了感激郎付的救命之恩，龙女嫁给了他，并用法术在七天七夜里建成一栋房子，夫妻二人勤劳耕作，逐渐变富了。寨人见郎付由穷变富都另眼看他，并都称他为亲戚。可供研究侗族传说参考。陈志美口述，陆海清搜集、整理。32 开纸 4 页，汉译文 2150 字。收入《中国民间故事集成·从江县卷》，从江县民间文学集成编委 1989 年编印。（贵州　龙耀宏）

郎付和三公主　侗语南部方言传说。流传于广西三江、贵州黎平侗族地区。讲述龙王三公主爱上砍柴郎郎付，两人结为夫妻。后皇帝多次刁难和迫害他，均被夫妻二人斗败。对研究侗族民间文学有参考价值。广西壮族自治区三江侗族自治县林溪乡吴月香、吴炳诗和贵州省黎平县陆育德讲述，1979 年、1980 年吴炳金、杨柳歌笔录，杨柳歌、吴炳金、萧启中汉译。32 开纸 6 页，3600 字。收入《侗族民间故事选》，上海文艺出版社 1982 年版。（广西　吴　浩）

七妹与蛇郎　侗语北部方言传说。流传于贵州锦屏九寨各地。叙述某寨一老汉养有七女未嫁。一天，老汉上山砍柴，摘杨梅下树时遇到毒蛇，毒蛇怎么都不肯给其让路，直到老汉许一女给它。蛇通人性。老汉回到家把事情告诉女儿们，几个女儿怨声一片。后来蜜蜂为蛇做媒，六个女儿都不肯，七妹为解救父亲愿嫁蛇郎。蛇郎变成美男子，皮也被七妹烧了，现不了原形且又很有钱。夫妻恩爱生活多年。一次，七妹回家探亲，和七妹长得相似的好吃懒做的二姐得知蛇郎的情况，便把七妹害死，假扮七妹回蛇洞。七妹变成鸟来数落二姐，最终二姐被识破跳河而死，蛇郎与小鸟为伴。可供研究侗族民间传说参考。张玉芝口述，孙凡相整理、汉译。32 开纸 4 页，2000 字。收入《中国民间故事集成·锦屏县卷》，锦屏县民间文学集成编委会 1988 年编印；《九寨风情》，华夏文化艺术出版社 2002 年版。（贵州　龙耀宏）

青蛙姑娘　侗语北部方言传说。流传于贵州锦屏九寨各地。叙述有个穷汉叫吴七，孤苦伶仃靠卖柴为生，不敢奢望成家立业。可有一天他砍柴回来却有人给他备好酒肉饭菜，他想也没想拿来就吃。第二、第三天仍然如此。为了解开谜团，一天他假装上山砍柴，却躲在一处，看见竟是荷花塘边一姑娘为他做的饭菜。后来，他不去砍柴姑娘就不来。他弄清姑娘原来是青蛙变的，这只青蛙是他小时侯救过的被蛇咬的青蛙，现已修炼成人来报答他。他把她接回家，两人建立了幸福家庭。可供研究侗族民间传说参考。吴银梅口述，杨继朋整理、汉译。32 开纸 2 页，900 字，收入《贵州侗族民间故事选》，西南交通大学出版社 1994 年版；《九寨风情》，华夏文化艺术出版社 2002 年版。

（贵州　龙耀宏）

滚豆子除妖　侗语北部方言传说。流传于贵州天柱渡马一带。叙述古时候有个寡妇，痛失三儿女后巧获一颗黑豆子，她吃下黑豆子后便生下了一个崽，取名“滚豆子”。滚豆子长大后用铛打败妖精救了哥姐和众人，然后带着大家高高兴兴地回家，恢复了往日的生活。可供研究侗族民间传说参考。杨庭恢口述，姚祖寿搜集，何力生、王胜先整理。32 开纸 4 页，汉译文 1700 字。收入《侗族民间故事》，黔东南苗族侗族自治州文学艺术研究室 1982 年编印。（贵州　龙耀宏）

渔郎与螺蛳　侗语北部方言传说。流传于贵州镇远报京。叙述清水江边的一个侗寨里，有一个年轻的单身汉，名叫水生，他继承祖业以打渔为生。一天，水生打到了一颗螺蛳，螺蛳现原身成了勤劳善良美丽的姑娘，她就是清水江龙神的胞妹。后来两人情投意合，喜结良缘。可供研究侗族民间传说参考。杨金丰口述，邱宗功搜集、整理。32

开纸 6 页，汉译文 2800 字。收入《侗族民间故事》，黔东南苗族侗族自治州文学艺术研究室 1982 年编印。（贵州 龙耀宏）

蛇珠小妹 侗语北部方言传说。流传于贵州天柱侗族地区。叙述古时候，深山老林里有一个蛇精，蛇精有一女名叫蛇珠小妹。一天，大风卷来了一个大后生，蛇珠小妹很喜欢他，千方百计阻止蛇精吃后生，又不顾蛇精的阻挠，与后生私奔，后历尽千难万险，才和后生回到家里过上了幸福的生活。可供研究侗族民间传说参考。何老者口述，曾恒明搜集，何力生、王胜先整理。32 开纸 5 页，汉译文 2300 字。收入《侗族民间故事》，黔东南苗族侗族自治州文学艺术研究室 1982 年编印。（贵州 龙耀宏）

飞山神与飞山庙 侗族鄂西汉语史事传说。流传于湖北宣恩。涉及飞山神与飞山庙来历的传说。以侗族先人们与统治阶级的战争为题，歌颂侗族人民骁勇善战，敢于反抗压迫、不畏强暴的事迹，表达了后人们对先辈的崇尚和缅怀之情。对研究侗族历史有参考价值。1986 年龙永培口述，姚祖瑞笔录。18 开纸 1 页，12 行。收入《鄂西民间故事集》，中国民间文艺出版社 1989 年版。

（湖北 姚祖瑞）

（二）习俗传说

侗家“祭莎”的由来 侗语南部方言习俗传说。流传于贵州、广西、湖南交界地区侗族各村寨。叙述古代侗族有一个名叫杏妮的女英雄，巧斗丹阳寨的李董顺，打开丹阳寨谷仓和银库，分钱分粮给穷苦人，为民除害，为民谋利。却不料被李董顺之子李顶郎带领官兵围困于“弄堂概”山顶上，官兵层层逼近，生死关头，杏妮母女三人不贪生怕死，毅然跳下九龙潭，葬身于家乡的水中。为了纪念杏妮母女，侗寨设坛祭莎，尊之为“莎”，即祖母。可供研究侗族传说和宗教信仰参考。陈春园、高增仁整理、汉译。32 开纸 4 页，2500 字。收入《侗族民间故事》，黔东南苗族侗族自治州文学艺术研究室 1982 年编。（贵州 龙耀宏）

祭祖母的来历 侗族南部方言习俗传说。流传于贵州从江贯洞、龙图一带。相传杏妮在螺乡蛳村定居，不久得九龙宝刀一把，村子由穷变富。财主李长顺得知后便强迫村民为他交租，杏妮团结乡亲起款，用九龙刀杀了李家的威风。李长顺为报仇设法偷走宝刀，趁杏妮去舅父处叫援兵时血洗侗家寨，杏妮丈夫喜岛牺牲。杏妮回来用宝刀杀死李长顺，而李长顺在外做官的儿子带兵前来镇压侗民，杏妮等人被困无路跳下悬崖。她后来化为巨石，侗族人民就把她尊称为“祖母”来祭祀。可供研究侗族民间传说和宗教信仰参考。32 开纸 15 页，9750 字。收入《民族风情与传说》，贵州人民出版社 1983 年版；《中国民间故事集成·从江县卷》，从江县民间文学集成编委会 1989 年编印。

（贵州 龙耀宏）

侗年请老人 侗语北部方言习俗传说。流传于贵州三穗桐林、款场一带。讲述侗族人尊老的习俗。可供研究侗族传统美德参考。杨秀元讲述，1988 年杨长云笔录，杨秀清汉译。32 开纸，约 1000 字。收入《中国民间文学集成·贵州省三穗县卷》，三穗县民间文学集成编委会 1989 年编印。

（贵州 万德才）

九十九个头人 侗语南部方言习俗传说。流传于广西三江侗族地区。讲述广西侗族九十九个头人商议婚嫁的事。很久以前，侗族姑娘都要嫁到遥远的地方去。有个名叫妹桃的姑娘嫁给后生引郎，回娘家的路程要走两个多月。一次，在回娘家的路上，妹桃被蛇精劫持，她以惊人的胆识和蛇精周旋，终于逃出蛇洞。丈夫知道妻子的遭遇后，两人一同谋划，把蛇精的头砍了下来，拿到娘家去跟岳父诉说要姑娘远嫁酿成的不幸。岳父听出女儿和夫婿想和平退婚。岳父去请教头人，头人说一个人难定夺这事，请来九十九位头人商良，大家都认为姑娘远嫁来回路上不安全，走亲戚也不方便，同意妹桃、引郎解除婚约，同时订下条款允许同寨青年可以结亲，同姓五代以外可以开亲。此后，侗族姑娘不一定非要远嫁他乡了。此传说涉及侗族历史上“破姓开亲”，改革婚俗之事。对研究侗族婚姻习俗有参考价值。1985年广西壮族自治区三江侗族自治县洋溪乡吴志贤讲述，公其安、莫俊荣笔录、汉译。16开纸4页，3200字。收入《三江侗族自治县民间故事资料集》，三江侗族自治县民间文学三套集成办公室1989年编印。（广西　杨树清）

九十九公议亲事 侗语南部方言习俗传说。流传于贵州黎平、从江、榕江等地。叙述过去侗家同寨同姓不开亲，婚姻嫁娶都要到很远的地方去寻找异姓人家，往来途中难免会遇到很多麻烦。后来，九十九位头人经商议，允许同寨青年可以成亲，于是就有俄供海与婢香演、引郎与美倒破姓开亲成姑表事，打破了侗寨远嫁远娶的常规。可供研究侗族婚姻习俗参考。伍德贤口述，吴定国搜集、整理。32开纸20页，汉译文12000字。收入《侗族民间故事》，黔东南苗族侗族自治州文学艺术研究室1982年编印。（贵州　龙耀宏）

三请苗人的传说 侗语南部方言传说。流传于广西三江侗族地区。很久以前，苗族人以游猎为生，他们游猎到独峒地区，见这里土地肥沃便定居下来，开荒种地，挖塘养鱼。后来侗族人也进入该地区，两族人发生争斗，苗族人另选他址开发。从此，侗族地区连遭天灾，侗族人派人去请苗族人回来，连请三次苗族人才肯回来与侗族人居住。他们达成了许多约定，并种下金藤葡萄、合木树、银杉。对研究侗苗民族关系史有参考价值。广西壮族自治区三江侗族自治县独峒乡吴家业讲述，1988年吴天益笔录、汉译。32开纸7页，5300字。收入侗族本土文化丛书《努志潭》，广西民族出版社2002年版。（广西　吴永培）

芦笙的传说 侗语南部方言习俗传说。流传于广西三江侗族地区。广西侗族芦笙起源的传说。从前，有个叫覃善的男人从侗笛得到启发，砍来竹子仿着做芦笙架，用竹片做笙簧，但总做不成。他老婆说竹片做簧片不行，为何不用木片做。覃善用木片来试，又失败了。后来用薄薄的牛角片做笙簧，吹起来有了响声，但音质不好。覃善灰心了。老婆鼓励说铜锣打起来不是很响吗？为何不用铜锣片试一试？覃善按着去做果然成功了。到瀑布前去定音后，芦笙吹起来很好听。对研究侗族器乐的来历有参考价值。广西壮族自治区三江侗族自治县八江乡八江村杨雄新讲述，1985年李路阳、肖启中笔录、汉译。32开纸1页，600字。收入侗族本土文化丛书《救太阳》，广西民族出版社2002年版。（广西　杨树清）

芦笙节的来历 侗语南部方言习俗传说。流传于贵州从江洛香等地。讲述芦笙歌舞的盛况，芦笙的来历，以及如何发展成为芦笙节，后因一次事故没有了歌而只有了芦笙节的过程。可供研究侗族风俗及民间文学参考。梁维安、李应明整理、汉译。32开纸3页，2100字。收入《从江民间文学资料集》（第一集），从江县民族事务委员会、从江县文化馆1983年编印。（贵州　欧俊姣）

芦笙来历的传说　侗语南部方言习俗传说。流传于贵州从江侗族地区。相传古时一个能歌善舞的姑娘在河边洗纱唱歌入了迷被鱼吃了，不久獭鱼在沙滩上生出一个男娃叫“肚郎”，被一对夫妇抱回养大。肚郎一人住一间茅草房，后来在草房屋基下约一丈深处挖出一些铜锣、铜钹。这些铜块被肚郎多才多艺的朋友鲁班和鲁尔兄弟多次组合，修理出能吹出高低声和谐而动听的竹管。人们称其为“芦笙”，成为苗族、侗族人民娱乐活动中的一种乐器。可供研究侗族音乐歌舞参考。梁安仁口述，梁晋明、梁之槐搜集、整理、汉译。32开纸2页，1320字。收入《中国民间故事集成·从江县卷》，从江县民间文学集成编委会1989年编印。

（贵州　龙耀宏）

侗歌的来历　侗语南部方言习俗传说。流传于贵州从江龙图一带。讲述古时侗民们为了纪念祖先的功劳、生活的美好，向上天请求放歌到侗寨及得到班固的帮助和后来学歌的过程，最终侗族地区成了“歌的海洋”。可供研究侗族歌乐习俗和民间文学参考。梁普安、李应明搜集、整理、汉译。32开纸4页，2800字。收入《从江民间文学资料集》（第一集），从江县民族事务委员会、从江县文化馆1983年编印。（贵州　欧俊姣）

关于歌的传说　侗语南部方言习俗传说。流传于贵州从江等地。叙述最初世界上的生物都会讲话，不会唱歌，只有天上的仙家才有歌。于是人们就派“四也”上天去偷歌树和歌果，后来分配给各个地方，人间凡世才有了歌乐。可供研究侗族风俗和民间文学参考。梁普安记录，梁维安整理、汉译。32开纸4页，1550字。收入《从江民间文学资料集》（第一集），从江县民族事务委员会、从江县文化馆1983年编印。

（贵州　欧俊姣）

找歌的传说　侗语南部方言习俗传说。流传于广西龙胜平等侗族地区。讲述从前侗家不会唱歌跳舞，没有踩歌堂。后来大家凑钱推金必到天上去讨歌。金必到了天上，见仙女在歌堂唱歌跳舞。金必一看就是七天。天上一日，地上一月，七个月金必还没回来，大家又派相金、相银和古赛上天找金必。见金必后，经仙女指点，他们先后找到歌师和管事老人，交三百两银子得了歌。出得天门歌被狂风刮走，他们从天上找到地上，发现歌跌入深潭无法取出，正好遇见水獭，经与其交涉，以准水獭到农田里去吃鱼为条件，让水獭下潭取歌。得歌回寨后，四人到处传歌。金必、相金、相银是侗人，古赛是苗人，从此侗族、苗族地区都有了歌。侗家逢年过节都要唱歌跳舞，各处侗寨都有踩歌堂。对研究侗族“踩歌堂”民俗文本的来历、传播有参考价值。广西壮族自治区龙胜各族自治县平等乡平等村培光、卜宪演唱，1962年华谋笔录、汉译。32开纸4页，1800字。收入《侗族民间故事选》，上海文艺出版社1982年版。（广西　石本忠）

讨“踩歌堂”　侗语南方方言习俗传说。流传于广西龙胜侗族地区。讲述广西侗族“踩歌堂”的来历。很古的时候，地上无歌舞，人们十分寂寞，便派金必到天上讨“踩歌堂”。金必对天上的歌舞迷恋迟迟不归，人们又派相银到天上，金必和相银花三百多两白银买下歌书。回来的路上，捆歌书的带子被老鼠咬断，歌书散落一地。两人赶走老鼠，歌书又被旋风卷走。两人一路找一路问。问河水，河水说水獭把歌书拿走了。两人与水獭多次交涉，答应水獭可以到田里去吃鱼，才把歌书弄回来。金必是侗族人，相银是苗族人，侗族人和苗族人自此有了“踩歌堂”。对研究侗族“踩歌堂”民俗文本的来历、传播有参考价值。1989年农易天搜集、整理、汉译。16开纸5页，4200字。收入《三江侗族自治县民间故事资料集》，三江侗族自治县民间文学三套集成办公室1989年编印。（广西　杨树清）

“嘿要”的来历　侗语南部方言习俗传说。流传于贵州黎平水口、龙额。叙述侗族寨与寨之间每年古历正月的时候，有一项规模较大的社交活动，称作“嘿要”。这种“嘿要”，寨与寨之间可以做，个人与个人之间也可以做。由贯公和野降创造，后人没有忘记他们。可供研究侗族社交习俗参考。杨正光口述，吴定国搜集、整理、汉译。32开纸6页，2700字。收入《侗族民间故事》，黔东南苗族侗族自治州文学艺术研究室1982年编印。（贵州　龙耀宏）

偷吃仙桃的故事　侗语南部方言习俗传说。流传于广西三江侗族地区。叙讲姜古王、盘古老偷吃仙桃的事。很古以前，世上仅有一个村子。天上有个仙人来到村子找朋友，可他穿得很破烂，寨内没人肯收留了他，只有寨边茅棚业公公收留了他。仙人在业公公那里住了七天，把业公公的猎狗打来烤吃，把业公公酸坛里的酸肉酸菜也吃完了，业公公仍然很礼貌地对待他。他走时，送给业公公两个桃子。他说他家在银河边太阳山下，叫业公公去走访他。过了九百九十九年，仙人又来到村子找业公公，才知道业公公早死了。相传吃一个桃子可活一千岁，姜古、盘古当年在业公公屋背放牛，见到桃子就偷吃了。此事之后，老人们商议，要向业公公学习，热情接待所有的来客。那时，村寨与村寨之间开始“月也”（互相走访交流做客）。对研究侗族“月也”习俗有史料价值，对研究盘古文化有参考价值。广西壮族自治区三江侗族自治县八江牙龙公包芳讲述，1987年吴浩笔录、汉译。32开纸3页，2100字。收入侗族本土文化丛书《努志潭》，广西民族出版社2002年出版。（广西　吴　浩）

相金上天去买“确”的传说　侗语南部方言节日风俗传说。流传于贵州从江、榕江、黎平侗族地区。每年正月侗家为感谢寨上“祖母”都要举行“踩歌堂”（即“确”）活动，据说“确”是相金从天上买来的，侗家人凑足钱派相金、相银和苗寨一老人去买，买到手后老人争着要挑，不幸老人从半空中摔死，芦笙破了，“确”也掉进河里了。他们安葬了老人并决定以后找到苗族人也分给他们，最后在水獭的帮助下，找到“确”，又将损坏的芦笙重新做好。“确”和芦笙都有了，侗族、苗族人民都很高兴。可供研究侗族歌舞起源传说参考。32开纸4页，2600字。收入《节日风情与传说》，贵州人民出版社1983年版；《中国民间故事集成·从江县卷》，从江县民间文学集成编委会1989年编印。（贵州　龙耀宏）

三月三的来历　侗语北部方言习俗传说。流传于贵州镇远报京。叙述侗家人以油桐树开花为播种谷种季节，不幸有一年油桐树老是不开花，误了播种季节，人们只能挨饿。吃一堑，长一智，老人们决定不再以油桐树开花作为春播育秧的节气标志，定下以农历三月三为“播种节”。可供研究侗族古代农业生产及节日风情参考。周老木等口述，邱宗功搜集、整理。32开纸3页，汉译文1300

字。收入《侗族民间故事》，黔东南苗族侗族自治州文学艺术研究室1982年编印。

（贵州 龙耀宏）

三月三的传说 侗语北部方言习俗传说。流传于贵州镇远、广西三江侗族地区。传说镇远报京有一位叫桥生的男青年长得英俊，能歌善唱，有一位叫良英的女青年人才、歌才很出众，两人唱歌相恋，树上留下定情鞋印。寨佬逼迫良英做他的儿媳，出嫁前，良英送篮子给桥生表达心意，桥生以歌来抒旧情。寨佬儿子说桥生勾引其老婆，将桥生打死。良英得知痛不欲生，悬梁自尽，时值三月初三。寨上青年男女非常同情他们，每年三月初三这天举办歌会来纪念这对青年。送笆篓，送篮子，在树上留下定情鞋印的习俗也流传下来。对研究侗族“四时八节”由来有参考价值。贵州省镇远县周老木、刘海生演唱，1981年龙玉成笔录、汉译。32开纸5页，3000字。收入《侗族民间故事选》，上海文艺出版社1982年版。 （广西 杨树清）

报京侗族“三月三”的由来 侗语北部方言习俗传说。流传于贵州镇远报京一带。古时候，报京人不懂得稻谷移栽，只会撒种。有一男青年乔生与一女青年良英放牛谈恋爱，不料牛跑到田里吃秧，他俩就拔秧来补，没想到补插的秧比撒种的秧要长得好。后因他俩反对强迫婚姻，双双自尽。他俩自尽是在三月初三，后来报京地区每年三月初三这天，姑娘们用葱蒜代表谷苗，在他俩自尽的地方等待有情的小伙来讨取，这就是报京侗族“三月三”讨葱讨蒜的由来。对研究侗族民俗有参考价值。龙正忠讲述，2000年10月部通祥笔录、汉译。16开纸11页，2700余字。收入《侗族故事选》，镇远县民族事务委员会、镇远县民间文艺协会1990年编印。 （贵州 曲玉贵）

六月节的传说 侗语北部方言习俗传说。流传于贵州剑河、天柱、锦屏部分侗寨。叙述每年农历六月小暑后的第一个卯日，是北部侗族人民所过的六月节，也是一种祭祀活动，主要是缅怀祖先，祈求丰年，盼望人丁平安、六畜兴旺。可供研究侗族节日习俗参考。王三翁、王大树口述，艾人、国彤搜集、整理、汉译。32开纸3页，1300字。收入《侗族民间故事》，黔东南苗族侗族自治州文学艺术研究室1982年编印。

（贵州 龙耀宏）

中秋节吃大锅菜的来历 侗语北部方言习俗传说。流传于贵州剑河的高丘一带。叙述很早以前，有一个皇帝滥杀了一位手艺高强的厨师。后人为了纪念这位善良的厨师，每年农历八月十五日的晚上吃一大锅没有盐巴的菜，间接嘲笑皇帝的愚蠢。可供研究侗族饮食习俗参考。唐友成搜集、整理。32开纸1页，汉译文460字。收入《侗族民间故事》，黔东南苗族侗族自治州文学艺术研究室1982年编印。 （贵州 龙耀宏）

重阳“三大粑”的来历 侗语北部方言习俗传说。流传于贵州天柱、锦屏、剑河三县交界地区。叙述贵州锦屏、剑河、天柱等县交界地区的侗族人民过重阳节时，家家户户都要打糯米粑，首先打出三个特别大的糯米粑，叫“三大粑”，用来供奉侗族人民起义的英雄们：第一个给姜大王，第二个送给猴王们，第三个送给勇士们。可供研究侗族饮食习俗和历史文化参考。王胜先、何力生搜集、整理、汉译。32开纸2页，700字。收入《侗族民间故事》，黔东南苗族侗族自治州文学艺术研究室1982年编印。

（贵州 龙耀宏）

冬节 侗语南部方言习俗传说。流传于广西三江侗族地区。从前，杨姓祖先居住的地方有一条河，河对岸有一片果子多野兽也多的树林。由于火种带不过去，祖先们只有望河兴叹。有一天，有个年轻人用竹筒装木屑将火炭种送到对岸去，祖先们也跟着到对岸去渔猎采集过日子。这天是农历十一月初一日，后来每逢这一天，杨姓宗族杀鸡宰羊，大备祭品，邀亲戚朋友共同来庆贺。这天也就成了杨姓侗族的节日。对研究侗族节庆民俗有参考价值。1979 年广西壮族自治区三江侗族自治县八江乡八江村杨雄新讲述，杨雄新笔录、汉译。16 开纸 2 页，1500 字。收入《三江侗族自治县民间故事资料集》，三江侗族自治县民间文学三套集成办公室 1989 年编印。（广西　杨树清）

斗牛的来历　侗语北部方言习俗传说。流传于贵州锦屏、广西三江侗族地区。讲述侗族斗牛习俗的来历。传说有位叫卜老耶旺的老农，见到圈里的两头水牛跑到秧苗田里打架，把秧苗踩得东倒西歪，一气之下把水牛杀掉。想不到挨踩的秧苗倒长得格外好，收割时谷粒饱满，不挨踩的谷粒干瘪。卜老耶旺受了启发，学会了秧苗移栽的方法。后来放牛打架成了侗家的习俗。对研究侗族稻作文化有参考价值。1981 年龙玉成搜集、整理、汉译。32 开纸 2 页，1200 字。收入《侗族民间故事选》，上海文艺出版社 1982 年版。（广西　杨树清）

斗牛节的来历　侗语北部方言习俗传说。流传于贵州剑河。讲述在牛王寨有位爱牛老者，从小跟牛打交道，对牛的习性颇为了解。一天，他来到一个叫沟洞的地方，看到一头很好的保家牛，便花很多的钱买下它。当他牵着牛路过清水江畔的犀牛洞时，一头犀牛蹿出来与他的保家牛开始斗角，两头牛斗了三天三夜也不分胜负，老者怕自己的保家牛敌不过犀牛，便找人救出保家牛，杀了犀牛让全寨人饱餐一顿。这天是农历九月初九日，后人为纪念保家牛，每年农历九月初九日都要进行斗牛比赛。可供研究侗族民间风俗参考。王述昌口述，艾人彦文搜集、整理、汉译。32 开纸 3 页，1800 字，收入龚立新编《美女蛇》，香港天马图书有限公司 2000 年版。（贵州　龙耀宏）

栽秧斗牛的传说　侗语北部方言习俗传说。流传于贵州锦屏九寨等地。以前卜老旺有几块田，田里的秧苗长得好，他很高兴。不料一天他的两头水牛在田里打架把秧苗踩得稀巴烂，他一气之下把其中一头牛给杀了，但被踩的秧却长得很好，到收割时比那些没踩过的还丰收许多，于是他每年都把牛放到田地去打架，都有好收成。事有凑巧，有一年一块田秧被踩得很烂，卜老旺便采取移栽方法，当年也得到了好收成，后来每年他都这样做。他学会了种田，而不再放牛去田里打架，但大家爱看牛打架，于是斗牛成了侗家人一种风俗。可供研究侗族稻作农业及风俗参考。杨安茂口述，姚启欢、龙玉成搜集、整理、汉译。32 开纸 2 页，700 字。收入《侗族民间故事选》，上海文艺出版社 1982 年版；《九寨风情》，华夏文化艺术出版社 2002 年版。（贵州　龙耀宏）

林溪花炮节的由来　侗语南部方言习俗传说。流传于广西三江侗族地区。讲述过去广西三江林溪地方聚集着四面八方来的苗、瑶、侗、汉、壮各族生意人，地方经济繁荣，但也产生不少矛盾。有一次，本地人砸了外族商人的铺子，事情越闹越大，生意也做不成了。于是，各寨长老、各族头人和客商代表开会协商成立广西、广东、贵州、湖南、江西五省会馆，象征各族团结。这一天是农历十月二十六日，为了表示纪念，会议决定往后每年的这一天举办抢花炮活动，各族组织抢花炮队参加竞赛。林溪花炮节由此形成，至今已有一百多年的历史。对研究侗族游艺、竞技民俗有参考价值。1985 年广西壮族自治区三江侗族自治县林溪乡林溪街吴永繁讲述，王强笔录、汉译。16 开纸 1 页，800 字。收入《三江侗族自治县民间故事资料集》，三江侗族自治县民间文学三套集成办公室 1989 年编印。（广西　杨树清）

吃赦（社）饭的来由　侗语北部方言习俗传说。流传于贵州岑巩、镇远、三穗等地。相传，有一个昏庸的国君，不理政事，贪图享乐，吃腻了山珍海味。一天，他召集文武百官说给他们十天时间办一桌好吃的饭菜，否则问罪斩首。第一个、第二个、第三个、第四个大臣都因饭菜不合口味分别在第一、二、三、四个戌日被杀。第五个大臣是个倾听民言的臣子，他跋山涉水来到一个村寨找厨师，在一个穷村里遇到一个聪明妇女，她懂得“饱人不知饿人饥”的道理，给他出了一个主意，他依计做了一顿混合饭在国王几天不吃饭时呈送，得到国王夸赞，而免于一死。后来就有了混合饭菜“赦饭”。可供研究侗族节日饮食习俗参考。杨腊秀口述，黄透松搜集、整理、汉译。32 开纸 3 页，1452 字。收入《中国民间文学三套集成·岑巩县卷》，岑巩县民间文学三套集成办公室 1990 年编印。（贵州　欧俊姣）

吴姓人家过社节的来由　侗语南部方言习俗传说。流传于广西三江侗族地区。侗族吴姓的“吴”原来是个“知”字，把口放到头上，就变成“吴”了。相传知姓是从江西来的，祖先中有个镇守边关的武官叫知山贵，一次打败仗被诬陷，皇帝听信奸臣之词要拿他问斩，并诛灭九族。知山贵带家小逃到广西，改姓吴。广西官兵奉命追杀，老天爷为救他一家，吹来一股冷风，追兵睁不开眼睛终止了追杀。知山贵一家为了酬谢老天爷，就把这天定为“谢”（立秋五戊为秋社，社日）日。往后每年的这个日子，吴姓人家就下河捞虾祭天拜神过社节。对研究侗族节俗来历有参考价值。1987 年广西壮族自治区三江侗族自治县八江乡八江村吴成安讲述，蒙宪、周东培笔录、汉译。16 开纸 1 页，840 字。载《民间文学》1987 年第 4 期。（广西　杨树清）

客地祖宗　侗语南部方言习俗传说。流传于湖南通道。讲述客地人（自称本地人，侗族的一个支系）的衣着和风俗习惯。对研究侗族的不同支系的文化有参考价值。王保义、石庆贤、龙均安、石万顺等讲述，1982 年杨锡、吴万源笔录，杨锡光、杨锡整理、汉译。32 开纸 3 页，15 行。收入《侗款》，岳麓书社 1988 年版。（湖南　谭少剑）

侗寨为什么有牛头井　侗语南部方言习俗传说。流传于广西三江侗族地区。相传很久以前，玉帝要除掉坏人，派仙人装作脏兮兮的叫化佬到人间讨饭。只有一个老实人叫他进屋，杀老母鸡、蒸糯米饭款待。叫化佬走时说，你要留心村边的石牛，它眼红了就要发大水。叫化佬叫村民赶快搬到高山上，说完就不见了。老实人每天都去寨边看石牛的眼睛，有一天石牛眼真的红了，老实人进寨叫喊，老实的人都搬走了。结果连下七天七夜大雨，那些没有良心的人都被水冲走，活下来的都是那些老实人。从那以后，为了方便观察牛眼，人们就把石牛搬到寨子井边。对研究侗族信仰习俗有参考价值。广西壮族自治区三江侗族自治县独峒乡萨腾怀讲述，1989 年杨正功笔录、汉译。32 开纸 2 页，1600 字。收入侗族本土文化丛书《努志潭》，广西民族出版社 2002 年版。

（广西　吴永培）

侗族为何把鸡头插在三岔路口　侗语南部方言生活习俗传说。流传于贵州从江的贯洞、西山一带。以前有兄弟两人相依为命，生活很艰苦却很和睦。长大后哥哥娶了心狠手辣的妻子，她想独占家业，设计让哥哥把弟弟的眼睛打瞎赶出家。后弟弟得到菩萨的指点，治好了眼睛，又到洞中救了被围的姑娘，还取了金子，带姑娘回到家。嫂嫂又想占有金子。菩萨对弟弟说他嫂嫂是母妖精，要他为民除害。弟弟按菩萨的指点，一早在门外挂了柚子叶，当嫂嫂变成母鸡叫出公鸡声时把其头砍下，用棍串插在三岔路口。从此，只要有母鸡叫出公鸡声人们便这样做。可供研究侗族宗教信仰传说参考。杨彦芳口述，陈寿江、张子刚搜集、整理、汉译。32 开纸 6 页，3900 字。收入《中国民间故事集成·从江县卷》，从江县民间文学集成编委会 1989 年编印。　（贵州　龙耀宏）

陡寨石家通婚的传说　侗语南部方言婚姻习俗传说。流传于贵州从江西山陡寨。叙述从江西山陡寨石姓和陆姓从不开亲到开亲的变化。可供研究侗族婚姻习俗参考。石顶英口述，肖体芳搜集、整理、汉译。32 开纸 7 页，4200 字。收入《中国民间故事集成·从江县卷》，从江县民间文学集成编委会 1989 年编印。　（贵州　龙耀宏）

吃冻鱼的传说　侗语南部方言生活习俗传说。流传于贵州省从江侗族地区。传说古时云洞有一人武艺高强，是朝中大将。一年在出征北方时，他向皇上请假回家过侗家人最盛大的十月十二节日，但皇上不准。为了让他吃到那天的酸汤鱼，侗家人便让上天在那天降寒，将鱼冰冻起来，到这一天果然鱼汤被冰冻了。从此，云洞侗家人开始吃冰冻鱼直至今日。可供研究侗族节日风俗传说参考。陈春园、梁松年、梁之槐搜集、整理、汉译。32 开纸 1 页，700 字。收入《中国民间故事集成·从江县卷》，从江县民间文学集成编委会 1989 年编印。　（贵州　龙耀宏）

十月十二吃草串鱼　侗语南部方言生活习俗传说。流传于贵州从江侗族地区。从前，每年农历五月各村各寨都有自己的节日，而居住在皮林、塘洞的侗族没有，他们便把十月十二日禾谷收到家庆祝丰收这天固定为自己的节日。但到这一天，老二记性不好给忘了，老三年幼上山放牛天黑才归。老大在家把鱼做好，不见他们回来，就把各种做好的鱼用茅草串着留给弟弟，自己先吃了。以后老三成家了，仍沿袭吃草串鱼、十月十二日晚上过节的习俗。可供研究侗族节日习俗传说参考。陈春园、梁松年、梁之槐搜集、整理、汉译。32 开纸 2 页，1000 字。收入《中国民间故事集成·从江县卷》，从江县民间文学集成编委会 1989 年编印。

（贵州　龙耀宏）

六洞妇女发髻为何梳在左边　侗族南部方言生活习俗传说。流传于贵州从江“六洞”地区。据说，明洪武年间，吴勉帮人放牛来大龙塘洗澡，无意中得到了一条赶山鞭。他长大后起款军抗击官军，一次用赶山鞭赶石山抵御官兵入境，在途中被“六洞”一妇女泄了机密坏了大事，吴勉一气之下一巴掌把她的发鬏从右侧打歪到左侧，从此六洞地区妇女发髻就盘在左侧了。可供研究侗族民俗起源传说参考。梁公重口述，梁之槐搜集、整理、汉译。32 开纸 2 页，1320 字。收入《中国民间故事集成·从江县卷》，从江县民间文学集成编委会 1989 年编印。

（贵州　龙耀宏）

侗家在摘禾期间忌讲“完”字和吹口哨的来历　侗语南部方言习俗传说。流传于贵州从江高增、小黄一带。讲述忌讲“完”字和吹口哨这一禁忌的来历以及在劳动时该怎样说才不犯忌。可供研究侗族风俗及民间文学参考。吴公银口述，思齐整理、汉译。32 开纸 2 页，900 字。收入《从江民间文学资料集》(第一集)，从江县民族事务委员会、从江县文化馆 1983 年编印。（贵州　欧俊娇）

斗茶　侗语南部方言习俗传说。流传于贵州省黎平、从江、榕江等地。叙述“斗茶”是侗族人民祭祀祖先的一种习惯。三宝侗族在新娘进新郎家，还未举行婚礼前，新郎新娘以及伴娘的姑娘纳汉就在堂屋围成一个圆圈蹲下，然后才正式举行婚礼。可供研究侗族婚姻习俗及宗教信仰参考。杨光汉口述，杨秀斌搜集、整理。32 开纸 7 页，汉译文 3200 字。收入《侗族民间故事》，黔东南苗族侗族自治州文学艺术研究室 1982 年编印。

（贵州　龙耀宏）

吃黑米饭和吃鸭头的故事　侗语北部方言习俗传说。流传于贵州榕江车江坝地区。叙述有对名叫定岁、留梅的姑表亲很相爱，他们立志为后人开辟一条男女婚姻自主的新道路，决心舍己割爱，带头说服老人。现在姑妈家姑娘不嫁回舅家当媳妇，就请舅家的兄弟吃“黑糯米饭”，要是舅家的兄弟不来，就给他送“鸭头”。可供研究侗族婚姻习俗参考。杨光汉口述，杨秀斌整理。32 开纸 3 页，汉译文 1300 字。收入《侗族民间故事》，黔东南苗族侗族自治州文学艺术研究室 1982 年编印。（贵州　龙耀宏）

姑娘出嫁为什么要背出门　侗语北部方言习俗传说。流传于贵州锦屏启蒙。叙述从前有一个老头，老伴死得早，身边只有一个姑娘，两父女吃穿不愁，而老头子以“万事不求人”之词撵女儿出嫁，落得家败身亡的结局。为了表示对姑娘的尊重，以后姑娘出嫁时要长兄背出门。可供研究侗族婚姻习俗参考。林世风口述，张勇搜集、整理。32 开纸 8 页，汉译文 3700 字。收入《侗族民间故事》，黔东南苗族侗族自治州文学艺术研究室 1982 年编印。（贵州　龙耀宏）

二十坪歌的兴起　侗语北部方言习俗传说。流传于贵州天柱、剑河、锦屏交界地区。叙述剑河平岑一带的玉娘和吴承祖相亲相爱，两人歌喉都很好。后吴承祖参军打仗不幸牺牲，玉娘忠贞不渝，坚决不改嫁。玉娘到死不变的爱情为后人称颂，青年人常通过歌声表达自己的爱情如玉娘和吴承祖一般。以后侗家人每年七月二十日都要举行盛大歌会，称“赶歌场”，又称“二十坪”。可供研究侗族节日文化习俗参考。王胜先、何力生搜集、整理。32 开纸 4 页，汉译文 1800 字。收入《侗族民间故事》，黔东南苗族侗族自治州文学艺术研究室 1982 年编印。

（贵州　龙耀宏）

走寨后生为什么肩披白巾　侗语南部方言习俗传说。流传于广西龙胜侗族地区。讲述侗家后生夜晚行歌走寨肩披白巾的由来。从前，在广西龙胜宝赠寨财主吴金包家舂米的培英，整日劳累，夜晚还要舂米到三更天。长工洁郎可怜培英，每天深夜到碓房帮忙，天长日久，两人产生感情。财主婆发现这事，要财主把两人撵走。财主见培英长得漂亮，心生邪念，执意留下培英；财主又想到洁郎是干活能手，也不舍辞退。但财主婆硬要将培英送往湖南竹塘寨与亲戚家兑换丫头。培英走后，洁郎思情难忘，晚上肩披白巾到湖南与培英坐夜。一次，一只被水车夹住的老虎向他求救，他砸烂水车救出老虎。

老虎问肩披白巾的长工大哥为何走夜路，知道缘由后决意为其除害。一天晚上，财主随后生走寨回来，老虎拦住，见财主肩上没披白巾，将其咬死，为恩人除害。后洁郎、培英结成夫妻。此后，走寨后生离开姑娘家门，肩上总是披着一条白巾。此俗沿袭至今。对研究侗族婚恋风俗有参考价值。广西壮族自治区龙胜各族自治县乐江乡宝赠村吴步云讲述，1979 年黄裔、石本忠笔录、汉译。32 开纸 4 页，1800 字。收入《侗族民间故事选》，上海文艺出版社 1982 年版。

（广西　石本忠）

人为什么吃三餐　侗语南部方言习俗传说。流传于广西三江侗族地区。很久以前，人一天吃多餐饭，屙屎多，臭到天上去。玉帝派狗下来传话，叫人三天吃一餐。狗说错了，叫人一天吃三餐。玉帝罚狗下地界来吃人屎。接着又派牛下来传话，牛也叫人一天吃三餐，玉帝发火了，说人吃那么多饭，你去耕田犁田人才有饭吃。玉帝又派拱屎虫下地界来，拱屎虫照样说错，玉帝更火了，说人屙那么多屎，狗也吃不完，你拱屎虫下去拱泥巴埋粪便吧。对研究侗族习俗有参考价值。广西壮族自治区三江侗族自治县良口乡梁光新讲述，1985 年贺嘉、肖启中笔录，肖启中汉译。32 开纸 2 页，1800 字。收入侗族本土文化丛书《救太阳》，广西民族出版社 2002 年版。　（广西　杨树清）

美妮　侗语南部方言习俗传说。流传于贵州黎平、从江、榕江一带。叙述一个叫朝良的侗族寨子里，住着一个美如仙子的姑娘名叫美妮，她好不容易嫁到寨纳这个寨子，不久自己丈夫遇害便改嫁，与自己同姓的纳汉开了亲。父亲百般不同意，最后由九十九公作了新的规定，同姓可以通婚，美妮才得以喜结良缘。可供研究侗族婚姻习俗参考。黄先胜搜集、整理。32 开纸 8 页，汉译文 3700 字。收入《侗族民间故事》，黔东南苗族侗族自治州文学艺术研究室 1982 年编印。

（贵州　龙耀宏）

送亲“皇客”的来历　侗语北部方言习俗传说。流传于贵州岑巩、玉屏、三穗等地。叙述古思州姑娘出嫁一不坐轿，二不用皇客陪送，只打一把伞随新郎去婆家。后来一皇帝闲聊无事，一天他到乡村游玩，来到夜州，看到一石马，当时吟诗作赋，要求夜州儒生贤士来对答，并许诺有人答上可将花轿给他乘坐，并陪他三天……不少儒生贤士纷纷前来应答，但没一个能让君王满意的。这时，一个新娘经过此地，很快答出。皇上很满意并兑现诺言，将花轿赠予新娘乘坐，命官府陪送三天。所以此后姑娘出嫁都有送亲客，称为“皇客”。可供研究侗族婚礼习俗参考。周国祥口述，田花搜集、整理。32 开纸 2 页，汉译文 784 字。收入《中国民间文学三套集成·岑巩县卷》，岑巩县民间文学三套集成办公室 1990 年编印。（贵州　欧俊姣）

陆大力与粉蒸肉　侗族汉语方言习俗传说。流传于贵州玉屏。讲述清顺治年间，玉屏丙涨老寨陆家有个大力士叫陆大力，力大能抱大水牛下河洗澡。此人耿直，爱打抱不平，为抗苛捐杂税，与衙差斗智斗勇，最后被皇上骗至京城残酷杀害（蒸死）。丙溪老寨陆姓族人为纪念他，几百年来一直不吃粉蒸肉。可供研究侗族民间文学参考。陆跃清口述，吴常光、郑德羽搜集，蒋仁晏整理。32 开纸 21 页，汉译文 230 行。稿存贵州省玉屏侗族自治县民族宗教局。（贵州　陈昌文）

（三）地方风物传说

梵净山的来历　侗语北部方言地方风物传说。流传于贵州岑巩的注溪、龙田一带。相传七仙女给董永生了一个孩子，叫董政书。董政书很聪明，七岁时被送到鬼国先生那里去读书，别人讥笑他没有娘，他很伤心，去问先生，先生凭借甲子推算，说六月十九日这一天他娘将和伙伴们来仙人桥洗澡。他依照先生所说真的找到了母亲。七仙女问他是怎样找到她的，他说了根由，最后七仙女给他很多树种、七颗仙米、一个花葫芦。后来那些树种长成参天大树，花葫芦在先生案边打开烧了甲子，他再也找不到母亲了，一气之下他把七颗仙米一齐放在锅里煮，后来仙米就胀成了一座大山，即梵净山。可供研究侗族地方风物参考。杨怡搜集、整理、汉译。32开纸2页，1296字。收入《中国少数民间文学三套集成·岑巩县卷》，岑巩县民间文学三套集成办公室1990年编印。

（贵州　欧俊姣）

三江的来历　侗语南部方言地方风物传说。流传于广西三江侗族地区。三江古名怀远，后改为三江。“三江”成名的缘由众说纷纭，一说三江境内有溶江、浔江、苗江，故名三江。一说民族首领（款首）聚会议事，宣布以侗、苗、瑶族聚居的林溪、武洛江、苗江三条小河为名。县城搬迁几次，都惯用“三江”之名。明洪武十年（1377）废县设三江镇巡检司，是“三江”地名见诸史上的开端，相沿至今。对研究民族团结、少数民族生存斗争史有参考价值。广西壮族自治区三江侗族自治县林溪乡程阳村吴世华讲述，1982年吴世华笔录、汉译。32开纸2页，1200字。研究文章有吴世华《三江因何得名》，载《风雨桥》1982年第1期。

（广西　吴永培）

陡寨的来历　侗语南部方言地方风物传说。流传于广西三江侗族地区。相传陡寨村民围河打鱼打得一条大蛇，全村将其杀死分吃。只有两母子将分到的蛇肉不吃而放回河里。该蛇是居住村边潭里龙王的儿子，当龙王得知儿子惨遭杀害时非常生气，决定报复，但它念母子二人心肠好，不想杀他们，便变成一老人托梦给娘儿俩，叫他们赶快离开村子。母子将梦告知村民，无人理睬。娘儿俩只得独自离开，他俩刚走到后山坡，就听到“轰隆”一声巨响，整个村子被劈下河去，变成地势较陡的寨子。对研究侗族地名故事有参考价值。广西壮族自治区三江侗族自治县洋溪乡吴美莲讲述，2002年吴美莲笔录、汉译。32开纸1页，350字。收入侗族本土文化丛书《努志潭》，广西民族出版社2002年版。

（广西　吴永培）

腊弄与新民　侗语南部方言地方风物传说。流传于广西三江侗族地区。传说古时候，腊弄是一片原始森林，是百鸟栖息的地方。大森林里有个很美的天湖，每年春夏万木葱茏，百花竞艳，成群天鹅在湖里嬉戏斗乐。侗族猎人吴甫包发现了这个好地方，搬到这里居住，开荒耕种，发展起来。过了许多代，这里变成了一个寨子，后人们居住不下，分散到周围五个寨子，当地人把从天湖迁来人的叫新民。对研究侗族地名传说有参考价值。广西壮族自治区三江侗族自治县富禄苗族乡一老人讲述，1982年吴世华笔录、汉译。32开纸1页，250字。收入侗族本土文化丛书《努志潭》，广西民族出版社2002

年版。（广西 吴永培）

葛亮寨的来由 侗语南部方言地方风物传说。流传于广西三江侗族地区。相传三国时代，孔明南征时，曾派王平将军率领一支军队驻扎在这里而得名。当时王平在寨尾筑土城，挖井水，建凉亭，还在河上架了一座木桥，桥塔内有一鼓，人们将它们分别称为孔明城、孔明井、孔明亭、孔明桥、孔明鼓，均保存完好。对研究地名传说和侗汉文化交流有参考价值。广西壮族自治区三江侗族自治县富禄苗族乡赖兴基讲述，2002 年赖兴基笔录、汉译。32 开纸 1 页，400 字。收入侗族本土文化丛书《努志潭》，广西民族出版社 2002 年版。（广西 吴永培）

培已村的来由 侗语南部方言地方风物传说。流传于广西三江侗族地区。“培已”是苗族古语，意思是有哭声的山。勇伟寨所在地附近有三座山：父山、母山、子山。传说明初封建皇朝派兵到古州镇压少数民族，路过勇伟时，吹吹打打，子山被震怒，崩塌下来，压死许多官兵。军师大怒，说是这山要造反，命令官兵把山脉挖断。父山发出怒吼，吓坏了官兵，军师又命令官兵凿坏父山。母山见子山、父山已遭了难，悲痛万分，日夜哭泣，苗族人称之为“培已”，纷纷逃往他方居住。后侗族迁来，沿用此名至今。对研究侗族地名传说有参考价值。佚名讲述，1982 年吴世华笔录、汉译。32 开纸 1 页，400 字。收入侗族本土文化丛书《努志潭》，广西民族出版社 2002 年版。

（广西 吴永培）

努志潭的由来 侗语南部方言地方风物传说。流传于广西三江侗族地区。在三江良口乡大滩寨边有个大潭，传说古时有一个聪明勇敢的孩子叫努志。有个地理先生要努志帮他把其父亲尸骨葬到潭底石牛肚里，努志反将自己父亲的尸骨放在牛口中，将地理先生父亲的尸骨挂在石牛角上，遭到地理先生追打。努志爬上正在翻瓦的一家房顶。这家有个美女，努志向其求婚，姑娘说要三百根龙须作彩礼，努志设巧计获三百根龙须，与美女成了亲。皇上选美，将努妻夺走。为救妻，努志上山打鸟，做百鸟衣进城卖。皇上要买，努志提出条件，让他当四十九天皇帝，百鸟衣就归皇上。皇上同意。努志当皇帝期间，诏令文武百官释放宫女、奴婢。四十九天期满，努志夫妻双双回家。努志因深潭而发迹，故人们把这个潭叫努志潭。对研究侗族地名传说有参考价值。广西三江侗族自治县林溪乡杨光元讲述，1980 年吴世华笔录、汉译。32 开纸 3 页，2000 字。收入侗族本土文化丛书《努志潭》，广西民族出版社 2002 年版。（广西 吴永培）

和里名称传说 侗语南部方言地方风物传说。流传于广西三江侗族地区。良口乡和里村古时叫河鲤。相传古时村边有座三王宫，宫前有座风雨桥，桥下有一个深潭。村里侗人农闲及节日常到三王宫进香，青年人在桥上坐夜谈情。潭里有一大鲤鱼已成仙，羡慕人间亲情。有一年八月十五，她从潭里出来，变成一个风姿绰约的侗家姑娘——龙丽，混身于侗家男女青年之间。三王宫神龛前的“盆道记”（烧化纸钱的石盆）也摇身变成一个英俊的侗家青年。两人相见，彼此爱慕，感情日渐深厚，不久成婚。他们开山劈岭，担石挑土造田地。龙丽乃鲤鱼化身知水性，带领当地群众在稻田里大力养鱼，使当地成了鱼米之乡。当时的鱼是清一色的河鲤鱼，人们就把此地称为“河鲤”。1931 年改称“和里”。对研究侗族地名故事有参考价值。广西壮族自治区三江侗族自治县良口乡杨文思讲述，1987 年莫园葵笔录、汉译。

32 开纸 3 页，2000 字。收入侗族本土文化丛书《努志潭》，广西民族出版社 2002 年版。（广西　吴永培）

坳寨苗族村名的传说　侗语南部方言地方风物传说。流传于广西三江侗族地区。相传苗江河是苗族先开发的，侗族后迁徙而来。因侗族生产技术较高，发展很快，两族为土地争斗，苗族搬走了。自苗族迁走后，侗族人五谷不丰，六畜不发。侗族老人说也许因为我们赶走了苗族人，山神不同意，我们要派人请回苗族人。后来侗族帮苗族人在河段中间最高的山坳立寨，起寨名为“坳寨”，又吹芦笙接苗族人回寨。从此两族世代和睦相处。对研究民族迁徙、侗苗民族关系有参考价值。广西壮族自治区三江侗族自治县同乐苗族乡坳寨村杨光秀、廖金宝讲述，2001 年吴永培笔录、汉译。32 开纸 2 页，2000 字。收入侗族本土文化丛书《努志潭》，广西民族出版社 2002 年版。（广西　吴永培）

同乐村名的来由　侗语南部方言地方风物传说。流传于广西三江侗族地区。传说古时侗苗同住。两族为耕地争斗，于是登楼击鼓，聚众相议，约定比赛跑步，谁输谁迁走。苗胞吹芦笙跑，侗胞打铜锣跑，侗胞跑到一半将铜锣藏在草丛中，空手跑赢了，于是苗族迁走了。但从此侗族人五谷不丰，六畜不旺，侗族人自愧对不住苗族人，于是派人邀请苗族人回来居住。藏铜锣的地方立村叫铜锣村，后因两族团结和睦，更名为“同乐村”。对研究侗、苗族迁徙和民族关系有参考价值。广西壮族自治区三江侗族自治县八江乡吴善诚讲述，2000 年吴善诚笔录、汉译。32 开纸 2 页，1600 字。收入侗族本土文化丛书《努志潭》，广西民族出版社 2002 年版。（广西　吴永培）

鹅母孵出平溪屯　侗语南部方言地方风物传说。流传于广西三江侗族地区。传说侗族刚进入苗江河下游定居时，因人多地少，人们大量养鹅。有一年夏天，人们放出去的鹅都不见了。秋收时，鹅群自行回来，数量还比原来多了几倍，后连着几年都如此。寨里派人去探实情。原来河对岸有一片很平的地，正中央有一面平静的圆形清水湖，四周长有嫩柔的青草，种鹅在那里垒起一排窝槽，带领刚出壳的小鹅在塘里戏水。去探查的人回来告诉人们，大家决定去那里定居、开发，后来那里形成寨子，起名“平气”，因寨边有溪河，改为“平溪”。对研究侗族地名传说有参考价值。广西壮族自治区三江侗族自治县同乐苗族乡平溪屯刘甫合明、韦甫金龙讲述，2000 年韦明耀笔录、汉译。32 开纸 3 页，2500 字。收入侗族本土文化丛书《努志潭》，广西民族出版社 2002 年版。（广西　吴永培）

耙绳牵来高八屯　侗语南部方言地方风物传说。流传于广西三江侗族地区。同乐乡东边山塅上有一个高武村，还有一道很深的山坳，长有两蔸稀罕野生植物。一蔸是巨大的鸭舌草；一蔸是主茎像鼓楼柱子的大莽三叶藤，主茎上生出上万枝细藤条攀缠几节山梁。莽三叶藤生的枝梢不仅长且每条从头到尾粗细均匀，柔中带刚，是农民作耙绳的最好材料，于是四面八方的人都到那里采绳。但远方来采耙绳的人当天不能回去，就在山坳塘边过夜。高武村人善行慈事，在塘边搭简易棚，一是让远方人有个投宿之地，二是便于周边群众在劳动时有个避风躲雨之处。最后人们到那里开荒造田地，安营扎寨建立新村，把寨子称为“高八屯”，意思是从高武迁来的新屯（侗语“耙”与“八”谐音）。对研究侗族地名传说有参考价值。广西壮族自治区三江侗族自治县同乐苗族乡侯正中讲述，1998 年韦明耀笔录、汉译。32 开纸 2 页，1300 字。收入侗族本土文化丛书《努志潭》，广西民族出版社 2002 年版。

（广西　吴永培）

布央村来源的传说　侗语南部方言地方风物传说。流传于广西三江侗族地区。布央是广西壮族自治区三江侗族自治县八江乡的一个村。布央原是个人名，叫吴甫秧，江西人，因江西姓吴的知府大人亥斤体谅老百姓疾苦，用五年时间分别让皇上写了“江西免钱粮”五个字而让江西老百姓免了十多年的苛捐杂税。后来皇上认为此人太聪明，必须除掉，判将吴甫秧满门抄斩。吴姓家族得知后纷纷出逃，吴甫秧带着家眷逃到湖南王岭庙，因生活困难又逃到今八江乡三团村。后来他养的鸭沿河而上到布央，吴甫秧发现布央是个好地方，就带全家搬到布央来定居。附近村的人又来投奔他，村寨逐渐大了，布央地名也就叫开了。经过几百年，形成现在的布央村。对研究侗族历史有参考价值。广西壮族自治区三江侗族自治县八江乡布央村公克标演唱，2001 年吴云清记录、汉译。16 开纸 1 页，1000 字。载《侗文专刊》2001 年总 22 期。　（广西　吴美莲）

坐龙寨的传说　侗语南部方言地方风物传说。流传于广西三江侗族地区。坐龙寨，侗语称“锁寨”。“锁”侗语意为“租”，即租寨。传说明朝时江西一青年潘安通逃难到苗江河孟寨村居住，并成了家。一次他饲养的母鹅顺河觅食到大海山不愿回去，潘安查看此地，形如巨龙之首在吸水，认为是块宝地，想在此立寨。但他是外来人，不好盲动。经协商，潘安以 50 斤米酒租下此地立寨，故称“锁寨”。后来吴、杨、欧三姓氏也逃到此地，与潘姓家族和睦相处。潘姓家族是农历二月初二立寨，他们把这天当作重大节日，每年这一天，方圆几十里的人都到这里过节，此寨已发展到 180 户。侗寨至今依旧过二月初二节；建造鼓楼为四柱塔式，象征四姓村寨；塔顶配置葫芦状装饰，启迪后代不要忘记祖宗用 50 斤米酒租地；顶部配一天鹅，纪念母鹅择地。对研究侗族迁徙史及民俗有参考价值。广西壮族自治区三江侗族自治县独峒乡坐龙寨潘世才讲述，1988 年吴雄俊笔录、汉译。32 开纸 3 页，2000 字。收入侗族本土文化丛书《努志潭》，广西民族出版社 2002 年版。　（广西　吴永培）

母鹅引路择地建寨的传说　侗语南部方言地方风物传说。流传于广西三江侗族地区。传说很久以前，有几户侗人住在侗山坡顶上。有一年，鸡、鸭、鹅成批地死去，仅剩下的一只母鹅在某一天也走失了。人们寻到母鹅，发现母鹅停留之地有多处泉水，冬暖夏凉，泉水甘甜可口，流到之处水草茂盛，花朵迷人，蝶飞蜓舞，鸟叫蝉鸣。人们认定这里是宝地，是神灵让母鹅为他们指引建村立寨的宝地，几天工夫，几家侗人从旧地迁来，在半山腰处建立村寨，把村子定名为“高定”，侗语意为高而陡的村寨。对研究侗族迁徙史有参考价值。广西壮族自治区三江侗族自治县独峒乡高定村佚名讲述，1988 年吴浩笔录、汉译。32 开纸 2 页，1100 字。收入侗族本土文化丛书《努志潭》，广西民族出版社 2002 年版。　（广西　吴永培）

琶团桥五针松祖母树的传说　侗语南部方言地方风物传说。流传于广西三江侗族地区。琶团风雨桥南头有一酷似水神龟的山头，长着树干挺拔、枝叶婆娑的海南五针松。传说汉朝时期，张良为刘邦平定天下后，看出刘邦只能共患难，不能同甘苦，便弃官修道，跟随赤松子去云游。一日，张良从云端往下瞧，见桥头有一酷似水神龟的山上草花茂盛，蝶飞蜓舞，便着陆在此植一枚松子，念词："敕！吾今种下一枚，日后满坡皆绿，封你祖母神位，你须繁衍子孙。"时光流逝，山坡上的"五针松"已有48棵，这株祖树已是几人合抱不拢的参天大树。它的三根枝桠覆盖着三个小山坡，护佑着四处松子松孙。村里贪财的人将树卖给奸商，砍伐放入江中顺流，龙王将树点化成龙沉入江底，又化成仙游回来保护它的子孙及村民。对研究侗族的图腾崇拜文化及民俗文化有参考价值。广西壮族自治区三江侗族自治县独峒乡琶团甫江华等人讲述，1995年步强笔录、汉译。32开纸3页，2000字。收入侗族本土文化丛书《努志潭》，广西民族出版社2002年版。（广西　吴永培）

侗家木楼是怎么来的　侗语北部方言地方风物传说。流传于贵州锦屏九寨等地。相传远古时，侗家祖先没有木楼住，而是住在岩洞里、茅草中，过着半人半兽的原始生活，他们幻想住上木房。燕子知道了，不远万里从昆仑山把杉树种带回南方，播种并料理成林。燕子叫人砍伐并堆好，又用摘来的芒冬草秆子穿成木楼模型教人们造房子，从此侗家人过上了安居乐业的生活。为了记住燕子的深恩苦情，侗家人世代保护燕子并在家屋中央留出地方让燕子安家生息。可供研究侗族地方风物和房屋起源参考。罗康宜口述，陆景川搜集、整理。32开纸2页，656字。收入《贵州文物古迹传说选》，贵州人民出版社1985年版；《九寨风情》，华夏文化艺术出版社2002年版。（贵州　欧俊姣）

鼓楼的故事　侗语南部方言地方风物传说。流传于广西龙胜侗族地区。相传桂北侗乡古时候有个铜盆寨，有一年的中秋节晚上突然来了一伙强盗将寨子团团围住，要铜盆寨交出银子、大米、猪、牛、布匹等东西和美女，倘若不交，踏平寨子，人畜不留。寨老们商量不出好对策来。寨上有一位姑娘前去献计，按计实施，果然歼灭了强盗。此计是让全寨人事先埋伏，由寨老们出去给强盗头领送字帖，邀请强盗们入寨饮宴，强盗入寨后，姑娘们敲打木桶，全寨人四处出击，关门打强盗。后来大家认为击鼓聚众、团结斗敌是保护村寨的好办法，于是决定在寨子中央建造一座高楼，楼中设置一面大鼓，有大事就击鼓聚众。这高楼有鼓，因此就被称为"鼓楼"。对研究侗族鼓楼文化有参考价值。广西壮族自治区龙胜各族自治县平等村杨转胞讲述，1956年杨金江笔录、汉译。32开纸3页，1100行。收入《侗族民间故事选》，上海文艺出版社1982年版。

（广西　石本忠）

风雨桥的传说　侗语南部方言地方风物传说。流传于广西龙胜侗族地区。相传古时候在平等寨前河塘里有只螃蟹精，上游龙潭有条花龙。一天平等寨上布卡和培冠夫妇到对河去干活，螃蟹精兴风作浪，冲垮木桥，把培冠卷入深塘岩洞欲占为妻。培冠不从，大哭大闹，上游花龙听到哭声，呼风唤雨，顿时山洪暴发。花龙乘洪水来到平等河塘之机与螃蟹精相斗，将其打败，解救了培冠。人们感激花龙为民除害，在寨前河上仿照龙的模样修建了一座瓦顶长廊式大木桥，还在大桥四条中柱上雕刻花龙图案，供奉龙神。庆贺大桥落成那天，天上飘来彩云，形如花龙，人们说是花龙回来共同庆贺。因此，后来称这种桥为"回龙桥"，有的地方称"花桥"。因这种瓦顶长廊大桥可避风雨，所以又称"风雨桥"。对研究侗族建筑民俗由来有参考价值。广西壮族自治区龙胜各族自治县平等乡平等村胡尚仁讲述，1979年杨金江笔录、汉译。32开纸3页，1200行。收入《侗族民间故事选》，上海文艺出版社

1982年版；又以“花龙与风雨桥”为题收入过伟主编《中国民间故事集成·广西卷》，中国ISBN中心2001年版。

（广西　石本忠）

八斗风雨桥的传说　侗语南部方言地方风物传说。流传于广西三江侗族地区。大八斗和小八斗两个村以前没有桥，两岸的人来往很不方便，老人们商量造一座桥。在河上造桥工程很大，需要很多钱，大家决定到远近村寨募捐。筹备三年后，大家都到河边挖桥墩，严重影响生产生活。天上仙人看到人间热心做公事，想助一臂之力。一天，他化成一个叫化子从身上搓出三颗米粒大的污垢交给老人，说：“你想在哪里搞墩就放一粒在那里，保证做好。”叫化子走后，老人按他的话试了一试，一个时辰后三个石头墩都出来了。在仙人的帮助下，桥很快造好了。人们又在桥上搭棚盖瓦，既方便过河，又可避挡风雨。故人们称此桥为风雨桥。对研究侗族民俗有参考价值。广西壮族自治区三江侗族自治县八江乡杨雄新讲述，1980年肖启中笔录、汉译。32开纸3页，2000字。收入侗族本土文化丛书《努志潭》，广西民族出版社2002年版。

（广西　吴永培）

宰转村的来历　侗语南部方言地方风物传说。流传于贵州从江西山翠里宰转村。古时宰转村是一片古树参天的老林，农民吴乐端走投无路便来这里开垦定居，后来又陆续来了一些侗民组成村寨。吴乐端有一只母狗是村民的护卫者，可一天母狗失踪了，一年后母狗带着狗崽回村。它带领村民来到一个山清水秀的地方，人民便在此定居，过上了幸福生活。但后来人多地少，不少人搬出去却无法生活，于是又回到老祖宗居住的地方建立村寨，村民就把寨子叫“宰转”。可供研究侗族地名传说参考。蒙显康口述，陈寿江、梁之槐搜集、整理、汉译。32开纸2页，1000字。收入《中国民间故事集成·从江县卷》，从江县民间文学集成编委会1989年编印。

（贵州　龙耀宏）

荣福寨名的来历　侗语南部方言地方风物传说。流传于贵州从江增冲。相传很久以前，天星落在“九洞”等地，寨人为避免官府霸占就把天星埋了，不料埋在土里的天星竟变成一个美丽的姑娘。人们只听到姑娘的歌声而看不到姑娘的人。一天夜里，货郎与天星姑娘相遇，两人产生好感，等唱歌到天亮时姑娘不见了。货郎把这事传遍各地，四面八方的人都来此地看天星仙女，把寨子吃穷了，于是这个寨子被外寨人称为“穷村寨”，汉译为“荣福”，此寨名一直沿用至今。可供研究侗族地名来源参考。石奶富安口述，梁松年、陈春圆、王胜先搜集、整理、汉译。32开纸2页，1300字。收入《中国民间故事集成·从江县卷》，从江县民间文学集成编委会1989年编印。（贵州　龙耀宏）

黄龙泉传说　侗语南部方言地方风物传说。流传于贵州从江侗族地区。相传古时在天下过几场血雨后，一条怪龙将金龙赶走，并趁机把地方变好引诱人们来吃，连和尚和法师都没办法。为了制服怪龙，寨老悬出重赏召集非凡之人来杀龙。黄龙得知便化作一罗汉找来，不料酒醉后他显了原形，被寨老发现，后他自己把身世和遭遇向众人说了，表示只想找一地方落脚来保护穷人。黄龙在众人帮助下把怪龙杀死夺得新洞湖，从此这里风调雨顺。黄龙还从口中吐出凉水给人喝，人们就称此泉为黄龙泉。可供研究侗族传说参考。周城清口述，黄龙仁搜集、整理、汉译。32开纸5页，2700字。收入《中国民间故事集成·从江县卷》，从江县民间文学集成编委会编印。

（贵州　龙耀宏）

天柱命名的传说　侗语北部方言地方风物传说。流传于贵州天柱地区。叙述贵州尚未建立省制之前，现今黔东南自治州天柱县一带隶属楚地，原名“凤城”，后来有个从翰林院派来的县令到任后，便以“凤城”有“石柱擎天”一景为喻，借此奏请改名为“天柱”。可供研究侗族地方历史地名参考。龙廷英口述，龙开朗搜集、整理。32开纸2页，汉译文900字。《侗族民间故事》，黔东南苗族侗族自治州文学艺术研究室1982年编印。

（贵州　龙耀宏）

干溪的来历　侗语北部方言地方风物传说。流传于贵州三穗款场一带。叙述在款场去三联（圭录）的路上，有一条无水的干河从北而来，在龙脚与圭录河汇合。据说这是观音老母为了试探人心，装扮成叫花子到人间，到此地向一过路青年问路，青年爱答不理，走路时将叫化子绊倒。叫化子很生气，去捡拐棍时用力一撮，就把河中间撮成一个大洞。后来此洞春夏有水，平时则无，因此，人们称它为“干溪”。可供研究侗族地方风物传说参考。李用文口述，吴展明、周昌武搜集、整理。32开纸1页，汉译文529字。收入《侗族文学资料》第三集（三穗县专集），《侗族文学史》编写组1984年编印。

（贵州　龙耀宏）

犀牛岩　侗语北部方言地方风物传说。流传于贵州三穗木良一带。叙述木良河中有一块岩石，活像一头牛，水落时，现出身，水涨时，牛身藏水底，时隐时现，人们称其为犀牛岩。据说，在古代，这头犀牛每天夜里出来轮流到各家各户屙金屙银，村中家家富有。后被贪婪的财主整治，犀牛不惧，财主惨败。于是财主便找来恶魔念咒语，雷霆劈向犀牛，犀牛被打入水中，变成石头。可供研究侗族地方风物传说参考。罗安国口述，吴展明搜集、整理。32开纸2页，汉译文841字。收入《侗族文学资料》第三集（三穗县专集），《侗族文学史》编写组1984年编印。

（贵州　龙耀宏）

官山的来历　侗语北部方言地方风物传说。流传于贵州三穗侗族地区。叙述竹林寨一座山山名的来历。吴大武艺高强，射箭更是他的拿手好戏，百发百中，人称“神箭手”。一日与朋友射岩鹰，鹰落下，箭却飞到京城，把皇帝的龙椅宝座射穿。皇帝受到惊吓，假用封保城将军之名骗走吴大，后又把吴大贬回竹林寨镇守竹林。人们则认为吴大去京城做“官”，因此将他曾经居住的地方称作“官山”，也称“将军山”。可供研究侗族地方风物传说参考。王永贤口述，吴展明搜集、整理。32开纸2页，汉译文847字。收入《侗族文学资料》第三集（三穗县专集），《侗族文学史》编写组1984年编印。

（贵州　龙耀宏）

龙王洞的传说　侗语北部方言地方风物传说。流传于贵州剑河侗族地区。叙述巫门寨有一位寨老叫欧努金，他心地善良，因一次为民伸张正义被官府关押要处以死刑。时值大旱，田土龟裂，官府怕百姓闹事，便放他回家求雨。他回到家，拿上祭品就到龙王洞双寺厅祭祀，向水龙王赔礼道歉。当天晚上天下了大雨，欧努金也被免刑回家。可供研究侗族民间信仰参考。张秀美口述，艾人搜集、整理。32开纸2页，汉译文498字。收入龚立新编《美女蛇》，香港天马图书有限公司2000年版。（贵州　龙耀宏）

夫妻岩的来历　侗语北部方言地方风物传说。流传于贵州剑河。叙述在西方有一对年迈的夫妇，他们的五个儿子都十分孝敬父母。有一年，战争爆发，儿子们被抓去打仗，当战争快要打到他们家的时候，两位老人逃跑到剑河的一田坎上便跑不动了，被敌人的追兵团团围住。这时狂风大作，一道闪光划下来，老两口的身躯在雷电交加中化成石人，便成为今天的“夫妻岩”。可供研究侗族地方风物传说参考。务南高口述，杨秀平、艾人搜集、整理。32 开纸 3 页，汉译文 1680 字。收入龚立新编《美女蛇》，香港天马图书有限公司 2000 年版。

（贵州　龙耀宏）

九十九眼塘的传说　侗语北部方言地方风物传说。流传于贵州剑河、锦屏、黎平交界地区。叙述在青山界，一位白胡子老者对刚季往说：“你能在鸡叫头遍时在山顶上修成百眼水塘造福人民，你就可以当王称帝了。”刚季往便叮嘱他母亲在鸡叫头遍时叫他，他好一个人上界顶去修塘。他母亲担心他出事，就想办法让鸡早点叫。当刚季往收工清点数目时，只修成了九十九眼塘。当他得知是母亲设法让鸡早点叫时，当即便倒地身亡。可供研究侗族地方风物传说参考。杨政远口述，艾人搜集、整理。32 开纸 2 页，汉译文 1120 字。收入龚立新编《美女蛇》，香港天马图书有限公司 2000 年版。　（贵州　龙耀宏）

温泉的来历　侗语北部方言地方风物传说。流传于贵州剑河侗族地区。叙述很久以前热水沟因水可熬出盐来而得名。后来，一个外地寡妇带着她的儿子迁徙到此处。一天，寡妇上山干活，要儿子在家煮饭，儿子因忘记放米而煮出来的是一锅盐，寡妇跑到盐水沟去大骂。后来水沉到底下去了。她后悔莫及，就天天坐在盐水沟旁哭泣，她哭干了泪水，眼里的血都流干了，沉睡在地层深处的热水受到感动又重新冒出地面，变成了温泉。可供研究侗族地方风物传说参考。张秀美口述，艾人搜集、整理。32 开纸 2 页，汉译文 950 字。收入龚立新编《美女蛇》，香港天马图书有限公司 2000 年版。

（贵州　龙耀宏）

酒店塘　侗语北部方言地方风物传说。流传于湖南、贵州两省交界一带的侗族地区。叙述在湖南与贵州交界的地方有一个小店，名叫酒店塘。这家店的后院有一口菜碗粗的水井，水井里冒出的不是水而是酒。一天，铁拐李路过此店，发现店家的酒很好喝，向老板娘询问原因。老板娘嫌有酒无醋，铁拐李觉得老板娘贪得无厌，于是就用拐杖在水井里转两圈，从此，水井里出来的就不再是酒了。可供研究侗族地方风物传说参考。姚胜权口述，艾人搜集、整理。32 开纸 3 页，汉译文 1678 字。收入龚立新编《美女蛇》，香港天马图书有限公司 2000 年版。

（贵州　龙耀宏）

雷打塘的来历　侗语北部方言地方风物传说。流传于贵州剑河侗族地区。叙述千家寨有一人家姑嫂不和睦，玉帝知道后派一位神仙扮成满身疮痍的老太太到千家寨察看。寨里没有人愿意留宿老太太，一位心地善良的杨家女让她留宿，并热情招待她。当晚三更时，狂风暴雨，雷鸣电闪。第二天，杨家的木屋被狂风端到了山上，杨家原住的地方变成了三口汪汪的大水塘。那家不和睦的嫂、姑、狗被各压在一口塘底下，变成了姑塘、嫂塘和狗塘。可供研究侗族地方风物参考。陶述文口述，艾人搜集、整理。32 开纸 3 页，汉译文 1650 字。收入龚立新编《美女蛇》，香港天马图书有限公司 2000 年版。

（贵州　龙耀宏）

雷打塘的故事　侗语北部方言地方风物传说。流传于贵州剑河。叙述苗岭青山界坡脚有十几户人家。寨里有一个名叫陶八的奸徒，虐待了一个过路的老太婆。而这个老太婆是天上的神仙，结果陶家遭到报应，其住地被洪水冲走，变成现在的雷打塘。可供研究侗族自然风物参考。李万增搜集、整理。32 开纸 3 页，汉译文 1200 字。收入《侗族民间故事》，黔东南苗族侗族自治州文学艺术研究室 1982 年编印。（贵州　龙耀宏）

犀牛塘的传说　侗语北部方言地方风物传说。流传于贵州镇远报京一带。叙述清水江流域的一个坡上，有一个不大不小的芦苇塘，常有一头犀牛出入。而犀牛是龙一样的宝贝，象征吉祥如意，所以报京侗家就像珍惜龙一样珍惜犀牛。可供研究侗族地方风物参考。周老木等口述，邱宗功搜集、整理。32 开纸 4 页 1600 字。收入《侗族民间故事》，黔东南苗族侗族自治州文学艺术研究室 1982 年编印。（贵州　龙耀宏）

耗子岩的故事　侗语北部方言地方风物传说。流传于贵州三穗桐林一带。叙述桐林的耗子岩原来是一个天然岩洞，形貌似耗子。相传有一年，思州知府因私分皇粮，大发横财，被人告到京城，巡抚派人前往查处，老百姓无不高兴。谁知下来查处的人得利忘义，被贪官所设计的“耗子洞”吞食皇粮为幌子骗过，并因此还受嘉奖。可供研究侗族地方风物传说参考。周昌武、吴展明搜集、整理。32 开纸 4 页，2254 字。载入《南风》1982 年第六期。收入《侗族文学资料》第三集（三穗县专集），《侗族文学史》编写组 1984 年编印。（贵州　龙耀宏）

夫妻岩　侗语南部方言地方风物传说。流传于贵州从江西山陡寨。传说陡寨石财主晚年得一女叫豆婉，很是娇惯。长大后豆婉与一富家子金龙一见钟情，两人天天正事不做，老人说了几句他们便离家出走。他们来到一是非之地，豆婉被强人劫去，幸被一恩人相救。走投无路后他们便回家去，但两位老人已病故。这对年轻的夫妇因不会生计而轻生。为了让后人不走他们的路，他们用尖刀在岩石上把他们的脚印刻下来以警示后人，这块岩石就是夫妻岩。可供研究侗族地方风物传说参考。石顶美口述，肖体芳搜集、整理、汉译。32 开纸 7 页，4800 字。收入《中国民间故事集成・从江县卷》，从江县民间文学集成编委会 1989 年编印。

（贵州　龙耀宏）

八仙桥　侗语南部方言地方风物传说。流传于贵州从江侗族地区。叙述八仙桥的来历。銮里寨有嘎乜等八位能歌善唱的姑娘，一次嘎乜的歌胜过了天上的凤凰，凤凰很妒忌。玉帝喜欢听嘎乜等八位姑娘的歌声，于是凤凰献计给玉帝，最终嘎乜等八位姑娘被抓到天上去。此传说讲述了她们被抓，然后逃走，最后又被抓回的过程。后来銮里寨的人们为纪念她们，建立了八仙桥。可供研究侗族地方风物传说参考。陈春园搜集，李仄、振刚整理、汉译。32 开纸 4 页，2700 字。收入《从江民间文学资料集》（第一集），从江县民族事务委员会、从江县文化馆 1983 年编印。（贵州　欧俊娇）

红岩洞的传说　侗语北部方言地方风物传说。流传于贵州剑河、锦屏一带。相传红岩洞对面的漂寨有个道号叫王法雷的法师，法术高明，常为百姓消灾除难。有一次，法师的老伴为了减轻他的痛苦，没有照着丈夫所说的去办，把红火子用水弄熄后才放入王法师口中。王法师花了三年的时间，才把熄灭的火子吹燃，把洞中的邪神全部消灭了。岩洞石壁被烧得红透了，这就是人们所称的红岩洞。可供研究侗族自然风物参考。杨胜溢、李万增搜集、整理。32 开纸 3 页，汉

译文 2500 字。收入《侗族民间故事》，黔东南苗族侗族自治州文学艺术研究室 1982 年编印。（贵州　龙耀宏）

“岜宁”的传说　侗语南部方言地方风物传说。流传于贵州从江。“岜宁”是耸立在友团村美而峨山腰的石头人。传说，以前每年四月初四日村里侗民聚在一起唱歌跳舞，很是热闹。“岜宁”非常羡慕，便化为一英俊后生来村里弹琵琶对歌。一年，他与三宝最漂亮的歌手美娥姑娘相爱，后美娥知道他是石头人时便撞死在他身边。后来这山就被人们称为美娥山，“岜宁”得到了应有的惩罚。可供研究侗族传说参考。梁松年、梁之槐搜集、整理、汉译。32 开纸 2 页，1250 字。收入《中国民间故事集成·从江县卷》，贵州省从江县民间文学集成编委会 1989 年编印。（贵州　龙耀宏）

款场斩龙坡的故事　侗语北部方言地方风物传说。流传于贵州三穗款场。叙述两母子讨米，被一地主骗去，儿子做了一年活却分文未取，最后被地主赶出家门。母子俩到一草坪落脚，儿子靠砍柴卖养活老母。一日儿子做了一个梦，却没有依梦行事而引来杀身之祸。原来他住的地方是一条活龙的口，后这条龙被皇帝下令设法斩死。可供研究侗族地方风物传说参考。周天明口述，周昌武搜集、整理。32 开纸 6 页，汉译文 3864 字。收入《侗族文学资料》第三集（三穗县专集），《侗族文学史》编写组 1984 年编印。（贵州　龙耀宏）

蛇口洞　侗语北部方言地方风物传说。流传于贵州剑河。讲述雷公山地区蛇类众多，在距离斩魔寨不远的一条河里出现了一个很大的蛇洞。有人在这边叫喊，山那边就有人应。有一个外地的生意人买了一只鸡，住在圣母庵里，也被大蟒蛇吃掉。在一天晚上狂风大作之中，“圣祖母”把大蟒蛇蛰死。从此这一带年年风调雨顺，人畜两旺，五谷丰登。可供研究侗族地方风物传说参考。廖老欧口述，艾人搜集、整理。32 开纸 7 页，汉译文 3048 字。收入龚立新编《美女蛇》，香港天马图书有限公司 2000 年版。（贵州　龙耀宏）

凉粉树　侗语北部方言地方风物传说。流传于贵州剑河。讲述在离清水江不远的冷水沟有一个叫龙泥的老人，他一心想修炼成龙，除去昏庸无能的皇帝，为百姓除恶去暴，可最后被阴阳大臣斩于山夹门关，最后变成凉粉树，为人民充饥解渴。可供研究侗族地方风物传说参考。龚臣德、刘荣魁口述，艾人、邱茂忠搜集、整理。32 开纸 6 页，汉译文 3280 字。收入龚立新编《美女蛇》，香港天马图书有限公司 2000 年版。（贵州　龙耀宏）

变婆的故事　侗语北部方言地方风物传说。流传于贵州三穗。叙述狡猾的变婆突然听说山中一户人家的大人外出，夜里便乘机骗取家中两个小孩的信任进其家门，并在晚上睡觉时趁机吃掉小妹。大妹机智，利用拉屎的机会逃跑并智取变婆，用开水把他烫死。直到现在，人们都说，田中那吸人血的蚂蝗就是变婆变成的。可供研究侗族民间信仰参考。周淑引口述，周昌武搜集、整理。32 开纸 3 页，汉译文 1750 字。收入《侗族文学资料》第三集（三穗县专集），《侗族文学史》编写组 1984 年编印。（贵州　龙耀宏）

周发旺打邪家的传说　侗语北部方言地方风物传说。流传于贵州三穗、天柱、剑河三地。叙述驱妖除邪祖师周发旺一生驱妖无数，为民除害。一天，三个邪家联手化为后生主动找上他家，忠厚老实的周妻不知真相将实情告诉他们。作战中，周发旺斩死二邪，第三个邪家趁他斩第二个邪家时将他的魂魄拿走，周发旺回家后郁郁死去。周发旺到阴间后，在一个洞中把最后一个邪家杀死。可供研究侗族宗教文化参考。周荣端口述，周昌武、吴展明搜集、整理。32 开纸 4 页，汉译文 2200 字。收入《侗族文学资料》第三集（三穗县专集），《侗族文学史》编写组 1984 年编印。　　（贵州　龙耀宏）

杨翠凤嫁洞仙　侗语北部方言地方风物传说。流传于贵州岑巩、思旸、平坝一带。相传，思州上郎城的一个壁岩上的洞里有一个洞仙，附近杨姓侗家得到洞仙的很多帮助。洞仙同侗家姑娘杨翠凤结婚并生一子，但杨翠凤去亲威家吃喜酒，娃变成了一条蛇崽，家里人不能接受。随后狂风把母子刮进洞，从此白岩洞洞仙不再给人们好处。可供研究侗族地方风物传说参考。杨昌尤口述，卢振开、刘逢春搜集、整理、汉译。32 开纸 2 页，汉译文 1000 字。收入《中国民间文学三套集成・岑巩县卷》，岑巩县民间文学三套集成办公室 1990 年编印。

（贵州　欧俊姣）

小黄桥的故事　侗语南部方言地方风物传说。流传于贵州从江。叙述小黄桥有一个十三岁的孩子叫万海，很是聪明机灵。一天，万海听说纪堂寨的陆本松能言善辩帮人打官司从来没有输过，就去找他比本事，恰巧在过友团坝一木桥时遇到陆本松。万海说明了来意，陆本松见他小不以为然，两人以桥为证，谁告状输了谁出钱修桥，名誉给赢了的人。不料万海赢了，陆本松只好出钱修小黄桥。可供研究侗族传说参考。梁松年、梁之槐搜集、整理、汉译。32 开纸 2 页，汉译文 1320 字。收入《中国民间故事集成・从江县卷》，从江县民间文学集成编委会 1989 年编印。　　（贵州　龙耀宏）

中林　侗语南部方言地方风物传说。流传于贵州从江贯洞地区。叙述天上的汪树怕凡人偷歌树叶子去学唱，便叫看花园的中林小心，莫睡懒觉莫喝酒。后中林被汪树处罚，他一气之下便摘了一布口袋歌树叶子，下凡来送给天下的凡人。不料他跌倒，把口袋划破了又忘了补，歌树叶子全散落在到“六洞”的路上，而到了贯洞却一无所有了。所以至今在从江只有“六洞”的歌名扬天下。可供研究侗族地方风物传说参考。潘应明口述，黄央仁搜集、整理、汉译。32 开纸 3 页，1400 字，收入《中国民间故事集成・从江县卷》，从江县民间文学集成编委会 1989 年编印。　　（贵州　龙耀宏）

纳山洞人　侗语北部方言地方风物传说。流传于岑巩天马、注溪一带。叙述古思州马鞍山东南三里有一纳山洞，住一妖怪叫山魔，它经常到周围山寨去骚扰，无恶不作，而且要百姓每年四月四日给它送一美少女做它小老婆。有一年的四月四日，一个道人路过此地，见一白发老人伤心流泪，问清原因后说可以帮他。于是他们敲锣打鼓组成送亲队，道士变成美少女，待山魔出洞时，道士和它扭打，正当山魔半身在洞外时，道士施了法术，把它挟在洞口，从此山魔和岩石粘在一起成为石头人。可供研究侗族地方风物传说参考。刘松柏口述，北斗搜集、整理、汉译。32 开纸 3 页，1178 字。收入《中国民间文学三套集成卷・岑巩县卷》，岑巩县民间文学三套集成办公室 1990 年编印。

（贵州　欧俊姣）

桐油树的故事　侗语北部方言地方风物传说。流传于贵州岑巩。叙述在唐贞观年间，唐太宗被妖魔缠身难理朝政，一道貌岸然的人为他相面卜卦说要去西方求佛才能治愈。皇上立刻传唐僧玄奘前往西天取经。玄奘忠君报国，跋山涉水，历尽艰辛去取得佛经，回来的路上被大树林挡住了前进的道路。唐僧好话说尽还不让路，后来经书自己光芒四射得道而行。此事玉帝得知后十分愤怒，并要求大树移居思州，改名“童子”树。此树短叶大果，人们多用它的籽榨油点天灯照地府，身雕葫芦。后来思州人民见它做了很多好事，叫它“桐油树”。可供研究侗族地方风物传说参考。刘海青口述，道安搜集、整理、汉译。32 开纸 3 页，1452 字。收入《中国民间文学三套集成·岑巩县卷》，岑巩县民间文学三套集成办公室 1990 年编印。

（贵州　欧俊姣）

棕毛大王赶山鞭的故事　侗语北部方言地方风物传说。流传于贵州岑巩大有、水尾一带。叙述有一位棕毛大王，他有一条赶山鞭，能把群山赶走。他在赶西方山坡填东海、北海经过南方时天黑了，就地休息，不料赶山鞭被别人偷走，于是就造成了今天南方崇山峻岭、山脉绵延的地势。可供研究侗族地方风物传说参考。周仁忠口述，周班勤搜集、整理。32 开纸 1 页，汉译文 600 字。收入《中国民间文学三套集成·岑巩县卷》，岑巩县民间文学三套集成办公室 1990 年编印。

（贵州　欧俊姣）

棕毛大王挖蕨粑的故事　侗语北部方言地方风物传说。流传于贵州岑巩大有、水尾一带。叙述有一位棕毛大王很爱百姓，见老百姓有困难，他就指教他们如何谋求生活。一天，他知道一个农民很穷没饭吃，就叫他挖蕨粑，农民照办，很快便有了吃的，甚至还储存了许多。后来农民竟然把蕨粑当凳子给小孩坐，大王知道了很生气，便用拐杖在山坡上顿了几下，他想他们不经过一番辛苦劳动是不会珍惜粮食的。后来蕨粑下地三尺深，人们要得到它就不那么容易了。可供研究侗族地方风物传说参考。周仁忠口述，周班勤搜集、整理。32 开纸 2 页，汉译文 550 字。收入《中国民间文学三套集成·岑巩县卷》，岑巩县民间文学三套集成办公室 1990 年编印。

（贵州　欧俊姣）

大水雀　侗族汉语方言地方风物传说。流传于贵州玉屏。从前有个侗族村寨，周围都是崇山峻岭。某年夏初，一场大旱，田土龟裂，禾苗即将枯死，人们吃水困难。在端午节前的一天，寨上姓龙的两兄弟带上饭和工具四处找水，历尽辛苦，最后来到一险洞处，哥进洞探求无归，弟守洞被夜蚊咬死。其精神感动了东海龙王，不到一个时辰，洞里、沟里、河里都涨满了水，庄稼得救了。过后不久，神灵有应，弟弟变成一只大水雀，栖息在深山老林，在每年端午节前后，来到溪沟、山洞一带凄惨地喊“哥哥”。可供研究侗族民间文学参考。佚名讲述，姚祖荣记录，蒋仁晏整理。32 开纸 8 页，96 行。稿存贵州省玉屏侗族自治县民族宗教局。

（贵州　陈昌文）

“哥害尧”的来历　侗语北部方言地方风物传说。流传于贵州三穗、天柱、剑河三县的交界处。“哥害尧”是侗语，意思是“哥哥害死我”。相传，很久以前，一个寨子上有两弟兄，爹妈死后，狠心的哥哥嫂嫂占尽全部家产，并起坏心想害死弟弟，他们用尽各种方法折磨老实年幼的弟弟。发大水时，哥哥借打鱼为名，趁机把弟弟推下水中，弟弟喊着“哥害尧、哥害尧……”被冲走十里远。从此，河边便有叫“哥害尧”的鸟。可供研究侗族地方风物传说参考。李桃英口述，1982 年周昌武搜集、整理。32 开纸 3

页，汉译文1357字。收入《侗族文学资料》第三集（三穗县专集），《侗族文学史》编写组1984年编印。（贵州　龙耀宏）

鸽子　侗语南部方言地方风物传说。流传于贵州榕江的古州三宝一带。叙述张爱与狠毒的后母和善良的妹妹一起生活，后因后母使毒计两兄妹都死了。两兄妹感情很好，死后妹妹变成了鸽子，一直都在叫“咕、咕”（哥哥）。可供研究侗族风物传说及民间文学参考。石怎任口述，石彦章收集，李仄整理、翻译。32开纸4页，汉译文约2600字。收入《从江民间文学资料集》（第一集），从江县民族事务委员会、从江县文化馆1983年编印。（贵州　欧俊姣）

洪水雀的故事　侗语南部方言地方风物传说。流传于贵州从江。传说有两兄弟相依为命，哥哥疼爱弟弟，弟弟因中了地主老财的奸计害死了哥哥。他知道真相后跳河自杀，变成了洪水雀。可供研究侗族地方风物传说参考。杨达新口述，杨秀云整理、翻译。小32开纸3页，汉译文1400字。收入《从江民间文学资料集》（第一集），从江县民族事务委员会、从江县文化馆1983年编印。
（贵州　欧俊姣）

燕子和杉树　侗语南部方言地方风物传说。流传于贵州榕江的车江。叙述很久以前，侗族祖先居住的地方没有杉树，房子又矮又小，燕子经常弄脏人们住的地方。为了使侗族人民能住高一点的房子，燕子从南海带杉树种到侗寨栽种。后侗族人能用杉树建房，房子又高又大。侗家允许燕子在堂屋内做窝，从此以后白肚燕就和侗族人打成一片。可供研究侗族地方风物传说参考。杨达才、张士杰口述，张勇搜集、整理。32开纸3页，汉译文约1440字。收入《侗族民间故事》，黔东南苗族侗族自治州文学艺术研究室1982年编印。（贵州　龙耀宏）

蚕和桑叶的传说　侗语南部方言地方风物传说。流传于贵州从江高增、小黄一带。相传，以前侗寨里一个孤儿叫祝郎，为人老实勤快又能干，但家里很穷。一天他去钓鱼，老是钓到一个大螺蛳，拿回来吃也吃不成，便养在缸里。其实这螺蛳是海龙王的姑娘变的，天天给他煮饭吃。后来两人结婚，生了一个儿子叫细崽，过着幸福的生活。一次，海龙王的女儿回去探亲，被龙王关起来，她只好瞒着丈夫照顾儿子。在最后一次相见中丈夫得知她的遭遇，分别时她给儿子滴了奶水的叶子，让儿子饿时就吃。后来儿子死了，变成虫爬到桑叶上吃奶汁，直到现在蚕还在吃桑叶。可供研究侗族传说参考。潘金亮口述，吴佺新搜集、翻译、整理。32开纸4页，汉译文2150字。收入《中国民间故事集成·从江县卷》，从江县民间文学集成编委会1989年编印。（贵州　龙耀宏）

五谷到人间　侗语北部方言地方风物传说。流传于贵州锦屏九寨等地。据说五谷早于人类来到地球。那时玉帝喜爱各种飞鸟，每年都召集百鸟到天庭聚会，供它们玩，吃的都是好的，但他规定准吃不准带走，并在会期满后设关卡检查百鸟胸前，防止鸟类带天庭的谷类下凡。百鸟中独有咪咪雀的胃囊生在背后，因此它偷偷把它最爱吃的大麦、小麦、稻谷、大豆和胡麻携带到凡间，并将其撒在地上。从此地上就生长起了谷物。可供研究侗族地方风物传说参考。耿娇贵口述，滚文权收集、翻译。32开纸1页，汉译文约456字。收入《中国民间故事集成·锦屏县卷》，锦屏县民间文学集成编委会1988年编印；《九寨风情》，华夏文化艺术出版社2002年版。（贵州　欧俊姣）

韭菜四季葱大蒜的来历 侗语北部方言地方风物传说。流传于贵州剑河。叙述三位秀才赴京赶考，他们走到石洞边时天已黑了，于是走进一座茅棚。茅棚里面住着一位白胡子老者，老者煮了三粒米招待他们，由于老者的米是仙米，三位秀才便起了歹心，把老者的脖子砍断后偷走了米。第二天，他们又砍了一位老者的胸脯。第三天，他们还砍了另一老者的大腿，然后把仙米偷走。在最后一次借宿老者家时，老者看中他们所干的坏事，点了他们的穴道。从此，三个秀才分别变成了韭菜、四季葱和大蒜。可供研究侗族地方风物传说参考。姚胜权口述，艾人搜集、整理。小32开纸7页，4050字。收入龚立新编《美女蛇》，香港天马图书有限公司2000年版。（贵州 龙耀宏）

叶烟的传说 侗语南部方言地方风物传说。流传于贵州从江。讲述古时一对夫妇十分恩爱，但家里很穷又遇灾荒，没有粮食吃。丈夫出门去找粮，很久不见归来，妻子担心他，便出去找他，不幸在路上去世。丈夫回来得知后找到妻子的坟，痛不欲生，天天到坟上哭。三个月后，坟上长出一棵菜，开始他摘来煮吃但很苦，后又把它烤干烧给妻子，香气很好闻，能提神清脑、消除烦闷。后他将其卷成筒状来吸，人们也跟着他吸。人们把这奇异的菜叫叶子烟。可供研究侗族地方风物传说参考。吴共勤口述，吴德光、梁之槐搜集、翻译、整理。小32开纸2页，汉译文约1350字。收入《中国民间故事集成·从江县卷》，从江县民间文学集成编委会1989年编印。（贵州 龙耀宏）

叶子烟的来历 侗语南部方言地方风物传说。流传于贵州从江。传说一对夫妇自童年就很爱唱歌，得到老师指点后歌声更加优美动听。两人情投意合，不料刚结婚不久妻子就因病去世，丈夫悲伤，思念妻子，每天去坟前泣不成声，于是妻子托梦给他叫他注意身体，并说其坟上有一棵奇异菜，吃了可以解除心中苦闷。第二天他果然看到了菜，但无论是煮还是炒都吃不成，他把剩下的烧了，飘出的香气很好闻，他便烧干揉碎卷起吸，抽来很有精神。后来他又按照妻子所说的把它叫叶子烟，并传了下来。可供研究侗族地方风物传说参考。梁彦芳口述，陈寿江、梁之槐搜集、翻译、整理。32开纸2页，汉译文约1350字。收入《中国民间故事集成·从江县卷》，从江县民间文学集成编委会1989年编印。（贵州 龙耀宏）

菸和吸烟的传说 侗语北部方言地方风物传说。流传于贵州三穗侗族地区。叙述范郎与孟姜女原本是一对恩爱夫妻，婚后不久，范郎被抓去修长城，不幸死亡。后孟姜女千里寻夫，带回范郎白骨，整日以泪洗面。太白金星看她忠贞，便以散闷草相赠，说是吸了可以忘愁散闷。蛇精向孟姜女求婚不成，便将有毒的尿液撒在这种菸草上，从此菸就有毒，而这种菸就是后来的草烟，人们吸它便损害健康。黄贵禄口述，周昌武搜集、整理。32开纸3页，汉译文1577字。收入《侗族文学资料》第三集（三穗县专集），《侗族文学史》编写组1984年编印。

（贵州 龙耀宏）

苟糯的传说 侗语南部方言地方风物传说。流传于贵州从江“六洞”地区。叙述古时“六洞”人不会种植水稻，靠烧山种地为生，年长月久森林消失，鸟兽迁逃，山泉枯竭，又遇上旱年，人们纷纷饿死。一个叫苟糯的人很同情百姓，让自己受皮肉苦向上天悔罪，天帝知道后便赐给他们冒白米的水井，但是人们有了吃的就不去干活了。后来玉帝又让七仙女把冒米井填了，人们没有办法，就让苟糯从白米中拣来谷子带领人们开荒种田，靠自己的劳动养活自己。人们为纪念他就把谷子叫苟糯。可供研究侗族稻作农业文化参考。黄央仁、梁之槐搜集、翻译、整理。32 开纸 2 页，汉译文约 1320 字。收入《中国民间故事集成·从江县卷》，从江县民间文学集成编委会 1989 年编印。

（贵州　龙耀宏）

票篓的来历　侗语南部方言地方风物传说。流传于贵州从江"六洞"地区。传说古时候玉帝派一大仙下凡察看人间疾苦。一天大仙来到"九洞"，看见一樵夫挑柴换肩时嘴都咧歪了，以为他在笑，便认为樵夫不辛苦。看到农夫皱眉喝酒，他便认为喝酒是天下最苦的，便赐给他一桌美味佳肴。醉酒后大仙摔进烂泥田里，鞋子找不到了，后来他成了赤脚大仙，鞋子被农夫捡来拴在腰间装上柴刀等用具，十分方便实用。后来人们就仿着鞋子样编成票篓。可供研究侗族地方风物传说参考。梁之槐搜集、翻译、整理。32 开纸 3 页，汉译文约 1500 字。收入《中国民间故事集成·从江县卷》，从江县民间文学集成编委会 1989 年编印。

（贵州　龙耀宏）

三、故　　事

（一）历史人物故事

吴勉和白惹　侗语南部方言历史人物故事。流传于广西三江、龙胜，贵州黎平、从江侗族地区。吴勉是明代侗族农民起义领袖，贵州黎平兰洞人。白惹是广西龙胜长冲寨人，传说为吴勉之妻，世称“长发妹”。讲述吴勉与白惹射箭结亲以及“倒栽松”、“九月笋”、“赶山鞭”、“龙头箭”、“长发梯”、“石门开”等具有神话传奇色彩的勇斗官军的故事。对研究历史上吴勉领导的农民起义及民间文学有参考价值。吴善保、吴道德等讲述，1986年过伟、罗家阔等笔录，石本忠、过伟、郑光松等汉译。32开纸10页，6500字。收入《侗族民间爱情故事选》，广西人民出版社1983年版；过伟主编《中国民间故事集成·广西分卷》，中国ISBN中心2001年版；《中国民间故事集成·从江县卷》，从江县民间文学集成编委会1989年编印。　（广西　吴　浩　贵州　龙耀宏）

吴勉三箭射皇帝的故事　侗语北部方言历史人物故事。流传于贵州岑巩一带。相传明代初年，思州五开（今贵州省黎平县）潘老寨有个名叫吴勉的侗家后生，为了给惨死的父亲和乡民报仇，发誓要杀死皇帝朱元璋。开始他想招兵买马，举旗造反，可又没有本钱。经反复思考，他决定采用箭射的办法杀死皇帝。为练好箭术，他刻苦努力成为有名的神箭手，他苦练的精神感动了山神土地。山神送他三支箭和一张纸条，却因母亲的好心提前叫醒他，造成时间差错，朱元璋没有被射死，又因为箭上的记号，朱元璋命左右将官到思州活捉吴勉。可供研究侗族历史人物参考。袁翠芳口述，晏晓明搜集、整理、汉译。32开纸3页，约1822字。收入《中国民间文学三套集成·岑巩县卷》，岑巩县民间文学三套集成办公室1990年编印。

（贵州　欧俊姣）

吴勉剪纸神兵的故事　侗语北部方言历史人物故事。流传于贵州岑巩一带。相传，当乡亲们知道朱元璋派兵南下来捉吴勉后，劝他避一下，吴勉却托母亲买了一捆白纸，一把长剪刀和两斤桐油，昼夜裁剪纸人纸马。一天舅父家有事叫他去，妹妹打开二楼的门，顿时，这些纸人马因见了光，变得活生生的，飞向天空。吴勉进到舅父家大院就见到天上飞兵，知道家中出事了。他跳进堂屋，取了一把香棒，抛向天空作纸人纸兵的枪，但由于下雨，纸人纸兵因没有开光涂油掉落下来，最终失败。可供研究侗族历史人物参考。袁翠芳口述，晏晓明搜集、整理、汉译。32开纸2页，820字。收入《中国民间文学三套集成·岑巩县卷》，岑巩县民间文学三套集成办公室1990年编印。

（贵州　欧俊姣）

吴勉鞭赶群山的故事　侗语北部方言历史人物故事。流传于贵州岑巩一带。相传，吴勉为民除暴的斗争精神感动了土地王菩萨，菩萨梦中告诉他，愿助他一臂之力。吴勉来到菩萨指定的地点思州梵净山，举起菩萨赐的神鞭一抽，咒语一念，所有的山峦都向吴勉靠拢，听他吆喝。但由于一个中年妇女无意说了一句话，所有的山一个都不能动了。吴勉一个个地给它们封号，一直封了几天，最后印章刚盖完，印章也变成了一座山，形成了无比壮观、绵连数里的山形。可供研究侗族历史人物和地方风物参考。袁翠芳口述，晏晓明搜集、整理、汉译。32开纸3页，1220字。收入《中国民间文学三套集成·岑巩县卷》，岑巩县民间文学三套集成办公室1990年编印。

（贵州　欧俊姣）

吴勉智斗明军的故事　侗语北部方言历史人物故事。流传于贵州岑巩一带。相传，吴勉三次谋杀朱元璋虽未成功，但震惊了朝廷，朱元璋对他恨之入骨，下令增兵力十几万南下思州活捉吴勉。土地神又听说吴勉智勇双全，神通广大，无所不能，很佩服。一天，士兵来到侗寨捉吴勉，土地神想了一个好办法，让小伙子们蒸一斗两升小米后放在村外路口仿做人粪，并用稻草做一双一丈二尺长的破旧草鞋，自己扮成寨老。等官兵来到之后，他确定村民已安全，就对官兵说吴勉如何如何神通广大，将士们听后有些心虚，再加上看到人粪和草鞋就更加害怕了，最后绕道而走。几个月过去，明军一无所获。可供研究侗族历史人物参考。袁翠芳口述，晏晓明搜集、整理、汉译。32开纸3页，1400字。收入《中国民间文学三套集成·岑巩县卷》，岑巩县民间文学三套集成办公室1990年编印。

（贵州　欧俊姣）

吴勉葡萄藤引水的故事　侗语北部方言历史人物故事。流传于贵州岑巩一带。讲述明朝时期，为捉拿吴勉，朱元璋增兵十万，入思州把村寨，尤其是吴勉的家乡潘老寨弄得鸡犬不宁，人民横遭祸殃。吴勉不忍，便把那些军队引出，上了一座令人望而生畏的大山。军队不敢上山，只在山下以守为攻。吴勉上山后对士兵大喊皇帝的罪孽和人民的疾苦，以此动摇军心。过了很久，吴勉因水干粮绝死在山上，各地各种蚂蚁为保护吴勉之尸同士兵斗争，最终朱元璋无可奈何下令收兵，乡民们纷纷前来祭祀吴勉。可供研究侗族历史人物参考。袁翠芳口述，晏晓明搜集、整理、汉译。32开纸3页，1800字。收入《中国民间文学三套集成·岑巩县卷》，岑巩县民间文学三套集成办公室1990年编印。

（贵州　欧俊姣）

林宽的故事　侗语北部方言历史人物故事。流传于贵州锦屏侗族村寨。叙述明朝，侗族农民领袖林宽于1397年率侗族、苗族农民起义，攻克隆里千户所，进军新化、平茶，围攻黎平。在铁炉、苗坡建立根据地，据险以守。明王朝震惊，派楚王朱祯率兵30万进村，农民军因腹背受敌而失败，林宽被俘牺牲。对研究侗族社会历史有参考价值。林顺炳搜集、整理。32开纸3页。收入《锦屏民间文学资料》（第一集），黔东南苗族侗族自治州社会科学界联合会1982年编印。稿存黔东南苗族侗族自治州社会科学界联合会。

（贵州　范述波）

宝瑞和美瑞的故事　侗语南部方言历史人物故事。流传于贵州从江丙梅侗族地区。相传明洪武年间，平州寨老固与妻子俾雪生一子叫宝瑞，后因老固得罪银大肚被害死，母子俩被迫逃难外乡，被义军首领老雷解救。后俾雪与老雷结婚并生一女叫美瑞。两个孩子都很聪明。不料一年宝瑞与官府发生纠纷，继父被抓，后在吴勉等人的帮助下救出其继父，将银大肚杀死，宝瑞和美瑞与吴勉等人再次起义。可供研究侗族历史故事参考。陈春圆、梁之槐搜集、整理、汉译。32开纸9页，5200字。收入《中国民间故事集成·从江县卷》，从江县民间文学集成编委会1989年编印。（贵州　龙耀宏）

李老满的故事　侗语南部方言历史人物故事。流传于湖南通道。明万历年间，通道侗家人居住地扶城峒地处穷山僻壤，百姓生活十分艰苦。有位叫李老满的人，只身到绥宁县衙请求县官减免税赋。他不穿衣服，用棕片裹身求见县官，陈述侗家人生存环境的恶劣、百姓的疾苦。县官准许，将“扶城峒”改为“半里”乡，减去粮税一半。李老满成为为民请命的侗族名人。杨盛奎讲述，1988年杨锡笔录、汉译。32开纸3页。故事原载《尝民册示》（明代绥宁县书籍）。1991年收入《通道文史资料》。《尝民册示》一书在“文化大革命”期间被毁，此故事系据记忆撰写。（湖南　谭少剑）

李沅发的传说　侗语南部方言历史人物故事。流传于广西三江、湖南通道侗族地区。讲述清道光末年侗族传奇人物李沅发带领义军抗击清兵的故事。那年，清王朝派武将玛隆珂率部来广西龙胜攻打李沅发义军。士兵们看见一侗汉举起大水牯放进河中洗澡，个个目瞪口呆。玛隆珂仗着人多势众，下令抓住侗汉，却被侗汉举起十二齿耙打倒一大片。这侗汉杀开一条血路跑上山去给李沅发报信。玛隆珂一路追来，李沅发一声令下，四面山头万箭齐发，滚木礌石，把玛隆珂部官兵击退到梨子冲草坪，悉数歼灭。至今梨子冲还遗存“玛隆珂坟堆”。对研究侗族农民起义有参考价值。1979年杨金江搜集、整理、汉译。32开纸2页，1200字。收入《侗族民间故事选》，上海文艺出版社1982年版；又以“李沅发对付玛隆珂”为题，收入过伟主编《中国民间故事集成·广西卷》，中国ISBN中心2001年版。

（广西　杨树清）

吴朝堂的传说　侗语南部方言历史人物故事。流传于广西三江侗族地区。广西侗族著名歌师以“功夫传歌”的传说故事。清道光年间，三江马善汪寨琵琶歌师吴朝堂编唱“秀银吉妹”歌，揭露财主薛老来逼害有情人命丧黄泉的罪行。薛老来纠集家丁捕捉吴朝堂。吴朝堂被迫流落湖南给人种地，并边唱歌边学武功技艺。吴朝堂武艺学成后返乡，在鼓楼里继续弹唱“秀银吉妹”歌。一天晚上，薛老来又带一帮家丁围打吴朝堂，吴朝堂不慌不忙，空手夺下薛老来手中的棍棒，顺手将薛老来甩出鼓楼门外。薛老来灰溜溜地跑了。从此“朝堂功夫”和“秀银吉妹”歌传了下来。对研究侗族歌谣传承有参考价值。广西壮族自治区三江侗族自治县吴大隆、杨开枝、吴家礼等讲述，1961年杨通山、过伟笔录、汉译。32开纸5页，3000字。收入《侗族民间故事选》，上海文艺出版社1982年版；又以“歌师吴朝堂”为题，收入过伟主编《中国民间故事集成·广西卷》，中国ISBN中心2001年版。

（广西　杨树清）

梁维干的故事　侗族南部方言历史人物故事。流传于贵州从江。相传清咸丰年间，天下大乱，侗族首领梁维干趁机聚众抗缴皇粮，被关进监狱，抱尿桶睡三天。出狱后，他为了躲别人请他带兵而在雨夜逃往小寨，因路烂又滑被摔。于是他带头为小寨修石路，因此，他结下了很好的人缘。可供研究侗族历史人物参考。陆灿文口述，黄央红搜集、整理、汉译。32 开纸 4 页，2300 字。收入《中国民间故事集成·从江县卷》，从江县民间文学集成编委会 1989 年编印。

（贵州　龙耀宏）

姜映芳的故事　侗语北部方言历史人物故事。流传于贵州天柱、三穗等地。姜映芳是清咸丰、同治年间侗族农民起义的领袖。故事叙述姜映芳学武，是一个是非分明的人。他从小不占人家便宜，遇事冷静，能够随机应变，手脚麻利。他的祖父试他身手的时候得到了见证。他还到苗寨传艺，教苗民拳术，收苗民为徒，深受苗寨小伙子们的欢迎。他帮地方上除掉赖洞霸山王，治服张烂棍等。可供研究侗族历史人物参考。姜灿然、姜焕芹、姜彦愧、姜作芹口述，吴少光、周昌武搜集、整理。32 开纸 5 页，3220 字。收入《侗族民间故事》，黔东南苗族侗族自治州文学艺术研究室 1982 年编印；《侗族文学资料·第三集》（三穗县专集），《侗族文学史》编写组 1984 年编印。

（贵州　龙耀宏）

姜映芳的传说　侗语北部方言历史人物故事。流传于贵州三穗桐林、款场一带。讲述清咸丰、同治年间，以侗族青年姜映芳为领袖创立的“金兰会”，带领贵州东部的天柱、三穗、剑河、锦屏等地侗族起义军抗清 14 年，同敌人战斗，壮烈牺牲的英勇事迹。可供研究侗族历史人物参考。龙兴菊讲述，吴展明笔录，蒲康兴汉译。32 开纸，8000 字。收入《中国民间文学集成·贵州省三穗县卷》，三穗县民间文学集成编委会 1989 年编印。

（贵州　万德才）

侗族英雄姜映芳　侗语北部方言历史人物故事。流传于贵州天柱、锦屏、剑河三县交界地区。以叙事的形式叙述了清咸丰年间姜映芳从少年生活到带领农民起义，遭清兵镇压退九龙山、江口屯，后在江口屯全军覆没的全过程。1982 年王朝根根据口头流传用汉字记侗音的方法搜集。对研究清朝末年侗族社会历史有参考价值。2003 年王朝根、龙启休以“侗族英雄姜映芳”为题侗汉对译。16 开纸 8 页，294 行。收入《凤山集韵》，天柱县老年大学 2004 年编印。

（贵州　龙启休）

陆大汉　侗语南部方言历史人物故事。流传于贵州黎平、从江等地。叙述清咸丰年间侗族农民首领陆大汉率领“六洞”百姓组织起义军，反抗清政府的统治。他与朝廷派来的官兵打了 18 年仗，可谓英勇善战。后起义军被迫退守“弄细武”，被清兵包围。由于叛徒告密，“弄细武”被清兵攻陷，陆大汉遇害。可供研究侗族历史和民间文学参考。吴金松、瀛绍金等口述，陆坤贤、杨国仁搜集，杨国仁整理。32 开纸 9 页，汉译文 5500 字。收入《侗族民间故事》，黔东南苗族侗族自治州文学艺术研究室 1982 年编印。

（贵州　龙耀宏）

款首半边耳的故事　侗语南部方言历史人物故事。流传于广西三江侗族地区。清同治年间，三江独峒地区十年九旱，颗粒无收。村寨居民有的上山采野果挖蕨根度日，有的逃荒讨饭，可各村寨要上缴县衙的钱粮有增无减。于是各村寨款首（群众首领）集中议事，公推能说会道、有胆略的吴公友义等人为代表到县城与县令论理。吴公友义把当地居民的苦楚编成款词，向县令讲述，最后说如若不相信，随我到孟江，若有半句假，拿我命来偿。为了使县令相信，他当场割下自己的耳朵递给县令说，我把半边耳朵当作我的命押在这里。县令受到感动，便当堂拍板减孟江河沿岸村寨三年钱粮。群众敬佩吴公友义的口才和胆略，称之为“款首半边耳”。对研究侗族人物故事有参考价值。广西壮族自治区三江侗族自治县独峒乡老者讲述，1998 年吴浩笔录、汉译。32 开纸 2 页，1000 字。收入侗族本土文化丛书《努志潭》，广西民族出版社 2002 年版。

（广西　吴永培）

吴文彩智捉强盗　侗语南部方言历史人物故事。流行于贵州黎平腊洞一带。叙述有一年，企寨与孟彦交界的一座大山出了一伙强盗，附近几十个寨子的人都提心吊胆地过日子。县官老爷悬榜捉拿强盗，于是吴文彩就扮成强盗卧底，终于把所有的强盗都捉拿归案。可供研究侗族历史人物参考。吴元钧口述，吴定国搜集、整理、汉译。32 开纸 5 页，2000 字。收入《侗族民间故事》，黔东南苗族侗族自治州文学艺术研究室 1982 年编印。

（贵州　龙耀宏）

长发妹　侗语南部方言历史人物故事。流传于广西三江侗族地区。广西侗族历史人物传说故事之一。款首吴勉的妻子白惹有一头美丽而乌黑闪亮的长发。一次，义军被围困在蓝洞山上，白惹解开发髻，顿时千丈青丝直挂蓝洞河中，义军顺着青丝下到蓝洞河取水解渴。为了突围，白惹一面在山上摆歌舞阵诱敌，一面将美丽的长发变成青丝藤让义军攀藤梯下悬崖峭壁直捣敌后方，打得敌军落花流水。义军很敬重白惹，称白惹为“长发妹”。对研究侗族民间故事有参考价值。广西壮族自治区三江侗族自治县程阳村杨保愿讲述，1979 年郑光松、过伟笔录、汉译。32 开纸 2 页，1200 字。收入《侗族民间故事选》，上海文艺出版社 1982 年版。

（广西　杨树清）

“三百上良同”　侗语南部方言历史人物故事。流传于广西三江侗族地区。“三百上良同”是贺家始祖贺三公解难脱身所用的一句款词。贺三公居住在侗山坡春芽岭的岩洞里，坡上面有三户人家，坡下面有九户，左边有六户。这十几户人家就数贺三公能说会道、有胆略，平时他帮各户到平原去弄点盐等生活用品。有一次贺三公去帮各户购盐，遭强盗捆绑，要他交出钱来。贺三公说自己身上带的钱不多，有胆量的跟我回家，你们可任意拿。强盗问他是什么人，住什么地方。贺三公说，我家门前蓬叶府岑甲县，本人豪宅四面铜墙铁壁金銮殿；外围山庄有三百上良同，九百下良同，三百雅独，六百归横冲，千家春芽岭，我居正中。强盗听了目瞪口呆，认定贺三公是朝廷官府人，怕朝廷派兵镇压，于是给他松绑赔礼，连说冒犯大人。贺三公暗暗高兴自己随机应变，“扯大炮”吓倒强盗，得以脱身。对研究侗族历史人物有参考价值。广西壮族自治区三江侗族自治县同乐苗族乡滚文安讲述，1999 年韦明耀笔录、汉译。32 开纸 2 页，1500 字。收入侗族本土文化丛书《努志潭》，广西民族出版社 2002 年版。

（广西　吴永培）

石美玉打官司　侗族南部方言历史人物故事。流传于贵州从江贯洞等地。相传，清光绪二年（1876），清兵进剿“六洞”，侗寨许多地方遭受灾难，起义首领也被杀。此时有人说皮林寨有人参加起义，于是知县派兵杀进皮林，大团梁应开也趁机欺压皮林百姓。寨中一才女叫石美玉，她联合众人到省城告状，知县和梁应开等人受到惩罚，石美玉为打官司呕心沥血多年，不久便死去。皮林全寨人永远把她记在心中。可供研究侗族历史人物参考。陈春圆、梁松年搜集、整理、汉译。32开纸2页，1690字。收入《中国民间故事集成·从江县卷》，从江县民间文学集成编委会1989年编印。（贵州　龙耀宏）

培挠的故事　侗语南部方言历史人物故事。流传于广西三江、贵州黎平侗族地区。培挠是侗族历史上唯一的女款首，贵州黎平地青大寨人。培挠为使侗族免征钱粮，把侗族地区的蚊子说成母鸡一样大，把蚂蟥说成扁担一样长，借此吓唬县官。县官因此惧怕到侗族地区巡察，不得不免征钱粮。客店老板说妇女无用。培挠用计公开拿走客店的一床被子，与客店老板到公堂见官，老板说理说不过培挠，被打四十大板。三江八江一老者说女人不会断案，当不了款首，也被培挠用计制服，不得不佩服培挠是个足智多谋的女款首。对研究侗族历史上款组织的状况有参考价值。广西壮族自治区三江侗族自治县独峒乡高定村杨甫恩德讲述，1986年吴胜于笔录，吴胜于、吴桂贞汉译。32开纸4页，2800字。收入侗族本土文化丛书《救太阳》，广西民族出版社2002年版。

（广西　吴　浩）

困石官抗刘官的故事　侗语南部方言历史人物故事。流传于广西三江侗族地区。讲述辛亥革命前夕三江程阳侗族抗官、抗税的故事。1910年，新上任知县石家鉴增收新厘税，一天亲自带兵勇到程阳八寨限百姓准时缴齐新厘税。程阳八寨联合武洛江、孟江、林溪三河流域的民众起款围困石官。石官狼狈潜逃，并丢了官。后桂林府又派刘壬滨来当知县，刘倚仗两百名兵勇、二百条枪到处横行霸道、掳掠钱财。程阳人杨显刚率九位头人上桂林告状，中毒计遭刘官斩首示众。刘官以为可制服程阳人了，于是带兵勇进程阳八寨逼税。以吴吉彪为首的粉枪队联合八斗王均臣大刀队在引木坳痛击刘官兵士。刘官丢下官印，装上金银财宝顺柳江循逃。对研究侗族农民起义故事有参考价值。广西壮族自治区三江侗族自治县林溪乡程阳村石隆山、杨启瑞、杨朝付等讲述，1979年吴居敬、杨通山、吴世华等笔录，吴居敬、杨通山、蒙光朝等汉译。32开纸10页，6000字。收入《侗族民间故事选》，上海文艺出版社1982年版。（广西　杨树清）

蛮（廪）生　侗语北部方言历史人物故事。流传于贵州三穗侗族地区。叙述龙政东从读书到金榜提名的全过程。政东先生先年贪玩，不爱学习，虚度光阴，被其他学生鄙视、嘲笑。一日因被起绰号受到刺激而醒悟，他发奋图强，勤奋读书，后参加考试，“三榜及第”，也因此而得“蛮（廪）生”的名字。可供研究侗族地区文化教育史参考。龙作卿口述，吴展明、周昌武搜集、整理。32开纸3页，汉译文1595字。收入《侗族文学资料》第三集（三穗县专集），《侗族文学史》编写组1984年编印。

（贵州　龙耀宏）

姚复旦的传说　侗族鄂西南汉语方言历史人物故事。流传于湖北宣恩。叙述姚复旦一生求学和从教的经历。反映了侗族人民不辞辛劳求学上进的良好品格。对研究侗族风俗民情有参考价值。1985年姚祖汉口述，姚祖瑞笔录。16开纸2页，汉译文1344字。收入《侗族文学史》，贵州民族出版社1988年版；《宣恩县民族志》，中国文联出版社2001年版。（湖北　姚祖瑞）

王朝东　侗语南部方言历史人物故事。流传于广西龙胜侗族地区。讲述王朝东出身于富有的书香门第，与另一富户女儿定了亲。不料王父病逝，家境衰落，女方父亲欲悔婚。

怎奈未婚妻痴情不改，私下资助王朝东读书，考取功名，最后两人终成眷属。两人的爱情故事多以对歌形式反映。对研究侗族民间文化交流有参考价值。石本忠搜集、整理。16 开纸 8 行，约 260 字。稿存广西壮族自治区龙胜各族自治县政协文史委员会石本忠处。（广西　石本忠）

少溪拳师　侗语北部方言历史人物故事。流传于贵州天柱、湖南新晃。讲述明朝洪武年间，有名的侗家拳师杨法祖等人迁居至凸龙山，过着安乐的生活。但好景不长，一个县令的亲戚想占有凸龙山，便去县令那里诬告杨法祖等人抗捐抗税。县令派人前来捉拿杨法祖。由于杨法祖拳艺高强，使得两次前来捉拿他的县兵们无功而返。从此，当地民众便把杨法祖当神供奉。可供研究侗族民间文学参考。杨国贵、杨义珊口述，艾人搜集、整理。32 开纸 6 页，汉译文 3900 字。收入龚立新编《美女蛇》，香港天马图书有限公司 2000 年版。（贵州　龙耀宏）

（二）机智人物故事

甫贯的故事　侗语南部方言机智人物故事。流传于贵州从江贯洞区新安村。讲述以前有一个人叫甫贯，家里虽然很穷但为人正直，好打抱不平，为穷人出气。侗族地区广泛流传有他的故事。可供研究侗族故事参考。吴国付口述，黄忠仁搜集、整理、汉译。32 开纸 6 页，3900 字。收入《中国民间故事集成·从江县卷》，从江县民间文学集成编委会 1989 年编印。（贵州　龙耀宏）

甫贯智斗石财主　侗语南部方言机智人物故事。流传于贵州黎平、从江、榕江等地。叙述甫贯的哥哥为人忠厚老实，他为寨上狡猾的石财主当长工，一年下来不仅分文不获还欠下石财主的钱，空着两手回家过年。聪明的甫贯也去给石财主当长工，他应付了石财主一条又一条的毒计，直到石财主拱手认输为止，同时也把石财主克扣哥哥的一年工钱要了回来。可供研究侗族机智人物参考。吴培仁口述，吴定国搜集、整理、汉译。32 开纸 4 页，1700 字。收入《侗族民间故事》，黔东南苗族侗族自治州文学艺术研究室 1982 年编印。（贵州　龙耀宏）

甫宽哄外公换锅头　侗语南部方言机智人物故事。流传于广西三江、龙胜，贵州黎平、榕江、从江，湖南通道侗族地区。讲述甫宽用计使得外公自愿拿好的锅头跟他换破锅头的故事。甫宽不小心把锅头打破了又没有钱买，想要外公的新锅头，于是请外公来吃饭。外公将到时，甫宽把破锅头烧得通红，等外公一进门，他就拿着烧红的锅头到墙脚去炒菜。外公觉得这锅头好，不用烧火也能炒菜，就跟甫宽换锅头。外公回到家后，马上拿宝贝锅头来试用，可是锅头一点热气也没有。外公跑回来问甫宽。甫宽问他半路换手了没有。外公说拿着锅头走路哪有不换手之理。甫宽有意叹气说忘了告诉他，锅头一换手就不灵了，外公只好自认倒霉。对研究侗族机智人物故事有参考价值。1991 年广西壮族自治区三江侗族自治县同乐苗族乡平溪村石明清讲述，石明清笔录，奶献文汉译。16 开纸 1 页，1000 字。载《侗文专刊》1992 年第 1 期。（广西　吴美莲）

甫宽哄杂货郎　侗语南部方言机智人物故事。流传于广西三江、龙胜，贵州黎平、榕江、从江，湖南通道侗族地区。讲述甫宽如何让货郎上当的故事。货郎听说甫宽善于骗人，就许甫宽骗他一回，如骗得了他，肩上的担货就送给甫宽。甫宽说哪敢骗他，老婆不让他骗人。货郎说不怕，你老婆在家里不会知道的。甫宽说老婆马上就到了，如货郎你实在要我骗人，那你爬上树去看看我老婆来了没有。货郎不知是计就爬上了树。上到一半，货郎对甫宽说没见你老婆来。甫宽叫他再往上一点才看得见。货郎老老实实爬到树顶。甫宽见他爬到树顶，就对他喊道："这担货是我的了。"货郎这才知道上当了。对研究侗族机智人物故事有参考价值。1991年广西壮族自治区三江侗族自治县同乐苗族乡平溪村石明清讲述，石明清笔录，吴美莲汉译。16开纸1页，1000字。载《侗文专刊》1992年第1期。　（广西　吴美莲）

甫宽舐粥的故事　侗语南部方言机智人物故事。流传于广西三江、龙胜，贵州黎平、榕江、从江，湖南通道侗族地区。讲述甫宽去外婆家，路上乱扔扁担，无意中砸中一只野鸡。他带着野鸡到外婆家，吹牛说他天天早上都打得两三只野鸡，今天特地带一只给外婆。外婆煮好野鸡粥叫甫宽吃时，甫宽装作客气不吃，两位老人饱吃了一餐。甫宽却饿了一晚。他想鼎锅里可能还剩一些，爬起来去看，果然鼎锅里还有一点粥，就把头伸进鼎锅里舔粥，他的头却被卡在鼎锅里怎么弄也弄不出来，只好顶着鼎锅对着牛栏敲打。主家听到后问他，他说前段时间因打野鸡太多，怕雷劈，因此把头塞进鼎锅里面躲避。这样才避过一场尴尬。对研究侗族机智人物故事有参考价值。1991年广西壮族自治区三江侗族自治县同乐苗族乡平溪村覃德清讲述，覃德清笔录，奶献文汉译。16开纸1页，1000字。载《侗文专刊》1991年总5～6期。　（广西　吴美莲）

甫宽与草鱼的故事　侗语南部方言机智人物故事。流传于广西三江、龙胜，贵州黎平、榕江、从江，湖南通道侗族地区。讲述甫宽把小米糍粑当狗屎智取岳父的大草鱼的故事。甫宽听说吝啬的岳父要开塘抓鱼，就想出一个能让岳父送他草鱼的方法。开塘那天一大早，他拿一碗小米糍粑放到塘坝上面，等岳父开塘时，他大摇大摆地走过去，指着糍粑对岳父说："塘坝上有狗屎。"岳父不理他，他又说了几遍，弄得岳父很心烦，就说："如果是狗屎你就吃吧！"甫宽说："如果我吃了，你得给我一尾大草鱼。"岳父说可以，甫宽真的把"狗屎"吃了，岳父只得给他一尾大草鱼。对研究侗族机智人物故事有参考价值。1991年广西壮族自治区三江侗族自治县同乐苗族乡平溪村石明清讲述，石明清笔录，吴美莲汉译。16开纸1页，1000字。载《侗文专刊》1991年总5～6期。　（广西　吴美莲）

甫宽吃油茶　侗语南部方言机智人物故事。流传于广西三江、龙胜，贵州黎平、榕江、从江，湖南通道侗族地区。讲述甫宽施小计捉弄妇女吃上油茶的故事。一群妇女在打油茶，见到甫宽后，说如果甫宽能让她们上当，这餐油茶就让甫宽吃了。甫宽说鼓楼坪上有一群狗正在"多耶"（跳舞），好看极了，他正赶去看呢，哪有闲工夫。说完匆匆走了。他到鼓楼坪，用鸡罩罩住一泡屎，又叫来一群狗。妇女们听说狗"多耶"，觉得新鲜，都赶去看，却见一群狗正围着鸡罩争抢吃屎。这时甫宽已跑回去吃油茶了。等妇女们发现被甫宽捉弄，赶回来时已经晚了。对研究侗族机智人物故事有参考价值。1991年广西壮族自治区三江侗族自治县良口乡和里村覃安仁讲述，覃安仁笔录，卜宁汉译。16开纸1页，1000字。载《侗文专刊》1991年总5～6期。　（广西　吴美莲）

甫宽骗财主的故事 侗语南部方言机智人物故事。流传于广西三江、龙胜，贵州黎平、榕江、从江，湖南通道侗族地区。讲述财主不相信甫宽像人家说的那样聪明，说如果甫宽今天能骗他，他就给甫宽 50 两银子，不用他干活。甫宽装作不想骗他，扛着扁担上山，路上见一只螳螂在挥动着刀一样锋利的两条腿，就有了主意。他让螳螂划破自己的手背，然后气喘吁吁地跑回去报告财主说外边有个身强力壮的贼想杀财主，他跟贼打了一场，胜不过贼，挨了一刀，跑回来报告。财主听后，立即派众家丁去应战，众家丁不见强贼，却见一只挥动双腿的螳螂，跑回来报告财主，财主知道中了甫宽的计，受了骗，只得把 50 两银子给甫宽。对研究侗族机智人物故事有参考价值。1991 年广西壮族自治区三江侗族自治县林溪乡平坦村公美讲述，午四笔录，忙忙汉译。16 开纸 1 页，1500 字。载《侗文专刊》1991 年总 5～6 期。

（广西　吴美莲）

甫宽智取大水牯的故事 侗语南部方言机智人物故事。流传于广西三江、贵州榕江侗族地区。侗族机智人物甫宽系列故事之一。甫宽喜得贵子后带小孩去外婆家出满月。按礼节外婆家要送一头大水牯和一些水田。可是甫宽的外公虽有钱却很吝啬，只答应给两条牛腿，还叫甫宽第二天来帮他犁田后再牵牛腿回去。第二天天刚亮，甫宽选头最壮的水牯下田去。中午外公到田坝去看，却见甫宽在树下睡觉，牛拴在木桩上。他责怪甫宽不犁田。甫宽说这头牛打死不肯犁田，不信试试看。他把牛轭架在牛背上，用力把牛一打，牛跑了，牛轭却掉下来。外公骂他，他说不想劳累外公的牛的另外两条腿。外公只好答应再给他一条牛腿，叫他明天再来犁田。甫宽把牛牵出去拴在树下，便去割牛草。他把草分成三股，分别捆在三条牛腿上把牛牵回家。看见外公时，他故意松开绳子让饿牛吃草但又用鞭抽牛不让牛吃，还辩解说不让外公的牛的那条腿吃了他的草，外公无奈，只好答应再送他一条牛腿，这样他得到了一头牛。对研究侗族机智人物故事有参考价值。广西壮族自治区三江侗族自治县杨昌全、吴枝林讲述，杨秀斌、李黔才笔录、汉译。32 开纸 1 页，1800 字。收入《侗族民间故事选》，上海文艺出版社 1982 年版。

（广西　吴美莲）

甫宽拉牛上树的故事 侗语南部方言机智人物故事。流传于广西三江、融水侗族地区。侗族机智人物甫宽系列故事之一。讲述甫宽小时候给财主看牛，一天，财主要他把牛放上山找点“青的、嫩的”草叶吃。大雪封山，到哪里去找青的、嫩的叶子？财主说：找不到就扣他的工钱。甫宽把牛赶上山，在山上见到一棵长满青嫩叶子的米椎树。他砍来一根血藤，然后把牛鼻梁穿起来，把藤的一头穿过粗树枝。等财主到来，他就用力拉藤子的另一端，把牛吊着前脚趴在大树上。财主看见了大声制止他，他却更用力拉，还边拉边说，只有米椎树的叶子又青又嫩，不把牛拉上去吃，你不又扣我的工钱了？财主心疼他的牛，答应今后不再扣甫宽的工钱，甫宽才把牛放下来。对研究侗族机智人物故事有参考价值。郑光松笔录、汉译。32 开纸 1 页，1000 字。收入《侗族民间故事选》，上海文艺出版社 1982 年版。

（广西　吴美莲）

甫宽铲棉花的故事 侗语南部方言机智人物故事。流传于广西三江侗族地区。侗族机智人物甫宽系列故事之一。讲述甫宽年轻时给财主打工，财主是个苛刻的人，从不让长工休息一下。一天，甫宽刚割完草回来还没喘口气，财主就又叫他去铲棉花地。甫宽拿着锄头出去，但很不服气。到了山上，甫宽转念一想，何不治一下这个不近人情的财主？他不是叫我铲棉吗，又不叫我铲草，我何不帮他“铲棉”。甫宽把棉花全部铲掉才回家。财主知道后很生气，甫宽装傻说，你不是叫我铲棉吗？又不叫我铲草！财主哑口无言，拿他没办法。对研究侗族机智人物故事有参考价值。1990 年广西壮族自治区三江侗族自治县和里村吴敬贤讲述，吴敬贤笔录、汉译。16 开纸 1 页。载《侗文专刊》1990 年第 2 期。

（广西　吴美莲）

甫贯与岳父　侗语南部方言机智人物故事。流传于贵州省从江县丙梅村。甫贯有个既贪又馋，既吝啬又刻薄的财主岳父，岳父很鄙视他的贫穷。他为了出一口气，用妙计在岳父家借得被子，用一口破锅换得了老丈人的铁锅，又把一件烂褂说成是防冷褂，把破吹火筒说成是还魂筒。这些物件都被岳父一一要去。岳父按照甫贯所说的来使用这些物件，接二连三地惹了许多祸端。可供研究侗族故事参考。杨学魁口述，吴生贤搜集、整理、汉译。32 开纸 8 页，5200 字。收入《中国民间故事集成·从江县卷》，从江县民间文学集成编委会 1989 年编印。

（贵州　龙耀宏）

鼓楼招贤的故事　侗语南部方言机智人物故事。流传于广西三江侗族地区。侗族机智人物甫宽系列故事之一。讲述甫宽家境贫穷，他和培美的恋爱遭到培美父亲卜美的反对。一次，卜美有病，请医吃药、求神问鬼都不见效，就放出风声：只要治好他的病，就可娶他女儿培美为妻。培美跟甫宽商议通过治好父亲的病来说服父亲。先由培美说服父亲在鼓楼张榜招婿求医，然后甫宽开方，治好了他的病。但卜美病好了，却把当初鼓楼招婿许诺的事悔了，甫宽、培美两人又悄悄在卜美的油茶里放了泄肚药，叫卜美泄肚不止。卜美只好又去找甫宽治病，并答应把培美嫁给他。对研究侗族机智人物故事有参考价值。广西壮族自治区三江侗族自治县杨正英讲述，1979 年过伟笔录、汉译。32 开纸 2 页，2400 字。收入《侗族民间故事选》，上海文艺出版社 1982 年版。

（广西　吴美莲）

三个回合　侗语南部方言机智人物故事。流传于贵州黎平。叙述甫宽曾和土司斗智斗勇，历经三个回合——一是巧取叶烟，二是鸡骨宴，三是“头望观”，最终的赢家是甫宽。可供研究侗族机智人物参考。黄如法口述，郭达津搜集、整理、汉译。32 开纸 6 页，2600 字。收入《侗族民间故事》，黔东南苗族侗族自治州文学艺术研究室 1982 年编印。

（贵州　龙耀宏）

培三桑　侗语南部方言机智人物故事。流传于广西三江，贵州黎平、从江侗族地区。培三桑是个聪明姑娘。有一次家公要几位媳妇准备无肠草鱼、独脚水鱼、双叉鸡爪来做菜。培三桑就领着众媳妇上山去找来楠竹笋、香菇、蕨菜。家公十分满意。培三桑的名声传到县官那里。县官不信一个侗妹比他的名声还大，设计刁难她。县官把她的家公叫到县衙，让他牵头公牛回家，命他一个月后让公牛生一只牛崽一起牵回县衙。家公为此唉声叹气。一个月后，县官来了，培三桑在家门口挂一把柚子叶，说公公昨夜生了个儿子，不让县官进门。县官想了想说：“这次算你行了。现我命令你在三天之内，织出一匹布把天遮盖起来，舂出白米把你家门前的鱼塘填满。”说完县官得意而去。三天后，培三桑拿尺子和秤在大门口等县官到来。县官说还不赶快把布和米拿出来。培三桑说：“请你拿尺子把天量一量有多宽，我好织多宽的布。请你用秤把塘水称一称有多重，我好舂米。”县官只好服输。对研究侗族机智人物及生产、生活有参考价值。广西壮族自治区三江侗族自治县富禄苗族乡廖振茂讲述，1957 年吴贵元笔录、汉译。32 开纸 5 页，3200 字。收入《侗族民间故事选》，上海文艺出版社 1982 年版。（广西　吴　浩）

条正煮糖粥　侗语南部方言机智人物故事。流传于广西三江林溪乡侗族地区。侗族机智人物条正系列故事之一。叙说几个妇女边煮糖粥边说不要让条正知道，否则这些粥还不够他吃。这话正好被条正听见了，他装作什么都不知道的样子进了屋，问妇女们煮什么，妇女们说煮猪潲。条正不说话只顾抽烟。妇女们看他没有走的样子，就想：如果大家都走了他不好意思呆在这里，也会走的。于是妇女们都走出门外。条正见她们都走了，便拿出一个大碗美美地吃了一顿糖粥，然后到楼底舀两瓢米糠倒进粥里。妇女们回来了，他说我帮你们煮好猪潲了。妇女们哑口无言。对研究侗族机智人物故事有参考价值。1995 年广西壮族自治区三江侗族自治县林溪乡林溪村吴庆儒讲述，1995 年吴利成笔录、汉译。16 开纸 1 页，500 字。载《侗文专刊》1995 年第 1 期。

（广西　吴美莲）

条正施计的故事　侗语南部方言机智人物故事。流传于广西三江侗族地区。侗族机智人物条正系列故事之一。叙说条正准备进鼓楼时，鼓楼里的人有意为难他，要他说服他们都走出鼓楼才让他进去。他说我没有办法说服你们出来，倒有办法让你们进去。鼓楼里的人不信，都走出鼓楼来等着被条正骗进去，谁知却正中了条正的计谋。对研究侗族机智人物故事有参考价值。1995 年广西壮族自治区三江侗族自治县林溪乡林溪村吴庆儒讲述，1995 年吴利成笔录、汉译。16 开纸 1 页，500 字。吴利成用新侗文整理，载《侗文专刊》1995 年第 1 期。

（广西　吴美莲）

羽毛衣　侗语北部方言机智人物故事。流传于贵州锦屏九寨地区。从前，一对青年夫妻恩恩爱爱，丈夫在干活时都把妻子的美人像挂在身边。一次，狂风把画像卷走，“选美”官员将画像交给了皇上，被皇上选中，夫妻无奈只得分离。临走时妻子给丈夫出了一个妙计。三年后丈夫用一件色彩斑斓的羽毛衣，在皇后妻子的帮助下，换得龙袍，夫妻团圆。可供研究侗族民间故事参考。王经林、肖昌义口述，石修科整理、汉译。32 开纸 3 页，1350 字。收入《中国民间故事集成·锦屏县卷》，锦屏县民间文学集成编委会 1988 年编印；《九寨风情》，华夏文化艺术出版社 2002 年版。（贵州　龙耀宏）

巧媳妇智斗“癞皮狗”　侗语北部方言机智人物故事。流传于贵州锦屏九寨等地。从前，一富裕人家祖孙相依为命，为了管理家业，公公给孙子娶了一个聪明灵巧、美丽又有教养的媳妇。媳妇由于出身贫寒多年来只做事不敢多说话，结果被公公误会她呆板迟钝，逼孙子与她分离。在分手的路上她见猎手打死的鸡与自己遭遇相同，便吟了一首诗，公公得知又把她接回。后公公被无赖所缠不得脱身，媳妇帮助公公脱离困境。可供研究侗族机智人物参考。肖昌义口述，石修科、肖祖槐整理、汉译。32 开纸 4 页，1700 字。收入《中国民间故事集成·锦屏县卷》，锦屏县民间文学集成编委会 1988 年编印；《九寨风情》，华夏文学艺术出版社 2002 年版。（贵州　龙耀宏）

舔盘子的姑娘　侗语北部方言机智人物故

事。流传于贵州天柱、锦屏、剑河等地。过去侗家有女还舅门的习俗。有对双胞胎姑娘，不仅漂亮而且聪明，又是歌场上的佼佼者，很多人追求都不得。姑娘的好名声被舅舅得知，他便用还娘头的俗规来提亲。两位姑娘不喜欢两位表哥，但有碍于乡规，不好推脱，便想出妙计，在吃饭时故意装作没有教养，如鲁莽贪吃，收盘子时还把盘子舔个精光。舅舅见此情景，对婚姻只字不提。聪明的姐妹解救了自己的婚姻。可供研究侗族古代婚俗参考。耿娇贵口述，滚文权搜集、整理、汉译。32 开纸 4 页，1600 字。收入《贵州侗族民间故事选》，西南交通大学出版社 1994 年版；《九寨风情》，华夏文化艺术出版社 2002 年版。（贵州 龙耀宏）

大话嫂讲退大话客 侗语北部方言机智人物故事。流传于贵州锦屏九寨等地。一天两个屠夫去村子找猪杀，遇见一嘎老，以为嘎老会四言八句，便相约晚上到他家来比谁的大话说得好。傍晚，嘎老着急便早睡了，于是媳妇接待了两个屠夫。她把两个大话屠夫弄得无话可说，大话嫂也从此得名。可供研究侗族机智人物参考。石明开口述，石修科、肖祖槐搜集、整理、汉译。32 开纸 2 页，900 字。收入《中国民间故事集成·锦屏县卷》，锦屏县民间文学集成编委会 1988 年编印；《九寨风情》，华夏文化艺术出版社 2002 年版。（贵州 龙耀宏）

王兰英的故事 侗语北部方言机智人物故事。流传于贵州锦屏九寨地区。从前有一个女子叫王兰英，伶俐聪明。父亲去世后，为安葬父亲她卖身到京城王丞相家给小姐当丫环。她跟着小姐学会了琴棋书画，还和小姐结成姐妹。一天，她在河边洗衣，见几个赴京赶考的秀才以她为题，吟出几首诗。她就用诗挖苦他们。秀才把这事告诉了主考官王丞相。丞相早知她聪明机灵，便以唐伯虎的山水画为题考她，让她吟诗，如果觉得满意便送银两让她回去与母亲团聚。果然她吟出好诗，回到了家乡。可供研究民间文学参考。龙三娘口述，陆景川搜集、整理、汉译。32 开纸 6 页，2600 字。载《南风》1994 年第 3 期。收入《九寨风情》，华夏文化艺术出版社 2002 年版。（贵州 龙耀宏）

包黑汉的故事 侗语北部方言机智人物故事。流传于贵州锦屏九寨地区。从前有个穷汉因脸黑被人称为“包黑汉”。一天，他为两个赶考的秀才挑行李，天黑路过一个有妖怪的村子去借宿，见一人家很伤心，原来是妖怪今晚要来吃他家的姑娘。包黑汉不信邪，便一人睡在堂屋看究竟，他在主人——门闩精的帮助下把妖怪挡走并带人把泥鳅精打死。狐狸精逃到京城并假扮皇后，包黑汉带着门闩精来到京城，狐狸精来报仇，后在门闩精、猎狗和鸨鹰的帮助下让妖怪现形。王爷很感激他，就留他在王宫做官，即后来的包丞相。可供研究民间文学参考。龙三娘口述，陆景川搜集、整理、汉译。32 开纸 4 页，1800 字。收入《贵州侗族民间故事选》，西南交通大学出版社 1994 年版；《九寨风情》，华夏文化艺术出版社 2002 年版。（贵州 龙耀宏）

再幸的故事 侗语北部方言机智人物故事。流传于贵州锦屏侗族地区。传说先前再幸的祖上是富裕之家，后来破落，待他出生时已家贫如洗。再幸父亲早逝，母子二人生活十分拮据。再幸见别人上学也要去，母亲没钱便自己教他，没有笔纸他就让母亲在沙子上写字，慢慢地他学得很好。一年春节，他写了一副对联贴在家门外，不料激怒了对门的员外，但员外也无可奈何。夏天他又去京城考状元，并考得头名。由于他在京城让皇上和大儒们蒙羞，皇上得知实情便惩罚了他。可供研究侗族民间文学参考。肖昌义口述，石修科、肖祖槐搜集、整理、汉译。32开纸4页，1750字。收入《中国民间故事集成·锦屏县卷》，锦屏县民间文学集成编委会1988年编印；《九寨风情》，华夏文化艺术出版社2002年版。（贵州　龙耀宏）

柴汉的故事　侗语北部方言机智人物故事。流传于贵州锦屏侗族地区。从前有一个后生爱读书又很有才华，但他家境贫困，靠打柴卖给王员外家为生。六月的一天，他口渴，想得菜园内一个瓜吃，员外的二小姐用脚踢了一个小瓜给他，他吟了一首诗说二小姐以后会做他小娘。恰巧这时皇上做了一个怪梦，左臣右相都猜不中，就命王员外去猜，若猜中封"万户侯"，不中则斩头。员外焦急，二小姐得知便叫柴汉来猜，柴汉让皇上大喜，王员外得封"万户侯"，并把两个女儿嫁给柴汉，二小姐为小娘。可供研究侗族民间文学参考。肖昌义口述，石修科、肖祖槐搜集、整理、汉译。32开纸5页，2000字。收入《中国民间故事集成·锦屏县卷》，锦屏县民间文学集成编委会1988年编印；《九寨风情》，华夏文化艺术出版社2002年版。（贵州　龙耀宏）

万事不求般般有　侗语北部方言机智人物故事。流传于贵州锦屏侗族地区。从前有一户富裕人家，主人能文善武，爱讲大话。一次他在门上写了"万事不求般般有"七个大字，被敲诈勒索的人看见。这些人向主妇提出要几样没有的东西，待来取之日，其丈夫用智慧让那一群人知难而退。可供研究侗族机智人物故事参考。肖昌义口述，石修科、肖祖槐搜集、整理、汉译。32开纸3页，1200字。收入《中国民间故事集成·锦屏县卷》，锦屏县民间文学集成编委会1988年编印；《九寨风情》，华夏文化艺术出版社2002年版。（贵州　龙耀宏）

满崽咎的故事　侗语北部方言机智人物故事。流传于贵州省锦屏县九寨地区。满崽咎是个勤劳勇敢、敢于反抗的长工，做了许多让主人哭笑不得的事情。谭先生叫他看粪好不好，他竟拿一把粪来让谭先生闻；五、六月谭先生叫他到屋上边去薅秧，他真的爬到屋上薅瓦；叫他到周围寨子请好道师来关屋，他便请来十个相好的。谭先生多次吃亏但因工期不满又不能辞退他。谭先生告诉他以后什么都跟着自己做。谭先生打夫人他也去打，宴请宾客他也去吃饭喝酒。谭先生训斥他，他便说："你叫我你做什么我做什么。"谭先生对他无可奈何。可供研究侗族机智人物故事参考。张广勤口述，陆景川搜集、整理、汉译。32开纸4页，1800字。收入《锦屏民间文学资料》，锦屏县委宣传部、锦屏县民族事务委员会、锦屏县文化馆1982年编印；《九寨风情》，华夏文化艺术出版社2002年版。（贵州　龙耀宏）

满崽咎智斗谭素　侗语北部方言机智人物故事。流传于贵州锦屏九寨地区。满崽咎的哥哥帮谭素做长工，三年快满。一天，主人让哥哥去偷人家的猪，哥哥不肯去，主人竟以"不听主人安排"为名，分文不付将哥哥赶回家。满崽咎记在心中，也去找谭素做工，并签了字据。他当着客人的面羞辱谭素，并花长时间到远处割草，砍春柴时净砍大树让谭素劈，让他砍小的他就砍芭茅，让他砍适中的他一天砍一挑，叫他撒谷子他把各种谷种撒在一起。因字据在手谭素无法，只得叫他学着自己做。一次谭素挑油摔了，他也学着把油打泼。无奈谭素付他三年工钱让他回家了。可供研究侗族机智人物参考。张广勤口述，龙玉成搜集、整理、汉译。32开纸5

页，2000字。收入《侗族民间故事选》，上海文化艺术出版社1982年版；《九寨风情》，华夏文化艺术出版社2002年版。

（贵州　龙耀宏）

只要银钱一十三　侗语北部方言机智人物故事。流传于贵州锦屏九寨地区。从前九寨地方地处高坡，条件艰苦，但官府不管百姓死活，各种税收多如牛毛，百姓怨声载道。外出归来的龙波寨老者赶上正开“乡团会”，便给他们出妙计。开春三月各寨子代表去给府台献血迹斑斑、歪歪洼洼的元宝贡物，并选大雾天把府台骗上坡。一路上府台见岩梁笔立，古杉参天，又看见他们设计好的瘦水牯，误把小鸡当螳螂，鱼郎当蚂蝗，高望平秋像簸箕，吓得要下山，把各种杂税由每年一百三十降为一十三。人们从此树碑纪念龙波寨老者巧斗府台。可供研究侗族机智人物故事参考。罗康学口述，陆景川搜集、整理、汉译。32开纸5页，2150字。收入《贵州侗族民间故事选》，西南交通大学出版社1994年版；《九寨风情》，华夏文化艺术出版社2002年版。（贵州　龙耀宏）

“婆婆”退乱匪　侗语北部方言机智人物故事。流传于贵州锦屏九寨地区。讲述清朝末年，政治腐败，土匪乘机作乱，百姓不得安宁。一天乱匪闯进平秋寨，无恶不作，所有人都躲藏起来。姓刘的嘎老没有来得及走，但他有一身好武艺。为退匪保寨，他便装成女人持刀冲出猛杀土匪。土匪则以为高坡人不好惹，连妇女都会武功，从此再也不敢来了。可供研究侗族民间文学参考。刘光浩口述，彭金銮搜集、整理、汉译。32开纸1页，300字。收入《锦平民间文学资料》，锦屏县委宣传部、锦屏县民族事务委员会、锦屏县文化馆1982年编印；《九寨风情》，华夏文化艺术出版社2002年版。

（贵州　龙耀宏）

长工智斗地主婆　侗语北部方言机智人物故事。流传于贵州锦屏九寨地区。据说，九夕村有一个地主婆不仅长得丑且鬼计多端，整天想让工人多做活。一天，她为了节省时间把长工们的烟袋全收了，叫他们共用一杆烟袋。在长工老大哥的建议下，大家在干活时间坐着休息，等着轮流抽烟，地主婆来监工便骂，大家则说是你叫我们共用一杆烟袋，她只好把各人的烟袋还了。后来她见吃了亏，便请了一个不抽烟的人，这人提出要休息一个晴天和雨天，地主婆答应便签了字据。此后一遇到下雨和天晴，长工便在家睡觉。地主婆仔细一想便知又上当了。可供研究侗族民间文学参考。陆景川、张承英搜集、整理、汉译。32开纸3页，1500字。收入《锦平民间文学资料》，锦屏县委宣传部、锦屏县民族事务委员会、锦屏县文化馆1982年编印；《九寨风情》，华夏文化艺术出版社2002年版。（贵州　龙耀宏）

松玲　侗语南部方言机智人物故事。流传于贵州从江贯洞、洛香。清朝时期，黎平纪堂有一位口齿伶俐、能说会道、专好与财主作对的人叫松玲。一年他去给财主做工，并立下字据说一年只休息晴、雨两天，只有“狗不杀，鸭不养，腌桶不开”三种工不做，财主很痛快地答应了。日后遇天晴或下雨他都在家睡觉，舂米、挑大粪、养鸭正是他所说的三种不做工。财主自知上当，但对他又无可奈何。后松玲又用妙计，不仅赢了财主的钱，而且还赢了地主的田。可供研究侗族民间故事参考。陆培胜口述，陆海清搜集、整理、汉译。32开纸5页，3300字。收入《中国民间故事集成·从江县卷》，从江县民间文学集成编委会1989年编印。

（贵州　龙耀宏）

仲榜的故事　侗语南部方言机智人物故事。流传于贵州从江“六洞”。相传下皮林寨仲榜的弟弟给一狡猾、刻薄的财主当帮工分文不得。为了替弟弟出这口气，仲榜去给财主当帮工，说一年只要休息晴、雨两天，财主很高兴，便与他立下契约。以后遇天晴、下雨他都在家睡觉，财主自知上当但又无可奈何。可供研究侗族民间故事参考。梁家瑞口述，伍苍远搜集、整理、汉译。32开纸3页，2000字。收入《中国民间故事集成·从江县卷》，从江县民间文学集成编委1989年编印。

（贵州　龙耀宏）

“都来看”　侗语南部方言机智人物故事。流传于贵州从江贯洞。从前有一个常为穷人排忧解难的人叫“都来看”，他专门惩治对百姓残酷的地方官和朝廷大臣。一天他挑贡品到京城，戏耍了皇上和他的大臣们。可供研究侗族民间故事参考。陆育瓦口述，陆国海搜集、整理、汉译。32开纸3页，1950字。收入《中国民间故事集成·从江县卷》，从江县民间文学集成编委会1989年编印。

（贵州　龙耀宏）

吴帮工戏弄周财主　侗语南部方言机智人物故事。流传于贵州从江独洞。清咸丰年间，“六洞”有一吴帮工，他同情穷苦人民，对那些刻薄吝啬的财主恨之入骨。一年，他给一个很吝啬贪婪的周财主家做活，并与周财主谈好条件，一年下来，财主被弄得哭笑不得。32开纸6页，汉译文3900字。收入《中国民间故事集成·从江县卷》，从江县民间文学集成编委会1989年编印。

（贵州　龙耀宏）

“烂”女婿　侗语南部方言机智人物故事。流传于贵州从江“六洞”。从前三宝有一位善良机智又好打抱不平的杨老三，他为了给寨人出气，施小计教训了他那有权有势、欺压百姓的岳父母，于是被骂为“烂”女婿。可供研究侗族民间故事参考。石补凡口述，石彦章、张子刚搜集、整理、汉译。32开纸3页，1950字。收入《中国民间故事集成·从江县卷》，从江县民间文学集成编委会1989年编印。

（贵州　龙耀宏）

哈巨的故事　侗语南部方言机智人物故事。流传于贵州榕江三宝。叙述从前有个叫哈巨的少年机智、勇敢、多谋，乡老都认输于他。后娘因他杀鸡待客，隔壁邻居的大嫂们上当受骗，县官出丑于众，都是哈巨的杰作。可供研究侗族机智人物故事参考。梁光裕口述，张勇搜集、整理。32开纸10页，汉译文4300字。收入《侗族民间故事》，黔东南苗族侗族自治州文学艺术研究室1982年编印。

（贵州　龙耀宏）

天神哥智取年货　侗语北部方言机智人物故事。流传于贵州省剑河小广、化敖等地。叙述天神哥和三十个穷弟兄为九里山的文老板砍树拖木头。年关已到，但文老板给弟兄们的年货少得可怜，远远不是兄弟们应得到的工钱。于是天神哥和这些人装神弄鬼吓唬文老板，智取年货。可供研究侗族机智人物故事参考。文兴宽等口述，陈远焯搜集、整理。32开纸4页，汉译文1700字。收入《侗族民间故事》，黔东南苗族侗族自治州文学艺术研究室1982年编印。

（贵州　龙耀宏）

碰牛引起的风波　侗语北部方言机智人物故事。流传于贵州剑河小广一带。叙述岑甫财主潘三买了一头水牯牛，他常给水牯吃一些比人吃的都还好的食物。天神哥作为帮工，又犁耙田又插秧，还得服侍潘财主的水牯，可是吃的食物远远比不上水牯的好。为了报复财主，天神哥不得不虐待水牯。财主得到教训，再也不敢虐待天神哥和长工们。可供研究侗族机智人物故事参考。李万增、杨胜溢搜集、整理。32开纸2页，汉译文700字。收入《侗族民间故事》，黔东南苗族侗族自治州文学艺术研究室1982年编印。

（贵州　龙耀宏）

格嚼精　侗语北部方言机智人物故事。流传于贵州剑河小广一带。叙述格嚼精一辈子装神弄鬼骗人。一次，格嚼精给天神哥的二爹退鬼，而天神哥是不信鬼也不怕鬼的人，退鬼途中天神哥破解了谜底。从那以后，格嚼精再也不敢装神弄鬼骗人。可供研究侗族风俗和机智人物故事参考。李万增、杨胜溢搜集、整理。32开纸2页，汉译文700字。收入《侗族民间故事》，黔东南苗族侗族自治州文学艺术研究室1982年编印。

（贵州　龙耀宏）

你们说是不是　侗语南部方言机智人物故事。流传于贵州黎平一带。叙述“九洞”地方有一个财主有三个女婿一个儿子。大女婿、二女婿是官场上的人，三女婿是个庄稼人。财主狗眼看人低，想在他过生日时戏弄三女婿这个庄稼人。但三女婿聪明多谋，在祝寿的过程中三女婿没被岳父大人难倒。可供研究侗族机智人物故事参考。吴胜贤口述，成文魁搜集、整理。32开纸3页，汉译文1200字。收入《侗族民间故事》，黔东南苗族侗族自治州文学艺术研究室1982年编印。

（贵州　龙耀宏）

男人坐月的故事　侗语北部方言机智人物故事。流传于贵州天柱、锦屏一带。叙述有一对年轻的逃荒夫妇给一家非常残暴的财主当帮工，财主只想马跑不喂马吃草，只想叫这对夫妇干活，却不想给工钱，且出了一道道难题想难倒夫妇俩。但难题都被帮工的妻子解答出来，最后夫妇俩拿回了自己的工钱。可供研究侗族机智人物故事参考。吴本渊搜集、整理。32开纸3页，汉译文1200字。收入《侗族民间故事》，黔东南苗族侗族自治州文学艺术研究室1982年编印。

（贵州　龙耀宏）

金丝猫和龙凤瓢　侗语北部方言机智人物故事。流传于贵州天柱、锦屏一带。叙述从前有个狠心的财主，常常无事生非，欺诈穷苦人。他用死猫来欺诈卖柴为生的穷汉子，而穷汉子和妻子拿了一个普通瓢来智斗恶财主，财主自知理亏，于是灰溜溜地走了。可供研究侗族机智人物故事参考。放新搜集、整理。32开纸2页，汉译文700字。收入《侗族民间故事》，黔东南苗族侗族自治州文学艺术研究室1982年编印。

（贵州　龙耀宏）

陶神算　侗语北部方言机智人物故事。流传于贵州剑河侗族地区。叙述张宝在买木材时因合同上一字之差而与卖主打起了官司。由于张宝为人正直，于是算命先生陶神算设法帮助他打赢了官司。从此，张宝就把每天看见和听到的事讲给陶神算，陶神算早已心里有数，因此前来看病的人都把他当成了真正的神算。可供研究侗族民间文学参考。金德伦口述，艾人搜集、整理。32开纸11页，汉译文5860字。收入龚立新编《美女蛇》，香港天马图书有限公司2000年版。

（贵州　龙耀宏）

羊马角的故事　侗语北部方言机智人物故事。流传于贵州剑河、天柱、三穗等地。叙述有个叫羊马角的人，好打抱不平。他听说衙门有个贪赃枉法的县令，便想方设法教训他。一次，他用打蚊子的办法打了县令一个耳光，县令知道吃亏后便想报复羊马角。于是，县令用毒酒害死了羊马角。羊马角嘱咐家人不要告诉任何人说自己已经死了，家人照办。县令没有听到羊马角的死信，便以为毒酒失效，就想喝一口试试，结果也被毒酒毒死了。可供研究侗族民间文学参考。周启英口述，艾人搜集、整理。32 开纸 3 页，汉译文 2080 字。收入龚立新编《美女蛇》，香港天马图书有限公司 2000 年版。

（贵州　龙耀宏）

卖乖　侗语北部方言机智人物故事。流传于贵州剑河侗族地区。叙述有个财主到晚年才得一子，财主想为儿子物色一个教书先生。有一家两兄弟听到这个消息后，读过书的弟弟跑去应聘，不学无术的财主没有聘用他，弟弟只好回到家里向哥哥求助。第二天，哥哥也跑去应聘，虽然他没有读过书，但他聪明有才智，于是他被聘用了，还与财主签了合同。不久，笨拙的财主违反了合同，哥哥在他家教他儿子才十天就得到了一年的工钱。可供研究侗族机智人物故事参考。王荣林口述，艾人搜集、整理。32 开纸 3 页，汉译文 1980 字。收入龚立新编《美女蛇》，香港天马图书有限公司 2000 年版。

（贵州　龙耀宏）

蝉美选夫　侗语北部方言机智人物故事。流传于贵州剑河、天柱、三穗等侗族地区。叙述从前有一个土司有三个女儿，小女儿蝉美到了该出嫁的时候还没有人来提亲。土司急了，于是出对联让人来对，谁对准了谁就可以娶自己的小女儿为妻。有个补鞋匠看见后，就利用自己的聪明才智从别人那里获知对联的答案，于是，他成了土司的女婿。可供研究侗族民间文学参考。龚明成口述，艾人、杨应海搜集、整理。32 开纸 7 页，汉译文 4050 字。收入龚立新编《美女蛇》，香港天马图书有限公司 2000 年版。

（贵州　龙耀宏）

书童联姻　侗语北部方言机智人物故事。流传于贵州剑河侗族地区。叙述有一个叫柴干的书童，每天陪公子宋旦在书房读书，自己也学到了很多知识，会吟诗作词。宋旦有个妹妹长得漂亮，书童便对她产生好感。正在这时，皇帝下令考状元，宋旦是个书呆子，什么都不会，他父亲为了给他谋个饭碗便让他去考状元，他自知考不上，便让书童替他代考。书童以娶他的妹妹为条件帮宋旦考取了状元。年纪轻轻的书童便娶了宋旦漂亮的妹妹为妻。可供研究民间文学参考。王芝忠口述，艾人、宏光搜集、整理。32 开纸 5 页，汉译文 3680 字。收入龚立新编《美女蛇》，香港天马图书有限公司 2000 年版。

（贵州　龙耀宏）

开甲的故事　侗语北部方言机智人物故事。流传于贵州三穗、天柱、剑河三县毗邻的侗族地区。叙述名叫开甲的人的系列故事：挖苦地；替哥哥要工钱；喂猪；剃眉毛；扛牛；三七二十一；吃肉当菜；八个条件；挑粪；光砍利柴；犁火坑和屙屎；茹棉花；去屋上犁田；砌天埂；骂地主是狗；放鱼；破忌；整道士先生；唱桃园；栽秧谣；杂种秧。可供研究侗族机智人物故事参考。周昌武搜集、整理。32 开纸 16 页，汉译文 9200 字。收入《侗族文学资料》第三集（三穗县专集），《侗族文学史》编写组 1984 年编印。

（贵州　龙耀宏　万德才）

开甲挑粪的故事　侗语北部方言机智人物故事。流传于贵州三穗、天柱、剑河三县毗邻的侗族地区。叙述开甲替财主挑粪到田里，一连挑了两天，累了便坐下来歇息抽烟。财主见了则说，挑粪回来撮箕是空的（意思是不带一点柴草回家），出工不出力，一天活只能算半天工钱。为了对付财主，开甲挑着粪来回走，田里没进粪，粪堆不出粪，以骗取财主的认可。可供研究侗族机智人物故事参考。杨政喜口述，王国华搜集、整理。32开纸1页，汉译文370字。收入《侗族文学资料》第三集（三穗县专集），《侗族文学史》编写组1984年编印。（贵州　龙耀宏）

卖龙田的故事　侗语北部方言机智人物故事。流传于贵州三穗、天柱、剑河三县毗邻侗族地区。叙述财主家的子孙们游手好闲，懒惰成性，从来不从事劳动，最后只好找开甲出注意变卖龙田。可供研究侗族机智人物故事参考。王永贤、龙承文、吴常森等口述，吴展明、周昌武搜集、整理。32开纸3页，汉译文1058字。收入《侗族文学资料》第三集（三穗县专集），《侗族文学史》编写组1984年编印。（贵州　龙耀宏）

薅夜秧　侗语北部方言机智人物故事。流传于贵州三穗侗族地区。叙述开甲及长工们累了一整天，但财主为节省开支，叫长工们晚上继续薅秧，并且亲自到田边监督。半夜财主睡着了，被老虎吃掉。可供研究侗族机智人物故事参考。吴展明讲述，王国华搜集、整理。32开纸2页，汉译文690字。收入《侗族文学资料》第三集（三穗县专集），《侗族文学史》编写组1984年编印。

（贵州　龙耀宏）

才女选婿　侗语北部方言机智人物故事。流传于贵州三穗板桐一带。叙述有一家要选择女婿，道士、秀才、农民三个人来应选。三个人坐在堂屋，姑娘出题要他们各自讲一首关于自己好的四言八句。姑娘选中农民，且父母也喜欢。可供研究侗族民间故事参考。吴茂文口述，1984年周昌武、吴展明搜集、整理。32开纸1页，汉译文366字。收入《侗族文学资料》第三集（三穗县专集），《侗族文学史》编写组1984年编印。

（贵州　龙耀宏）

夺宽的故事　侗语北部方言机智人物故事。流传于贵州三穗坦洞。故事分“夺宽名字的来历”、“治服恶棍龙飞虎”、“掀巡官轿子下坡”、“与官军械斗”、“受骗被斩”、“钦差挖坟斩坳”六部分。可供研究侗族民间故事参考。陆政友、陆景忠、陆政思、龙承文等口述，周昌武、吴展明搜集、整理。32开纸6页，汉译文5252字。收入《侗族文学资料》第三集（三穗县专集），《侗族文学史》编写组1984年编印。（贵州　龙耀宏）

龙均向的故事　侗语南部方言机智人物故事。流传于湖南通道。讲述通道侗族民间机智人物龙均向劫富济贫、严惩恶绅，为侗族百姓排忧解难，深受侗族群众拥戴的故事。杨通化讲述，1982年杨盛奎笔录、汉译。16开纸3页，63行。载通道侗族自治县文化馆馆办刊物《山花》，1982年编印。

（湖南　谭少剑）

龙纠兄弟　侗语北部方言机智人物故事。流传于贵州三穗侗族地区。叙述清光绪年间，思州县令严剥皮横行乡里，胡作非为，糟蹋百姓。一日出游，抢走采桑女，正好龙纠兄弟路见此景，他们智取严剥皮，并将他推出城外斩首，百姓无不高兴。龙纠兄弟装成新来的县令为百姓办理好事，忙了三天便化装出城，从此改姓埋名、归匿乡里。可供研究侗族机智人物故事参考。杨胜璋搜集、整理。32开纸3页，汉译文1689字。收入

《侗族文学资料》第三集（三穗县专集），《侗族文学史》编写组1984年编印。

（贵州　龙耀宏）

那还消说　侗语北部方言机智人物故事。流传于贵州岑巩、玉屏一带。叙述聪明妇巧胜秀才之事。农夫张汉在田里犁田，远来的两个秀才想把张汉的牛骗走，通过对对子秀才赢了，把牛牵走。张汉妻子得知事情缘由后，以牙还牙，终于把自家的牛要了回来。可供研究侗族机智人物故事参考。蔡登星口述，史伯文搜集、整理、汉译。32开纸2页，986字。收入《中国民间文学三套集成·岑巩县卷》，岑巩县民间文学三套集成办公室1990年编印。（贵州　欧俊姣）

洛原秀才　侗语北部方言机智人物故事。流传于贵州岑巩大有、水尾等地。相传，已成半仙的洛原秀才，骑马遨游天下，参拜名山古迹。一天，他问一农夫："你一天锄头落好多?"农夫回答不了。秀才到农夫家做客，多次考农夫妻子，都被农夫的妻子一一解答，让秀才很是佩服。可供研究侗族机智人物故事参考。周仁忠口述，周政勤搜集、整理、汉译。32开纸2页，986字。收入《中国民间文学三套集成·岑巩县卷》，岑巩县民间文学三套集成办公室1990编印。

（贵州　欧俊姣）

李云龙智斗潘龙黑　侗语北部方言机智人物故事。流传于贵州剑河、锦平等地。叙述一位叫李云龙的拳师，好为人打抱不平。湳洞有个财主，为人霸道，凡经过他家门口必须给他磕头、作揖。李云龙闻听此事，决心借机惩罚财主，便巧施妙计把财主引到衙府，并把他打败。可供研究侗族民间文学参考。彭景森口述，艾人搜集、整理。32开纸8页，汉译文5600字。收入龚立新编《美女蛇》，香港天马图书有限公司2000年版。

（贵州　龙耀宏）

耸伶智斗财百万　侗语南部方言机智人物故事。流传于贵州黎平纪堂地区。由"耸岩和耸伶"、"立字据"、"晴空两天休"、"讨秧青"、"请短工"、"杀狗"六个部分组成，分别讲述耸伶机智勇敢地与财主财百万作斗争并取得了胜利的故事。可供研究侗族民间文学参考。陆海青收集、记录，振刚、李仄整理、汉译。32开纸9页，6180字。收入《从江民间文学资料集》（第一集），从江县民族事务委员会、从江县文化馆1983年编印。

（贵州　欧俊姣）

聪明的农夫哥　侗语北部方言机智人物故事。流传于贵州岑巩、江口、石阡等地。有兄弟俩，大哥是秀才，而二弟是杀猪匠，也会点文章。兄弟俩喜欢舞文弄墨坑害他人。一天，兄弟俩游说农夫去赶集，见农夫老实巴交想要他出响午钱，就以对对子来为难农夫。兄弟俩都把自己最擅长的对子拿出了，农夫没读过书但会逢场作戏，轮到他说对子时故意说不出，正当兄弟俩最轻狂时，农夫随口说出一对子，兄弟俩听后对答不上，只有乖乖地掏出钱买响午。可供研究侗族机智人物故事参考。黄乾元口述，黄天桥搜集、整理、汉译。32开纸3页，1300字。收入《中国民间文学三套成·岑巩县卷》，岑巩县民间文学三套集成办公室1990年编印。

（贵州　欧俊姣）

婢懈的故事　侗语南部方言机智人物故事。流传于贵州黎平、从江交界的皮林、新安地区。由"姑娘家境"、"穷人一家"、"少年出丑"、"财主输理"、"难住蠢材"、"讥讽秀才"、"智斗县官"、"巧设筵席"、"财主献计"、"媒婆说亲"、"衙门笑话"、"塘边耍亲”12个部分组成，分别叙述了婢懈凭借聪明与机智，勇于与财主、县官作斗争的故事。可供研究侗族民间文学参考。吴定凡、陈学祯搜集、整理。32开18页，126603字。收入《从江民间文学资料集》（第一集），从江县民族事务委员会、从江县文化馆1983年编印。（贵州　欧俊姣）

巧女解父危　侗语北部方言机智人物故事。流传于贵州省天柱、锦屏一带。叙述有个老头爱喝酒，分别向穷秀才、裁缝师、送信小伙许诺将自己仅有的一个女儿许配给他们三人，姑娘无奈之下，只好分别给那三人每人出一道难题，谁能最先完成，姑娘便与谁结成连理。最后姑娘嫁给了送信的小伙子。可供研究侗族民间文学参考。王灿元搜集、整理。32开纸4页，汉译文1700字。收入《侗族民间故事》，黔东南苗族侗族自治州文学艺术研究室1982年编印。

（贵州　龙耀宏）

小妹巧退婚　侗语北部方言机智人物故事。流传于贵州剑河。讲述一对夫妇，有两个漂亮的女儿，大姐18岁时有人相亲，可姐姐不愿意这门亲事。相亲那天，姐姐十分犯愁，聪明的小妹假装成傻子在席间吃饭时出了很多丑。男方以为那个傻子就是自己的未婚妻，便在席间逃跑了。小妹就这样帮姐姐退了这门婚事。可供研究侗族民间文学参考。王胜丘口述，艾人、图彤搜集、整理。32开纸3页，汉译文1010字。收入龚立新编《美女蛇》，香港天马图书有限公司2000年版。（贵州　龙耀宏）

（三）爱情故事

珠郎娘美　侗语南部方言爱情故事。流传于贵州榕江、从江等地区。以青年谈恋爱、私奔结婚、逃到异地，珠郎被财主杀害，逼嫁娘美不从到娘美收拾珠郎尸骨，被父母逼进深山老林的悲惨遭遇为线索，诉说了珠郎娘美不幸的爱情。对研究古代侗族婚姻有参考价值。陆发仪等口述，1988年邓敏文笔录。16开纸300页，汉译文30万字，油印本。稿存中国社会科学院民族文学研究所邓敏文处。（贵州　杨国良）

小龙鱼姑娘　侗语南部方言爱情故事。流传于贵州省从江县“六洞”。古代有一个英俊善良的后生叫顺巨，孤身一人过着清贫的生活。一年，他救了一条龙女丽燕化身的小花鱼，丽燕回宫后得到父母的允许，为感谢顺巨的救命之恩，她变成一位美丽的姑娘来到人间，与顺巨结为夫妻，两人很幸福。不久一贪图女色的知府看中丽燕，逼娶为妻。在新婚之夜，丽燕变成小龙把知府吓死。顺巨夫妻为避祸害远走高飞。可供研究侗族民间故事参考。石振基口述，石彦章、张子刚搜集、整理、汉译。32开纸3页，1950字。收入《中国民间故事集成·从江县卷》，从江县民间文学集成编委会1989年编印。

（贵州　龙耀宏）

柴郎与春娘　侗语南部方言爱情故事。流传于广西三江、龙胜侗族地区。讲述柴郎三月三赶坡会，路遇岩鹰抓走锦鸡。他把岩鹰射落，锦鸡飞走。他下山时，在龙潭边遇见春娘，与她对歌，约定明年三月三再相会。柴郎到龙潭钓鱼，反复下钓钓上的都是一只蚌蛤。柴郎将其拿回家养在水缸里。柴郎三月三去与春娘相会，找不见春娘。晚上回家，却见春娘在家里打好油茶迎接他。原来，锦鸡、蚌蛤、春娘都是龙女的化身。柴郎与龙女结亲，过上一段美满的生活。龙女长得漂亮，传到夜郎国国王那里。国王欲夺龙女为妻，龙女变为蚌蛤躲在水缸里，国王的兵马找不到人就将柴郎抓去，要他在三天之内，砍一千根大杉木并运送到王宫去，否则就杀了他。柴郎在龙女的帮助下，仅用一天时间就把一千根大杉木送到王宫。国王无法，再次刁难柴郎，逼柴郎与之斗牛。龙女从龙宫借来水牛精，将国王的牛斗败，引来洪水淹没了王宫。对研究侗族婚恋习俗和生活习俗有参考价值。广西壮族自治区三江侗族自治县八江乡吴公培讲述，1986 年杨友保笔录，杨友保、周东培汉译。32 开纸 7 页，5000 字。载《三月三》1996 年总第 23 期。收入侗族本土文化丛书《救太阳》，广西民族出版社 2002 年版。（广西　吴　浩）

三郎五妹　侗语南部方言爱情故事。流传于广西三江，贵州黎平、从江、榕江侗族地区。讲述古州三宝寨的三郎，放木排下梧州，他听朋友说广西竹脚寨有位姑娘叫五妹，人漂亮，歌也唱得好。三郎拜访五妹，连续对歌三夜，依依难舍，盟誓永结同心，相约八月十五月圆时，三郎从梧州回来接五妹到古州结亲。三郎走后，五妹父亲逼五妹嫁给表哥，并将她关闭起来。五妹吞吃牛皮卡喉而死，家人以为她服毒身亡而浮葬野外。三郎回来哭祭，听到棺内有响声，开棺救起五妹。五妹与三郎成亲。两人生一女，携女回娘家探亲，五妹家人方知五妹未死。与这故事同名同题材的尚有侗戏和琵琶歌。侗戏根据琵琶歌改编，琵琶歌根据故事改编。在琵琶歌和侗戏里，增加了三郎被木材老板之女所爱从而被木材老板逼婚的情节。五妹假死一节，在侗戏中改为五妹服毒殉情，被神仙救活，增添了神话色彩。故事对研究同一题材民间文学的变异性及侗族婚恋习俗和丧葬习俗有参考价值。贵州省榕江县车江乡吴枝林、从江县梁善安讲述，1986 年陈春园笔录，陈春园、杨通山汉译。32 开纸 5 页，3500 字。收入《侗族民间爱情故事选》，广西人民出版社 1983 年版。

（广西　吴　浩）

鲤鱼神　侗语南部方言爱情故事。流传于广西三江侗族地区。讲述包亮和蓓花，自小一起看牛，互相帮助，建立了感情。他们长到 18 岁时，约定来年四月初八歌节在杨梅坳约会，互换信物订终身。蓓花的后娘嫌贫爱富，硬逼蓓花嫁给财主儿子，蓓花因此跳下青龙潭。来年四月初八，包亮到杨梅坳，不见蓓花身影，问其好友，方知蓓花跳下青龙潭已半年。包亮跑到潭边呼叫蓓花。蓓花从潭中冒出，说她为青龙所救。二人同下龙潭，青龙为他们举行了隆重的婚礼。后来二人经常变成两条红鲤鱼在潭中游动，世人称为鲤鱼神。对研究侗族民间文学有参考价值。广西三江同乐韦甫桂花讲述，1986 年胡红开笔录，胡红开、韦会明汉译。32 开纸 3 页，1800 字。收入《侗族民间爱情故事选》，广西人民出版社 1983 年版。

（广西　吴　浩）

生死夫妻　侗语南部方言爱情故事。流传于广西三江、湖南通道侗族地区。讲述枫木寨的姑娘边妹与弹棉匠银四相恋。边妹的父母要她嫁给财主少爷。财主少爷抢婚不成，进而逼婚。财主接亲之夜，边妹与好友培娘用计借故换衣服久去不归，培娘去看，回来哭喊着说边妹吊颈身亡。众人去看，边妹确实吊在屋边枫树上。财主少爷因此大闹要退所送彩礼。培娘将所有礼品丢还给他，他领着接亲队伍匆匆离去。银四不知是计，认为边妹殉情而死，哭着去见情人的父母，说边妹生死都是他的妻子，要把尸体接回他家安葬。岳父母深受感动，同意银四把尸体接走。银四抱起尸体，边妹在银四怀中醒来。故事对研究侗族婚恋习俗及爱情观有参考价值。广西壮族自治区三江侗族自治县林溪乡皇朝新寨吴道德讲述，1986 年吴浩笔录、汉译。32 开纸 3 页，2000 字。收入《侗族民间爱情故事选》，广西人民出版社 1983 年版。

（广西　吴　浩）

吴朝堂与秀银吉妹　侗语南部方言爱情故事。流传于广西三江、龙胜侗族地区。讲述念马村有一家崔姓财主，生有女儿叫吉妹，她与长工周秀银相爱。周秀银耕田种地样样是能手，他还会弹琵琶，会吹笛子、芦笙，歌也唱得特别动听。吉妹早就恋上秀银，秀银也很喜欢吉妹。吉妹父母知道后，赶走秀银，将吉妹许配给马胖村的财主薛家。秀银回家后，因过度思念吉妹，卧床不起，离开人世。吉妹闻讯，跑到秀银坟上痛哭，吞毒药而亡。薛家财主状告周秀银害死他家媳妇，要周家赔银。此事传开，众人都愤愤不平。大家同情吉妹、秀银双双殉情，对薛家财主仗势欺人的恶行十分愤慨。周秀银村上的歌师吴朝堂，为此编了琵琶歌传唱。薛家财主薛老来扬言要打吴朝堂，禁唱此歌。吴朝堂流亡湖南，学成武艺归来，打败薛老来，“秀银吉妹歌”世代传承下来。对研究侗族的婚恋习俗及歌俗有参考价值。广西壮族自治区三江侗族自治县八江乡吴家礼、吴大隆、吴仕杰讲述，1965 年杨通山笔录、汉译。32 开纸 3 页，2100 字。收入《侗族民间爱情故事选》，广西人民出版社 1983 年版。

（广西　吴　浩）

梅红鹰啼　侗语南部方言爱情故事。流传于广西龙胜侗族地区。讲述古时粽竹寨有对情人独郎和茶妹，独郎早年父母双亡，茶妹也没了父亲，母女二人相依为命。独郎、茶妹结情私订终身。茶妹舅家要“女还舅门”，约定婚期讨茶妹为儿媳。独郎、茶妹决定私奔。为筹盘缠，独郎帮人放木排下长安（今广西壮族自治区融安县），约定中秋带茶妹逃婚。茶妹舅家买通官府，诬告独郎偷放他家木排，长安官府将独郎扣押。婚期临近，茶妹不见独郎回来，她骗过母亲乘夜出逃。独郎黑夜打翻看衙役，逃奔回家，途中与茶妹相遇。舅家发现茶妹出逃，带家丁族人追赶。独郎、茶妹逃上望郎山，双双跳崖殉情。他们化为一对山鹰，凌空展翅，飞落粽竹寨鼓楼顶上，发出凄厉的啼声，告诫青年男女，对待婚事，可要当心。对研究侗族传统婚俗有参考价值。广西壮族自治区龙胜各族自治县石成江、王通能、王通义讲述，1979 年黄裔、石本忠笔录、汉译。32 开纸 9 页，5300 行。收入《侗族民间爱情故事选》，广西人民出版社 1983 年版。

（广西　石本忠）

扭纪和龙遂　侗语南部方言爱情故事。流传于广西三江侗族地区。穷人家的孩子扭纪与富家女龙遂相恋，受到龙家的反对。龙家向扭纪提出五条稀奇古怪的条件，阻拦这门婚事，却不料被扭纪一一办到了，从而娶龙遂为妻。对研究侗族的婚姻状况和社会生活有参考价值。广西壮族自治区三江侗族自治县良口乡莫公胜讲述，1979 年郑光松笔录、汉译。32 开纸 4 页，2500 字。收入《侗族民间故事选》，上海文艺出版社 1982 年版。

（广西　吴　浩）

绍女　侗语南部方言爱情故事。流传于广西三江，贵州黎平、从江侗族地区。叙述古州八匡冲姑娘绍女与门龙行歌坐月相恋，不顾家人反对，与门龙私奔成亲。可是成亲不到一年，门龙被抓官差，一去 12 年不回。在此期间，绍女被父母接回娘家。父母多次劝绍女改嫁，绍女执意等门龙回来。父母设计，让富家之子假扮门龙，谎称门龙在外做了大官，用轿来接绍女同享清福。绍女给“夫”献茶，确认此人不是丈夫，拒绝上轿。恰巧此时门龙回乡，门龙因生天花，变成麻子，穷困潦倒，不敢来见绍女。绍女知情，主动去会门龙，甘愿受苦受累，与门龙重振家业。对研究侗族社会生活及文学有参考价值。广西壮族自治区三江侗族自治县同乐苗族乡平溪村韦甫桂花讲述，1987 年韦会明笔录、汉译。32 开纸 2 页，1500 字。收入《侗族民间爱情故事选》，广西人民出版社 1983 年版；侗族本土文化丛书《救太阳》，广西民族出版社 2002 年版。

（广西　吴　浩）

落阳桥　侗语北部方言爱情故事。流传于贵州锦屏九寨等地。传说古时高银凉散有一条大河叫阴阳河，阻断了河两岸的来往，青年男女只能飞歌传情。后来有船，但必满一百人才能开。南岸姑娘兰亚与北岸后生怨水相爱成婚，回家探亲难逢人满一百，怀孕在身的她在河边生下了儿子洛阳。洛阳长大成人后又与南岸姑娘相爱，观音托梦给他，要想两岸交往顺畅，必凑足万人缘，修百拱桥一座，于是他和情人为了修桥而奔波多年，却未成。最终在观音的帮助下桥修成了。为了纪念洛阳修桥，侗家人便把此桥叫“洛阳桥”。王元江口述，李万增整理、汉译。32 开纸 3 页，1320 字。载《南风》1982 年第 4 期。收入《九寨风情》，华夏文化艺术出版社 2002 年版。　（贵州　龙耀宏）

姐岩桥　侗语北部方言爱情故事。流传于贵州锦屏九寨地区。叙述古时江口城东一户人家有一女，城西的一户人家有一男。有一年，两个孩子为了寻找各自的父亲相遇，互相产生好感，半月后各自回家，后多次相会，发誓要共生死，天长地久。但他们的事被人们传得沸沸扬扬，两家老人得知并千方百计阻拦。后来两人逃出家门来到塘砂一块石坪子上唱歌抒发情怀，忘掉一切，晚上他们变成了两块岩石，像一座石桥。后来人们为了纪念他们纯洁的爱情，把人形石桥叫“姐岩桥”。可供研究侗族婚恋参考。刘云昌、谭俊康、彭金鸾口述，陆景川搜集、整理。32 开纸 5 页，汉译文 2400 字。收入《锦屏民间文学资料》，锦屏县委宣传部、锦屏县民族事务委员会、锦屏县文化馆 1982 年编印；《九寨风情》，华夏文化艺术出版社 2002 年版。　（贵州　龙耀宏）

帅哥和美娜　侗语北部方言爱情故事。流传于贵州锦屏九寨地区。叙述一对青年，男的叫帅哥，女的叫美娜。帅哥是龙员外家的帮工，样样活路都精通，办事机灵，与心善手巧的员外独生女美娜情投意合，但员外发觉后赶走帅哥，美娜与他一起逃离。一天夜里，帅哥去一村寨找火把，而此村寨有虎，美娜在凉亭被老虎劫走，帅哥在寨上打虎队的帮助下进虎窝救出美娜。因帅哥为村寨除虎害，全寨挽留并送木楼、田地让他们落脚安家。可供研究侗族爱情故事参考。龙培凤口述，陆景川整理、汉译。32 开纸 6 页，2900 字。收入《侗族民间爱情故事选》，广西人民出版社 1983 年版；《九寨风情》，华夏文化艺术出版社 2002 年版。

（贵州　龙耀宏）

何长工与小姐　侗语北部方言爱情故事。流传于贵州锦屏九寨地区。叙述高坡侗乡有一户财主，无男儿，只有一对女儿，长大后美若天仙，许多人引媒求亲。老大遵父母之命嫁给一个家财万贯的人家。而二姑娘违抗父母之命，最终与相好多时、聪明能干的自家长工何工私奔。两年后，他们生了一个儿子回来，岳父很高兴地准了他们的婚事。在岳父六十大寿时，一子一女未生的大女儿与丈夫带着厚重礼物来祝寿，而二女儿夫妇却带着三个孩子和简易礼品来祝寿。岳父看着三个可爱的孩子很是高兴，并说自主婚姻是对的，死宝不如活宝好。可供研究侗族传统婚育观念参考。耿娇贵口述，滚文权整理、汉译。32 开纸 5 页，2500 字。收入《中国民间故事集成・锦屏县卷》，锦屏县民间文学集成编委会 1988 年编印；《九寨风情》，华夏文艺出版社 2002 年版。（贵州　龙耀宏）

娇丽与石哥　侗语北部方言爱情故事。流传于贵州锦屏九寨地区。相传，寨子一姑娘娇丽能说会唱且漂亮，她与邻寨的小伙子石哥相爱，但寨规规定本寨姑娘只能嫁本寨郎，且她已从小被许给比自己小十岁的表弟为妻。为了相亲相爱，娇丽和石哥离开家乡，但又被差役送回家。石哥被大舅家告进牢房，娇丽不变爱心。三年后石哥出狱，两人不想再分离，但面对不能违的乡俗和寨规又无可奈可，为了忠贞不渝的爱情，二人含笑跳下万丈悬崖。可供研究侗族爱情故事和婚规婚俗参考。杨云良口述，傅安辉整理、汉译。32 开纸 4 页，2000 字。载《香炉山》1986 年第 3 期。收入《九寨风情》，华夏文化艺术出版社 2002 年版。（贵州　龙耀宏）

杏娃和腊朵　侗语北部方言爱情故事。流传于贵州锦屏九寨地区。叙述山寨刘二圭之女杏娃与隔壁陆大山之子腊朵自小相好定亲，后来为了逃瘟疫而分开。两年后，陆家不归，而刘一家回。后来腊朵身无分文孤身一人回来，已成大富人的刘二圭卑视他贫穷寒酸，偷偷把女儿许配给远方财主之子杨多才，并设计毒害腊朵。女儿得知后救了腊朵，深夜二人逃走，被杨多才发现。杨多才同情杏娃和腊朵，放走了他们，还送给他俩银两。可供研究侗族情爱故事参考。傅宗柱口述，傅安辉搜集、整理、汉译。32 开纸 5 页，2300 字。载《南风》1986 年第 2 期。收入《九寨风情》，华夏文化艺术出版社 2002 年版。（贵州　龙耀宏）

鹭雁姑娘　侗语南部方言爱情故事。流传于贵州从江贯洞。叙述贯洞寨有一大户人家晚年生一女叫鹭雁，长大后长得漂亮又聪明勤劳，许多人来求亲她都不屑一顾，因她私下与聪明英俊的穷后生传郎情投意合。不料，有一年在铜鼓节上她被县太爷看中，家父很喜欢但她不从。春节，县太爷派人来抢她，幸被传郎救助。家父鄙视传郎贫穷，千方百计阻拦二人相爱，二人无奈决定私奔，但在半路又被抓回。鹭雁遭家父毒打，不久死去，传郎也跟着殉情。后家父常想起女儿死前的责骂，便也含恨而死，家母为女修石墓以志其事。可供研究侗族故事参考。陈春园搜集、整理、汉译。32 开纸 10 页，6500 字。收入《中国民间故事集成・从江县卷》，从江县民间文学集成编委会 1989 年编印。（贵州　龙耀宏）

花端和无巨　侗语南部方言爱情故事。流传于贵州从江“九洞”。叙述古州三宝（今贵州省榕江县）侗寨杨金海为求一子多行善事。太白金星考验后，决定派仙童李宝同和仙女张三妹下界投胎在吴家和杨家，分别叫花端和无巨。花端美丽聪明，父亲逼她与表哥订婚；无巨英俊伶俐，为逃避与表妹订婚远走他乡传歌，与花端相遇，二人情投意合。几经磨难后，两人终成眷属。可供研究侗族民间故事参考。王端卿口述，陈春园、王胜央搜集、整理、汉译。32 开纸 4 页，2600 字。收入《中国民间故事集成・从江县卷》，从江县民间文学集成编委会 1989 年编印。（贵州　龙耀宏）

杨美的故事 侗语南部方言爱情故事。流传于贵州从江“九洞”。叙述增冲杨家有对夫妻晚年生一女叫杨美。杨美18岁就结婚，但不久丈夫去世，杨美又回娘家奉养双亲，孤单一人出入。一年侗戏班来演戏时，她与一个唱戏的后生耀福结下恩爱之缘，但耀福父亲得知杨美是寡妇，觉得有辱家门，便阻挡儿子与她来往。从此耀福一病不起，相思而死。杨美以媳妇的身份来为他办后事。耀福之父知错，但为时已晚。可供研究侗族民间故事参考。石奶富安口述，陈春园、王胜先搜集、整理、汉译。32开纸2页，约1200字。收入《中国民间故事集成·从江县卷》，从江县民间文学集成编委会1989年编印。（贵州　龙耀宏）

巴西美易 侗语北部方言爱情故事。流传于贵州锦屏、剑河、天柱三县交界地区。叙述清水江畔侗寨里有个名叫巴西的标致后生，与邻寨一个名叫美易的漂亮姑娘演绎了一个纯真的爱情故事，并留下了许多习俗。如芦笙是从巴西开始吹起的，移苗移栽是美易开头的，吃牯是巴西兴起的，还有“三月三”的来历等。可供研究侗族民间风俗参考。李学刚搜集、整理。32开纸7页，汉译文3000字。收入《侗族民间故事》，黔东南苗族侗族自治州文学艺术研究室1982年编印。（贵州　龙耀宏）

三板溪畔 侗语北部方言爱情故事。流传于贵州省锦屏县九寨各地。叙述三板溪草木丛生，鱼儿成群，一对夫妇带着娃儿来这儿居住，不久留下娃儿一人在江畔砍柴糊口，独自唱歌解闷。不料有一天，正当他唱忧心歌时，龙王的女儿偷出江水与他对歌，两人产生好感，多次相会后私下结婚。龙王得知后把女儿关在龙宫。在宫女的帮助下，打柴郎知道了妻子的事情，无奈只能泪眼望江。后来龙女生下一对双胞胎，哀求龙王把孩子送上岸，含泪诉苦并说以后如果没办法生活可以打鱼为生。于是就有了现在江边的渔村。可供研究侗族爱情故事和地方风物参考。龙加亮口述，王继英整理、汉译。32开纸4页，1800字。收入《侗族民间爱情故事选》，广西人民出版社1983年版；《九寨风情》，华夏文化艺术出版社2002年版。（贵州　龙耀宏）

刘吉与龙仙 侗语南部方言爱情故事。流传于贵州从江“六洞”地区。讲述穷人刘吉与富家小姐龙仙之间的爱情，以及刘吉在求婚的过程中发生的神奇故事。可供研究侗族民间文学参考。石怎任口述，石彦章记录，李仄汉译。32开纸6页，3000字。收入《从江民间文学资料集》（第一集），从江县民族事务委员会、从江县文化馆1983年编印。（贵州　欧俊娇）

蛇郎的故事 侗语北部方言爱情故事。流传于贵州剑河侗族地区。叙述有个老人家有两个女儿，老人用谁做活路做得好的方法来选女婿。后来把小女儿许配给了勤劳的撩棒蛇为妻，生活幸福美满。而好吃懒做的姐姐想占撩棒蛇为己夫害死妹妹。后来姐姐终遭报应，妹妹又复活了，并恢复了与蛇郎的宁静美满生活。可供研究侗族爱情故事参考。杨秀燕口述，龚艾人搜集、整理。32开纸5页，汉译文2000字。收入《侗族民间故事》，黔东南苗族侗族自治州文学艺术研究室1982年编印。（贵州　龙耀宏）

望夫坟 侗语北部方言爱情故事。流传于贵州剑河、锦屏交界的高坝地区。叙述高坝地方有两个勤劳善良的人，结为亲家。玉娘是肖公独女，承祖是吴公独子，玉娘和承祖从小相爱。响应侗家首领姜映芳的号召，承祖参军入伍，一去不复返；而玉娘天天在三星塘等着参军入伍的情郎承祖，直到60岁离开了人世，为侗乡人所悼念。可供研究侗族爱情故事参考。杨胜溢、李万增搜集、整理。32开纸4页，汉译文1800字。收入《侗族民间故事》，黔东南苗族侗族自治州文学艺术研究室1982年编印。

（贵州　龙耀宏）

花椒姑娘　侗语北部方言爱情故事。流传于贵州锦屏一带。叙述很久以前，深山沟里有一户专门靠砍柴烧炭来维持生活的人家，家中有两兄弟，小的叫老二。一次，老二上山砍柴认识了花椒林里的姑娘，在家人的撮合下，两人便成了一对幸福美满的夫妻。可供研究侗族爱情故事参考。周引芝口述，放新搜集、整理。32开纸3页，汉译文1200字。收入《侗族民间故事》，黔东南苗族侗族自治州文学艺术研究室1982年编印。

（贵州　龙耀宏）

贵玉　侗语北部方言爱情故事。流传于贵州剑河。讲述有一对恋人，男的叫赖山，女的叫贵玉，两人感情很好。因为赖山患了麻风病，贵玉的父亲坚决反对他们两个结婚，说如果女儿与赖山结婚便不认她。婚后两人很难度日。在一次野宿煮饭的时候一条蛇滚进锅里，他们吃了蛇后，赖山的病便好了，还捡到很多的金子，过上幸福的生活。贵玉的父亲却变成了一个叫花子，有一天讨饭的时候讨到了贵玉家来。可供研究侗族爱情故事参考。彭景彬口述，艾人搜集、整理。32开纸5页，汉译文3080字。收入龚立新编《美女蛇》，香港天马图书有限公司2000年版。

（贵州　龙耀宏）

二郎与吴凤　侗语北部方言爱情故事。流传于贵州三穗岑坝地区。叙述二郎与吴凤喜结良缘的故事。二郎为了学法术，孤身一人到门对岸吴师傅处求学，江边撞见吴凤，吴师傅对二郎百般刁难，而二郎在吴凤的帮助下将问题一一破解，后吴凤对二郎起了爱慕之心。五年后，二郎学成回家，带走师傅的伞，历经艰辛回到家中，撑开伞，吴凤出现，两人结为夫妻，过上幸福生活。可供研究侗族民间文学参考。陈德显口述，1984年吴展明、周昌武搜集、整理。32开纸6页，汉译文3450字。收入《侗族文学资料》第三集（三穗县专集），《侗族文学史》编写组1984年编印。

（贵州　龙耀宏）

玉女的故事　侗语北部方言爱情故事。流传于贵州三穗款场。叙述玉女天姿聪明伶俐，做得一手好针线活，到了谈婚论嫁年龄，上门提亲的人很多，却被她一一回绝。一日，玉女去溪边洗衣，为三位妇人解难。后不久又有四小上门提亲，玉女答应，四小与玉女一见钟情，两人结为夫妻。土司因向玉女求婚不得而故意刁难四小一家，却被玉女嘲讽而逃跑。可供研究侗族民间文学参考。杨翠音口述，周昌武1983年于款场搜集、整理。32开纸4页，汉译文2488字。收入《侗族文学资料》第三集（三穗县专集），《侗族文学史》编写组1984年编印。

（贵州　龙耀宏）

（四）伦理道德故事

娘梅　侗语南部方言伦理道德故事。流传于广西三江、龙胜，贵州黎平、从江、榕江侗族地区。讲述侗族一对青年反抗传统婚俗和地方恶霸势力的故事。按照传统婚俗，娘梅要嫁其表哥，而娘梅却与珠郎相恋，因此两人私奔到外乡落户。珠郎被外乡财主谋害，娘梅用计谋为其夫报仇雪恨。对研究侗族历史和传统习俗有参考价值。广西壮族自治区三江侗族自治县良口乡石子超、同乐乡归东村李歧山讲述，1956年吴贵元、过伟笔录，吴居敬、吴贵元、过伟、杨通山汉译。32开纸7页，4000字。收入《侗族民间故事选》，上海文艺出版社1982年版；又以“娘梅和助郎”为题，收入过伟主编《中国民间故事集成·广西卷》，中国ISBN中心2001年版。（广西　吴　浩）

述梅　侗语南部方言伦理道德故事。流传于广西融水、三江侗族地区。述梅是仙姑赠送给其父母的一条白绸的化身，长得美丽动人，心灵手巧，与东苏相遇相恋。东苏被其友福安所害，福安欲骗述梅为妻。东苏为大龟救起，揭穿福安阴谋，使福安变为乌鸦。对研究侗族民间故事有参考价值。广西壮族自治区融水苗族自治县小东江村果卜应忠、潘甫宽讲述，1979年梁彬笔录、汉译。32开纸4页，2400字。收入《侗族民间故事选》，上海文艺出版社1982年；又以“述梅和东苏”为题，收入过伟主编《中国民间故事集成·广西卷》，中国ISBN中心2001年版。（广西　吴　浩）

老通和小容　侗语南部方言伦理道德故事。流传于广西三江、龙胜，贵州黎平、从江，湖南通道侗族地区。讲述老通和小容两兄弟的故事。哥哥老通贪得无厌，好吃懒做；弟弟小容忠厚老实，手勤脚快。父母去世后，老通把大块的田和牛都占去了，把一块小田和一只狗分给弟弟。小容用狗耙田而获得货郎的一担货物。老通用狗耙田却被狗咬伤，他把狗打死。小容葬狗种南瓜，从偷南瓜的猴群那里获取金银财宝。老通也想去猴群那里取金银财宝，却被猴群抛下悬崖身亡。对研究侗族道德观有参考价值。广西壮族自治区三江侗族自治县独峒乡石安怀讲述；1986年张海、吴通炳笔录，吴通炳、罗家阔汉译。32开纸3页，2000字。收入《侗族民间故事选》，上海文艺出版社1982年版。（广西　吴　浩）

老戌和老亥　侗语南部方言伦理道德故事。流传于广西三江、龙胜侗族地区。讲述两个家庭教育小孩的方式不同，使两个同时长大的小孩品性和为人大不同。老戌，戌年出生；老亥，亥年出生。两个小孩到溪边玩耍，见有一篓鱼泡在水里，老亥抓了两条，分一条给老戌。两个小孩都把鱼拿回家了。老亥的父母不问清鱼从哪来，就将鱼煎得香香的让老亥全吃了。老戌的父母问清鱼是怎么得来的，煎鱼时母亲把鱼胆汁涂抹在鱼的身上。老戌咬上一口，苦得喷吐一地。母亲对他说：“偷来的东西味苦吃不得，是要吐出来的。”老戌对母亲说：“以后我再也不拿别人的东西了。”不同的教育产生不同的结果。两人长大后，老亥好吃懒做，油嘴滑舌，为人奸巧欺诈；老戌勤劳节俭，忠诚老实，从不做损人利己之事。对研究侗族社会家庭教育及民间文学的社会功能有参考价值。广西壮族自治区三江侗族自治县林溪乡皇朝新寨吴道德讲述，1987年吴贵元笔录、汉译。32开纸3页，2200字。收入过伟主编《中国民间故事集成·广西卷》，中国ISBN中心2001年版（广西　吴　浩）

小金包　侗语南部方言伦理道德故事。流传于广西三江、龙胜等侗族地区。讲述穷人小金包意外救活了一条小狗，并将小狗带回家养大。小狗为报答小金包，给他屙下一堆金子。此事被财主知晓，设计陷害小金包，强占小狗，结果财主被小狗咬死。对研究侗族社会道德有参考价值。广西壮族自治区三江侗族自治县沙宜村梁志刚讲述，1979 年萧启中笔录，梁志刚、萧启中汉译。32 开纸 3 页，1500 字。收入《侗族民间故事选》，上海文艺出版社 1982 版。（广西　吴　浩）

莽子和刘妹的故事　侗语南部方言伦理道德故事。流传于贵州黎平、从江、榕江等地。叙述一个名叫刘妹的女子，长得好看，人又勤快，她的两个哥哥由于听信算命先生的一派胡言，将刘妹推下悬崖。幸好刘妹福大命大，被一个叫莽子的汉子救下，刘妹为了报答莽子的救命之恩，便以身相许，因祸得福，名声传四方。可供研究侗族伦理道德参考。吴金松等口述，杨国仁整理。32 开纸 8 页，汉译文 4000 字。收入《侗族民间故事》，黔东南苗族侗族文学艺术研究室 1982 年编印。（贵州　龙耀宏）

雅香和雅郎　侗语南部方言伦理道德故事。流传于贵州黎平和湖南通道交界的侗族地区。叙述雅香和雅郎是很好的朋友，都给财主做帮工。雅香忠厚老实，雅郎奸狡滑头。雅郎将雅香眼睛刺瞎，土地公显灵，雅香瞎眼复明，因祸得福，成家立业。坏心人雅郎想走雅香的路子，便将自己双眼刺瞎，土地公是非分明，没给雅郎机会。可供研究侗族伦理道德和民间文学参考。吴勇口述，石新民搜集、整理。32 开纸 7 页，汉译文 3200 字。收入《侗族民间故事》，黔东南苗族侗族自治州文学艺术研究室 1982 年编印。

（贵州　龙耀宏）

也韧和侬韧　侗语南部方言伦理道德故事。流传于贵州黎平和广西三江一带。叙述也韧和侬韧是两兄弟。大哥也韧为人狡猾，好吃懒做；小弟侬韧为人善良、勤劳。弟弟种瓜得瓜、种豆得豆，心想事成；而哥哥却相反，便起了嫉妒心。他想顺着弟弟的思路去做，但结果却一无所获。哥嫂积久成病，身体一天比一天差，最后离开了人世。侬韧安葬好哥嫂后，过上了安稳的生活。可供研究侗族伦理道德和民间文学参考。石若屏搜集、整理。32 开纸 8 页，汉译文 3500 字。收入《侗族民间故事》，黔东南苗族侗族自治州文学艺术研究室 1982 年编印。

（贵州　龙耀宏）

龙敬父　侗语北部方言伦理道德故事。流传于贵州剑河。讲述有个孝子叫龙敬父，父亲早逝，母亲双目失明，家里很穷，但他每天上山砍柴，卖了钱后总要给母亲买四两肉回家。他的妻子心生恶意，有一次帮母亲煮肉时竟往肉里放屎。这事被龙敬父知道，他骂妻子有一天会遭雷打。不料当天晚上，一个炸雷把他妻子的头和狗头砍掉在地，然后，一阵旋风把狗头接在他妻子的脖子上。从此，龙敬父的妻子成了狗头人身的怪人。可供研究侗族伦理道德参考。龚臣德口述，艾人搜集、整理。32 开纸 3 页，汉译文 1750 字。收入龚立新编《美女蛇》，天香港马图书有限公司 2000 年版。（贵州　龙耀宏）

好面子的将军　侗族汉语伦理道德故事。流传于贵州玉屏。讲述从前有个张姓男子汉，家里很穷。三十多岁娶妻，养了四个儿子。老大、老二、老三上山砍柴，老四看四只鸭，艰难度日。一日，老大砍柴私自闯世界，当上了将军。老二、老三在家辛劳，听说老大当将军，就先后千里寻哥欲出苦海。哪知将军老大嫌家里穷，好面子不见面，就先后命士兵将老二、老三斩了。老四又去探究竟，面对士兵时，反说家中富裕，老大面见老四，但不愿随老四回家看穷父母。将军好面子斩老二、老三之事，后被皇上知道，他被免官重责，贬为下人，而老四勤劳家发人兴。可供研究侗族民间文学参考。陈亚琴讲述，蒋仁晏搜集、整理。32 开纸 12 页，汉译文 144 行。稿存贵州省玉屏侗族自治县民族宗教局。（贵州　陈昌文）

兄弟俩各得其所　侗族汉语伦理道德故事。流传于贵州玉屏。讲述一个小村寨，有一户张姓人家，兄弟二人。哥叫张奸，弟叫张实。弟诚实为人，但累遭哥张奸骗害。最终，张实因为人耿直、诚实帮人而得神助，得银购耕牛，辛勤劳作，娶妻、养儿，过上幸福生活。而张奸懒惰，害人害己，最终沦为乞丐。兄弟二人各得其所。可供研究侗族民间文学参考。陈亚琴搜集，蒋仁晏整理。32 开纸 2 页，汉译文 255 行。稿存贵州省玉屏侗族自治县民族宗教局。

（贵州　陈昌文）

两兄弟　侗语南部方言伦理道德故事。流传于广西三江侗族地区。讲述哥哥好吃懒做，品行恶劣；弟弟老实勤劳，心地善良。弟弟得到野猫的帮助，唱歌赢了心爱的姑娘。哥哥知道后，也带着野猫去坐妹。野猫不帮他对歌，他气愤地把野猫摔死在路上。弟弟知道后，找回野猫安葬。不久从埋野猫的地方长出一篼竹子，竹子掉下许多银子给弟弟。哥哥知道后去摇竹子，却掉了一身的毛毛虫。哥哥把竹子砍了。弟弟把竹子编成鸡笼，鸡笼里装满了鸡蛋，哥哥去摸却摸得一手的鸡屎。哥哥把鸡笼烧了。不久在烧鸡笼的地方长出一根豆苗，长出的豆子让弟弟吃了放出香屁。他因香屁与人赌得五十两银子。哥哥拿豆去集市上卖，却放了臭屁，结果被人打得半死。对研究侗族处世哲学有参考价值。广西壮族自治区三江侗族自治县林溪乡大田村奶田讲述，1992 年林溪乡大田村吴学君用拼音侗文记录、汉译。16 开纸 2 页，2200 字。载《侗文专刊》1992 年第 2 期（总 8 期）。（广西　吴美莲）

两包兄弟和胡妹　侗语南部方言伦理道德故事。流传于广西三江、龙胜，湖南通道侗族地区。讲述包大、包二是两兄弟，包大懒惰刁奸，包二勤劳善良。一天，老二上山砍柴，救活一只受伤的狐狸，抱回家来给它疗伤。狐狸伤势痊愈后讲起人话，要求留下来与包二一起居住。晚上，包二吹起竹笛，狐狸跟随笛子的曲调唱起十分动听的笛子歌。此后，包二便带狐狸游村串寨唱歌，人们送给他们糯饭、鱼、肉。包大向包二借狐狸，也带狐狸去唱歌。可包大对狐狸很粗暴，狐狸不唱歌。包大为此打死狐狸。包二将狐狸好好埋葬。不久，狐狸坟上长出几根竹子，包二去看，竹子摆动，撒下一地白米，包二扫了满满一箩筐米回来。包大知道后，跑到狐狸的坟地去摇动竹子，却落下许多毛虫。包大把竹子全砍了。包二用竹子编鱼钻，每天装得好多鱼。包大将鱼钻偷去，却装的全是蛇。包大又将鱼钻烧了。火烟将包大薰得心闷倒地。火烟中出现一个美丽的姑娘，向包二招手，两人飘飘地飞走了。对研究侗族传统美德教育有参考价值。广西壮族自治区三江侗族自治县林溪乡皇朝新寨吴道德、湖南省通道侗族自治县姚荣义讲述，1981 年周东培笔录、汉译。32 开纸 4 页，3300 字。收入侗族本土文化丛书《救太阳》，广西民族出版社 2002 年版。（广西　吴　浩）

两兄弟分家　侗语北部方言伦理道德故事。流传于贵州三穗。叙述兄弟俩的爹妈死后，哥嫂逼着年幼的弟弟分家，好田好土和房屋，哥嫂全要，只分给弟弟一条狗和几丘干田，从此弟弟就和狗相依为命。弟弟与人打赌，用狗犁田，赢回一挑布，回家后哥嫂眼红，于是与弟弟商量，也用狗犁田并把狗打死。忠厚善良的弟弟把狗埋葬后得到不少东西，哥嫂也学着做，却一无所获。由于贪婪，后哥嫂死亡。可供研究侗族家庭伦理参考。周天明口述，周昌武搜集、整理。32开纸5页，汉译文3200字。收入《侗族文学资料》第三集（三穗县专集），《侗族文学史》编写组1984年编印。（贵州　龙耀宏）

两兄弟的故事　侗语南部方言伦理道德故事。流传于贵州从江“六洞”地区。叙述有两兄弟按遗嘱来葬父亲，说抬棺材的绳子在哪里断就葬在哪里。老大想要用细绳，但老二坚持用粗绳，老大不耐烦竟用刀把绳子割断。一天，老二看坟前有竹子便摇了摇，不想竟摇出银子，老大也来摇却摇出蜜蜂，老大一气之下把竹子砍了。老二又用竹子编笼子，全寨的鸡、鸭都来下蛋，老大照办却无收获，又把笼子烧了。老二用笼子灰种的西瓜又大又甜，强盗将老二当西瓜抬到山洞，老二得了许多银两，老大照办仍无收获。强盗专门来捉守瓜人，把老大抬到悬崖边推下摔死。可供研究侗族民间伦理故事参考。吴明辉口述，陆海清搜集、整理。32开纸3页，汉译文1800字。收入《中国民间故事集成·从江县卷》，从江县民间文学集成编委会1989年编印。（贵州　龙耀宏）

两姐妹　侗语北部方言民间伦理道德故事。流传于贵州三穗侗族地区。叙述姐妹俩长大后，父母双亡，她俩也各自成家，妹妹嫁给一个忠厚老实的庄稼汉。有一年大旱，庄稼颗粒未收，妹妹家中无米，便到姐姐家想办法救急，却遭到姐姐刁难且要诈，妹妹忙了一整天空手而归。路上妹妹遇一条蛇拦住去路，于是将蛇带回家，从此妹妹家有吃不完的饭、用不完的金银。善良的妹妹与丈夫用此救济邻里。贪婪的姐姐找上门，想得到发财窍门，却被蛇咬死。可供研究侗族社会伦理道德参考。吴少光搜集、整理。32开纸6页，汉译文1330字。载《黔东南文艺》1983年第一期。收入《侗族文学资料》第三集（三穗县专集），《侗族文学史》编写组1984年编印。（贵州　龙耀宏）

秀妮的故事　侗语南部方言伦理道德故事。流传于贵州从江。叙述古时候“六洞”地区有两兄妹相依为命，长大后都为对方着想不找对象，而妹妹秀妮在邻居老奶的帮助下给哥哥找了一位嫂子，还瞒着乡亲和哥哥把自己绣的精美的嫁妆送给嫂子来遮脸。结婚后嫂子怕这事被别人知道，就想方设法谋害秀妮，经常在丈夫面前说妹妹的坏话，但都未成功。有一年的大年夜，妹妹拿着席与被子来野外看杨梅开花，哥哥听信了嫂子的谗言，把秀妮杀死。后哥哥明白了真相，哥嫂都因无脸见人相继结束了生命。可供研究侗族民间故事参考。32开纸8页，汉译文5000字。收入《从江民间文学资料集》（第一集），从江县民族事务委员会、从江县文化馆1983年编印；《中国民间故事集成·从江县卷》，从江县民间文学编委会1989年编印。（贵州　龙耀宏）

猎人阿三　侗语南部方言伦理道德故事。流传于广西三江、龙胜，贵州黎平侗族地区。讲述猎人阿三用箭射伤一只老鹰，救了小白蛇。这小白蛇是龙王的小女儿。龙王感激阿三救了女儿，送了一颗自己嘴含的宝石给阿三。这颗宝石含在人的嘴里，能听懂飞禽走兽的语言。阿三得了宝石，打猎方便极了，什么鸟兽躲在什么地方，他都一清二楚。但小龙女说，这个秘密，只能他一人知道，如果他透露给别人知晓，那他就会变成石头。一天，几只小鸟飞在天空中说话：“这地方晚上将会山崩地裂，发大洪水，所有房屋都将被洪水冲走。”阿三听到这话，急忙赶回村寨，擂响鼓楼里的大鼓，把消息告诉村上父老，叫他们赶快搬迁。乡亲们得救了，阿三却真的变成石头。对研究侗族社会传统美德有参考价值。广西壮族自治区三江侗族自治县富禄乡陆井新讲述，1979 年陈荣新、谢居亲笔录、汉译。32 开纸 3 页，2200 字。收入侗族本土文化丛书《救太阳》，广西民族出版社 2002 年版。（广西　吴　浩）

三个强盗　侗语南部方言伦理道德故事。流传于广西三江，贵州黎平、从江侗族地区。讲述三个强盗到山中破庙去住。庙太破，他们修补了一下勉强住下。这是一座土地庙。土地婆感激三人为她和土地公修了房子，想将庙里埋藏着一坛银子的事告诉他们，被土地公制止了。第二天，这三人买来酒肉，在庙里开怀痛饮，还向土地公、土地婆拜了几拜。土地婆更感动了，晚上托梦给这三人，告诉了银子埋藏的地点。早晨起来，这三人各怀鬼胎，都想独吞银子。派谁下山去买酒菜，谁都不愿去。最后推来推去，老三下山去了。老大、老二商量，决定平分这坛银子，在吃饭时借敬酒杀死老三。老三为了独吞银子，便将毒药放进酒筒中。晚上三人吃饭时，老大、老二趁老三不备将其杀死，开怀痛饮起来。两杯酒下肚，两人也倒地身亡。对研究侗族道德观念有参考价值。广西壮族自治区三江侗族自治县良口乡莫可明讲述，1987 年梁光新笔录，莫俊荣、梁光新汉译。32 开纸 2 页，1500 字。收入侗族本土文化丛书《救太阳》，广西民族出版社 2002 年版。（广西　吴　浩）

贪财的大嫂　侗语南部方言伦理道德故事。流传于广西三江侗族地区。讲述一对夫妇以开山种地为生，常有禽兽为害，叫弟弟搭棚守候。一天，弟弟追赶老鹰在大森林里迷了路。天黑了见到一位白胡子老爷爷，他问老爷爷是否可以在这里留宿。老爷爷说：“可以住，但晚上有许多野兽来这里唱歌跳舞、讲故事。我叫你住哪里你就住哪里，不要走动。”弟弟应诺后住下了。不多久，果然有猴子、老虎、山羊等野兽来了。猴子说：“老公公屋子里有两株花，一白一黄，白花下面有缸白银，黄花下面有缸黄金，如果有哪人知道了来挖，那他就富足啦。”天亮了，野兽都走了。老公公让小伙子去挖银子和金子，挑回家。大嫂得知此事，就叫丈夫第二天到那森林去住，不让弟弟同去，以便夫妻二人独占金银。谁知，老公公知道二人贪心，不但不让他们得金银，反而让猴子把他们的鼻子扯得长长的，教训了他们。对研究侗族传统道德教育有参考价值。广西壮族自治区三江侗族自治县八江乡杨正群讲述，1987 年李路阳笔录，李路阳、肖启中汉译。32 开纸 2 页，1300 字。载《民间文学》1987 年第 4 期。收入侗族本土文化丛书《救太阳》，广西民族出版社 2002 年版。

（广西　吴　浩）

蛇郎　侗语南部方言伦理道德故事。流传于广西三江、龙胜侗族地区。讲述龙欢寨的两姐妹长得十分漂亮，身材十分相似。附近村寨的男青年争着跟她们行歌坐夜，连百里外深潭里的龙子也变成男青年来对歌。姐姐绚月心地狠毒，嫌贫爱富；妹妹绚艳心地善良，穷富青年一样热情接待。一天，两姐妹上山砍柴摘香菇，妹妹绚艳染上了麻风病，被驱赶出寨，到深山搭棚居住。姐姐绚月暗自高兴，所有的男青年任她一人来选，家财也由她一人独占。龙子变成一条大蟒蛇，把妹妹绚艳的草棚围住，为她治病。绚艳病好后，蟒蛇转化为龙子，带绚艳到龙宫成亲。绚艳在回娘家探亲时，被姐姐害死。绚月冒充妹妹去见龙子，被龙子识破真相。龙子用口含珠子救活绚艳，与绚艳重回龙宫。对研究侗族审美意识和道德观有参考价值。广西壮族自治区三江侗族自治县八江乡八斗村杨美荣讲述，1986 年杨雄新笔录、汉译。32 开纸 4 页，2500 字。收入侗族本土文化丛书《救太阳》，广西民族出版社 2002 年版。

（广西　吴　浩）

蛇郎　侗语北部方言伦理道德故事。流传于贵州剑河、天柱。讲述一位老者上山砍柴，蛇郎出现帮他砍完了柴火，于是老者决定把二女儿嫁给蛇郎。第二年，二女儿回娘家，大姐看中了蛇郎，于是起了歹心，把妹妹推下井后自己扮成妹妹的样子跟蛇郎回家。不料妹妹在井下被龙王三小姐救了出来，并变成一只鸟与姐姐作斗争。在一次洪水中，姐姐被活活淹死。可供研究侗族伦理道德参考。杨秀燕口述，艾人搜集、整理。32 开纸 4 页，汉译文 2650 字。收入龚立新编《美女蛇》，香港天马图书有限公司 2000 年版。

（贵州　龙耀宏）

识好歹的老虎　侗语北部方言伦理道德故事。流传于贵州剑河盘溪大广。讲述有两位兄弟分头去外面做生意，两年后回家在半路相遇，弟弟勤劳赚了很多钱，而哥哥则分文没有。于是哥哥起了歹心，想抢走弟弟的钱财，在一洞口休息时，哥哥把弟弟推下洞去，带着钱财回家。不料，洞里的老虎救了弟弟，并给他许多金银财宝。弟弟回家把实情告诉哥哥，贪财的哥哥就跑到洞口跳了下去，他没有得到金银财宝，而是被活活摔死。可供研究侗族民间故事参考。田如何口述，艾人搜集、整理。32 开纸 3 页，汉译文约 1708 字。收入龚立新编《美女蛇》，香港天马图书有限公司 2000 年版。

（贵州　龙耀宏）

哥弟鸟　侗语南部方言伦理道德故事。流传于广西三江侗族地区。讲述从前有两兄弟，父母早逝，兄弟俩相依为命，全靠一种叫地果的东西度日。每次吃“饭”，哥哥总是吃地果的头，而把尾留给弟弟。有一天，一个女巫对弟弟说，他的哥哥总把不好吃的地果尾给他吃，留好的给自己吃。第二天，弟弟上山远远地看见哥哥吃地果（其实是在尝草药），相信了女巫的话，把哥哥推下千米绝壁。之后，他独自吃“饭”时，才明白地果的头比地果的尾苦了很多倍，知道自己小心眼害了哥哥，他很伤心，忧郁而死。他变成一只鸟，整天叫“哥哥”，哥哥也变成一只鸟，整天叫“弟弟”。对研究侗族社会伦理道德有参考价值。广西壮族自治区三江侗族自治县独峒乡陆静讲述，吴美莲用拼音侗文记录，1994 年陆静、杨洞悉整理、翻译。16 开纸 1 页，汉译文 500 字。载《侗文专刊》1994 年总 11～12 期。（广西　吴美莲）

“阿尧”鸟叫的来历　侗语南部方言伦理道德故事。流传于贵州从江。“阿尧”叫，洪水到。讲述一个被叔叔养大的侄子，叔叔对他抱有很大的希望，但他却好吃懒做，一次次伤透了叔叔的心。最后叔叔跳楼而死，他也被水冲走，他一直叫着“阿尧……”，意思是“我的叔叔”。可供研究侗族伦理道德故事参考。32 开纸 2 页，汉译文约 900 字。收入《从江民间文学资料集》（第一集），从江县民族事务委员会、从江县文化馆 1983 年编印；《中国民间故事集成·从江县卷》，从江县民间文学集成编委会 1989 年编印。

（贵州　龙耀宏）

“学尤各夺”鸟叫的来历　侗语南部方言伦理道德故事。流传于贵州从江。“学尤各夺”意思是“熟了又参谷子”。讲述古时候一个小姑娘在舂米的过程中被后娘整死，变成了一只小鸟，并不分季节与昼夜地叫“学尤各夺”来告诫别人。可供研究侗族伦理道德故事参考。32开纸2页，汉译文约1300字。收入《从江民间文学资料集》(第一集)，从江县民族事务委员会、从江县文化馆1983年编印；《中国民间故事集成·从江县卷》，从江县民间文学集成编委会1989年编印。

（贵州　龙耀宏）

不奈其何　侗语南部方言伦理道德故事。流传于广西三江、龙胜侗族地区。讲述一男青年以钓鱼养母，龙女见他心地善良，有意与之结为夫妻。于是变成蚌蛤，让他钓回家中。龙女显身，帮青年做家务，与他结为夫妻。皇帝知晓，贪图龙女美貌，欲夺其为妻，便将男青年抓去，要他完成三件事，否则就杀了他：一要他开一条河到京城，二要他抓得三十六头猛虎，三要他抓得一百只老鹰。在龙女的帮助下，男青年三天就完成了这三件难事。皇帝为此感到惊奇，便问男青年用了什么方法。男青年说："我也是不奈其何。"皇帝便说："你把'不奈其何'拿给我看。"男青年又在龙女帮助下，放出猛虎和老鹰，把皇帝及其朝中大臣们都咬死、啄死了。对研究侗族民间文学及伦理道德有参考价值。广西壮族自治区三江侗族自治县八江乡吴成安讲述，1986年蒙宪、周东培笔录、汉译。32开纸4页，2600字。收入侗族本土文化丛书《救太阳》，广西民族出版社2002年版。

（广西　吴　浩）

宝盆　侗语南部方言伦理道德故事。流传于广西龙胜独车、庖田、独境等地。讲述广西侗族长工斗财主的故事。从前，广西龙胜独车寨后生李山成到桂林马员外家打工，马员外给他立了十年不准中途回家的契约，如违约工钱全无还要付赎金。马员外要他每天割一担马草。城郊鲜草割完了，李山成便上南坡去割。一天他遇见白发老奶下山打水，就帮老奶挑水回家。以后天天如此。老奶见他勤劳诚实，送他宝盆，嘱咐说只需在盆里种一根草，便天天有草割；若急需什么，只要将急需的东西放点在盆里，就能长出很多来。员外得知，欲占宝盆。两人斗智，李山成提出用一间房子的银子为赎金换打工契约，员外算计划得来就答应了。晚上员外睡觉时放点银子在宝盆里，睡到五更，满房银子把员外压得透不过气来。员外哀告救命，李山成要员外交出契约才肯搬开银子。员外无奈只得交出契约。李山成回到独车寨，把宝盆埋在山上，山上种什么得什么，年年丰收。对研究侗族民间文学有参考价值。广西壮族自治区龙胜各族自治县乐江乡独境村堂帽组韦景芳讲述，1979年赵锋、赖振修笔录、汉译。32开纸5页，2500字。收入《侗族民间故事选》，上海文艺出版社1982年版。

（广西　石本忠）

天念遭报应　侗语南部方言伦理道德故事。流传于广西三江侗族地区。讲述一个叫天念的商人连遭厄运，被人骗了，又遭一场大火，无法生活，就带老婆和两个孩子沿村乞讨。他们讨饭来到富户杨天仙家。杨天仙心好，分给他们十亩田耕种。过了几年，天念家生活好起来。一天晚上，天念看见两只白兔追逐，在它们停留的地方挖得一罐白银，一家人不再种田，回老家做生意，变成富甲一方的大财主。天仙因不善经营，日渐衰落。不久，天仙患病死了，妻儿只好去讨饭。听人说天念发了，他们就去找天念帮忙。可是天念怕与乞丐做朋友丢脸，想给些米打发他们。后来母子俩准备卖猪栏时发现了藏宝图，挖到金子银子，娘儿俩生活又好起来。而天念因做官心切被人骗钱，叫两个孩子去催账。孩子不仅催不回账还被人打死了，老婆也气死了。一天晚上，他老婆托梦给他说这是他们忘恩负义得罪了杨家的结果，如今他们娘儿三人去做了天仙家的三只小狗。天念很后悔，就把剩下不多的钱接济了穷人。对研究侗族处世哲学有参考价值。1998 年杨雄江用拼音侗文记录、汉译。16 开纸 2 页，3500 字。载《侗文专刊》1998 年第 1 期（总 17 期）。（广西 吴美莲）

隔世姻缘 侗语南部方言伦理道德故事。流传于广西三江、龙胜，湖南通道侗族地区。讲述清道光年间，在广西、湖南交界的梓檀寨，有一对青年男女林四和边妹。上一世，边妹跌下河被林四救起，可林四因此被边妹的丈夫陷害而死于牢中，边妹为报答林四救命之恩而碰墙身亡。两人魂魄同到阴间，阎王批准两人到阳间二世结亲。二人到阳间投胎，经历多次磨难，终于结成夫妻。对研究侗族灵魂崇拜及因果报应观念有参考价值。广西壮族自治区三江侗族自治县林溪乡皇朝新寨吴道德讲述，1985 年周东培笔录、汉译。32 开纸 10 页，6500 字。载《民间文学》1987 年第 12 期。收入侗族本土文化丛书《救太阳》，广西民族出版社 2002 年版。（广西 吴 浩）

琵琶泉 侗语南部方言伦理道德故事。流传于广西三江，湖南通道侗族地区。讲述后生阿挂救了老人，老人将小女嫁给他。姐姐原本嫌阿挂穷，不愿嫁他，但见妹妹、妹夫勤劳致富便害死妹妹，企图填房，妹夫不愿，她赖在妹夫阿桂家。妹妹化成鸟、化成螺骂姐姐，都被姐姐害死。妹妹变成树，姐姐砍树，树倒压死了姐姐。阿挂以桃木制琵琶弹奏，山峰流出清泉，人说这是妹妹的泪水，称之为“琵琶泉”。对研究侗族社会道德规范有参考价值。湖南省通道侗族自治县独坡乡杨甫全、广西壮族自治区三江侗族自治县干冲乡吴行松讲述，1980 年粟明清、周东培笔录、汉译。32 开纸 5 页，3000 字。收入《侗族民间故事选》，上海文艺出版社 1982 年版。（广西 吴 浩）

两条毛巾 侗语南部方言伦理道德故事。流传于广西龙胜侗族地区。讲述丽花姑娘心地善良、勤劳，其后娘心肠狠毒，好吃懒做。丽花父亲死后，后娘天天虐待丽花。此事被一仙婆知晓，送来两条白手巾。丽花拿去洗脸，越洗越漂亮；其后娘拿去洗脸，全身长起猪毛，变成了猪。对研究侗族社会道德有参考价值。广西壮族自治区龙胜各族自治县瓢里乡韦景芳讲述；1979 年赵锋笔录，赖振修、赵锋汉译。32 开纸 3 页，1800 字。收入《侗族民间故事选》，上海文艺出版社 1982 年版。（广西 吴 浩）

红袍后生 侗语南部方言伦理道德故事。流传于广西、贵州交界的侗族地区。讲述家住古州宝口寨深潭的红袍后生好吃懒做，四处游荡，众人想为他介绍花腰姑娘做老婆让他好好过日子。红袍后生把花腰姑娘接进屋后不但不回心转意，还把花腰姑娘让他去买耕牛的银子用来玩女人。一天，有人在河里放药闹鱼，花腰姑娘遇险，水蛇后生救了她。花腰姑娘为报答水蛇后生决定嫁给他。红袍后生急忙赶回家请头人调解水蛇后生夺妻这事。众人都说红袍后生理亏，花腰姑娘数月来一直在找他，在找不见的情况下才改嫁给救命恩人。但花腰姑娘很有良心，她又将几十两银子给红袍后生作“洗脸钱”。红袍后生羞愧难当，一连数日不出门。后来鲤鱼婆婆又给红袍后生介绍白袍姑娘。此后，红袍后生痛改前非，勤劳耕种，和白袍姑娘过着幸福的生活。对研究侗族文化价值取向有参考价值。贵州榕江车江寨梁光裕讲述，1978 年张勇笔录、汉译。32 开纸 6 页，3600 字。收入《侗族民间故事选》，上海文艺出版社 1982 年版。（广西 杨树清）

打鱼郎 侗语北部方言伦理道德故事。流传于贵州锦屏、天柱、剑河一带。叙述古时有两兄弟靠打鱼为生，相依为命，互相理解，和睦相处。哥哥为了把好吃的留给弟弟，每一次吃鱼时只吃鱼头，弟弟却误会哥哥，认为鱼头好吃而不给他，便怀恨在心，竟趁哥哥钓鱼的时候把哥哥推到河里淹死。弟弟回家后吃鱼头的时候才明白了哥哥的苦心。弟弟悔恨交加，悲痛欲绝，也跳下河去。后来弟弟变成一只鸟，在河上惨叫寻找哥哥。后来此鸟就被称为打鱼鸟。可供研究侗族伦理道德故事参考。吴保金，彭金鉴整理、汉译。32开纸2页，900字。收入《锦平民间文学资料》，锦屏县委宣传部、锦屏县民族事务委员会、锦屏县文化馆1982年编印；《九寨风情》，华夏文化艺术出版社2002年版。（贵州　龙耀宏）

杨梅花 侗语南部方言伦理道德故事。流传于贵州从江“六洞”地区。讲述秀妮的勤劳与善良和她的嫂子的恶毒、懒惰。最终善良的秀妮中了她的嫂子的诡计，失去了年轻的生命。可供研究侗族民间文学参考。梁维安记录，李应明、李仄汉译。32开纸9页，5300字。收入《从江民间文学资料集》（第一集），从江县民族事务委员会、从江县文化馆1983年编印。（贵州　欧俊姣）

“王乔星”的传说 侗语南部方言伦理道德故事。流传于贵州黎平口江一带。叙述以前有个叫王乔星的人，在皇帝身边当大官，掌管很多兵马，由于长期在外，连自己的亲生儿子都不认识。在一次战争中，他的儿子被自己杀了，其妻含恨而去。王乔星悔恨交加，心痛欲裂，黎明之前自刎，变成了“王乔星”。由于他利欲熏心，嫉妒别人，所以永远见不到他的孩子和妻子。可供研究侗族伦理道德参考。杨卯花口述，吴支柱、吴定国搜集、整理。32开纸6页，汉译文3000字。收入《侗族民间故事》，黔东南苗族侗族自治州文学艺术研究室1982年编印。（贵州　龙耀宏）

山蚂蜴做媒 侗语南部方言伦理道德故事。流传于广西三江侗族地区。讲述侗族青年金保心地善良，天天上山砍柴，天天分饭给一只山蚂蜴。山蚂蜴住的深潭，与白云国王宫里的一口深井相通。白云国的白云公主因为妖怪逼婚而跳井自尽，为山蚂蜴所救，山蚂蜴将金保每天分给它的饭送给白云公主吃。白云公主知道金保为人心地善良，便托山蚂蜴送给金保一只具有除怪和起死回生的神力的银手镯，叫他拿这银手镯去见其哥白云国的国王，杀死妖怪，将她从深井救出。对研究侗族民间文学及道德观念有参考价值。广西壮族自治区三江侗族自治县独峒乡奶宝才讲述，1986年吴浩笔录、汉译。32开纸3页，1800字。收入《侗族民间爱情故事选》，广西人民出版社1983年版。（广西　吴　浩）

一条白头巾 侗语南部方言伦理道德故事。流传于广西三江侗族地区。叙述侗族猎人包三射死妖怪，救出桃花公主和龙女。国王曾许下诺言，谁救了桃花公主，就将公主许配给他。包三虽救了桃花公主，国王却嫌他是个猎人，设计加害包三。包三与桃花公主共同反抗，最终战胜国王。对研究侗族民间文学有参考价值。广西壮族自治区三江侗族自治县独峒乡李申忠、良口乡吴大任讲述，1986年吴浩笔录、汉译。32开纸5页，3200字。收入《侗族民间爱情故事选》，广西人民出版社1983年版。（广西　吴　浩）

螺蛳姑娘 侗语北部方言伦理道德故事。流传于贵州剑河、三穗、天柱。讲述打鱼郎穆仲青打到一个螺蛳，他把螺蛳放走后，又多次打到同样一个螺蛳。于是他把螺蛳带回家，放在自家的水缸里。第二天，螺蛳变成一个美丽的姑娘，天天为他煮饭。可当她见到穆仲青时就又变成了螺蛳。后来，穆仲青娶她为妻，婚后生了一个儿子，但不久穆仲青就变了心，常戏弄和侮辱螺蛳姑娘，违背婚前的誓言。最后，螺蛳姑娘回到水晶宫，打鱼郎也变成了一个叫花子。可供研究侗族伦理道德参考。周木英口述，艾人搜集、整理。32开纸5页，汉译文3260字。收入龚立新编《美女蛇》，香港天马图书有限公司2000年版。　（贵州　龙耀宏）

李善和青蛙的故事　侗语北部方言伦理道德故事。流传于贵州剑河。讲述在箐洞住着一个采药的寡妇，儿子李善由于常跟她上山采药，也学会了一点治病的妙方。一天，儿子李善在上学的途中看见一只将要死去的青蛙，顿时心生怜惜。他把青蛙带到学校给它治病，并把自己从家带来的饭分给青蛙吃，青蛙也把珍贵的珍珠给了李善。从此李善用这颗神珍珠为天下所有人治病，李善也因此而成为人人尊敬的人。可供研究侗族伦理道德参考。王清贵口述，艾人、彦文搜集、整理。32开纸7页，汉译文6085字。收入龚立新编《美女蛇》，香港天马图书有限公司2000年版。　（贵州　龙耀宏）

白水娘　侗语北部方言伦理道德故事。流传于贵州剑河。讲述有两个老庚，一个叫钱才，一叫任义。钱才的妻子是个麻子，任义的妻子则是一个很好的漂亮女子，叫白水娘。钱才看上任义的妻子后，要求同任义换老婆。任义不想得罪钱才，只好答应。聪明的白水娘用自己的聪明才智征服了钱才，使他从此不再有任何邪念。可供研究侗族民间文学参考。彭景彬口述，艾人搜集、整理。32开纸3页，汉译文2010字。收入龚立新编《美女蛇》，香港天马图书有限公司2000年版。　（贵州　龙耀宏）

买桃子　侗语北部方言伦理道德故事。流传于贵州剑河。讲述有一对靠乞讨为生的母子，一天，儿子在集市乞讨时看见有个卖桃子的老人身边围着很多买桃子的人，他便走上前去想买个桃子回家给母亲吃。卖桃子的老人看出他很有孝心，就把一个特别大的桃子卖给他。他回家让母亲吃，母亲尝一口便觉得饱了；母亲又拿给他尝，他尝一口也觉得饱饱的。原来，那老者卖给他的是仙桃。从此母子俩就不再过乞讨的生活了。可供研究侗族伦理道德参考。王再森口述，艾人、国彤搜集、整理。32开纸1页，汉译文395字。收入龚立新编《美女蛇》，香港天马图书有限公司2000年版。　（贵州　龙耀宏）

瞎子和摆跛子　侗语北部方言伦理道德故事。流传于贵州剑河、三穗等地。讲述一个瞎子和一个跛子很要好，他们总是相约去乞讨。由于瞎子心地善良，总把乞讨来的东西分一半给跛子，而跛子则常算计着瞎子。一次，瞎子在乞讨途中迷路了，就到一座山神庙里借宿，菩萨看他是位好心人，就收留了他，瞎子还在庙里得到了许多财宝。当跛子看见瞎子得了财宝也去山神庙时，却被住在里面的猛兽吃掉了。可供研究侗族伦理道德参考。彭景彬口述，艾人搜集、整理。32开纸6页，汉译文3870字。收入龚立新编《美女蛇》，香港天马图书有限公司2000年版。　（贵州　龙耀宏）

张二相　侗语北部方言伦理道德故事。流传于贵州剑河。讲述张员外有两个儿子，都一心想中状元，但二相公体贴民苦，为民做主。一天，二相公把自己家的田地分给一穷人家，还借给穷人家二十两银子，并写下一张收条给主人说："如果我父亲催钱就说被我收走了。"他在朋友家玩了几天后，回去便说把银子花光了。到考试那天，他赴考，考试题目是"做官与为民"。他以"当官不为民作主不能算一个好官"为主题作答，独占鳌头，中了状元。可供研究侗族民间文学参考。王清贵口述，艾人、国彤搜集、整理。32开纸3页，汉译文1750字。收入龚立新编《美女蛇》，香港天马图书有限公司2000年版。（贵州　龙耀宏）

事不过三　侗语北部方言伦理道德故事。流传于贵州剑河。讲述耿直是个老实忠厚的商人，他在外经商期间，他的妻子与一屠户康三通奸。一天，当耿直带着攒到的钱财回到家时，他的妻子便起了歹心，想让康三杀死自己的丈夫。不料康三杀死的并不是耿直而是耿直的妻子，从此康三被判服苦役终身。可供研究侗族社会伦理道德参考。谢先荣口述，艾人搜集、整理。32开纸6页，汉译文3800字。收入龚立新编《美女蛇》，香港天马图书有限公司2000年版。

（贵州　龙耀宏）

回心扇　侗语北部方言伦理道德故事。流传于贵州三穗侗族地区。叙述土地公公利用回心扇帮助一家人团聚的故事。有一个婆婆整儿媳妇，逼儿媳妇与自己儿子离婚，无奈之下，儿媳妇弃子别夫上庵吃斋。子孙长大后，向家人问起自家娘，并要求一家人团聚。后来得到土地公公的帮助，最终一家团圆和睦，过上幸福生活。可供研究侗族家庭伦理道德参考。吴茂文口述，1984年周昌武、吴展明搜集、整理。32开纸2页，汉译文667字。收入《侗族文学资料》第三集（三穗县专集），《侗族文学史》编写组1984年编印。（贵州　龙耀宏）

虹纪哄母亲杀鸡　侗语南部方言伦理道德故事。流传于贵州从江洛香。叙述有个叫虹纪的孩子，父母对他很溺爱，他养成了天天吃肉的习惯。一天，家里只剩下一只抱蛋的老母鸡，虹纪知道妈妈不会杀来吃，便在自己的鼻子上贴一颗痣扮成自己的朋友来做客，让母亲杀了母鸡。不料在吃饭时黑痣掉下，被母亲识破了。虹纪当面向母亲认了错，以后逐渐克勤克俭。可供研究侗族民间故事参考。石灿文口述，陆海清搜集、整理。32开纸2页，汉译文1320字。收入《中国民间故事集成•从江县卷》，从江县民间文学编委会1989年编印。（贵州　龙耀宏）

（五）生活故事

穷不醒　侗族鄂西汉语方言生活故事。流传于湖北宣恩李家河。讲述"穷不醒"的故事。叙述了一位叫"穷不醒"的青年，人穷志不穷，忠厚善良，勤劳勇敢，用自己的智慧和毅力战胜了无数困难和险阻，最终成家立业，过上了美好幸福的生活。对研究侗族的民族性格有参考价值。1986年杨天绪口述，李培之笔录。16开纸3页，85行。1987年宣恩县文化局收集、整理。收入《宣恩县民间故事集成》，1989年编印。

（湖北　龙顺成）

孙子与爷爷　侗语南部方言生活故事。流传于广西三江侗族地区。讲述当寨佬的爷爷有一个名叫包银的孙子，聪明调皮。有一次，爷爷杀鸡招待客人吃饭，让包银去放牛。包银很不高兴，他把母牛放出后将小牛关在牛圈以示对爷爷的不满。爷爷知道后，想考验包银，锻炼他的处事能力。寨子里的姑娘秀英面对王家和尚寨的李家求婚不知如何选择，请寨佬爷爷帮着拿主意，爷爷让包银来解决，包银巧用计谋让其中一方自己退婚。爷爷又想试试包银的胆量，就将包银不听爷爷吩咐，不好好放牛，把小牛关在圈里的事告诉衙门，想让衙门好好教训包银一番，结果爷爷被包银捉弄，反而挨了板子。但爷爷很高兴，知道包银有勇有谋。对研究侗族家庭教育有参考价值。广西壮族自治区三江侗族自治县林溪乡美俗村杨居权讲述，1998年杨再领用拼音侗文记录、汉译。16开纸3页，2000字。载《侗文专刊》1998年第1期（总17期）。（广西　吴美莲）

秦财主和张长工　侗语南部方言生活故事。流传于广西三江侗族地区。讲述张长工和同伴给秦财主打工，秦财主喜欢他们多干活，但不想让他们多吃饭，就叫老婆上山送饭给长工时，只装半饭箩的饭和半边酸鱼。第二年，秦财主开塘抓鱼，抓得两大木盆的活鱼回来，叫张长工拿鱼去漂洗。张长工把所有的鱼身都砍下来分给长工们吃，拿着鱼头回去交差。财主老婆见状气得大骂张长工，说要扣他的工钱。张长工不紧不慢地说，我在你家打工多年，总吃鱼头，从不见鱼尾，我以为你们不喜欢吃鱼尾呢，所以我砍下鱼尾扔了。财主老婆自知理亏而无话可说。对研究侗族社会生活有参考价值。广西壮族自治区三江侗族自治县独峒乡干冲村吴行松讲述，1993年吴光彪用拼音侗文记录、汉译。16开纸1页，1000字。载《侗文专刊》1993年总9～10期。（广西　吴美莲）

长工与先生　侗族汉语生活故事。流传于贵州玉屏。讲述有个财主欲办学堂，喊长工去请先生。长工一路访贤，终于访到一位教书先生。在返回途中，长工挑书担，先生拿雨伞，一路说笑。井边先生喝水，即景咏“井外桃花井内红”，长工听后也咏出“长工挑担送先生”。先生感觉刺耳而生怨。一年后，另一长工送先生返家，途见死人，问先生何故。先生以“叮当响”、“满堂红”敷衍长工。长工拜别先生时，以愿先生家一年一个“叮当响”，四季都是“满堂红”而讽刺之。最后先生明白，不能随便说话讽刺别人。可供研究侗族民间文学参考。杨永佑口述，蒋仁晏整理。32开纸10页，汉译文120行。稿存贵州省玉屏侗族自治县民族宗教局。（贵州　陈昌文）

打狗散场　侗族汉语生活故事。流传于贵州玉屏。讲述清朝时期，山寨财主钱百成之妻张打卦嫌贫爱富，在心狠口快的张打卦寿辰筵上，其大女婿、二女婿竭力奉承，受到张的喜爱，而三女婿为讽刺张装憨，多次出言“不逊”，使寿辰筵席不欢。最后，三女婿的唯一支持者张折满崽挨母亲打后，发怒打狗而使张的寿筵不欢散场。可供研究侗族民间文学参考。杨永佑讲述。32开纸9页，汉译文108行。稿存贵州省玉屏侗族自治县民族宗教事务局。（贵州　陈昌文）

爱挖苦人的先生　侗族汉语生活故事。流传于贵州玉屏。讲述从前有个先生，总是想挖苦人，占别人便宜，特别是对女性。有一次，他刻意挖苦一妇女时，遭到该妇女以毒攻毒的讽刺，以此自认不敌而有所收敛。可供研究侗族民间文学参考。杨亚琴讲述，蒋仁晏记录。32开纸3页，汉译文48行。稿存贵州省玉屏侗族自治县民族宗教事务局。（贵州　陈昌文）

抠三爷　侗族汉语方言生活故事。流传于贵州玉屏。讲述一中年男子，一家勤劳，生活也过得去。一年因灾害，父母相继去世，家破且欠了债。其岳父是金钱寨的财老，心狠手辣，六亲不认，外号叫“抠三爷”，见到女婿家败人穷，登门也不理。女婿用“破毡帽发热”骗得“抠三爷”银子，用“神刀杀人又能活”骗“抠三爷”杀死岳母，最后，用“麻袋装人沉塘见到龙王发财”诓“抠三爷”沉塘而死。可供研究侗族民间文学参考。32 开纸 13 页，汉译文 156 行。稿存贵州省玉屏侗族自治县民族宗教事务局。

（贵州　陈昌文）

书生送礼　侗语北部方言生活故事。流传于贵州锦屏九寨等地。相传京城有一户穷苦人家，因其二弟卖鸡蛋，三弟做爆竹，大哥是个杀猪匠，所以门前贴着的对联上联为“数一数二的大户”，下联为“惊天动地的人家”，横批为“先斩后奏”。进京赶考的书生见此，以为此家有人在朝廷做大官，为了建立人际关系便备厚礼登门拜访，当书生知道对联来源后傻了眼。可供研究侗族人情世故参考。刘乾烈口述，傅安辉整理、汉译。32 开纸 1 页，约 450 字。载《南风》1994 年第 3 期。收入《九寨风情》，华夏文化艺术出版社 2002 年版。（贵州　龙耀宏）

十八岁姑娘三岁郎　侗语北部方言生活故事。流传于贵州天柱、锦屏、剑河等侗族地区。叙述一富贵人家只有白发公公与三岁孙子相依为命。为了管好家，公公给孙子娶了一个 18 岁、才貌双全、老成练达的媳妇。受世俗约束，姑娘无可奈何，面对三岁郎她埋怨说自己半是夫妻半是娘，公公则以光明就在前面来宽慰她。面对自己易逝的青春，姑娘无奈，只得等三岁郎长大成人。可供研究侗族古代风俗参考。肖昌义口述，石修料、肖祖槐整理、汉译。32 开纸 2 页，400 字。收入《中国民间故事集成·锦屏县卷》，锦屏县民间文学集成编委会 1988 年编印；《九寨风情》，华夏文化艺术出版社 2002 年版。

（贵州　龙耀宏）

叙绵　侗语南部方言生活故事。流传于贵州从江高增、小黄地区。叙述穷人家美丽、勤劳、勇敢的姑娘叙绵，被当地大官抓走后，她和她的情哥哥梗郎与大官勇敢斗争的过程，以及后来神话般的结局。可供研究侗族民间文学参考。吴章富口述，潘萍记录，李仄、振刚汉译。32 开纸 8 页，5100 字。收入《从江民间文学资料集》(第一集)，从江县民族事务委员会、从江县文化馆 1983 年编印。

（贵州　欧俊姣）

虹影　侗语南部方言生活故事。流传于贵州从江侗族地区。讲述镇山龙王的女儿虹影，因迷恋于侗寨风光而下嫁给以打猎为生的张大基。因虹影漂亮，被当地的土皇帝看上。土皇帝对张大基百般刁难，虹影夫妇与之进行了针锋相对的斗争。吴国志搜集，黄能赋汉译。32 开纸 6 页，3600 字。收入《从江民间文学资料集》(第一集)，从江县民族事务委员会、从江县文化馆 1983 年编印。

（贵州　欧俊姣）

养鹅小姑娘　侗语南部方言生活故事。流传于广西三江侗族地区。鸭变婆，在侗族民间传说中是一种形象似人而专吃人的妖怪。养鹅小姑娘因为找鹅误进鸭变婆的山洞，被鸭变婆发现。养鹅小姑娘与鸭变婆斗智斗勇，最后把鸭变婆淹死在河里。对研究侗族民间文学有参考价值。广西壮族自治区三江侗族自治县良口乡滚三妹讲述，1979 年石以林笔录，石以林、韦英整理、汉译。32 开纸 3 页，1300 字。收入《侗族民间故事选》，上海文艺出版社 1982 年版；又以“养鹅小姑娘斗鸭变婆”为题，收入过伟主编《中国民间故事集成·广西分卷》，中国 ISBN 中心

2001年版。（广西　吴　浩）

南木山上小猎人　侗语南部方言生活故事。流传于广西龙胜、三江，湖南通道侗族地区。叙述一个做纸钱生意的老人，很怕鬼，他希望人家多买纸钱送鬼。有一次，他挑担纸钱上南木山，忽然有一团黑黑的有光亮的东西从山上滚下来，拦在路中间，发出“扑扑”的声音。老人吓得跪拜起来：“鬼呀，鬼呀，莫吓我呀，你要钱，我全给你。”老人把一担纸钱全烧了。这时，林中钻出一个小猎人，准备用棍子去动那团鬼。老人赶紧说：“那是鬼精，动不得。”小猎人用棍子把那团东西一穿，笑着说：“这是穿山甲，哪有什么鬼。”对研究侗族民间故事有参考价值。广西壮族自治区三江侗族自治县林溪乡高秀杨进林、石彦魁讲述，1986年杨秀均笔录，杨秀均、韦峥芳汉译。32开纸2页，1000字。收入《养鹅小姑娘》，吉林人民出版社1983年版。（广西　吴　浩）

老雨和梅英　侗语南部方言生活故事。流传于广西三江，贵州黎平、从江侗族地区。叙讲老雨和梅英原为一对夫妻，因家境贫穷同时到财主家当长工。财主见梅英漂亮，设计让老雨放排下梧州，强行占有了梅英。老雨从梧州放排回来，知道梅英受骗被财主占有，唱琵琶歌使梅英醒悟而回心转意，与老雨双双逃往他乡。对研究侗族社会生活有参考价值。广西壮族自治区三江侗族自治县良口乡萨欧廷秀讲述，1984年罗家阔笔录、汉译。32开纸7页，4500字。载《三月三》1984年第2期。收入侗族本土文化丛书《救太阳》，广西民族出版社2002年版。

（广西　吴　浩）

啦妥勒赶考　侗语北部方言生活故事。流传于贵州省三穗款场。叙述啦妥勒六岁读书，十岁考秀才，由于年纪小且离考试地点远，家中又穷，于是父亲决定背他去考场，老师也跟着送去，途中老师考他均没难倒他。考场上，啦妥勒很机灵，考官仅收到他一份满意卷。考中官后，啦妥勒却放弃做官，回家教书育人。可供研究侗族地区文化教育史参考。周昌武搜集、整理。32开纸2页，汉译文1288字。收入《侗族文学资料》第三集（三穗县专集），《侗族文学史》编写组1984年编印。（贵州　龙耀宏）

刘梅　侗语南部方言生活故事。流传于广西三江，贵州黎平、从江、榕江侗族地区。讲述两兄弟因受算命先生挑拨，将其妹推下悬崖。其妹被一猎人救起，二人结为夫妻，发家致富。两个哥哥因迷信而家败落难，只得去讨饭。对研究侗族旧时民间信仰及社会生产生活状况有参考价值。广西壮族自治区三江侗族自治县良口乡欧廷瑞讲述，1979年罗家阔笔录、汉译。32开纸8页，4800字。收入《侗族民间故事选》，上海文艺出版社1982年版。（广西　吴　浩）

走外婆　侗语南部方言伦理道德故事。流传于广西三江、龙胜，贵州黎平、从江侗族地区。讲述三个小姑娘走访外婆家，错走到鸭变婆（侗族传说中专吃小孩的妖怪）的家。她们发现是鸭变婆接待她们时，急中生计，哄骗鸭变婆上树，帮“外婆”梳头。她们将鸭变婆的头发捆在树枝上，故意把梳子跌落，借故下树捡梳子而逃跑。对研究侗族民间文学有参考价值。广西壮族自治区三江侗族自治县富禄乡覃忠义讲述，1979年徐兆丽笔录，徐兆丽、覃世松汉译。32开纸3页，1800字。收入《侗族民间故事选》，上海文艺出版社1982年版。（广西　吴　浩）

蛇精和他的妻子　侗语北部方言生活故事。

流传于贵州岑巩地区。叙述云腾山下一位老人总为一家五口的生计上山打柴，老汉上山割草摘了一朵花，使三女儿与蛇精喜结良缘。二女儿嫉妒三妹将她害死，而三妹与丈夫恩爱，终在丈夫的帮助下重生。二姐知事败露而一命呜呼，从此三妹一家过着幸福美满的生活。可供研究侗族民间文学参考。杨玉楚口述，冉姆搜集、整理、汉译。32 开纸 4 页，1976 字。收入《中国民间文学三套集成·岑巩县卷》，岑巩县民间文学三套集成办公室 1990 年编印。（贵州　欧俊姣）

穷后生立新房　侗语北部方言生活故事。流传于贵州岑巩、玉屏一带。叙述一个穷后生要做房子，决定用土地庙外大树林中的树，这就意味着要和土地公、土地婆作对，土地神多次派手下破坏穷后生造房，穷后生在朋友、邻居的帮助下盖起了一栋新房。可供研究侗族民间文学参考。潘国华口述，史侦文搜集、整理、汉译。32 开纸 5 页，2470 字。收入《中国民间文学三套集成·岑巩县卷》，岑巩县民间文学三套集成办公室 1990 年编印。（贵州　欧俊姣）

三姐妹　侗语北部方言生活故事。流传于贵州岑巩注溪、龙田一带。叙述有一家三姐妹各自嫁给不同的丈夫，因此命运也各不同。大姐、二姐家有钱有势，瞧不起沦落乞讨的三妹。但几年后，三妹靠勤劳致富，家里好了起来，而大姐、二姐家庭开始破落，好心的三妹不记以往，接收了她们。可供研究侗族社会人情世故参考。杨昌濯口述，晏晓明搜集、整理、汉译。32 开纸 2 页，488 字。收入《中国民间文学三套集成·岑巩县卷》，岑巩县民间文学三套集成办公室 1990 年编印。（贵州　欧俊姣）

马头坟　侗语北部方言生活故事。流传于贵州岑巩天马、羊桥一带。叙述马头山上住着王义父子，因家里贫穷，无钱娶妻成家。一个风水先生好心，愿帮助王义富裕起来，他在王父死后帮王义选择好的葬地，将其父葬在马头山，从此王义家渐渐富了起来。而双目失明的风水先生却遭到王义薄待，风水先生的徒弟周平为师傅抱打不平，骗王义移坟到马头上，之后风水先生恢复视力，王义家又回到了三年前的生活状况。可供研究侗族民间信仰和社会伦理参考。杨炳秀口述，刘胜凤搜集、整理、汉译。32 开纸 3 页，1482 字。收入《中国民间文学三套集成·岑巩县卷》，岑巩县民间文学三套集成办公室 1990 年编印。（贵州　欧俊姣）

酒井　侗语北部方言生活故事。流传于贵州岑巩地区。叙述思州南门城外住着一户吴姓人家，两口子无儿无女，靠打豆腐度日，日子过得清寒。一个道人看到他们厚道贤惠，决定帮他们富裕起来，于是赐一道符在吴德家水井上。从此吴家开始卖酒，酒美被人们称绝，吴家的酒生意越做越大，成了江南有名的百万富翁。道人有心试探吴家的为人，结果和以前判若两人。道人警告吴家，望他们不要再这样做人。可供研究侗族伦理道德参考。刘德祥口述，刘胜凤搜集、整理、汉译。32 开纸 6 页，2904 字。收入《中国民间文学三套集成·岑巩县卷》，岑巩县民间文学三套集成办公室 1990 年编印。

（贵州　欧俊姣）

三兄弟与舅舅　侗语北部方言生活故事。流传于贵州锦屏九寨等地。叙述九寨有三兄弟，父母死后把遗产分成了三份，最后为了一件棉衣争执不休。舅舅闻讯而来劝解，见三兄弟互不相让，便依次问他们谁最需要就把棉衣给谁。三兄弟各自说得头头是道，一个比一个精彩。最后问他们谁最勤快，他们都争着说自己最勤快，其舅说既然你们都很勤快，一件棉衣对你们来说应是微不足道的，不应以此伤了和气，三兄弟无话可说。可供研究侗族社会人情世故和社会习俗参考。刘老九口述，傅安辉整理、汉译。32开纸4页，1800字。载《南风》1982年第5期。收入《九寨风情》，华夏文化艺术出版社2002年版。（贵州 欧俊姣 龙耀宏）

玫道 侗语南部方言生活故事。流传于贵州榕江古州三宝等地。讲述的是玫道与引郎夫妇俩在深山遭遇巨莽精并勇敢与之作斗争的故事。他们这样的遭遇是因两家距离很远，也是旧习俗的姑表开亲而导致的。以后侗家习俗也有所改变。可供研究侗族民间文学参考。陈春园搜集、记录，李仄、李应明整理、汉译。32开纸8页，7600字。收入《从江民间文学资料集》（第一集），从江县民族事务委员会、从江县文化馆1983年编印。（贵州 欧俊姣）

抢宝的传说 侗语北部方言生活故事。流传于贵州剑河、锦屏等地。叙述有个名叫杨大水的庄稼人，为贪财鬼做长工。后来杨大水有幸获得一珠宝，于是贪财鬼就想抢去，珠宝却变成几条毒蛇把他咬死。可供研究侗族社会生活参考。吴本渊搜集、整理。32开纸3页，汉译文1200字。收入《侗族民间故事》，黔东南苗族侗族自治州文学艺术研究室1982年编印。（贵州 龙耀宏）

归凼山的故事 侗语南部方言生活故事。流传于贵州黎平洪州一带。叙述归凼山脚下的寨子里有个名叫婢化的姑娘，长得聪明伶俐，嘴巴又甜，寨子里的人都喜欢她，而她却被后娘虐待。后来婢化巧遇一个英俊的后生，喜结良缘。心狠毒辣的后娘被天理惩罚而死。后婢化把父亲和弟弟都接到了自己的家里，一起勤劳耕种，过着幸福美满的日子。可供研究侗族社会生活参考。吴明珠口述，郭达津搜集、整理。32开纸7页，汉译文3200字。收入《侗族民间故事》，黔东南苗族侗族自治州文学艺术研究室1982年编印。（贵州 龙耀宏）

懒汉变忙人 侗语北部方言生活故事。流传于贵州剑河、锦屏交界地区。叙述从前寨山有个叫祥基的人，他好吃懒做，家产变卖吃光，终于到了山穷水尽的地步。自从受到一位老人家言语的启发后，他开始自食其力，懒人不再懒，而且成了家，生活很快富裕起来了，一家人日子过得红红火火。可供研究侗族社会生活参考。傅安祥搜集、整理。32开纸2页，汉译文900字。收入《侗族民间故事》，黔东南苗族侗族自治州文学艺术研究室1982年编印。（贵州 龙耀宏）

小水凼里的驼背虾 侗语南部方言生活故事。流传于贵州榕江侗族地区。叙述一个叫婢措的女子让汉柳帮她把丈夫找回来，并以一定的酬金酬谢汉柳。汉柳违约被婢措打残，为了赔偿汉柳损失，婢措只好把小水凼和牛滚凼的田给他。可供研究侗族民间故事参考。成万昌口述，杨秀斌、李黔才搜集、整理。32开纸4页，汉译文1700字。收入《侗族民间故事》，黔东南苗族侗族自治州文学艺术研究室1982年编印。

（贵州 龙耀宏）

八仙女和婵娟姑娘的故事 侗语北部方言生活故事。流传于贵州剑河、天柱、锦屏三地交界地区。讲述在剑河高坎一带住着一位自称王公的老人。王公有八个女儿，因住地缺水，八个女儿便想办法在山里挖掘水源。她们挖了很久，只挖出三股小泉便成仙上天去了。此地还住着一彭姓的汉子，他也一心想挖泉找水。他的独女婵娟聪明伶俐，被财主欧家儿子看中，婵娟巧施妙计，让欧家修筑大塘储水，不久婵娟便嫁到欧家。可供研究侗族民间文学参考。吴先生、陈昌和、唐付秋、杨胜奎等口述，艾人、宏光、国彤等搜集、整理。32 开纸 5 页，汉译文 3125 字。收入龚立新编《美女蛇》，香港天马图书有限公司 2000 年版。（贵州　龙耀宏）

能识鸟语的人　侗语北部方言生活故事。流传于贵州剑河盘溪一带。讲述一个叫堇也长的人能听懂鸟的语言。一天，一只水鸟告诉堇也长在南山有只刚死去的羊要他去捡，堇也长捡回羊后没有分给水鸟。第二天，水鸟又告诉堇也长同样的事，堇也长信以为真，便跑去南山捡羊。他刚把羊拿走，后面便有人追上来，原来他捡到的不是羊，而是被谋害人的尸首，于是他被抓去官府，县令判他做了 17 年的苦役。可供研究侗族民间故事参考。龚其德口述，艾人搜集、整理。32 开纸 2 页，汉译文 850 字。收入龚立新编《美女蛇》，香港天马图书有限公司 2000 年版。（贵州　龙耀宏）

三兄弟　侗语北部方言生活故事。流传于贵州剑河。讲述一家三兄弟，老大要面子，老二老实，老三有才智。老大在干活时偷偷逃到外地，不久当了衙门官员。老二听说后便去找大哥帮忙，由于老大要面子，所以没有认穷酸的弟弟。老二垂头丧气地回了家。老三知道后，自己打扮了一番，也去向大哥寻求帮助，好面子的老大设酒宴款待了老三，又给他许多银两让他回家。从此，他家里变得有钱了。可供研究侗族社会人情和世俗参考。梁文彦口述，艾人搜集、整理。32 开纸 6 页，汉译文 3540 字。收入龚立新编《美女蛇》，香港天马图书有限公司 2000 年版。（贵州　龙耀宏）

王三保　侗语北部方言生活故事。流传于贵州剑河盘溪。讲述在谢寨有个叫王三保的人，他的哥哥二保在赶集时被别人蒙骗，王三保四处打听得知骗人者是有名的布商。于是他巧施妙计把一死人打扮后带进布商的店铺里，从此，布商的生意一天不如一天，还被控告说他害死了人。等布商如梦初醒后，才知道这是借尸诈取钱财的阴谋。可供研究侗族民间文学参考。王应祥、王清贵口述，艾人、图彤搜集、整理。32 开纸 5 页，汉译文 3050 字。收入龚立新编《美女蛇》，香港天马图书有限公司 2000 年版。（贵州　龙耀宏）

砍柴汉与算命先生　侗语北部方言生活故事。流传于贵州剑河。讲述有一对相依为命的母子，母亲老了，儿子每天上山砍柴卖以维持生计。有一天，他遇到一个算命的先生。在先生的指点下，他在南山巧遇知县，并用巧计赢得知县的信任，于是知县把自己的女儿许配给他。可供研究侗族民间故事参考。王宽林、王清贵口述，艾人、图彤搜集、整理。32 开纸 3 页，汉译文 1020 字。收入龚立新编《美女蛇》，香港天马图书有限公司 2000 年版。（贵州　龙耀宏）

何义九　侗语北部方言生活故事。流传于贵州剑河。讲述有个财主叫何义九，他喜欢每天骑马东游西窜，还喜欢拿银子取乐。父母死后，他更加挥金如土，当佃户们知道他是一个以花钱取乐的花花公子后，便想出许多办法来骗取他的钱财。一个好心人多次劝他，他都无动于衷。最后他变成了一个叫花子，在乞讨途中活活饿死。可供研究侗族民间文学参考。唐世龙口述，艾人搜集、整理。32 开纸 5 页，汉译文 4020 字。收入龚立新编《美女蛇》，香港天马图书有限公司 2000 年版。（贵州　龙耀宏）

信则有不信则无　侗语北部方言生活故事。流传于贵州剑河。讲述从前有个不信鬼的皇帝，他有三个儿子，大儿子和二儿子都被鬼害死了。当鬼问皇帝世上有没有鬼时，皇帝怕再次否认鬼又会害死他三儿子，他于是说“信则有，不信则无”。从此，人间分成了两种人，一种人信有鬼，一种人不信有鬼。可供研究侗族民间信仰参考。谢先荣口述，艾人搜集、整理。32 开纸 3 页，汉译文 1500 字。收入龚立新编《美女蛇》，香港天马图书有限公司 2000 年版。　（贵州　龙耀宏）

铁匠教子　侗语北部方言生活故事。流传于贵州剑河。叙述有位名叫何自强的铁匠，他家几代人都打铁，且手艺高超，赚了不少钱。何自强 70 岁时对儿子说：“你要靠自己的手艺挣来十两银子我才把家产给你。”儿子两次出门都空手而归，便去问母亲要银子。他拿着要来的银子走到父亲面前报告，父亲把银子仍进火炉里。第三次，他又去挣钱，当他把银子交给父亲时，父亲又把银子仍进火炉里，他本能地去抢银子。这次父亲答应将家产全都交给他。可供研究侗族社会生活参考。王秀丽口述，艾人搜集、整理。32 开纸 5 页，汉译文 3020 字。收入龚立新编《美女蛇》，香港天马图书有限公司 2000 年版。　（贵州　龙耀宏）

无人敌的故事　侗语北部方言生活故事。流传于贵州剑河。叙述无人敌的父亲在无人敌两岁的时候就被官府抓去当兵了，母子俩过着艰苦的生活。当地一财主欧得金常欺侮母子俩。当得知父亲战死后，无人敌决心去外学习武艺。由于无人敌勤奋好学，不久便学了一手好武艺。无人敌回家后惩罚了人人痛恨的财主，为民除恶，人们都很敬重他。可供研究侗族民间故事参考。欧光仁、卢老三口述，艾人搜集、整理。32 开纸 15 页，汉译文 10800 字。收入龚立新编《美女蛇》，香港天马图书有限公司 2000 年版。

（贵州　龙耀宏）

金不换　侗语北部方言生活故事。流传于贵州剑河。叙述一对夫妇生了几个儿女都夭折了，于是妻子就去求菩萨。在菩萨的建议下，她领了一只蛤蟆当崽供养并取名叫金水。本寨有一对有钱的夫妇知道这对夫妇有一只会说话的蛤蟆，想用一个三斤重的金娃跟他们交换，以送给达官显贵求得一官半职，被夫妇俩当场拒绝。于是人们就给金水起个外号叫“金不换”。可供研究侗族民间故事参考。周木英口述，艾人搜集、整理。32 开纸 15 页，汉译文 9850 字。收入龚立新编《美女蛇》，香港天马图书有限公司 2000 年版。　（贵州　龙耀宏）

秀才写对联　侗语北部方言生活故事。流传于贵州剑河、天柱、三穗、镇远等地。叙述高洞有个姓龙的秀才为人正直，写得一手好字，四邻八寨的人都爱请他写对联。在一次祝寿礼上，他巧妙地写出了一副让主人十分满意的对联。一位寡妇用他写的寻夫对联找到了伴侣。他自己也在一次进京赶考途中，用一副对联获得一位小姐的芳心并与之结了婚。可供研究侗族民间故事参考。余蘅飞口述，艾人、国彤搜集整理。32 开纸 5 页，汉译文 3080 字。收入龚立新编《美女蛇》，香港天马图书有限公司 2000 年版。

（贵州　龙耀宏）

“有眼不识泰山”的故事　侗语北部方言生活故事。流传于贵州三穗一带。叙述竹的祖师爷泰山，从前跟木匠的祖师鲁班学艺，不仅勤学苦练，还肯动脑筋学得鲁班的高超技术，而且还用木工的技艺原理，发展出竹的技艺来。但鲁班却认为他不专心学习，并将他逐出师门。后来在集市上，鲁班看到“泰山”竹艺品，惊叹不已，认为自己“有眼不识泰山”。“有眼不识泰山”也就是来源于此故事。可供研究侗族民间文学参考。吴仲德口述，周昌武搜集、整理。32开纸1页，汉译文570字。收入《侗族文学资料》第三集（三穗县专集），《侗族文学史》编写组1984年编印。（贵州　龙耀宏）

张打鸟和龙王三女儿　侗语北部方言生活故事。流传于贵州三穗。叙述张打鸟以打鸟为生并因此而得名。一次，他到海边打鱼而误进龙宫，带回花葫芦，后才发现葫芦里面装着龙王三女儿，两人从此结为夫妻，共同生活。一日张打鸟外出，县令得知他家有仙妻，欲强占其为妾，便想尽办法整死张打鸟，而张打鸟却在妻子的帮助下，将困难一一化解。县令最后一次刁难，龙女忍无可忍，用计引火烧死县令，冲垮衙门。可供研究侗族民间文学参考。周天明口述，周昌武搜集、整理。32开纸10页，汉译文5679字。收入《侗族文学资料》第三集（三穗县专集），《侗族文学史》编写组1984年编印。（贵州　龙耀宏）

媒人“翻嘴皮”　侗语北部方言生活故事。流传于贵州三穗、剑河、天柱等侗族地区。叙述封建社会男女婚姻往往都是父母包办，听父母之命、媒妁之言。而媒人往往把对方扁的说成圆，圆的说成扁，害了不少人。李桃英口述，周昌武1982年搜集、整理。32开纸4页，汉译文1932字。收入《侗族文学资料》第三集（三穗县专集），《侗族文学史》编写组1984年编印。（贵州　龙耀宏）

明和兄的故事　侗族南部方言生活故事。流传于贵州从江。叙述朝剥村有两兄弟，分别叫明和兄。两人自幼力大无穷，称雄“九洞”，从此再也没有人敢在“九洞”为害乡里。可供研究侗族社会生活参考。陈春圆、梁松年口述，梁之槐搜集、整理、汉译。32开纸3页，1320字。收入《中国民间故事集成·从江县卷》，从江县民间文学集成编委会1989年编印。（贵州　龙耀宏）

郎恳　侗语南部方言生活故事。流传于贵州从江龙图、归省一带。叙述有一忠诚老实善良的小伙叫郎恳。一天，他上山砍柴，救了一只被铁钳夹住的老虎，并与之成为形影不离的朋友。后因老虎给寨人添了麻烦，被捉住，郎恳又变卖家产来保老虎，与它一起住进山洞。老虎为感谢郎恳的救命之恩，把远方员外之女方晾含来给做他妻子。可供研究侗族民间故事参考。刘洪清口述，梁晋明搜集、整理。32开纸5页，汉译文3300字，收入《中国民间故事集成·从江县卷》，从江县民间文学集成编委会1989年编印。（贵州　龙耀宏）

智斗鸭变婆　侗语南部方言生活故事。流传于贵州从江西山的顶洞、拱孖村。叙述有母女二人靠给富人放鸭为生，每天早出晚归，如果丢一只鸭还要扣她们10天的米。不久接连两个晚上，怪物老变婆都来偷鸭，母女俩一下丢了20天的米，心里很着急，便用两只鸭蛋、一包针、一把辣子粉、一副碓和一堆牛屎，在变脸婆第三天偷吃鸭时把她整死。村里人知道后都很高兴，称她们为村里人除了害。可供研究侗族民间故事参考。石林英口述，吴庆伟清搜集、整理、汉译。32开纸2页，1300字。收入《中国民间故事集成·从江县卷》，从江县民间文学集成编委会1989年编印。（贵州　龙耀宏）

虎仙　侗语南部方言生活故事。流传于贵州从江“六洞”。叙述“六洞”已腊山上的石洞中住着一只因犯过错而被惩罚下界修行的虎仙。山下寨中有一后生叫石苦，与其母打柴相依为命。虎仙见石苦勤劳英俊，便变成一位姑娘把自己的爱慕之心与来历告诉了他。石苦很高兴。离别时，虎仙又送石苦一本呼灵宝书，若石苦念上面的字，虎仙就会出现在他面前。一位财主得知消息夺去了宝书，在虎仙的帮助下，石苦把财主打死，又把来报仇的财主儿子也吓跑了。虎仙和石苦过上了幸福的生活。可供研究侗族民间故事参考。石振基口述，石彦章搜集、整理。32开纸4页，汉译文2600字。收入《中国民间故事集成·从江县卷》，从江县民间文学编委会1989年编印。 （贵州 龙耀宏）

八字的故事 侗语南部方言生活故事。流传于贵州从江贯洞、洛香。叙述一个偏僻小山村的人很迷信，一家生有一男一女，算命先生说他儿子的八字好，而女儿是穷苦人，八字还会克父克母，从此他们对女儿苛刻，还多次赶她走，而对儿子则娇惯。一年，母亲生病，父亲生意亏本，算命先生嫉妒他女儿的才干，便说是他女儿八字作怪，于是父母把女儿赶走了。女儿乞讨时与一曾经当过乞丐的英俊勤劳后生结婚。他们克勤克俭，不久便成为一方富裕之家，并经常救济穷苦人。再说自从女儿被赶出后，母亲病死，父亲年老，弟弟懒惰，不久父子俩沦为乞丐来女儿家讨饭，父亲很羞愧。可供研究侗族民间故事参考。陆平之口述，陆海清搜集、整理。32开纸6页，汉译文4000字。收入《中国民间故事集成·从江县卷》，从江县民间文学集成编委会1989年编印。

（贵州 龙耀宏）

占阄出嫁 侗语南部方言生活故事。流传于贵州从江“六洞”。叙述有两姐妹与母亲相依为命，长大后对母亲尽孝尽德。一年，表哥家来提亲，但没指明要娶谁，母亲很为难地告诉了女儿，姐姐嫌表哥长得不好，而妹妹却对善良勤劳的表哥有好感，但两人都推来推去，最后用占阄来决定。姐姐能识破阄。妹妹抓到了阄，并嫁给表哥。他们勤劳，不久就过上了好日子。而姐姐却嫁给一个好吃懒做的美男，遇到灾年而没饭吃，来妹妹家讨饭时感到很羞愧。可供研究侗族民间故事参考。石振基口述，石彦章、张子刚搜集、整理、汉译。32开纸5页，3000字。收入《中国民间故事集成·从江县卷》，从江县民间文学集成编委会1989年编印。

（贵州 龙耀宏）

葫芦女 侗语北部方言生活故事。流传于贵州剑河。讲述有一位吹葫芦吹得很好的人名叫金笙，他进入龙宫娶得龙王三小姐——葫芦女。由于葫芦女长得超世脱俗，被县令看中，起了歹心，几次谋划害死金笙，夺走葫芦女。最终县令玩火自焚。可供研究侗族民间文学参考。刘老当口述，艾人、潘年林搜集、整理。32开纸11页，汉译文6280字。收入龚立新编《美女蛇》，香港天马图书有限公司2000年版。 （贵州 龙耀宏）

孝子钟诚 侗语北部方言生活故事。流传于贵州剑河。讲述一个叫钟诚的大孝子，为了治愈母亲的眼病，到西天佛祖安澜那儿去取一颗赤子心，途中经历了许多的传奇，取得各种妙药，治好了母亲的病，还娶回了龙宫中的二小姐，从此过上和睦幸福的田园生活。可供研究侗族社会生活参考。周冬芝口述，艾人、彦文搜集、整理。32开纸4页，汉译文2800字。收入龚立新编《美女蛇》，香港天马图书有限公司2000年版。

（贵州 龙耀宏）

仰金妮 侗语北部方言生活故事。流传于贵州剑河昂英、桥水。讲述一个叫旺学的小伙子，有幸娶得仙女仰金妮为妻。由于仰金妮长得非常漂亮，被一知府看中，想娶她为妾。聪明的仙女金妮设计逃脱到一个很远的地方，过上安逸的生活。可供研究侗族社会生活参考。卢老当口述，艾人、潘年林搜集、整理。32 开纸 4 页，汉译文 2840 字。收入龚立新编《美女蛇》，香港天马图书有限公司 2000 年版。（贵州　龙耀宏）

鹰翅与鼠皮的故事　侗语北部方言生活故事。流传于贵州剑河。讲述有一对以砍柴为生的兄弟，他们把砍柴卖得的钱除生活费用外，全部拿去庵堂敬供菩萨。日子久了，他们的行为感动了菩萨，于是菩萨答应两兄弟的要求，分别给老大、老二两支鹰的翅膀和一张鼠皮。老二用鼠皮去偷吃东西时被人发现告上官府，老大得知老二遇难后巧施妙计把老二从官府里救了出来。可供研究侗族社会生活参考。王再根、望运林口述，国彤、艾人搜集、整理。32 开纸 3 页，汉译文 1088 字。收入龚立新编《美女蛇》，香港天马图书有限公司 2000 年版。

（贵州　龙耀宏）

护宝记　侗语北部方言生活故事。流传于贵州剑河南明。讲述滴洞司因为埋藏有一块宝石，因此这一带年年都风调雨顺。清朝末年，有一个洋人来到宝石洞旁，这颗宝石就不见了，因此，这里的人都很恨洋人。有一年，洋人发现角浩塘的犀牛，又想把它偷走时，被一个妇女看出了诡计。于是妇女巧妙地保住了犀牛。从此这个寨子又人畜两旺，五谷丰登了。可供研究侗族地区近代社会生活参考。张春爱口述，艾人搜集、整理。32 开纸 4 页，汉译文 2020 字。收入龚立新编《美女蛇》，香港天马图书有限公司 2000 年版。（贵州　龙耀宏）

忍让的故事　侗语北部方言生活故事。流传于贵州剑河、三穗等地。讲述有个叫任让的人很能忍耐，别人打他、骂他，他都不还手。有一天，他在赶集回家的路上遇到一位老人，老人因走不动想在他家留宿，他答应了。更为难他的是老人还要求与他的妻子一起睡，任让无奈地答应了。第二天，老人不辞而别，任让跑进房间掀开被子一看，床上有一个金娃。从此，小两口就富裕起来了。可供研究侗族民间故事参考。余衡飞口述，艾人搜集、整理。32 开纸 3 页，汉译文 1200 字。收入龚立新编《美女蛇》，香港天马图书有限公司 2000 年版。

（贵州　龙耀宏）

帮工郎够　侗语南部方言生活故事。流传于贵州从江丙梅。叙述一财主叫老旺，对穷苦人心狠手辣，以各种方式来克扣帮工的钱。有个后生叫郎够，靠给财主帮工养活母亲。老旺见他老实可欺，便无论春、夏、秋、冬都要他每天割草一千斤，如份量不足郎够便要遭到毒打。郎够为了让母亲过个好年，大雪天也去割草。一天，他得到一颗宝石，郎够要什么宝石就有什么。他把所得之物分给穷人。老旺派人来抢宝石，郎够无奈将宝石吞进肚里，后来喝了很多水，并悄悄叫穷人搬到山顶。夜里郎够变成龙，吐出大水把老旺一家淹死。可供研究侗族民间故事参考。吴全新、伍苍远搜集、整理。32 开纸 3 页，汉译文 1950 字。收入《中国民间故事集成·从江县卷》，从江县民间文学集成编委 1989 年编印。（贵州　龙耀宏）

宝灯　侗语南部方言生活故事。流传于贵州从江贯洞、洛香。叙述一人家有三个儿子，都很聪明能干。一天父母出远门，三个儿子在家各自分工负责把家料理好。老三去河里扯猪草，捡了龙王的金条，后又捡到龙王的宝灯，从此他们用宝灯来救济穷苦人。可供研究侗族民间故事参考。陆国海搜集、整理、汉译。32 开纸 9 页，5950 字，收入《中国民间故事集成·从江县卷》，从江县民间文学集成编委 1989 年编印。

（贵州 龙耀宏）

吹牛家 侗语南部方言生活故事。流传于广西三江、湖南通道侗族地区。侗族过卯节，三个男青年边喝酒边吹起牛来。一个青年说他见过鼓楼里的大鼓好大，桥礅墩样大的石头落在上面，“咚”地响一声，一直响了半个月，震聋了几个老人的耳朵。另一个人接着说：“你那大鼓算什么，我见过一株竹子，是我姨妈家的，竹尾戳破了天，风吹时，把天上的星星扫得哗哗响，有几颗被竹尾给扫落下来，娃娃们捡起当毽子来玩呢。你们信不信，那大鼓就是砍我姨妈家的竹尾做箍的。”第三个人等得不耐烦了，抢着说：“我见过一头牛，从河这边伸头到河对岸山顶上吃草。你们讲的那面鼓，那是它产的牛崽跌死了剥皮来撑的鼓面。”对研究侗族民间文学有参考价值。广西壮族自治区三江侗族自治县八江乡吴成安讲述，1986 年周东培笔录、汉译。32 开纸 2 页，1500 字。收入侗族本土文化丛书《救太阳》，广西民族出版社 2002 年版。

（广西 吴 浩）

土财主招女婿 侗语北部方言生活故事。流传于贵州岑巩、玉屏等地。相传，一个土财主有三个女儿，大妹和二妹分别嫁给了有钱有势的官人。土财主很吝啬，想把三妹嫁给一个普通人，而他们隔壁一个长工很勤快，每天又学着娃儿们念一些诗句，财主让三妹和他了成亲。在财主 60 岁生日那天，三个女婿都来祝寿，他叫三女婿去买菜并要记上所买的东西，而三女婿不认识字，分别把所买东西的形状画在纸上。回来后丈人叫大女婿、二女婿看，他们都看不懂，遭丈人骂，后来听三女婿说后他们都哭笑不得。可供研究侗族民间文学参考。张昌珍口述，徐学文搜集、整理、汉译。32 开纸 3 页，1200 字。收入《中国民间文学三套集成·岑巩县卷》，岑巩县民间文学三套集成办公室 1990 年编印。

（贵州 欧俊姣）

盘古爹 侗语北部方言生活故事。流传于贵州岑巩、江口等地。叙述有一个员外，有三个女儿，大妹和二妹分别嫁给有钱人的子弟，能说会道，而三女则嫁了一个不识字的农民，还记性不好。一年，员外六十大寿前以盘古为题分别给三个女婿出一道题，要求在宴席上答，答不出则当众不准吃饭。员外是想让三女婿出丑，而三女婿则在妻子的再三嘱咐下记住答案，为防忘记三女婿还在口袋里放了一个盘子。待到三女婿回答时，紧张之下摸到盘为瘪的，就说是瘪古开天地，并和老丈人争辩说瘪古是盘古他爹。唐老书口述，黄天桥搜集、整理、汉译。32 开纸 3 页，1250 字。收入《中国民间文学三套集成·岑巩县卷》，岑巩县民间文学三套集成办公室 1990 年编印。

（贵州 欧俊姣）

三个先生的故事 侗语北部方言生活故事。流传于贵州岑巩、江口等地。古时候，有三个秀才分别姓汪、王、旺。有一年，三人进京赶考，请一个挑夫帮他们挑东西，后来他们三人想赖账不付挑夫工钱，就让挑夫自己作一首诗。挑夫念着回家，却身无分文，无奈想起三个秀才在路上说的新诗词顺口吟道：“三个先生汪王旺，吃的都是浆黄酱（大粪），走起路来风摆妞（妇人走路打的伞），回家坐的逍遥杠（抬丧），老天有眼治恶人，家中又遭屋放光（屋子着火）。”最后挑夫得到了工钱。可供研究侗族民间故事参考。黄乾元口述，黄天桥搜集、整理、汉译。32 开纸 2 页，900 字。收入《中国民间文学三套集成·岑巩县卷》，岑巩县民间文学三套集成办公室 1990 年编印。

（贵州　欧俊姣）

捉贼打老子　侗语北部方言生活故事。流传于贵州剑河。讲述很久以前，有一个狠毒的财主，毒打了在他家干活的小伙弟并将其抓起来装进麻袋里。一起在财主家干活的长工们设法把小伙弟救出，把财主装进麻袋里去。最后财主被不知情的儿子打死。可供研究侗族民间文学参考。潘桂银口述，艾人、图形搜集、整理。32 开纸 3 页，汉译文 1050 字。收入龚立新编《美女蛇》，香港天马图书有限公司 2000 年版。

（贵州　龙耀宏）

一女许三男的故事　侗语北部方言生活故事。流传于贵州剑河。讲述有一对母女因为家穷没有钱米过年，母亲便想办法将女儿许配给三个男人：一个男人是个赖三，一个男人是个裁缝，另一个男人是个秀才。她家因此有了过年的东西。可年过后，三个男人同时来娶亲，女儿只看中秀才，想跟秀才偷偷逃跑，却被赖三抓住。女儿决定让三人比赛，最后，为人老实的赖三在众人的帮助下获胜。于是，女儿嫁给了赖三做老婆。可供研究侗族民间文学参考。杨胜凡、潘桂银、王道合口述，艾人、国彤搜集、整理。32 开纸 19 页，汉译文 11080 字。收入龚立新编《美女蛇》，香港天马图书有限公司 2000 年版。

（贵州　龙耀宏）

照搬　侗语北部方言生活故事。流传于贵州剑河。讲述秀才赵搬乡试落第后，就学习种庄稼。一天，他带老婆上山锄苞谷草，佣人教他薅秧，他却把苞谷的须根全刨断了，直到太阳落山才气喘吁吁地回家。第二天，他跑去地里一看，苞谷苗全都枯萎了。后来，人们给他起个绰号叫“照搬”。可供侗族研究民间文学参考。周冬芝口述，艾人、彦文搜集、整理。32 开纸 2 页，汉译文 790 字。收入龚立新编《美女蛇》，香港天马图书有限公司 2000 年版。

（贵州　龙耀宏）

傻女婿探亲的故事　侗语北部方言生活故事。流传于贵州剑河。叙述有位傻女婿带一只鸡去探望生病的丈母娘。在集市上看见有人在看热闹，他仍下鸡也凑上去看，结果鸡飞走了。他回家后妻子教训他该把拴鸡的绳用石头压住。他带上鸡蛋去看丈母娘，途中又到集市看热闹，这回他听妻子的话用石头压在鸡蛋上，等他看完热闹来拿鸡蛋时，蛋液已流了一地。可供研究侗族民间文学参考。龚臣德口述，艾人搜集、整理。32 开纸 5 页，汉译文 3050 字。收入龚立新编《美女蛇》，香港天马图书有限公司 2000 年版。

（贵州　龙耀宏）

傻女婿拜寿的故事　侗语北部方言生活故事。流传于贵州剑河等地。讲述有一对夫妇有三个女儿，一天，三个女婿同来给岳父拜寿。平时三女婿常被另外两个女婿欺侮。拜寿当晚，岳父安排三个女婿睡在一起。半夜时，心里极不平衡的三女婿起来大便，由于摸不了灯，他便把大便拉到了另外两个女婿的靴子里和桌子上的茶杯里。口渴的大女婿端起茶杯便往嘴里倒，二女婿半夜起床小便也一脚伸进靴子里，傻女婿看到自己的诡计得逞心里暗乐。可供研究侗族民间故事参考。龚臣德口述，艾人搜集、整理。32 开纸 5 页，汉译文 3080 字。收入龚立新编《美女蛇》，香港天马图书有限公司 2000 年版。

（贵州　龙耀宏）

傻女婿拜年　侗语北部方言生活故事。流传于贵州剑河。叙述三个女婿同去给岳丈拜年，岳丈杀了一只鸡款待他们。吃饭时，老人想考三个女婿的德才和理想，就分别夹起鸡头和鸡翅问大女婿和二女婿，两人的回答都显得很有学问，老人很满意，唯有三女婿的回答不中听。过后，老人让三个女婿上山砍柴，大女婿、二女婿上山后去偷别人的柴被抓走了，三女婿老老实实地砍了大捆柴回家，老人不得已拿钱去把大女婿、二女婿赎回来。可供研究侗族民间故事参考。余衡飞口述，艾人搜集、整理。32 开纸 2 页，汉译文 548 字。收入龚立新编《美女蛇》，香港天马图书有限公司 2000 年版。

（贵州　龙耀宏）

懒透顶的故事　侗语北部方言生活故事。流传于贵州三穗侗族地区。叙述懒汉自己懒惰透顶，差点饿死，被路人撞见。路人便用脚将食物放入他嘴里，却被懒汉说比自己还“懒”。可供研究侗族民间文学参考。周昌武搜集、整理。32 开纸 1 页，汉译文 450 字。收入《侗族文学资料》第三集（三穗县专集），《侗族文学史》编写组 1984 年编印。

（贵州　龙耀宏）

隐身叶　侗语南部方言生活故事。流传于贵州从江。相传都柳江边的一个寨子中有一个心狠手毒、经常折磨长工的财主。一年长工在端午节要钱回家，而财主为难他们不给钱。长工们告诉财主寨中的榕树上有一种隐身叶，贪心的财主信以为真。财主拿到树叶以后，就乱拿别人的东西，因别人怕他都不敢说，他则以为别人看不见他，于是大胆地去偷县印，结果被人打死。可供研究侗族民间故事参考。石振基口述，石彦章搜集、整理。32 开纸 4 页，汉译文 2600 字。收入《中国民间故事集成·从江县卷》，从江县民间文学编委会 1989 年编印。

（贵州　龙耀宏）

郎傻的故事　侗语南部方言生活故事。流传于贵州从江洛香。叙述有一人是傻子，别人就叫他郎傻，但父母却很宠爱他。一天，母亲叫他外出去学乖，临行时叫他多问，遇丧便哭，遇喜要笑，结果他一路上都出错，不是被人打就是被人骂。回来他向母亲一一哭诉，母亲这才明白人傻靠教育，人穷要勤劳的道理，便送他去读书了。可供研究侗族故事参考。陆平之口述，陆海清、张子刚搜集、整理。32 开纸 3 页，汉译文 1950 字。收入《中国民间故事集成·从江县卷》，从江县民间文学集成编委会 1989 年编印。

（贵州　龙耀宏）

皮鞋匠巧中状元　侗语南部方言生活故事。流传于贵州从江丙妹。叙述有一皮鞋匠叫罗不知，手艺很好。为长见识，他陪罗员外的儿子罗好文念书，学的字他都能一一记住。一年，他陪罗好文到京城考状元，朝廷在白纸上写了许多字来让考生认。接连几天，他看罗好文垂头丧气，便自己去看字榜，半天才说了“一字不识”一句话，而考官误以为他只有一个字不认识，便错将他作为状元。在接连几天考察中他都蒙混过关，就这样一字不识的罗不知中了状元还当了驸马。可供研究侗族民间故事参考。罗光耀口述，吴国治搜集、整理。32 开纸 6 页，汉译文 4000 字。收入《中国民间故事集成·从江县卷》，从江县民间文学集成编委会 1989 年编印。

（贵州　龙耀宏）

南瓜儿　侗语南部方言生活故事。流传于广西三江侗族地区。讲述穷人的儿子南瓜儿很会种菜，他种的豆角有一丈多长，辣椒有水牛角一般粗大。此事传到京城，国王下令要南瓜儿交100两黄金和100两白银。南瓜儿使用法术把国王斗败。对研究侗族民间文学有参考价值。广西壮族自治区三江侗族自治县良口乡吴大任讲述，1980年吴浩笔录、翻译。32开纸2页，汉译文约1200字。收入《侗族民间故事选》，上海文艺出版社1982年版。（广西　吴　浩）

（六）动植物故事

神牛下界　侗语南部方言动物故事。流传于贵州从江高增。叙述天神可怜凡人劳作之苦，便派水牛神来人间授话，以便开荒种地减少人间疾苦。可是牛把话给传错了，于是被判下凡为人犁田犁土。可供研究侗族动物故事参考。吴神搜集，王胜先整理。32开纸3页，汉译文约1200字。收入《侗族民间故事》，黔东南苗族侗族自治州文学艺术研究室1982年编印。（贵州　龙耀宏）

水牛和螃蟹的故事　侗语北部方言动物故事。流传于贵州剑河。讲述皇帝失去玉印后，用许配女儿为条件下令人畜去找玉印，结果一只狗找到了玉印，于是公主就同狗结婚并生下了一个儿子。儿子长大后，人们都骂他是狗的儿子，他知道真相后便把狗杀死了。他的母亲非常悲伤，儿子为了安慰母亲想杀牛来祭狗，在螃蟹的帮助下终于把牛杀了。从此，牛和螃蟹结下了终身冤仇。可供研究侗族民间信仰和动物故事参考。潘桂银口述，国彤、艾人搜集、整理。32开纸3页，汉译文约1480字。收入龚立新编《美女蛇》，香港天马图书有限公司2000年版。（贵州　龙耀宏）

水牛和狗的故事　侗语北部方言民间动物故事。流传于贵州剑河。叙述很久以前，人们都用狗来耕田。有一天，牛看见狗吃的是米饭，就问其原因，聪明的狗告诉牛说，因为它能为主人耕田。牛羡慕极了，于是要求和狗交换工作。从此，牛成了耕田的动物，而狗则成了看家的动物。可供研究侗族民间动物故事参考。王道合口述，国彤、艾人搜集、整理。32开纸3页，汉译文约1708字。收入龚立新编《美女蛇》，香港天马图书有限公司2000年版。（贵州　龙耀宏）

水牛斗老虎　侗语南部方言动物故事。流传于广西三江、湖南靖州等地的侗族地区。讲述一头水牛斗不过一只凶猛的老虎，但多头水牛共同对付一只老虎，那就不同了。几头水牛为了保护后代不受侵扰，与一只老虎勇敢搏斗，最后取得了胜利。对研究侗族的处世哲学有参考价值。1991年吴庚海、公孜用拼音侗文记录、翻译。16开纸1页，汉译文1000字。载《侗文专刊》1991年总5～6期。（广西　吴美莲）

牛为何没有上门牙　侗语北部方言动物故事。流传于贵州锦屏九寨各地。讲述一天老虎下山讥笑老牛受控于细脖子的人，而老牛说情非得已。一次老牛逃脱去喝水，被河里的大螃蟹把鼻子夹通了，老牛则拉屎撒尿淋螃蟹，又踩螃蟹，主人乘机用绳子穿了老牛的鼻子，老牛逃也逃不了。老虎不以为然，愿意像老牛那样试一试，相信自己会逃脱。它与农人商量好，用棕绳、麻索、捆篼将自己绑好，农人把它赶下烂泥田，它越陷越深无法解脱。而此时岸边的老牛得意大笑，不小心摔了，把上门牙全部碰掉了。可供研究侗族民间文学参考。龙再有口述，陆景川、谌贻权翻译、整理。32开纸2页，汉译文约 700 字。收入《锦屏民间文学资料》，锦屏县委宣传部、锦屏县民族事务委员会、锦屏县文化馆 1982 年编印；《九寨风情》，华夏文化艺术出版社 2002 年版。

（贵州　龙耀宏）

黄牛为什么不敢下水洗澡　侗语南部方言动物故事。流传于贵州榕江侗族地区。叙述贯公召集大伙开河造田，终于战胜了暑伏天。黄牛不愿听贯公的话，开河造福于人，受到贯公的处罚。而黄牛不敢下河是因为害怕贯公。可供研究侗族动物故事参考。黄顺科口述，杨秀斌搜集、整理。32 开纸 3 页，汉译文约 1200 字。收入《侗族民间故事》，黔东南苗族侗族自治州文学艺术研究室 1982 年编印。

（贵州　龙耀宏）

牛笑掉了上牙　侗语北部方言动物故事。流传于贵州天柱高酿。叙述牛和老虎打赌，牛说它是服人的，而老虎不相信，便试拖农人的犁套，本想不服于人，却被犁套勒死。牛幸灾乐祸，一不小心摔掉了所有的上牙。可供研究侗族动物故事参考。潘桂银口述，王润身搜集、整理。32 开纸 1 页，汉译文约 350 字。收入《侗族民间故事》，黔东南苗族侗族自治州文学艺术研究室 1982 年编印。

（贵州　龙耀宏）

牛缺门牙的故事　侗语南部方言动物故事。流传于贵州从江庆云。讲述古时候因天上的神牛吃得多，主人便叫它下界为凡人拉犁翻土，并说好收割谷子后的草可任它吃，不会亏待它，还说它吃草死后凡人吃它的屎。牛只听到后半句，以为它吃草而人吃屎，便得意地跑出去一头撞在岩石上把上门牙撞断了，从此再也长不出来了。可供研究侗族民间故事参考。石再山口述，黄先仁搜集、翻译、整理。32 开纸 1 页，汉译文 650 字。收入《中国民间故事集成・从江县卷》，从江县民间文学集成编委会 1989 年编印。

（贵州　龙耀宏）

猪和狗争功　侗语南部方言动物故事。流传于贵州从江龙图、样洞一带。传说耸万家有一头猪和一只狗，他忙时便叫猪和狗去犁田。狗耳朵灵又狡猾，天天去山上玩，而猪想讨主人的欢心，则老实地天天干活。一天猪干活累了下河洗澡，狗见主人来了赶忙跑进田里把身上弄得浑身是泥，主人只见狗而不见猪，从此便让狗来守家给它好的吃，而把猪关进圈里，罚它吃糠任人宰杀。可供研究侗族民间故事参考。梁甫安口述，梁家成搜集、翻译、整理。32 开纸 2 页，汉译文约 850 字。收入《中国民间故事集成・从江县卷》，从江县民间文学集成编委会 1989 年编印。

（贵州　龙耀宏）

猪的冤情　侗语南部方言动物故事。流传于贵州从江、黎平的“六洞”。叙述古时候有一人名叫松晚，他养有一头猪和一只狗。猪和狗经常争吵，松晚就派猪和狗去开荒田。狗比猪狡猾，猪整天卖力开荒，而狗却把猪的劳动成果占为己有，且得到松晚的赞扬，猪只能暗暗叫苦。可供研究侗族动物故事参考。吴生贤搜集、整理。32 开纸 3 页，汉译文约 1300 字。收入《侗族民间故事》，黔东南苗族侗族自治州文学艺术研究室 1982 年编印。

（贵州　龙耀宏）

羊还角罗　侗语南部方言动物故事。流传于广西三江侗族地区。讲述从前狗的头上有一对漂亮的角。有一次狗伸头到石槽里舔粑粑，把角脱下来放在石槽旁，山羊巴望自己头上也有一对角，便试着把狗的角套在头上戴一戴。公鸡说山羊头上有角很好看，山羊洋洋得意，戴着戴着，便跑进树林里去了。

公鸡很焦急，伸着脖子高声喊："羊——还——角——罗——！"听起来就是"喔喔喔——喔喔喔"。对研究侗族动物故事有参考价值。1985年广西壮族自治区三江侗族自治县林溪乡林溪村周美芬讲述，苏春笔录。32开纸2页，汉译文1500字。收入《三江侗族自治县民间故事资料集》，三江侗族自治县民间文学三套集成办公室1989年编印。（广西　杨树清）

狗的故事　侗语北部方言动物故事。流传于贵州三穗侗族地区。故事从四个方面对狗进行描述：狗取谷种；狗为什么爱追捕猫；猪狗分工；狗不嫌主人家穷。各篇都写出狗忠厚老实的性格特征。可供研究侗族动物故事参考。周天明、黄贵禄口述，1983年周昌武收集、整理。32开纸5页，汉译文约3510字。收入《侗族文学资料》第三集（三穗县专集），《侗族文学史》编写组1984年编印。（贵州　龙耀宏）

狗与发富的故事　侗语北部方言动物故事。流传于贵州剑河。讲述从前一家两兄弟在分家时，由于大哥聪明狡猾，小弟为人忠厚，于是小弟分得了一只狗，而大哥则分得一头牛。不料那只狗多次为小弟带来好运，大哥看在眼里，便起了歹心，害死了弟弟。后来哥哥在去偷弟弟的玉米时被弟弟的狗咬死。可供研究侗族民间故事参考。王灿辉口述，艾人、宏光搜集、整理。32开纸6页，汉译文约3500字。收入龚立新编《美女蛇》，香港天马图书有限公司2000年版。

（贵州　龙耀宏）

狗和猫　侗语南部方言动物故事。流传于广西三江侗族地区。讲述一个叫包祥的青年救了狗和猫而受到母亲的奚落，一怒之下，带着狗和猫出门讨饭。在狗和猫的帮助下他杀死了一个妖怪，并从妖怪头颅里取得一个宝物。宝物可以喊出饭菜来，这样他们就不用再去讨饭而回家了。但过河时由于猫失误把宝物掉到河里，狗叫来水獭找回了宝物。他们快到家时，猫先跑回家报功而得到包祥母亲的宠爱，狗却遭到蔑视和虐待。狗很生气，一见猫就想抓，它们成了一对冤家。对研究侗族民间动物故事有参考价值。广西壮族自治区三江侗族自治县林溪乡美俗村甫勇讲述，1999年杨再领、吴斌权用拼音侗文记录。16开纸2页，汉译文2500行。载《侗文专刊》1999年总19期。

（广西　吴美莲）

猫和狗怎样成了冤家　侗语南部方言动物故事。流传于广西三江侗族地区。讲述有个樵夫上山砍柴捡得一件宝贝，把它藏在箱底，嘱咐狗和猫看好门。一天，樵夫嫂子来敲门，猫经不住嫂子口袋里有糖的诱惑去开门。嫂子进屋后把箱子里的宝贝拿走了。樵夫回来不见宝贝，问狗和猫才知道是怎么回事。樵夫派狗和猫去讨。找到宝贝回家过河时，狗背宝贝先过去，让猫在岸边等。过了河，狗性急直奔家里把宝贝送给樵夫。狗不回来背猫，猫很生气，在樵夫面前讲狗的坏话。樵夫奖励鱼给猫，吃剩的骨头才给狗。狗气愤不过，从此和猫势不两立。对研究侗族民间故事有参考价值。1979年覃松良、韦峥芳搜集、整理。32开纸3页，汉译文1800字。收入《侗族民间故事选》，上海文艺出版社1982年版。（广西　杨树清）

猫为什么捉老鼠　侗语南部方言动物故事。流传于广西三江侗族地区。讲述猫和老鼠原来是一对好朋友。有一次它们在山上找得一窝蜂蜜，猫说现在有东西吃，蜂蜜留到冬天再吃吧。老鼠答应下来，私下却把蜂蜜吃得一干二净，反倒嫁祸于猫。猫知道老鼠手脚不干净，从此和它成了冤家对头。对研究侗族民间动物故事有参考价值。1979 年赖振修、赵峰、里红搜集、整理。32 开纸 3 页，汉译文 1800 字。收入《侗族民间故事选》，上海文艺出版社 1982 年版。

（广西 杨树清）

猫和老鼠的故事 侗语南部方言动物故事。流传于贵州从江西山陡寨一带。讲述以前猫和老鼠是两兄弟，猫吃鸡蛋，鼠啃烂木头。一天它们过河到对面山上去找食物，用杉木做船，老鼠饿了则把树心吃空了，它们落到了河底。猫把老鼠救上岸后，把这次危险归咎于鼠，将老鼠吃了，从此猫不再吃鸡蛋专吃老鼠。可供研究侗族民间故事参考。赵振太口述，吴庆伟搜集、翻译、整理。32 开纸 2 页，汉译文约 900 字，收入《中国民间故事集成·从江县卷》，从江县民间文学集成编委会 1989 年编印。（贵州 龙耀宏）

山猫拉屎为何杂有草 侗语南部方言动物故事。流传于贵州从江等地。传说牛与山猫开始是好邻居，相互照顾，因此遭到了狐狸的嫉妒，想间离它们之间的关系。在一次事故中，狐狸的奸计终于得逞。可供研究侗族民间故事参考。梁维安记录、收集，黄能赋整理、翻译。32 开纸 4 页，汉译文约 2500 字。收入《从江民间文学资料集》（第一集），从江县民族事务委员会、从江县文化馆 1983 年编印。（贵州 欧俊姣）

老虎抽烟 侗语南部方言动物故事。流传于广西龙胜、三江，贵州从江等地的侗族地区。讲述从前人与野兽同住在一个寨子里，大家和和气气地过日子。到花斑虎这一代，虎兄弟张牙舞爪不讲理，人看不惯就对老虎说，现在兄弟多了，你们到深山老林去住吧。老虎要通过比武来决定谁到山上去住。一天大家在茅棚旁比起武来，人趁老虎不注意划一根火柴把茅棚点燃，火焰、浓烟顿时把虎兄弟吓跑了。几年后，老虎还想跟人再比试，看人还有什么新招。人说要比也要先抽筒烟，老虎答应。人把枪管伸进老虎嘴里，老虎以为是烟竿，人划开火镰点着火药，“砰”的一声响，老虎应声倒地不动弹了。对研究侗族民间动物故事有参考价值。1979 年罗广源、韦峥芳搜集、整理。32 开纸 2 页，汉译文 1200 字。收入《侗族民间故事选》，上海文艺出版社 1982 年版。

（广西 杨树清）

老虎怕漏 侗语南部方言动物故事。流传于广西三江侗族地区。讲述一天晚上雷雨交加，老虎去偷牛，听见农夫家爷孙俩在楼上说话。孙子阿牛说好像楼下有动静，怕是老虎来了。爷爷说不怕老虎，就怕“漏”，“漏”来了我们全家不得安宁。老虎心想这“漏”是什么东西，比我还厉害？一会儿，阿牛身披蓑衣，冒雨下楼去看牛。老虎看见“怪物”朝它走来，心想这就是“漏”了，拔腿就跑。阿牛误以为牛受惊跑了，便跟着追出去，追到了半山腰，一道闪电炸响，才看清追的是一只黄斑虎，急忙爬上树去躲。老虎回到家将此事述说了一番，众兽凭势众要去看个究竟。阿牛看见众兽朝树下走来，急忙往树梢爬去，不小心，树杈挂脱了蓑衣，这“怪物”落到地上，众兽跑得屁滚尿流，老虎还被竹尖挂破肚皮漏出肠子来。对研究侗族民间动物故事有参考价值。1979 年吴彬德、赖振修搜集、整理。32 开纸 3 页，汉译文 1800 字。收入《侗族民间故事选》，上海文艺出版社 1982 年版。

（广西 杨树清）

虎姑娘结亲 侗语南部方言动物故事。流传于广西三江、融水，贵州黎平、从江等地的侗族地区。讲述有一天，老虎变成漂亮姑娘把管公和也常骗到洞里，逼已有家室的英俊后生也常和她结婚，管公做证婚人，并说给三天期限考虑，第四天办婚礼，说罢把洞口堵死，自个儿觅食去了。也常和管公无法逃出虎洞，吹随身带的芦笙盼洞外有人听见来救他们。这天，蜜蜂听见芦笙响，飞进洞来想法解救他们。蜜蜂慷慨摘下一对翅膀送给也常和管公，二人感谢蜜蜂，将一把芦笙系在它翅膀上。也常和管公一起飞出洞，张开的翅膀响起芦笙声。路上，他们看见老虎姑娘带众兽回洞里办婚礼，于是蜜蜂飞到老虎头顶上对它说，别费心机了，强扭的瓜不甜的。老虎气急了想去捉蜜蜂，失脚跌下悬崖一命呜呼。也常有了翅膀变成了喜鹊，管公变成了乌鸦。对研究侗族民间动物故事有参考价值。1979 年陈进文、黎耘搜集、整理。32 开纸 5 页，汉译文 3000 字。收入《侗族民间故事选》，上海文艺出版社 1982 年版。

（广西　杨树清）

老虎为什么吃人　侗语南部方言动物故事。流传于贵州从江贯洞、独洞一带。相传从前老虎们去寻食，见一瞎子小孩，老虎阻止豹子和狐狸吃他，还将其抱回与老虎崽一起养。瞎子小孩很聪明，老虎对他也很好。他长大后，老虎为了锻炼他让他一个人去闯世界，却在暗中保护他。瞎子小孩一路上遇到很多困难，遇到有人讥笑他，便说起爹娘嫌他眼瞎叫寨老把他丢到荒坟的遭遇，恰巧被一个无恶不作的寨老听见，认为是在骂自己，于是打了瞎子小孩几耳光。老虎一气之下把寨老吃了，从此老虎见人就咬。可供研究侗族民间故事参考。周含清口述，黄央仁搜集、翻译、整理。32 开纸 2 页，汉译文 850 字。收入《中国民间故事集成·从江县卷》，从江县民间文学集成编委会 1989 年编印。

（贵州　龙耀宏）

老虎不咬野山羊的传说　侗语南部方言动物故事。流传于贵州从江。相传一天野山羊和老虎在坡上各自寻找食物吃，不一会儿老虎吃饱了来到溪中喝水，不幸被螃蟹把鼻子夹住了，老虎痛得要命甩也甩不掉。后来野山羊见了，叫老虎把嘴放进水里螃蟹便会自己走。从此老虎为感激野山羊的救命之恩，再也不咬野山羊了。可供研究侗族动物故事参考。梁松平、梁之槐搜集、翻译、整理。32 开纸 1 页，汉译文约 650 字。收入《中国民间故事集成·从江县卷》，从江县民间文学集成编委会 1989 年编印。（贵州　龙耀宏）

老虎和田螺打赌　侗语南部方言动物故事。流传于贵州从江新安一带。相传从前一只老虎来到田埂上，田螺说它的百兽之王是徒有虚名，并打赌说只要它能捉到田螺就认为它有本事。老虎想都不想，一气之下跳进烂泥田，它不但拔不出身而且越陷越深，又被一打猎的嘎老打死。马见此得意地大笑，不小心把角摔断了，再也没有长起来。可供研究侗族民间故事参考。石耀辉口述，黄央仁搜集、翻译、整理。32 开纸 1 页，汉译文约 670 字。收入《中国民间故事集成·从江县卷》，从江县民间文学集成编委会 1989 年编印。

（贵州　龙耀宏）

话说猴子脾气　侗语南部方言动物故事。流传于广西三江侗族地区。侗族民间常把人脾气急比喻为“猴子脾气”。讲述一只猴子被猎人打破了肚子，肠子直往外冒，但还没有断气。它一边逃跑一边把肠子往肚里塞，但肠子还是露出来。猴子一气之下就把肠子全部拔了出来，那当然也免不了一死。对研究侗族的处世哲学有参考价值。1992 年广西壮族自治区三江侗族自治县同乐乡平溪村韦隆恩用拼音侗文记录、翻译。16 开纸 1 页，汉译文 200 字。载《侗文专刊》1992 年第 1

期（总 7 期）。　（广西　吴美莲）

猴子为什么恨蚂蚁　侗语南部方言动物故事。流传于贵州从江新安皮林。讲述古时候仙宝山上有一颗价值连城的宝珠。一次大旱后草木干枯，动物为了觅食到处奔波，而仙宝山上却绿树成荫，野花似锦。蚂蚁和猴子都发现了这块宝地，纷纷搬到这里过着无忧无虑的生活。一天小蚂蚁发现了宝珠，猴祖爷得知便派人去夺宝，决定五天后大战。小猴子打猴祖爷头上的小蚂蚁，不料把祖爷打死，其他猴子都以为是蚂蚁打死了祖爷，便一直痛恨蚂蚁。可供研究侗族故事参考。吴西明口述，吴继带、石彦章、张子刚搜集、翻译、整理。32 开纸 5 页，汉译文约 3300 字。收入《中国民间故事集成·从江县卷》，从江县民间文学集成编委会 1989 年编印。

（贵州　龙耀宏）

猴子的故事　侗语南部方言动物故事。流传于贵州从江贯洞、洛香。讲述从前一群猴子在归守坡上称王多年，兽类中就连老虎都怕它们。后有一位叫郎夺的穷人带着妻女来这里居住，种了许多玉米，而猴子们却在玉米成熟时来偷，还撒了一地。郎夺见了很生气，便把黏胶抹在树枝上，后来小猴子全粘在上面了，猴子们怕了。可供研究侗族民间故事参考。梁维庆搜集、翻译、整理。32 开纸 5 页，汉译文约 3300 字。收入《中国民间故事集成·从江县卷》，从江县民间文学集成编委会 1989 年编印。

（贵州　龙耀宏）

螃蟹与野牛　侗语南部方言动物故事。流传于广西三江侗族地区。讲述有一天野牛走进溪里喝水把水弄浑了，螃蟹说了几句，遭野牛一脚踢扁了身子。农夫用药救活螃蟹。螃蟹很感激农夫，便想法子让野牛给农夫耕田。一天，野牛又到溪里喝水，螃蟹看准时机，用利钳紧紧地夹住野牛的鼻孔，野牛痛得“哞哞”叫。螃蟹叫农夫拿绳子来穿进野牛鼻孔，野牛被牵住鼻子后乖乖地给农夫犁耙田，从此变成家牛。对研究侗族农耕文化有参考价值。1985 年广西壮族自治区三江侗族自治县林溪乡程阳村公传方讲述，杨树清笔录。32 开纸 2 页，汉译文 1200 字。收入侗族本土文化丛书《救太阳》，广西民族出版社 2002 年版。　（广西　杨树清）

狐狸和水獭　侗语南部方言动物故事。流传于广西三江侗族地区。讲述狐狸和小獭两个动物的生活习性，一个爱吃懒做，一个勤劳刻苦。从正反两面说明了只有通过辛勤的劳动才能够丰衣足食的道理，告诉世人不要像故事里说的狐狸那样狡猾、偷懒，要学水獭勤劳善良，这样才有好的回报。对研究侗族动物故事有参考价值。1989 年广西三江奶根梅讲述，吴根海笔录。16 开纸 2 页，汉译文 1200 字。载《侗文专刊》1989 年第 2 期。　（广西　石祖勋）

狐狸和螃蟹　侗语南部方言动物故事。流传于广西三江侗族地区。讲述狡猾的狐狸想吃螃蟹，而自己又不会游泳，就请螃蟹到家里吃饭，说有烤肉招待。螃蟹因嘴馋不思后果去赴约，结果成了狐狸的美食。提示人们不要因贪小便宜而使自己身陷囫囵。对研究侗族处世哲学有参考价值。1991 年广西壮族自治区三江侗族自治县林溪乡美俗村吴兵权讲述，吴兵权用拼音侗文记录，龙明辉翻译。16 开纸 1 页，汉译文 500 字。载《侗文专刊》1991 年总 5～6 期。

（广西　吴美莲）

狐狸精的故事　侗语南部方言动物故事。流传于贵州从江贯洞新安。讲述从前一只狐狸精出来偷鸡，被竹弓吊在半空不得脱身，它变成年轻美貌的姑娘，哄骗一位老人说要做他的干女儿，老人救了她并把她带回了家。不几天老人家的鸡、鸭全被她吃光，又听寨人说她是狐狸精，老人有些怀疑。一天他故意早回家，正看到她显原形在吃牛肠子，老人一气之下把她踩成肉酱，后变成了牛屎上的臭虫。可供研究侗族民间故事参考。石修礼口述，黄央仁搜集、整理。32 开纸 3 页，汉译文约 1980 字。收入《中国民间故事集成·从江县卷》，从江县民间文学集成编委会 1989 年编印。（贵州　龙耀宏）

小鸡给狐狸拜年　侗语南部方言动物故事。流传于广西三江侗族地区。讲述有一天母鸡带小鸡在寻食时，为了保护小鸡而被狐狸吃掉。为此，小鸡们集中大家的智慧，团结一致，以给狐狸拜年为借口，引诱狐狸上当，从而为母鸡报了仇。对研究侗族动物故事有参考价值。1989 年广西三江奶培更讲述，培更笔录。16 开纸 2 页，汉译文 1200 字。载《侗文专刊》1989 年第 2 期。

（广西　石祖勋）

小育鸡　侗语北部方言动物故事。流传于贵州剑河。讲述一只名叫小育鸡的小鸡帮妈妈带弟弟妹妹的时候发现少了一只鸡，以后每天都少一只，于是它便想办法“捉贼”，最后发现是野猫偷走了小鸡。它去追野猫，途中遇到很多好心人都想帮它追，但它不信任别人，一个人单枪匹马，最后没有捉到野猫，空手而回。第二次在大家的帮助下，终于捉到了野猫。可供研究侗族动物寓言故事参考。龚其云口述，艾人搜集、整理。32 开纸 5 页，汉译文约 3080 字。收入龚立新编《美女蛇》，香港天马图书有限公司 2000 年版。（贵州　龙耀宏）

鸡和鸭的故事　侗语北部方言动物故事。流传于贵州天柱高酿。叙述开天辟地以来，侗家地方还没有鸡和鸭的时候，不知从哪里来了一只母鸡和一只母鸭，母鸡为了报答母鸭的救命之恩，答应帮母鸭孵蛋带崽。可供研究侗族动物故事参考。杨达新口述，全天武搜集、整理。32 开纸 2 页，汉译文 600 字。收入《侗族民间故事》，黔东南苗族侗族自治州文学艺术研究室 1982 年编印。

（贵州　龙耀宏）

母鸡孵雏鸭的传说　侗语南部方言动物故事。流传于贵州从江。传说古时鸡、鸭、鹅都是生在野地自己寻食，繁衍后代。一天贯贡老人叫它们到对面的寨子里去居住，说在那里它们可以吃好的，住好的，它们都很高兴到河对面的寨子去。鸭和鹅会游水，但它们都不愿意把鸡背过河，最后湖鸭帮助鸡，把它背过河，鸡来到了寨子过上了幸福的生活。鸡为了感谢湖鸭，便答应从此以后为它孵雏鸭。可供研究侗族民间故事参考。梁丕搜集、翻译、整理。32 开纸 3 页，汉译文 1670 字。收入《中国民间故事集成·从江县卷》，从江县民间文学集成编委会 1989 年编印。（贵州　龙耀宏）

鸡报鸭恩　侗语南部方言动物故事。流传于贵州从江龙图、样洞一带。传说从前鸡和鸭很和睦，互相帮助找食吃。一天它们都争着去河对岸找更多食物来请对方做客。鸭会游水，而鸡飞到河中央落水，在危急时被鸭救出，还照顾它恢复健康。鸡为了报答鸭恩，从那时起就替鸭孵蛋生崽，还盘养小鸭子。可供研究侗族民间故事参考。梁普安口述，梁家成搜集、翻译、整理。32 开纸 1 页，汉译文 650 字。收入《中国民间故事集成·从江县卷》，从江县民间文学集成编委会 1989 年编印。（贵州　龙耀宏）

鸡斗野猫　侗语南部方言动物故事。流传于贵州榕江一带。讲述一群小鸡长大后，在犀牛叔叔、锥栗子、板栗球的帮助下去找野猫报仇，最终取得胜利。说明了团结力量大，相互帮助能克服困难的道理。可供研究侗族民间文学参考。杨成良口述，李仄翻译、整理。32开纸5页，汉译文约2200字。收入《从江民间文学资料集》（第一集），从江县民族事务委员会、从江县文化馆1983年编印。（贵州　欧俊娇）

公鸡报晓的故事　侗语北部方言动物故事。流传于贵州剑河、天柱、三穗等地区。讲述一只公鸡在鹅的怂恿下偷了鸭子的冠子，最后鸭告到阎王那里。为了让鸡将功补过，阎王便命母鸡帮鸭孵蛋，公鸡打鸣报晓。所以公鸡每天"喔喔"直叫。可供研究侗族民间文学参考。桐王、王牛口述，艾人搜集、整理。32开纸3页，汉译文约1080字。收入龚立新编《美女蛇》，香港天马图书有限公司2000年版。（贵州　龙耀宏）

听见风就是雨　侗语北部方言动物故事。流传于贵州剑河、天柱、三穗等地。讲述一只公鸡惹怒了主人，遭到主人的责骂，主人想杀它待客。公鸡在逃命途中遇到了鸭、鹅、兔、小猪、小狗、小羊等。这些小动物也跟着公鸡逃跑，因为公鸡告诉它们有人要杀它们招待客人。逃跑途中，它们又遇到了牛，在牛的劝导下它们才回家，待它们回家后才知道自己被公鸡骗了。可供研究侗族民间动物故事参考。周木英口述，艾人搜集、整理。32开纸3页，汉译文约1508字。收入龚立新编《美女蛇》，香港天马图书有限公司2000年版。（贵州　龙耀宏）

鹅为什么不吃鱼　侗语南部方言动物故事。流传于贵州从江龙图、样洞一带。讲述从前在府城做官的刘大人很凶恶，百姓都怕他，每次他下乡人们都要用酒肉饭来招待。一天他来到一户人家，那家只有一对正在孵蛋的鹅，鹅知道自己将要面临的遭遇便哭诉，叫人别杀它们，它们正孵鹅崽，而田里的鱼多肉好吃。此话恰巧被刘大人听见，第二天便叫主人给他杀鱼吃。鹅幸免于死都是有鱼来抵命，为感谢鱼，鹅便世代不吃鱼。可供研究侗族民间故事参考。梁普安口述，梁家成搜集、翻译、整理。32开纸1页，汉译文650字，收入《中国民间故事集成·从江县卷》，从江县民间文学集成编委会1989年编印。（贵州　龙耀宏）

鹅为什么不吃小鱼、虾子　侗语南部方言动物故事。流传于广西三江同乐侗族地区。讲述古时候，也常和管公是一对好朋友。一天，也常到管公家做客，夜里睡觉时，管公和老婆商议着要杀一只公鹅来招待也常，公鹅在楼底听见了，哭哭啼啼地叮嘱母鹅要管教好孩子。也常听得懂公鹅说这番话的意思，第二天早上制止管公杀鹅款待他。管公只好去捞小鱼、小虾来招待也常，鹅幸免一死。鹅很怜悯小鱼、小虾，以后就不再吃小鱼、小虾。对研究侗族动物故事有参考价值。1984年覃垣搜集、整理。16开纸2页，汉译文1500字。收入《中国民间故事集成·广西分卷·三江资料集》，三江侗族自治县民间文学三套集成办公室1989年编印。（广西　杨树清）

燕子与青蛙　侗语北部方言动物故事。流传于贵州锦屏九寨各地。讲述人类还没有记下生产季节的时候，一天玉帝把各路王、仙、神召集在天庭讨论人间的生产制度，但他们各抒己见，难以统一。大家同意叫活动量最小的青蛙和活动量最大的燕子来讨论，燕子和青蛙各说各有理，也难以统一，众人便说谁先到东海龙宫则采纳谁的意见。燕子自以为有翅膀便一路飞一路玩，而青蛙急中生智用树叶作舟先到了东海，于是大家采取了青蛙的一年一度耕种收割的意见。可供研究侗族民间文学参考。耿姣贵口述，滚文权翻译、整理。32 开纸 2 页，汉译文 850 字。收入《中国民间故事集成·锦屏县卷》，锦屏县民间文学集成编委会 1988 年编印；《九寨风情》，华夏文化艺术出版社 2002 年版。

（贵州　龙耀宏）

猫咕雀与画眉鸟　侗语北部方言动物故事。流传于贵州锦屏九寨各地。讲述从前有一农夫住在大山里，粮食没有好收成，猫咕雀与画眉鸟各显本领帮助他并与他成了朋友。画眉鸟会唱歌且机灵，会察言观色推测农夫的心思，而猫咕雀不善言，只是默默做活。农夫逐渐地过上好日子，忘记了过去，整天沉醉在歌声里。一年遇旱没有好收成，农夫看着整天唱歌的画眉鸟心烦而更喜欢踏实的猫咕雀。画眉鸟怀恨在心，在农夫娘死后，说是中了说实话的猫咕雀的诅咒，农夫信了谗言，遇见猫咕雀便打，使它成了人们眼里的祸根，但它仍晚上出来给农民除害。可供研究侗族民间文学参考。龙玉成翻译、整理。32 开纸 5 页，汉译文约 2000 字。载《南风》1984 年第 3 期。收入《九寨风情》，华夏文化艺术出版社 2002 年版。

（贵州　龙耀宏）

鹿的故事　侗语北部方言动物故事。流传于贵州锦屏九寨各地。讲述从前鹿和猴子非常和睦，冬天来临，鹿与猴子搭伙，结果觉得果子很好吃，便不吃树叶而与猴子抢吃树上的果子。为了吃到高处果实，它天天伸长脖子，成了长颈鹿。猴子生气得病，鹿也不太理睬，它们的矛盾越来越大。它们再次争食时，鹿在地下屙屎臭猴，猴在树上撒尿淋鹿，鹿毛变色便花了身。鹿想叫猴给老虎送信来害它，不料被猴识破，在老虎那说了鹿的坏话，为了逃避老虎的追赶鹿后来越跑越快了。可供研究侗族民间文学参考。傅宗柱口述，傅安辉翻译、整理。32 开纸 5 页，汉译文约 2350 字。载《黔东南文艺》1983 年第 1 期。收入《九寨风情》，华夏文化艺术出版社 2002 年版。　（贵州　龙耀宏）

布谷鸟和金色雀　侗语南部方言动物故事。流传于广西、贵州、湖南交界侗族地区。讲述布谷鸟喜爱劳动，穿漂亮花衣裳，还会唱歌，深受众鸟的喜爱。相反，金色雀好吃懒做，穿破旧的灰衣服，爱欺负小鸟，众鸟很讨厌它。金色雀想改变这种状况，设下毒计请布谷鸟上它家做客。酒桌上，金色雀花言巧语，灌醉布谷鸟，剥下布谷鸟的花衣。金色雀穿上布谷鸟漂亮新衣后到处卖弄，遭到众鸟的非议，从此更加孤独了。布谷鸟丢掉衣服后，冷得直发抖。自此，每到被骗走衣服这天，它就在树上“铎古、铎古”（侗语：丢衣）地叫。这时是春耕季节，农夫说多下种多打粮，给布谷鸟买件漂亮衣裳。对研究侗族动物故事有参考价值。贵州榕江石迁章讲述，1979 年华谡笔录。32 开纸 3 页，汉译文 1500 字。收入《侗族民间故事选》，上海文艺出版社 1982 年版。（广西　杨树清）

鹦哥　侗语南部方言动物故事。流传于广西、贵州、湖南交界侗族地区。讲述南山上鹦哥母亲病重，药师说要吃江山家树上的玉鸡果病才能好，但树上有网，树下有套，非常危险。鹦哥救母心切，只身飞往江山家，果然被网住了。鹦哥求江山说，我母亲病重要吃你家的玉鸡果，我今天吐一颗金，明天吐一颗银，包你江山哥金银满柜，你放我走吧。江山说不要你的金银，只等玉鸡果熟后才能给你。皇帝听说鹦哥会说话，还会吐金银，就派人把鹦哥抓走。可鹦哥一言不发，也不吐金银，还朝皇帝脸上屙屎屙尿。皇帝大发雷霆，要杀掉鹦哥。这时鹦哥说话了，它说只要皇帝放它出笼，它就吐金银。皇帝信以为真，打开笼门，鹦哥飞了出去，一直飞到江山家。这时玉鸡果熟了，江山送一粒给它。鹦哥转回到南山时，母亲已经死去。鹦哥衔着玉鸡果在母亲身上擦来擦去，母亲慢慢生还过来。对研究侗族民间动物故事有参考价值。贵州榕江周惠超讲述，1979 年周惠超笔录。32 开纸 3 页，汉译文 1500 字。收入《侗族民间故事选》，上海文艺出版社 1982 年版。（广西　杨树清）

“店岁”鸟的传说　侗语南部方言动物故事。流传于贵州从江“六洞”。叙述古时大果村有母女俩相依为命，女儿人美手巧歌甜，人见人爱。她喜欢经常帮助她们母女俩的穷后生桂亏郎，两人订下终身。一天，她的一匹精美侗锦被风吹到皇宫，皇后很喜欢，便派兵把她捉去为自己织锦。一晃几年过去，她想回家看望年老病重的老母，贪得无厌的皇后不让她走，便陷害她使她从此不能出宫。亏郎来京城救她，他们逃走天涯。不料皇兵追上，走投无路的她跳下悬崖，死后变成报春神鸟“店岁”娘。可供研究侗族民间故事参考。潘平、梁之槐搜集、翻译、整理。32 开纸 7 页，汉译文 4500 字。收入《中国民间故事集成·从江县卷》，从江县民间文学集成编委会 1989 年编印。（贵州　龙耀宏）

阳雀的故事　侗语北部方言动物故事。流传于贵州剑河、天柱。讲述一只阳雀带来阎王爷的圣旨为农民“催庄稼”。但它每天好吃懒做，借助阎王爷的权力来欺侮同类众鸟，最后被阎王爷惩罚，变成了一只被众鸟都看不起的阳雀。可供研究侗族动物故事参考。彭景彬口述，艾人搜集、整理。32 开纸 2 页，汉译文 850 字。收入龚立新编《美女蛇》，香港天马图书有限公司 2000 年版。

（贵州　龙耀宏）

乌鸦的羽毛为什么是黑的　侗语南部方言动物故事。流传于贵州黎平、从江、榕江地区。叙述乌鸦心黑，想让天鹅和猴子的关系闹僵，却被猴子的“变美药”给骗了，结果本来就不美的羽毛全都变黑了。可供研究侗族民间动物故事参考。放新搜集、整理。32 开纸 2 页，汉译文约 700 字。收入《侗族民间故事》，黔东南苗族侗族自治州文学艺术研究室 1982 年编印。（贵州　龙耀宏）

岩鹰与狐狸　侗语南部方言动物故事。流传于贵州黎平侗寨。叙述狐狸是刁奸狡猾的家伙，它和岩鹰交朋友，但背后却做了很多对不起岩鹰的事。此如吃岩鹰的东西不要紧，还吃了它的孩子。恶有恶报，狠心的狐狸最终死在岩鹰的爪下。可供研究侗族伦理道德及动物故事参考。吴培仁口述，吴定国搜集、整理。32 开纸 3 页，汉译文约 1200 字。收入《侗族民间故事》，黔东南苗族侗族自治州文学艺术研究室 1982 年编印。

（贵州　龙耀宏）

虫和鸟的故事　侗语南部方言动物故事。流传于贵州从江的高增、小黄、和平等地。由三个故事组成：正日“呃”叫换，蕨菜长满山；“阿尧”叫，满水到；学又各夺，学又各夺。分别讲述：小蝉为什么只叫“呃、呃”，被人称为嫩虫；一种小鸟为什么叫“阿尧！阿尧”，叫后就下雨；一种小鸟为什么叫“学又各夺！学又各夺”。可供研究侗族民间文学参考。吴启贵口述，吴生贤记录、翻译、整理。32 开纸 7 页，汉译文约 3600 字。收入《从江民间文学资料集》（第一集），从江县民族事务委员会、从江县文

化馆1983年编印。（贵州 欧俊姣）

蛇为什么要吃青蛙 侗语南部方言动物故事。流传于贵州从江大团。相传以前蛇和青蛙是好朋友，蛇正直热情，而青蛙狡猾奸诈。蛇有一个祖传乐鼓，还会吹出许多优美的乐曲，青蛙很嫉妒。青蛙生病，蛇经常照顾它，给它吃的，还给它吹曲子。而青蛙想得到蛇的乐鼓，便借母亲病故把乐鼓骗到手，后还说弄丢了，蛇并没有怪罪它。当蛇得知真相后很气愤，便决定把青蛙吃了。可供研究侗族民间故事参考。梁凡荣口述，梁飞凤搜集、翻译、整理。32开纸4页，汉译文约2600字。收入《中国民间故事集成・从江县卷》，从江县民间文学集成编委会1989年编印。（贵州 龙耀宏）

泥鳅的故事 侗语南部方言动物故事。流传于贵州从江贯洞、龙图、桥头一带。讲述从前有兄妹俩相依为命，生活得艰苦。哥哥很疼爱妹妹，最后把她娇惯成只会吃喝玩乐的人，长大了也没有人来提亲，倒是哥哥娶了一个勤劳贤慧的嫂子。不久，哥哥去当兵，妹妹不听嫂子话，整天与一些坏人交往。待哥哥回来，她诬陷嫂子与别的男人有不轨行为，哥哥一气之下写了休书，嫂子被冤而死。妹妹也很内疚，最后跳进田里变成泥鳅。可供研究侗族民间故事参考。王奶康口述，梁丁香搜集、翻译、整理。32开纸4页，汉译文2100字。收入《中国民间故事集成・从江县卷》，贵州省从江县民间文学集成编委会1989年编印。（贵州 龙耀宏）

金鱼报恩的传说 侗语北部方言动物故事。流传于贵州剑河、天柱。讲述一个农妇一次在丈夫垂钓时救了一条小金鱼，小金鱼为了报恩答应了农妇的一切要求。可“天高不算高，人心比天高”的农妇却对眼前的一切不满足，一而再再而三地贪得无厌，她梦想做皇后，最后被金鱼看出，收去了一切，农妇又回到原来贫穷的样子了。可供研究侗族民间文学参考。周木英、郑紫云口述，艾人搜集、整理。32开纸7页，汉译文约4080字。收入龚立新编《美女蛇》，香港天马图书有限公司2000年版。（贵州 龙耀宏）

鱼的故事 侗语北部方言动物故事。流传于贵州岑巩、镇远、玉屏等地。传说鱼为了摆脱被人们吃的命运，上天庭告玉帝，要求玉帝发慈悲救鱼家子孙。玉帝告诉鱼类：“人们用的渔具网无底，罾没盖，为什么不逃?”但鱼怎么逃也逃不了，只好成为人们桌上的佳肴。可供研究侗族动物故事参考。杨国胜口述，史侦文翻译搜集、整理。32开纸1页，汉译文约496字。收入《中国民间文学三套集成・岑巩县卷》，1990年内部出版。

（贵州 欧俊姣）

长寿塘 侗语南部方言动物故事。流传于广西三江侗族地区。讲述因天地大旱，引发人与动物、动物与动物之间争斗的故事。因天大旱，白云山上长寿塘的水枯干了，山下的梯田缺水，禾苗枯黄，人们便备办祭品求龙神降雨。这时，江河里跳出一条巨大的年蚂鱼（龙的化身）飞上天空，降起大雨，长寿塘又积满了水。山上有个蜈蚣精，领着千千万万蜈蚣以及其他甲虫到塘边钻洞，使塘水又枯干了。为此，人们又请来年蚂王（龙神）与蜈蚣精搏斗，反复几次，在99斤重的大公鸡协助下，年蚂王最终战胜蜈蚣精、蟋蟀精以及其他参与为害的甲虫。对研究侗族地区生产、生活及动物种群有参考价值。广西壮族自治区三江侗族自治县同乐乡韦甫桂花讲述，1980年韦明耀笔录，韦明耀、肖启中、蒙光朝整理。32开纸6页，汉译文3400字。收入《侗族民间故事选》，上海文艺出版社 1982 年版。

（广西　吴　浩）

蚂蚱和猴子打架　侗语南部方言动物故事。流传于广西三江侗族地区。讲述蚂蚱在草坪上玩耍，猴子总是侵扰它们。蚂蚱决心跟猴子比高低，以决定草坪的归属。猴子同意蚂蚱的请求。对决的时间定在早上，这时露水重，蚂蚱张不开翅膀败下阵来。第二次定在黄昏时候，这时夜雾降临，蚂蚱也飞不高、跳不远，结果也是一败涂地。蚂蚱总结失败教训，约猴子在中午时候打斗。这时太阳高照，蚂蚱飞得高、跳得远，飞到猴子的脸上、头上连抓带踢，猴子抡着棍子乱舞，打不着蚂蚱倒打肿了自己的头和脸。猴子大败，逃到深山老树林去。蚂蚱重新占领了草坪。对研究侗族动物故事有参考价值。1985 年杨通山搜集、整理。16 开纸 2 页，汉译文 1500 字。收入过伟主编《中国民间故事集成·广西卷》，中国 ISBN 中心 2001 年版。

（广西　杨树清）

青蛙的故事　侗语北部方言民间动物故事。流传于贵州剑河、锦屏。叙述青蛙食蚱蜢之后说："因为它是我的食物，我不吃它，难道等着饿死吗?"世上一物降一物，蛇听到青蛙的话后，以其之道还治其身，单身青蛙也难免成为蛇的口中之食。可供研究侗族动物故事参考。龚艾人搜集、整理。32 开纸 2 页，汉译文约 700 字。收入《侗族民间故事》，黔东南苗族侗族自治州文学艺术研究室 1982 年编印。

（贵州　龙耀宏）

长工与青蛙　侗语南部方言动物故事。流传于广西三江侗族地区。讲述一个长工给财主打工。财主安排他去深山里长住，耕种山上的一块良田。那块田虽好，但因有一只大青蛙常来讨饭吃，没有人敢去耕种。长工过去后，天天分饭给这只大青蛙吃。大青蛙帮他吃虫，收成很好。满五年回家时，大青蛙为了报答他的分饭之恩，就送他一件"起死回生"的宝贝，叮嘱他可以救动物，并跟它们交朋友，但不要乱救人。长工来到半路，见一只死老鼠，就对着它一照，老鼠就活了过来。不多久，又逢一只死蜜蜂，又救了它。后来见到一个杂货郎死在路边，他也不多想，就救活了那人，杂货郎见到宝贝就设法骗了去。长工在他救过的动物帮助下，夺回了宝贝，惩罚了杂货郎。对研究侗族的处世哲学有参考价值。1991 年广西壮族自治区三江侗族自治县林溪乡枫木村吴庚海用拼音侗文记录，奶献文、龙明辉翻译。16 开纸 2 页，汉译文 3000 字。载《侗文专刊》1991 年总 5～6 期。

（广西　吴美莲）

动物的故事　侗语北部方言动物故事。流传于贵州剑河。讲述老虎为了称霸同类而拜猫为师，学来一技之长。等它学好本领后，它就欺负同类，蒙骗恩师，违背猫以前与它立下的誓言。猫、牛、猪同老虎进行了一场斗争，但失败而逃。为了避免老虎的追杀，它们投奔了人类。土地公也知道自己怂恿老虎为非作歹的错误，便想法为人类做好事。可供研究侗族动物寓言故事参考。龚明诚口述，艾人搜集、整理。32 开纸 7 页，汉译文约 6080 字。收入龚立新编《美女蛇》，香港天马图书有限公司 2000 年版。

（贵州　龙耀宏）

螺蛳精配亲　侗族汉语方言动物故事。流传于贵州玉屏侗族地区。叙述侗乡秦关驾有一吴姓农民，一家三口靠刀耕火种度日。家有一儿名侗爱。侗爱少时，父母双亡，只好讨饭度日。当侗爱至一姚姓财主家时，财主收侗爱帮其看牛。侗爱成年后，一天在田中劳作，捡到一红壳螺蛳，放在家中水缸里，螺蛳趁侗爱出门劳动，变成美丽的姑娘，帮其煮饭持家务。侗爱发现秘密后，与螺蛳精感情甚笃至成亲，恩爱生活而成为美谈。杨大木讲述，蒋仁晏记录。32 开纸 21 页，汉译文 252 行。稿存贵州省玉屏侗族自治县民族宗教事务局。（贵州　陈昌文）

黑鼠告金猫　侗语北部方言动物故事。流传于贵州剑河。讲述黑老鼠在人间干了很多坏事，还要跑到玉皇大帝那里去告金猫，说金猫害了它们一家。玉皇大帝便命令天王带人去捉拿金猫。不料，臭名昭著的黑老鼠早已被人们所痛恨，于是，这场官司以金猫胜诉而收场。可供研究侗族寓言故事参考。龚臣德口述，艾人、彦文搜集、整理。32 开纸 5 页，汉译文约 3050 字。收入龚立新编《美女蛇》，香港天马图书有限公司 2000 年版。（贵州　龙耀宏）

“呃”虫叫声的来历　侗语南部方言动物故事。流传于贵州从江。正月“呃”叫唤，厥菜长满山。叙述古代一个叫“婢”的姑娘被母亲宠坏，好吃懒做。一次母亲去外婆家吃了厥菜，而她却以为其母吃肉不带她，便用刀把母亲肚子剖开。当她明白的时候母亲已死了，她天天哭，声音变成了“呃”。“呃”就是懒虫。可供研究侗族民间故事参考。32 开纸 2 页，汉译文约 1200 字。收入《从江民间文学资料集》（第一集），从江县民族事务委员会、从江县文化馆 1983 年编印；《中国民间故事集成·从江县卷》，贵州省从江县民间文学编委会 1989 年编印。（贵州　龙耀宏）

蚂蚁、蜂子和蝼蛄　侗语北部方言动物故事。流传于贵州三穗侗族地区。叙述蚂蚁与蜂子原本是兄弟，蚂蚁是哥哥，蜂子是弟弟。爹妈死后，哥哥逼弟弟分家，蚂蚁叫老庚蝼蛄作证。弟弟分得粮食，搬到蝼蛄家，无奈蚂蚁不认账。蜂子后来得到蚱蜢的帮助，夺回原本属于自己的东西，蚂蚁和蝼蛄分别得到相应的惩罚。可供研究侗族民间文学参考。李桃英口述，周昌武搜集、整理。32 开纸 3 页，汉译文约 1510 字。收入《侗族文学资料》第三集（三穗县专集），《侗族文学史》编写组 1984 年编印。（贵州　龙耀宏）

秧竹节虫与蝉姑娘　侗语南部方言动物故事。流传于贵州从江贯洞龙图。相传蝉姑娘是动物界中出名的歌手，而秧竹节虫则是田间游手好闲的浪荡汉子。一天他爬出水遇见美丽又会唱歌的蝉姑娘就喜欢上她了，于是找苗鱼婆来说亲。而蝉姑娘嫌他长得丑，秧竹节虫很伤心，便蜕皮成了英俊的黑甲虫，并与美丽的“盖脸虫”结婚。蝉姑娘得知后很后悔，便一直唱着思念歌来表思念之情。可供研究侗族民间故事参考。梁瑞珍口述，梁晋明搜集、翻译、整理。32 开纸 5 页，汉译文约 3300 字。收入《中国民间故事集成·从江县卷》，从江县民间文学集成编委会 1989 年编印。（贵州　龙耀宏）

蚂蟥的来历　侗语北部方言动物故事。流传于贵州剑河、三穗等地。讲述一只猫跃过了一具女尸去抓老鼠，结果这具女尸变成了变牙婆，专门吃小孩。有一天，一家三姐妹在家里看屋，变牙婆便变成她们的外婆想吃掉她们三姐妹。变牙婆先把三妹吃掉了，大姐知道后设计把变牙婆引进柜子里，然后把它烧死，她把变牙婆的骨灰仍进水田里，从此这些骨灰就变成了喝人血的蚂蟥。可供研究侗族民间信仰和动物故事参考。周木英口述，艾人搜集、整理。32 开纸 6 页，汉译文约 3845 字。收入龚立新编《美女蛇》，香港天马图书有限公司 2000 年版。

（贵州　龙耀宏）

蚂蟥和谷种　侗语南部方言动物故事。流传于贵州从江。讲述过去谷种原来很大，像柚子一般。后来在一次洪水灾害中它们全部被冲走，被冲到大海和岩沙里去了。蚂蟥看到人们没有谷种焦急，就从岩沙里取出一小点谷种。人们在蚂蝗的帮助下又得到谷种，现在的谷种还留有蚂蝗叨过的印子。人们为了报答蚂蝗就让它在田里生活。可供研究侗族民间故事参考。贾光明口述，吴昌智整理、翻译。32 开纸 1 页，汉译文约 300 余字，收入《从江民间文学资料集》（第一集），从江县民族事务委员会、从江县文化馆 1983 年编印；《中国民间故事集成・从江县卷》，从江县民间文学集成编委会 1989 年编印。

（贵州　龙耀宏　欧俊姣）

稻种的由来　侗语南部方言动植物故事。流传于广西三江、龙胜，贵州黎平等地的侗族地区。讲述很久以前，燕子和青蛙帮人类到南海去取稻种。燕子飞得快，一路抱怨青蛙走得慢。一天下大雨，燕子跑到树林里躲雨，青蛙坐在一张芋苗叶上飘到南海取来了稻种，燕子却刚刚睡醒。燕子羞愧难当，决心将功补过，于是对青蛙说它飞得快，让它把稻种尽快送到家。青蛙同意了。等青蛙回到家时田里的禾苗已经长绿了。青蛙和燕子为人类取来了稻种，人们很感激它们。对研究侗族农耕文化有参考价值。1984 年杨权搜集、整理。16 开纸 2 页，汉译文 1500 字。收入《三江侗族自治县民间故事资料集》，三江侗族自治县民间文学三套集成办公室 1989 年编印。　（广西　杨树清）

稻谷与山雀　侗语南部方言动植物故事。流传于广西三江侗族地区。传说从前一颗稻谷像柚子那么大，还长有脚，让人像赶牛一样往家里赶。有一年刮起大风，下起大雨，吓得田里的稻谷纷纷往谷仓里跑，弄得正在打扫谷仓的老太婆无法动弹，只好挥起扫帚把稻谷往谷仓外赶。稻谷受委屈躲到了山洞里。这年没有收成，人们开始挨饿。好心的山雀答应帮忙，找到山洞里去把稻谷嚼成细粒，一颗一颗地衔出来，人们又有饭吃了。但稻谷从此不像柚子那么大了，也没有脚了。对研究侗族民间故事有参考价值。1984 年广西壮族自治区三江侗族自治县独峒乡高定村吴浩讲述，吴浩笔录、翻译。16 开纸 2 页，汉译文约 1640 字。收入《三江侗族自治县民间故事资料集》，三江侗族自治县民间文学三套集成办公室 1989 年编印。

（广西　杨树清）

芦苇与地瓜　侗语南部方言植物故事。流传于广西三江、贵州黎平侗族地区。相传从前农家人将芦苇和地瓜种在一起，芦苇长得又高又快，瞧不起地瓜，地瓜心想走着瞧吧，看到头来农家人喜欢谁。秋天来了，芦苇遍地开花更加飘飘然，地瓜仍然趴在地下，只是身上多了枯黄的叶子。秋收了，农家人发现芦苇全身是空的，不见果实，便连根拔起丢在阴沟里。农家人抡起锄头刨地瓜，地瓜又白又嫩又好吃。从此侗族人年年种地瓜，让芦苇在水洼地里自生自灭。对研究侗族种植业有参考价值。1979 年廖文华搜集、翻译。32 开纸 2 页，汉译文约 1200 字。收入《侗族民间故事选》，上海文艺出版社 1982 年版。　（广西　杨树清）

麦子和荞子　侗语北部方言植物故事。流传于贵州锦屏九寨。讲述以前麦子和荞子都是圆形的，土地公公把它们种在一起。土地公公偏爱麦子，经常料理、薅草、施肥，而冷淡荞子。荞子则偷吃肥料，赌气长得肥大，还挡住麦子的太阳光。土地公公一气之下把荞子的脑壳一锄打进石缝中，后来成了三角形。荞子一气之下把麦子的脸碰了一个槽。因此现在麦穗长出两片叶护脸，荞子得意了，便笑得嘴出白泡沫，漂红眼泪。麦子向土地公公哭诉，不愿与荞子在一起，于是便有了今天春种荞子，秋种麦子的习俗。可供研究侗族民间植物故事参考。罗康学口述，陆景川翻译、整理。32开纸2页，汉译文约750字。收入《养鹅小姑娘》，吉林人民出版社1983年版；《九寨风情》，华夏文化艺术出版社2002年版。（贵州　龙耀宏）

荞子和麦子的故事　侗语北部方言植物故事。流传于贵州剑河、天柱、三穗等地。讲述荞子和麦子本来是好兄弟，但它们都争强好胜，都以为自己比对方强。在一轮唇枪舌剑之后，它们大动干戈，最后两败俱伤。农夫怕它们之后再次争斗，便把它们分开来种。可供研究侗族植物故事参考。王竹引口述，艾人、国彤搜集、整理。32开纸2页，汉译文约708字。收入龚立新编《美女蛇》，香港天马图书有限公司2000年版。

（贵州　龙耀宏）

南瓜和白瓜　侗语北部方言植物故事。流传于贵州锦屏九寨。讲述原先南瓜和白瓜是不能种在一窝的。远古时神农把它们种在一起。神农喜欢白瓜而讨厌南瓜，南瓜记恨在心，便老是跟着白瓜长，用满身刺把白瓜的儿子弄死，自己生的许多儿子也同它一样无理。白瓜无奈，只有趁南瓜交秋后逐渐干枯，自己才生一些营养不良的儿子。后来白瓜把遭遇告诉了神农，并表示自己愿意到贫瘠的谷冲、土丘去生长，于是南瓜和白瓜分家到现在。可供研究侗族民间文学参考。罗康学口述，陆景川翻译、整理。32开纸2页，汉译文约700字。收入《锦平民间文学资料》，锦屏县委宣传部、锦屏县民族事务委员会、锦屏县文化馆1982年编印；《九寨风情》，华夏文化艺术出版社2002年版。

（贵州　龙耀宏）

四、歌　　谣

（一）古歌古词

盘古开天　侗语南部方言叙事古歌。流传于贵州黎平南部侗族地区。叙述人类祖先是猿猴，古时候的人用树叶做衣，住山洞，吃生鱼生肉，游山打猎。后来才有遂人氏发明火，皇帝造农具，教种五谷，萨玉妹造布暖身，鲁班造屋居住，胡氏开姻缘，娇花创耶歌，吴文彩创侗戏。黎平吴柄文口述，1982年杨盛中、田兴永搜集、整理，石新民汉译。32开纸18页，侗汉对译200行。收入贵州省黎平县民族事务委员会、贵州省少数民族古籍整理出版规划小组办公室编，杨盛中主编《侗族叙事歌》，贵州人民出版社1992年版；《侗族文化史料》（1～10卷），黔东南苗族侗族自治州民族事务委员会民族研究所1986年编印。　（贵州　龙耀宏）

盘古记　侗语北部方言神话古歌。流传于贵州天柱。叙述盘古开天辟地之后，上有神仙，下有人间，世间万物都有了生息，这都是沾了盘古的开辟恩。可供研究侗族神话古歌文学参考。欧阳家泉搜集、记录、翻译、整理。32开纸1页，32行。收入《中国民间文学三套集成·贵州天柱县歌谣卷》，天柱县民族事务委员会1995年编印。　（贵州　欧俊姣）

盘歌　侗语北部方言古歌。流传于贵州天柱。歌堂对歌时演唱。叙述江河水部夏禹开；一本文字仓颉造；竹子树木孟姜栽；混沌年间，姜良栽花树，姜妹栽花园；木匠鲁班出生之概况与其造的金殿；扬州失火之灾；洛阳桥上之花。可供研究侗族民间文学及叙事古歌参考。欧阳家泉、龙更清搜集、记录、翻译、整理。32开纸4页，148行。收入《中国民间文学三套集成·贵州天柱县歌谣卷》，天柱县民族事务委员会1995年编印。　（贵州　欧俊姣）

盘古新歌　侗语北部方言神话古歌。流传于贵州天柱。包括白话两篇，歌一首。叙述洪荒世界、盘古之事。可供研究侗族神话古歌文学参考。梁利达、梁藏衡搜集、记录、翻译、整理。小32开纸3页，85行。收入《中国民间文学三套集成·贵州天柱县歌谣卷》，1995年编印。　（贵州　欧俊姣）

说天地　侗语北部方言古歌。流传于贵州天柱。叙述人间遭受大洪水、大旱之灾后，人间只剩姜良、姜妹，凡间便由他俩来开拓。可供研究侗族神话古歌文学参考。吴国滔搜集、记录、翻译、整理。32开纸2页，28行。收入《中国民间文学三套集成·贵州天柱县歌谣卷》，天柱县民族事务委员会1995

年编印。 （贵州 欧俊姣）

造天造地 侗语南部方言历史传说古歌。流传于贵州从江。叙述天地的来源。以男女对唱的形式进行，女方问世间何来，男方则一一回答。唱述侗族祖先罗亦造天，晚洒造地，福素父子造太阳，永上点血变星星，丈古来分春夏与秋冬的业绩。可供研究侗族神话传说参考。梁普安口述，1980 年龙图村吴生贤搜集、整理。32 开纸 3 页，208 行。收入《中国民间歌谣集成·贵州省黔东南州从江县卷》从江县民间文学集成编委会 1988 年编印。 （贵州 龙耀宏）

开天辟地 侗语北部方言叙事古歌。流传于贵州天柱。由洪朦世界、盘古开天地、阴阳相配万物生、蟠桃化盘古、盘古形状、观音接盘古、盘古西归、天高地厚、张古老量天、天皇与地皇降世、地皇立国、地皇安日月、地皇求如来、盘古安日月、盘古安星辰、人皇等部分组成。可供研究侗族神话古歌文学参考。欧阳家泉征集于天柱县暮溪寨黄金香传抄本，杨贤台、龙更清翻译、整理。32 开纸，16 页，717 行。收入《中国民间文学三套集成·天柱县歌谣卷》，1995 年编印。 （贵州 欧俊姣）

起源歌 侗语南部方言神话史诗。流传于贵州黎平八洞等地。讲述洪水滔天、兄妹开亲、开天辟地、满通古洲造芦笙、路郎定款约、朱福编侗歌等内容。可供研究侗族神话和歌乐起源参考。石美华搜集、记录于黎平八洞，杨国仁整理。32 开纸 6 页，228 行。收入《民间文学资料集》（第一集），黔东南苗族侗族自治州文学艺术研究室 1981 年编印。 （贵州 龙耀宏）

物种起源歌 侗语南部方言古歌。流传于广西三江侗族地区。在婚宴或迎宾酒宴上唱的酒歌。以酒席上涉及的生活用具及物种（动植物）为主要内容，追根溯源，主问客答。如陶器的起源、酿酒的起源等。对研究侗族古代社会的生产、生活状况有参考价值。广西壮族自治区三江侗族自治县独峒乡高定村吴银玉、独峒乡干冲村吴花梅等演唱，吴浩笔录、汉译。32 开纸 11 页，240 行。收入《侗族款词耶歌酒歌》（侗汉对译本），三江侗族自治县民间文学三套集成办公室 1987 年编印。 （广西 吴 浩）

人种起源歌 侗语南部方言古歌。流传于广西三江侗族地区。在婚宴上演唱。以问答方式，叙唱洪水泛滥，人类起源的神话，有风与闪电孕育生人和花蜜生人之说，并有人类原生神话的有关内容。与侗族其他神话有区别，有侗汉文化交流的文化积淀（玉帝，父姓张，母姓杨）。对研究侗族神话与侗汉文化交流有参考价值。广西壮族自治区三江侗族自治县独峒乡干冲村吴行松、吴花梅等演唱，1986 年吴浩笔录、汉译。32 开纸 4 页，80 行。收入《侗族款词耶歌酒歌》（侗汉对译本），三江侗族自治县民间文学三套集成办公室 1987 年编印。 （广西 吴 浩）

盘根歌 侗语南部方言古歌。流传于广西三江、龙胜，湖南通道，贵州黎平、榕江、从江侗族地区。也称“起源歌”。以问答的方式，叙述世间诸事之根源。如谁人最先结亲传下来？谁人最先造下语言传遍乡村？谁人最先造款约管理村寨？谁人最先开荒种地？谁人最先造下芦笙？等等。对研究侗族古代社会生产、生活及文学艺术之起源有参考价值。广西壮族自治区三江侗族自治县同乐乡平溪村韦明华、杨桂花等演唱，1986 年吴浩笔录、汉译。32 开纸 3 页，60 行。收入《侗族款词耶歌酒歌》（侗汉对译本），三江侗族自治县民间文学三套集成办公室 1987 年编印。

（广西　吴　浩）

人类起源　侗语南部方言历史传说古歌。流传于贵州从江。叙述人类如何起源，人的祖先最早在哪里。男女对唱："上古世人无人烟，广元抱蛋才得人类在世间。丈古看到娶了她，便有松恩到人间。松恩娶妻松美才得有人类的起源。"可供研究侗族神话传说参考。梁普安口述，吴生贤搜集、整理。32 开纸 2 页，68 行。收入《中国民间歌谣集成·贵州省黔东南州从江县卷》，从江县民间文学集成编委会 1988 年编印。

（贵州　龙耀宏）

人类的来源　侗语南部方言神话古歌。流传于贵州黎平、榕江、从江，湖南通道，广西三江等地。叙述古时候有四个龟婆孵蛋，生出松桑、松恩兄妹；松桑、松恩配对又生出虎、蛇、龙、雷和丈良、丈美十二兄弟姐妹；十二兄弟玩火；雷婆发大水；雷婆献瓜籽；兄妹坐葫芦船；大马蜂避雷婆退洪水；十二个太阳；兄妹成婚；生出怪胎；杀怪胎变成人类，等等。可供研究侗族神话参考。杨权记录、翻译，张勇整理。32 开纸 11 页，238 行。收入《黔东南苗族侗族自治州民间文学资料集》（第一集），黔东南苗族侗族自治州文学艺术研究室 1981 年编印。

（贵州　龙耀宏）

人类哪里来　侗语南部方言神话古歌。流传于贵州黎平龙额等地。讲述龟婆孵松恩、洪水滔天、兄妹开亲繁衍人类、破姓开亲、九十九老人、约款、划地为界等。对研究侗族神话传说有重要参考价值。陆尚坤，吴世华收集、记录，刘尚远整理。32 开纸 17 页，554 行。收入《黔东南苗族侗族自治州民间文学资料集》（第一集），黔东南苗族侗族自治州文学艺术研究室 1981 年编印。

（贵州　龙耀宏）

玉皇造天金括造地　侗语南部方言神话古歌。流传于贵州从江。叙述当初金括造地，玉皇大帝造天，关巩谋麻造鬼，章良、章妹造人。可供研究侗族神话传说参考。从江歌师梁少华传唱，杨权、郑国乔搜集、整理。32 开纸，侗汉对译 25 行。收入《侗族史诗——起源之歌》第 1 卷，辽宁人民出版社 1988 年版。

（贵州　龙耀宏）

十二尼子　侗语南部方言神话古歌。流传于贵州从江龙图、贯洞一带。叙述宗引、宗藏生养有 12 个子女，各有形象：第一是雷名王，第二是龙名郎，第三是虎名郎，第四是蛇名郎，第五是张良，第六是张妹，第七是猫，第八是狼，第九是狗，第十是猪，第十一是鸭，第十二是鹅。他们各有所好，各有所居。可供研究侗族神话传说参考。从江歌师梁少华传唱，杨权、郑国乔搜集、整理。32 开纸，侗汉对译 40 行。收入《侗族史诗——起源之歌》第 1 卷，辽宁人民出版社 1988 年版。

（贵州　龙耀宏）

龟婆孵蛋在溪边　侗语南部方言神话古歌。流传于湖南通道和广西三江。叙述有四个龟婆在溪边孵蛋，生出诵恩和诵藏。诵恩和诵藏以及虎蛇等十二兄弟来到这个世界上成为凡间最早的生灵，其中包括人类的祖先章良、章妹。对研究侗族神话传说有参考价值。杨权、郑国乔搜集、整理。32 开纸，侗汉对译 46 行。收入《侗族史诗——起源之歌》第 1 卷，辽宁人民出版社 1988 年版。

（贵州　龙耀宏）

洪水接天　侗语南部方言神话古歌。流传于广西三江和贵州省从江交界地带。叙述啄木鸟、蜜蜂、画眉鸟等动物与人类一道勇斗雷婆，退去洪水的过程。反映了人类不畏天险与洪水作斗争的精神。可供研究侗族神话传说参考。杨权、郑国乔搜集、整理。32开纸，侗汉对译74行。收入《侗族史诗——起源之歌》第1卷，辽宁人民出版社1988年版。 （贵州　龙耀宏）

萨岁之歌　侗语南部方言古歌。流传于广西三江、龙胜，湖南通道，贵州黎平、榕江、从江侗族地区。祭祀侗族女神萨岁时演唱的歌。萨岁是侗族最高女神，每个侗寨都建有萨岁祭坛或萨岁祠。叙唱萨岁是天之子（女性），从天上来到人间。她骑龙马，先到南海岸边，手持太阳扇，身披银丝，光射千里之远。北斗星牵引她下到人间。她行走的路线是子午线，最先在“子”地立殿。对研究侗族民间信仰和神话有参考价值。广西壮族自治区龙胜各族自治县平等乡石千娘演唱，1986年陆德高笔录、汉译。16开纸2页，36行。以“萨坛”为题收入农冠品主编《中国歌谣集成·广西卷》，中国社会科学出版社1992年版。 （广西　吴　浩）

嘎茫莽道时嘉　侗语南部方言古歌。流传于贵州黎平、从江、榕江。为侗族远祖歌。叙唱萨天巴生天地、育人类万物，神子、神女、神孙们造石斧、火镰、船、箭……一直唱到洪水后姜良、姜妹重新繁育人类。英雄史诗从王素率族众南迁唱起，叙唱了一代代民族领袖率领族众抗击外来之敌和率族众不断迁徙的历程。共15篇52章，是侗族文化艺术中涉及历史最长、内容最丰富、篇幅最庞大的一部叙事古歌。经杨保愿编译、整理，中国民间文艺出版社1986年出版了汉译本。 （贵州　龙小金）

侗族祖先迁徙歌　侗语南部方言古歌。流传于贵州榕江车江一带。歌词反映侗族祖先长途迁徙的艰辛历程，表达对祖先的敬意。对研究侗族历史有参考价值。杨昌全演唱，杨秀斌搜集、整理。汉译文收入《侗族祖先哪里来》，贵州人民出版社1981年版。

（贵州　吴兴武）

祖先从前住岩洞　侗语南部方言叙事古歌古词。流传于贵州黎平、从江、榕江，广西三江，湖南通道等地的侗族地区。叙述侗族先民从穴居、巢居到建筑干栏式房屋的文明发展过程。对研究侗族居住和建筑史有重要参考价值。杨权、郑国乔搜集、整理。32开纸，侗汉对译54行。收入《侗族史诗——起源之歌》第1卷，辽宁人民出版社1988年版。 （贵州　龙耀宏）

祖公迁徙　侗语南部方言历史传说古歌。流传于贵州从江。叙述侗族祖先原居住在福建，因石孟或杀死天生崽，天降大雪，他们逃荒，曾迁居江西，又因石老二射箭惹大祸而搬迁。侗族祖先原来有八姓，来到告解俄各自走散，天各一方，形成现在侗族分散居住的局面。可供研究侗族历史传说参考。梁普安口述，吴生贤搜集、整理。32开纸3页，92行。收入《中国民间歌谣集成·贵州省黔东南州从江县卷》，从江县民间文学集成编委会1988年编印。 （贵州　龙耀宏）

祖公上河　侗语南部方言古歌。流传于贵州黎平、从江、榕江，广西三江，湖南省通道一带。叙述侗族祖先进行民族大迁徙的经过。传说由于人口繁衍，耕地稀少，“祖公戴着草帽在前，祖婆撑着雨伞随后”，离开故土金门，溯河而上，长途跋涉，寻找安居乐业的地方。对研究侗族族称和民族迁徙有重要参考价值。杨权、郑国乔搜集、整理。32开纸，侗汉对译115行。收入《侗族史

诗——起源之歌》第 2 卷，辽宁人民出版 1988 年版。（贵州　龙耀宏）

祖公上河　侗语南部方言古歌。流传于贵州从江、黎平交界地带的“六洞”、“九洞”及丙梅、高增一带。叙述洪水滔天，兄妹结婚外，重点叙述了侗族祖籍在福建，后迁徙到江西吉安府，再迁徙到广西梧州、丹州的原因，以及杨、石、梁、吴、陆等南部侗族大姓再沿都柳江而上来到“六洞”、丙梅一带定居的历史。可供研究侗族神话和姓氏迁徙历史参考。吴显才口述，吴生贤搜集、整理。32 开纸 4 页，171 行。收入《黔东南苗族侗族自治州民间文学资料集》（第一集），黔东南苗族侗族自治州文学艺术研究室 1981 年编印。（贵州　龙耀宏）

祖公上大河　侗语南部方言叙事古歌。流传于贵州省黎平县竹坪一带。叙述居住在今竹坪一带的吴姓祖从岩州迁到广州、梧州、柳州后，又沿都柳江而上迁徙的过程。对研究侗族历史和姓氏迁徙史有重要参考价值。邓敏文搜集、翻译、整理。32 开纸，侗汉对译 120 行。收入吴浩主编《中国侗族村寨文化》，民族出版社 2004 年版。

（贵州　龙耀宏）

祖公沿河走上来　侗语南部方言古歌。流传于贵州黎平宝常山一带。叙述祖宗的老家在善蝉下边的胆村一带，那里离太阳太近，河水井水常被晒干。祖宗商议走水路，老老少少上船沿江而上，来到了现在的地方。可供研究侗族支系迁徙史参考。杨通茂口述，吴定国整理。32 开纸 4 页，63 行。收入《侗族祖先哪里来》，贵州人民出版社 1981 年版。（贵州　龙耀宏）

走在祖先走过的路上　侗语南部方言古歌。流传于贵州黎平“十洞”一带。传说侗族祖先沿江而上后，仍沿袭“同姓不开亲”的习俗。常有古州一带后生长途跋涉回到梧州老家迎亲，或梧州嫁出的姑娘由古州回娘家省亲。从古州榕江到梧州需要三十天的路程，故歌中有“三十天路程是姑娘寨”之说。歌词叙述姑娘们由古州回娘家梧州时，走在当年祖先迁徙路上的所见所闻和触景生情的感叹。可供研究侗族古代婚俗和历史参考。潘老替口述，吴定国搜集，廖正中整理。32 开纸 6 页，87 行。收入《侗族祖先哪里来》，贵州人民出版社 1981 年版。

（贵州　龙耀宏）

我们祖先怎样落在这个寨子上　侗语南部方言古歌。流传于贵州黎平佳所。为佳所杨姓侗族迁徙歌。叙述杨氏远祖住在江西泰和县，地理先生说住在那里地势不兴旺才举族外迁。先到合理山寨住春，又继续往前赶，来到一个三岔路口不知往何方，祖公对天喊三声并扔出手中的拐杖，手杖变成龙向一个地方飞去。祖公沿着龙飞的方向走去，来到了佳所这个地方。可供研究侗族姓氏迁徙史和神话传说参考。杨老细口述，杨国仁整理。32 开纸 8 页，141 行。收入《侗族祖先哪里来》，贵州人民出版社 1981 年版。

（贵州　龙耀宏）

祖公落寨歌　侗语南部方言古歌。流传于贵州黎平竹坪、新洞。叙述祖先住在江西吉安府的高坎岩，兵荒马乱才往外迁。到广西梧州打了一仗，沿江逃到贵州从江的龙图、贯洞，又来到宰团、洛香，因不会做水车迁到潘老寨，最后才到了竹坪、新洞安居乐业。可供研究侗族姓氏迁徙史参考。吴文高口述，吴定国搜集、整理。32 开纸 8 页，146 行。收入《侗族祖先哪里来》，贵州人民出版社 1981 年版。（贵州　龙耀宏）

我们祖先江西来 侗语南部方言古歌。流传于贵州黎平路团宰坝一带。叙述祖先原先在江西吉安府的泰和县居住，因人丁太旺祖公才携儿带女往外迁。先来到贵州黎平的顺务村口，又来到“三千”，后才到路团开拓建寨。可供研究侗族姓氏来源及迁徙史参考。石昌炳口述，吴定国搜集、整理。32开纸6页，114行。收入《侗族祖先哪里来》，贵州人民出版社1981年版。（贵州 龙耀宏）

兄弟不和 侗语南部方言神话古歌。流传于广西三江。叙述当初鸡鸭会唱歌，大树会说话，地球上最早的十二兄弟经常闹矛盾，因人兽不能同处，章良、章妹发挥人的智慧，赶走了非人类的兄弟姐妹，发明了火并驯养动物。对研究侗族神话传说有参考价值。杨权、郑国乔搜集、整理。32开纸，侗汉对译50行。收入《侗族史诗——起源之歌》第1卷，辽宁人民出版社1988年版。

（贵州 龙耀宏）

雷婆加害 侗语南部方言神话古歌。流传于湖南通道。叙述当初雷婆被张良抓起来关在笼子里，骗过张妹然后逃到天上，发下洪水淹没凡间的生灵，张良、张妹靠一个大葫芦得救，人类才没有绝种。可供研究侗族神话传说参考。杨权、郑国乔搜集、整理。32开纸，侗汉对译77行。收入《侗族史诗——起源之歌》第1卷，辽宁人民出版社1988年版。（贵州 龙耀宏）

未建村寨先立祖神 侗语南部方言神话古歌念词。流传于贵州、湖南、广西交界的广大侗族地区。在建村立寨进行祭祀时念唱。叙述在洪水过后，造得十二牲畜进山林，造得十二姓人进村寨，未设衙门，先有寨老，未有朝廷，先有人民，未立村寨，先立祖先神坛。对研究侗族村寨建设民俗有重要参考价值。杨权、郑国乔搜集、整理。32开纸，侗汉对译24行。收入《侗族史诗——起源之歌》第1卷，辽宁人民出版社1988年版。

（贵州 龙耀宏）

张良张妹置人 侗语南部方言叙事神话古歌。流传于广西三江。叙述上古的时候有十二个太阳照着大地，凡间的生灵生活在火热的世界里，为了解除太阳之苦，人类派细腰蜂背着大斧上天去砍掉了十一个太阳。由于洪水淹死了天下所有的人，靠葫芦生存下来的张良、张妹兄妹二人只好结婚繁衍人类。可供研究人类起源神话参考。杨权、郑国乔搜集、整理。32开纸，侗汉对译86行。收入《侗族史诗——起源之歌》第1卷，辽宁人民出版社1988年版。（贵州 龙耀宏）

姜良姜妹置人根 侗语南部方言古歌古词。流传于贵州从江、广西三江和湖南通道侗族地区。叙述混沌年代，天地不分，不知过了多少年代，世界才有了姜良、姜妹等十二兄弟。后来雷公上天发下洪水，姜良、姜妹靠葫芦瓜得救，后兄妹成亲生下一肉团，姜良生气，砍烂肉团撒进山河变成子孙千万，肉变侗人，骨变苗人，肠子变汉人。可供研究人类起源神话参考。杨权、郑国乔搜集、整理。32开纸，汉译文130行。收入《侗族史诗——起源之歌》第1卷，辽宁人民出版社1988年版。（贵州 龙耀宏）

张郎张妹 侗语南部方言叙事古歌。流传于湖南怀化侗族地区。讲述人的起源，古时洪水滔天，张郎张妹在白瓜瓢里得救，兄妹结亲，生下了后代。对研究侗族起源神话有参考价值。吴采云、吴安治演唱，1963年杨锡、吴家荣笔录、汉译。16开纸3页，60行。稿存湖南省通道侗族自治县档案馆。

（湖南 陆有智）

张良张妹　侗语南部方言叙事古歌。流传于贵州黎平侗族地区。叙述松恩、松桑生出儿女十二个，他们天天玩耍斗殴，王素设陷阱捉拿雷婆，引发雷婆打破铁窗上天发下洪水。洪水过后，张良、张妹兄妹成婚生出怪胎，张良把怪胎砍烂散向四方，从此，四海有了人烟。可供研究侗族神话古歌文学参考。关培连口述，田兴永搜集、整理，石新民汉译。32 开纸 6 页，42 行。收入贵州省黎平县民族事务委员会、贵州省少数民族古籍整理出版规划小组办公室编，杨盛中主编《侗族叙事歌》，贵州人民出版社 1992 年版。

（贵州　龙耀宏）

四十八寨祖宗来源歌　侗语南部方言古歌。流传于贵州黎平、榕江交界的“四十八寨”一带。叙述祖宗来自广西境内的顺蝉，因十年遇了九年旱才沿河上迁到坪懂巩，迁到坪懂化后，开始学会锻黄铜片、做芦笙簧片，后来在岭告南创造出六管芦笙，又跋山涉水到尚重居住。可供研究侗族姓氏迁徙史和乐器制造参考。吴放奂口述，吴定国整理。32 开纸 6 页，93 行。收入《侗族祖先哪里来》，贵州人民出版社 1981 年版。

（贵州　龙耀宏）

天府洞侗族迁徙歌　侗语南部方言长篇叙事古歌。流传于贵州榕江、黎平交界的天府洞一带。叙述当初祖先住在胆村的地方，后来迁到平江寨头、秀流、平架等地方，但苗家已住满了高山，客（汉）家已住满了平川，侗家祖先无处住，只好翻过山岭来到宰麻、九潮地方居住。明朝洪武年间，朝廷拨军下屯，拨民下寨，侗家祖先又两手空空没了家园，爬上盘八大坡寻住处。可供研究侗族族姓迁徙史和古代史参考。杨胜直口述，张勇记录，杨秀斌整理。32 开纸 7 页，147 行。收入《侗族祖先哪里来》，贵州人民出版社 1981 年版。

（贵州　龙耀宏）

天府洞迁徙歌　侗语南部方言长篇叙事古歌。流传于贵州榕江归利。讲述侗族人民在迁徙过程中生产、生活的一些细节。反映侗族人民勤劳勇敢，对生活充满信心。对研究侗族历史有参考价值。杨胜直演唱，张勇记录，杨秀斌整理。汉译文收入《侗族祖先哪里来》，贵州人民出版社 1981 年。

（贵州　吴兴武）

摆共侗族祖先落寨歌　侗语南部方言古歌。流传于贵州从江摆共等地。叙述侗家的祖先原住江西的吉安府，以后迁到广西梧州，又沿江往上走。侗家造了枫木船，苗家造了楠木船，来到上游，侗家、苗家又把船换了，并商定以草标为记号作为登岸的地点。结果侗家的船进入高安河口入水口河，苗家走岔路进了山。可供研究侗族姓氏迁徙史和苗侗关系史参考。吴开贤口述，陈春国搜集，杨国仁整理。32 开纸 8 页 145 行。收入《侗族祖先哪里来》，贵州人民出版社 1981 年版。

（贵州　龙耀宏）

茅贡忆祖来源歌　侗语南部方言古歌。流传于贵州黎平茅贡地区。叙述吴姓始祖的来源。吴姓祖先原居住在江西吉安府，后来迁到贵州天柱的远口设立总祠堂，后迁到榕江住不惯，才又迁到茅贡、腊洞、罗大等地方居住，并商定以沟为界，同姓可以开亲。可供研究侗族姓氏来源和古代婚俗参考。吴元均口述，吴定国翻译、整理。32 开纸 2 页，36 行。收入《侗族祖先哪里来》，贵州人民出版社 1981 年版。

（贵州　龙耀宏）

古州道上行　侗族南部方言古歌古词。流传于湖南通道。叙述明朝洪武年间，侗家人有田不能耕，有地不能种，不得不起兵起义。

朝廷调兵48万镇压，侗家的村寨被踏平。甲午年官兵上杨寨，乙未年官兵进平流江口，设五开卫（今黎平县）、靖州卫（今靖州苗族侗族自治县）。对研究侗族历史有重要参考价值。龙明显口述，杨锡搜集，王胜光整理，32开纸汉文76行。收入《黔东南苗族侗族自治州民间文学资料集》（第一集），黔东南苗族侗族自治州文学艺术研究室1981年编印。（贵州　龙耀宏）

侗族古规古礼　侗语南部方言叙事古歌古词。流传于湖南通道和广西三江。又称“婚俗起源之歌”。叙述侗族社会允许青年男女自由交往恋爱，他们可以通过行歌坐夜的方式和各种场合互诉恋情。但是侗族社会又盛行姑舅表婚，这不仅限制了自由婚姻，也给社会带来了一些悲剧。对研究侗族恋爱、婚姻、家庭有重要参考价值。杨权、郑国乔搜集、整理。32开纸，侗汉对译60行。收入《侗族史诗——起源之歌》第2卷，辽宁人民出版社1988年版。（贵州　龙耀宏）

古人歌　侗语南部方言古歌。流传于湖南靖州藕团一带。讲述靖州自五代时期以来，先后出现的11位民族英雄带领靖州苗侗人民反抗压迫的斗争。对研究靖州民族史有参考价值。龙万久、龙万和演唱，1958年吴思江笔录。16开纸3页，36行。收入《靖州侗族民歌选集》。（湖南龙立明）

谈天论地歌　侗语南部方言古歌。流传于湖南靖州藕团、平茶一带。讲述地球、人类的起源，包括天地、乾坤、日月、阴阳、人民、张郎、李妹、八卦、五行等。对研究古代少数民族的认识论有参考价值。龙运新、潘在光演唱，1958年刘贵和笔录。16开纸9页，125行。收入《靖州侗族民歌选集》。（湖南　龙立明）

丈良丈美歌　侗语南部方言古歌念词。流传于贵州榕江。又称“姜良姜妹”。为姑表妹出嫁后，表哥到表妹家吃“乌米饭”时所唱。叙述开天辟地，丈良、丈美兄妹结亲才有人类，侗家祖先原住在江西吉安府，而后慢慢往外迁，到胆村把家安，祖先来历莫忘，子孙世代永传。可供研究侗族历史、婚姻习俗参考。杨必忠口述，杨秀斌搜集、整理。32开纸11页，210行。收入《侗族祖先哪里来》，贵州人民出版社1981年版。（贵州　龙耀宏）

姜良姜妹　侗语北部方言神话叙事古歌。流传于贵州天柱。叙述姜太宝生下七姊妹，只有姜良、姜妹是人身。太白年间人间遭大旱，姜良擒雷公关到铁笼里。雷公施计向姜妹讨水喝逃上了天庭并发下洪水。姜良、姜妹躲到大葫芦里得以逃生，后玉帝将洪水退尽。人间只剩姜良、姜妹二人。姜良提议成亲，姜妹不同意，二人便以焚香、滚扇磨、绕山相遇来决定婚配。二人成亲后生下怪胎，姜良将怪胎杀了撒向四方，便有了人间。可供研究侗族神话和古歌参考。欧阳家泉根据蓝田楞寨欧阳家运的手抄本和贡溪王定金摊歌抄本整理。32开纸3页，203行。收入《中国民间文学三套集成・贵州天柱县歌谣卷》，1995年天柱县民族事务委员会编印。（贵州　欧俊姣）

犟良犟美　侗语南部方言历史传说古歌。流行于贵州从江。叙述犟良、犟美原本是兄妹，犟良年轻气盛，与他们的同胞兄妹比法逞强，雷婆被烧，气不休，时刻寻机报仇。她与犟美结冤，便发滔天洪水，淹没田野和村寨。世间只剩有犟良、犟美，他们迫不得已，用滚石头的方式进行测试，天意安排，两块石头碰在一起，无奈之下，两人结婚，人类才得以繁衍。可供研究人类起源神话和侗族神话传说参考。梁普安演唱，吴生贤搜集、整理。32 开纸 3 页，92 行。收入《中国民间歌谣集成·贵州省黔东南州从江县卷》从江县民间文学集成编委会 1988 年编印。

（贵州　龙耀宏）

分祖先　侗语南部方言古歌古词。流传于贵州从江和广西三江交界一带。叙述侗族祖先、苗族祖先、汉族祖先的生活特点和风俗特征。侗族擅弹琵琶，苗族住在高山里，汉族擅掌官印。可供研究古代民族关系参考。杨权、郑国乔搜集、翻译、整理。32 开纸，侗汉对译 35 行。收入《侗族史诗——起源之歌》第 1 卷，辽宁人民出版社 1988 年版。

（贵州　龙耀宏）

阳人三百六十四姓　侗语南部方言古歌古词。流传于广西三江和贵州从江交界一带。叙述张良、张妹繁衍人类以后，创造了三百六十四姓分给天下的百姓，姓姓有州，姓姓有县，姓姓有村寨，三百好姓给了汉家，剩下的姓给了侗家。可供研究侗族社会历史参考。杨权、郑国乔搜集、整理。32 开纸，40 行。收入《侗族史诗——起源之歌》第 1 卷，辽宁人民出版社 1988 年版。

（贵州　龙耀宏）

分姓入村　侗语南部方言古歌古词。流传于贵州黎平、从江、榕江等地。叙述侗族祖先沿都柳江而上，然后分姓氏到各村各寨的情况。对研究侗族姓氏来源和迁徙史有参考价值。杨权、郑国乔搜集、整理。32 开纸，侗汉对译 6 行。收入《侗族史诗——起源之歌》第 2 卷，辽宁人民出版社 1988 年版。

（贵州　龙耀宏）

吴姓祖公　侗语南部方言迁徙古歌古词。流传于贵州、广西、湖南等省区侗语南部方言地区各县。叙述吴姓祖公从太白延州迁到黎平县潭溪九宝地方建寨，并留下属于本族姓的标记。对研究侗族姓氏迁徙史和姓氏分布有参考价值。杨权、郑国乔搜集、整理。32 开纸，侗汉对译 8 行。收入《侗族史诗——起源之歌》第 2 卷，辽宁人民出版社 1988 年版。

（贵州　龙耀宏）

石姓祖公　侗语南部方言迁徙古歌古词。流传于湖南通道。叙述石姓祖公落到“十洞”九连，寨门插杨柳为记。可供研究侗族姓氏来源和迁徙分布参考。杨权、郑国乔搜集、整理。32 开纸，侗汉对译 8 行。收入《侗族史诗——起源之歌》第 2 卷，辽宁人民出版社 1988 年版。

（贵州　龙耀宏）

欧姓祖公　侗语南部方言迁徙古歌古词。流传于湖南通道。叙述欧姓祖公落寨在八洞，然后分支散叶。对研究侗族姓氏迁徙史和姓氏分布有参考价值。杨权、郑国乔搜集、整理。32 开纸，侗汉对译 8 行。收入《侗族史诗——起源之歌》第 2 卷，辽宁人民出版社 1988 年版。

（贵州　龙耀宏）

破姓开亲　侗语南部方言古歌古词。流传于贵州、湖南、广西三省区交界的广大侗族地区。叙述侗族社会禁止同姓结婚，而异姓婚姻有的又相隔很远。远路结亲引起了许多严重的后果，一些开明的老人起款议定打破同姓不婚的规定，遂开创同姓可结亲的新风。对研究侗族古代婚姻习俗有重要参考价值。杨权、郑国乔搜集、整理。32 开纸，侗汉对译 127 行。收入《侗族史诗——起源之歌》第 2 卷，辽宁人民出版社 1988 年版。

（贵州　龙耀宏）

祭上祖　侗语南部方言古歌。流传于湖南通道侗族地区。讲述通道下乡乡流源村杨姓的来源和迁徙情况。对研究侗族历史有参考价值。杨昌宗演唱。1965年杨锡笔录、汉译。16开纸4页，41页。稿存湖南省通道侗族自治县档案馆。（湖南　陆有智）

立瑶祖　侗语南部方言神话古歌念词。流传于广西三江。叙述造他人的祖先，先造瑶人的祖公坐落在山头，让妇女戴红帽盖前额，男人系花在腰间，吃完这座山又去到那座山。可供研究瑶族习俗和侗瑶文化交流参考。杨权、郑国乔搜集、翻译、整理。32开纸，侗汉对译20行。收入《侗族史诗——起源之歌》第1卷，辽宁人民出版社1988年版。（贵州　龙耀宏）

立汉祖　侗语南部方言神话古歌念词。流传于广西三江。叙述造汉人祖公，落在皇帝朝廷里，让他们读书识字，唱大戏，坐轿送亲骑马走路，府衙坐堂。可供研究侗汉文化交流参考。杨权、郑国乔搜集、整理。32开纸，汉译文48行。收入《侗族史诗——起源之歌》第1卷，辽宁人民出版社1988年版。（贵州　龙耀宏）

立苗人　侗语南部方言古歌古词。流传于贵州从江和广西三江。叙述造了苗人祖公坐落在山头，白天上山扛刀，晚上听故事摆古；小伙子吹笙上这边山，姑娘唱歌去那边坡。古词从多方面描绘了苗族人民的生活特点。可供研究侗苗民族文化交流参考。梁少华口述，杨权、郑国乔搜集、整理。32开纸，侗汉对译58行。收入《侗族史诗——起源之歌》第1卷，辽宁人民出版社1988年版。（贵州　龙耀宏）

条人祖先　侗语南部方言古歌古词。流传于广西三江。“条人”是指今生活在广西三江境内的“草苗人”，与侗族杂居。古歌叙述了“条人”的风俗习惯，他们隔山唱山歌，隔河踩歌堂，半路相逢，半路杀猪成亲。可供研究侗族地区民族关系参考。杨权、郑国乔搜集、翻译、整理。32开纸，侗汉对译20行。收入《侗族史诗——起源之歌》第1卷，辽宁人民出版社1988年版。（贵州　龙耀宏）

歌的起源　侗语南部方言物种起源古歌古词。流传于湖南通道。叙述一个名叫班固的人把母亲埋在大榕树下，于是生出无数的侗歌，画眉鸟吃了榕树果之后就会唱歌。后萨香婆把榕树砍倒在河里，侗歌顺河水流传开去，最后四耶挑歌挨村挨寨传唱。可供研究侗族歌乐文化参考。杨权、郑国乔整理。32开纸，侗汉对译40行。收入《侗族史诗——起源之歌》第1卷，辽宁人民出版社1988年版。（贵州　龙耀宏）

乐器的起源　侗语南部方言物种起源古歌古词。流传于湖南通道。叙述贵州的百万造牛腿琴，胜洞的娥妹造琵琶，地坪的金富造笛子，乜洞的岑善造芦笙。牛腿琴、琵琶、笛子、芦笙都是侗族传统的乐器。对研究侗族乐器文化有重要参考价值。杨权、郑国乔搜集、整理。32开纸，侗汉对译12行。收入《侗族史诗——起源之歌》第1卷，辽宁人民出版社1988年版。（贵州　龙耀宏）

何人编侗戏　侗语南部方言侗戏演出开始前念词。流传于贵州黎平、从江、榕江，广西三江、龙胜，湖南通道盛行演侗戏的村寨。讲述侗戏的来历，纪念戏祖吴文彩和其他戏师。对研究侗族戏剧文学有重要参考价值。从江戏师吴生贤传唱、记录、整理。32开纸2页，75行。收入《黔东南苗族侗族自治州民间文学资料集》（第一集），黔东南苗族侗族自治州文学艺术研究室 1981 年编印。

（贵州　龙耀宏）

鼓楼的起源　侗语南部方言物种起源古歌古词。流传于广西三江。鼓楼是侗寨的标志性建筑。古歌叙述当初皇帝搞乱朝廷，侗家请得王朝来建立鼓楼，然后请萨神来护卫。对研究侗族鼓楼文化有重要参考价值。杨权、郑国乔搜集、整理。32 开纸，侗汉对译 20 行。收入《侗族史诗——起源之歌》第 1 卷，辽宁人民出版社 1988 年版。

（贵州　龙耀宏）

星的起源　侗语南部方言万物起源古歌古词。流传于湖南通道、广西三江、贵州从江一带。讲述天上星星的起源。先叙述传说星星的父亲叫把解，生的儿子叫星郎，然后叙述星郎的出世、异态以及被害、变物的过程。是侗族万物起源神话的一部分。对研究侗族神话和先民的自然观有参考价值。杨权、郑国乔搜集、翻译、整理。32 开纸，汉译文 54 行。收入《侗族史诗——起源之歌》第 1 卷，辽宁人民出版社 1988 年版。

（贵州　龙耀宏）

水的起源　侗语南部方言万物起源古歌古词。流传于贵州从江、广西三江、湖南通道的广大侗族地区。诗歌分为三段，叙述人们找水、驯服水的过程。表现出侗族先民征服自然、支配自然的能力。可供研究侗族先民的自然观和农业生产民俗参考。杨权、郑国乔搜集、翻译、整理。32 开纸，汉译文 14 行。收入《侗族史诗——起源之歌》第 1 卷，辽宁人民出版社 1988 年版。

（贵州　龙耀宏）

火之源　侗语南部方言万物起源古歌古词。流传于广西三江、贵州从江。叙述火先生在神仙境界，它和生物界最普遍的繁殖方式一样，是由雌雄两性结合产生的。人类的始祖张良用竹竿把火引到人间，从此人类便知道用火。可供研究侗族原始自然观和万物起源神话参考。杨权、郑国乔搜集、翻译、整理。32 开纸，汉译文 10 行。收入《侗族史诗——起源之歌》第 1 卷，辽宁人民出版社 1988 年版。

（贵州　龙耀宏）

马的起源　侗语南部方言物种起源古歌古词。流传于广西三江。叙述上古时候天上放的马落在大海里，是一个名叫脱的人把马从海里救上岸并带回家，从此马就成了人们的骑乘工具。可供研究侗族物种起源神话和驯养动物的历史参考。杨权、郑国乔搜集、整理。32 开纸，汉译文 14 行。收入《侗族史诗——起源之歌》第 1 卷，辽宁人民出版社 1988 年版。（贵州　龙耀宏）

黄牛的起源　侗语南部方言物种起源古歌古词。流传于广西三江。叙述天上放的牛落在耶山，一个叫扮宰的人看见了，称它为 sens，即“黄牛”。扮宰用藤子牵住它的颈，并教会它为人勤耕耘。可供研究侗族农业牛耕文化参考。杨权、郑国乔搜集、整理。32 开纸，侗汉对译 8 行。收入《侗族史诗——起源之歌》第 1 卷，辽宁人民出版社 1988 年版。

（贵州　龙耀宏）

水牛的来源　侗语南部方言物种起源古歌古词。流传于湖南通道。侗语中水牛和黄牛是两个不同的词，诗歌叙述当初水牛生活在深山老林中，后来人们捉到了它，并把它武装起来，让它成为角斗的勇士。可供研究侗族驯马和斗牛文化史参考。杨权、郑国乔搜集、整理。32 开纸，侗汉对译 16 行。收入《侗族史诗——起源之歌》第 1 卷，辽宁人民出版社 1988 年版。　（贵州　龙耀宏）

猪的来源 侗语南部方言物种起源古歌古词。流传于贵州从江、广西三江、湖南通道等地的广大侗族地区。叙述四尢河头是猪出生的地方，后来人们背它回家并用木桶给它喂食，生仔以后才分养到各地。可供研究侗族家畜饲养起源参考。杨权、郑国乔搜集、翻译、整理。32 开纸，侗汉对译 20 行。收入《侗族史诗——起源之歌》第 1 卷，辽宁人民出版社 1988 年版。 （贵州　龙耀宏）

狗的来源 侗语南部方言物种起源古歌古词。流传于贵州从江、广西三江、湖南通道等地的侗族地区。叙述古时演的父亲在克山开荒时发现了野狗的窝里有几条狗崽，就把它们带回家中饲养成了家狗，以后狗便陪人们打猎。可供研究侗族饲养动物史参考。杨权、郑国乔搜集、整理。32 开纸，侗汉对译 12 行。收入《侗族史诗——起源之歌》第 1 卷，辽宁人民出版社 1988 年版。

（贵州　龙耀宏）

羊的来源 侗语南部方言物种起源古歌古词。流传于贵州从江、广西三江、湖南通道等地的侗族地区。叙述羊原先生在芝优河头，靠吃树叶为生，后来人们在它的脖子上系上铜铃。可供研究侗族家畜饲养史参考。杨权、郑国乔搜集、整理。32 开纸，侗汉对译 12 行。收入《侗族史诗——起源之歌》第 1 卷，辽宁人民出版社 1988 年版。

（贵州　龙耀宏）

鸭的来源 侗语南部方言物种来源古歌古词。流传于贵州从江、广西三江、湖南通道等地的侗族地区。叙述公鸭、母鸭生在枝头，守在池塘边下蛋，后来人们把鸭蛋拾回家，鸭蛋又生出鸭崽。可供研究侗族养禽史参考。杨权、郑国乔搜集、整理。32 开纸，侗汉对译 16 行。收入《侗族史诗——起源之歌》第 1 卷，辽宁人民出版社 1988 年版。

（贵州　龙耀宏）

鸡的来源 侗语南部方言物种起源古歌古词。流传于贵州从江、广西三江、湖南通道等地的侗族地区。叙述芝优河头有鸭又有鸡，是鸭背鸡游到了河的对岸，后来鸡就帮鸭孵蛋。可供研究侗族家禽饲养史参考。杨权、郑国乔搜集、翻译、整理。32 开纸，侗汉对译 8 行。收入《侗族史诗——起源之歌》第 1 卷，辽宁人民出版社 1988 年版。

（贵州　龙耀宏）

鲤鱼的来源 侗语南部方言物种起源古歌古词。流传于广西三江、湖南通道。叙述祖公把鱼苗放在稻田里，祖婆把鱼苗放在池塘里，公鱼、母鱼冬天分开，春天产仔的过程。可供研究侗族养鱼史参考。杨权、郑国乔搜集、整理。32 开纸，侗汉对译 16 行。收入《侗族史诗——起源之歌》第 1 卷，辽宁人民出版社 1988 年版。 （贵州　龙耀宏）

草鱼的来源 侗语南部方言物种起源古歌古词。流传于湖南通道、广西三江、贵州黎平和从江等地的侗族地区。草鱼是侗族地区广泛放养的鱼类，诗歌叙述当初草鱼生在衡州，汉人把它养大，是汉人教会侗族人养草鱼。可供研究侗族养鱼史和侗汉文化交流参考。杨权、郑国乔搜集、整理。32 开纸，侗汉对译 12 行。收入《侗族史诗——起源之歌》第 1 卷，辽宁人民出版社 1988 年版。

（贵州　龙耀宏）

黄鳝的来源 侗语南部方言物种起源古歌古词。流传于广西三江。黄鳝是侗族地区主要的水产鱼类，诗歌叙述黄鳝生活的习性和它从池塘水里生长的过程。可供研究侗族地区水产资源参考。杨权、郑国乔搜集、整理。

32开纸，侗汉对译12行。收入《侗族史诗——起源之歌》第1卷，辽宁人民出版社1988年版。（贵州　龙耀宏）

杉树的来源　侗语南部方言物种起源古歌古词。流传于广西三江、湖南通道。杉树是侗族地区主要的树种，在侗族人民的生活中具有重要的作用。诗歌的第一段叙述燕子千方百计为人们找来杉树种；第二段写侗族人得到杉树种，栽种后长出粗壮的杉树；第三段写侗族人培育出速生杉，侗乡遍地是杉林。是研究侗族环境资源和生态，以及植树造林的重要参考材料。杨权、郑国乔搜集、整理。32开纸，侗汉对译54行。收入《侗族史诗——起源之歌》第1卷，辽宁人民出版社1988年版。（贵州　龙耀宏）

房屋的起源　侗语南部方言物种起源古歌古词。流传于湖南通道、广西三江。叙述远古时期侗族祖先住在山洞里，后得到荫丹匠人的指点学会建造房屋。对研究侗族建筑艺术史有重要参考价值。杨权、郑国乔搜集、整理。32开纸，侗汉对译24行。收入《侗族史诗——起源之歌》第1卷，辽宁人民出版社1988年版。（贵州　龙耀宏）

稻谷的起源　侗语南部方言物种来源古歌古词。流传于广西三江、湖南通道。侗族是古老的稻作民族，诗歌以问答的方式叙述侗族祖先培育出粗壮硕大的水稻，颗粒像瓜一样大，一箩只能装一颗。对研究侗族稻作农业起源有重要参考价值。杨权、郑国乔翻译、整理，32开纸，侗汉对译38行。收入《侗族史诗——起源之歌》第1卷，辽宁人民出版社1988年版。（贵州　龙耀宏）

稻谷起源歌　侗语南部方言古歌。流传于广西三江、龙胜，湖南通道，贵州黎平、榕江、从江侗族地区。在婚宴或迎宾酒宴上唱的歌。叙述稻谷原来长在树上，颗粒有柚子一般大，会行走，不用人们搬运。后因一妇人得罪了它们，它们就一起跑到海边一悬崖躲藏起来。为此，人类祖先请蚂蟥游过海去偷咬了几口回来，因此稻谷变成又细又小的颗粒。对研究侗族神话和稻作文化有参考价值。广西壮族自治区三江侗族自治县独峒乡干冲村吴行松、吴花梅演唱，1986年吴浩笔录、汉译。32开纸5页，100行。收入《侗族款词耶歌酒歌》（侗汉对译本），三江侗族自治县民间文学三套集成办公室1987年编印。（广西　吴　浩）

登题干良表　侗语南部方言物种起源古歌古词。流传于贵州、广西、湖南侗族地区。叙述侗族人民日常生活中劳动生产工具斗笠、锄头、扁担、晒禾架、竹篓等的来源。对于研究侗族生产工具、农具的制造有参考价值。杨权、郑国乔搜集、整理。32开纸，侗汉对译24行。收入《侗族史诗——起源之歌》第1卷，辽宁人民出版社1988年版。（贵州　龙耀宏）

簸箕的来源　侗语南部方言物种起源古歌古词。流传于湖南通道。簸箕是侗族稻作加工的重要工具。古歌叙述古代有一个叫丁娘的人造了簸箕，传给留妹来簸米。可供研究侗族农具制作参考。杨权、郑国乔搜集、整理。32开纸，侗汉对译24行。收入《侗族史诗——起源之歌》第1卷，辽宁人民出版社1988年版。（贵州　龙耀宏）

摘禾剪的来源　侗语南部方言物种起源古歌古词。流传于湖南通道。摘禾剪是侗族传统的收稻谷工具。诗歌叙述说，当初张良、张妹发明了摘禾剪。对研究侗族稻作文化有参考价值。杨权、郑国乔搜集、整理。32开

纸，侗汉对译 24 行。收入《侗族史诗——起源之歌》第 1 卷，辽宁人民出版社 1988 年版。（贵州　龙耀宏）

酒药的来源　侗语南部方言物种起源古歌古词。流传于湖南通道。酒是侗族人民传统的饮品之一，古歌叙述了侗族祖先从采集的野果中发现了发酵剂，坐禁和坐畏两个人发明了酒药，并教会人们用粮食酿酒。对研究侗族稻作农业有参考价值。杨权、郑国乔搜集、整理。32 开纸，侗汉对译 42 行。收入《侗族史诗——起源之歌》第 1 卷，辽宁人民出版社 1988 年版。（贵州　龙耀宏）

酒的来源　侗语南部方言物种起源古歌古词。流传于湖南通道。坐禁、坐畏造出酒药后教人们酿出酒，又教人们用土坛子装酒。讲述了侗族人民掌握酿酒和制陶工艺的过程。对研究侗族酿造史和工艺史有参考价值。杨权、郑国乔搜集、整理。32 开纸，侗汉对译 52 行。收入《侗族史诗——起源之歌》第 1 卷，辽宁人民出版社 1988 年版。

（贵州　龙耀宏）

嘎冷顺　侗语南部方言神话古歌古词。流传于贵州榕江宰荡一带。叙述从前有对夫妇生了一个孩子叫冷顺，人不像人，狗不像狗，夫妇俩生气，就把他杀死丢到河沙坝上。第二天冷顺的尸体就变成各种各样的动植物，鼻子变狗，眼睛变鹞鹰，嘴巴变鹭鸶，牙齿变耗子，耳朵变菌子，胆变酒。可供研究侗族起源神话参考。杨盛华口述，杨盛林记录、翻译，张勇整理。32 开纸 2 页，54 行。收入《黔东南苗族侗族自治州民间文学资料集》（第一集），黔东南苗族侗族自治州文学艺术研究室 1981 年编印。（贵州　龙耀宏）

嘎都莎　侗语南部方言古歌念词。流传于贵州黎平、榕江、从江等地。在婚礼祭祖的仪式上由德高望重的老人念诵。叙述祖先创业的艰辛，邀请列祖列宗们入席，感谢亲戚朋友的支持，祝贺新郎、新娘幸福美满，人财两发。对研究侗族婚俗有参考价值。杨朝忠搜集于榕江车江一带。32 开纸 3 页，96 行。收入《黔东南苗族侗族自治州民间文学资料集》（第一集），黔东南苗族侗族自治州文学艺术研究室 1981 年编印。（贵州　龙耀宏）

嘎转莎　侗语南部方言古歌念词。流传于贵州黎平、从江、榕江等地。婚礼在郎家结束后送新娘回娘家时念诵。讲述开天辟地，张良、张妹兄妹婚，侗族、苗族、水族祖先迁徙落寨，妹道远嫁与破姓开亲，教育新娘要记住父母养育恩，孝敬公婆，勤俭持家，祝福新娘新郎幸福美满。对研究侗族婚姻习俗和伦理道德有重要参考价值。榕江乔来吴水发、吴富生口述，张勇记录、翻译、整理。32 开纸 9 页，398 行。收入《黔东南苗族侗族自治州民间文学资料集》（第一集），黔东南苗族侗族自治州文学艺术研究室 1981 年编印。（贵州　龙耀宏）

（二）叙事歌

侗语大歌　侗语南部方言叙事歌。流传于湖南靖州藕团、平茶侗族地区。内容涉及历史、地理、人文、风俗、婚嫁等多方面。对研究侗族民间文化有参考价值。潘在光、杨荣光演唱，1953 年吴永权笔录，吴三麟汉译。16 开纸 18 页，180 行。收入《靖州侗族民歌选集》。

（湖南　龙立明）

侗族叙事诗　侗语南部方言叙事诗。流传于贵州黎平、从江、榕江一带。叙述侗族人吃牯脏、祭祖吃黑米饭等内容。对研究侗族民间风俗有参考价值。石宗庆记述，龙玉成汉译。32 开纸 339 页，侗汉对译。收入《民间文学资料》（第七十集），中国民间文艺研究会贵州分会 1985 年编印。

（贵州　龙耀宏）

嘎萨　侗语南部方言叙事歌。流传于贵州黎平、从江、榕江等侗族地区。叙述侗族吴氏祖宗同官人李家从朋友变仇人的过程。吴氏女信妮在祖传宝刀被李家盗走后同李家战斗失利，光荣献身，后变成萨神保护村寨平安，成为侗族地区村村寨寨供奉的祖神。对研究侗族历史和宗教信仰有参考价值。黎平吴德隆口述，杨盛中搜集、整理，石新民汉译。32 开纸 4 页，侗汉对译 32 行。收入贵州省黎平县民族事务委员会、贵州省少数民族古籍整理出版规划小组办公室编，杨盛中主编《侗族叙事歌》，贵州人民出版社 1992 年版。（贵州　龙耀宏）

祖源歌　侗语南部方言长篇叙事歌。流传于贵州榕江侗族南部方言区。叙述侗族祖先从梧州（今贵州广西梧州）迁徙到三宝（今榕江车江一带）的艰辛历程。该歌平时不唱，只在婚礼中新娘进屋时才唱。由一名能说会道的壮年男子演唱。对研究侗族迁徙史有参考价值。张民、张勇搜集、整理。汉译文收入《侗族祖先哪里来》，贵州人民出版社 1981 年版。（贵州　吴兴武）

祭祖歌　侗语南部方言长篇叙事歌。流传于贵州榕江车江一带。讲述车江侗族祖先从广西梧州寻找生存地方，最后来到三宝安居的经过。对研究侗族迁徙史有参考价值。张民、张勇搜集、整理。汉译本收入贵州民间文学丛书《侗族祖先哪里来》，贵州人民出版社 1981 年版。（贵州　吴兴武）

匠祖歌　侗族南部方言叙事歌。流传于贵州黎平、从江侗族地区。叙述侗族古代十位不同工种的祖匠和他们的发明。可供研究侗族古代社会分工和百业起源参考。陆国辉演唱，田兴永整理，石兴民翻译。32 开，2 页，12 行。收入贵州省黎平县民族事务委员会、贵州省少数民族古籍整理出版规划小组办公室编，杨盛中主编《侗族叙事歌》，贵州人民出版社 1992 年版。

（贵州　龙耀宏）

金碧买踩堂歌　侗语南部方言叙事歌。流传于贵州黎平、从江等地。传说踩堂歌只有天上有，人间没有什么可以玩乐。金碧上天去看踩堂歌，七个月忘返，回到人间后讲天上的踩堂歌舞如何好玩。大众决定把天上的踩堂歌买回人间，遂派金碧、刘金和苗家小伙公舍三人上天去买踩堂歌。他们一路艰辛才把踩堂歌买回人间，从此侗家人逢年过节才有了玩乐。对研究侗族歌乐起源传说有参考价值。邓昌职口述，邓君搜集，田兴永整理，石新民汉译。32 开纸 10 页，侗汉对译 98 行。收入贵州省黎平县民族事务委员会、贵州省少数民族古籍整理出版规划小组办公室编，杨盛中主编《侗族叙事歌》，贵州人民出版社 1992 年版。（贵州　龙耀宏）

吴勉王　侗语南部方言叙事歌。流传于贵州黎平侗族地区。讲述明朝洪武年间天下大乱，侗族地区老百姓生活于水火之中。五开（黎平）兰洞出了一个大王叫吴勉，带领侗族人民举旗造反。吴勉用支神箭射杀皇帝。官兵围剿勉王，勉王被擒，义军失败，侗家缅怀 600 年。黎平吴必华口述，吴开支、田兴永搜集、翻译、整理。32 开纸 5 页，侗汉对译46行。收入贵州省黎平县民族事务委员会、贵州省少数民族古籍整理出版规划小组办公室编，杨盛中主编《侗族叙事歌》，贵州人民出版社1992年版。

（贵州　龙耀宏）

该念吴勉　侗语南部方言叙事古歌。流传于贵州从江、黎平等地。由引子、古枫树下仙人、神奇的牧童、琴童巧遇、奇配良缘、造反六个部分组成，叙述了明朝洪武年间侗族农民起义领袖吴勉的神奇人生。可供研究侗族历史人物和民间文学参考。杨秀公记录、翻译。32开，18页，汉译文388行。收入《从江民间文学资料集》第一集，从江县民族事务委员会、从江县文化馆1983年编印。

（贵州　欧俊娇）

陆本松考秀才　侗族南部方言叙事歌。流传于贵州黎平肇兴地区。陆本松是侗族机智人物，肇兴纪堂村人，12岁赴黎平考秀才。考官见他高不过书案，不许他参考，陆本松机智应对，荣获榜首。陆公柏口述，姚明广搜集、整理，石兴民汉译。32开，5页。侗汉对译32行。收入贵州省黎平县民族事务委员会、贵州省少数民族古籍整理出版规划小组办公室编，杨盛中主编《侗族叙事歌》，贵州人民出版社1992年版。

（贵州　龙耀宏）

姜映芳歌　侗语北部方言历史歌谣。流传于贵州天柱。包括序歌、起义前夜、成群接队唱反歌、山里出凤凰、八岁成了放牛娃、命挂悬丝倒在床、学武艺、官家害死公和娘、逼上梁山、咸丰五年打天下、叶各一枝共树生、最黑财主心、同治元年大进军、一封鸡毛火炭信、姜王是我大救星、三路兵马齐出征、慷慨捐躯、江口屯失陷等内容。可供研究侗族历史参考。欧阳家泉搜录、翻译、整理。32开纸36页，1522行。收入《中国民间文学三套集成·贵州天柱县歌谣卷》，天柱县民族事务委员会1995年编印。

（贵州　欧俊娇）

索美与银冷　侗语南部方言长篇叙事歌。流传于贵州榕江车江一带。讲述侗族男女青年忠贞的爱情故事。王店禹、普虹收集、整理。收入《侗族叙事歌》，贵州人民出版社1992年版。（贵州　吴兴武）

珠郎娘美　侗语南部方言长篇叙事歌。流传于贵州榕江车江一带。描述侗族男女青年为了追求幸福爱情，争取婚姻自主，反抗封建的旧规陋俗的故事。结局十分悲惨。深刻地反映了旧时代侗族婚姻制度的实质。吴金松、潘老替、卜桥生口述、口译，杨国仁收集、整理。收入《侗族叙事歌》，贵州人民出版社1992年版。（贵州　吴兴武）

仕锦维干起款歌（嘎锦）　侗语南部方言叙事歌。流传于贵州从江。叙述咸丰年间，天干地旱，“六洞”一带无收成，侗民饥荒，向官府求救，反被官府申报朝廷，说侗民乘机造反，被官府派兵镇压。侗族领袖仕锦团结率领侗族同胞进行反抗，取得胜利后，仕锦被衙门以“谈判”为名诱骗而被陷害丧生。后又涌现出石维干带领侗族人民反抗官府，由于寡不敌众而失败。可供研究清朝末年侗族社会历史参考。萨春桃口述，1988年梁维安搜集、整理。32开纸3页，88行。收入《中国民间歌谣集成·贵州省黔东南州从江县卷》，从江县民间文学集成编委会1988年编印。（贵州　龙耀宏）

苗族同胞抗暴歌（嘎吉卜）　侗语南部方言叙事歌。流传于贵州从江。叙述清朝宣统年间，朝廷内乱，百姓遭殃，梁匪野心大，举兵造反，百姓生活于水火之中。梁匪官兵滥杀无辜，侗乡腹地被霸占，苗族领袖固然率领侗、苗两族人民起兵反抗梁匪，官兵惨败。可供研究清朝末年侗族社会历史参考。杨萨姣口述，1988 年吴文搜集、整理。32 开纸 4 页，140 行。收入《中国民间歌谣集成·贵州省黔东南州从江县卷》，从江县民间文学集成编委会 1988 年编印。

（贵州　龙耀宏）

冷牢宫　侗语南部方言叙事歌。流传湖南怀化侗族地区。侗族民歌弹唱词。主要从武则天把王氏打进牢宫讲起，一直到李旦登基。描写王氏的冷宫生活，刻画武则天的毒辣。是吸收汉族故事改编的，为适合侗族弹唱，作者用侗族人所熟悉的事物来作比喻。杨灿培演唱，1964 年杨锡笔录、汉译。16 开。1948 行。稿存湖南省通道侗族自治县档案馆。

（湖南　陆有智）

辛亥革命歌　侗族南部方言叙事歌。流传于贵州黎平、榕江、从江等地。叙述清朝乾隆年间风调雨顺，国泰民安；清朝末年出了一个宣统皇，朝政腐败百姓遭祸殃；土匪横行，百姓岁月好凄凉；辛亥八月来了革命党，出了个良王孙中山，黎平一带侗族子弟纷纷响应革命，组织人民打土匪，救百姓于水火之中。对研究侗族近代史有重要参考价值。兰运兴口述，杨再宏搜集、整理，石新民汉译。32 开纸 12 页，侗汉对译 122 行。收入贵州省黎平县民族事务委员会、贵州省少数民族古籍整理出版规划小组办公室编，杨盛中主编《侗族叙事歌》，贵州人民出版社 1992 年版。

（贵州　龙耀宏）

父母恩情难忘　侗语南部方言叙事歌。流传于贵州黎平、榕江、从江三县交界地带。叙说人人都由父母生养，父母生养我们不容易，尿一把来屎一把地拉扯我们长大。可儿女到了婚嫁年龄，成家立业往往就要跟父母分离，而不能很好地孝敬父母。劝说人们要像笋子长大不忘竹，要孝敬父母，爹娘情长要赡养。对研究侗族伦理道德有参考价值。保新口述，欧明海搜集、整理，石新民汉译。32 开纸 9 页，侗汉对译 82 行。收入贵州省黎平县民族事务委员会、贵州省少数民族古籍整理出版规划小组办公室编，杨盛中主编《侗族叙事歌》，贵州人民出版社 1992 年版。

（贵州　龙耀宏）

孝敬父母歌　侗族南部方言叙事歌。流传于贵州黎平、从江，广西三江，湖南通道。叙述张良、张妹创下人类，世人都靠父母生养，父母生儿育女辛苦万分不容易，父母的恩德不能忘。可供研究侗族社会伦理道德参考。奶良坤演唱，吴家国搜集，杨盛中整理、翻译。32 开纸 7 页，侗汉对译 58 行。收入贵州省黎平县民族事务委员会、贵州省少数民族古籍整理出版规划小组办公室编，杨盛中主编《侗族叙事歌》，贵州人民出版社 1992 年版。

（贵州　龙耀宏）

鱼换塘　侗族南部方言叙事、劝世歌。流传于贵州黎平、榕江、从江三县交界地区的“六洞”和“九洞”。叙述年幼的兄弟姐妹在父亲去世后，母亲中年守寡；随后母亲改嫁，两头难顾，兄弟姐妹们过着悲惨生活。劝说人们要自强自立，做母亲的要照顾好自己的儿女，儿女要体谅寡母的艰难。对研究侗族社会和伦理道德有参考价值。奶秀环口述，石秀昌记录、搜集，欧明海、石新民翻译。32 开纸 12 页，侗汉对译 115 行。收入贵州省黎平县民族事务委员会、贵州省少数民族古籍整理出版规划小组办公室编，杨盛中主编《侗族叙事歌》，贵州人民出版社 1992 年版。

（贵州　龙耀宏）

媳不孝婆 侗族南部方言叙事歌。流行于贵州黎平、湖南通道、广西三江侗族地区。叙述媳妇不孝敬公婆，进门后就要丈夫与父母分家。劝世人不要学这样的媳妇。对研究侗族家庭及伦理道德有参考价值。黎平三龙吴开齐搜集，欧海明整理，石新民翻译。32开纸 4 页，37 行。收入贵州省黎平县民族事务委员会、贵州省少数民族古籍整理出版规划小组办公室编，杨盛中主编《侗族叙事歌》，贵州人民出版社 1992 年版。

（贵州 龙耀宏）

城县记 侗语北部方言叙事歌。流传于贵州天柱。叙述未建立天柱县之前，天柱属于湖南会同县。明朝万历年间，天柱侗族人民不纳粮，县官趁机下乡搜刮民财、调戏良家妇女、掳掠乡民、滥杀无辜，老百姓过着鸡犬不宁的生活。刚好此时朱梓升任会同吏目，便向当朝皇帝奏书建立天柱衙门。朱梓为官深受当时人民欢迎。在他告老之际，坏人宋景陆想继承其位而被人民打死。后朱梓保升知县衙门，他向村民说明了衙门之四图乡村，一合一勺不差分厘。从此，村民在过上太平之日时天柱县也即形成。可供研究侗族地方历史参考。收入《中国民间文学三套集成·贵州天柱县歌谣卷》，天柱县民族事务委员会 1995 年编印。（贵州 欧俊娇）

仪妹与唐郎 侗语南部方言叙事歌。流行于贵州从江地区。讲述仪妹与唐郎两人才华横溢，相亲相爱，最终因遭到父母的封建思想迫害而结局悲惨。可供研究侗族古代婚姻习俗及民间文学参考。梁维安收集、整理。32开纸 5 页，汉译文 120 行。收入《从江民间文学资料集》（第一集），从江县民族事务委员会、从江县文化馆 1983 年编印。

（贵州 欧俊娇）

郎尼和汉鲍 侗语南部方言叙事歌。流传于贵州榕江车江一带。叙述有个美丽的姑娘培索与汉鲍私奔，沿河来到三宝，后来又不相合。培索又跟芒玲私奔到溪口住。故事牵涉到众多的人物和他们之间的情感纠葛。反映古代侗族社会婚姻家庭的一些状况。可供研究侗族古代社会青年男女社交风俗参考。杨吉平记录，石宗庆 1983 年整理、汉译。32开纸 79 页，侗汉对译 636 行。收入《民间文学资料》（第七十集），中国民间文艺研究会贵州分会 1985 年编印。（贵州 龙耀宏）

郎夜 侗语南部方言叙事歌。流传于贵州榕江车江一带。又称“郎夜或美”。叙述榕江的章鲁有一富裕人家，主人叫文举，夫妻俩没有儿子，就到寨头大庙去求菩萨。玉帝派龙金和女宝同时下凡投胎，并从天上给他们定下姻缘。龙金投到文举家当儿子，女宝投到广西宜北的谢家当女儿。龙金尚未出世文举已故，刚刚生下母亲也病亡。龙金长得不像人而像青蛙，因此叫“郎夜”。他长大后，由于姻缘前定引出了一场悲欢离合的婚姻纠葛。反映了清朝末年侗族社会人与人之间的复杂关系。对研究侗族封建社会生活有参考价值。黄厚兰演唱，石宗庆、龙玉成记录、整理。32 开纸 152 页，侗汉对译 1340 行。收入《民间文学资料》（第七十集），中国民间文艺研究会贵州分会 1985 年编印。

（贵州 龙耀宏）

覃宝与引妹 侗语南部方言叙事歌。流传于贵州黎平、从江、榕江一带。叙述覃宝和引妹互相恋爱，想结成夫妻，每夜行歌到很晚，发誓要同生共死。但是，两家的老人都不同意。由于双方父母的阻拦，他们只好离乡背井私奔。在私奔过程中引妹引发疾病死在外乡，覃宝掩埋引妹独自一人回到家乡。对研究侗族封建社会伦理有参考价值。1958

年黎平口洞吴德姣演唱，吴治德记录、汉译，张富成、龙耀乾整理。32开纸7页，276行。收入《民间文学资料》（第十三集），中国作家协会贵阳分会筹委会1959年编印，中国民间文艺研究会贵州分会1986年翻印。（贵州 龙耀宏）

锁妹与丙郎 侗语南部方言叙事歌。流传于贵州黎平、榕江、从江地区。叙述独生子丙郎少年时玩耍，不幸用石头击瞎了同伴明杭的一只眼睛，明杭父亲不听寨老们的劝解，决定要用丙郎的一只眼睛交换，小小少年丙郎只好背井离乡来到榕江金举家做儿郎。古州地区爱歌舞，男女老少都盛装来到舞场上，古州最漂亮的姑娘是锁妹，古州一带的青年人她一个也看不上。突然那一年出现了丙郎，锁妹要跟他配成双，从此引出了一段锁妹与当地青年人的情感纠葛。可供研究清朝末年侗族社会生活参考。1958年黎平吴德姣演唱，吴治德记录、汉译，张富成整理。32开纸16页，673行。收入《民间文学资料》（第十三集），中国作家协会贵阳分会筹委会1959年编印，中国民间文艺研究会贵州分会1986年翻印。（贵州 龙耀宏）

张郎和李妹的故事 侗语北部方言叙事歌。流传于贵州天柱、锦屏等地。叙述龙汗元年开天地，四年生凡人。张郎出生世上无州府，七兄妹各有前程。雷公淹凡人，观音送葫芦籽，张郎李妹兄妹得救，玉帝下令退洪水。乌龟道人为媒，兄妹结婚，刀砍怪胎，打死乌龟变八卦，后来才安顿百姓。可供研究侗族神话传说和侗汉文化交流参考。1958年贵州省锦屏县江贤焕演唱，龙耀乾搜集，张富成整理。32开纸3页，134行。收入《民间文学资料》（第十三集），中国作家协会贵阳分会筹委会1959年编印，中国民间文艺研究会贵州分会1986年翻印。

（贵州 龙耀宏）

破姓开亲 侗语南部方言长篇叙事歌。流传于贵州榕江车江一带。主要反映侗族古代一次重大的婚姻变革。叙述古代交通不便，远路结亲引起灾难，开明的老人邀请各姓氏集会，议定打破同姓不联姻的习惯，建立同姓结亲的风俗。对研究侗族婚姻习俗有参考价值。杨成林、张勇搜集、整理。汉译文收入贵州民间文学丛书《侗族祖先哪里来》，贵州人民出版社1981年版。（贵州 吴兴武）

孟姜女哭崩万里长城 侗语北部方言叙事歌。流传于贵州天柱、锦屏、剑河地区，为汉族有关孟姜女的故事在侗族北部地区的流传。对研究侗汉文化交流有参考价值。1958年天柱高酿杨光焯演唱，龙耀乾记录、翻译，张富成整理。32开纸1页，40行。收入《民间文学资料》（第十三集），中国作家协会贵阳分会筹委会1959年编印，中国民间文艺研究会贵州分会1986年翻印。

（贵州 龙耀宏）

梁山伯和祝英台 侗语北部方言叙事歌。流传于贵州天柱、剑河、锦屏等地。为汉族梁山伯的故事在侗语北部方言地区的流传。可供研究侗汉文化交流和侗语北部方言叙事文学参考。1958年天柱岑卜潘作烈、剑河凯寨姜国云演唱，龙耀乾记录、翻译，张富成整理。32开纸2页，110行。收入《民间文学资料》（第十三集），中国作家协会贵阳分会筹委会1959年编印，中国民间文艺研究会贵州分会1986年翻印。（贵州 龙耀宏）

祝英台与梁山伯 侗语北部方言地区汉语叙事歌。流传于贵州三穗款场、桐林。叙述祝英台女扮男装上岳州读书，途中遇到梁山伯，于是两人结伴而行。后祝英台身份被识破，只得假托父母有病而回家。送别途中，英台向梁山伯暗示自己为女儿身，山伯仍不知，英台回家后被父母许配马家。山伯得知真相后悲痛而死。英台上祭，墓门突开，两人成了鸳鸯鸟，后阎王判二人还魂，于是两人重返人间结为夫妻，过上幸福生活。可供研究侗汉文化交流和侗族民间文学参考。张竹元口述，周昌武、吴展明搜集、整理。32开纸4页，170行。收入《侗族文学资料》第三集（三穗县专集），《侗族文学史》编写组1984年编印。（贵州　龙耀宏）

毛红和玉英　侗语北部方言地区汉语叙事歌。流传于贵州三穗款场。叙述毛红与玉英的婚姻爱情故事。毛红家富却父母双亡，玉英父母见状则将玉英许配给毛红。后毛红家贫，玉英父母拆散他俩，将玉英嫁与他人，玉英将计就计，要走父母三百两银子给毛红，自己则在婚后自尽，后投胎人家，再与毛红结为夫妻，共同生活。可供研究侗族民间文学参考。姜灵珍、姜灵妃口述，周昌武、吴展明搜集、整理。32开纸4页，137行。收入《侗族文学资料》第三集（三穗县专集），《侗族文学史》编写组1984年编印。

（贵州　龙耀宏）

摆古　侗语北部方言叙事歌。流传于贵州锦屏彦洞瑶白。侗语“阿”即歌，“喇从”即侃话，摆古节是瑶白举行盛大祭祖活动“借捐”（即吃牯脏）的一个重要组成部分，“阿喇从”则是摆古节中的一个重要表现形式，历史悠久。在摆古节中，歌师将盘古开天辟地到本寨迁徙、历史等，通过讲唱形式表现出来，告诫人们不要忘记祖先和本寨的历史，代代相传。杨安槐等演唱，1975年杨安亚笔录，1979年杨安亚汉译。16开纸20页，360行。稿存贵州省锦屏县彦洞瑶白杨安亚处。（贵州　孔繁相　杨昌清）

说土地　侗语北部方言叙事歌。流传于贵州天柱。介绍天门土地、蜡堂土地、桃源土地、庵堂土地、社堂土地、庙堂土地、寨头土地、桥头土地、州城土地、坳头土地十兄弟的出生情况、各自姓名、他们妻室的姓氏以及他们分别各执几印、管何人等内容。可供研究侗族传说及叙事古歌文学参考。吴国滔搜集、记录、翻译、整理。32开纸124行。收入《中国民间文学三套集成·贵州天柱县歌谣卷》，天柱县民族事务委员会1995年编印。

（贵州　欧俊姣）

说造纸笔　侗语北部方言叙事歌。流传于贵州天柱。叙述造纸是从蔡伦起，制笔是从蒙括兴，字是仓颉开的头，砚石是子路造。因此，如今才有字、笔、墨、纸、砚。可供研究侗族古歌文学参考。吴国滔搜集、记录、翻译、整理。32开纸1页，22行。收入《中国民间文学三套集成·贵州天柱县歌谣卷》，天柱县民族事务委员会1995年编印。

（贵州　欧俊姣）

桃源洞　侗语北部方言叙事歌。流传于贵州天柱。分别介绍桃源洞的上、中、下洞以及桃源洞中的田、田沟、神仙、栗树、桃树、路、香炉、龙骨椅、亭、门、连花树、马、井、船、空桐树等概况。可供研究侗族民间信仰传说及叙事古歌文学参考。吴国滔搜集、记录、翻译、整理。32开纸7页，298行。收入《中国民间文学三套集成·贵州天柱县歌谣卷》，天柱县民族事务委员会1995年编印。

（贵州　欧俊姣）

鲁班歌　侗语北部方言叙事歌。流传于贵州天柱。叙述王员外在洛阳桥架成后，摆香案要好人踩桥，此时吕洞宾骑毛驴桥上走，洛阳桥偏了两三分。鲁班忙问，谁骑毛驴过桥？洞宾听到后开口大骂，并手拿金弓银弹子向鲁班眼睛打去，鲁班坏了一只眼。从此，他起造只用独眼睛。现在的木匠也用独眼睛，这都是古人留下的。可供研究侗族古歌文学参考。欧阳家泉搜集、记录、翻译、整理。32 开纸 1 页，32 行。收入《中国民间文学三套集成·贵州天柱县歌谣卷》，天柱县民族事务委员会 1995 年编印。

（贵州　欧俊娈）

洛阳桥歌　侗语北部方言叙事歌。流传于贵州天柱。叙述洛阳洪水上路难走，洪水翻浪船难行。唐太宗有个忠臣蔡畅，年老膝下无儿女，告老还乡归途中路过洛阳桥时，波浪滔滔穿难行。此时，他的夫人戚氏已怀孕在身，便许愿：若回家生一子，就来此架一桥渡人。许此愿之后，河中风平浪静，他们平安到家，生下一子，取名为洛阳。洛阳长大后高中状元。可他的双亲却一直都未兑现架桥的承诺，反而被阎王关进了阴间黑牢。洛阳得知要为双亲还愿后，他们才得以释放。于是洛阳在众亲、张鲁二仙、下得海、观音的帮助下架成了洛阳桥。可供研究侗族神话古歌文学参考。吴国滔、欧阳家泉搜集、记录、翻译、整理。32 开纸 16 页，801 行。收入《中国民间文学三套集成·贵州天柱县歌谣卷》，天柱县民族事务委员会 1995 年编印。

（贵州　欧俊娈）

七姊妹下凡　侗语北部方言叙事歌。流传于贵州天柱。叙述混沌时代，七仙女下凡现身，她们在城隍庙里分别安好名后到桃源县去唱歌，却有人把她们唱歌之事告到县衙门。县差制服不了她们，送给州差来制服，州差也制服不了便放了她们。她们来到长江边，以身相许找了个渡船人，到了岸边后七姊妹飞上天去，留下一本歌书给渡船的凡人。可供研究侗族风俗及叙事古歌文学参考。欧阳家泉搜录、翻译、整理。32 开纸 2 页，56 行。收入《中国民间文学三套集成·贵州天柱县歌谣卷》，天柱县民族事务委员会 1995 年编印。

（贵州　欧俊娈）

盘根由歌　侗语北部方言汉语叙事盘歌。流传于贵州三穗侗族地区。以盘问和解答的形式展现。盘问从天上的雷公问到地上的动植物以及人类，回答也围绕盘问人的问题进行。可供研究侗族民间文学参考。曾庆云提供书面资料，周昌武、吴展明搜集、整理。32 开纸 2 页，144 行。收入《侗族文学资料》第三集（三穗县专集），《侗族文学史》编写组 1984 年编印。

（贵州　龙耀宏）

铜矿　侗语南部方言叙事歌谣。流传于湖南通道侗族地区。叙唱通道县马龙乡铜矿的历史。对研究侗族人民采矿历史有参考价值。杨文勇演唱，1964 年杨锡笔录、汉译。16 开纸 14 页，148 行。稿存湖南省通道侗族自治县档案馆。

（湖南　陆有智）

天不平、地不平　鄂西侗族汉语歌谣。流传于湖北宣恩晓关和珠山。为侗族时政歌谣。讲述侗族人民的凄惨生活。以山歌形式诉述了封建社会人民群众被压迫剥削的情景，反映了侗族人民对剥削、统治者的强烈不满和仇恨。对研究侗族的传统社会形态有参考价值。1982 年莫福生演唱，刘吉清笔录。32 开纸 1 页，4 行。收入《中国歌谣集成·湖北卷·宣恩县歌谣分册》，宣恩县文化局 1989 年编印。

（湖北　龙顺成）

修洛阳桥　鄂西侗族汉语叙事歌谣。流传于湖北宣恩晓关。讲述状元修洛阳桥之事。讲述从元宵节计划修桥，三月十五下桥墩，到十月小阳春节杀猪宰羊祭桥墩等过程。歌颂了状元修桥为民造福的善举，反映了侗乡人民对状元的崇敬之情。对研究侗族的建筑习俗和民间思想意识形态有参考价值。1984年姚祖武演唱，姚祖瑞笔录。16开纸1页，10行。收入姚祖瑞编《宣恩侗乡民间歌谣集》，2001年编印。（湖北　汪晓玲）

古人十二月　鄂西侗族汉语叙事歌谣。流传于湖北宣恩晓关。讲述十二桩古人古事。歌词按时间顺序描述了侗乡十二月的自然景观和人文风情，并叙述了韩湘子、薛平贵等十二桩古人古事，对忠义者进行歌颂，对不义者进行鞭挞。反映了侗乡人民爱憎分明的个性。对研究侗族的人文传统和伦理道德观有参考价值。1984年姚祖树演唱，姚祖瑞笔录。16开纸2页，24行。收入姚祖瑞编《宣恩侗乡民间歌谣集》，2001年编印。

（湖北　汪晓玲）

十字歌　鄂西侗族汉语叙事歌谣。流传于湖北宣恩八台。讲述民间旧事。为传唱历史兴衰而作。从“一字一横长”唱到“十字一笔正”，历数了清光绪皇帝等近代人事，传唱了历史朝代的兴衰变化，反映了人民对无道者的嘲讽。对研究侗族的人文历史传统有参考价值。1985年庄茂文演唱，吴宝三笔录。16开纸2页，20行。收入姚祖瑞编《宣恩侗乡民间歌谣集》，2001年编印。

（湖北　汪晓玲）

古人十字歌　鄂西侗族汉语叙事歌谣。流传于湖北宣恩晓关。讲述十桩古人古事。为传唱古人古事而作。叙述了“牙保主义”等十桩古人古事，对忠义者进行颂唱，对无义者进行鞭挞，反映了侗乡人对历史兴衰变化的感叹。对研究侗族的人文风俗和传统伦理观有参考价值。1984年吴可全演唱，姚祖瑞笔录。16开纸2页，22行。收入姚祖瑞编《宣恩侗乡民间歌谣集》，2001年编印。

（湖北　汪晓玲）

历史地名歌　侗语南部方言叙事歌。流传于广西三江林溪侗族地区。记述历史上广西三江与湖南通道交界地区的侗族村寨的寨名及其地理位置。同时记述这些村寨之间进行文化交流、联款的一些情况。对研究侗族历史上的村寨分布状况有参考价值。1989年萨保金演唱，吴世华笔录、汉译。16开纸1页，18行。载《侗文专刊》1989年第1期。

（广西　石祖勋）

八仙图　鄂西侗族汉语叙事歌谣。流传于湖北宣恩晓关。叙述赵员外收留苏州韩文玉之古事。记叙因为关贼造反乱苏州，韩文玉逃到阳州馆，在走投无路之际遇赵员外收留的经过，表现了赵员外的仁慈，反映了侗乡人对历史上有功德的人物的崇敬和颂扬。对研究侗族语言传统和民族特征有参考价值。1985年黄世连演唱，罗绍殷笔录。16开纸3页，30行。收入姚祖瑞编《宣恩侗乡民间歌谣集》，2001年编印。（湖北　汪晓玲）

喜事歌　侗语北部方言叙事歌。流传于贵州天柱与湖南新晃交界一带。是讲述姑娘出嫁到男方的叙事歌，也是侗族北部方言区以歌祝福、以歌致谦的表达形式。内容有伴嫁、关亲、新郎进门、酿海等。2005年秦廷锡根据汉字记侗音手抄本整理、汉译、油印成集。16开纸48页，1104行。稿存贵州省天柱县民族宗教事务局。（贵州　秦廷锡）

斗牛起源　侗语南部方言叙事歌。流传于贵州黎平、从江、榕江的“六洞”、“九洞”侗族地区。叙述侗族斗牛风俗的起源。传说三国时候，天下大乱，三个皇帝争天下，侗、苗族人民遭到了孔明的“围剿”和安抚。孔明教给侗族百姓以斗牛为乐，从此忘记了“犯上作乱”。可供研究侗族风俗参考。吴启华演唱，杨盛中记录、整理，石新民汉译。32 开纸 5 页，侗汉对译 76 行。收入贵州省黎平县民族事务委员会、贵州省少数民族古籍整理出版规划小组办公室编，杨盛中主编《侗族叙事歌》，贵州人民出版社 1992 年版。

（贵州　龙耀宏）

斗牛起源歌　侗语南部方言叙事歌。流传于贵州黎平南部侗族地区。叙述斗牛和吃牛牯脏的来历。传说开始时喂养水牯牛斗架是苗族人的事，后来这个习俗传到了侗寨，并按年份择日在各寨牛塘轮流放牛相斗，各寨轮流做饭接客。石道明口述，田兴永搜集、翻译、整理，石新民汉译。收入贵州省黎平县民族事务委员会、贵州省少数民族古籍整理出版规划小组办公室编，杨盛中主编《侗族叙事歌》，贵州人民出版社 1992 年版。

（贵州　龙耀宏）

斗牛古歌　侗语南部方言叙事歌。流传于贵州黎平、从江、榕江的“六洞”、“九洞”地区。叙述从三国时候开始，侗族地区就设立牛塘斗牛，村村寨寨饲养牛王，三年一回，六年一轮，白天斗牛，晚上唱歌。从此人变聪明，村寨安康。吴启华演唱，杨盛中记录、整理，石新民汉译。32 开纸 10 页，侗汉对译 168 行。收入贵州省黎平县民族事务委员会、贵州省少数民族古籍整理出版规划小组办公室编，杨盛中主编《侗族叙事歌》，贵州人民出版社 1992 年版。（贵州　龙耀宏）

（三）琵琶歌

开天辟地　侗语南部方言琵琶叙事古歌。流传于贵州黎平、从江、榕江侗族地区。叙述远古大树成精，生成豺豹虎狼；后来洪水滔天淹灭世间苍生；张良、张妹藏于瓜中幸免于难；十二颗太阳光照大地，棵赢砍去十一个太阳；张良、张妹兄妹结婚，繁衍人类；人类渐渐发展以后，又分人入村，派姓入寨，破姓开亲。可供研究侗族神话和社会历史参考。黎平吴柄文口述，吴开齐、田兴永、石新民搜集、记录、侗汉对译。32 开纸 12 页，117 行。收入贵州省黎平县民族事务委员会、贵州省少数民族古籍整理出版规划小组办公室编，杨盛中主编《侗族叙事歌》，贵州人民出版社 1992 年版。

（贵州　龙耀宏）

张古置天马王置地　侗语南部方言叙事琵琶歌开场白。流传于湖南通道、广西三江侗族地区。叙述侗族祖先对开天辟地、万物来源的认识。张古、马王、盘古都是传说中开天辟地的神话人物。对研究侗族神话叙事琵琶歌有参考价值。杨权、郑国乔搜集、整理。32 开纸，侗汉对译 34 行。收入《侗族史诗——起源之歌》第 1 卷，辽宁人民出版社 1988 年版。（贵州　龙耀宏）

四广五勒置天地　侗语南部方言叙事琵琶歌开场白。流传于湖南通道、广西三江侗族毗邻地带。叙述的四广五勒均是古代的天神人物，他们造的天像一个斗笠，他们造的地像一个盘子。可供研究侗族叙事琵琶歌和说唱文学参考。杨权、郑国乔搜集、整理。32 开纸，侗汉对译 30 行。收入《侗族史诗——起源之歌》第 1 卷，辽宁人民出版社 1988 年版。（贵州　龙耀宏）

人的来历　侗语南部方言琵琶古歌。流传于湖南通道侗族地区。讲述人是由张良、张妹兄妹在遭遇洪水之灾后结为夫妻而繁衍的。重点讲述侗族先民原来的居住地，后溯江而上寻求宝地、不断迁徙的过程。为研究侗族历史沿革和社会进程的重要参考资料。杨宜先、张连科演唱，1982 年杨锡光笔录、汉译。32 开纸 5 页，82 行。收入杨锡、杨锡光选录、译注《琵琶歌选》，岳麓书社 1993 年版。

（湖南　谭少剑）

陆大用歌集　侗语南部方言大歌琵琶歌。流传于贵州黎平、从江交界的“六洞”地区。为清朝乾隆、嘉庆年间黎平著名歌师陆大用所编。以情歌、劝世歌为主，也有一部分时政歌。收入做伴久了人也熟了、一天想三遍、多么好的山林、十八岁少年歌、丢情妹久了、夜乐歌、心里爱你情伴、白鹭飞上天、山坡上的板栗、大树遮荫坟墓、乡老们吃钱过分、结个远路情、从前咱们俩讲的话、头人不好、一株大树长在坪子当中、姑娘不愿意出嫁、懒人做活路、不忘掉老人的恩情、老人歌、咱们俩的话早就偷偷讲过了、得个不好的丈夫、当初已经讲好、父母生下我这个罗汉、只因为眼睛能看、十月搞过了禾樱桃花开过了、上寨虽然好坐赶不上下寨等 20 多首。是研究陆大用作品的重要参考资料。1958 年黎平县梁正才、吴怀义、杨通泽等口述、演唱，贵州省侗族民间文艺工作组搜集、翻译、整理。32 开纸 64 页。收入《民间文学资料》（第三十集），贵州省民间文学工作组 1960 年编印，中国民间文艺研究会贵州分会 1986 年翻印。

（贵州　龙耀宏）

歌吴勉　侗语南部方言琵琶歌。流传于湖南、广西、贵州侗族地区。歌颂侗族英雄吴勉的侗族史诗。叙唱吴勉不凡的智谋和武功，以及因不满明朝“跑马插标”、强占侗族田地的行径，率群众与明军展开殊死搏杀，最终因不敌明军而阵亡。为研究侗族发展史及民族英雄事迹的重要资料。吴仓珠、吴文正演唱，1986 年杨锡、杨锡光笔录、汉译。32 开纸 8 页，160 行。收入杨锡、杨锡光选录、译注《琵琶歌选》，岳麓书社 1993 年版。

（湖南　谭少剑）

金银王歌　侗语南部方言琵琶歌。流传于广西龙胜侗族地区。叙唱清乾隆五年（1740）侗族起义英雄吴金银等人事迹的一组琵琶歌。“拜王滩”叙唱民众聚集冷江瀑布拜金银王起义。“淹死粮官”叙唱吴金银等人顶替轿夫，抬粮官倪子隆到半路连人带轿将其摔下深潭。“勇士坡”叙唱 32 位勇士在独崖坡战斗三天，掩护金银王渡河突围，壮烈牺牲。“黑白路口”叙唱官逼民反，众百姓拥戴金银王誓死杀官兵。“金王击退数万官兵”叙唱各路义军在吴金银率领下大破官军，活捉倪国正等五员将领。对研究清代侗族农民起义有参考价值。广西龙胜罗尚才、杨进旺、妮莲演唱，1980 年杨金江笔录、翻译。32 开纸 7 页，96 行。收入《侗族民歌选》，上海文艺出版社 1980 年版。

（广西　过　伟）

李沅发歌　侗语南部方言琵琶歌。流传于广西三江、龙胜，湖南通道侗族地区。侗族琵琶歌中的叙事歌。叙唱清道光年间湖南新宁李沅发起义至失败的史事。李沅发因率众“平仓大户”被捕入狱，民众劫狱救李。县官、朝廷出兵征剿，调十三省官军围歼，李沅发转战宝赠、岩平、西腰、沙宜、三江、黎平等湘黔桂边区，最后兵败牺牲。对研究清末侗族地区农民起义有参考价值。湖南通道杨锡演唱，1985 年吴贵元笔录、汉译。32 开纸 15 页，156 行。收入《侗族琵琶歌》，三江侗族自治县民间文学三套集成办公室 1987 年编印。　（广西　过　伟）

李沅发之歌 侗语南部方言叙事琵琶歌。流传于广西三江、龙胜和湖南通道三县交界地区。叙述李沅华于清朝道光年间领导侗族农民起义，劫富济贫，与官军对抗，占领广南、平寨、三江古宜，转战通道坪坦的过程。对研究清朝时期侗族社会生活状况、侗族农民起义有重要参考价值。1958 年吴治德记录、翻译，张富成，龙耀乾整理。32 开纸 6 页，234 行。收入《民间文学资料》(第十三集)，中国作家协会贵阳分会筹委会 1959 年编印，中国民间文艺研究会贵州分会 1986 年翻印。 （贵州 龙耀宏）

歌李沅发 侗语南部方言琵琶歌。流传于湖南、广西、贵州侗族地区。歌颂农民起义首领李沅发。清道光年间，湖南新宁县遭受洪水灾害，劳苦百姓无食无衣，以打草鞋为生的穷人李沅发邀约数人进县城要求县官赈灾济民。县官不见，还诬蔑其为刁民。于是李沅发率穷苦农民揭竿而起，与朝廷官兵先后在新宁、靖州、通道等地战斗，并多次取得胜利，后终因义军寡不敌众，兵败新宁，李沅发惨遭杀害。百姓为纪念这位农民起义领袖，编写这首琵琶歌留传后人。龙怀知演唱，1982 年杨锡、杨锡光笔录、汉译。32 开纸 11 页，265 行。收入杨锡、杨锡光选录、译注《琵琶歌选》，岳麓书社 1993 年版。 （湖南 谭少剑）

歌师传 侗语南部方言琵琶歌。流传于广西三江、龙胜，湖南通道侗族地区。侗族琵琶歌演唱时的开堂歌之一，侗语称为“旋桑嘎”。叙唱了 13 位侗族歌师及他们所编的 16 部琵琶叙事歌，有杨信斌编《二度梅》、《罗凤英》，银宣编《十二月情歌》，魁仙编《刘孝文》，记个编《茶妹与铁郎》、《孟姜女和万希良》，吴行积和吴富浩合编《凤姣与李旦》，吴朝堂编《秀银与吉妹》等，将侗族历代优秀的歌师姓名及他们所编的歌名逐一叙述演唱。对研究侗族琵琶歌发展史及侗族歌论有参考价值。广西壮族自治区三江侗族自治县程阳乡吴学清演唱，1961 年吴居敬笔录，吴居敬、过伟汉译。32 开纸 4 页，114 行。收入《侗族民歌选》，上海文艺出版社 1980 年版；农冠品主编《中国歌谣集成·广西卷》，中国社会科学出版社 1992 年版。 （广西 过 伟）

歌师传 侗语南部方言琵琶歌。流传于广西三江。该琵琶歌对清朝时期有代表性的 13 位侗族歌师的 16 部作品进行了评价，表述了编者自己的艺术见解，是侗族地区最早用诗的语言传诵的文论之一，具有极高的文献史料价值。是研究侗族文学文论的珍贵文献。32 开纸，汉文 116 行。收入《侗族文学资料》，广西民间文学研究会 1962 年编印；《中国历代少数民族文化论选》，新疆人民出版社 1987 年版。 （贵州 龙耀宏）

琵琶歌的开场白 侗语南部方言琵琶歌。流传于湖南通道侗族地区。演唱琵琶歌的开场白。讲述汉人喜欢唱戏，侗人喜欢唱琵琶歌和为什么要唱琵琶歌。对研究侗族琵琶歌有参考价值。杨进彦演唱，杨锡笔录、汉译。16 开纸 18 页，238 行。收入《民族民间文学资料》第二十九集《通道侗族琵琶歌(上集)》，湖南省民族事务委员会、中国民族研究会湖南省分会民族民间文学整理组 1980 年编印。稿存湖南省通道侗族自治县档案馆。 （湖南 陆有智）

二度梅 侗语南部方言琵琶歌。流传于广西三江、湖南通道侗族地区。琵琶歌中有说有唱的“嘎锦体”叙事长歌，情节源自汉族梅良玉、陈杏元的故事。叙唱唐代山东县官梅伯高被奸臣卢杞陷害，其子梅良玉避难流落到陈日升家，陈家将女儿陈杏元许配给梅良玉。后陈杏元被卢杞召去沙陀和番，途中杏元跳崖，被大名府邹家小姐邹云英相救，结拜为姐妹。梅良玉赴京赶考途中被官兵擒获，后因邹伯福赏识幸免于难。历经坎坷之后，梅良玉考中状元，父亲为皇上追封，奸臣卢杞被斩首。梅良玉、陈杏元喜结良缘。对研究侗汉文化交流有参考价值。广西三江吴庆德演唱，1985 年吴贵元笔录、汉译。16 开纸 275 页，2716 行。收入《侗族琵琶歌》，广西壮族自治区三江侗族自治县民间文学三套集成办公室 1987 年编印。稿存广西壮族自治区民族古籍整理办公室。又名"梅良玉"，在广西三江、湖南通道流传，情节有小变化。 （广西　过　伟）

梅良玉　侗语南部方言琵琶歌。流传于广西三江、湖南通道侗族地区。琵琶歌中的叙事歌。情节源自汉族《二度梅》中梅良玉、陈杏元的故事。叙唱吏部大官卢杞拿扬州美丽姑娘陈杏元去和番。杏元交金钗给丈夫梅良玉，夫妻离散雁门关。后杏元跳崖，被昭君娘娘救助。杏元改名汪月美，良玉改姓穆。良玉、杏元历经磨难，终获团圆。对研究侗汉文化交流史有参考价值。广西壮族自治区三江侗族自治县林溪乡吴启贤演唱，1953 年吴贵元笔录，汉译。16 开纸 4 页，48 行。收入《广西侗族琵琶歌》。稿存广西壮族自治区民族古籍整理办公室。（广西　过　伟）

孟姜女　侗语南部方言琵琶歌。流传于广西龙胜侗族地区。琵琶歌中有说有唱的"嘎锦体"悲剧叙事歌。情节源自汉族孟姜女传说。清代龙胜著名歌师知歌（约 1770～1845 年，又汉译为"记个"、"稚过"，一说龙胜平等乡八榜人，一说平等乡寨枕人，到处传歌，多居八榜、独车、寨规、平等几个大寨；有说侯姓，也有说杨姓、石姓）编此歌。广西龙胜平等乡歌师杨盛高（1875～1947）、亚学义即杨学义之父（1869～1948）传授。叙唱孟姜女嫁给从长城工地逃跑出来的英俊后生万希良。婚后官府抓走万希良。孟姜女送棉衣去长城，深山遇狼，猎人救她。路遇五个炭般黑的人，孟姜女跪求饶命，却得知是长城工地逃亡者，告诉她万郎已亡。她到长城哭崩城墙，万郎白骨跳进她的背篓。后被官兵抓获。皇帝见孟姜女美丽，要收为偏宫。她提出要为万郎修坟，宴请工匠，停工七天。皇帝答应。孟姜女祭坟，跳进坟里，墓内飞出一对鸳鸯。皇帝被吓昏倒。侗族歌师将汉族传说侗化，许多细节源于侗族风俗与侗家生活，歌颂孟姜女对万希良的忠贞爱情。对研究侗汉文化交流有参考价值。广西壮族自治区龙胜各族自治县平等乡陈培妮演唱，1978 年杨金江笔录、汉译。32 开纸 14 页，398 行。收入过伟、力平主编《秦娘梅传奇》，香港天马图书有限公司 1998 年版。 （广西　过　伟）

唱梁山伯与祝英台　侗语南部方言叙事琵琶歌。流传于湖南通道侗族地区。叙唱梁山伯与祝英台的故事，与汉族同题材故事基本相同。对研究侗族琵琶歌有参考价值。李根满演唱，1964 年吴家荣笔录、汉译。16 开纸 16 页，320 行。稿存湖南省通道侗族自治县档案馆。 （湖南　陆有智）

祝英台之歌　侗语南部方言琵琶歌。流传于广西三江、龙胜，湖南通道，贵州黎平侗族地区。侗族琵琶歌中的爱情叙事歌。情节源自汉族梁山伯与祝英台传说。叙唱峨眉山寨祝英台女扮男装赴杭州读书，遇本堂梁山伯，结拜兄弟同窗三年结业。英台赠鞋告别回乡，山伯发现鞋里藏有英台写的情书及年庚八字，找到峨眉山寨。英台打扮迎情郎，告诉他真相。临别时英台叫他及早发媒。山伯回家禀母，梁母去祝家求婚，方知英台许了马家。山伯忧郁死葬路边，英台出嫁，花轿停山伯墓旁，哭祭。墓门打开英台进墓，马家掘墓，太白金星赐仙药救活二人。山伯考中状元，魏丞相要嫁女给他，山伯拒绝，被派到边关打仗。英台女扮男装也考中状元，魏女求父救山伯回朝，山伯、英台夫妻团圆。对研究侗汉文化交流有参考价值。广西三江吴贵元演唱，1985 年吴贵元、周东培笔录、汉译。32 开纸 21 页，276 行。收入《侗族琵琶歌》，三江侗族自治县民间文学三套集成办公室 1987 年编印。

（广西　过　伟）

唱陈世美　侗语南部方言叙事琵琶歌。流传于湖南通道侗族地区。根据汉族有关陈世美的故事改编，与汉族同题材故事情节基本相同，用以劝诫变心人。对研究侗族琵琶歌有参考价值。吴庭用、宋章娘演唱，1963 年杨锡、吴家金笔录、汉译。16 开纸 32 页，640 行。稿存湖南省通道侗族自治县档案馆。

（湖南　陆有智）

花木兰歌　侗语南部方言琵琶歌。流传于广西三江侗族地区。编歌者为歌手吴仲儒（1937 年生）的曾祖父，清代三江林溪乡枫木村塘甲屯人。根据汉族木兰从军故事而编。叙唱木兰见朝廷文书到家，要老父当兵上战场，因此发愁，母女同悲。老父要亲自上阵，交待木兰管好家。女儿愿代父从军，父亲说她上不了阵。女儿与老父比武，几次战胜了父亲，于是女扮男装告别父母，渡过黄河北征。木兰奋勇作战连打十二关，十年班师回朝见皇上。皇上安排她做宰相，要把公主配给她。木兰要求回家侍奉老父老母。皇帝派人列队送她回乡。对研究侗汉文化交流有参考价值。广西壮族自治区三江侗族自治县林溪乡枫木村塘甲屯吴启贤演唱，1953 年吴贵元笔录、汉译。16 开纸 6 页，198 行。收入《广西侗族琵琶歌》。稿存广西壮族自治区民族古籍整理办公室。

（广西　过　伟）

毛红玉英歌　侗语南部方言琵琶歌。流传于广西三江、龙胜，湖南通道、新晃，贵州黎平、榕江、从江侗族地区。情节移植汉族故事。叙唱毛红、张玉英从小定亲，长大后张父嫌贫爱富，将女儿另配萧家。张玉英和毛红正月戊日相见，破钱盟誓，今生不能结对，与哥二世结情。张玉英被迫出嫁时在花轿里用利刀自绝。张、萧二家不肯收尸。毛红安葬玉英，守灵四十九夜。玉英托梦：洛阳把情连，半边钱还藏妹身。毛红投宿洛阳旅店，店主有女婴啼哭不停，一见毛红转哭为笑。毛红的半边钱与女婴随带出世的半边钱合二为一。毛红讲出真情，店主允婚，供毛红读书，考中探花。对研究侗汉文化交流史有参考价值。广西壮族自治区三江侗族自治县八江乡八江村吴永勋演唱，1985 年吴永勋笔录、汉译。16 开纸 31 页，324 行。收入《侗族琵琶歌》，三江侗族自治县民间文学三套集成办公室 1987 年编印。

（广西　过　伟）

李旦凤姣歌　侗语南部方言琵琶歌。流传于广西三江侗族地区。情节移植汉族故事。叙唱李旦落难逃到通州，遇到凤姣一家，与凤姣结为夫妇。一天李旦在街上走，碰上朋友王正、曹彪，王正、曹彪邀他去洛阳。李旦回家告别妻子凤姣，凤姣让他不要辜负自己的诚爱。他们离别后，凤姣去庙堂求签，被马迪强夺为妻，幸得陶知府搭救，与李旦相会。对研究侗汉文化交流有参考价值。广西壮族自治区三江侗族自治县林溪乡枫木村塘甲屯吴启贤演唱，1953 年吴贵元笔录、汉译。16 开纸 1 页，38 行。收入《广西侗族

琵琶歌》。稿存广西壮族自治区民族古籍整理办公室。（广西　过　伟）

唱李世英　侗语南部方言琵琶歌。流传于湖南通道侗族地区。讲述李世英误进鱼鼓山的故事，是吸收汉族有关故事改编的。对研究侗族琵琶歌有参考价值。粟赞文演唱，1964年杨锡笔录、汉译。16开纸33页，643行。稿存湖南省通道侗族自治县档案馆。

（湖南　陆有智）

唱金汉（上、下）　侗语南部方言叙事琵琶歌。流传于湖南通道侗族地区。侗族长篇叙事诗歌。主要讲述金汉出生到成长的遭遇，及如何克服困难的故事。对研究侗族琵琶歌有参考价值。佚名演唱，1983～1984年杨锡、杨光保笔录，杨锡、龙明耀汉译。16开纸460页。稿存湖南省通道侗族自治县档案馆。（湖南　陆有智）

唱珠郎娘美（上、下）　侗语南部方言叙事琵琶歌。流传于湖南通道、广西三江、贵州黎平等侗族地区。侗族“大琵琶歌”。主要叙述珠郎和娘美对侗族社会的传统婚姻制度——姑表结亲不满而私逃结婚，后珠郎被害，娘美为其报仇雪恨的故事。对研究侗族琵琶歌有参考价值。梁华仪演唱，邓敏文笔录、汉译。16开纸814页。收入《珠郎娘美》，中国社会科学院少数民族文学研究所1982年编印。稿存湖南省通道侗族自治县档案馆。（湖南　陆有智）

门龙歌　侗语南部方言叙事琵琶歌。流传于贵州黎平、榕江、从江一带。叙述门龙和绍妮的爱情故事。门龙和绍妮结为夫妻，门龙赴京赶考中状元，皇帝留他在朝中做驸马。绍妮在家守活寡不改嫁。门龙思念绍妮向皇帝请求回家省亲，夫妻相见泪涟涟，后门龙、绍妮在海边遇难。皇帝听说后掉眼泪。神圣爱情传为佳话。可供研究侗族婚恋习俗和叙事文学参考。奶四花口述，银永明搜集、整理。小32开纸19页，侗汉对译192行。收入贵州省黎平县民族事务委员会、贵州省少数民族古籍整理出版规划小组办公室编，杨盛中主编《侗族叙事歌》，贵州人民出版社1992年版。（贵州　龙耀宏）

妹桃歌　侗语南部方言叙事琵琶歌。流传于贵州黎平、从江、榕江，广西三江，湖南通道等地。叙述妹桃远嫁他乡，因思念爹娘回家探亲，不料途中被蛇精逼为妻。妹桃用计逃脱，与丈夫银郎一起把蛇精杀死。妹桃回家后说出了自己的遭遇，百里侗乡寨老开款会，从此破姓可开亲。可供研究侗族婚姻习俗参考。石光善口述，吴良美搜集，银永明翻译、整理。小32开纸21页，侗汉对译214行。收入贵州省黎平县民族事务委员会、贵州省少数民族古籍整理出版规划小组办公室编，杨盛中主编《侗族叙事歌》，贵州人民出版社1992年版。（贵州　龙耀宏）

妹桃歌　侗语南部方言琵琶歌。流传于广西三江，贵州黎平、从江，湖南通道侗族地区。琵琶歌中有说有唱的“嘎锦体”悲剧叙事歌。叙唱贵州“十洞”地方的姑娘妹桃，因为“女还舅门”的旧婚俗远嫁湖南的表哥银郎，成亲时在深山遭遇蛇精被劫走。蛇精逼妹桃成亲，妹桃以侗家规矩结亲三年后才能同房为由与蛇精周旋。三年后，妹桃说要去取新衣做嫁妆使蛇精答应她回家。妹桃与银郎相聚，与乡亲们一道用计杀死蛇精，但妹桃却因被蛇精放进身上的毒素发作而亡。对研究侗族婚俗有参考价值。贵州黎平卜才旺演唱，1981年吴浩笔录、汉译。32开纸8页，224行。收入过伟、力平主编《秦娘

梅传奇》，香港天马图书有限公司 1998 年版。（广西　过　伟）

金汉歌　侗语南部方言叙事琵琶歌。流传于贵州黎平、从江、榕江，广西三江、龙胜，湖南通道等广大侗族地区。叙述金汉与宜妈是夫妻，杨念又想和金汉共一屋，并发誓不得金汉做夫誓不休，后因思念过度死去。杨念夜夜托梦给金汉说在阴间等他。金汉撞山涯到阴间与杨念拜天地。杨念又托梦给宜妈说她跟金汉在阳世是假夫妻。金汉也托梦给宜妈说他想家想孩子，做牛做马一定要回到阳间报答恩妻。可供研究侗族爱情故事和灵魂观念参考。奶良美口述，吴良美搜集，银永明整理。小 32 开纸 25 页，侗汉对译 250 行。收入贵州省黎平县民族事务委员会、贵州省少数民族古籍整理出版规划小组办公室编，杨盛中主编《侗族叙事歌》，贵州人民出版社 1992 年版。（贵州　龙耀宏）

锦娘美　侗语南部方言叙事琵琶歌。流传于贵州黎平、从江，广西三江等地。叙述珠郎和娘美都是榕江古州三宝人，两人在月堂里情投意合，但娘美已订有姑表亲，两人无奈只好逃往他方，流落到从江的贯洞。贯洞的财主银宜见娘美美貌起淫心，起款用毒计害死珠郎。娘美用计杀死银宜为夫报仇，背着亲人珠郎的尸骨回到三宝故乡。可供研究侗族社交习俗和叙事诗歌文学参考。周合姣口述，银永明搜集、翻译、整理。32 开纸 19 页，侗汉对译 132 行。收入贵州省黎平县民族事务委员会、贵州省少数民族古籍整理出版规划小组办公室编，杨盛中主编《侗族叙事歌》，贵州人民出版社 1992 年版。又有吴金松、潘老替演唱，杨国仁搜集、整理稿。收入《民间文学资料》（第十三集），中国作家协会贵阳分会筹委会 1959 年编印，中国民间文艺研究会贵州分会 1986 年翻印。（贵州　龙耀宏）

娘梅歌　侗语南部方言琵琶歌。流传于广西三江、龙胜，贵州黎平、从江等侗族地区。叙唱古州三宝的娘梅与助郎相恋的叙事长歌。娘梅与助郎深深相爱，但因“女还舅门”的风俗，舅父逼嫁，他们便双双私奔从江贯洞。贯洞财主银宜谋占娘梅身心，假意与助郎结为兄弟，然后派助郎放木排远去柳州，寻机调戏娘梅，不成，就和款首万松密谋，聚众起款诬陷助郎勾外吃内而杀害之。娘梅知实情后，凭借着定情时的半边铜镜上山找到丈夫尸骨，到鼓楼击鼓聚众，声明谁亲手葬助郎便嫁谁。银宜愿帮忙，娘梅带他上山挖坑葬骨，将他杀死，弃于他自己所挖的坑中。之后奔入深山。此歌为有说有唱的“嘎锦体”琵琶长歌。对研究侗族婚恋习俗有参考价值。广西三江吴金勉、吴邦尚、吴居敬等演唱，1954、1956、1979 年吴居敬、吴贵元、过伟、杨通山笔录、汉译。16 开纸 5 页，350 行。收入农冠品主编《中国歌谣集成·广西卷》，中国社会科学出版社 1992 年版。（广西　过　伟）

葬岁刘美　侗语南部方言叙事琵琶歌。流传于贵州黎平、从江、榕江，广西三江，湖南通道等侗族地区。叙述漂亮的刘美在井边挑水时遇到一个算命先生的调戏，先生被刘美数落得难抬头。先生向刘美的两位哥哥刘金、刘银说刘美的命克兄，兄弟二人决定设计害死刘美。刘美被两位哥哥推下悬崖后，被另一个寨靠打猎为生的青年人莽子相救。刘美嫁莽子五年后在他乡遇见自己的舅舅，并说出自己被两位哥哥相害的经过。兄弟二人羞愧难当。可供研究侗族社会伦理道德参考。石定兰口述，吴良明搜集，银永明整理。32 开纸 30 页，侗汉对译 267 行。收入贵州省黎平县民族事务委员会、贵州省少数民族古籍整理出版规划小组办公室编，杨盛中主编《侗族叙事歌》，贵州人民出版社1992年版。又有1960年黎平口洞吴奶尚林口述，吴治德记录，肖家驹翻译的《芒西留美》，汉译文488行，收入《民间文学资料》（第三十集），贵州省民间文学工作组1960年编印。还有石宗庆、龙玉成根据贵州文艺工作组1979年搜集的《曼瑞刘妹》侗汉对照本，收入《民间文学资料》（第七十集），中国民间文艺研究会贵州分会1985年编印。

（贵州　龙耀宏）

刘梅莽子歌　侗语南部方言琵琶歌。流传于广西三江、龙胜、融水，湖南通道，贵州黎平、榕江、从江侗族地区。叙唱算命先生调戏刘梅，遭她反击，便对她的哥哥刘金、刘二进行挑拨，说她命中败家。其兄让妹送饭到地头，乘她上树摘果，推她跌下悬崖。莽子放鹰捕鸟，救了跌在藤蓬上的刘梅，要送她回家，她诉说哥哥狠毒，回不了家，愿跟莽子结为夫妻。莽子到刘梅家找到其母，假说讨衣葬其女，诓得新衣回山中，刘梅弃烂衣换新装到莽子家，二人结为夫妇。刘梅的舅舅、小贩童玲偶到莽子家，受热情款待，回去告诉刘梅之母。刘金、刘二偷听，跑来找刘梅，受责。对研究侗族社会伦理道德有参考价值。广西壮族自治区三江侗族自治县林溪乡枫木村塘甲屯吴启贤演唱，1953年吴贵元笔录、汉译。16开纸7页，228行。收入《广西侗族琵琶歌》。稿存广西壮族自治区民族古籍整理办公室。（广西　过　伟）

汉珠美休　侗语南部方言叙事琵琶歌。流传于贵州黎平、从江、榕江一带。叙述汉珠、美休夫妻非常恩爱，但他们两家的老人却不和，使他们的感情经受考验，从而走上了一条坎坷的人生道路。可供研究侗族社会生活和伦理道德参考。奶田口述，吴用芳搜集，银永明翻译、整理。32开纸8页，侗汉对译174行。收入贵州省黎平县民族事务委员会、贵州省少数民族古籍整理出版规划小组办公室编，杨盛中主编《侗族叙事歌》，贵州人民出版社1992年版。（贵州　龙耀宏）

独郎茶妹　侗语南部方言琵琶歌。流传于广西龙胜侗族地区。琵琶歌中爱情悲剧叙事歌。清代龙胜著名歌师知歌编创。叙唱独郎和茶妹相恋情深，茶妹脱手镯，独郎解头巾，交换信物定情。舅爷送棉，逼茶妹纺纱、织布、缝衣赶制嫁妆，嫁表哥。独郎密约茶妹私奔，放排下融县长安镇，赚得工钱便双双远行。舅爷买通官府，木排刚在长安靠岸，便抓独郎坐牢，说他偷了木排。舅爷转而逼甥女马上嫁表哥。茶妹逃离家门，半路遇越狱归来的独郎。舅爷追来，茶妹、独郎奔上崖顶。追兵围山，逼近崖顶，茶妹、独郎跳崖殉情。悲歌控诉包办婚姻“女还舅门”旧风俗。对研究侗族社会、婚姻制度和风俗有参考价值。广西龙胜平等石成江、王通能演唱，1985年黄裔、石本忠笔录、汉译。32开纸10页，300行。收入过伟、力平主编《秦娘梅传奇》，香港天马图书有限公司1998年版。（广西　过　伟）

龙银团妹　侗语南部方言琵琶歌。流传于广西三江、龙胜，湖南通道侗族地区。又名《阴阳歌》，为琵琶歌中叙事歌。叙唱龙银不娶表妹，团妹不嫁表哥，两人相恋结婚，恩爱生活。团妹突然病亡，龙银悲极昏迷，灵魂出窍，奔向阴间，突破鬼怪阻拦，历尽磨难，找到爱妻，双双返阳。对研究侗族传统的阴、阳两界观念有参考价值。广西龙胜平等侯俊、杨有新演唱，1985年黄钟警笔录，汉译。32开纸9页，268行。收入过伟、力平主编《秦娘梅传奇》，香港天马图书有限

公司1998年版。（广西　过　伟）

秀银与吉妹　侗语南部方言叙事琵琶歌。流传于贵州黎平、从江和广西三江等地。叙述贫苦的秀银来到广西三江马善的崔家当长工，他一表人才又勤劳，崔家姑娘吉妹暗中恋着秀银这条汉子。秀银自知自己是长工不敢高攀，何况吉妹已许配了薛家表哥。但吉妹主意已定，非秀银不嫁。秀银辞别崔家要回家乡。吉妹送秀银一双新鞋并破铜钱镶在鞋底。秀银回到家后得相思病不起，临终要母亲把吉妹送的鞋给他穿上埋在路边井坪上。吉妹闻讯也服毒身亡。可供研究侗族爱情故事参考。1958年黎平口洞吴德姣唱，吴治德记录、汉译，龙耀乾、张富成整理。32开纸4页，182行。收入《民间文学资料》（第十三集），中国作家协会贵阳筹委会1959年编印，中国民间文艺研究会贵州分会1986年翻印。又有吴大隆传唱，杨通山、过伟搜集、整理稿，收入过伟、力平主编《秦娘梅传奇》，香港天马图书有限公司1998年版。（贵州　龙耀宏）

秀银吉妹歌　侗语南部方言琵琶歌。流传于广西三江、龙胜，湖南通道，贵州黎平侗族地区。侗族琵琶歌中的爱情悲剧叙事歌。叙唱长工周秀银与财主女儿崔吉妹相恋，财主辞退长工，将女儿许配给薛家财主。周秀银忧郁而亡，崔吉妹坟前哭祭，吞鸦片殉情。薛家要周家赔银。著名歌师吴朝堂（约1820～1890）将此事编歌传唱，薛家扬言要杀吴朝堂，吴奔湖南寻师学武，学成回乡继续弹唱。从此，“朝堂功夫”和他的琵琶歌在侗乡传为佳话。对研究清代侗族歌师文学有参考价值。广西壮族自治区三江侗族自治县八江乡马胖村吴大隆、吴开枝、杨正清、梁同辉等演唱，杨通山笔录、汉译。32开纸12页，126行。收入《侗族琵琶歌》，三江侗族自治县民间文学三套集成办公室1987年编印。（广西　过　伟）

劝世歌　侗语南部方言琵琶歌。流传于广西三江良口侗族地区。内容为劝世人一定要记住父母的养育之恩，劝大家无论官做多大、多有钱，或者是怎么贫穷、生活如何艰难，都不要忘记父母的养育之恩。从几个方面谈到为人父母养育子女之艰难及父母对子女的厚爱。对研究侗族的伦理道德有参考价值。广西壮族自治区三江侗族自治县良口乡河里村杨光全演唱，1989年杨开德笔录、汉译。16开纸4页，80行。载《侗文专刊》1989年第1期。（广西　石祖勋）

心肝沤烂无尽期　侗语南部方言琵琶歌。流传于广西龙胜侗族地区。琵琶歌中的抒情歌“银情莽”，即失恋歌，是男青年抒唱失恋的情思。男青年与女友相恋多时，却被女方父母拆散不能成婚。男青年失恋后心情痛苦，更加思念女友。两人不能成婚的原因是男青年贫穷。对研究侗族婚恋习俗有参考价值。广西龙胜黄钟警演唱，1979年黄钟警笔录、汉译。32开纸3页，52行。收入《侗族民歌选》，上海文艺出版社1980年版。

（广西　过　伟）

饭养身子歌养心　侗语南部方言琵琶歌。流传于广西三江、龙胜，湖南通道侗族地区。侗族琵琶歌中的开堂歌之一。歌师在鼓楼弹唱琵琶歌先唱开堂歌，然后唱正曲琵琶叙事长歌，最后唱散堂歌。开堂歌内容先是点明唱歌的作用：“饭养人体歌养心，水养鱼儿米养鸡。”接着唱歌的来历：“传说娥妹生在兰洞古州城，是他找来梓木制作琵琶传乡里。”“周夫创编侗歌传给后人唱。”此歌歌题“饭养身子歌养心”是侗族民间诗论的高度概括。对研究侗族歌谣及器乐起源有参考价值。广西三江吴永勋演唱，1985 年吴永勋笔录、汉译。32 开纸 2 页，28 行。收入《侗族琵琶歌》，三江侗族自治县民间文学三套集成办公室 1987 年编印。

（广西　过　伟）

讲古论今歌　侗语南部方言琵琶歌。流传于广西三江侗族地区。叙唱历史人物和戏曲小说以及民间故事里的人物。正面人物有伯夷、叔齐、曹植、包公、宋弘、吴猛、岳飞、薛仁贵、张玉英、黄连书、赵瑞柱、扈成、祁子富、王惠连等，反面人物有曹丕、陈世美、杨广、秦桧、张士贵、张玉英爸、罗妹、刘金等，从正反两方面阐发民间道德观。对研究侗汉文化交流有参考价值。广西壮族自治区三江侗族自治县林溪乡枫木村塘甲屯吴启贤演唱，1953 年吴贵元笔录、汉译。16 开纸 3 页，104 行。收入《广西侗族琵琶歌》。稿存广西壮族自治区民族古籍整理办公室。

（广西　过　伟）

请父讲父不讲　侗语南部方言琵琶歌开场白。流传于湖南通道、广西三江侗族地区。侗族吟诵长篇古歌或弹唱叙事琵琶歌时，一般都有一段开场白，本篇是传统琵琶歌的开场白之一。歌词以世间万事万物的更迭交替比喻侗族琵琶歌有根有源，源远流长，连绵不断，祖先的故事就像砍去的老竹又换了新笋，去了老的一辈又换了新的一代。可供研究侗族叙事琵琶歌和说唱文学参考。杨权、郑国乔搜集、整理。32 开纸，侗汉对译 40 行。收入《侗族史诗——起源之歌》第 1 卷，辽宁人民出版社 1988 年版。

（贵州　龙耀宏）

不讲根没有尾　侗语南部方言叙事琵琶歌开场白。流传于湖南通道、广西三江地区。开场词以提纲挈领的方式交代了在侗族民间广泛流传的人类起源的故事脉络。不讲混沌初开，没有日月年代；不讲张良、张妹，没有万千百姓。可供研究侗族叙事琵琶歌和说唱文学参考。杨权、郑国乔搜集、整理，32 开纸，侗汉对照翻译 48 行。收入《侗族史诗——起源之歌》第 1 卷。辽宁人民出版社 1988 年版。

（贵州　龙耀宏）

侗汉苗瑶本是同源共根长　侗语南部方言琵琶歌。流传于广西三江林溪侗族地区。赞美民族之间通婚与民族团结。叙唱 1922 年湖南益阳李姓汉人，肩挑小商品来到桐叶村，和侗家姑娘元梅情投意合。她母亲一为女儿已许配表哥，二为李郎是汉人，不同意婚事。寨上老歌师编此歌，唱来劝说母亲："侗汉苗瑶本是同源共根长，好比秧苗共田分几行。""李哥虽是异乡人，忠厚老实人善良，愿和侗家结兄弟，他与元梅情更长。人住哪里惯哪方，美满姻缘愿为上。话未全通心已通，虽远却近乐洋洋。"母亲同意婚事，此歌传了下来。对研究侗族与汉族通婚、民族团结有参考价值。广西壮族自治区三江侗族自治县林溪乡吴家信演唱，1979 年吴炳金笔录、汉译。32 开纸 1 页，16 行。收入《侗族民歌选》，上海文艺出版社 1980 年版。

（广西　过　伟）

我只得抖一抖老虾公的精神　侗语南部方言琵琶歌。流传于广西三江林溪侗族地区。侗语南部方言琵琶歌的开堂歌之一，侗语称"嘎登"。抒唱老年歌师的心情及歌谣艺术的社会功能。如"年老了，喉嗓像敲破锣一样"，"汉族的文章有三百担，侗族的文学也数不清。汉族的文章十分精深，可以给人戴上金顶银顶"。"我抱着琵琶不断地唱去，好伙伴是不是有这同样的心情?"歌师唱到侗族来历的传说，夸张侗歌的魅力，自谦"推辞不了对我的好意，我只得抖一抖老虾公的精神”。对研究侗歌的社会功能及歌师的心态和艺术特点有参考价值。广西三江林溪吴庆德演唱，1961 年吴居敬笔录、汉译。32 开纸 3 页，44 行。收入《侗族民歌选》，上海文艺出版社 1980 年版。（广西 过 伟）

赞增广歌 侗语南部方言琵琶歌。流传于湖南通道侗族地区。赞美《增广贤文》一书，用它来教育人民。对研究侗族对歌有参考价值。杨奉女、吴婢辉、吴文均演唱，吴仑银、杨锡笔录、汉译。16 开纸 39 页，549 行。收入《民族民间文学资料》第三十集《通道侗族琵琶对歌（上集）》，湖南省民族事务委员会、中国民族研究会湖南省分会民族民间文学整理组 1980 年编印。稿存湖南省通道侗族自治县档案馆。（湖南 陆有智）

赞鼓楼歌 侗语南部方言琵琶歌。流传于广西三江侗族地区。鼓楼是侗族村寨特有的标志，是村民集会、议事、娱乐的主要场所。新鼓楼建成后都要唱歌赞贺。歌中赞道：“吉日竖楼玉皇銮驾光临到，太白神仙降楼前，土地龙神来顾富登天。”祝福老人逍遥度晚年，壮年当家家发富，子女伶俐赛神仙等等。对研究侗族村寨建筑及鼓楼文化有参考价值。广西壮族自治区三江侗族自治县八江乡福田村杨功德演唱，1985 年吴永勋笔录、汉译。32 开纸 8 页，90 行。收入《侗族琵琶歌》，三江侗族自治县民间文学三套集成办公室 1987 年编印。（广西 过 伟）

放排歌 侗语南部方言琵琶歌。流传于广西三江梅林。侗语南部方言琵琶歌中的抒情长歌。抒唱后生远路放木排，思念姑娘之情。通过叙唱千里放排的各种场景，抒发了对情妹深深的思念之情。如：“含泪开排情哥一篙一回头，不见情妹只见江水浪拍浪。”睹景思情，一阵阵思念。“路远水长愁更长，远离情妹饭难吞。”阿哥“街上买得一口绣花针”，“几月不见今日回到妹身旁”，“千里放排满肚话语对妹说……千里放排挣得这点搏命钱，银针花线全交妹收藏……总有一天像那鱼游共江我俩共火塘”。对研究侗族婚恋习俗及社会生产、生活状况有参考价值。广西三江罗正举演唱，1979 年过伟笔录、汉译。32 开纸 4 页，118 行。收入《侗族民歌选》，上海文艺出版社 1980 年版；农冠品主编《中国歌谣集成·广西卷》，中国社会科学出版社 1992 年版。（广西 过 伟）

挑担歌 侗语南部方言琵琶歌。流传于广西三江、湖南通道侗族地区。琵琶歌中的劳动苦情歌。清光绪年间（1875～1908）三江林溪乡高友寨杨发林编歌自诉挑盐运米苦情。杨发林从高友到林溪以米换盐，回高友住夜，第二天挑盐到湖南辰口以盐换米，当夜回到高友。为了维生，天天挑重担走 80 里山路。此歌深刻反映肩挑小贩的苦情：“家有瘦田望到秋天还有收，可怜寸土无有压烂双肩受熬煎!”听众深深同情，代代传承至今。对研究侗族文学及清代侗乡经济有参考价值。广西三江杨正尤演唱，1978 年吴时彰笔录、汉译。32 开纸 3 页，70 行。收入过伟、力平主编《秦娘梅传奇》，香港天马图书有限公司 1998 年版。（广西 过 伟）

打猎歌 侗语南部方言琵琶歌。流传于广西龙胜平等侗族地区。清末龙胜平等大寨歌师杨盛高（1875～1947）编唱，流传至今。叙唱清末当地野猪、虎豹为害，秀田、长斋和吴家信等猎手带领众人建“诱虎圈”，围猎猛虎，抬回鼓楼，开膛取胸腔“巢血”、祭猎神。反映了传统猎俗。对研究侗族传统生产习俗有参考价值。广西壮族自治区龙胜各族自治县平等乡平等大寨罗兴岑、石万梅演唱，2003 年杨金邦、黄钟警笔录、汉译。

16开纸3页，92行。收入《广西侗族琵琶歌》。稿存广西壮族自治区民族古籍整理办公室。（广西　过　伟）

阴阳歌　侗语南部方言琵琶歌。流传于广西三江、龙胜，湖南通道，贵州从江侗族地区。叙唱阴阳两界六个故事。一唱江西马冒骂阎王混账认错人，害他难配一姑娘，阎王说他此生注定单身，下次投胎批你当宰相；二唱播阳龙银、团妹摆脱表亲连姻旧俗结为夫妻，养得一子一女，团妹死去，龙银追往阴间，团妹回话自有情人蓓宜来配郎；三唱芙蓉金定潘新绍生养五女一男，男名愿保，18岁病亡；四唱杨楼银状告阎王害他单身，阎王说“你命孤寡莫怪我”，果然一年重病缠身，请来巫医驱邪命也亡；五唱桐木村陆子良，十几岁上山砍树重伤死去，阎王拦路，说你怎么胡乱到此，快快转回可活72岁，于是还阳；六唱龙图贯洞宋唐，33岁娶妾生子叫相条，儿子18岁病死，宋唐到阴阳界寻子，眼看儿子阳气已尽两眼泪汪汪。反映了侗家人的传统命运观。对研究侗族传统文化有参考价值。广西壮族自治区三江侗族自治县八江乡马胖村梁同云演唱，1986年吴贵元笔录、汉译。32开纸26页，280行。收入《侗族琵琶歌》，三江侗族自治县民间文学三套集成办公室1987年编印。（广西　过　伟）

阴阳歌　侗语南部方言叙事琵琶歌。流传于湖南通道侗族地区。分两部分：前部分叙讲司马貌到阴间查阎王簿；后部分叙讲一对恩爱情人中年分离，妻子死了，丈夫龙银到阴间去找她。对研究侗族琵琶歌有参考价值。陆友正、吴国玉之母演唱，杨锡、吴仑银笔录、汉译。16开纸20页，280行。收入《民族民间文学资料》第二十九集《通道侗族琵琶歌（下集）》，湖南省民族事务委员会、中国民族研究会湖南省分会民族民间文学整理组1980年编印。稿存湖南省通道侗族自治县档案馆。（湖南　陆有智）

禾苗飘风歌　侗语南部方言琵琶歌。流传于广西三江侗族地区。琵琶歌中的史事歌。叙唱清代顺治、康熙、雍正、乾隆时期百姓安然，嘉庆时赵金龙结盟拜会世间乱，道光时杨传华、石万兴蛊惑民众大迁徙，咸丰时多灾难。接唱太平天国、李源发，再唱光绪十八年（1892）九月殒霜、禾苗飘风大天灾，民众逃荒要饭，饿殍遍野。对研究侗族社会历史有参考价值。广西三江龙明新演唱，1985年吴贵元、周东培笔录、汉译。32开纸22页，226行。收入《侗族琵琶歌》，三江侗族自治县民间文学三套集成办公室1987年编印。（广西　过　伟）

十二月劳动歌　侗语南部方言琵琶歌。流传于广西三江、湖南通道侗族地区。叙唱一年十二个月的农事活动。正月砍出荒山好种玉米粟禾；二月挖田挖地；三月割青运肥，护坝治河防洪；四月犁耙田；五月插秧；六月割草喂牛，护理粟禾棉花玉米；七月整田坎；八月铲茶山、收金瓜；九月剪禾；十月收田鲤；十一月收茶子；十二月修整塌方。歌师唱：“世上哪有现成饭？哪有仙果从天落？老人世代传真话，我传十二月劳动歌。”对研究侗族道德观及历史上的农业生产活动有参考价值。湖南通道甘溪歌师吴昌盛（1875～1908）编歌。广西三江林溪吴岩美、八江吴纯德演唱，1979年吴浩笔录、汉译。32开纸5页，82行。以“哪有仙果从天落”为题，收入《侗族民歌选》，上海文艺出版社1980年版。（广西　过　伟）

刘官乱三江　侗语南部方言琵琶歌。流传于广西三江侗族地区。侗族琵琶歌中的史事歌。叙唱辛亥革命前后几年（1910～1912年）三江的史事。清宣统二年（1910）怀远（今三江）知县石家鉴强收新税，税官被乡民用石块砸死，石官逃走。清朝廷派刘壬滨为知县。刘官率兵下乡征税，胡乱罚银杀人。天地会首领张阿祥、梁月初、李红林和程阳侗族吴吉彪、斗江梁国安等聚众组建“洪胜馆”，同盟会老头刘锡稿联络吴吉彪起兵于怀远县城丹洲，会师重镇古宜。对研究侗乡辛亥革命史有参考价值。广西三江杨通文演唱，1985年吴贵元、周东培笔录、汉译。32开纸14页，140行。收入《侗族琵琶歌》，三江侗族自治县民间文学三套集成办公室1987年编印。　（广西　过　伟）

洪家乱三江　侗语南部方言琵琶歌。流传于广西三江侗族地区。琵琶歌中的史事歌。叙唱清末民初天地会在三江起义至失败的历史。三江人陈伦高编歌。天地会起义势盛时，24家豪绅地主团练头目仓皇逃往桂林，洪家首领张三嫂、梁月初率部在黔桂湘山区转辗作战，广西省当局派右江水师统领刘古香进三江围剿，洪家首领张三嫂、梁月初等牺牲。对研究广西三江辛亥革命史有参考价值。广西三江莫坤才演唱，1985年吴贵元、周东培笔录、汉译。32开纸10页，102行。收入《侗族琵琶歌》，三江侗族自治县民间文学三套集成办公室1987年编印。

（广西　过　伟）

脸盆舀水舀不干　侗语南部方言琵琶歌。流传于广西三江、龙胜侗族地区。侗族琵琶歌中的抒情歌。抒唱后生对旧情人的怨责及甘愿来世结情的复杂心情。“当初换了信物妹劝我说莫与姑娘另连情哟，我家老人已经许我配情郎！”“哪知媒人登门求亲妹你先变卦，另攀高门丢情郎。”“哥留恋妹待二世，若妹恋哥二世投阳结情长。”对研究侗族婚恋习俗有参考价值。广西壮族自治区三江侗族自治县林溪乡岩寨公健演唱，1985年吴永勋笔录、汉译。32开纸6页，68行。收入《侗族琵琶歌》，三江侗族自治县民间文学三套集成办公室1987年编印。

（广西　过　伟）

逼女投河　侗语南部方言琵琶歌。流传于广西龙胜侗族地区。20世纪初广西龙胜平等寨罗兴岑、石万梅编歌，流传至今。叙唱平等寨石老瑞逼女儿蓓淑嫁给下盘罗姓老财主。蓓淑钟情于吴元，吴元出远门三个月，蓓淑投河。民众深深同情，歌师编歌传唱，控诉包办买卖婚姻。对研究侗族婚俗有参考价值。广西壮族自治区龙胜各族自治县平等乡平等大寨伍荣成，乐江寨杨通干、韦达雄演唱，2003年杨金邦、黄钟警笔录、译汉。16开纸4页，123行。收入《广西侗族琵琶歌》。稿存广西壮族自治区民族古籍整理办公室。　（广西　过　伟）

吞烟崖　侗语南部方言琵琶歌。流传于广西龙胜侗族地区。叙唱韶寨杨水花与岩头寨李罕相恋。岩头寨李姓财主、寨老托媒为儿子保丑求婚被拒，于是贿赂巫师，说杨水花是“蛇鬼煞”。李罕之父逼儿子与水花断情，李罕与水花私奔湖广。刚跑出寨外不远，寨老追兵来到，李罕、水花爬上独岩，被围几天，最后吞鸦片殉情。对研究侗族文学有参考价值。广西壮族自治区龙胜各族自治县平等乡平等大寨杨辛姣、石成岳、龙玉花演唱，1986年杨金邦笔录，杨金邦、吴贵元汉译。16开纸3页，102行。收入农冠品主编《中国歌谣集成·广西卷》，中国社会科学出版社1992年版。　（广西　过　伟）

新楼和素梅　侗语南部方言琵琶歌。流传于广西龙胜侗族地区。清末龙胜平等大寨歌师杨宗旺（约 1827～1895）编唱，流传至今。叙唱后生新楼和姑娘素梅相恋。新楼外出谋生三年多方回家。回家路上听说素梅已亡，急忙赶到素梅家，听到素梅在答话。新楼讨水喝，素梅答应去要水，久等不见回。其母告诉新楼，女儿早已亡故。新楼悲伤而归，半路遇到素梅，素梅告诉新楼自己坟头上种了烟，让他护理好，可以去除悲痛。新楼一想素梅就抽烟。对研究侗族文学有参考价值。广西壮族自治区龙胜各族自治县平等乡班和村王通能演唱，2002 年杨金邦、吴贵元笔录、汉译。16 开纸 3 页，102 行。收入《广西侗族琵琶歌》。稿存广西壮族自治区民族古籍整理办公室。（广西　过　伟）

启锦词　侗语南部方言琵琶歌。流传于广西三江、龙胜，湖南通道侗族地区。琵琶歌演唱时的开堂歌。第一则从珠夫造歌传说唱起：从前珠夫造歌，四也挑歌传侗乡，挑锦过河，挑嘎（歌）涉浪，扁担折绳索断，泼“锦”下河，泼“嘎”下浪。剩下八本歌书藏在胸间，五本湿了流下浪滩。有三本“嘎常”（只唱不说的叙事歌），师傅在巴邦；五本“嘎锦”（又说又唱的叙事歌），师傅在独下。第二则自谦“别人懂得根本，我只晓得枝梢”。第三则从洪水滔天张良、张妹兄妹结婚唱起。对研究侗族琵琶叙事歌的演唱程式及歌师语言艺术特色有参考价值。广西三江吴贵元演唱，1985 年吴贵元、周东培笔录、汉译。32 开纸 10 页，122 行。收入《侗族琵琶歌》，三江侗族自治县民间文学三套集成办公室 1987 年编印。

（广西　过　伟）

串锦歌　侗语南部方言琵琶歌。流传于广西三江侗族地区。侗族琵琶歌演唱时的开堂歌，叙唱十六篇传统叙事歌的情节要点。依项唱到的有：吴勉做不成王回到兰洞山脚哭，扭纪龙潭葬父配龙姑，汉武落难去放牛，高宗死去武后坐朝管州府，李旦流落汉阳凤姣通州受苦，唐士进出家状元不当梦遇唐江素。此外还有关于梅良玉和陈杏元、张爱、陈世美、妹红和运宾、王天宝和弟弟、恩哥鸟、金宗和引妹、德郎和嘉妹、汪障、甫宽等人的叙事歌。对研究侗族琵琶歌叙事歌的演唱程式及艺术特色有参考价值。广西三江吴贵元演唱，1985 年吴贵元、周东培笔录、汉译。32 开纸 12 页，126 行。收入《侗族琵琶歌》，三江侗族自治县民间文学三套集成办公室 1987 年编印。

（广西　过　伟）

七十二艺歌　侗语南部方言琵琶歌。流传于广西三江、龙胜侗族地区。侗族琵琶歌中的劳动歌。叙唱“七十二艺难得齐全，总要学一门”，“七十二行行行出状元”。歌中依次提到的手艺人有：芦笙师傅、弹棉师傅、银匠师傅以及铁匠、裁缝、雕刻匠、木匠、篾匠、瓦匠、石匠、鞋匠、草药师、剃头师、榨油师、补锅匠、蓑衣匠、鼓手、刻章师、织网人、熬酒师、教戏师、漆匠、农田种田人等等。对研究侗族社会经济有参考价值。广西壮族自治区三江侗族自治县八江乡平善村吴永勋演唱，1983 年周东培笔录、汉译。32 开纸 23 页，228 行。收入《侗族琵琶歌》，三江侗族自治县民间文学三套集成办公室 1987 年编印。（广西　过　伟）

半担茶油歌　侗语南部方言琵琶歌。流传于广西三江、龙胜，湖南通道侗族地区。琵琶歌中的抒情歌。传说有一对恋人因父母不顾女儿已有情人，将她另配人家。后生请歌师编歌，唱得姑娘奋起争取婚姻自主，有情人终成眷属。夫妻双双酬谢歌师半担茶油，因此得名《半担茶油歌》。对研究侗族婚恋习俗有参考价值。广西三江吴贵元演唱，1985

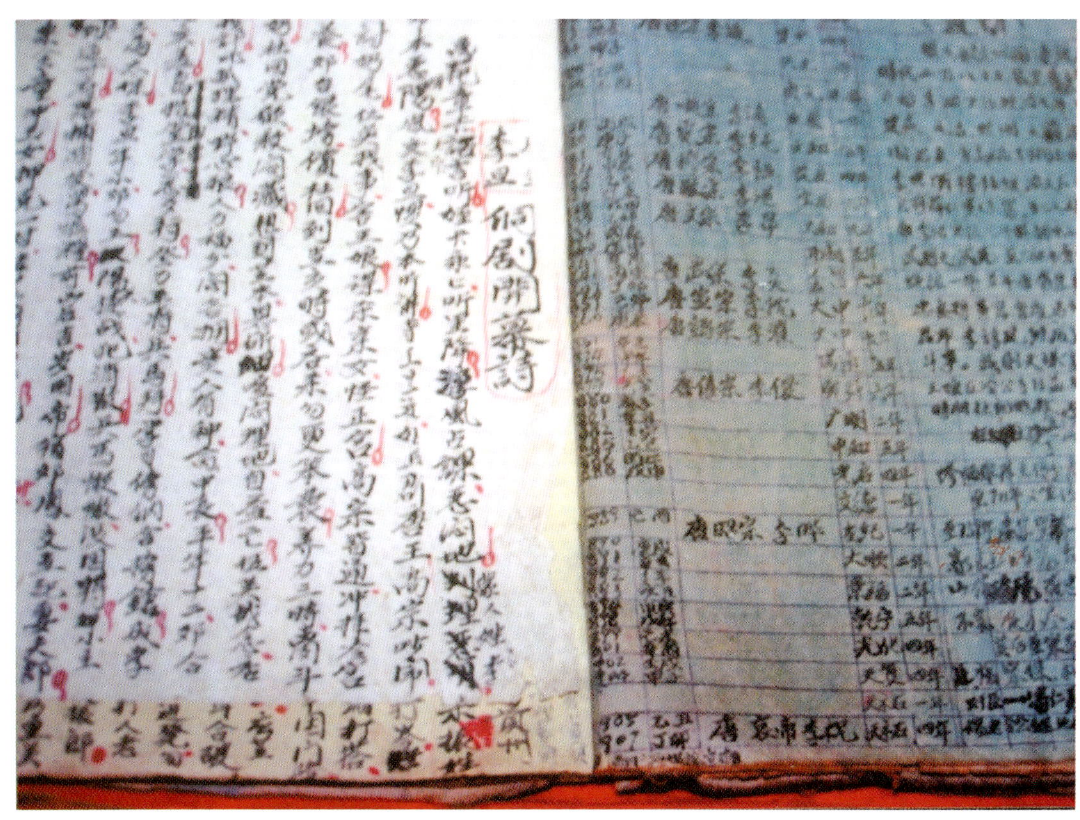

侗戏剧本《李旦凤娇》　（龙耀宏摄）

侗戏剧本《梅良玉》　（龙耀宏摄）

侗族神话古歌《张良张妹》　（贵州民族研究所张民收藏　龙耀宏摄）

三江八江乡八斗村汉字记侗音款书手抄本（吴家政本　刘克青摄）

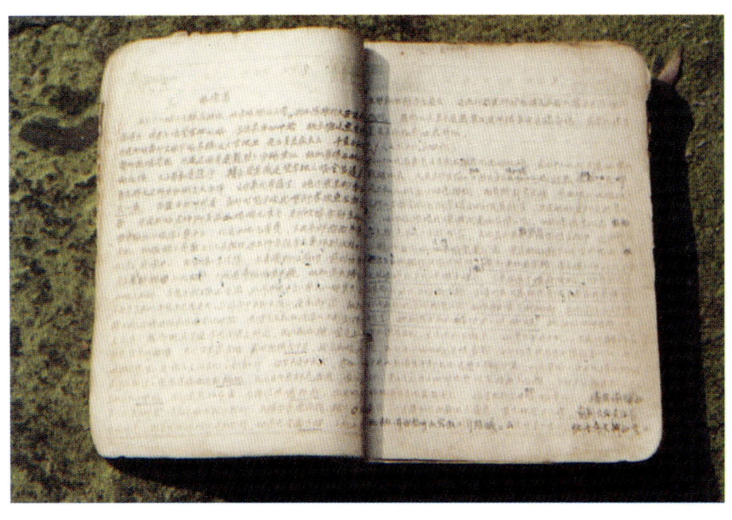

三江汉字记侗音琵琶歌本（吴贵元藏　刘克青摄）

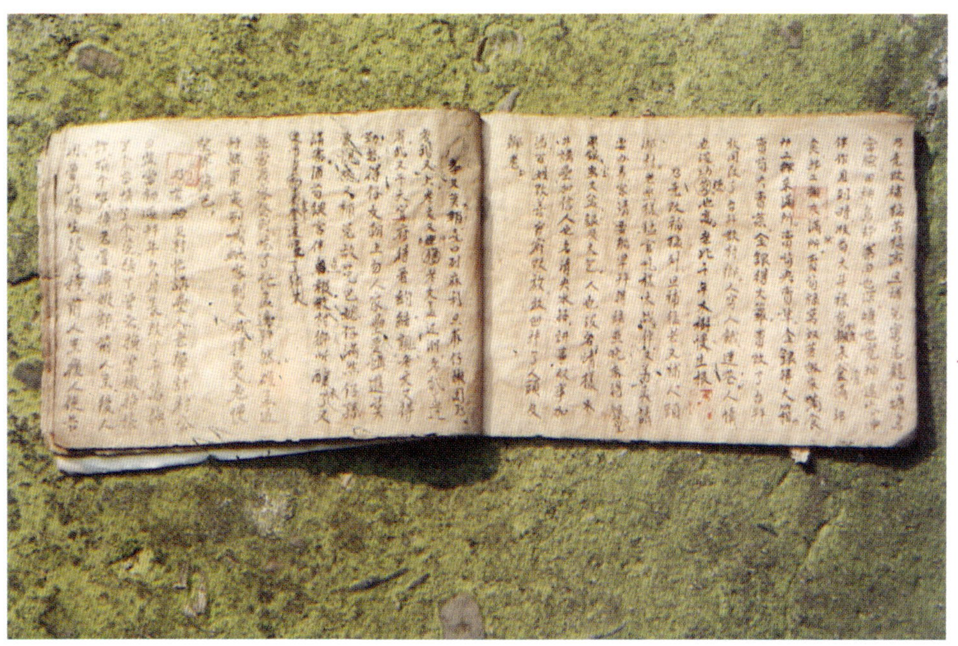

三江林溪乡亮寨汉字记侗音款书手抄本（杨维堂本　刘克青摄）

三江款师吴贵元汉字记侗音琵琶歌手抄本　（刘克青摄）

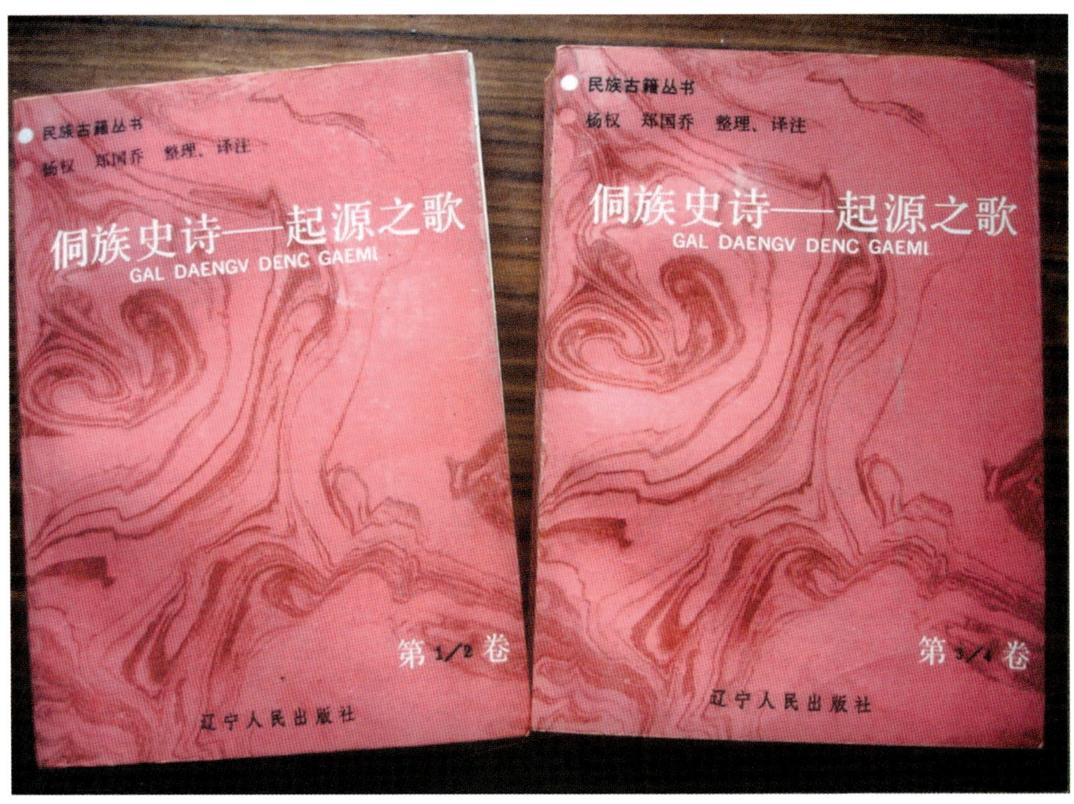

《侗族史诗——起源之歌》封面

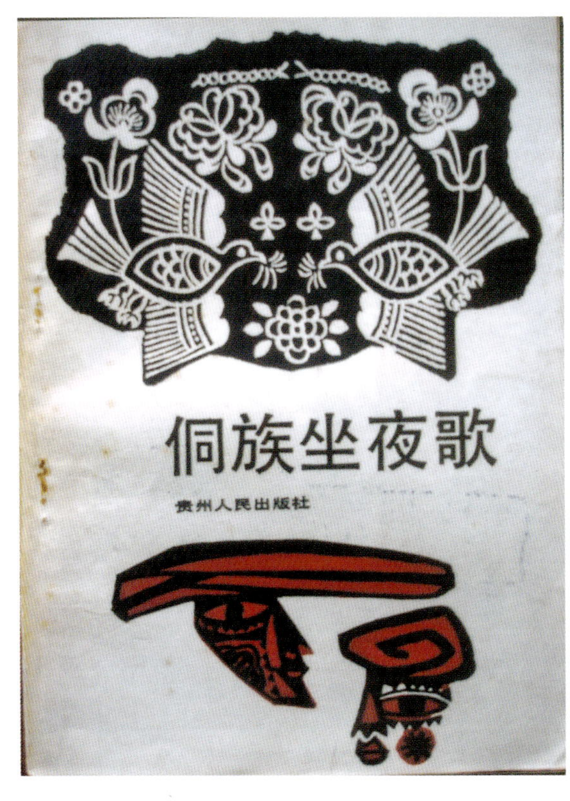

《侗族坐夜歌》封面

《侗族叙事歌》封面

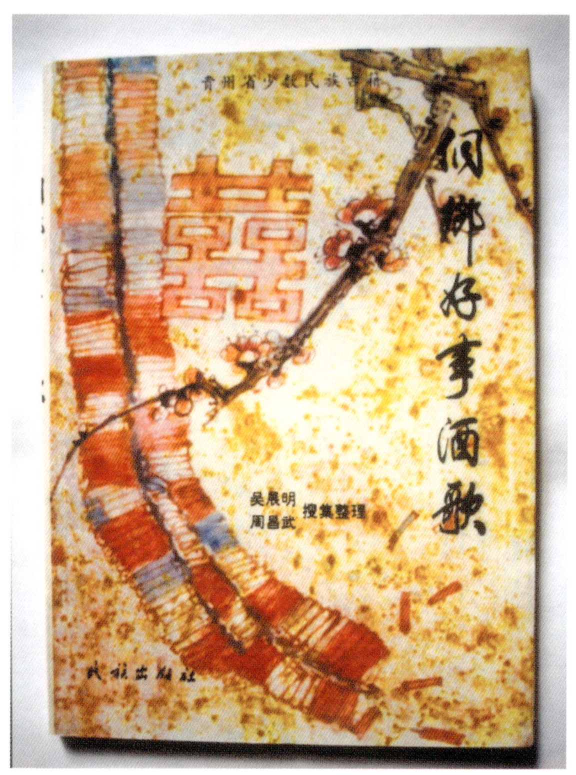

《侗乡好事酒歌》封面

《侗族礼俗歌》封面

《侗族民歌》封面

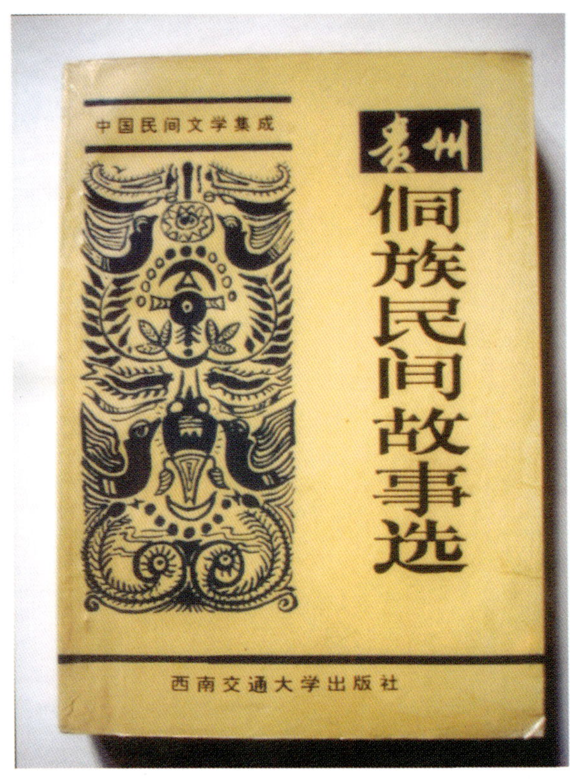

《贵州侗族民间故事选》封面

《贵州侗戏》封面

《民间侗戏剧本选》封面

《侗歌三百首》封面

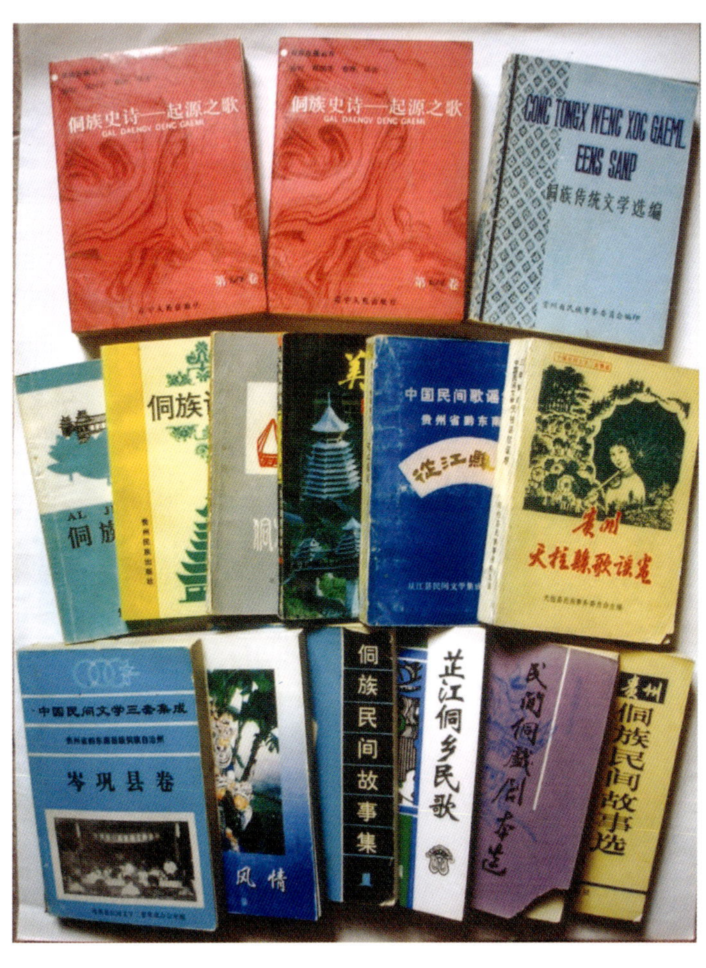

部分已出版或内部编印的侗族讲唱类书籍

三江侗族自治县三套集成办公室等单位编印的侗族讲唱类资料集　（刘克青摄）

部分内部编印的侗族民间文学资料

三江程阳风雨桥（全国重点文物保护单位　柳州市群众艺术馆　梅岭提供）

黎平四寨花桥　（银永明提供）

黎平四寨鼓楼　（龙耀宏摄）

黎平述洞独柱鼓楼　（杨再元提供）

从江增冲鼓楼（全国重点文物保护单位　龙耀宏摄）

三江马胖鼓楼　（柳州市群众艺术馆　梅岭提供）

报信竹刻（搜集于广西三江洋溪，现存三江侗族博物馆　刘克青摄）

告示竹刻（搜集于广西三江洋溪，现存三江侗族博物馆　刘克青摄）

火急木牌　（搜集于广西三江洋溪，现存三江侗族博物馆　刘克青摄）

侗族芦笙迎客（柳州市群众艺术馆　梅岭提供）

侗女梳纱（柳州市群众艺术馆　梅岭提供）

侗族双歌（柳州市群众艺术馆　梅岭提供）

侗族笛子歌　（柳州市群众艺术馆　梅岭提供）

侗女木叶传情（三江侗族自治县文化馆　文国安提供）

侗族民间舞蹈《漂布》

侗族傩戏——咚咚推

侗族傩戏——跳土地

年吴贵元、周东培笔录、汉译。32 开纸 5 页，60 行。收入《侗族琵琶歌》，三江侗族自治县民间文学三套集成办公室 1987 年编印。 （广西 过 伟）

消散歌 侗语南部方言琵琶歌。流传于广西三江侗族地区。琵琶歌演唱结束时的散堂歌之一。歌师在鼓楼演唱琵琶歌，先唱开堂歌，接唱正歌叙事歌，最后唱散堂歌。先请鬼灵精怪散去，后请听众散场回家。民间认为：琵琶歌富于艺术魅力，每晚鬼灵精怪都会爬到鼓楼窗棂听歌。对研究琵琶歌的演唱程序有参考价值。广西三江吴贵元演唱，1985 年吴贵元笔录、汉译。32 开纸 1 页，16 行。收入《侗族琵琶歌》，三江侗族自治县民间文学三套集成办公室 1987 年编印。

（广西 过 伟）

恩哥鸟之歌 侗语南部方言琵琶歌。流传于广西三江侗族地区。侗族琵琶歌中的童话叙事歌。叙唱恩哥鸟生在度山，父被猎人打死，母积忧成病，百药难医。听说广东有鲜荔枝能救命，恩哥鸟飞遍广东，停落园中采果。园主张善装套擒它，恩哥鸟求他放出回去救母，张善见鸟会说话，欲进贡朝廷捞富贵。恩哥鸟见了皇帝，勾头闭嘴不出声，张善欺君活不成。皇帝知道原委，放鸟回广东采荔枝救母。鸟回到度山母已亡。猢狲挖墓井，白鹭带孝，千禽百兽帮它葬娘。对研究侗族道德观及侗乡生态环境有参考价值。广西三江吴贵元演唱，1985 年吴贵元笔录、汉译。32 开纸 4 页，44 行。收入《侗族琵琶歌》，三江侗族自治县民间文学三套集成办公室 1987 年编印。 （广西 过 伟）

妹心还留哥身边哟 侗语南部方言琵琶歌。流传于广西三江、龙胜侗族地区。琵琶歌中的抒情歌，侗语称为“银情枉”，即被拆散的情人。由侗族佚名歌师编歌，采取歌师、情哥、情妹、母亲、女儿、中人、旧夫、伙伴等轮唱的形式，叙唱一对由于“姑表婚”旧婚俗被拆散了的情人又重新燃起浓烈的恋情，最后女方要坚决与旧夫解除婚约，引起众人和歌师的同情。对研究侗族婚恋习俗有参考价值。广西三江吴居敬、吴贵元等演唱，1961 年黄裔、石本忠笔录，黄裔、石本忠、吴居敬、吴贵元、过伟汉译。32 开纸 13 页，260 行。收入《侗族民歌选》，上海文艺出版社 1980 年版。 （广西 过 伟）

远路结情心甘愿 侗语南部方言琵琶歌。流传于广西三江侗族地区。侗族琵琶歌中的十大情人歌之一，侗语叫“结情困远”。抒唱后生赴很远的村寨访问姑娘时倾诉的衷情：“情哥游村走寨来到妹家门，思念情妹跋涉千里岭，哥似自由飞翔阳雀鸟，此生没有姑表还舅门。”没想到阿妹已订婚，阿哥恳求：“妹随哥行，别离旧夫快步奔往兰洞村。”对研究侗族婚恋习俗有参考价值。广西三江吴永勋演唱，1985 年吴永勋笔录、汉译。32 开纸 4 页，50 行。收入《侗族琵琶歌》，三江侗族自治县民间文学三套集成办公室 1987 年编印。 （广西 过 伟）

架上的丝瓜为何开花不结果 侗语南部方言琵琶歌。流传于广西三江、龙胜侗族地区。侗族琵琶歌中的十大情人歌之一，侗语叫“银情大”。抒唱后生对心大好高的旧情人之怨情：“妹似出笼的画眉变了心哟，枉吹口哨鸟儿再也不近套。”“昔日同里棉纱织布等妹缝衣衫哟，谁知妹听挑唆拆了织机梭也抛。”“是父母逼你还舅门，还是妹你这山望见那山高?”对研究侗族婚恋习俗有参考价值。广西三江吴永勋演唱，1985 年吴永勋笔录、汉译。32 开纸 3 页，44 行。收入《侗族琵琶歌》，三江侗族自治县民间文学三套集成办公室1987年编印。

（广西 过 伟）

新结识的情人 侗语南部方言琵琶歌。流传于广西三江、龙胜侗族地区。侗族琵琶歌中的十大情人歌之一，侗语叫“银情美”。抒唱对新结识情人的爱恋之情。后生走访外寨姑娘表达“村头寨尾虽有姑娘哥特地到寨中游啊，好比拦刀鱼儿觅食迷恋坝脚边”，“妹是十五明月辉映九州乡村寨，有幸逢妹把情连”。唱出后生对新情人的独特感受和格外中意、幸运之情。对研究侗族婚恋习俗有参考价值。广西壮族自治区三江侗族自治县八江乡八江村孙宪忠演唱，1985年吴永勋笔录、汉译。32开纸2页，48行。收入《侗族琵琶歌》，三江侗族自治县民间文学三套集成办公室1987年编印。（广西 过 伟）

隔村隔寨的情人 侗语南部方言琵琶歌。流传于广西三江侗族地区。侗族琵琶歌中的十大情人歌之一，侗语叫“情各寨”。抒唱对隔村隔寨的情人之情思：“妹在西山千里路，哥迷恋妹心发慌，来到妹家撞倒别村后生难开言，多少知心话儿心中藏……今夜相逢心欢甜哟，只是不知何时与妹结情。”对研究侗族婚恋习俗有参考价值。广西三江吴永勋演唱，1985年吴永勋笔录、汉译。32开纸4页，38行。收入《侗族琵琶歌》，三江侗族自治县民间文学三套集成办公室1987年编印。（广西 过 伟）

同村共寨的情人 侗语南部方言琵琶歌。流传于广西三江侗族地区。侗族琵琶歌中的十大情人歌之一，侗语叫“银情稿寨”。抒唱后生对同村共寨的姑娘的情思：“我们好比青竹同山长，我们好比鱼游共条江。”“同村的情人郎中意哟，约妹结情莫怨哥贫寒。”对研究侗族婚恋习俗有参考价值。广西三江吴永勋演唱，1985年吴永勋笔录、汉译。32开纸1页，14行。收入《侗族琵琶歌》，三江侗族自治县民间文学三套集成办公室1987年编印。（广西 过 伟）

唱给失恋的情人 侗语南部方言琵琶歌。流传于广西三江侗族地区。侗族琵琶歌中的十大情人歌之一，侗语叫“银情斗”。抒唱阿哥与阿妹昔日恩爱万千，如今姑娘“暗中换情人”，阿哥“单身真苦闷”。最后阿哥只能自怨自叹：“八字注定没奈何哟，竹笛芦笙音难配，任凭阿妹把情牵。”对研究侗族婚恋习俗有参考价值。广西三江吴永勋演唱，1985年吴永勋笔录、汉译。32开纸2页，48行。收入《侗族琵琶歌》，三江侗族自治县民间文学三套集成办公室1987年编印。

（广西 过 伟）

旧情人之歌 侗语南部方言琵琶歌。流传于广西三江侗族地区。侗族琵琶歌中的十大情人歌之一，侗语叫“银情稿”。抒唱后生痴恋旧情人，争取旧情重连的心情：“昔日情人好龙王还是留恋大江水，西下的日头哟早晨升起在东边，听了这话阿哥有心鼓起勇气再来连哟，若妹有情再来三餐同桌到百年。”对研究侗族婚恋习俗有参考价值。广西三江吴永勋演唱，1985年吴永勋笔录、汉译。32开纸3页，42行。收入《侗族琵琶歌》，三江侗族自治县民间文学三套集成办公室1987年编印。（广西 过 伟）

病危的情人 侗语南部方言琵琶歌。流传于广西龙胜、三江侗族地区。侗语南部方言琵琶歌“银情歌”（情人歌）中较著名的抒情歌之一。抒唱一位远路后生赶到情人家，探望病危的姑娘，男女双方情切切、意绵绵地相互倾诉，十分动人，后生鼓励姑娘与病魔斗争，期盼情人早日康复。对研究侗族抒情琵琶歌及婚恋习俗有参考价值。广西壮族自治区龙胜各族自治县瓢里乡宝赠村石成吉演唱，1978年黄钟警笔录、汉译。32开纸4页，128行。收入《侗族民歌选》，上海文艺出版社1980年版。（广西 过 伟）

笨情人 侗语南部方言琵琶歌。流传于广西三江林溪、独峒、八江侗族地区。是歌用生动、有趣的语言描述一个笨姑娘的各种笨态。“笨”姑娘不会缝衣不会做手工活：纺纱纱粗，疙瘩一团团，纺出的纱绽乱得难用；布织得粗糙，又染不黑，拿到晒坪去晒被人取笑。“笨”姑娘不会梳妆打扮，头发不梳，脚也不洗，黑得像炭，只会甩开双臂进寨找油茶吃。丈夫看见这样“笨”的姑娘，宁愿卖块良田贴钱送她回家。这首歌告诫村寨的姑娘们，要做一个心灵手巧的人。对研究侗族的审美意识有参考价值。1991年广西壮族自治区三江侗族自治县林溪乡平铺村吉昌屯卜兰花演唱，吴兰花用拼音侗文记录，龙明辉翻译。16开纸2页，38行。载《侗文专刊》1991年总5～6期。

（广西 吴美莲）

卖女歌 侗语南部方言琵琶歌。流传于广西三江侗族地区。琵琶歌中的苦情歌。清光绪十八年（1892）三江大灾，人民生活无着，以致卖儿卖女。1895年三江歌手李发马据此作《卖女歌》，流传至今。歌中叙唱因大旱虫灾，侗家颗粒无收，无法生活去逃荒，母亲无奈只好将女儿出卖给财主当丫头。亦叙唱母女分别悲切之情及思念之情：“从今以后妈妈想女怎得见?”“谁知哪一天才能见到亲爹娘?”对研究侗族社会有参考价值。广西三江高武侯公述演唱，1979年杨昌艳、杨炎笔录、汉译。32开纸3页，62行。收入《侗族民歌选》，上海文艺出版社1980年版。（广西 过 伟）

人未成年就逼婚（人情勉） 侗语南部方言琵琶歌。流传于广西龙胜侗族地区。侗家旧俗有“女还舅门”姑表婚。此歌内容为姑娘控诉姑表婚害人，向母亲求援，母亲也是受害者，无法相助，无言以答，只好陪着流泪。向父亲求助，父亲说这是古理不可违。姑娘哭诉说嫁人不像做生意，若是生意一次过，亏点我也做一次。嫁人是要过一世，我年纪轻轻就逼嫁，一世怎么过?跟人打工跟个主家不好一年都难熬，嫁个不如意的人，要过一世怎么熬?对研究侗族“女还舅门”婚俗及母系氏族社会有参考价值。广西壮族自治区龙胜各族自治县平等乡平熬村刘纯道演唱，1983年石本忠笔录、汉译。32开纸2页，32行。收入《中国歌谣集成·广西卷·龙胜资料本》，龙胜各族自治县民间文学三套集成办公室1986年编印。（广西 石本忠）

十四岁少女拒嫁歌 侗语南部方言琵琶歌。流传于广西三江侗族地区。侗族琵琶歌中的抒情长歌，侗语称为“嘎十四”，又名“银情十四”，即十四岁情人之歌，是琵琶抒情长歌中较著名的一支。叙述十四岁少女早嫁舅家的悲苦之情及其对“女还舅门”传统婚俗的抗争。由少男、少女、少女母亲及旁人轮唱。少男同情少女：“可惜你嫁得太早呵，刚十四岁就配给远方……匆匆丢离同伴，你不心伤?”少女无奈又悲愤：“想不出什么好主意呀，我就远远地离开家乡。”少女想反抗：“你们劝我出嫁，我绝不嫁他!”母亲及邻里来劝：“嫁给表哥有什么不好?”“秧苗爱小，舅爷疼媳妇。”“女孩家听老人话总不会错。”少女表达宁愿去死也不愿嫁的心情，歌师鼓励少女抗争“女还舅门”的旧婚俗：“子女的婚事该让子女自作主张。”对研究侗族婚俗有参考价值。广西三江吴金魁演唱，1956年陈永杰、过伟笔录、汉译。32开纸5页，120行。收入《侗族民歌选》，上海文

艺出版社1980年版；农冠品主编《中国歌谣集成·广西卷》，中国社会科学出版社1992年版。（广西　过　伟）

唱七十二艺　侗语南部方言叙事琵琶歌。流传于湖南通道侗族地区。主要内容为夸赞芦笙工匠、铁匠、裁缝、画师、雕匠、木匠、唢呐匠、漆匠、石匠、瓦匠、药师、歌师等。对研究侗族琵琶歌有参考价值。杨彦货演唱，杨锡笔录、汉译。16开纸21页，294行。收入《民族民间文学资料》第二十九集《通道侗族琵琶歌（上集）》，湖南省民族事务委员会、中国民族研究会湖南省分会民族民间文学整理组1980年编印。稿存湖南省通道侗族自治县档案馆。（湖南　陆有智）

女嫁远方思爹娘　侗语南部方言琵琶歌。流传于广西三江良口、洋溪、同乐、梅林侗族地区。叙唱远嫁他乡的姑娘无限思念爹娘和愧对母亲养育之恩的心情。歌从白天上山听见乌鸦叫，晚上听见有人喊自己名字，心头有不祥预兆唱起，到确定母亲病逝的噩耗后，连夜赶回娘家。一路上因赶路和过分悲伤："一脚高来一脚低，边走边哭呼亲娘"；"十步踩路边杂草，一步踩对路中央"；"见了亲娘双膝跪地又瞌头，千呼万唤已不回腔"。责怪兄弟不早接自己回家，兄弟则诉责她不该嫁远方。对研究侗族的世态人情和伦理道德有参考价值。广西壮族自治区三江侗族自治县同乐乡平溪村韦甫慧莲用拼音侗文记录，覃垣、韦隆恩汉译。16开纸1页，40行。载《侗文专刊》1992年第1期（总7期）。（广西　吴美莲）

嫁妹去远　侗语南部方言琵琶歌。流传于湖南通道侗族地区。讲述女儿嫁去很远的地方，回来探望父亲，父亲病危，吩咐儿女好好做人。对研究侗族琵琶歌有参考价值。吴路甫演唱，杨锡笔录、汉译。16开纸13页，282行。收入《民族民间文学资料》第二十九集《通道侗族琵琶歌（下集）》，湖南省民族事务委员会、中国民族研究会湖南省分会民族民间文学整理组1980年编印。稿存湖南省通道侗族自治县档案馆。（湖南　陆有智）

姑娘叹出嫁　侗语南部方言琵琶歌。流传于湖南、广西、贵州侗族地区。叙唱侗族成年女性向兄弟诉说做女人遭受的种种不公正待遇。兄弟劝说姐妹：之所以兄弟姐妹有不同的处境，那是侗族先祖制定并留传下来无法改变的。反映了侗族妇女对男女不平等待遇发自内心的宣泄。对研究侗族地区的风土民情有参考价值。黄奉光演唱，1985年李万良笔录、汉译。32开纸9页，198行。收入《中国民间歌谣谚语集成·湖南卷·通道县资料本》，通道县民间文学集成办公室1987年编印。稿存湖南省通道侗族自治县文化馆。（湖南　谭少剑）

逃婚歌　侗语南部方言琵琶歌。流传于湖南通道侗族地区。唱述青年要破除旧的婚姻制度——姑表结亲，而要私奔逃婚的一种情感，以及私逃出去后的情形及遭遇。对研究侗族对歌有参考价值。吴灯妹等演唱，杨锡笔录、汉译。16开纸68页，952行。收入《民族民间文学资料》第三十集《通道侗族琵琶对歌（下集）》，湖南省民族事务委员会、中国民族研究会湖南省分会民族民间文学整理组1980年编印。稿存湖南省通道侗族自治县档案馆。（湖南　陆有智）

情远歌　侗语南部方言琵琶歌。流传于湖南通道侗族地区。讲述恋人之间相隔很远，相互思念的情感。对研究侗族琵琶歌有参考价值。杨昌甫、陈昌爱、杨灿培等演唱，杨锡、吴家荣笔录、汉译。16开纸38页，532行。

收入《民族民间文学资料》第二十九集《通道侗族琵琶歌（下集）》，湖南省民族事务委员会、中国民族研究会湖南省分会民族民间文学整理组1980年编印。稿存湖南省通道侗族自治县档案馆。（湖南　陆有智）

雁鸿歌　侗语南部方言琵琶歌。流传于湖南通道侗族地区。讲述雁鸿的漂亮，总是每年飞回来，其实是借雁鸿的迁徙本性抒发思念情人、希望情人归来的情感。对研究侗族对歌有参考价值。杨奉女等演唱，吴家金、杨锡笔录、汉译。16开纸45页，630行。收入《民族民间文学资料》第三十集《通道侗族琵琶对歌（上集）》，湖南省民族事务委员会、中国民族研究会湖南省分会民族民间文学整理组1980年编印。稿存湖南省通道侗族自治县档案馆。（湖南　陆有智）

相连歌　侗语南部方言琵琶歌。流传于湖南通道侗族地区。主要借各种事物相依相连的自然现象，抒发对恋人相依的情感。对研究侗族对歌有参考价值。杨再善等演唱，杨锡笔录、汉译。16开纸84页，1178行。收入《民族民间文学资料》第三十集《通道侗族琵琶对歌（上集）》，湖南省民族事务委员会、中国民族研究会湖南省分会民族民间文学整理组1980年编印。稿存湖南省通道侗族自治县档案馆。（湖南　陆有智）

久不见哥心破碎　侗族男女琵琶自弹自唱歌。流传于贵州榕江晚寨一带。这是一首古老的艺术感染力极强的思恋情歌。主要反映男女双方相识、相恋、相随、相伴，谁也离不开谁，一日不见就孤单，一时不见就伤悲。对研究侗族社会婚恋习俗有参考价值。当地男女歌手演唱，杨宗福、吴定邦、张明江1989年记录、记谱，王胜先1990年整理、汉译。32开纸12页，120行。资料先存贵州省从江县城关小学侗歌班，后由贵州省艺专（现贵州大学艺术学院）收入《侗歌教学演唱选曲一百首》，贵州民族出版社1991年版。（贵州　陈乐基）

寄信歌　侗语南部方言琵琶歌。流传于湖南通道侗族地区。唱述青年男女借寄信抒发对恋人的感情。对研究侗族对歌有参考价值。杨廷贤等演唱，杨锡、吴家金笔录、汉译。16开纸55页，770行。收入《民族民间文学资料》第三十集《通道侗族琵琶歌（下集）》，湖南省民族事务委员会、中国民族研究会湖南省分会民族民间文学整理组1980年编印。稿存湖南省通道侗族自治县档案馆。（湖南　陆有智）

兰枝歌（刘兰枝）　侗语南部方言叙事琵琶歌。流传于湖南通道侗族地区。唱述刘兰枝的婆婆嫌贫爱富，硬把刘兰枝踢出了门，她的丈夫赵仲清却非常爱她，两人约定两年后再相见。但刘兰枝的哥哥却逼她改嫁，结果她投河自尽，赵仲清也上吊自尽了。对研究侗族民歌有参考价值。佚名演唱，1989年杨锡笔录、汉译。收入《中国民间歌谣谚语集成·湖南卷·通道县资料本》，通道县民间文学集成办公室1987年编印。稿存湖南省通道侗族自治县档案馆。（湖南　陆有智）

三百斤油　侗语南部方言叙事琵琶歌。流传于湖南通道侗族地区。讲述有对青年相爱，男方父母逼他娶表妹，他在婚礼之夜私逃出门与情人双双殉情。两人到另一个地方投胎，山盟海誓要结为夫妻。可是女方家是财主，男方是穷人，女方父母逼她嫁给表哥。男方知道后病倒。歌手出于义愤，编了琵琶长歌《银情枉》要他到女方楼下唱，最终女方与表哥离婚，两人结为夫妻。对研究侗族琵琶歌有参考价值。粟尚德演唱，粟明清笔录、汉译。16 开纸 15 页，210 行。收入《中国民间歌谣谚语集成・湖南卷・通道县资料本》，通道县民间文学集成办公室 1987 年编印。稿存湖南省通道侗族自治县档案馆。（湖南 陆有智 谭少剑）

五子行孝 侗语南部方言琵琶歌。流传于湖南通道侗族地区。根据汉族有关故事改编，讲述孟宗、王祥、洪运龙、曹安、金兰行孝的故事。对研究侗族琵琶歌有参考价值。杨灿培演唱，1963 年杨锡笔录、汉译。16 开纸 34 页，188 行。稿存湖南省通道侗族自治县档案馆。（湖南 陆有智）

村约歌 侗语南部方言琵琶歌。流传于湖南、广西、贵州侗族地区。由序歌一层一步至十层十步，尾歌十三节组成。以叙事的方法讲述做人的基本道德：孝敬父母、友爱邻帮、勤劳节俭等。同时告诫人们不要做坏事，做了坏事必将受到村规民约的处罚。对研究过去侗族团寨区域自治有重要参考价值。吴仓珠演唱，1986 年杨锡、杨锡光笔录、汉译。32 开纸 6 页，138 行。收入杨锡、杨锡光选录、译注《琵琶歌选》，岳麓书社 1993 年版。（湖南 谭少剑）

管脚苦歌 侗语南部方言琵琶歌。流传于贵州从江新安。叙述寨中做管脚人的苦衷，“人间最苦数管脚，寨中事务都要做”，而且还要被人嘲笑。生活艰辛，家中无田土，丢下父母逃荒，落到寨中做管脚，眼泪流干汇成河，肚里苦水吐不完。可供研究侗族生活习俗参考。林朝显口述，黄先仁搜集、整理。32 开纸 1 页，50 行。收入《中国民间歌谣集成・贵州省黔东南州从江县卷》，从江县民间文学集成编委会 1988 年编印。（贵州 龙耀宏）

解板子歌 侗语南部方言琵琶歌。流传于贵州从江。叙述侗家青年解板子的生活，劝告世人幸福生活的来之不易。歌词唱述：“两个人解板子，一个推来一个拉，流汗夹背，汗珠落地响滴答。”第二天腰酸腿痛，身子骨好像散了架。世间做工，没有一行不辛苦。“人生在世劳动莫怕苦，人有志向苦中求”。可供研究侗族劳动生产、生活习俗参考。石补混口述，1986 年皮林村万彦章搜集、整理。32 开纸 1 页，24 行。收入《中国民间歌谣集成・贵州省黔东南州从江县卷》，从江县民间文学集成编委会 1988 年编印。（贵州 龙耀宏）

打瓦歌 侗语南部方言琵琶歌。流传于贵州从江新安。叙述打瓦人生活的艰辛。打瓦人为了全家老小才打瓦，走村串寨到处找活干，爬尽侗乡山和水。找到打瓦活后，又马不停蹄地干，烧成的瓦片青且硬，打瓦人心花开放。若是窑开瓦片红又碎，打瓦人会魂飞魄散，担心对不起主人的恩待，更担心自己得不到工钱黯然掉泪。可供研究侗族劳动生产、生活习俗参考。石补混口述，1986 年皮林村石彦章搜集、整理。32 开纸 2 页，32 行。收入《中国民间歌谣集成・贵州省黔东南州从江县卷》，贵州省从江县民间文学集成编委会 1988 年编印。（贵州 龙耀宏）

秧苗长高该插了 侗语南部方言琵琶歌。流传于贵州榕江车江一带。歌词借姑娘之口，以梁山伯与祝英台的爱情作比喻，劝情哥郎要把握好时机，不要像梁山伯那样错过机会。对研究侗族诗歌文学有参考价值。1959 年车江杨继云演唱，杨秀斌记录、汉译，贵州省侗族民间文艺工作组翻译、整理。32 开纸 12 页，260 行。收入《民间文学资料》（第三十集），贵州省民间文学工作组 1960

年编印。（贵州 龙耀宏）

唱灾荒年成 侗语南部方言叙事琵琶歌。流传于湖南通道侗族地区。唱述清光绪年间的灾荒情况。对研究侗族琵琶歌有参考价值。杨彦华演唱，杨锡笔录、汉译。16开纸29页，406行。收入《民族民间文学资料》第二十九集《通道侗族琵琶歌（下集）》，湖南省民族事务委员会、中国民族研究会湖南省分会民族民间文学整理组1980年编印。稿存湖南省通道侗族自治县档案馆。

（湖南 陆有智）

车江侗族琵琶歌 侗族南部方言琵琶歌。流传于贵州榕江车江地区。由初恋、迷恋、失恋三个部分组成，以叙事方式叙述了侗族男女青年由初恋、迷恋到失恋的过程。对研究在封建制度下侗族男女青年的爱情生活有参考价值。石建银等演唱，1985年石建银笔录。16开纸300页，6000余行。手抄本。稿存中国社会科学院民族文学所邓敏文处。

（贵州 杨国良）

三宝侗族古典琵琶歌 侗语南部方言琵琶歌。流传于贵州榕江三宝一带。三宝侗族男女青年社交兴行歌坐夜，行歌坐夜唱歌要用侗族乐器琵琶为主要伴奏乐器，果吉协奏。歌词是传统的，三首为一套，女唱一套，男唱一套。主要有伴好人才、做伴和心、俩坐深夜、恋姣十分等部分。杨美芝等演唱，1984年向庭辉、普虹笔录。民间有许多手抄本，多用汉字记侗音。收入《民族志资料汇编》第四集，贵州省志民族志编委会1987年编印。（贵州 张 勇 杨国良）

（四）耶　歌

起源耶 侗语南部方言耶歌。流传于广西三江、龙胜，湖南通道，贵州黎平、榕江、从江侗族地区。为一组问答耶歌。耶歌是侗族歌谣中最古老的品种之一。至今仍在流传的耶歌，有相当一部分为古代祭祀时用，起源耶即属于祭祀用的耶歌之一。此歌以一问一答方式叙述祖先神萨岁、萨样、姜良、姜妹的神话传说以及开井、造芦笙、村寨间的文化交流、结亲等项活动的起始。对侗族神话和民族学研究有参考价值。广西壮族自治区三江侗族自治县同乐乡平溪村刘锦明、覃甫晓演唱，1978年覃垣、韦会明笔录，覃垣、韦会明、韦明智汉译。16开纸1页，16行。以“当初稻谷哪里生”为题，收入农冠品主编《中国歌谣集成·广西卷》，中国社会科学出版社1992年版。（广西 吴 浩）

圣母耶 侗语南部方言耶歌。流传于广西三江、龙胜，贵州黎平、从江、榕江侗族地区。叙述萨岁女神来历的一组耶歌。圣母即侗族最高女神萨岁。萨岁从天上来到人间，走了七千里路。她坐着龙马而来，手里持扇，身披银光四射的衣服，照到千里之远。对研究侗族宗教信仰有参考价值。广西壮族自治区三江侗族自治县八江乡八江村杨雄新、覃友梅演唱，1986年杨雄新笔录、汉译。32开纸2页，56行。收入《侗族款词耶歌酒歌》（侗汉对译本），三江侗族自治县民间文学三套集成办公室1987年编印。

（广西 吴 浩）

耶地母 侗语南部方言耶歌。流传于湖南通道侗族地区。主要唱述女神“地母”从什么地方来，怎样安置，用些什么物件及劳动工具等，从中可以看出母系氏族社会的痕迹。对研究侗族民间文学有参考价值。杨华庆、杨进八、于万益等演唱，杨锡、吴家荣笔录，杨锡、吴家荣、吴家金汉译。16开纸44页，616行。收入《民族民间文学资料》第二十八集《通道侗族〈吔〉选（上集）》，湖南省民族事务委员会、中国民族研究会湖南省分会民族民间文学整理组1980年编印。稿存湖南省通道侗族自治县档案馆。

（湖南　陆有智）

耶撒炳　侗语南部方言耶歌。流传于贵州黎平、从江、榕江，湖南通道，广西三江一带。侗族踩歌堂时所唱的歌称为“耶歌”，“撒炳”是侗族的祖神，“耶撒炳”以问答的方式歌唱“撒炳”的来源，表达人们对他的崇敬之情。对研究侗族的宗教习俗有参考价值。杨林彰、石俊斌口述，石若屏记录、翻译、整理。32开纸2页，24行。收入《黔东南苗族侗族自治州民间文学资料集》（第一集），黔东南苗族侗族自治州文学艺术研究室1981年编印。（贵州　龙耀宏）

根源耶　侗语南部方言耶歌。流传于湖南通道侗族地区。通过一问一答形式，叙述盘古开天辟地，天干地支推算，祖先迁徙地的来历等内容。对研究侗族社会文化、科学启蒙教育有参考价值。杨成旺演唱，1986年吴治德、杨焯业等笔录、汉译。16开纸18页，64行。1986年由湖南省通道侗族自治县古籍整理办公室搜集、整理、译注、打印作为资料保存。稿存湖南省通道侗族自治县文化局。（湖南　谭少剑）

耶祖先　侗语南部方言耶歌。流传于贵州黎平、从江、榕江，湖南通道，广西三江等地。祭祖踩歌堂时所唱。以问答的方式叙述祖先的来源和迁徙的历程。对研究侗族历史和习俗有参考价值。贵州省黎平县皮林寨奶长顺口述，石若屏记录、翻译、整理。32开纸1页，10行。收入《黔东南苗族侗族自治州民间文学资料集》（第一集），黔东南苗族侗族自治州文学艺术研究室1981年编印。

（贵州　龙耀宏）

吉日逢春“萨”进寨　侗语南部方言祭祀踩堂歌。流传于侗语南部方言区。叙述“萨”教侗家村民各种农活和手艺，还教导人们只有干活才不会挨饿。可供研究侗族信仰习俗和踩堂歌舞参考。龙玉成、杨通山等搜集、翻译、整理。32开纸1页，侗汉对译12行。收入《侗歌三百首》，民族出版社2002年版。（贵州　欧俊姣）

今日吉时引“萨”进村寨　侗语南部方言踩堂歌。流传于侗语南部方言区。叙述吉日引“萨”进寨，“萨”给侗家村寨带来益处和吉祥，欢乐的同时家家都甩掉灾难，生活安然。可供研究侗族民间信仰和踩堂歌文学参考。龙玉成、杨通山等搜集、翻译、整理。32开纸2页，侗汉对译27行。收入《侗歌三百首》，民族出版社2002年版。

（贵州　欧俊姣）

进堂“萨”歌　侗语南部地区踩堂歌。流传于贵州黎平肇兴一带。当地习俗，每年大年初一，村寨男女老少要到“萨堂”去踩歌堂，邀请“萨岁”与民同乐同过年。人们一边舞蹈一边唱，称赞“萨”神的恩德。对研究侗族春节习俗和宗教信仰有重要参考价值。陆光培等口述，吴定国、杨国仁搜集、整理。32开纸5页，83行。收入杨国仁、吴定国编《侗族礼俗歌》，贵州人民出版社1984年版。（贵州　龙耀宏）

当初“萨老”住在螺蛳寨　侗语南部方言踩堂歌。流传于侗语南部方言区。叙述“萨”神的来源。当初“萨”住在螺蛳寨，是北斗星把她带到侗寨。她到侗寨后，管侗寨，保佑侗寨，驱赶侗寨的磨难，使侗寨永远平安无灾。可供研究侗族宗教信仰和踩堂歌文学参考。杨权、郑国乔等搜集、翻译、整理。32 开纸 1 页，侗汉对译 9 行。收入《侗歌三百首》，民族出版社 2002 年版。

（贵州　欧俊娇）

父母耶　侗语南部方言耶歌。流传于广西三江、贵州榕江、湖南通道侗族地区。以赞颂父母养育之恩为主要内容的耶歌。叙唱父母在生养、抚育儿女成长过程中所付出的心血和所受的苦难，以此劝告儿女应当牢记父母的恩情，孝顺父母，善待老人。对研究侗族伦理道德及礼俗有参考价值。广西壮族自治区三江侗族自治县八江乡杨雄新、萨雄刚演唱，1986 年杨雄新笔录、汉译。32 开纸 10 页，240 行。其中 40 行收入《侗族款词耶歌酒歌》（侗汉对译本），三江侗族自治县民间文学三套集成办公室 1987 年编印；其余存录于杨雄新传抄本《耶歌》。

（广西　吴　浩）

父母耶　侗语南部方言耶歌。流传于侗语南部方言区。为女子对男女不平等现象的诉说。男女对唱，女方诉说，男方安慰。全歌共七节，前六节女唱，后一节男唱。可供研究侗族社会习俗和伦理道德参考。杨锡等搜集、翻译、整理。32 开纸 5 页，侗汉对照 76 行。收入《侗歌三百首》，民族出版社 2002 年版。

（贵州　欧俊娇）

父母耶　侗语南部方言耶歌。流传于湖南、广西、贵州侗族地区。由女孩的出生、成长、出嫁、为母等数段耶歌组成。通过男女对唱，反映旧社会侗族地区重男轻女的习俗和女性争取男女平等的诉求。是研究侗族社会风俗民情的参考资料。杨成旺、培浓等演唱，1986 年吴治德、杨焯业等笔录、汉译。16 开纸 121 页，87 行。1986 年由湖南省通道侗族自治县古籍整理办公室搜集、整理、译注并打印作为资料保存。稿存通道侗族自治县文化局。

（湖南　谭少剑）

耶父母　侗语南部方言耶歌。流传于广西三江、湖南通道、贵州黎平一带。逢年过节踩歌堂时所唱。歌词赞颂父母的恩情，劝人尊敬和孝顺父母。对研究侗族伦理道德有参考价值。广西壮族自治区三江侗族自治县冠侗寨杨林彰、石俊斌口述，石若屏记录、翻译、整理。32 开纸 1 页，24 行。收入《黔东南苗族侗族自治州民间文学资料集》（第一集），黔东南苗族侗族自治州文学艺术研究室 1981 年编印。

（贵州　龙耀宏）

耶父母　侗语方言耶歌。流传于湖南怀化侗族地区。女唱：“父母生下男儿、女儿，对男儿器重，对女儿作贱，女儿没有和男儿一样有田地，被嫁到别的乡村去。”男答：“父母生下男女都一样器重，男儿生下来要种田，没得到什么，而女儿的全身都要用银子来装饰，很优待。”对研究侗族民间文学有参考价值。吴才文、吴安治等演唱，杨锡、吴家荣笔录、汉译。16 开纸 250 页，3500 行。收入《民族民间文学资料》第二十八集《通道侗族〈吔〉选（下集）》，湖南省民族事务委员会、中国民族研究会湖南省分会民族民间文学整理组 1980 年编印。稿存湖南省通道侗族自治县档案馆。

（湖南　陆有智）

十塘榕江歌　侗语南部方言耶歌。流传于广西三江良口、洋溪、同乐、梅林侗族地区。介绍榕江河十塘款的歌。十塘以三江境内的老堡为首塘，二塘是良口寨，三塘是洋溪，四塘是勇伟，五塘是高安，六塘是青旗，七塘是匡里，八塘是腊弄寨，九塘是梅林，十塘是石碑和贵州从江丙梅寨。记述了侗族历史上款组织社会的基层组织状况。与《榕江十塘款》可起到互补作用。对研究侗族款文化有参考价值。广西壮族自治区三江侗族自治县同乐乡平溪村荣善明演唱，1992 年韦秋梅用拼音侗文记录，甫淑汉译。16 开纸 1 页，28 行。载《侗文专刊》1992 年第 1 期（总 7 期）。（广西　吴美莲）

耶普　侗语南部方言耶歌。流传于湖南通道。耶普即赞颂耶。侗族民众用耶普来赞团寨，赞颂老人和青年，赞颂一切美好的事物。耶普表演形式为众人围成一圆圈，后面一人用右手搭在前人左肩上，由一人领唱，众人附和后半句。耶普一般由男子表演。杨校生等演唱，1982 年石庆玉笔录、汉译。16 开纸 3 页，15 行。稿存湖南省通道侗族自治县文化局。（湖南　谭少剑）

赞颂耶　侗语南部方言耶歌。流传于广西三江、龙胜侗族地区。为春节村寨和集体做客时主客双方互相赞颂的耶歌。一赞对方热情好客、款待周到；二赞对方村寨团结、能人辈出；三赞对方鼓楼雄伟壮观，风雨桥名声远播，匠人技艺高超；四赞对方村民勤劳致富，五谷丰登、六畜兴旺。互相赞颂，增进友谊。对研究侗族的精神文化生活及传统美德有参考价值。广西壮族自治区三江侗族自治县良口乡南寨杨光全演唱，1991 年杨昌源笔录，杨开德汉译。16 开纸 1 页，70 行。载《侗文专刊》1991 年第 1 期。

（广西　石祖勋）

赞颂耶　侗语南部方言耶歌。流传于广西三江，贵州黎平、从江侗族地区。男青年赞美情人服饰的耶歌。歌词对姑娘身上银器的样式、数量、重量，衣裙花纹、件数都作了描述。对研究侗族服饰文化有参考价值。广西壮族自治区三江侗族自治县良口乡南寨公红字演唱，1986 年杨昌源笔录、汉译。32 开纸 1 页，20 行。收入《侗族款词耶歌酒歌》（侗汉对译本），三江侗族自治县民间文学三套集成办公室 1987 年编印。

（广西　吴　浩）

赞颂主人的歌　侗语南部方言耶歌。流传于广西三江榕江两岸侗族地区。侗族有进行文化交流及集体做客（侗语叫“月也”）的习惯，“月也”时，客人进村，主人热情地把客人拉进屋，好酒好肉招待。为了答谢主人的盛情，晚上在鼓楼里对唱耶歌，客队先唱赞颂主人的歌。如：“来到寨门你们忙分客，把伞接去甜酒马上又送到，喝罢甜酒姑妈打水洗脸舅父又忙递烟……”对研究侗族的交往习俗及礼俗有一定参考价值。广西壮族自治区三江侗族自治县同乐乡平溪村韦萨金发演唱，1992 年同乐乡平溪村韦新引、韦花婵用拼音侗文记录，吴美莲、肖启中汉译。16 开纸 2 页，65 行。载《侗文专刊》1992 年第 1 期（总 7 期）。（广西　吴美莲）

赞村寨耶　侗语南部方言耶歌。流传于广西三江、龙胜，湖南通道，贵州黎平、榕江、从江侗族地区。村寨之间进行文化交流时客人赞颂主人村寨的歌。既赞颂、祝福、答谢主寨，也邀请主人回访。反映主客双方结下深深的情谊，也体现双方共同遵循的礼节。对研究侗族交际习俗和文化生活有参考价值。广西壮族自治区三江侗族自治县八江乡覃友梅、杨雄新演唱，1986 年杨雄新笔录，杨雄新、黄钟警汉译。16 开纸 1 页，40 行。收入农冠品主编《中国歌谣集成·广西卷》，中国社会科学出版社 1992 年版。

（广西　吴　浩）

赞鼓楼耶　侗语南部方言耶歌。流传于湖南通道侗族地区。赞美侗寨鼓楼的雄伟壮观、工匠技艺的精湛及民众修建鼓楼的热情，以此祝福国强民富。对研究侗族民间文化和风土民情有参考价值。侗族群众演唱，1986年吴治德、杨焯业等笔录、汉译。16开纸3页，30行。稿存湖南省通道侗族自治县文化局。（湖南　谭少剑）

赞鼓楼　侗语南部方言耶歌。流传于广西三江，湖南通道，贵州黎平、从江、榕江侗族地区。新鼓楼竣工典礼时演唱的赞颂耶，为送礼来恭贺的邻村耶队所演唱。赞颂鼓楼的建筑技艺、村寨的团结、寨民的勤劳与智慧，预祝新鼓楼给村寨带来吉祥和幸福。对研究侗族的建筑文化和民间信仰有参考价值。广西壮族自治区三江侗族自治县八江乡八江村杨雄新、八江乡平善村吴永勋演唱，1986年杨雄新笔录、汉译。32开纸4页，88行。以“赞颂耶”为题，收入《侗族款词耶歌酒歌》(侗汉对译本)，三江侗族自治县民间文学三套集成办公室1987年编印。

（广西　吴　浩）

耶普（赞鼓楼）　侗语南部方言耶歌。流传于湖南通道侗族地区。夸赞鼓楼的形状、材质、颜色、作用等。对研究侗族鼓楼有参考价值。杨校生演唱，石庆玉笔录、汉译。16开纸2页，12行。收入《侗歌集》，通道侗族自治县文化局歌舞乐戏调查组编印。稿存湖南省通道侗族自治县档案馆。

（湖南　陆有智）

赞风雨桥　侗语南部方言耶歌。流传于广西三江、湖南通道、贵州黎平侗族地区。赞颂风雨桥的耶歌，于新建风雨桥竣工庆典时演唱。赞颂工匠的高超技艺、村寨的团结和富有，祝福新桥的建立将给村寨带来吉祥和幸福。对研究侗族建筑文化和民间信仰有参考价值。广西壮族自治区三江侗族自治县林溪乡马安村陈永彰演唱，1985年吴浩笔录，汉译。32开纸3页，68行。收入吴浩采录本《侗族耶歌》。（广西　吴　浩）

赞桥耶　侗语南部方言耶歌。流传于湖南通道侗族地区。叙唱修桥事，包括筹钱、选址、备料、请工匠建桥的全过程。赞扬行善积德、万古流芳的思想理念。对研究侗族民俗风情及信仰有参考价值。侗族群众演唱，1986年吴治德、杨焯业等笔录、汉译。16开纸6页，53行。稿存湖南省通道侗族自治县文化局。（湖南　谭少剑）

赞美耶　侗语南部方言耶歌。流传于湖南通道侗族地区。侗族人民甲到乙地做客时，赞美对方热情好客的歌谣。“为吔”是侗族地区村寨之间互相交往的大型集体活动。甲寨到乙寨做客，甲寨人就唱耶歌赞美乙寨人的热情好客，使双方关系更加融洽。“哆吔”没有固定的演唱者。对研究侗族的民间文化和风土民情有参考价值。侗族群众演唱，1986年吴治德、杨焯业等笔录、汉译。16开纸6页，46行。稿存湖南省通道侗族自治县文化局。（湖南　谭少剑）

赞风水耶　侗语南部方言耶歌。流传于湖南通道侗族地区。赞扬侗族团寨的地理位置、周边环境、民众的富有及侗汉民族的相互往来。对研究侗族民俗风情和行为理念有参考价值。侗族群众演唱，1986年吴治德、杨焯业等笔录、汉译。16开纸4页，35行。稿存湖南省通道侗族自治县文化局。

（湖南　谭少剑）

夸赞耶歌　侗语南部方言踩堂歌之一。流传于贵州黎平中南部一带。主客双方踩堂歌时，客人提出换歌片儿，然后唱起夸赞歌，赞美主寨的鼓楼气派，赞美姑娘美丽、心灵手巧；主寨则谦卑地表示本寨样样不如人，姑娘人笨无人要。对研究侗族社交习俗、审美心理有参考价值。黎平“六洞”陆元标口述，吴定国、杨过仁搜集、整理。32 开纸 5 页，104 行。收入杨国仁、吴定国编《侗族礼俗歌》，贵州人民出版社 1984 年版。

（贵州　龙耀宏）

谜耶　侗语南部方言耶歌。流传于广西三江，贵州黎平、从江侗族地区。一组以谜语形式对答的耶歌，以生活知识为主要内容，也有字谜。如问：“你说什么生变熟？你说什么熟变生？生了变熟两相和，熟了变生永离分。”答：“我说真心相爱生变熟，我说虚情假意熟变生。真心相爱两相和，虚情假意永离分。”对研究侗族生活习俗和文学有参考价值。广西壮族自治区三江侗族自治县八江乡杨雄新、独峒乡干冲村吴定忠演唱，1986 年杨通山笔录，杨通山、黄钟警汉译。16 开纸 2 页，48 行。以“生活知识歌”为题，收入农冠品主编《中国歌谣集成·广西卷》，中国社会科学出版社 1992 年版。

（广西　吴　浩）

谜语耶　侗语南部方言耶歌。流传于湖南通道侗族地区。以县境地名编成问答形式的“吔”，加深民众对县内地名的印象。对研究侗族民间文化和民族风情有参考价值。侗族群众演唱，1986 年吴治德、杨焯业等笔录、汉译。16 开纸 3 页，8 行。1986 年由湖南省通道侗族自治县古籍整理办公室搜集、整理、译注并打印作为资料保存。稿存湖南省通道侗族自治县文化局。（湖南　谭少剑）

礼让耶　侗语南部方言耶歌。流传于广西三江，贵州黎平、从江侗族地区。进歌堂时互相表示礼让的耶歌，多为女队先唱，男队答唱。如：“迈步走进歌堂我心慌哟，心里没有耶歌慌里慌张调子难相同。我好比黄雀小鸟刚长翅哟，刚伸出头就遇雄鹰和大鹏。我是生铁难近熔炉怕火炭哟，未经锤打我怕炭火把我身烧熔。”对研究侗族文学有参考价值。广西壮族自治区三江侗族自治县同乐乡平溪村杨韦英、杨桂花、韦明华演唱，1986 年韦会明笔录、汉译。32 开纸 4 页，86 行。收入《侗族款词耶歌酒歌》（侗汉对译本），三江侗族自治县民间文学三套集成办公室 1987 年编印。

（广西　吴　浩）

礼让耶　侗语南部方言踩堂歌。流传于广西三江。叙述主客双方的歌舞者，进歌堂歌舞时互相谦称自己唱歌不如对方，同时还不断恭维对方是优秀的歌手。可供研究侗族民间文学参考。杨权、郑国乔等搜集、翻译、整理。32 开纸 3 页，侗汉对译 42 行。收入《侗歌三百首》，民族出版社 2002 年版。

（贵州　欧俊姣）

父母逼嫁耶　侗语南部方言耶歌。流传于广西三江，贵州黎平、从江、榕江侗族地区。一组女子对传统习俗抗争的耶歌。侗族古俗，姑娘早嫁，无权参加家财（房屋、田地、山林）分配，因而自叹命苦。并以此对这种古老的习俗进行抗争。该组耶歌集中反映了这种古老的习俗及姑娘们内心的痛苦和抗争。对研究侗族社会生活及财产分配状况有参考价值。广西壮族自治区三江侗族自治县同乐乡平溪村杨韦英、杨桂花、韦明华演唱，1986 年韦会明笔录、汉译。32 开纸 11 页，200 行。收入《侗族款词耶歌酒歌》（侗汉对译本），三江侗族自治县民间文学三套集成办公室 1987 年编印。

（广西　吴　浩）

问答耶　侗语南部方言耶歌。流传于广西三江、龙胜，湖南通道侗族地区。春节期间踩歌堂时演唱的耶歌。以天干地支及十二生肖为内容，推算和预测新一年的生产、生活状况。男女歌队对唱，一问一答。对研究侗族民间习俗及文学有参考价值。广西壮族自治区三江侗族自治县八江乡八江村杨雄新、八江乡中朝村杨通文演唱，1986 年杨雄新笔录、汉译。32 开纸 2 页，44 行。收入《侗族款词耶歌酒歌》（侗汉对译本），三江侗族自治县民间文学三套集成办公室 1987 年编印。（广西　吴　浩）

问询耶　侗语南部方言耶歌。流传于广西三江、湖南通道、贵州黎平侗族地区。客人进寨时或开歌堂时，主客之间互相问询、初试歌才的一组耶歌。分为问客、留客、结交、互访等。对研究侗族礼俗有参考价值。广西壮族自治区三江侗族自治县八江乡八江村杨雄新、萨宏刚，八江乡中朝村杨通文演唱，1986 年杨雄新笔录、汉译。32 开纸 5 页，160 行。其中 80 行收入《侗族款词耶歌酒歌》（侗汉对译本），三江侗族自治县民间文学三套集成办公室 1987 年编印；其余存于杨雄新、杨通文传抄本《侗耶》。

（广西　吴　浩）

邀请耶　侗语南部方言耶歌。流传于湖南、贵州、广西交界侗族地区。进歌堂时邀请对方一起入堂对唱的耶歌。礼节性较强，内容多为对对方的赞颂之词。对研究侗族的礼俗及其文学有参考价值。广西壮族自治区三江侗族自治县八江乡八江村萨宏刚、杨雄新，八江乡马胖村吴纯德演唱，1986 年杨雄新笔录、汉译。32 开纸 5 页，120 行。其中 34 行收入《侗族款词耶歌酒歌》（侗汉对译本），三江侗族自治县民间文学三套集成办公室 1987 年编印；其余存于吴纯德、杨雄新传抄本《侗耶》。（广西　吴　浩）

入场耶　侗语南部方言耶歌。流传于湖南通道侗族地区。侗族男女对唱耶的序歌。对研究侗族民间文化及民俗风情有参考价值。侗族群众演唱，1986 年吴治德、杨焯业等笔录、汉译。16 开纸 8 页，34 行。1986 年由湖南省通道侗族自治县古籍整理办公室搜集、整理、译注并打印作为资料保存。稿存湖南省通道侗族自治县文化局。

（湖南　谭少剑）

进堂耶　侗语南部方言耶歌。流传于广西三江，贵州黎平、从江侗族地区。开始进歌堂时对唱的耶歌，男队连唱三首，女队连答三首。内容主要为祭拜神灵，驱除妖魔鬼怪，保护歌堂平安。对研究侗族民间信仰有参考价值。广西壮族自治区三江侗族自治县同乐乡平溪村杨韦英、杨桂花、韦明华演唱，1986 年韦会明笔录、汉译。32 开纸 4 页，58 行。收入《侗族款词耶歌酒歌》（侗汉对译本），三江侗族自治县民间文学三套集成办公室 1987 年编印。（广西　吴　浩）

进堂耶　侗语南部方言耶歌。流传于广西三江、龙胜，湖南通道侗族地区。踩歌堂时起唱的耶歌。包括踩吉地、拜神灵、遵古俗、同欢乐等内容。对研究侗族民间信仰、文化生活及传统习俗有参考价值。广西壮族自治区三江侗族自治县八江乡马胖村吴纯德、杨雄新演唱，1986 年杨雄新笔录、汉译。32 开纸 5 页，88 行。收入《侗族款词耶歌酒歌》（侗汉对译本），三江侗族自治县民间文学三套集成办公室 1987 年编印。

（广西　吴　浩）

进堂耶　侗语南部方言踩堂歌。流传于湖南、贵州、广西毗邻的侗族村寨。叙述在

"萨"神的庇护下，侗族人民生活在有山有水有树木、鸟语花香并且庄稼一年四季丰收、男女老少乐融融的环境中。可供研究侗族民间信仰习俗和民间文学参考。杨进浓演唱，吴家荣、吴万源搜集、翻译、整理。32开纸3页，侗汉对译32行。收入《侗歌三百首》，民族出版社2002年版。

（贵州　欧俊姣）

进堂歌　侗语南部方言踩堂歌。流传于湖南靖州寨牙一带。讲述侗族男青年十进歌堂与侗族女青年对歌的情景。反映了侗族男女青年的知识和口才。对研究侗族风俗、文化有参考价值。吴家帅演唱，1951年吴永权笔录。16开纸2页，22行。收入《靖州侗族民歌选集》。（湖南　龙立明）

进堂歌　侗语南部方言踩歌堂仪式歌。流传于广西三江。共六篇。叙述歌舞者在进歌堂时的谦虚态度以及对唱歌的认识和看法，唱歌是一种娱乐，能使人身心愉悦、忘记疲劳、解除忧愁，能使人年轻长寿。人要想唱就唱，若长时间不唱歌，就会把歌忘记。歌是人们生活中不可缺少的精神食粮，所以歌要唱，活路也要做，且趁年轻时多唱。可供研究侗族歌舞习俗和民间音乐理论参考。萨树等演唱，杨通山、石理康等搜集、整理、汉译。32开纸6页，侗汉对译86行。收入《侗歌三百首》，民族出版社2002年版。

（贵州　欧俊姣）

进堂歌　侗语南部方言踩堂歌。流传于贵州黎平。叙述男女青年进歌堂踩歌唱歌跳舞要脚跟着脚，要让"萨"走在前，大家一步又一步地跟，且右脚在前，左脚在后，要知道甩手臂，男女青年要吹芦笙。可供研究侗族踩堂歌和舞蹈参考。张勇搜集、整理、汉译。32开纸1页，侗汉对译15行。收入《侗歌三百首》，民族出版社2002年版。

（贵州　欧俊姣）

耶当初　侗语南部方言耶歌。流传于湖南通道侗族地区。分四部分：第一部分讲述万物起源；第二部分讲述张郎、张妹繁育人民；第三部分讲述分天地四方，物种由来；第四部分讲述家庭用具、家禽由来。对研究侗族民间文学有参考价值。吴永兴、吴家仁、于柳全等演唱，杨锡、吴家荣笔录、汉译。16开纸132页，1848行。收入《民族民间文学资料》第二十八集《通道侗族〈吔〉选（上集）》，湖南省民族事务委员会、中国民族研究会湖南省分会民族民间文学整理组1980年编印。稿存湖南省通道侗族自治县档案馆。（湖南　陆有智）

拉手踩堂放声唱　侗语南部方言耶歌。流传于广西三江、龙胜侗族地区。耶歌的一组开场歌。包括踩吉地、拜神灵等内容。耶歌有一人领唱众人合唱和众人齐唱两种形式，边唱边舞，是侗族的一种歌舞。吉地有子午地（即太阳神之地）、麒麟地、贵人地、贪娘地、雷公雷婆地等。祭拜的神灵有最高女神萨岁和人类的始祖神（也是婚姻之神）姜良、姜妹等。侗语称《耶开堂》，即《开堂耶歌》。对研究侗族民间信仰和文学有参考价值。广西壮族自治区三江侗族自治县洋溪乡良培村公春眉、韦蓓秀、吴玉黛演唱，1986年韦会明、林茂盛笔录，韦会明、林茂盛、吴浩、吴大贤汉译。16开纸2页，46行。收入农冠品主编《中国歌谣集成·广西卷》，中国社会科学出版社1992年版。

（广西　吴　浩）

进堂多耶耶堂宽　侗语南部方言踩堂歌。流传于侗语南部方言区。叙述踩堂歌好比种田地，将精神生活和物质生活置于同等重要的地位，将种田人生产的粮食喻为读书人的文章。可供研究侗族踩堂歌和民间文学参考。龙玉成、杨通山等搜集、翻译、整理。32开纸2页，侗汉对译19行。收入《侗歌三百首》，民族出版社2002年版。

（贵州　欧俊姣）

抬脚进堂来多耶　侗语南部方言踩堂歌。流传于贵州榕江。叙述村村寨寨的男女老少喜气洋洋，用多耶歌舞来祭“萨”，歌颂“萨”神给大家带来的欢乐。可供研究侗族踩堂歌习俗和民间文学参考。龙玉成、杨通山等搜集、翻译、整理。32开纸1页，侗汉对译8行。收入《侗歌三百首》，民族出版社2002年版。（贵州　欧俊姣）

踩新年　侗语南部方言耶歌。流传于湖南通道侗族地区。歌唱新年的喜庆场面，祈盼来年富贵太平，风调雨顺，五谷丰登。对研究侗族民间文化和风土民情有参考价值。侗族群众演唱，1986年吴治德、杨焯业等笔录、汉译。16开纸7页，20行。1986年由湖南省通道侗族自治县古籍整理办公室搜集、整理、译注并打印作为资料保存。稿存湖南省通道侗族自治县文化局。（湖南　谭少剑）

歌堂多耶进新年　侗语南部方言踩堂歌。流传于侗语南部方言区。叙述侗家村民在新年祭“萨”，歌唱“萨”。因为是她把人们分往各村、各洞、各寨、各高坡居住，使侗家人们成团成寨，安居乐业。可供研究侗族宗教信仰和踩堂歌习俗参考。龙玉成、杨通山等搜集、翻译、整理。32开纸2页，侗汉对译19行。收入《侗歌三百首》，民族出版社2002年版。（贵州　欧俊姣）

耶堂歌　侗语南部方言耶歌。流传于湖南通道。叙唱农历正日，男女青年从家里走出来在一起玩耍、谈情说爱的过程。耶堂为一种对唱形式，时间、地点、内容不限，人数二人以上。杨校生等演唱，1982年石庆玉笔录、汉译。16开纸6页，27行。稿存湖南省通道侗族自治县文化局。

（湖南　谭少剑）

踩堂歌（嘎也）　侗语南部方言耶歌。流传于贵州从江龙图。叙述每逢盛大节日，各村寨聚会，在坝子上唱歌，保护代代安康。男女老幼身穿盛装，男吹芦笙，头插鸡尾；女戴银饰。男女排成行，女唱歌，领头歌手站中央，气氛热闹，众人喜洋洋。歌堂中“萨”安坐中央，保护家畜发达，人丁兴旺，五谷丰登，年年丰收。可供研究侗族生活习俗和民间信仰参考。梁普安、陆机香口述，1987年龙图村吴生贤搜集、整理。32开纸2页，58行。收入《中国民间歌谣集成·贵州省黔东南州从江县卷》，从江县民间文学集成编委会1988年编印。（贵州　龙耀宏）

耶进堂和耶消散　侗语南部方言耶歌。流传于湖南通道侗族地区。进歌堂和分别时演唱。进堂的时候，主人先问客人是什么地方的，进堂应该先踩哪一路等，然后客人答。分别时则一起唱，包括念怀、送别、下次相约等内容。对研究侗族民间文学有参考价值。吴家仁、吴庆光、杨培燕、杨培鸾等演唱，吴万源、杨锡笔录、汉译。16开纸48页，672行。收入《民族民间文学资料》第二十八集《通道侗族〈吔〉选（上集）》，湖南省民族事务委员会、中国民族研究会湖南省分会民间文学整理组1980年编印。稿存湖南省通道侗族自治县档案馆。（湖南　陆有智）

散堂耶　侗语南部方言耶歌。流传于湖南、贵州、广西交界侗族地区。歌堂结束时对唱的一组耶歌，是一种仪式歌。先请神灵退场，后请众人散场，最后一首宣布歌堂结束。对研究侗族民间信仰、精神文化生活及传统习俗有参考价值。广西壮族自治区三江侗族自治县八江乡八江村杨雄新、八江乡马胖村吴纯德演唱，1986 年杨雄新笔录、汉译。32 开纸 3 页，56 行。收入《侗族款词耶歌酒歌》（侗汉对译本），三江侗族自治县民间文学三套集成办公室 1987 年编印。

（广西　吴　浩）

散堂耶歌　侗语南部方言耶歌。流传于贵州黎平、从江的“六洞”、“九洞”一带。踩堂歌的结尾歌曲。歌中唱道：“太阳落坡月亮升起来，踩堂歌就要散堂了。我们散堂要请‘萨’先离开，有‘萨’的保佑村寨就像常青的树永不败。保佑大家平安，下次踩堂歌再次把大家请起来。”对研究侗族社交习俗、宗教信仰有参考价值。肇兴陆光培、陆海安演唱，吴定国、杨国仁搜集、整理。32 开纸 5 页，64 行。收入杨国仁、吴定国编《侗族礼俗歌》，贵州人民出版社 1984 年版。

（贵州　龙耀宏）

耶消散　侗语南部方言耶歌。流传于湖南通道侗族地区。采用多个比方，喻意“哆吔”结束的必然经过。对研究侗族民间文化及民俗风情有参考价值。侗族群众演唱，1986 年吴治德、杨焯业等笔录、汉译。16 开纸 16 页，35 行。1986 年由湖南省通道侗族自治县古籍办搜集、整理、译注并打印作为资料保存。稿存湖南省通道侗族自治县文化局。

（湖南　谭少剑）

转堂季节歌　侗语南部方言踩堂歌。流传于贵州黎平肇兴一带。踩堂歌时，当人们赞美“萨岁”的歌唱完后，就换唱季节歌或其他歌曲。季节歌以月份为单位，唱出每个月的冷暖和每个月应该做的农活，提醒人们不要误了农时。对研究侗族社会劳动生活有参考价值。陆光培等口述，吴定国、杨国仁搜集、整理。32 开纸 7 页，138 行。收入杨国仁、吴定国编《侗族礼俗歌》，贵州人民出版社 1984 年版。

（贵州　龙耀宏）

鹞子歌　侗语南部方言踩堂歌。流传于贵州黎平中部潘老一带。踩堂歌时以山中鹞子的生活规律为题，结合每月的生产劳动特点进行盘问对唱，传播劳动知识。对研究侗族习俗及社会生产、生活有参考价值。潘老皮定疆等演唱，闻立振、杨国仁搜集、整理。32 开纸 5 页，82 行。收入杨国仁、吴定国编《侗族礼俗歌》，贵州人民出版社 1984 年版。

（贵州　龙耀宏）

退场耶　侗语南部方言耶歌。流传于湖南通道侗族地区。叙述歌者因学识浅薄，无以继续“哆耶”，准备退场。表现歌者谦恭的情怀。对研究侗族民间文化及民俗风情有参考价值。侗族群众演唱，1986 年吴治德、杨焯业等笔录、汉译。16 开纸 4 页，36 行。稿存湖南省通道侗族自治县文化局。

（湖南　谭少剑）

争份耶　侗语南部方言耶歌。流传于广西三江、贵州榕江、湖南通道侗族地区。女子争取平等的一组耶歌。又名“父母嫁女耶歌”。侗族习俗，男子坐家，女子出嫁。男子可以继承房产、田地、山林等祖传遗产，女子只能在出嫁时带走一些银首饰、布匹、织布机、纺纱机等用具作陪嫁物。该组耶歌，集中反映由这种男女不平等的传统习俗造成的女人的怨气和痛苦。对研究侗族社会生活和财产继承关系有参考价值。广西壮族自治区三江侗族自治县八江乡八江村杨雄新、萨雄刚演唱，1986 年杨雄新笔录、汉译。32 开纸 9 页，180 行。收入《侗族款词耶歌酒歌》（侗汉对译本），三江侗族自治县民间文学三套集成办公室 1987 年编印。

（广西　吴　浩）

十二月　侗语南部方言耶歌。流传于湖南通道侗族地区。唱述一年十二个月二十四节气的农事。对研究侗族习俗有参考价值。杨昌敏演唱，1963 年杨锡笔录、汉译。16 开纸 5 页，50 行。稿存湖南省通道侗族自治县档案馆。

（湖南　陆有智）

十二月耶　侗语南部方言耶歌。流传于广西三江、湖南通道、贵州黎平侗族地区。男女对唱的一组结情耶歌。以十二个月和十二种动物的活动为内容，反复地抒叹情人之间的思恋之情。对研究侗族文学和侗族地区的生产、生活状况有参考价值。广西三江侗族自治县八江乡八江村杨雄新、萨雄刚演唱，1986 年杨雄新笔录、汉译。32 开纸 2 页，24 行。收入《侗族款词耶歌酒歌》（侗汉对译本），三江侗族自治县民间文学三套集成办公室 1987 年编印。

（广西　吴　浩）

十二属相耶　侗语南部方言耶歌。流传于广西三江、湖南通道、贵州黎平、从江、榕江侗族地区。以十二生肖为内容的一组对答耶歌。将十二生肖与年月日互相搭配，与生产、生活内容联系起来，编成耶歌，互相对答。多在春节期间村寨与村寨进行文化交流时演唱。对研究侗族文化与汉文化的交流及侗族文学有参考价值。广西壮族自治区三江侗族自治县八江乡杨雄新、林溪乡吴贵元演唱，1982 年、1986 年杨雄新笔录、汉译。32 开纸 10 页，约 240 行。其中 30 行收入《侗族款词耶歌酒歌》（侗汉对译本），三江侗族自治县民间文学三套集成办公室 1987 年编印；其余存于杨雄新、吴贵元传抄本《侗耶》。

（广西　吴　浩）

春牛耶　侗语南部方言耶歌。流传于湖南、贵州、广西交界侗族地区。春节期间踩歌堂时演唱的一组耶歌。以春牛为对象，运用天干地支及其所属的方位进行预测，祈祝新的一年五谷丰登、六畜兴旺。对研究侗族稻作文化有参考价值。广西壮族自治区三江侗族自治县八江乡塘水村吴功德、杨雄新演唱，1986 年杨雄新笔录、汉译。32 开纸 2 页，24 行。收入《侗族款词耶歌酒歌》（侗汉对译本），三江侗族自治县民间文学三套集成办公室 1987 年编印。

（广西　吴　浩）

上梁歌　侗语南部方言耶歌。流传于湖南通道侗族地区。新屋建造时演唱。包括包梁、用鸡血洒梁、升梁、踩梁、梁上抛粑粑、梁上吃酒、祝贺、安装房门等内容。对研究侗族习俗有参考价值。佚名演唱，李求锡笔录、汉译。16 开纸 7 页，98 行。收入《中国民间歌谣谚语集成·湖南卷·通道县资料本》，通道侗族自治县民间文学集成办公室 1987 年编印。稿存湖南省通道侗族自治县档案馆。

（湖南　陆有智）

结双耶　侗语南部方言耶歌。流传于湖南通道侗族地区。男女对唱，互诉爱慕之情，表白愿结成双对的情感。对研究侗族民间文化及民俗风情有参考价值。侗族群众演唱，1986 年吴治德、杨焯业等笔录、汉译。16 开纸 6 页，44 行。1986 年由通道侗族自治县古籍整理办公室搜集、整理、译注并打印作为资料保存。稿存湖南省通道侗族自治县文化局。

（湖南　谭少剑）

笙多耶　侗语南部方言踩堂歌。流传于侗语南部方言区。叙述侗家村寨的人们吹起芦笙、喜笑颜开共祭“萨”的情景，有“萨”

神保佑，本村的人民才大富大贵。可供研究侗族踩堂歌和民间文学参考。杨志一、郑国乔等搜集、翻译、整理。32 开纸 2 页，侗汉对译 11 行。收入《侗歌三百首》，民族出版社 2002 年版。（贵州　欧俊娇）

挑逗耶　侗语南部方言耶歌。流传于广西三江，湖南通道，贵州黎平、从江侗族地区。青年男女之间进歌堂对唱的一组耶歌。其特点是以夸张的手法进行自嘲，从而挑逗对方，以试探对方的情义和歌才，具有趣味性和文学性。对研究侗族文学有参考价值。广西壮族自治区三江侗族自治县八江乡马胖村吴纯德、八江乡塘水村吴功德演唱，1986 年杨雄新笔录，汉译。32 开纸 2 页，48 行。收入《侗族款词耶歌酒歌》（侗汉对译本），三江侗族自治县民间文学三套集成办公室 1987 年编印。（广西　吴　浩）

结情耶　侗语南部方言耶歌。流传于广西三江、湖南通道、贵州黎平侗族地区。青年男女耶队之间以结情为内容互相对唱的耶歌。分为初识、相恋、结情、互换信物等。对研究侗族的婚恋习俗和文学有参考价值。广西壮族自治区三江侗族自治县八江乡杨雄新、林溪乡吴贵元演唱，1982 年、1986 年杨雄新笔录、汉译。32 开纸 18 页，约 400 行。其中 102 行收入《侗族款词耶歌酒歌》（侗汉对译本），三江侗族自治县民间文学三套集成办公室 1987 年编印；其余存于杨雄新、吴贵元传抄本《侗耶》。（广西　吴　浩）

想约情妹结鸳鸯　侗语南部方言耶歌。流传于广西三江、龙胜，湖南通道，贵州黎平、榕江、从江侗族地区。青年男女耶队对唱的结情耶歌，表达男女间的恋情。如：“十七十八妹是岩头桃花开，工夫丢荒只想把你娶回家。河鲤捉到手里还滑走，定准音芦笙我要稳稳拿。五月插秧九月收谷不怕霜来打，换了信物石缝里头情根扎。撑船上滩但愿急水不把船冲转，我和你呀谁离了谁就像犁丢耙。”侗语称《耶结情》（即《结情耶歌》）。对研究侗族婚恋习俗和文学有参考价值。广西壮族自治区三江侗族自治县八江乡杨雄新、覃友梅演唱，1986 年杨雄新笔录，杨雄新、黄钟警汉译。16 开纸 1 页，30 行。收入农冠品主编《中国歌谣集成·广西卷》，中国社会科学出版社 1992 年版。

（广西　吴　浩）

姑娘叹出嫁　侗语南部方言耶歌。流传于湖南通道侗族地区。姑娘出嫁时所唱悲歌。主要回忆父母生养自己不容易，表达一种不舍父母、不愿出嫁的情感。对研究侗族婚俗有参考价值。黄奉光演唱，李万良笔录，李万良、李才锦汉译。16 开纸 10 页，120 行。收入《中国民间歌谣谚语集成·湖南卷·通道县资料本》。通道侗族自治县民间文学集成办公室 1987 年编印。稿存湖南省通道侗族自治县档案馆。（湖南　陆有智）

岁终耶　侗语南部方言耶歌。流传于广西三江，湖南通道，贵州黎平、从江侗族地区。春节期间踩歌堂时演唱的耶歌。以除旧岁迎新春为主要内容，叙叹人世间的人情冷暖及情人之间的恋情。对研究侗族的精神文化生活有参考价值。广西壮族自治区三江侗族自治县八江乡八江村杨雄新、八江乡马胖村吴纯德演唱，1986 年杨雄新笔录、汉译。32 开纸 4 页，72 行。收入《侗族款词耶歌酒歌》（侗汉对译本），三江侗族自治县民间文学三套集成办公室 1987 年编印。（广西　吴　浩）

（五）礼（习）俗歌

祭祖吃黑米饭歌　侗语南部方言礼俗歌。嫁姑娘时演唱。叙述玉皇大帝创造天，张良、张妹创造了婚姻，创造了月堂让男女青年行歌坐夜。刘美和金瑞是姑表亲，后刘美不嫁金瑞嫁外家，要求夫家用点黑糯米饭辞断金瑞，从此留下了表妹出嫁要用黑米饭招待表哥的习俗。可供研究侗族的婚姻习俗参考。杨成林 1979 年记录，石宗庆 1982 年翻译、整理。32 开纸 9 页，侗汉对译 78 行。收入《民间文学资料》(第七十集)，中国民间文艺研究会贵州分会 1985 年编印。　（贵州　龙耀宏）

今天吉日我祭寨　侗语南部方言拦路礼俗歌。流传于贵州榕江。叙述主人用种种理由阻拦客人进寨，说客人若在吉日进寨，村寨才太平。而客人却说今天是吉日，要进寨。可供研究侗族拦路风俗参考。龙玉成，杨通山搜集、翻译、整理。32 开纸 2 页，侗汉对译 18 行。收入《侗歌三百首》，民族出版社 2002 年版。　（贵州　欧俊姣）

我们正祭寨　侗语南部方言礼俗歌。流传于贵州黎平、从江的“六洞”、“九洞”地区。侗族拦路歌之一。在客人到来时，主寨以种种理由设置障碍，如说寨里生了狗崽要祭寨，祭寨的时候，你们外边的生人不能进入等等。客人则一一答解，说客人来到村寨才吉祥平安。可供研究侗族社会风俗参考。奶兰德、奶坤、关花添等演唱，吴定国记录，杨国仁整理。32 开，6 页，126 行。收入杨国仁、吴定国编《侗族礼俗歌》，贵州人民出版社 1984 年版。　（贵州　龙耀宏）

进寨歌　侗语北部方言白话礼俗歌。流传于贵州剑河大广、小广一带。嫁姑娘时演唱。叙述王、潘、文、杨、龚五姓祖先迁徙到一个叫“冷剩定岑昂”的地方开疆拓土，繁衍后代，定下款约，五姓互为婚姻，代代相传。可供研究侗族历史和婚姻习俗参考。王元江、文兴宪、潘良佐说唱，陈远焯搜集、整理。32 开纸 4 页，170 行。收入《黔东南苗族侗族自治州民间文学资料集》（第一集），黔东南苗族侗族自治州文学艺术研究室 1981 年编印。　（贵州　龙耀宏）

进寨歌　侗语北部方言白话礼俗歌。流传于贵州剑河大广、小广一带。祭祖时唱。叙述王姓祖宗原先居住在浙江的温州，因年成不好远离老家故土，经衡阳迁到沅江边上的黔阳，又沿着清水江迁到坌处、王寨、黄桥、彦洞、沟洞等地居住，最后来到小广与潘家、文家、杨家、龚家和睦相处，共住一寨，互为婚姻。可供研究侗族迁徙史参考。王元江演唱，1980 年陈远焯搜集、整理。32 开纸 3 页，146 行。收入《黔东南苗族侗族自治州民间文学资料集》(第一集)，黔东南苗族侗族自治州文学艺术研究室 1981 年编印。　（贵州　龙耀宏）

进门歌　侗语北部方言礼俗歌。流传于贵州天柱。叙述侗族人在接新娘进入新房时，主人一方的歌手把大门拦上，不让陪来的伴娘们进门，用歌盘问。双方对唱以后，客人对主人家封赠一番乡郎好，才入门进屋。可供研究侗族古代婚礼习俗及民间文学参考。王瑞均、龙玉成搜集、记录、翻译、整理。32 开纸 4 页，110 行。收入《中国民间文学三套集成·贵州天柱县歌谣卷》，天柱县民族事务委员会 1995 年编印。

（贵州　欧俊姣）

迎客歌 侗语南部方言礼俗歌。流传于广西三江侗族地区。宾客进寨或开歌堂时对宾客表示隆重接待的歌。有问讯、试探、迎接、道歉等内容。如："客人还没有到来我们早在盼望，可客人来了我们又感到慌里慌张，去哪里找到龙皮虎皮来给客人坐哟，去哪里找得仙桃仙果来给客人尝……"对研究侗族文学和民俗有参考价值。广西壮族自治区三江侗族自治县独峒乡高定村甫蓓根、奶蓓巳，林溪乡冠洞村奶蓓起等演唱，1980年、1984年吴浩笔录、汉译。16开纸3页，126行。收入农冠品主编《中国歌谣集成·广西卷》，中国社会科学出版社1992年版。

（广西　吴　浩）

问客人你从哪里来 侗族礼俗歌。亦称女子拦路歌。流传于贵州黎平口江一带。是一首反映侗族先民迁徙的古歌，主要内容包括侗族先民迁徙路线、生产斗争、村寨布落、迎亲送客、祭祀活动等。对研究考证侗族族源、演变、生存、发展有参考价值。当地女歌手演唱，杨宗福、吴定邦、张明江1989年记录、记谱，王胜先1990年整理、汉译。32开纸4页，60行。资料先存贵州省黎平县民族歌舞团，后由贵州省艺专（现贵州大学艺术学院）收入《侗歌教学演唱选曲一百首》，贵州民族出版社1991年版。

（贵州　陈乐基）

侗族留客歌 鄂西侗族汉语礼俗歌。流传于湖北恩施芭蕉。讲述侗族人留客的习俗。为侗族人于红白喜事后留客时所唱的歌谣，由主人开堂言感激、敬酒表心意、招待不好表歉意、答谢亲朋送大礼、酒足饭饱再下席、留客别走天下雨、请客安心住下去七部分组成。反映了侗族人好客的习俗和喜事中的特殊礼仪。对研究侗族民风民俗有参考价值。1984年何红侏、李绍钦、李世学演唱，学让记录。32开纸4页，20行。收入《中国歌谣集成·湖北卷·恩施市歌谣分册》，恩施市民间文学三套集成编委会1989年编印。

（湖北　汪晓玲）

请客人进屋 侗语北部方言礼俗歌。流传于贵州天柱高酿、坌处一带。叙述主人借捕鱼之事邀客人进家做客，而客人以不捕鱼委婉谢绝。可供研究侗族礼俗及民间文学参考。龙廷才搜集、记录、翻译、整理。32开纸1页，24行。收入《中国民间文学三套集成·贵州天柱县歌谣卷》，天柱县民族事务委员会1995年编印。

（贵州　欧俊姣）

快快开路让我行 侗语南部方言礼俗歌。流传于贵州黎平、从江交界的"六洞"、"九洞"地区。侗族拦路歌中的开路歌。歌词把客人说成是吴勉手下的军队，有重要军情要进关执行任务，请守关的人（主人）快快开关让卡，以免误军情。可供研究侗族社交习俗参考。"六洞"奶兰德、奶坤、关花添等演唱，吴定国记录、搜集，杨国仁整理。32开纸3页，46行。收入杨国仁、吴定国编《侗族礼俗歌》，贵州人民出版社1984年版。

（贵州　龙耀宏）

问你们 侗语南部方言礼俗歌。流传于贵州黎平、从江的"六洞"、"九洞"地区。侗族拦路歌之一。主人问客人从哪里来，到哪里去，到本寨来做什么，是什么人引路到这里来等；客人一一作答。语言幽默，具有较强的娱乐性。可供研究侗族社交习俗参考。奶兰德、关花添、欧国英等演唱，吴定国记录、搜集，杨国仁整理。32开纸7页，129行。收入杨国仁、吴定国编《侗族礼俗歌》，贵州人民出版社1984年版。

（贵州　龙耀宏）

这路你们不能过 侗语南部方言礼俗歌。流传于贵州黎平、从江交界的“六洞”“九洞”地区。侗族拦路歌之一。主寨用青刺、斗笠、纺纱车、杉树叶等作为路障拦路，并编有歌词问客人，客人一一解答，答对则去掉障碍。语言生动，富有智慧。可供研究侗族社交习俗参考。奶兰德、奶坤、关花添等演唱，吴定国记录、搜集，杨国仁整理。32开纸7页，137行。收入杨国仁、吴定国编《侗族礼俗歌》，贵州人民出版社1984年版。

（贵州 龙耀宏）

你们莫忙把寨进 侗语南部方言礼俗歌。流传于贵州黎平、从江交界的“六洞”“九洞”地区。侗族传统拦路歌之一。主人以歌设问，客人以歌对答，让主人除掉所有的路障，但主人仍不让客人进寨，说苗家走亲人人都抬酒，侗家进场总是有芦笙引，而以客人个个都空着手等理由继续拦路。可供研究侗族社交习俗参考。“六洞”奶兰德、奶坤、关花添等演唱，吴定国记录、搜集，杨国仁整理。32开纸6页，122行。收入杨国仁、吴定国编《侗族礼俗歌》，贵州人民出版社1984年版。

（贵州 龙耀宏）

连手拦在路中间 侗语南部方言拦路歌。流传于湖南通道坪坦一带。男主女客，男唱连手拦在路中间，姑娘要过去唱歌可顶“买路钱”，然后又说不唱歌也可以，但要说出丈夫的名字；女客则唱自己的丈夫与拦路者同名同姓同年庚。可供研究侗族婚俗参考。阿霞搜集、整理。32开纸5页，88行。收入杨国仁、吴定国编《侗族礼俗歌》，贵州人民出版社1984年版。

（贵州 龙耀宏）

拦您朋友架青藤 侗语南部方言拦路歌。流传于湖南通道。叙述女子阻拦男子的去路，并要男子架青藤桥过路，否则就返回家去。男子向女子诉说自己是为了夫妻团圆才从这里过，除了此路，无别的路可走。可供研究侗族习俗参考。杨安柳演唱，吴家荣、吴万源搜集、翻译、整理。32开纸1页，侗汉对译18行。收入《侗歌三百首》，民族出版社2002年版。

（贵州 欧俊娇）

嘎着 侗语南部方言礼俗歌。流传于湖南通道侗族地区。唱述留客人住不要留太多天。对研究侗族民歌有参考价值。石庆玉笔录、汉译。16开纸1页，4行。收入《侗歌集》，通道侗族自治县文化局歌舞乐戏调查组编印。稿存湖南省通道侗族自治县档案馆。

（湖南 陆有智）

拦路歌（嘎哈困一） 侗语南部方言礼俗歌。流传于广西龙胜侗族地区。春节期间或秋后农闲季节，村寨间集体做客（侗语称为“也”），“也队”（客队）进寨或离寨，主寨歌队拦路唱拦路歌。“也队”对赢了才放行。内容为盘问“为也”风俗及“也队”行踪或互相祝福。“也队”离寨，主寨一路送行，几度拦路。离寨后再度拦路，这时大都对唱情歌。对研究侗族礼俗有参考价值。广西壮族自治区龙胜各族自治县平等乡庖田村韦炳光、杨友新演唱，1985年石本忠笔录、汉译。32开纸5页，86行。收入苗延秀主编《广西侗族文学史料》，漓江出版社1991年版；农冠品主编《中国歌谣集成·广西卷》，中国社会科学出版社1992年版。

（广西 石本忠）

拦路歌（嘎哈困二） 侗语南部方言礼俗歌。流传于广西三江，贵州黎平、从江侗族地区。集体做客和接亲时主寨在村口设卡拦客人时所唱的歌。一般是主人问客人答，客人都答对主人的提问才得以进寨。唱的内容先是寨子忌寨，生人进寨“寨不安宁”。再问客从何来，到哪里去，客人来时走了几多步等等。更进一层问到历史、生产、生活知识和礼仪，以至十二生肖、六十甲子。尽量为难客人，让客人无法回答，以此达到娱乐目的。对研究侗族交往习俗及礼俗有一定的参考价值。广西壮族自治区三江侗族自治县同乐乡平溪村韦保平、兰公新耀等演唱，1992 年、2004 年杨开德、韦仁德、韦金保、狄文等用拼音侗文记录，杨开德、覃甫淑汉译。16 开纸 5 页，183 行。载《侗文专刊》1992 年第 1 期（总 7 期）、2004 年第 1 期（总 25 期）。

（广西　吴美莲）

拦路歌（嘎哈困三） 侗语南部方言礼俗歌。流传于广西融水、三江，贵州黎平、从江、榕江侗族地区。迎宾送客时演唱的歌。多用草标、纺织机、渔网等多种器物设置路障，把路拦起来，以每件器物为内容对客人盘问，答对歌解除路障，迎客进寨，或送客离去。歌词既含深情又趣味横生。对研究侗族礼俗和文学有参考价值。广西壮族自治区融水苗族自治县拱洞乡石盛发演唱，1986 年覃继成笔录，石盛发、覃继成汉译。16 开纸 1 页，24 行。以“禁寨”为题，收入农冠品主编《中国歌谣集成·广西卷》，中国社会科学出版社 1992 年出版。

（广西　吴　浩）

拦路歌（嘎哈困四） 侗语南部方言礼俗歌。流传于贵州从江龙图。侗族女子出嫁，男青年进寨去迎亲，却在路上被女主人用树枝拦路，男青年要唱歌解除树枝才能进寨。女方用寨中鸡、鸭孵蛋为借口，说正祭寨，生人不能进。男方对姑娘的问题一一进行回答，一边唱，一边收拾路上的东西，搬除“草把人”，并送姑娘买糖钱才能进寨。主家欢呼，吹起芦笙迎接客人。可供研究侗族社交生活习俗参考。梁普安口述，1982 年腊全村吴生贤搜集、整理。32 开纸 6 页，231 行。收入《中国民间歌谣集成·贵州省黔东南州从江县卷》，从江县民间文学集成编委会 1988 年编印。

（贵州　龙耀宏）

拦路歌（嘎哈困五） 侗语南部方言风情歌。流传于侗语南部方言区。贵客来到，主人要在村口或寨门拦路，然后主客双方对歌，以示热情、隆重。可供研究侗族风情和民间文学参考。龙玉成、杨通山等搜集、翻译、整理。32 开纸 1 页，侗汉对译 8 行。收入《侗歌三百首》，民族出版社 2002 年版。

（贵州　欧俊姣）

出寨拦路歌 侗语南部方言拦路歌。流传于贵州黎平、从江、榕江地区。男客要离开女方村寨，女方拦路留客，又称为留客歌。女方以男客怕老婆要急着回家为由提问，男客则以要回村抢收成为由作答。可供研究侗族社交和生产习俗参考。黎平关生演唱、记录、整理。32 开纸 2 页，36 行。收入杨国仁、吴定国编《侗族礼俗歌》，贵州人民出版社 1984 年版。

（贵州　龙耀宏）

留客歌 侗语北部方言礼俗歌。流传于贵州天柱。客人将离开主家时，主人谦虚地讲唱自家贫寒，房屋不好，甚至漏雨，待客不周感到内疚；心想留客，而条件又不允许，望客不要介意寒舍常往来。而客人感谢主人的盛情款待以及恭贺主人洪福齐天。可供研究侗族礼俗及民间文学参考。龚宗唐翻译、整理。32 开纸 3 页，80 行。收入《中国民间文学三套集成·贵州天柱县歌谣卷》，天柱县民族事务委员会 1995 年编印。

（贵州　欧俊姣）

留客动完八仙棋 侗语北部方言礼俗歌。流传于贵州天柱。主客共进餐饮酒，主敬客酒礼佳，客人赞美主人山珍海味摆满席，恭贺吃乘有余百年长。后主人用打伞留客是假意，挽手留客是真情，上马还酌杜康酒，留客动完八仙棋的真诚之辞热情留客。可供研究侗族礼俗及民间文学参考。周彰义，陈光福演唱，陶光弘搜集、记录、翻译、整理。32 开纸 3 页，72 行。收入《中国民间文学三套集成·贵州天柱县歌谣卷》，天柱县民族事务委员会 1995 年编印。

（贵州 欧俊姣）

上客恭主 鄂西侗族汉语礼俗歌。流传于湖北宣恩张官。唱述侗族婚姻习俗。由告席、贴红、贴花、酒令诗、请酒众和清、取花诗等部分组成，为婚宴中媒人、长者、贵宾之间的答词。内容包括介绍亲人成婚经过，对新婚夫妇未来美好生活进行祝福，内容广博、含义深远。反映了侗乡人深厚的人文传统底蕴。对研究侗族的婚嫁习俗和人文传统有参考价值。1986 年姚祖树、记录。16 开纸 8 页，5 行。收入姚祖瑞编《宣恩侗乡民间歌谣集》，姚祖瑞 2001 年编印。

（湖北 汪晓玲）

安席辞、答安席辞 鄂西侗族汉语礼俗歌。流传于湖北宣恩。讲述侗族人安席的习俗。“安席辞”、“答安席辞”是侗族人民在红白喜事中坐席时主人和客人相互对答的一种辞，以讲唱形式，按当地习俗进行叙述，内容广泛、语言生动、含意隽永。反映了侗族人好客的性格，体现了侗族红白喜事中的礼仪。对研究侗族习俗有参考价值。1980 年陈松柏演唱，陈开梅记录。32 开纸 2 页，82 行。收入《中国歌谣集成·湖北卷·宣恩县歌谣分册》，宣恩县文化局 1989 年编印。

（湖北 龙顺成）

席上陪高亲辞 鄂西侗族汉语礼俗歌。流传于湖北宣恩晓关长潭河。是侗族在结婚大喜之日，陪高亲宴席上的讲唱辞，由高亲辞和高亲答辞两部分组成，体现了侗族热情接待高亲的礼俗，是一种形式古老、语言风格别致的仪式歌。对研究侗族习俗有参考价值。1986 年陈松柏演唱，陈开梅记录。32 开纸 3 页，46 行。收入《中国歌谣集成·湖北卷·宣恩县歌谣分册》，宣恩县文化局 1989 年编印。

（湖北 龙顺成）

高亲回家时宾主对答辞 鄂西侗族汉语礼俗歌。流传于湖北宣恩晓关长潭河。反映侗族人新婚时宾主对歌的习俗。为侗族人新婚时所唱的仪式歌，以宾主对唱的形式展开，宾主之间互相祝福。反映了侗族人对美好生活的向往与追求，体现了侗族人崇尚礼仪的习俗。对研究侗族的风俗习惯有参考价值。1986 年陈松柏演唱，陈开梅记录。32 开纸 4 页，82 行。收入《中国歌谣集成·湖北卷·宣恩县歌谣分册》，宣恩县文化局 1989 年编印。

（湖北 龙顺成）

送客出门歌 侗语南部方言礼俗歌。流传于广西三江、龙胜，湖南通道，贵州黎平、榕江、从江侗族地区。酒宴结束后送客人出门时唱的歌。主客对唱，内容为礼让、道谢、邀约、应约、送别、道别等。对研究侗族的礼俗有参考价值。广西壮族自治区三江侗族自治县独峒乡高定村吴银玉、独峒乡干冲村吴老庙演唱，1982 年吴浩笔录、汉译。32 开纸 3 页，80 行。收入广西柳州民族中专吴浩采录本《侗族酒歌》。（广西 吴 浩）

送客翻山歌 侗语南部方言礼俗歌。流传于广西三江侗族地区。送客到半路时对唱的歌。以翻山越岭为抒发情感的主要对象，再次互相对唱，加深主客双方的情谊。对研究侗族的礼俗有参考价值。广西壮族自治区三江侗族自治县独峒乡高定村吴银玉、独峒乡干冲村吴老庙演唱，1982 年吴浩笔录、汉译。32 开纸 4 页，120 行。收入广西柳州民族中专吴浩采录本《侗族酒歌》。

（广西　吴　浩）

送客过水歌　侗语南部方言礼俗歌。流传于广西三江侗族地区。送客送到溪河边时对唱的歌。以流水为抒发情感的主要对象，主客双方再次对唱，体现流水不断，情谊不断。对研究侗族的礼俗有参考价值。广西壮族自治区三江侗族自治县独峒乡高定村吴银玉、独峒乡干冲村吴老庙演唱，1982 年吴浩笔录、汉译。32 开纸 4 页，120 行。收入广西柳州民族中专吴浩采录本《侗族酒歌》。

（广西　吴　浩）

好酒喝得龙王醉　侗语南部方言礼俗歌。流传于广西罗城侗族地区。主人给客人敬酒，客人唱此歌作答谢。表现客人对主人的赞颂和谢意，赞其酒醇香浓烈，连河里的龙王喝了也会醉倒三天三夜。对研究侗族民俗有参考价值。广西壮族自治区罗城仫佬族自治县龙岸乡侗难村石四妹演唱，1981 年梁瑞光笔录、汉译。16 开纸 1 页，10 行。以《好酒喝得龙王醉》为题收入农冠品主编《中国歌谣集成·广西卷》，中国社会科学出版社 1992 年版。

（广西　吴　浩）

开缸颂辞　侗语南部方言礼俗歌。流传于广西龙胜侗族地区。广西龙胜平等蒙洞、硬州侗族地区，过去在婚宴上要举行开缸仪式。当男方族人抬来陈年佳酿时，男女双方各推一位长者致开缸颂辞。颂辞内容大致为赞颂两方遵循古制结为亲家，祝愿一对新人和睦相处，百年偕老。有的还加上两家互相奉承的内容。开缸仪式结束后，主客开怀畅饮。对研究侗族婚俗及民间交往有参考价值。广西壮族自治区龙胜各族自治县平等乡新元村侯万能演唱，1986 年石本忠、杨海标笔录、汉译。32 开纸 2 页，28 行。收入《中国歌谣集成·广西卷·龙胜资料本》，龙胜各族自治县民间文学三套集成办公室 1986 年编印。

（广西　石本忠）

执壶歌　鄂西侗族汉语礼俗歌。流传于湖北宣恩晓关。描绘侗族人民热情好客的性格。为侗族人喜事席上所唱的劝酒歌，以讲唱形式描述侗族人民的热情好客，反映侗族人好客和劝酒的习俗。对研究侗族民风民俗有参考价值。1986 年陈松柏演唱，陈开梅记录。32 开纸 1 页，8 行。收入《中国歌谣集成·湖北卷·宣恩县歌谣分册》，宣恩县文化局 1989 年编印。

（湖北　龙顺成）

酒歌　侗语南部方言礼俗歌。流传于广西三江侗族地区。在婚宴或重大迎宾酒宴上唱的酒歌，以礼俗为主要内容。主问客答，涉及祭祖、婚嫁、迎宾、庆典等方面的礼俗。对研究侗族的礼俗有参考价值。广西壮族自治区三江侗族自治县独峒乡干冲村吴行松、独峒乡高定村吴银玉等演唱，吴浩笔录、汉译。32 开纸 8 页，200 行。其中一部分收入《侗族款词耶歌酒歌》（侗汉对译本），三江侗族自治县民间文学三套集办公室 1987 年编印；其余收入广西柳州民族中专吴浩采录本《侗族酒歌》。

（广西　吴　浩）

酒令歌　侗语南部方言礼仪歌。流传于贵州从江。男、女对唱。女劝男喝干这一杯，翻山越岭妹跟随，劝哥喝双杯，愿意与哥做对燕子双双飞，要哥别处有花哥莫采，妹家栽有一枝梅，表达自己的心意；哥则谦说自己不能喝酒，夸赞妹妹精明能干，愿与妹妹展翅一齐飞。可供研究侗族生活习俗参考。包惠玉搜集、整理。32 开纸 2 页，44 行。收

入《中国民间歌谣集成·贵州省黔东南州从江县卷》，从江县民间文学集成编委会1988年编印。（贵州　龙耀宏）

侗族酒歌（嘎靠一） 侗语南部方言礼俗歌。流传于贵州从江。侗族节日或办喜事开饭前的习俗，唱开席歌和晚辈敬长辈歌。开席歌以主、客对唱出现。侗族请客吃饭前，主人把自家用的东西（如火钳、芦笙、斗笠等）放在桌上，客人需根据桌上物品唱歌一一回答，答对才捡去桌上物品，直到捡完才开饭。晚辈敬长辈歌在晚辈敬长辈酒时唱，相互夸赞，晚辈祝愿长辈身体健康。可供研究侗族生活习俗参考。梁普安、陆礼香口述，吴生贤搜集、整理。32开纸6页，142行。收入《中国民间歌谣集成·贵州省黔东南州从江县卷》，从江县民间文学集成编委会1988年编印。（贵州　龙耀宏）

侗族酒歌（嘎靠二） 侗语南部方言礼俗歌。流传于贵州榕江七十二寨。由“嫌人莫嫌饭和酒”、“妹不嫌弃请再来”两组歌组成，从中可了解到侗族人民在喜庆及社交等活动中的敬酒礼仪和习俗。对研究侗族酒文化有参考价值。林泽芝等演唱，1982年杨国才笔录，杨国才汉文直译，杨胜贵汉文意译。16开纸20页，220行。汉文意译部分收入杨国仁、吴定国编《侗族礼俗歌》，贵州人民出版社1984年版。（贵州　杨国良）

侗族酒歌（嘎靠三） 侗语南部方言礼俗歌。流传于贵州从江。男女酒桌上吃饭时对唱，双方以兄、妹相称，都以“青菜叶子青，百草逢春发芽，油菜花开”等开头。哥称赞妹妹聪明能干，心灵手巧，酒量大；妹劝哥饮干酒，夸哥唱歌使人动心魂，人爱听，句句良言暖心怀，劝哥饮干这杯酒，祝他“子孙百代昌”。可供研究侗族生活习俗参考。郑光兰口述，石彦章1982年于皮林村搜集、整理。32开纸3页，105行。收入《中国民间歌谣集成·贵州省黔东南州从江县卷》，从江县民间文学集成编委会1988年编印。（贵州　龙耀宏）

送酒辞 鄂西侗族汉语礼俗歌。流传于湖北宣恩晓关长潭河。是侗族在红白喜事中进行讲唱的一种仪式歌，内容丰富、语言生动。反映了侗族人民热情好客的性格，体现了侗族喜事中的礼仪与习俗。可供研究侗族风俗习惯参考。1986年陈松柏演唱，陈开梅记录。32开纸2页，22行。收入《中国歌谣集成·湖北卷·宣恩县歌谣分册》，宣恩县文化局1989年编印。（湖北　龙顺成）

赞筵歌 侗语北部方言礼俗歌。流传于贵州天柱。客人到主人家，主人谦虚地说唱自家寒酸，客人到来感到很窘迫，用粗茶淡饭招待客人而感到内疚。而客人感谢主人的盛情款待，赞美主人的美味佳肴，同时也赞美主人仁义好并安慰主人：仁义好来水也甜，朋友仁义值千斤。可供研究侗族礼俗及民间文学参考。龚宗唐搜集、记录、翻译、整理。32开纸5页，160行。收入《中国民间文学三套集成·贵州天柱县歌谣卷》，天柱县民族事务委员会1995年编印。

（贵州　欧俊姣）

敬宾客歌 侗语南部方言礼俗歌。流传于广西三江、龙胜，湖南通道，贵州黎平、榕江、从江侗族地区。在酒宴上演唱的歌。根据宾客的不同身份而有相对应的歌词。分为敬贵人（官人、头人、款首）、敬贤人（歌师、款师、教师、地理先生以及各种工匠）、敬朋友（男友、女友）等数十首。对研究侗族社会的礼俗及人际关系有参考价值。广西壮族自治区三江侗族自治县独峒乡干冲村吴老庙、吴行松、吴月銮等演唱，1986 年吴浩笔录、汉译。32 开纸 5 页，180 行。收入广西柳州民族中专吴浩采录本《侗族酒歌》。

（广西　吴　浩）

答谢朋友歌　侗语北部方言礼俗歌。流传于贵州天柱。讲唱主人在患难之时常得到朋友的帮助而感激不尽，无从报答朋友的救难之恩。朋友却谦虚地讲唱自己只会帮主人吃饭，所帮的忙微不足道，且朋友之间就应该互相帮助，有福同享，有难同当。可供研究侗族礼俗及民间文学参考。龚宗唐搜集、记录、翻译、整理。32 开纸 8 页，304 行。收入《中国民间文学三套集成·贵州天柱县歌谣卷》，天柱县民族事务委员会 1995 年编印。

（贵州　欧俊娇）

辞别辞　侗语北部方言地区汉语礼俗歌。流传于贵州三穗侗族地区。歌词内容包括：辞酒；辞人；辞思；辞伴；辞良；辞花；辞意；辞走；辞友；辞真。可供研究侗族民间文学参考。曾庆云提供书面资料，周昌武、吴展明搜集、整理。32 开纸 2 页，48 行。收入《侗族文学资料》第三集（三穗县专集），《侗族文学史》编写组 1984 年编印。

（贵州　龙耀宏）

从前结亲在高杯　侗语北部方言婚礼歌。流传于贵州剑河。讲唱从前结亲在高杯（地名），一复一日，路途遥远，而革新后大家结亲在本寨，夫妻也恩爱。可供研究侗族婚姻习俗和民间文学参考。王棠花演唱，龙玉成、杨通山搜集、整理、汉译，32 开纸 1 页，8 行。收入《侗歌三百首》，民族出版社 2002 年版。

（贵州　欧俊娇）

从前结亲在哈达　侗语北部方言婚礼歌。流传于贵州剑河。讲唱从前结亲在哈达，路远外孙难走外公家，整日翻山都难走到，大家才折犁换成耙（寨内亲）。可供研究侗族婚姻习俗和民间文学参考。王棠花演唱，龙玉成、杨通山搜集、整理、汉译，32 开纸 1 页，8 行。收入《侗歌三百首》，民族出版社 2002 年版。

（贵州　欧俊娇）

还未过年先迎客　侗语南部方言拦路歌。流传于侗语南部方言区。讲唱还没有过年也还没有到女子出嫁的时候，客人就来到主人寨，问客人是否来访本寨，若是来访将留客款待且留客对歌。客人回应是来访寨，可惜唱歌太长人又愚笨，对不上主人的歌。可供研究侗族民间习俗和民间文学参考。公玉芬演唱，吴汉客、吴云清、奶文搜集、整理、汉译。32 开纸 2 页，侗汉对译 35 行。收入《侗歌三百首》，民族出版社 2002 年版。

（贵州　欧俊娇）

捆对草标堵寨头　侗语南部方言拦路歌。流传于侗语南部方言区。女子用草标堵寨头，捆红带阻寨门。草标堵寨，寨太平，红带阻门而迎众亲。男子向女子诉说，他们吹着芦笙进寨，寨太平，唱歌进寨是为了求亲，翻山越岭来到门前是一心一意邀妹妹结亲。可供研究侗族民间习俗和民间文学参考。龙天福演唱，吴浩搜集、整理、汉译。32 开纸 2 页，侗汉对译 18 行。收入《侗歌三百首》，民族出版社 2002 年版。

（贵州　欧俊娇）

今天你来走了几百步　侗语南部方言拦路歌。流传于广西三江。男问女答，女方回答她们一天走了几百步，跟丈夫碓上舂米舂了几百回，三百铜钱有几百字，蜈蚣螃蟹有几条腿，河中蛟龙有多少鳞，鲤鱼有几百只眼等问题。可供研究侗族民间习俗和民间文学参考。韦保平、韦庆西演唱，公心灵搜集、整理、汉译。32 开纸 3 页，侗汉对译 43

行。收入《侗歌三百首》，民族出版社 2002 年版。（贵州　欧俊娇）

你来买马还是牛　侗语南部方言拦路歌。流传于广西三江。主人问客人是来买马还是来买牛，买牛买马为何不带相应的工具等等，客方一一作答。可供研究侗族民间习俗和民间文学参考。公兰新演唱，杨金保、杨开德搜集、整理、汉译。32 开纸 2 页，侗汉对译 28 行。收入《侗歌三百首》，民族出版社 2002 年版。（贵州　欧俊娇）

你说什么坐在先　侗语南部方言拦路歌。流传于广西三江。以问答的形式叙述用餐时是饭桌坐在先，再备板凳后面坐，板凳后坐先起身，桌子先坐后起来。可供研究侗族民间习俗和民间文学参考。石秋利、甫光汉搜集、整理、汉译。32 开纸 2 页，侗汉对译 16 行。收入《侗歌三百首》，民族出版社 2002 年版。（贵州　欧俊娇）

你说哪样音调低　侗语南部方言拦路歌。流传于广西三江。以问答的形式叙述鼓的音调低，芦笙的音调高，香烟味道如父母，木叶声音动情人。可供研究侗族民间习俗和民间文学参考。石秋利、甫光汉搜集、整理、汉译。32 开纸 1 页。侗汉对译 16 行。收入《侗歌三百首》，民族出版社 2002 年版。（贵州　欧俊娇）

你见何物口朝地　侗语南部方言拦路歌。流传于湖南通道。以问答的形式叙述锄头是口朝地，水桶是口朝天，门闩只有半边锁，锁只有半边鼻子。可供研究侗族民间习俗和民间文学参考。杨艺秋、杨庆文演唱，吴万源搜集、整理、汉译。32 开纸 1 页，侗汉对译 16 行。收入《侗歌三百首》，民族出版社 2002 年版。（贵州　欧俊娇）

你见何物黑如炭　侗语南部方言拦路歌。流传于湖南通道。以问答的形式叙述山头乌鸦黑如炭，鹭鸶白如棉，河边水鸦长花斑，寨边喜鹊脖颈有花圈。可供研究侗族民间习俗和民间文学参考。杨艺秋、杨庆文演唱，吴万源搜集、整理、汉译。32 开纸 2 页，侗汉对译 17 行。收入《侗歌三百首》，民族出版社 2002 年版。（贵州　欧俊娇）

留你一夜非一年　侗语南部方言送客拦路歌。流传于湖南通道。讲唱主人留客人多住一夜非一年，若留住一年怕客人的妻子骂他六十年。可供研究侗族民间习俗和民间文学参考。杨锡演唱，吴万源搜集、整理、汉译。32 开纸 1 页，侗汉对译 8 行。收入《侗歌三百首》，民族出版社 2002 年版。（贵州　欧俊娇）

开亲歌　侗族北部方言礼俗歌。流传于贵州岑巩的思旸、注溪等地。主要讲唱一年中各个月份开亲的特征："正月开亲是新春，二月开亲二月来，三月开亲艳阳天，四月开亲四月忙，五月开亲到端阳，六月开亲热腾腾，七月开亲天气凉，八月开亲桂花开，九月里来好开亲，十月开亲凉飕飕，冬月开亲是寒冬，腊月开亲得一年。"可供研究侗族婚庆习俗和天文节气参考。刘福菊口述，卢笛、王才翻译、搜集、整理。32 开纸 1 页，336 字。收入《中国民间文学三套集成·岑巩县卷》，岑巩县民间文学三套集成办公室 1990 年编印。（贵州　欧俊娇）

交亲歌　侗语北部方言礼俗歌。流传于贵州岑巩思旸、大有、注溪等地。歌词有："亲家相聚坦言相对，杯酒交替表达情意。如今愚妹到贵府，样样都不懂，家务做得慢且针线打不成，幸得亲家待妹真，好言劝妹多学习，待老要有孝心，妯娌之间相处好，免得父母挂心，勤俭节约把家持，对得起亲家不嫌弃。”“亲家句句讲真言，姑娘已是我家人，共甘同苦与妹过，吃穿与妹连，请妹家人千万放心，寒门愧对亲家人。”可供研究侗族婚礼习俗参考。刘福菊口述，路笛、季雨搜集、翻译、整理。32 开纸 3 页，49 行。收入《中国民间文学三套集成·岑巩县卷》，岑巩县民间文学三套集成办公室 1990 年编印。（贵州　欧俊姣）

婚礼歌　侗语北部方言礼俗歌。流传于贵州天柱。包括求娘说个闹洋洋、肚内无才难部郎、望娘赶快开城门、恭贺主家万年长、跟你学乖进歌堂、又到主家门前行、约郎（娘）唱、三日好事今日满等部分。可供研究侗族婚礼习俗及民间文学参考。吴国滔、龙玉成等搜集、记录、翻译、整理。32 开纸 29 页，1305 行。收入《中国民间文学三套集成·贵州天柱县歌谣卷》，天柱县民族事务委员会 1995 年编印。（贵州　欧俊姣）

接亲歌　侗语北部方言礼俗歌。流传于贵州天柱。包括预贺来年生贵子、感谢主东仁义深、双手端杯敬贵客、自古良缘由夙缔、一切简慢贵客人、兄弟举杯齐贺主、不会唱歌难开腔、鸾凤和鸣在今天等部分。可供研究侗族婚礼习俗和民间文学参考。杨通贤、杨秀生等搜集、记录、翻译、整理。32 开纸 16 页，533 行。收入《中国民间文学三套集成·贵州天柱县歌谣卷》，天柱县民族事务委员会 1995 年编印。（贵州　欧俊姣）

迎接皇客进屋歌　侗语北部方言礼俗歌。流传于贵州岑巩。讲唱侗家人办喜事，主人以红书迎客，希望客人到中堂，如有不知礼之处请宽恕。彩对礼炮迎亲朋好友，客人祝贺新人夫妻百年长，主人家张灯结彩礼义文明一点也不差，自己却见老见少缺少问候语。可供研究侗族婚俗参考。刘福菊口述，卢笛、万物翻译、搜集、整理。32 开纸 1 页，8 行。收入《中国民间文学三套集成·岑巩县卷》，岑巩县民间文学三套集成办公室 1990 年编印。（贵州　欧俊姣）

迎接皇客仪式歌　侗语北部方言礼俗歌。流传于贵州岑巩各地。客人谦虚地表示自己肚内无墨口才又笨，把空心萝卜当作招牌，刚捡的歌曲唱不全，自己就像笋子一样，节节当中是空心，还好有主人这样的能人做朋友。主人与客相比就像山雀与凤凰，吃茶遇到朝天辣，自愧席上无好茶，全是表菜皮，毛草烤火怕烧了客的衣，脏被条、硬板床望客莫外传。客人表示自己好比马桑与麻雀，看到主人家筵席办得好，自家穷得没法比。主人赞美客人看得起，自家的耗子、猫狗、羊子、野鸭、鸡都变了地位，桌椅板凳脏了客人的衣服客人也不在乎。可供研究侗族婚俗参考。卢笛、万物翻译、搜集、整理。32 开纸 4 页，汉译文 80 行。收入《中国民间文学三套集成·岑巩县卷》，岑巩县民间文学三套集成办公室 1990 年编印。（贵州　欧俊姣）

给皇客祝酒歌　侗语北部方言酒礼歌。流传于贵州岑巩。歌词大意为：侗家人亲家相聚一堂，酒杯端到客人面前，感谢送来一只凤，一路辛苦用酒歌敬表示一个情，一切都在酒杯中，不管怎样都不能忘记舅婆家，此时只有淡酒蔬菜陪客；客人感谢主人家，酒香人也好，女儿就像到好养鱼塘，周火之礼有不周到的要请各位多海涵。可供研究侗族婚俗参考。刘福菊口述，卢笛、季雨搜集、整理、汉译。32 开纸 3 页，汉文 50 行。收入《中国民间文学三套集成·岑巩县卷》，岑巩县民间文学三套集成办公室 1990 年编印。（贵州　欧俊姣）

客套席歌　侗语北部方言酒礼歌。流传于贵州岑巩。侗家人来了亲戚朋友，就忙做好吃的招待客人，客人表示感谢主人："借酒喝歌祝贺贵府，饭菜弄得香喷喷，猪肝腰子来招待，贵府酒席办得好，回去传传厨师的名操作。"可供研究侗族婚俗参考。刘福菊口述，路笛、寄雨搜集、整理、汉译。32 开纸 1 页，汉文 20 行。收入《中国民间文学三套集成・岑巩县卷》，岑巩县民间文学三套集成办公室 1990 年编印。

（贵州　欧俊姣）

请皇客坐席歌　侗语北部方言酒礼歌。流传于贵州岑巩思旸、大有、注溪等地。歌词道："客人到来不要嫌，家里难得有客人，好比金鸡飞进来，牡丹也别忘了采，酒杯清了又清，请客人饮杯酒。不管家里被窝与枕头，不管茅草盖屋，不管吃饭摆的板凳，不管泥巴酒壶清水，简陋了客人不要把丑相向外说。""主人待客真周到，席上摆的炖、蒸和炸菜，妹到你家我放心，嫁妆少得只有被窝与枕头，一乡难找这一家。肉饱酒醉回到了家，难忘亲家待客诚。"可供研究侗族婚俗参考。刘福菊口述，路笛、万物搜集、整理、汉译。32 开纸 4 页，汉文 114 行。收入《中国民间文学三套集成・岑巩县卷》，岑巩县民间文学三套集成办公室 1990 年编印。

（贵州　欧俊姣）

圆亲歌　侗语北部方言礼俗歌。流传于贵州岑巩思旸、大有、天马等地。讲唱男女青年喜结良缘，喝过交杯酒成为一双幸福的鸳鸯。洞房里烛光照着嫁妆，象牙床与尼龙帐，撒豆明年生贵子，豆子就是孩子，豆子落地个个成器。可供研究侗族婚庆习俗参考。刘福菊口述，路笛、万物搜集、翻译、整理。32 开纸 1 页，汉译文 20 行。收入《中国民间文学三套集成・岑巩县卷》，岑巩县民间文学三套集成办公室 1990 年编印。

（贵州　欧俊姣）

拜堂歌　侗语南部方言礼俗歌。流传于广西三江侗族地区。新郎新娘拜堂时由主持人唱的歌，内容主要为祝词。侗族婚礼，多数地区没有拜堂仪式。但与汉族杂居的地区，即有此仪式，是青年男女为了取乐，仿照汉族拜堂而戏弄新郎新娘的嬉戏，通常是主持人（青年人推一人充当主持）唱罢拜堂歌后，嬉戏开始。对研究侗族婚俗有参考价值。广西壮族自治区三江侗族自治县良口乡晒江村龙天福演唱，1986 年吴浩笔录、汉译。16 开纸 1 页，18 行。收入农冠品主编《中国歌谣集成・广西卷》，中国社会科学出版社 1992 年版。

（广西　吴　浩）

闹新房词　侗语北部方言礼俗歌。流传于贵州岑巩思旸、大有、天马等地。歌词大意为：在天地之间，日月高照，佳偶在黄道吉日成婚，新婚之夜睡新床；我们去闹新房，贺喜两人永远离不脱，白发到老，早添贵子，鞭炮连天，夫妻团圆，盘中糖果满，四方高级烟，明天甜酒更加甜。可供研究侗族婚俗参考。刘福菊口述，路笛、万物搜集、翻译、整理。小 32 开纸 2 页，汉译文 28 行。收入《中国民间文学三套集成・岑巩县卷》，岑巩县民间文学三套集成办公室 1990 年编印。

（贵州　欧俊姣）

贺新郎歌　侗语北部方言礼俗歌。流传于贵州岑巩思旸、大有、注溪等地。歌词大意为：侗家新郎新婚之日，堂中酒席摆得好，新郎敬酒我不敢当，大小酒杯请存好；新郎新娘情义重，祝愿夫妻恩爱永结同心；你们好比十五月团圆，新人递酒我不敢尝。可供研究侗族婚礼习俗参考。刘福菊口述，路笛、季雨搜集、翻译、整理。32 开纸 1 页，

20行。收入《中国民间文学三套集成·岑巩县卷》，岑巩县民间文学三套集成办公室1990年编印。（贵州　欧俊姣）

六亲客娶亲歌　侗语南部方言礼俗歌。流传于湖南靖州藕团、平茶一带。内容较广泛，包括出寨门歌、到女家寨门歌、送担接担回寨歌等。对研究侗族婚娶风俗有参考价值。潘在华、潘在荣演唱，1964年龙运章笔录。16开纸6页，72行。收入《靖州侗族民歌选集》。（湖南　龙立明）

娶亲酒歌　侗族汉语礼俗歌。流传于贵州玉屏。娶亲酒歌11首，包括接亲、送客、辞主人、吃夜筵、孝敬公婆等。对研究侗族民间习俗有参考价值。吴忠菊、杨明秀、吴继忠、杨东元、杨能长、杨秀之等演唱，蒋仁晏记录。32开纸478行。稿存贵州省玉屏侗族自治县民族宗教局。（贵州　陈昌文）

娶亲礼词　鄂西侗族汉语礼俗歌。流传于湖北宣恩八台。由“站在堦檐上”和“大门外主讲”两部分组成。为男方到女方行娶亲礼时所致词，其中“站在堦檐上”主要是报佳辰良期，“大门外主讲”对新娘家进行赞扬，并劝新娘开心出嫁。反映了侗乡人对美好婚姻生活的向往。对研究侗乡的婚嫁形态有参考价值。2001年龙永培演唱，姚祖瑞记录。16开纸1页，13行。收入姚祖瑞编《宣恩侗乡民间歌谣集》，2001年编印。

（湖北　汪晓玲）

告席礼词　鄂西侗族汉语礼谷歌。流传于湖北宣恩八台。为陪客在新婚宴上向双方家长、所在宾客所致的告席礼词。致词者首先说明致词缘由和新贵人的来历，然后报出女方打发陪客的具体情况，最后请新贵人的长辈入席。反映了侗乡人对婚嫁仪式的重视。对研究侗族的婚嫁形态有参考价值。2001年姚祖瑞记录。16开纸4页，41行。收入姚祖瑞编《宣恩侗乡民间歌谣集》，2001年编印。（湖北　汪晓玲）

结婚披红插花演讲词　鄂西侗族汉语礼俗歌。流传于湖北宣恩会口。由“开台词”和“披红插花词”两部分组成。为结婚披红插花时太家公、家公或舅父所演讲的歌谣。主要是恭喜新人地久天长，恭贺新郎金榜题名、洞房花烛，讲唱披红插花的来历。反映了亲朋好友对于新婚夫妇的良好祝福。对研究侗族的婚嫁习俗具参考价值。1986年姚祖瑞记录。16开纸2页，22行。收入姚祖瑞编《宣恩侗乡民间歌谣集》，2001年编印。（湖北　汪晓玲）

婚礼贺词　鄂西侗族汉语礼俗歌。流传于湖北宣恩会口。为祝贺婚礼、祝福新婚夫妇而唱。贺词恭祝新娘新郎荣华富贵，儿孙兴望，共有十贺。反映了侗乡人们对新人美好婚姻生活的祝福。对研究侗族的婚嫁习俗和价值观念有参考价值。1949年姚绍丕演唱，姚祖瑞记录。16开纸1页，8行。收入姚祖瑞编《宣恩侗乡民间歌谣集》，2001年编印。（湖北　汪晓玲）

仪式吉语　侗族汉语方言吉语。流传于贵州玉屏。包括：侗族建安六合门举行开财门仪式讲的吉语；每年新春元宵节玩龙灯时，讲的祝贺词；侗族男性结婚在新娘进门时，为避邪举行四喜神仪式而讲的吉语。吴吉玉等演唱，蒋仁晏记录、整理。页面18cm×26cm，52页，179行。稿存贵州省玉屏侗族自治县民族宗教局。（贵州　陈昌文）

嫁歌　侗族汉语礼俗歌。流传于贵州玉屏。侗族嫁歌分为出嫁歌与伴嫁歌。主要表达与亲朋好友离别之情。对研究侗族的婚礼习俗有参考价值。吴继忠、邓满妹、田三妹、杨明秀、吴月仙等演唱，蒋仁晏记录。32 开纸 43 页，560 行。稿存贵州省玉屏侗族自治县民族宗教局。（贵州　陈昌文）

嫁女歌　侗语北部方言礼俗歌。流传于贵州天柱。包括”父母恩深难分离”、“好月好时分花秧”两部分。可供研究侗族婚嫁礼俗及民间文学参考。王瑞均、欧阳家泉等搜集、记录、翻译、整理。32 开纸 3 页，83 行。收入《中国民间文学三套集成·贵州天柱县歌谣卷》，天柱县民族事务委员会 1995 年编印。（贵州　欧俊姣）

伴嫁歌　侗语北部方言礼俗歌。流传于贵州岑巩注溪、龙田、平庄等地。歌词大意为：侗家人女子长大要出嫁，男子长大要娶亲，好言相祝姐妹婚后做事要细心，孝敬公婆，敬爱丈夫，遇事多商量，勤俭持家，团结老少；姐妹相劝，新娘永记在心。可供研究侗族婚礼习俗和伦理道德参考。杨昌耀口述，晏晓明翻译、搜集、整理。32 开纸 1 页，210 字。收入《中国民间文学三套集成·岑巩县卷》，岑巩县民间文学三套集成办公室 1990 年编印。（贵州　欧俊姣）

伴嫁歌　侗语北部方言礼俗歌。流传于贵州岑巩、三穗、玉屏等地。歌中唱道：“梔子开花八瓣新，一心要请姑娘们，要请姑娘来伴嫁，大家伴嫁到发亲。梔子开花八瓣白，一心要请姑娘客，要请姑娘来伴嫁，大家伴嫁到天白。”可供研究侗族婚嫁习俗参考。张珍口述，龙明光翻译、搜集、整理。32 开纸 1 页，8 行。收入《中国民间文学三套集成·岑巩县卷》，岑巩县民间文学三套集成办公室 1990 年编印。（贵州　欧俊姣）

伴嫁歌　侗语北部方言礼俗歌。流传于贵州天柱。包括劝妹不要太伤心、娘怀十月真辛苦、姊妹歌、妹去他家千般好、十二送妹、十二想娘、哥要留妹也无法、姊妹亲、邀起姊妹唱支歌、嫁妹嫁到岩头弯等。可供研究侗族婚礼习俗及民间文学参考。龙范亭、陶光弘等搜集、记录、翻译、整理。32 开纸 12 页，476 行。收入《中国民间文学三套集成·贵州天柱县歌谣卷》，天柱县民族事务委员会 1995 年编印。（贵州　欧俊姣）

伴嫁歌　侗语北部方言地区汉语礼俗歌。流传于贵州三穗侗族地区。在妹妹出嫁前演唱。一是用十种劝唱的方式为姐妹唱；二是唱述每年没婚姻时的日常生活；三是祝福妹妹婚姻美满。可供研究侗族婚姻习俗和民间文学参考。周礼松提供资料，王国华搜集、整理。32 开纸 3 页，120 行。收入《侗族文学资料》第三集（三穗县专集），《侗族文学史》编写组 1984 年编印；《黔东南苗族侗族自治州民间文学资料集》（第一集），黔东南苗族侗族自治州文学艺术研究室 1981 年编印。（贵州　龙耀宏）

伴嫁歌　侗语北部方言地区汉语礼俗歌。流传于湖南、贵州交界的雪洞、凳寨一带。从两个方面讲唱：一是爹娘苦。姑娘出嫁临行前以同辈代唱的方式，唱出父母抚养子女的辛酸，以及离别的痛苦。二是劝妹歌。用十二种唱法叮嘱妹到婆家的为人处事道理。可供研究侗族婚姻习俗和伦理道德参考。王国华搜集、整理。32 开纸 4 页，104 行。收入《侗族文学资料》第三集（三穗县专集），《侗族文学史》编写组 1984 年编印。（贵州　龙耀宏）

陪十姊妹歌　鄂西侗族汉语习俗歌。流传于湖北宣恩桐子营。唱述十二月中茶花、李花、桃花、菜花、梅花、野花、荷花、桂花、葡萄花、黄花、竹叶花、白菜花的灿烂繁华，以衬托十姊妹之间真挚的感情。表达了姊妹们对新出嫁女子的祝福。对研究侗族的婚嫁习俗有参考价值。1985年舒翠云演唱，罗绍殷记录。16开纸3页，24行。收入姚祖瑞编《宣恩侗乡民间歌谣集》，2001年编印。（湖北　汪晓玲）

和嫁娘　侗语北部方言礼俗歌。流传于贵州岑巩、玉屏、三穗等地。歌词大意为：做人家媳妇要勤劳能干，起早摸黑，忙前忙后；细细想来都是下贱人，端茶烧水，做饭擦凳，骂不还口，官家小姐同样要出嫁，世间都是这样，并不是一个人的遭遇。可供研究侗族婚嫁习俗参考。张昌珍口述，晏晓明翻译、搜集、整理。32开纸1页，182字。收入《中国民间文学三套集成·岑巩县卷》，岑巩县民间文学三套集成办公室1990年编印。（贵州　欧俊姣）

梳妆歌　侗语北部方言礼俗歌。流传于贵州岑巩。歌词大意为：新娘出嫁那一天，很早起来梳妆打扮，头戴金宝簪，脚穿龙凤花鞋，身穿罗裙；父母看见心肝断，轿夫抬走难舍父母、寨邻人；官家小姐都要出嫁，世间都是这样。可供研究侗族婚嫁习俗参考。张昌明口述，晏晓明翻译、搜集、整理。32开纸2页，20行。收入《中国民间文学三套集成·岑巩县卷》，岑巩县民间文学三套集成办公室1990年编印。（贵州　欧俊姣）

莫榜七星灯　侗语北部方言礼俗歌。流传于贵州岑巩。歌词大意为：伴嫁伴到夜三更，唱个古人陶三春，鸡叫三更要爬起，灯笼火把要发亲，高凡罗裙跳下轿，莫要榜息七星灯。可供研究侗族婚嫁习俗参考。张昌珍口述，晏晓明翻译、搜集、整理。32开纸1页，6行。收入《中国民间文学三套集成·岑巩县卷》，岑巩县民间文学三套集成办公室1990年编印。（贵州　欧俊姣）

劝哭歌　侗语北部方言礼俗歌。流传于贵州岑巩。歌中唱道：“伴嫁伴到三更夜，不听嫁娘哭一声。吃了糍粑塞了口，吃了蜂蜜甜了心。”可供研究侗族婚嫁习俗参考。张昌珍口述，晏晓朋翻译、搜集、整理。32开纸1页，4行。收入《中国民间文学三套集成·岑巩县卷》，岑巩县民间文学三套集成办公室1990年编印。（贵州　欧俊姣）

嫁女穿衣歌　侗语北部方言礼俗歌。流传于贵州岑巩。歌中唱道：“一更金鸡叫兮兮，高点明灯妹穿衣。上穿绫罗无数件，下穿木滚五色衣。”可研究侗族婚嫁习俗参考。晏晓明翻译、收集、整理。32开纸1页，4行。收入《中国民间文学三套集成·岑巩县卷》，岑巩县民间文学三套集成办公室1990年编印。（贵州　欧俊姣）

父母操心歌　侗族北部方言礼俗歌。流传于贵州岑巩。歌中唱道：“三更鸡叫吟吟，为儿为女娘操心，起了几多迷魂早，坐了好多夜三更。”可供研究侗族婚嫁习俗参考。张昌珍口述，晏晓明翻译、搜集、整理。32开纸1页，4行。收入《中国民间文学三套集成·岑巩县卷》，岑巩县民间文学三套集成办公室1990年编印。（贵州　欧俊姣）

离娘调　侗语北部方言礼俗歌。流传于贵州岑巩。歌中唱道：“五更金鸡叫咯咯，高点明灯妹包脚，妹要去！你要离娘奈何！”可供研究侗族婚俗参考。张昌珍口述，晏晓明翻译、搜集、整理。32开纸1页，4行。收入《中国民间文学三套集成·岑巩县卷》，1990年编印。（贵州　欧俊姣）

妹高升　侗语北部方言礼俗歌。流传于贵州岑巩。歌中唱道："毕叽被窝绿帐檐，麒麟狮子捆两边，贺喜你妹高升去，万丈竹竿打凳巅。"可供研究侗族婚俗参考。张昌珍口述，晏晓明翻译、搜集、整理。32开纸1页，4行。收入《中国民间文学三套集成·岑巩县卷》，岑巩县民间文学三套集成办公室1990年编印。（贵州　欧俊姣）

哭嫁歌　侗语北部方言礼俗歌。流传于贵州岑巩平庄、客楼、龙田等地。歌词大意为：不同季节芝兰花、石榴花、丹桂花、腊梅花开了，女儿要出嫁了；不管去天涯，不管家在何处，不管心中是否有疙瘩，终究要组成陌生一家，都不要怪爹妈。可供研究侗族婚俗参考。罗发英口述，刘逢春、卢振开翻译、收集、整理。32开纸2页，汉译文20行。收入《中国民间文学三套集成·岑巩县卷》，岑巩县民间文学三套集成办公室1990年编印。（贵州　欧俊姣）

猫饭歌　侗语南部方言笛子歌。流传于广西三江，贵州黎平、从江侗族地区。笛子歌中的仪式歌。笛子歌，歌词的结构和韵律与双歌大同小异，但曲调有别，多用笛子伴奏，故称"笛子歌"。侗族婚俗，姑娘出嫁三天后，由新郎家送回娘家，称"回门"。回门时带来五色糯米饭、酸肉酸鱼等食品，称"猫饭"。姑娘回门，村上的少男少女齐来祝贺，唱猫饭歌。猫饭歌以祝福新郎新娘早生贵子和性爱教育为主要内容，场面风趣热闹，既有传统的歌词，也有即兴编唱的，此词为传统歌。对研究侗族婚俗有参考价值。广西壮族自治区三江侗族自治县同乐乡覃显华、龙华福演唱，1986年吴善诚笔录、汉译。16开纸1页，30行。收入农冠品主编《中国歌谣集成·广西卷》，中国社会科学出版社1992年版。（广西　吴　浩）

怨恨歌　侗语北部方言礼俗歌。流传于贵州岑巩思旸。歌中唱道："十七十八花正开，只怪爹娘不会栽，好花栽要背阴处，八月桂花杠自开。红蹄马儿四脚圆，夫小妻大配不全，怪我爹娘瞎了眼，好秧栽在冷水田。"可供研究侗族婚俗参考。姚祖菊口述，卢振开，刘逢春翻译、搜集、整理。32开纸1页，8行。收入《中国民间文学三套集成·岑巩县卷》，岑巩县民间文学三套集成办公室1990年编印。（贵州　欧俊姣）

骂媒歌　侗语北部方言礼俗歌。流传于贵州岑巩思旸。歌中唱道："胡豆角来碗豆角，媒人吃了烂嘴壳，妹家门口滑石板，把你牙齿要滚脱。"可供研究侗族婚俗参考。姚祖菊口述，卢振开、刘逢春翻译、搜集、整理。32开纸1页，4行。收入《中国民间文学三套集成·岑巩县卷》，岑巩县民间文学三套集成办公室1990年编印。

（贵州　欧俊姣）

回娘家　鄂西侗族汉语习俗歌。流传于湖北省宣恩张官。讲唱一位侗乡女子戴花擦粉，在一个乌云密雨的天气，一手提鸡一手提鸭回娘家的经过。反映了出嫁女子对家中父母亲人的思念之情。对研究侗族婚姻习俗有参考价值。1985年张玉珍演唱，罗绍殷、姚祖瑞记录。16开纸1页，11行。收入姚祖瑞编《宣恩侗乡民间歌谣集》，2001年编印。（湖北　汪晓玲）

外婆做的背带好　侗语南部方言礼俗歌。流传于贵州黎平、从江"六洞"、"九洞"一带。侗家习俗，女儿生下孩子的第三天，外婆家要送来新背带。寨上的年轻姑娘们则在这一天集中到主人家，她们一面看着背带，一面唱起夸赞歌，夸赞外婆的手工精巧，疼爱外孙，小外孙有了外婆的背带定能健康成长。对研究侗族诞生习俗有参考价值。黎平吴元明演唱，吴定国、杨国仁收集、整理。32开纸3页，36行。收入杨国仁、吴定国编《侗族礼俗歌》，贵州人民出版社1984年版。（贵州　龙耀宏）

敬老人歌　侗语南部方言礼俗歌。流传于广西三江、龙胜，湖南通道，贵州黎平、从江侗族地区。在各种酒宴上演唱的酒歌。多为青年男女给老人或宾客敬酒时演唱。内容主要为感恩、赞颂、祝福。对不同身份和地位的人，有不同的歌来唱。唱完歌，便给对方敬酒。对老人，多以其辈分的高低为序敬酒。对宾客，以其年龄大小或地位高低为序。对研究侗族的人生礼仪、交际习俗有参考价值。广西壮族自治区三江侗族自治县独峒乡干冲村吴老庙、吴行松等演唱，1982年吴浩笔录、汉译。16开纸5页，140行。收入广西柳州民族中专吴浩采录本《侗族酒歌》。其中三首以“婚宴歌”为题收入农冠品主编《中国歌谣集成·广西卷》，中国社会科学出版社1992年版。（广西　吴　浩）

孝顺父母　侗语南部方言礼俗歌。流传于贵州黎平、从江交界地区的“六洞”等地。为清嘉庆年间歌师陆大用所编。劝告人们人生在世千般样，孝顺父母第一行，为人若是忘了爹娘，就好比芦笙坏了簧。此歌流传甚广。对研究侗族伦理道德和歌师文化有重要参考价值。韦补乔传唱，吴定国、郭达津记录、翻译、整理。32开纸5页，98行。收入杨国仁、吴定国编《侗族礼俗歌》，贵州人民出版社1984年版。（贵州　龙耀宏）

父母歌　侗语南部方言习俗歌。流传于贵州从江。男、女对唱。男方唱出女方对现实生活的不满意。女方抱怨在家千日好，到婆家受尽苦，抱怨父母让自己早出嫁，诉说自己命运不好。可供研究侗族生活习俗参考。梁普安口述，1981年龙图吴生贤搜集、整理。32开纸7页，328行。收入《中国民间歌谣集成·贵州省黔东南州从江县卷》，从江县民间文学集成编委会1988年编印。（贵州　龙耀宏）

可怜我父终生苦　侗语南部方言儿女哭父挽歌。流传于贵州黎平南部地区。歌中唱道：“父亲终生劳苦，养育儿女受累，像高山顶上的苦栗子树，一年四季遭日晒雨淋，死时还把劳累带进土，只得到几张钱纸和三柱香。”可供研究侗族丧葬习俗和伦理道德参考。奶全恩口述，杨光全搜集、整理。32开纸2页，23行。收入杨国仁、吴定国编《侗族礼俗歌》，贵州人民出版社1984年版。（贵州　龙耀宏）

女儿哭娘　侗语南部方言礼俗歌。流传于贵州黎平南部地区。歌中唱道：“肩扛米袋去寻找娘的身影，放声喊娘不见回应，只听见山谷的回音。回忆亲娘在世之日多有不孝顺，生下这样的女儿，砍尽青山也赔不尽娘的恩和情。”可供研究侗族丧葬习俗和伦理道德参考。吴婢亥口述，吴定国搜集、整理。32开纸5页，90行。收入杨国仁、吴定国编《侗族礼俗歌》，贵州人民出版社1984年版。（贵州　龙耀宏）

我娘怎不变花朵　侗语南部方言礼俗歌。流传于贵州黎平南部地区。歌中唱道：“娘啊，你怎么不变成花朵开满坡，让儿出门上坡看得见。但愿我娘变朵花，让儿过路得见她。”可供研究侗族丧葬习俗参考。杨光全口述，吴定国搜集、整理。32 开纸 2 页，30 行。收入杨国仁、吴定国编《侗族礼俗歌》，贵州人民出版社 1984 年版。（贵州　龙耀宏）

树影就像我娘身　侗语南部方言礼俗歌。流传于贵州黎平肇兴地区。歌词把月下的树影比作亲娘的身影，只能看得见但摸不着。可供研究侗族丧葬习俗和灵魂观念参考。陆元标口述，吴定国搜集、整理。32 开纸 1 页，15 行。收入杨国仁、吴定国编《侗族礼俗歌》，贵州人民出版社 1984 年版。

（贵州　龙耀宏）

娘的恩情儿难忘　侗语南部方言礼俗歌。流传于贵州黎平肇兴一带。唱述天上要数雷公为最大，人间最尊贵的是爹和娘，亲娘养育儿女一辈子苦，还未等儿女报答已身亡。可供研究侗族丧葬习俗和伦理道德参考。陆元标口述，吴定国搜集、整理。32 开纸 2 页，41 行。收入杨国仁、吴定国编《侗族礼俗歌》，贵州人民出版社 1984 年版。

（贵州　龙耀宏）

叫儿怎样想得完　侗语南部方言礼俗歌。流传于贵州黎平三龙地区。歌中唱道："娘腌的鱼还未酸，喂的猪籽还未散，缝的衣裳还未穿，织的布还剩一半，昨天的笑声还在耳边响，今天突然离去，叫儿怎样想得完。"可供研究侗族丧葬习俗和民间文学参考。吴孟连口述，吴定国搜集、整理。32 开纸 2 页，24 行。收入杨国仁、吴定国编《侗族礼俗歌》，贵州人民出版社 1984 年版。

（贵州　龙耀宏）

苍天不长眼　侗语南部方言哭歌。流传于贵州黎平三龙等地。母亲哭儿女。歌中唱道："老天不长眼，老天不公道，为何留下年迈的老娘在人间，让年轻的儿子去坐阴间。如果死亡也能代替，娘愿丢这无用的命一条。"可供研究侗族礼俗和民间文学参考。吴婢亥口述，吴定国搜集、整理。32 开纸 2 页，39 行。收入杨国仁、吴定国编《侗族礼俗歌》，贵州人民出版社 1984 年版。

（贵州　龙耀宏）

阎王无情夺我儿　侗语南部方言礼俗歌。流传于贵州黎平"六洞"地区。父母哭亡儿。唱述："阎王无情夺走了十七岁儿子的生命，父母只想儿做一条金龙护村寨，哪想天崩地陷金龙难回来。"可供研究侗族民间文学、灵魂观参考。奶孟花口述，吴定国搜集、整理。32 开纸 2 页，33 行。收入杨国仁、吴定国编《侗族礼俗歌》，贵州人民出版社 1984 年版。（贵州　龙耀宏）

儿变雾水升天去　侗语南部方言礼俗歌。流传于贵州黎平南部地区。父母哭亡儿。歌中唱道："我儿为什么狠心丢下父母，让爹娘老来受孤独；这好比谷种下水芽刚刚出，未长成秧就干枯。鸡叫三遍亡儿就入土，母子这世万万难相逢。"可供研究侗族丧葬习俗和民间文学参考。韦志高口述，吴定国搜集、整理。32 开纸 3 页，51 行。收入杨国仁、吴定国编《侗族礼俗歌》，贵州人民出版社 1984 年版。（贵州　龙耀宏）

丢我孤苦伶仃多悲伤　侗族南部方言礼俗歌。流传于贵州黎平永从等地。妻子哭丈夫。歌中唱道："天上星星分布不一样，地下生命之藤怎不一般长。园无篱笆怎能拦鸡猪，家无男子怎能做得主。别人的儿女有说又有笑，独有我的崽女到处喊父亲在何方。"可供研究侗族家庭、民间文学参考。奶玉英口述，吴定国搜集、整理。32 开纸 2 页，34 行。收入杨国仁、吴定国编《侗族礼俗歌》，贵州人民出版社 1984 年版。

（贵州　龙耀宏）

我一人在世嫌命长　侗族南部方言礼俗歌。流传于贵州黎平南部侗族地区。妻子哭丈夫。歌中唱道："一根筷子不成双，我一人在世嫌命长。别人有夫阴天当着晴天过，我家无夫屋里屋外受冷落。"可供研究侗族家庭、民间文学参考。吴婢亥口述，吴定国搜集、整理。32 开纸 2 页，35 行。收入杨国仁、吴定国编《侗族礼俗歌》，贵州人民出版社 1984 年版。（贵州　龙耀宏）

喊破青天也难还　侗语南部方言礼俗歌。流传于贵州黎平"六洞"地区。妻子哭丈夫。歌中唱道："青天朗朗霎时暗，恩爱夫妻扯断连心锁，喊破青天也难还。淌下的肥水难转田，苍天呀，怎不让我夫回家园。"可供研究侗族家庭、民间文学参考。吴孟连口述，吴定国搜集、整理。32 开纸 2 页，40 行。收入杨国仁、吴定国编《侗族礼俗歌》，贵州人民出版社 1984 年版。

（贵州　龙耀宏）

赞幼童　侗语北部方言礼俗歌。流传于贵州天柱。人们恭维别家的小孩："父母培育虽艰辛，长大必定成栋梁材。"而他的父母谦虚地说自己的小孩不及凤凰一皮毛，不知哪日才成才。可供研究侗族礼俗及民间文学参考。龚宗唐搜集、记录、翻译、整理。32 开纸 3 页，96 行。收入《中国民间文学三套集成・贵州天柱县歌谣卷》，天柱县民族事务委员会 1995 年编印。（贵州　欧俊姣）

贺崽女歌　侗语北部方言礼俗歌。流传于贵州天柱。人们恭维别人的儿女出生在世代聪明的书香门第，待儿女长大，父母有福，儿女在父母精心呵护和教育之下走上光明正道，鹏程万里、名扬四海。而他的父母谦虚地说自己儿女名落孙山，好几个是放牛郎不是读书的好材料，辛苦培育难成才，成才也是空背起好名声。可供研究侗族礼俗及民间文学参考。龚宗唐搜集、记录、翻译、整理。32 开纸 3 页，96 行。收入《中国民间文学三套集成・贵州天柱县歌谣卷》，天柱县民族事务委员会 1995 年编印。

（贵州　欧俊姣）

赞夫妻歌　侗语北部方言礼俗歌。流传于贵州天柱。人们赞美男女进入婚姻生活后，夫妻恩爱，一起劳动，共操持家；为儿女而劳累，年年庄稼得丰收，家庭富足样样有。但是他们却谦虚地说自家贫困，靠打铁谋生，而且夫妻俩常为了家事而争吵，还希望邻居多宽容。可供研究侗族礼俗及民间文学参考。龚宗唐搜集、记录、翻译、整理。32 开纸 4 页，96 行。收入《中国民间文学三套集成・贵州天柱县歌谣卷》，天柱县民族事务委员会 1995 年编印。（贵州　欧俊姣）

打三朝酒歌　侗族汉语礼俗歌。流传于贵州玉屏。共 21 首。侗族青年男女结婚后，生育儿女的第三天，请酒叫"打三朝"。此为来喝"三朝"喜酒的好朋友及本家唱的吉利歌。对研究侗族民间习俗有参考价值。吴忠菊、杨明秀、吴继忠、杨东元、杨能长、杨秀文等演唱，蒋仁晏记录。32 开纸 9 页，122 行。稿存贵州省玉屏侗族自治县民族宗教局。（贵州　陈昌文）

打三朝辞　鄂西侗族汉语礼俗歌。流传于湖北宣恩晓关。侗族喜得子女后有"打三朝"的习俗。家中生小孩第三日为"三朝"，亲朋在这天带上各种礼品前去祝贺。此歌是酒宴上唱的吉利歌。对研究侗族习俗有参考价值。1986 年陈松柏演唱，陈开梅记录。32

开纸 1 页，14 行。收入《中国歌谣集成·湖北卷·宣恩县歌谣分册》，宣恩县文化局 1989 年编印。 （湖北 龙顺成）

三朝酒歌 侗语北部方言地区汉语礼俗歌。流传于贵州三穗与湖南新晃交界地区。侗族人家孩子出生第三日都要举行三朝酒宴，此歌即为酒宴上主人与赴宴的亲朋好友讲唱的贺喜、答谢歌。可供研究侗族礼俗参考。杨翠云、李银莲口述，王国华搜集、整理。32 开纸 4 页，142 行。收入《侗族文学资料》第三集（三穗县专集），《侗族文学史》编写组 1984 年编印，载《南风》1982 年第 1 期。 （贵州 龙耀宏）

三朝周岁酒歌 侗语北部方言礼俗歌。流传于贵州天柱。包括外婆爱好本是真、如今生女不用愁、相请外婆安个名、果树结子先开花、双手端杯敬外婆、外婆来得喜洋洋、我是空手来赴会、龙头摆在大堂上、感谢外婆众亲戚、外孙周岁外婆来等内容。可供研究侗族诞生礼俗及民间文学参考。欧阳家泉、罗孟桢等搜集、记录、翻译、整理。32 开纸 17 页，725 行。收入《中国民间文学三套集成·贵州天柱县歌谣卷》，天柱县民族事务委员会 1995 年编印。 （贵州 欧俊姣）

周岁歌 侗语北部方言地区汉语礼俗歌。流传于贵州三穗。主人家孙儿满一周岁时，为孙儿办周岁礼，宾客上门祝贺。主、客以一唱一答的形式唱出他们心中的喜悦，客唱以祝贺、夸赞为主，而主人则主要是答谢。可供研究侗族礼俗参考。周昌武搜集、整理。32 开纸 5 页，184 行。收入《侗族文学资料》第三集（三穗县专集），《侗族文学史》编写组 1984 年编印。 （贵州 龙耀宏）

祝寿酒歌 侗语北部方言礼俗歌。流传于贵州天柱。包括祝贺寿星坐千年、福也多来寿也长、福如东海深等内容。可供研究侗族礼俗及民间文学参考。龙范亭、龚宗唐搜集、记录、翻译、整理。32 开 5 页 168 行。收入《中国民间文学三套集成·贵州天柱县歌谣卷》，天柱县民族事务委员会 1995 年编印。 （贵州 欧俊姣）

祝寿歌 侗语北部方言地区汉语礼俗歌。流传于贵州三穗侗族地区。老人寿辰，为老人办寿、祝寿、贺寿。客唱祝贺老人身体健康，延年益寿，家庭美好，儿孙满堂，德高望重，而主人对此也要以唱的形式一一答谢。可供研究侗族礼俗参考。周荣端、周礼连、曾庆云口述，周昌武搜集、整理。32 开纸 4 页，156 行。收入《侗族文学资料》第三集（三穗县专集），《侗族文学史》编写组 1984 年编印。 （贵州 龙耀宏）

祝寿歌 侗族汉语祝寿歌。流传于贵州玉屏。是侗族老人生辰日，族人亲朋好友来祝寿时唱的吉利歌。对研究侗族民间习俗有参考价值。吴忠荧、杨明芳、吴继忠、杨东元、杨能长、杨秀芝等演唱，蒋仁晏记录。32 开纸 4 页，50 行。稿存贵州省玉屏侗族自治县民族宗教局。 （贵州 陈昌文）

为老人祝寿辞 鄂西侗族汉语礼俗歌。流传于湖北宣恩晓关。是侗族祝贺老年人寿辰的讲唱仪式歌，内容丰富、语言生动。反映了侗族人纯朴善良的性格，体现了侗族人尊敬老人的品德。是研究侗族习俗的参考资料。1986 年陈松柏演唱，陈开梅记录。32 开纸 1 页，13 行。收入《中国歌谣集成·湖北卷·宣恩县歌谣分册》，宣恩县文化局 1989 年编印。 （湖北 龙顺成）

拜年开台歌 鄂西侗族汉语礼俗歌。流传于湖北宣恩会口。歌词内容为对主人的恭维和新年祝福，反映了侗族人民之间的友好关系和拜年时的热烈气氛。对研究侗族的节日习惯和民俗风情有参考价值。1985 年杨昌照演唱，罗绍殷记录。16 开纸 1 页，12 行。收入姚祖瑞编《宣恩侗乡民间歌谣集》，2001 年编印。（湖北　汪晓玲）

拜年歌　鄂西侗族汉语礼俗歌。流传于湖北宣恩会口。由开台词和结尾词两部分组成的宣恩花灯调。表示侗族人迎接新年的喜悦和对亲朋的新年祝福。反映了侗乡人对美好幸福生活的向往和追求。对研究侗族风俗习惯有参考价值。1985 年杨正良演唱，罗绍殷、姚祖瑞记录。16 开纸 2 页，16 行。收入姚祖瑞编《宣恩侗乡民间歌谣集》，2001 年编印。（湖北　汪晓玲）

拜年歌　鄂西侗族汉语礼俗歌。流传于湖北宣恩会口。为拜年时给东道主贺喜，打花鼓时所唱，表现了打鼓表演者对主人家的新年问候和节日祝福，并歌唱穆桂英等古人古事。反映了侗乡人对美好生活的向往和追求。对研究侗族人文传统和风俗习惯有参考价值。1984 年庄茂文演唱，姚祖瑞记录。16 开纸 3 页，38 行。收入姚祖瑞编《宣恩侗乡民间歌谣集》，2001 年编印。

（湖北　汪晓玲）

青年互敬歌　侗语南部方言礼俗歌。流传于广西三江、龙胜，湖南通道，贵州黎平、榕江、从江侗族地区。在婚宴和迎宾酒宴上唱的歌。青年男女互相敬酒时对唱。如有一方对答不上，就被罚酒。主要有雁鹅传讯、礼让、结情、离别等内容。对研究侗族的婚恋习俗、交际习俗有参考价值。广西壮族自治区三江侗族自治县独峒乡高定村吴银玉、独峒乡干冲村吴行松等演唱，1982 年吴浩笔录、汉译。32 开纸 7 页，200 行。其中少部分收入《侗族款词耶歌酒歌》，广西壮族自治区三江侗族自治县民间文学三套集成办公室 1987 年编印；其余收入广西柳州民族中专吴浩采录本《侗族酒歌》。

（广西　吴　浩）

采桑节歌　侗语北部方言礼俗歌。流传于贵州剑河小广等地。每年农历四月初四是小广地区一年一度的采桑歌节。古时候，男女青年不懂得谈情说爱，是翁焦僚和夏格女两人在四月初四这一天采桑喂蚕的劳动中，通过吹木叶、唱山歌表达爱慕之情，最后结成夫妻，从此留下玩山对歌的古礼。可供研究侗族社会习俗参考。王元江、文兴宪演唱，1980 年陈远焯搜集、整理。32 开纸 3 页，92 行。收入《黔东南苗族侗族自治州民间文学资料集》（第一集），黔东南苗族侗族自治州文学艺术研究室 1981 年编印。

（贵州　龙耀宏）

牯脏节歌　侗语北部方言礼俗歌。流传于贵州剑河大广、小广、化敖、彦洞等寨。举行吃牯脏仪式时的念词。讲述吃牯脏的来源。可供研究侗族历史习俗参考。王元江演唱，陈远焯搜集、整理。32 开纸 9 页，352 行。收入《民间文学资料集》（第一集），黔东南苗族侗族自治州文学艺术研究室 1981 年编印。（贵州　龙耀宏）

打金钱板　鄂西侗族汉语礼俗歌。流传于湖北宣恩会口。内容为歌者对主人家的赞颂、祝福和劝导，同时也唱出歌者成长的人生经历。反映了侗乡人对幸福、美好生活的向往和追求。对研究侗族的人文传统和民风民俗有参考价值。1985 年姚绍远演唱，吴宝三、姚祖瑞记录。16 开纸 3 页，36 行。收入姚祖瑞编《宣恩侗乡民间歌谣集》，2001 年

编印。（湖北　汪晓玲）

酿海歌　侗语北部方言礼俗歌。流传于贵州天柱、锦屏、剑河、三穗等地。婚礼歌的一种。在举行婚礼时由新娘方的兄长演唱。包括酿海酒席已摆开、要请主人坐上方、揭盖连花、借你金壶酿海塘、多谢主家富贵酒、分别嘱咐、分别交代、谢新郎、辞别主人、打水拦门、架马拦门、徐蔗辞刘荐孔明等内容。可供研究侗族婚礼习俗及民间文学参考。欧阳家泉、秦旭等搜集、记录、翻译、整理。32开纸25页，1054行。收入《中国民间文学三套集成·贵州天柱县歌谣卷》，天柱县民族事务委员会1995年编印。

（贵州　欧俊姣）

间慢歌　侗语北部方言礼俗歌。流传于贵州天柱。客人到主人家做客，主人谦虚地说唱自己家寒酸，无从待客，客人跟自己吃粗茶淡饭，因此觉得待客不周而表示歉意、内疚。而客人感谢主人的盛情款待，称赞主人家富家足，环境舒适安逸，并表示朋友之间仁义深，同甘共苦连呼吸，不必客气。可供研究侗族礼俗及民间文学参考。龚宗唐搜集、记录、翻译、整理。32开纸6页，208行。收入《中国民间文学三套集成·贵州天柱县歌谣卷》，天柱县民族事务委员会1995年编印。（贵州　欧俊姣）

高妆歌　侗语北部方言礼俗歌。流传于贵州天柱。内容包括高妆礼节、男婚女嫁、礼尚往来、传深情等。可供研究侗族婚礼习俗及民间文学参考。杨春晖、龙景代等搜集、记录、翻译、整理。32开纸8页，295行。收入《中国民间文学三套集成·贵州天柱县歌谣卷》，天柱县民族事务委员会1995年编印。（贵州　欧俊姣）

鞋袜歌　侗语北部方言礼俗歌。流传于贵州岑巩的思旸、大有等地。主要讲唱姑娘为情哥哥做一双合脚的布鞋，不知熬了多少个夜晚，点了多少盏灯，用了好多的灯芯。做成后不肥不瘦，鞋底打成梅花朵，平针鞋送给新人，共同组成和睦的家庭。可供研究侗族青年社交习俗参考。姚祖菊口述，卢振开翻译、整理。32开纸1页，120字。收入《中国民间文学三套集成·岑巩县卷》，岑巩县民间文学三套集成办公室1990年编印。

（贵州　欧俊姣）

立歌楼　侗语北部方言礼俗歌。流传于贵州岑巩的注溪、客楼一带。主要讲唱侗家人很好歌，主人要客人唱歌，在歌堂里用歌把亲戚朋友请来，年长的坐在堂上，年少的坐在堂皇的两边。可供研究侗族社交习俗参考。杨昌耀口述，道安翻译、整理。32开纸1页，56字。收入《中国民间文学三套集成·岑巩县卷》，岑巩县民间文学三套集成办公室1990年编印。（贵州　欧俊姣）

嘎鸟翁　侗语南部方言礼俗歌。流传于贵州黎平潘老等地。一般以要求换歌腔的方式出现。包括劝唱歌、伴的人才好、爱念思量、不怕出钱、诚心相随、得不到、约逃走等相对独立的内容。对研究侗族青年男女社交恋爱习俗有参考价值。潘老皮定疆口述，闻立振、杨国仁搜集、整理。32开纸12页，150行。收入杨国仁、吴定国编《侗族礼俗歌》，贵州人民出版社1984年版。

（贵州　龙耀宏）

穿衣歌　侗语北部方言礼俗歌。流传于贵州岑巩、三穗、石阡、玉屏等地。歌中唱道："一更鸡叫兮兮，高点明灯妹穿衣，上穿绫尺数仲，下穿木滚五色衣。"可供研究侗族婚姻习俗参考。张昌珍口述，晏晓明翻译、整理。32 开纸 1 页，汉译文 4 行。收入《中国民间文学三套集成・岑巩县卷》，岑巩县民间文学三套集成办公室 1990 年编印。

（贵州　欧俊姣）

鱼鳅会龙　侗语北部方言礼俗歌。流传于贵州天柱。人们在酒席上对歌之始，谦虚地说自己是初学者，不会唱歌，捡得一首唱一首，嘴里唱歌心里愁，不知用什么来对歌，自己和别人相遇就像鱼鳅会龙，便拜别人门下为徒。别人却夸他好口才，好才学，谦虚地说自己也不会唱，让大家一起共学习，大家都是好歌者，学好后一起进歌场把歌唱。可供研究侗族礼俗及民间文学参考。龙延才搜集、记录、翻译、整理。32 开纸 3 页，100 行。收入《中国民间文学三套集成・贵州天柱县歌谣卷》，天柱县民族事务委员会 1995 年编印。

（贵州　欧俊姣）

赞家境　侗语北部方言礼俗歌。流传于贵州天柱。歌词赞美别家环境优美舒适，条件优越，家贵家足样样有，四季不断客人，房屋地基好，儿孙代代好文墨，过着神仙日子乐融融。自家则与别家成天壤之别。可供研究侗族礼俗及民族文学参考。龚宗唐搜集、记录、翻译、整理。32 开纸 4 页，144 行。收入《中国民间文学三套集成・贵州天柱县歌谣卷》，天柱县民族事务委员会 1995 年编印。

（贵州　欧俊姣）

致房族歌　侗语北部方言礼俗歌。流传于贵州天柱。歌词大意为：一个房族共一个祖宗，所以房族各员要和睦相处，互为榜样，互相维护本房族的利益，在面临困难时，齐心协力渡过难关。可供研究侗族礼俗及民间文学参考。龚宗唐搜集、记录、翻译、整理。32 开纸 2 页，48 行。收入《中国民间文学三套集成・贵州天柱县歌谣卷》，天柱县民族事务委员会 1995 年编印。

（贵州　欧俊姣）

莅寨歌　侗语南部方言礼仪歌。流传于贵州从江高增。侗家男女青年交往时演唱。分“男来女寨”和“女去男寨”两部分。“男来女寨”有阿嗨顶、见礼歌、客套歌。男方进寨唱：“身着新衣光闪闪，去寻情妹”。女去男寨，也唱“客套歌”，夸奖男方家山好、水好、人好。可供研究侗族社交习俗参考。杨晒婚姻洞口述，吴生贤 1983 年搜集、整理。32 开纸 5 页，136 行。收入《中国民间歌谣集成・贵州省黔东南州从江县卷》，从江县民间文学集成编委会 1988 年编印。

（贵州　龙耀宏）

封桌歌（嘎日嘿）　侗语南部方言礼仪歌。流传于贵州从江龙图。以主、客对唱形式出现。主人家开宴前在桌上放物品，客人需唱歌描述其特征才能收去，有竹夹、火钳、剪刀、鼎罐、草蓬、蓑衣、牛腿琴等物品，最后收去簸箕，才正式开宴。然后主、客唱各种事物的起源，分喝酒唱、吃肉唱、喝罢酒转入用饭唱、饭用罢喝茶唱、饭菜毕洗手唱。可供研究侗族生活习俗参考。梁普安口述，梁普安搜集、整理。32 开纸 2 页，74 行。收入《中国民间歌谣集成・贵州省黔东南州从江县卷》，从江县民间文学集成编委会 1988 年编印。

（贵州　龙耀宏）

愧天好菜招待客　侗语南部方言仪式酒歌。流传于贵州从江高增。客人到来，主人家用好酒、好菜款待，却谦称自己没有酒菜招待客，望客人莫嫌弃，用酒款待客，酒一定要喝光。客唱感谢主人的热情款待，夸赞主人家蒸饭炒菜满屋香，莫用这般客套话，以后好来往。可供研究侗族生活习俗参考。吴贤才口述，吴生贤、1984 年高增杨国仁搜集、整理。32开纸2页，54行。收入《中国民间歌谣集成·贵州省黔东南州从江县卷》，从江县民间文学集成编委会1988年编印。

（贵州 龙耀宏）

嘎拉尤 侗语南部方言礼俗歌。流传于湖南通道侗族地区。主要歌唱自己家中富裕。对研究侗族民歌有参考价值。石明玉演唱，吴永高笔录、汉译。16开纸1页，3行。收入《侗歌集》，通道侗族自治县文化局歌舞乐戏调查组编印。稿存湖南省通道侗族自治县档案馆。（湖南 陆有智）

茶歌（嘎歇） 侗语南部方言礼俗歌。流传于湖南通道侗族地区。休息喝茶时赞茶的歌。对研究侗族民歌有参考价值。殷德儒演唱，石庆玉笔录、汉译。16开纸1页，4行。收入《侗歌集》，通道侗族自治县文化局歌舞乐戏调查组编印。稿存湖南省通道侗族自治县档案馆。（湖南 陆有智）

嘎啊噫吔 侗语南部方言礼俗歌。流传于湖南通道侗族地区。唱歌的序曲。对研究侗族民歌有参考价值。黄明艳演唱，石庆玉笔录、汉译。16开纸1页，5行。收入《侗歌集》，通道侗族自治县文化局歌舞乐戏调查组编印。稿存湖南省通道侗族自治县档案馆。（湖南 陆有智）

嘎吞歇（茶历歌） 侗语南部方言礼俗歌。流传于湖南通道侗族地区。歇脚喝茶时讲唱，赞茶好。对研究侗族民歌有参考价值。石庆玉笔录、汉译。16开纸2页，24行。收入《侗歌集》，通道侗族自治县文化局歌舞乐戏调查组编印。稿存湖南省通道侗族自治县档案馆。（湖南 陆有智）

买小歌 侗语北部方言礼俗歌。流传于贵州天柱、锦屏境内清水江流域。歌者在酒席中，或别人在对歌的时候，自己想对歌又不敢冒昧参唱，于是就先唱出了谦虚、试探性的参堂歌（买小歌）。可供研究侗族礼俗及民间文学参考。杨通显搜集、记录、翻译、整理。32开纸3页，56行。收入《中国民间文学三套集成·贵州天柱县歌谣卷》，天柱县民族事务委员会1995年编印。

（贵州 欧俊姣）

唱木匠 侗语北部方言礼俗歌。流传于贵州天柱。赞美木匠的手艺出色，想拜在其门下为徒，而木匠谦虚，委婉谢绝。可供研究侗族礼俗歌及民间文学参考。潭洪柱演唱，欧阳家泉、龙更清搜集、记录、翻译、整理。32开纸2页，40行。收入《中国民间文学三套集成·贵州天柱县歌谣卷》，天柱县民族事务委员会1995年编印。

（贵州 欧俊姣）

唱裁缝 侗语北部方言礼俗歌。流传于贵州天柱。赞美裁缝的手艺精巧，幸福全凭一双手。而裁缝谦虚，说自己做小本生意小讨吃，挣钱不够养儿女，不费人心费人力。可供研究侗族礼俗歌及民间文学参考。谭洪柱演唱，龙更清、龚宗唐等搜集、记录、翻译、整理。32开纸3页，84行。收入《中国民间文学三套集成·贵州天柱县歌谣卷》，天柱县民族事务委员会1995年编印。

（贵州 欧俊姣）

唱攞歌 侗语北部方言礼俗歌。流传于贵州天柱。赞美攞猪、补锅为好的行业，不耕不种自然有收成，只要辛勤跑路，吃穿全在指头。而他们自谦说自己的行业脏，收入如猴掰包谷，不够养家糊口。可供研究侗族礼俗及民间文学参考。谭洪柱演唱，龙更清、龚宗唐搜集、记录、翻译、整理。32开纸4

页，96 行。收入《中国民间文学三套集成·贵州天柱县歌谣卷》，天柱县民族事务委员会 1995 年编印。（贵州　欧俊姣）

唱古人　侗语北部方言礼俗歌。流传于贵州天柱高酿、石洞一带。讲唱侗族唱歌的来源、周公礼制的内容、细茶的根因以及兰花开花时花朵的朝向。可供研究侗族风俗及民间文学参考。吴国滔、龙更清搜集、记录、翻译、整理。32 开纸 3 页，96 行。收入《中国民间文学三套集成·贵州天柱县歌谣卷》，天柱县民族事务委员会 1995 年编印。

（贵州　欧俊姣）

唱古人　侗语北部方言礼俗歌。流传于贵州天柱。讲唱自从盘古开天辟地，三皇五帝定下乾坤，神农炎帝撑日月，女娲炼石补天门，伏羲皇帝定八卦，五行八卦分阴阳，神农治世尝百草，轩辕皇帝制衣裳，尧舜犁山把贤访，禹王登位坐宝殿，始开天下四百春。可供研究侗族礼俗及民间文学参考。蒋景炎搜集、记录、翻译、整理。32 开纸 2 页，60 行。收入《中国民间文学三套集成·贵州天柱县歌谣卷》，天柱县民族事务委员会 1995 年编印。（贵州　欧俊姣）

初到贵村　侗语南部方言礼俗歌。流传于广西三江，贵州从江、黎平侗族地区。侗族姑娘到一个新的地方，均要先唱礼节性的歌。歌词大意为：自己初到贵村，不知深浅，因为紧张，不知道哪首歌唱在前，哪首歌唱在后，怕老人笑话；我们唱歌吵了老人了，请老人包涵。对研究侗族的传统礼节有参考价值。广西壮族自治区三江侗族自治县梅林乡新民中寨屯吴甫美鸾等演唱，2004 年吴美莲笔录、汉译。16 开纸 1 页，10 行。稿存广西壮族自治区三江侗族自治县民族语言委员会吴美莲处。（广西　吴美莲）

破姓开亲歌　侗族南部方言习俗歌。流传于贵州黎平、从江、榕江，广西三江，湖南通道等侗族地区。歌词叙述从前侗族人同姓不婚，嫁姑娘要嫁到 30 天路程远的村寨，苦不堪言。经过引郎、美道事件以后，寨老们起款决定废除古理，破姓开亲。从此，青年男女可以在本寨嫁娶。对研究侗族婚姻习俗有重要参考价值。伍补发口述，吴支柱搜集、整理。32 开纸 3 页，92 行。收入《黔东南苗族侗族自治州民间文学资料集》（第一集），黔东南苗族侗族自治州文学艺术研究室 1981 年编印。（贵州　龙耀宏）

吉日迎来金孔雀　侗语南部方言礼俗歌。流传于贵州黎平南部地区。称赞主人家吉日娶来新媳妇，夸赞新媳妇命好嫁到了好人家。夸赞媳妇美丽漂亮，为人谦和懂礼仪，尊敬老人又勤劳。可供研究侗族婚俗、伦理道德及审美观参考。黎平杨昌茂等口述，吴定国搜集，吴定国、杨国仁整理。32 开纸 3 页，46 行。收入杨国仁、吴定国编《侗族礼俗歌》，贵州人民出版社 1984 年版。

（贵州　龙耀宏）

唱歌先唱哪一首　侗族礼俗歌。流传于贵州黎平岑引、伦纲一带。歌词五段十句，主要反映侗族先民真挚、善良、热情好客，如："唱歌不知是唱哪一首，不分前首和后首；只要是客人，都是长辈，都是亲戚与朋友；斟满酒，让远方的亲人喝个够……"对研究侗族礼俗有一定参考价值。1989 年杨宗福、吴定邦记录、记谱，1990 年王胜先翻译、整理。32 开纸 6 页，48 行。资料先存贵州省黎平县民族歌舞团，后由贵州省艺专（现贵州大学艺术学院）收入《侗歌教学演唱选曲一百首》，贵州民族出版社 1991 年版。

（贵州　陈乐基）

放声来唱吉利歌 侗语南部方言礼俗歌。流传于贵州黎平、从江“六洞”地区。当地侗族习俗，主家生小孩三天后，亲戚朋友都来贺喜。酒席过后，客人推举一位能歌善唱者唱歌祝贺。歌词称赞男主人勤劳，是种庄稼的能手，女主人是纺纱织绣的能手，如今又添了孩子，一家人更是幸福美满。可供研究侗族习俗参考。“六洞”奶良坤演唱，吴定国、杨国仁搜集、整理。32 开纸 4 页，70 行。收入杨国仁、吴定国编《侗族礼俗歌》，贵州人民出版社 1984 年版。

（贵州 龙耀宏）

恭喜你家建新屋 侗语南部方语言礼俗歌。流传于贵州黎平、从江“六洞”、“九洞”一带。侗家习俗，一个寨子某家起了新屋，有婚亲关系的外寨亲友都纷纷前来祝贺，燃放鞭炮后，起唱赞歌。歌词赞美主人家富裕，能建新房，赞美木匠手艺高，赞先生选了一个吉利向；称住在屋里的儿子会读书，姑娘会纺纱，老人能长寿。对研究侗族习俗有参考价值。黎平培仁等口述，吴定国、杨国仁收集、整理。32 开纸 2 页，26 行。收入杨国仁、吴定国编《侗族礼俗歌》，贵州人民出版社 1984 年版。（贵州 龙耀宏）

你们的芦笙响“嘟嘟” 侗语南部方言礼俗歌。流传于贵州黎平、从江“六洞”、“九洞”地区。侗族习俗，甲寨请来做芦笙的师傅做出芦笙后，乙寨的青年小伙子们赶去用赞美歌表示祝贺。称赞芦笙做得好，芦笙吹得村寨人心齐，吹得田中长好谷。对研究侗族社交习俗及娱乐文化有参考价值。黎平肇兴陆补娘口述，吴定国、杨国仁收集、整理。32 开纸 2 页，26 行。收入杨国仁、吴定国编《侗族礼俗歌》，贵州人民出版社 1984 年版。（贵州 龙耀宏）

舅家请来好牛王 侗语南部方言礼俗歌。流传于贵州黎平、从江“六洞”、“九洞”地区。侗家习俗，嫁出去的姑娘们，听到娘家寨上买来了进行角斗的“牛王”，纷纷赶回家去，用热情的歌声，对娘家寨上的“牛王”进行夸赞，以示祝贺。夸赞舅家村寨好福气，人心齐，买来的“牛王”如何威武、勇猛、肥壮，一定是一个常胜王。对研究侗族社交、娱乐习俗有参考价值。黎平杨昌茂等口述，吴定国、杨国仁收集、整理。32 开纸 4 页，58 行。收入杨国仁、吴定国编《侗族礼俗歌》，贵州人民出版社 1984 年版。

（贵州 龙耀宏）

鼓楼建在龙窝上 侗语南部方言礼俗歌。流传于贵州黎平、从江“六洞”、“九洞”地区。侗家习俗，侗寨新建鼓楼，友邻村寨上的人们都纷纷前去祝贺，除了赠送贺喜的匾额、楹联、米酒外，还要唱赞美歌。称赞主寨团结齐心，老人有能力；吉日吉时去砍树，吉日去吉时请师傅，吉日吉时立鼓楼，日后寨上会越来越兴旺。对研究侗族建筑习俗有参考价值。“六洞”奶良坤口述，吴定国、杨国仁收集、整理。32 开纸 4 页，78 行。收入杨国仁、吴定国编《侗族礼俗歌》，贵州人民出版社 1984 年版。

（贵州 龙耀宏）

你们鼓楼接云天 侗语南部方言礼俗歌。流传于贵州黎平、从江“六洞”、“九洞”地区。侗家习俗，侗族歌师、戏师被邀请去外寨唱歌、传戏时，一般都是先在鼓楼里与主寨上的众人见面。歌师、戏师一般先唱赞美主人鼓楼的歌以赢得主人的尊重。赞美主寨生活富裕，鼓楼建得高入云天，四村入寨的人都羡慕。对研究侗族建筑和社交习俗有参考价值。黎平吴元明等口述，吴定国、杨国仁收集、整理。32 开纸 3 页，36 行。收入

杨国仁、吴定国编《侗族礼俗歌》，贵州人民出版社 1984 年版。（贵州　龙耀宏）

花花鼓楼逗人爱　侗语南部方言礼俗歌。流传于贵州黎平、从江“六洞”、“九洞”地区。侗族习俗，外嫁的姑娘回到娘家，见寨上建起了新鼓楼，则要唱赞歌，夸赞寨上老人舍得花钱财，请得起能工巧匠，建起了护佑寨子的高楼，祝贺娘家寨上兴旺发达。对研究侗族习俗有参考价值。吴培仁口述，吴定国、杨国仁收集、整理。32 开纸 2 页，32 行。收入杨国仁、吴定国编《侗族礼俗歌》，贵州人民出版社 1984 年版。

（贵州　龙耀宏）

天旱十年水不穷　侗语南部方言礼俗歌。流传于贵州黎平洪州一带。侗族有在春节的时候村寨间互相走访做客的习俗。客寨进入主寨时如果路过主寨饮用的水井，则要赞美一番。歌词赞美主寨地势雄伟，龙脉好，水井开在龙口上，四季水不断，女人喝了会纺纱，老人喝了能还童，用井水染布不褪色、酿酒酒劲大。对研究侗族社会习俗有参考价值。吴明珠口述，郭达津搜集、整理。32 开纸 3 页，50 行。收入杨国仁、吴定国编《侗族礼俗歌》，贵州人民出版社 1984 年版。

（贵州　龙耀宏）

牛圈起得多宽敞　侗语南部方言礼俗歌。流传于贵州黎平孟彦、茅贡一带。侗族喜欢斗牛，一般一个村寨养有一头到数头斗牛，斗牛受到特殊的饲养和照顾，关牛的圈也建得特别大。歌词赞美牛圈的柱子、栏杆、壁板都是用特殊的材料建成，显示出村寨的富足。可供研究侗族的斗牛习俗参考。龙启波口述，郭达津搜集、整理。32 开纸 2 页，30 行。收入杨国仁、吴定国编《侗族礼俗歌》，贵州人民出版社 1984 年版。

（贵州　龙耀宏）

主家这栋房子好　侗语南部方言赞美歌。流传于贵州黎平孟彦一带。赞美主人家的房屋建得又高又大，建筑材料天下最好，地基也稳牢，引得凤凰来筑巢。可供研究侗族社会习俗参考。龙启波口述，郭达津搜集、整理。32 开纸 2 页，40 行。收入杨国仁、吴定国编《侗族礼俗歌》，贵州人民出版社 1984 年版。（贵州　龙耀宏）

杨柳干枯根还在　侗语南部方言送客歌。流传于湖南通道。叙述男子和他的同伴一起与女子告别的情景。可供研究侗族民间习俗和民间文学参考。杨锡演唱，吴万源搜集、翻译、整理、汉译。32 开纸 1 页，侗汉对译 9 行。收入《侗歌三百首》，民族出版社 2002 年版。（贵州　欧俊娇）

听你说走眼泪流　侗语南部方言送客歌。流传于广西三江。叙述男女青年没有缘分成亲而分别，男子留不住女子，只好忧愁无奈地把女子送走。可供研究侗族民间习俗和民间文学参考。吴银玉演唱，吴浩搜集、整理、汉译。32 开纸 1 页，侗汉对译 9 行。收入《侗歌三百首》，民族出版社 2002 年版。

（贵州　欧俊娇）

芦笙吹响靠笙簧　侗语南部方言送客歌。流传于广西三江。以芦笙吹响靠笙簧比喻男子靠姑娘乐一时，而姑娘的离去令男子心伤。可供研究侗族民间习俗和民间文学参考。吴银玉演唱，石秋利、陆春生、吴浩搜集、整理、汉译。32 开纸 1 页，侗汉对译 8 行。收入《侗歌三百首》，民族出版社 2002 年版。（贵州　欧俊娇）

你走出门我不去　侗语南部方言送客歌。流传于广西三江。叙述男子送别有夫女子只送到半路，送别无夫女子送到家且又带回来。可供研究侗族民间习俗和民间文学参考，石秋利，陆春生搜集、整理、汉译。32 开纸 1 页，侗汉对译 9 行。收入《侗歌三百首》，民族出版社 2002 年版。（贵州　欧俊娇）

送你出门　侗语南部方言送客歌。流传于广西三江。叙述女子翻山越岭艰难为男子送行，男子怀着要走心想留的心情而离去。可供研究侗族民间习俗和民间文学参考。石秋利，陆春生搜集、整理、汉译。32 开纸 2 页，侗汉对译 18 行。收入《侗歌三百首》，民族出版社 2002 年版。（贵州　欧俊娇）

干龙船　鄂西侗族汉语方言习俗歌。流行于湖北宣恩晓关长潭河。讲述侗族人于佳节之时舞龙船的习俗。是侗族在逢年过节纪念祖先时表示恭贺的一种说唱文艺形式。演唱者手执一纸糊篾扎龙船，在锣鼓的伴奏下舞龙演唱，多唱吉利恭贺话，内容丰富，语言生动。反映了侗族人能歌善舞的特点，体现了侗族人乐观的生活态度。对研究侗族习俗有参考价值。1986 年周北海、陈松柏演唱，姚祖瑞记录。32 开纸 6 页，128 行。收入《中国歌谣集成・湖北卷・宣恩县歌谣分册》，宣恩县文化局 1989 年编印。

（湖北　龙顺成）

干龙船调　鄂西侗族汉语习俗歌。流传于湖北宣恩张官。为侗乡人庆祝新年玩龙船时所唱，叙述歌者对主东家的新年问候和祝福，并逐一对主东家的住房、儿女、老人、当家人等进行颂唱和祈福。反映了侗乡人对美好、幸福生活的向往。对研究侗族的传统节日习俗有参考价值。1985 年陈松柏、周北海演唱，姚祖瑞记录。16 开纸 5 页，57 行。收入姚祖瑞编《宣恩侗乡民间歌谣集》，2001 年编印。（湖北　汪晓玲）

侗歌十二词　鄂西侗族汉语习俗歌。流传于湖北宣恩、湖南新晃。介绍侗族的起源及生活习俗。为侗族人铭记祖先、唱咏生活的歌谣。以一年十二个月的顺序具体反映侗族的起源、祭祀及生活习俗。是研究侗族历史习俗的重要参考资料。1985 年姚绍番、吴可全演唱，姚祖瑞记录。16 开纸 2 页，15 行。收入《侗垒》，岳麓书社 1989 年版。

（湖北　姚祖瑞）

大家风光愁哪样　侗语北部方言婚礼歌。流传于贵州北部方言区。叙述婚宴上，人们开心热闹的欢庆情景。可供研究侗族婚礼习俗和民间文学参考。周昌武搜集、整理、汉译，32 开纸 1 页，13 行。收入《侗歌三百首》，民族出版社 2002 年版。（贵州　欧俊娇）

高章歌　侗语北部方言婚礼歌。流传于贵州剑河、三穗地区。男女联姻，男方的关亲郎到女方家接新娘的当天晚上，由男方出资办一场夜宴（即吃章歌），宴席上主客双方要有礼有节地唱高章歌，以表达各自的喜悦心情。可供研究侗族婚姻习俗和民间文学参考。周昌武搜集、整理、汉译。32 开纸 1 页，17 行。收入《侗歌三百首》，民族出版社 2002 年版。（贵州　欧俊娇）

关亲郎歌　侗语北部方言婚礼歌。流传于贵州天柱、湖南新晃。当地男女青年结婚时，新郎家要请同辈男青年当关亲郎去迎亲。当关亲郎到女方家门时，女方家先关大门拒客，待双方对歌后才开门迎入，同时女方还嘲笑关亲郎不善歌。可供研究侗族婚姻习俗和文学参考。张人位搜集、整理、汉译。32 开纸 1 页，11 行。收入《侗歌三百首》，民

族出版社 2002 年版。（贵州　欧俊姣）

一块白布像巴掌　侗语南部方言丧葬礼俗歌。流传于贵州黎平南部。歌词哭唱道："爹种寨头的大田有十八丈长，寨尾的鱼塘也有十八厢大，可怜父亲丢下了这些田产，只带走了一张像巴掌大的白布。"可供研究侗族丧葬习俗参考。奶全恩口述，吴定国搜集、整理。32 开纸 1 页，14 行。收入杨国仁、吴定国编《侗族礼俗歌》，贵州人民出版社 1984 年版。（贵州　龙耀宏）

侗族葬礼　侗语北部方言丧葬礼俗歌。流传于贵州三穗桐林、款场一带。叙述侗族丧葬的过程。可供研究侗族丧葬习俗参考。杨秀元讲唱，1988 年杨长云笔录、汉译。32 开纸，近 3000 字。收入《中国民间文学集成·贵州省三穗县卷》，三穗县民间文学集成编委会 1989 年编印。（贵州　万德才）

丧堂歌　汉语丧葬礼俗歌。流传于贵州玉屏。侗族老人去逝时唱的歌曲，称之为"白喜"。其内容丰富，从盘古唱起。对研究侗族的丧葬习俗有参考价值。杨永佑、杨东元、夏三青演唱，蒋仁晏记录。32 开纸 9 页，140 行。稿存贵州省玉屏侗族自治县民族宗教局。（贵州　陈昌文）

孝歌　侗语北部方言丧葬礼俗歌。流传于贵州天柱。包括请师郎、十重恩、十别、十岁孩儿、十八孩女、父母恩情似海深等部分。可供研究侗族丧葬习俗及民间文学参考。蒋家林等搜集、记录、翻译、整理。32 开纸 7 页，188 行。收入《中国民间文学三套集成·贵州天柱县歌谣卷》，天柱县民族事务委员会 1995 年编印。（贵州　欧俊姣）

孝歌　侗族汉语丧葬礼俗歌。流传于贵州玉屏。侗族地区老人去世时唱的歌。讲述我国 24 位孝子的孝行，分别是舜王、汉王、曾子、闵子、子路、郯子、赵痢、董永、姜诗、蔡顺、陆绩郎、丁兰、江苹、黄番、王褒、吴猛、王祥、杨重、孟伸、庚黔江、郭巨、唐史人、朱寿昌、黄廷坚。对研究侗族的丧葬习俗有参考价值。杨东元演唱，蒋仁晏记录。32 开纸 115 页。稿存贵州省玉屏侗族自治县民族宗教局。（贵州　陈昌文）

（六）生活歌

解歌　鄂西侗族汉语生活歌。流传于湖北宣恩晓关。为侗族人歌唱生活的歌谣，以对唱、一问一答的形式展开。反映了侗族社会生活概貌，表达了侗族人对生活的热爱之情。对研究侗族社会生活有参考价值。1986 年刘荣绍演唱，陈开梅记录。32 开纸 2 页，21 行。收入《中国歌谣集成·湖北卷·宣恩县歌谣分册》，宣恩县文化局 1989 年编印。（湖北　龙顺成）

盘歌　鄂西侗族汉语生活歌。流传于湖北宣恩长潭河。为侗族人歌唱生活的歌曲，以盘问对答的形式展开。对研究侗族的社会生活有参考价值。1986 年姚祖瑞演唱，姚祖瑞记录。32 开纸 6 页，120 行。收入《中国歌谣集成·湖北卷·宣恩县歌谣分册》，宣恩县文化局 1989 年编印。（湖北　龙顺成）

道光年间不太平　侗语南部方言苦歌。流传于贵州黎平、从江、榕江的都柳江一带。叙述清朝道光壬辰、癸巳两年灾难深重，甲午、乙未年间苦难更加深重，先是干旱，后是蝗灾，一年收成只有三成，灾荒一年接一年，山上的蕨根被挖光，老百姓饿死无数。人们盼望换天地，盼望太平年。可供研究清朝道光年间榕江地区侗族社会生活状况参考。1959 年贵州侗族民间文艺工作组搜集、整理。32 开纸 4 页，93 行。收入《民间文学资料》（第三十集），贵州省民间文学工作组 1960 年编印。（贵州　龙耀宏）

颂古人　鄂西侗族汉语歌谣。流传于湖北宣恩晓关。记关公等古人古事。为多人轮唱的宣恩侗乡山歌。内容主要是歌颂历史上的关公、李世民、杨宗保、穆桂英等人的古事。反映了侗族人民对历史英雄人物的崇敬和汉族文化对侗乡文化的影响。对研究侗族的人文风俗有参考价值。1984 年吴东三、吴宝三等演唱，吴东三、吴宝三等记录。16 开纸 3 页，12 行。收入姚祖瑞编《宣恩侗乡民间歌谣集》，2001 年编印。

（湖北　汪晓玲）

敬老人　侗语南部方言伦理歌。又称为“珍贵老人歌”，流传于广西三江。歌词以羊有吃母乳知下跪的孝心，喻人们要记住父母的养育之恩，并且要孝顺父母，否则就连羊都不如。可供研究侗族伦理道德参考。吴贵原搜集、翻译、整理。32 开纸 2 页，侗汉对译 12 行。收入《侗歌三百首》，民族出版社 2002 年版。（贵州　欧俊姣）

敬重老人歌　侗语南部方言伦理道德歌。流传于侗语南部方言区。歌词以笋子记竹子根喻孩子长大全靠父母的呵护、辛苦的养育，所以孩子长大成家立业后应以情来报恩。年轻夫妻服侍老人应如同薯秧连薯根，都要牢记老人恩深意重，孝顺老人，善待老人，好好回报老人的养育之恩。可供研究侗族伦理道德参考。吴家佑演唱，吴世珍、龙王景搜集、翻译、整理。32 开纸 2 页，侗汉对译 39 行。收入《侗歌三百首》，民族出版社 2002 年版。（贵州　欧俊姣）

赞父母　侗语南部方言伦理歌。流传于湖南通道。歌词大意为：父母生养孩子不容易，在孩子小的时候父母教孩子学走路，为孩子洗尿布，孩子生了病请医生，样样要操心，同时还要种地，忙里又忙外。劝人们不要忘记父母的养育之恩，更不能对父母不孝，要善待和尊敬父母。可供研究侗族伦理道德参考。何婢鲁、姚爱演唱，杨锡、吴万源搜集、翻译、整理。32 开纸 3 页，侗汉对译 46 行。收入《侗歌三百首》，民族出版社 2002 年版。（贵州　欧俊姣）

劝世歌　侗语南部方言劝世歌。流传于贵州从江高增。唱述为人处事的准则。大意是：贫富不是绝对的，穷者勤俭会变富，富者奢侈也会变穷，为人要守本分、老实忠诚，切忌贪图享乐；人们都有不如意的时候，要相互帮助，解决困难，共渡难关；要孝敬父母，父母也要抚爱自己的子女，公平对待；夫妻和睦，才能家财兴旺，发家致富。可供研究侗族社会教育参考。吴得兰口述，吴生贤 1988 年于贵州省从江县高增村搜集、整理。32 开纸 4 页，176 行。收入《中国民间歌谣集成·贵州省黔东南州从江县卷》，从江县民间文学集成编委会 1988 年编印。

（贵州　龙耀宏）

劝世歌　侗语北部方言劝世歌。流传于贵州天柱。内容包括孝敬父母、尊兄爱弟、结友要真心、夫妻要同心、家庭要和睦、善恶到头终有报、敬老尊贤等。可供研究侗族世俗文化及伦理道德参考。欧阳家泉、杨心等搜集、记录、整理、汉译。32 开纸 6 页，244 行。收入《中国民间文学三套集成·贵州天

柱县歌谣卷》，天柱县民族事务委员会1995年编印。（贵州　欧俊姣）

劝恶寨老（嘎商娃）　侗语南部方言劝世歌。流传于贵州从江新安。歌词大意为：人生在世，为官要公正，为民办事要公平，善人有善报，恶有恶报。“为人处世，顺留尺寸进退”。办事公正让人们尊敬，处事不公必有后患，为人宽厚美名流传千古，横行霸道老天不容情。可供研究侗族社会教育参考。石乃盾口述，吴德光1985年于贵州省从江县新安乡皮林村搜集、整理。32开纸2页，88行。收入《中国民间歌谣集成·贵州省黔东南州从江县卷》，从江县民间文学集成编委会1988年编印。（贵州　龙耀宏）

劝妹莫嫌话罗嗦　侗语南部方言生活歌。流传于贵州从江新安。歌词反映的是哥哥对妹妹的婚姻表示关心，劝妹妹慎重考虑自己的终身大事，慎重选好自己的意中人，同时要考虑好以后的日子如何为人处世。可供研究侗族生活习俗参考。石补远口述，石生远搜集、整理。32开纸2页，46行。收入《中国民间歌谣集成·贵州省黔东南州从江县卷》，从江县民间文学集成编委会1988年编印。（贵州　龙耀宏）

劝你莫唱这首歌　侗语南部方言生活歌。流传于贵州从江新安。歌词大意为：婚姻大事父母切莫包办，以避免日后儿女的抱怨。父母包办的婚姻，夫妻之间说话不投机，丈夫有意无意就找妻子麻烦，走到婚姻尽头，只得离婚。“儿女终身姻缘配，夫妻之间互不恩爱难成对”。可供研究侗族婚姻习俗参考。石乃珠口述，吴德光搜集、整理。32开纸2页，74行。收入《中国民间歌谣集成·贵州省黔东南州从江县卷》，从江县民间文学集成编委会1988年编印。（贵州　龙耀宏）

父母歌　侗语南部方言劝世歌。流传于广西三江八江、独峒、林溪侗族地区。以规劝子女孝顺父母为主题。从母亲十月怀胎唱起，到抚养儿女长大成人。儿女未出世，父母已牵挂，出世了又为儿女忧愁。“抱儿在手舌头舔，宽衣包起倚窗前。天天健康母喜欢，一不吃奶母忧心”。等孩子会走路了，又担心“出外玩耍不知归，母爱断肠到处寻”。唯恐儿女难长大成人，长大了又担心儿女不成器。并以此来规劝儿女不要忘恩负义，要孝顺父母。对研究侗族的伦理道德有参考价值。广西壮族自治区三江侗族自治县林溪乡奶斌兰演唱，2000年吴斌兰用拼音侗文记录、汉译。16开纸1页，38行。载《侗文专刊》2000年总20～21期。（广西　吴美莲）

父母恩情比海深　侗语南部方言劝世歌。流传于贵州从江。歌词大意为：父母早年为子女的成长早出晚归，为家庭奔波；子女长大，父母年迈，儿女要孝敬父母，媳妇要孝顺公婆，儿女家家有，人都会有老的那一天，孝顺父母得美名，一家和睦过日子，家财兴旺。可供研究侗族生活习俗参考。梁乃凤口述，梁维安搜集、整理。32开纸3页，104行。收入《中国民间歌谣集成·贵州省黔东南州从江县卷》，从江县民间文学集成编委会1988年编印。（贵州　龙耀宏）

家庭美德劝世文　鄂西侗族汉语劝世歌。流传于湖北宣恩张官。主要以父母与子女之间、夫妻之间、公婆与媳妇之间、妯娌之间、兄弟之间、姑娘与家人之间、当家人与家人之间的关系和睦为基点，提出了在家庭中十种不同身份的人应遵循的道德准则。反映了侗乡人对美好家庭生活的向往和追求。对研究侗族的传统伦理观有参考价值。1984年梁玉梅、卓金玉、杨先海演唱，姚祖树、罗绍殷记录。16开纸34页，396行。收入姚祖瑞编《宣恩侗乡民间歌谣集》，2001年编印。（湖北 汪晓玲）

十劝姐 鄂西侗族汉语劝世歌。流传于湖北宣恩八台。对女子进行教导、规劝：要治家、要孝顺、要勤快、种棉花、敬父母、慎说话、奠亡人、守礼仪、莫持恶、莫知酒。反映了侗乡人对于美好、幸福生活的向往和追求，体现了侗乡人的传统道德准则。对研究侗族的民风民俗和传统伦理观念有参考价值。1984年吴德成、姚本相、张茂清演唱，姚祖瑞、姚祖树记录。16开纸1页，10行。收入姚祖瑞编《宣恩侗乡民间歌谣集》，2001年编印。（湖北 汪晓玲）

十想 鄂西侗族汉语歌谣。流传于湖北宣恩桐子营。叙述青年女子孤守空房的种种思想，有她对亲人美满家庭生活的羡慕和对包办婚姻的不满。反映了侗乡女子对美满婚姻生活的向往，鞭挞了包办婚姻对人性的迫害。对研究侗族的婚恋形态有参考价值。1984年吴可全演唱，姚祖树记录。16开纸2页，20行。收入姚祖瑞编《宣恩侗乡民间歌谣集》，2001年编印。（湖北 汪晓玲）

戒懒汉 侗语南部方言劝世歌。流传于贵州榕江车江。劝诫青年人不要学懒，应该管好田地勤干活，这样秧苗才长得好，粮食才收得多。有的懒人一年到头家中坐，妻子约他上山劳动他不乐，别人家的田地生财宝，他的田干死了泥鳅和田螺。可供研究侗族社会教育和民间文学参考。贵州侗族文艺工作组翻译、整理。32开纸3页，46行。收入《民间文学资料》（第三十集），贵州省民间文学工作组1960年编印。（贵州 龙耀宏）

赌钱丢丑多（嘎呀宝） 侗语南部方言劝世歌。流传于贵州从江。歌词大意为：为人讲勤奋，不义钱财不要想，赌博输钱是可耻的行为，输了钱财，家产荡尽，变卖老婆；做人要老老实实，诚诚恳恳，只有勤奋做人，努力做事，才能发家致富。可供研究侗族社会教育参考。萨贵娥口述，1987年石奇章搜集、整理。32开纸1页，23行。收入《中国民间歌谣集成·贵州省黔东南州从江县卷》，从江县民间文学集成编委会1988年编印。（贵州 龙耀宏）

阻盗歌（嘎相娃） 侗语南部方言劝世歌。流传于贵州从江。歌词对偷盗的人进行劝说：偷盗不是发家致富之路，还会败坏名声，“人人白眼个个恨”；要生活好只能靠勤快，不是靠偷摸骗取得来；从偷针到偷金，养成不良行为，被乡亲父老捉到吊上鼓楼，拳打脚踢打半死，即使有命回来，丢了祖宗万代丑，以后走路不敢抬头见人。可供研究侗族社会教育参考。萨贵娥口述，石奇章搜集、整理。32开纸2页，54行。收入《中国民间歌谣集成·贵州省黔东南州从江县卷》，从江县民间文学集成编委会1988年编印。（贵州 龙耀宏）

二十四孝子歌 侗语北部方言传说歌。流传于贵州岑巩、三穗、石阡、玉屏等地。讲述历史上二十四个孝子孝顺父母的事。可供研究侗族社会伦理道德参考。张昌珍、杨昌耀口述，武生搜集、整理、汉译。32开3页，汉文98行。收入《中国民间文学三套集成·岑巩县卷》，岑巩县民间文学三套集成办公室1990年编印。（贵州 欧俊姣）

二十四孝（教儿歌） 侗语南部方言民歌。

流传于湖南靖州甘棠、太阳坪一带。述及自古代舜王、汉王以来各朝出现的名人孝子，如何孝敬爹娘、孝敬长辈、效忠朝廷等。对青少年有一定教育意义。邹本杰演唱，1965年邹俊杰、明泽桂笔录。16开纸11页，140行。收入《靖州侗族民歌选集》。

（湖南　龙立明）

变只金蝉树尖叫（嘎汉单）　侗语南部方言生活歌。流传于贵州从江贯洞。歌词反映单身男人的苦衷：别人年到二十已成家，只剩自己还是“孤单雀”，白天干活，晚上归家；回到家中摸黑做家务，寂寞难耐，最怕病来无人照顾，希望找到一个与自己情投意合的姑娘与自己做伴，却没有姑娘愿意；只得死去变只金蝉落在树尖叫，妹到哪里，就飞到哪里树尖唱歌。可供研究侗族生活习俗和民间文学参考。吴良先口述，石波舟搜集、整理。32开纸2页，76行。收入《中国民间歌谣集成·贵州省黔东南州从江县卷》，从江县民间文学集成编委会1988年编印。

（贵州　龙耀宏）

诉苦不求嚷可怜（嘎汉单）　侗语南部方言生活歌。流传于贵州从江。歌词反映汉老（大龄未婚男青年）的苦衷：与别人一起干农活后，却还要急着赶回家做一些琐碎的家务活，找鸡、找鸭忙得团团转，急得没主张；别人有妻能吃到小米粑，自己有料无妻做；自己的意中人即将出嫁他人，只剩下“我”孤苦伶仃像只蜻蜓站木桩，心中有苦也不求嚷。可供研究侗族社会生活和民间文学参考。1988年孟元清搜集、整理。32开纸2页，69行。收入《中国民间歌谣集成·贵州省黔东南州从江县卷》，从江县民间文学集成编委会1988年编印。

（贵州　龙耀宏）

十二月苦歌（嘎汉单）　侗语南部方言生活歌。流传于贵州从江。单身男人羡慕有家室的人，看到别人婚姻美满、家庭和睦，生活幸福，而借十二个月份唱诉自己苦命，自己与他人相比有天壤之别。单身男人形容自己像冬天叶落独自哀，无人诉说，命中注定一年四季苦，只好唱首苦歌抒心怀。可供研究侗族社会生活和民间文学参考。陆桂超口述，1987年陆海清搜集、整理。32开纸1页，39行。收入《中国民间歌谣集成·贵州省黔东南州从江县卷》，从江县民间文学集成编委会1988年编印。（贵州　龙耀宏）

单身歌　侗语南部方言生活歌。流传于广西三江良口、洋溪、同乐、梅林等地。侗族青年走寨坐夜对歌，为了表示未婚，常唱单身歌。叙唱单身男子生活的艰辛：一是上山劳动无人帮送饭；二是晚上回家无人做饭，自己进寨讨火种生火，但讨到火种到半路又落到地下灭了，只好又跑回去再讨；三是边忙生火边忙挑水煮饭；四是跟同伴去坐夜，因穿着破烂只好躲在同伴的后边，不敢上前与姑娘说话，等等。对研究侗族的生活习俗和婚恋习俗有参考价值。广西壮族自治区三江侗族自治县良口乡西江村龙天福演唱，1994年杨日华用拼音侗文记录、汉译。16开纸1页，12行。载《侗文专刊》1994年总11～12期。

（广西　吴美莲）

单身歌　侗语北部方言生活歌。流传于贵州岑巩注溪。歌词大意为：单身郎哥做针线，好比麻雀无窝棚，独做农活无妻陪，空着肚皮饭没人送，大病倒床没人问，手忙脚乱来做饭，冲得满脸尽是灰，草鞋烂了还是单身，家人牵挂没成双。可供研究侗族民间文学参考。徐学文搜集、整理、汉译。32开纸2页，汉文24行。收入《中国民间文学三套集成·岑巩县卷》，岑巩县民间文学三套集成办公室1990年编印。

（贵州　欧俊姣）

单身歌　鄂西侗族汉语生活歌。流传于湖北宣恩八台。侗族人倾诉单身生活艰辛的苦情歌。描述单身汉“屋里旬牛栏、两碗酥稀饭”的凄凉景象和单身汉无钱请媒娶妻，最后只得配邻家女做夫妻。反映了人们在艰苦环境下对美好婚姻家庭生活的向往和追求。对研究侗族社会生活有参考价值。1985年李水生演唱，吴宝三笔录。16开纸4页，38行。收入姚祖瑞编《宣恩侗乡民间歌谣集》，2001年编印。（湖北　汪晓玲）

单身汉自叹歌　侗语南部方言生活歌。流传于广西三江同乐、良口、独峒侗族地区。内容为单身汉叹苦情，用河边歌的调子来唱。叙说单身汉的生活很苦，一个人手忙脚乱的。如：“收工回来晚了没人帮开门，累了进屋没人递来一张板凳，屋里乱糟糟的没人帮收拾。晚了还得自己生火挑水煮饭、喂鸡鸭喂猪等，朋友叫去坐夜都没时间去。等忙完了已是后半夜了。这还不算，哪天有病痛躺在床上没人照料，想喝水没人递到床头，想吃饭没人煮，单身汉的生活真凄苦。”对研究侗族的社会生活和婚恋习俗有参考价值。广西壮族自治区三江侗族自治县独峒乡知了村杨忠平演唱，2000年杨忠平用拼音侗文笔录、汉译。16开纸1页，20行。载《侗文专刊》2000年总20～21期。

（广西　吴美莲）

单身汉夸口歌　侗语南部方言生活歌。流传于侗语南部方言区。叙述单身汉生活充裕，吃的喝的样样富足，生活得简单洒脱又无小孩添麻烦，整天无牵无挂，随心所欲。可供研究侗族民间文学参考。吴培安等演唱，吴定帮搜集、翻译、整理。32开纸3页，侗汉对译33行。收入《侗歌三百首》，民族出版社2002年版。（贵州　欧俊姣）

单身姑娘歌　侗语南部方言生活歌。流传于广西三江。独身女子倾诉家无夫君的身心痛苦。单身女子为生活起早贪黑，忙里又忙外，重活轻活都要一个人做，整天忙得焦头烂额都无人帮忙。可供研究侗族社会生活和民间文学参考。林培义演唱，奶献文搜集、整理、汉译，32开纸2页，侗汉对译38行，收入《侗歌三百首》，民族出版社2002年版。（贵州　欧俊姣）

姜女晒衣　鄂西侗族汉语生活歌。流传于湖北宣恩会口。是侗乡女子晒衣时所唱。用美好、吉利的景致来衬托女子在洗衣、晒衣、收衣时快乐的心情。反映了侗乡女子对生活的热爱和乐观的生活态度。对研究侗族的生活习俗和民族特征有参考价值。1985年康朝友、胡胜来演唱，罗绍英、姚祖瑞记录。16开纸2页，31行。收入姚祖瑞编《宣恩侗乡民间歌谣集》，2001年编印。

（湖北　汪晓玲）

年少应惜时（嘎老）　侗语南部方言生活歌。流传于贵州从江。叙述人生苦短，要珍惜年少的时光，用春去秋来比喻人生匆匆。“花到季节要开放，草到时候要生长，寿命也像花开花落一样，岁月像河水悄悄流淌”。生老病死纯属自然现象，没有人能够更改，年轻不会专属某人，所以要把握好自己，珍惜自己青年的大好时光。可供研究侗族生活习俗参考。梁红梅口述，梁维安搜集、整理。32开纸2页，40行。收入《中国民间歌谣集成·贵州省黔东南州从江县卷》，从江县民间文学集成编委会1988年编印。

（贵州　龙耀宏）

内兄嫂不好（嘎老） 侗语南部方言生活歌。流传于贵州从江洛香。叙述出嫁的姑娘回娘家时，却遭内兄嫂冷落，羡慕其她姑娘有好的内兄嫂，可以经常回家看望父母。姑娘家中父母已老，无权“做主”，自家女儿回家看望还须看儿子、儿媳的脸色。女儿发誓：“双亲作古，藤断瓜枯，绝不再跨入此门槛。”可供研究侗族生活习俗和民间文学参考。陆秀元口述，1987年陆海清搜集、整理。32开纸2页，28行。收入《中国民间歌谣集成·贵州省黔东南州从江县卷》，从江县民间文学集成编委会1988年编印。

（贵州　龙耀宏）

为人父母歌 侗语南部方言生活歌。流传于广西三江、龙胜侗族地区。在婚宴上唱的酒歌。内容包括结婚、生育、教育子女、孝顺公婆、努力生产、发家致富等内容。是教育青年男女如何做好“人之父母”的传统教材之一。对研究侗族人生礼仪及伦理道德有参考价值。广西壮族自治区三江侗族自治县独峒乡高定村吴银玉、独峒乡干冲村吴行松演唱，1982年吴浩笔录、汉译。32开纸8页，260行。收入广西柳州民族中专吴浩采录本《侗族酒歌》。（广西　吴　浩）

夫妻恩爱歌 侗语南部方言酒歌。流传于广西三江、龙胜侗族地区。在婚宴上演唱的酒歌。内容包括互相恩爱、互相体贴、同心协力、建家立业、白头到老、永不变心等。是对刚结婚的新郎新娘表示祝福的传统歌。对研究侗族婚姻及人际关系有参考价值。广西壮族自治区三江侗族自治县独峒乡干冲村吴行松、高定村吴银玉等演唱，1982年吴浩笔录、汉译。32开纸5页，160行。收入广西柳州民族中专吴浩采录本《侗族酒歌》。

（广西　吴　浩）

姑娘哭未婚夫 侗语南部方言哭丧歌。流传于广西龙胜侗族地区。哭灵歌之一，妻子哭夫。抒唱恋情，表示殉情，被人阻拦，抒唱痛不欲生而死又不成的无奈之情。若是未婚情郎去世，情妹邀约女伴，参与哭灵。对研究侗族的婚俗及爱情观有参考价值。广西壮族自治区龙胜各族自治县西腰村吴国芬演唱，1985年杨金邦、黄钟警笔录、汉译。16开纸2页，54行。收入农冠品主编《中国歌谣集成·广西卷》，中国社会科学出版社1992年版。（广西　吴　浩）

中年妇女哭丈夫 侗语南部方言哭丧歌。流传于广西龙胜侗族地区。中年妇女哭丈夫。儿幼而夫亡，少妇痛不欲生。在家里，每见到丈夫的一件遗物，都心生一段苦情；上山劳动，处处都浮现丈夫的身影。每句歌词，都抒发了妻子思念丈夫之情。对研究侗族文学有参考价值。广西壮族自治区龙胜各族自治县西腰村吴国芬演唱，1985年杨金邦、黄钟警笔录、汉译。16开纸2页，54行。收入农冠品主编《中国歌谣集成·广西卷》，中国社会科学出版社1992年版。

（广西　吴　浩）

丧妻悲歌（嘎逝） 侗语南部方言生活歌。流传于贵州从江新安。叙述儿未长大男子丧妻的悲苦。“儿子未满月，妻却伴黄土，小儿无乳喂，只剩皮包骨”。男子既当爸又当妈照顾小孩，既要做家务，又要干农活，无奈之下，跑到妻子坟前哭诉。可供研究侗族生活习俗和民间文学参考。石乃香口述，石彦章搜集、整理。32开纸2页，76行。收入《中国民间歌谣集成·贵州省黔东南州从江县卷》，从江县民间文学集成编委会1988年编印。（贵州　龙耀宏）

父母哭子 侗语南部方言哭丧歌。流传于广西龙胜侗族地区。父母哭子。诉说中年丧子的痛苦心情以及对人生命运无可奈何的哀叹。侗语称为“奶呢腊”。对研究侗族葬丧习俗有参考价值。广西壮族自治区龙胜各族自治县平等乡吴通权演唱，1980 年石本忠笔录，粟万雷汉译。16 开纸 1 页，20 行。以《哭灵歌》为题，收入农冠品主编《中国歌谣集成·广西卷》，中国社会科学出版社 1992 年版。（广西　吴　浩）

六十甲子歌　侗语南部方言大歌。流传于广西三江梅林侗族地区。侗族大歌一组。共有三首，每首四行，唱时连续唱三首。三首的内容接近，但用词不同。此歌以六十甲子为序进行演唱，故称六十甲子歌。歌的意思：我们唱歌歌声很宏亮，声音飘到屋顶上，引得老人小孩都来听，只是让大家失望了，因为我们唱得不好。表示唱歌者谦虚、有礼貌。歌词不多，但因是多声部，曲调优美。对研究侗族音乐有一定的参考价值。广西壮族自治区三江侗族自治县梅林乡新民中寨屯吴甫美鸾等演唱，2004 年吴美莲笔录、汉译。16 开纸 1 页，12 行。稿存广西壮族自治区三江侗族自治县民族语言文字工作委员会吴美莲处。（广西　吴美莲）

帮工之歌　侗语南部方言生活歌。流传于贵州黎平、从江交界的“六洞”地区。诉说帮工的苦难生活，控诉社会的不平等，问苍天为什么把人分贵贱。可供研究侗族封建社会老百姓生活状况参考。1959 年贵州侗族民间文艺工作组搜集、翻译、整理。32 开纸 2 页，36 行。收入《民间文学资料》（第三十集），贵州省民间文学工作组 1960 年编印。（贵州　龙耀宏）

重男轻女　侗语南部方言诉苦歌谣。流传于贵州黎平、从江、榕江的“六洞”、“九洞”一带。诉说同是父母生养，为什么拿姑娘不当崽，为什么要把姑娘看低，砍柴割草上坡下田姑娘样样做，为什么分家产没有姑娘的份，这实在是不公平。对研究侗族社会观念有参考价值。贵州侗族民间文艺工作组搜集、整理。32 开纸 1 页，27 行。收入《民间文学资料》（第三十集），贵州省民间文学工作组 1960 年编印。（贵州　龙耀宏）

同是爹娘生养　侗语南部方言诉苦歌。流传于贵州黎平、从江的“六洞”地区。女唱男答，女的诉说：同是父母生养，为什么男贵女贱，世界本来一半是男一半是女，为什么田塘土地女的没有份。男人说：这是乡规侗理定好的。女人问：为什么定乡规民约不和她们商量。歌词抨击封建社会的男女不平等。对研究侗族妇女社会地位有参考价值。贵州侗族文艺工作组 1959 年搜集、整理。32 开纸 1 页，12 行。收入《民间文学资料》（第三十集），贵州省民间文学工作组 1960 年编印。（贵州　龙耀宏）

只因舅家要钱多　侗语南部方言歌谣。流传于贵州从江、榕江等地。叙述姑娘不愿意嫁给表哥，可是家里无钱又无米，如果嫁给自己亲爱的情人，舅舅家又要钱多。姑娘家无钱只指望情哥哥，情哥哥想卖掉田产，可又怕老人不同意。姑娘劝哥哥不要卖田，相约逃婚到天涯海角。可供研究侗族古代社会的婚姻习俗参考。贵州侗族文艺工作组 1959 年搜集、整理。32 开纸 3 页，48 行。收入《民间文学资料》（第三十集），贵州省民间文学工作组 1960 年编印。（贵州　龙耀宏）

你猜哪个到河里去洗头　侗语南部方言猜谜歌。流传于贵州从江龙图、贯洞一带。男女对唱，女问男答，用于拦路对歌的场合。女方以历史、神话中的人物和事件提问题，考验男方对历史知识的了解程度。可供研究侗族对歌习俗和历史参考。1959 年从江龙图梁立桃演唱，杨秀斌记录、翻译，贵州侗族文艺工作组整理。32 开纸 7 页，17 问 17 答共 34 段。收入《民间文学资料》（第三十集），贵州省民间文学工作组 1960 年编印。

（贵州　龙耀宏）

算术歌——分茶油　侗语南部方言生活歌。流传于湖南通道侗族地区。唱述两个人在分茶油，而且其中融合了一道复杂的算术题。对研究侗族民歌有参考价值。吴治德演唱，1981 年杨锡笔录、汉译。16 开纸 30 页。稿存湖南省通道侗族自治县档案馆。

（湖南　陆有智）

只得跟你讲假话　侗语南部方言生活歌。流传于贵州从江新安。叙述村寨脚夫卖苦力换钱养家过日子，生活不容易，处处找活干。途中路过其他寨子，被老奶奶问起是否有家室，以及住何处，好以后来往。只因家中贫寒，有口难言，本有家室的苦力脚夫只得用假话“骗”老人。可供研究侗族生活习俗参考。陆顺基口述，黄先仁搜集、整理。32 开纸 2 页，37 行。收入《中国民间歌谣集成・贵州省黔东南州从江县卷》，从江县民间文学集成编委会 1988 年编印。

（贵州　龙耀宏）

夫家路远母送行　侗语南部方言怨世歌。流传于湖南通道。叙述女子出嫁去夫家，路途遥远，母亲一路将女子送到夫家后返回，女子抱怨其母亲把她独自留在夫家。可供研究侗族社会风俗参考。吴世凤演唱，杨锡、吴万源等搜集、翻译、整理。32 开纸 2 页，侗汉对译 12 行。收入《侗歌三百首》，民族出版社 2002 年版。（贵州　欧俊娇）

丈夫不好难转回　侗语南部方言怨世歌。流传于湖南通道。歌词大意为：纺车不好，可以换轮带；纺锭不好，可以换轴心；道路不好，能回转；女子出嫁后，丈夫不好难转回。可供研究侗族社会习俗和民间文学参考。吴才义演唱，杨锡、吴万源等搜集、翻译、整理。32 开纸 1 页，侗汉对译 8 行。收入《侗歌三百首》，民族出版社 2002 年版。

（贵州　欧俊娇）

望星星、三回头　侗语南部方言哭嫁歌。流传于广西龙胜、三江侗族地区。远嫁的姑娘，通常在即将出嫁前的几个晚上，聚集一群女伴，在自己家里，对着父母唱哭嫁歌。叙叹姑娘出嫁后远离家乡，不能报答父母之恩，不能再与兄弟姐妹团圆等。对研究侗族婚俗有参考价值。广西龙胜平等姚秀端、龙胜西腰吴国芬演唱，1979 年、1986 年石本忠、黄钟警笔录、汉译。16 开纸 1 页，30 行。收入农冠品主编《中国歌谣集成・广西卷》，中国社会科学出版社 1992 年版。

（广西　吴　浩）

妹做媳妇好伤心　侗语北部方言汉语哭嫁歌。流传于贵州三穗侗族地区。叙述妹到婆家做媳妇遭到的种种不公现象，媳妇任劳任怨，却被家人百般刁难，甚至遭受丈夫的打骂。歌的末尾讲到，嫁娶谁家都有，要平等对待媳妇。可供研究侗族古代婚姻家庭和妇女生活参考。蒙秀音口述，周昌武、吴展明搜集、整理。32 开纸 2 页，28 行。收入《侗族文学资料》第三集（三穗县专集），《侗族文学史》编写组 1984 年编印。

（贵州　龙耀宏）

你看喊天不喊天　鄂西侗族汉语方言歌谣。流传于湖北宣恩长潭河、高罗。以山歌形式叙述侗家人在社会生活中所遭遇的困难。反映了侗族人民追求幸福生活的愿望。对研究侗族民风民俗有参考价值。1980 年姚本富演唱，姚本富记录。32 开纸 1 页，5 行。载《迎春花》1980 年第 3 期。收入《中国歌谣集成·湖北卷·宣恩县歌谣分册》，宣恩县文化局 1989 年编印。（湖北 龙顺成）

歌暖人心 侗语南部方言双歌。流传于广西三江、龙胜，湖南通道侗族地区。为二人二声部重唱的一种歌，故称为双歌，无器乐伴奏，曲调与笛子歌接近。此组歌为开堂歌中的前面几首，男女对唱。以“常唱山歌常欢乐”为主题，叙唱了歌在陶冶人的性情、恋爱交往、娱乐等方面的作用，规劝人多唱歌。对研究侗族的民间歌谣理论有参考价值。广西壮族自治区三江侗族自治县独峒乡高定村奶日明、吴银玉演唱，1979 年吴浩笔录、汉译。16 开纸 2 页，56 行。收入农冠品主编《中国歌谣集成·广西卷》，中国社会科学出版社 1992 年版。（广西 吴 浩）

送新娘 侗语南部风方言风情歌。流传于侗语南部方言区。叙述新娘出嫁时同伴和媒人一起将新娘送到夫家。可供研究侗族风情和民间文学参考。龙玉成、杨通山等搜集、整理、汉译。32 开纸 2 页，侗汉对译 8 行。收入《侗歌三百首》，民族出版社 2002 年版。（贵州 欧俊姣）

做人媳妇 侗语南部方言双歌。流传于广西三江林溪、八江、独峒侗族地区。叙述为人媳妇之道：一要孝敬公婆，要像孝敬自己的父母一样孝敬公婆；二要尊重兄嫂，要与兄嫂及邻里和睦相处；三要敬重丈夫，夫妻之间要互相忍让，互敬互爱，妻子要多做家务；四要疼爱小叔小姑，要像姐姐一样疼爱他们；五要热情接待亲朋好友。对研究侗族的伦理道德和人际关系有参考价值。1971 年吴仲儒演唱，吴仲儒笔录，亚康汉译。16 开纸 1 页，36 行。载《侗文专刊》1989 年第 2 期。（广西 石祖勋）

闹新人房 鄂西侗族汉语歌谣。流传于湖北宣恩猫山。为婚礼仪式后闹新人房前所唱的歌谣，歌词为众人对新人的新婚祝福和新人对众宾客的感谢，重点唱述了新房的布置，突出了各种嫁妆的精致、美好。反映了侗乡人对美好、幸福的婚姻家庭生活的向往和追求。对研究侗族婚嫁习俗有参考价值。1984 年陈宏亮演唱，罗绍殷记录。16 开纸 7 页，80 行。收入姚祖瑞编《宣恩侗乡民间歌谣集》，姚祖瑞 2001 年编印。（湖北 汪晓玲）

寡妇歌 侗语南部方言双歌。流传于广西龙胜平等侗族地区。歌中诉说寡妇拖儿带女生活困苦，持家艰难。家里没了丈夫，好似朝廷没了皇帝。儿女又小事理不懂，不能帮忙，别家有男人犁耙田，寡妇不会掌犁耙，还受牛的气；人家有男人割草割菁，寡妇镰刀都磨不利，上山砍柴割草一身疼痛满手是血。旁人劝其改嫁，又可怜儿女年幼难舍丢。心想带儿女改嫁，房族又不让，又怕人家嫌子女多。对研究侗族传统婚姻家庭有一定参考价值。广西壮族自治区龙胜各族自治县平等乡平等村吴通权演唱，1986 年石本忠笔录、汉译。32 开纸 2 页，28 行。收入《中国歌谣集成·广西卷·龙胜资料本》，龙胜各族自治县民间文学三套集成办公室 1986 年编印。（广西 石本忠）

龙灯歌 侗语南部方言生活歌。流传于湖南通道。由客贺主和主赔客两部分组成。互相称颂对方的热情好客、村寨风景优美，共同祝福太平盛世、风调雨顺、五谷丰登。是增进村寨之间友谊、增强民族团结的民间文化娱乐活动。可供研究侗族社会生活参考。石兴坤等演唱，1985年李均笔录、汉译。32开纸3页，78行。收入《中国民间歌谣谚语集成·湖南卷·通道县资料本》，通道侗族自治县民间文学集成办公室编印。稿存湖南省通道侗族自治县文化馆。

（湖南　谭少剑）

嘎芙蓉　侗语南部方言生活歌。流传于湖南通道侗族地区。姑娘戏弄后生的歌。对研究侗族民歌有参考价值。佚名演唱，吴永高笔录、汉译。16开纸1页，9行。收入《侗歌集》，通道侗族自治县文化局歌舞乐戏调查组编印。稿存湖南省通道侗族自治县档案馆。（湖南　陆有智）

歌场调　侗语北部方言生活歌。流传于贵州天柱。包括初会相问歌场侃古、分散歌、端午词、端午度龙船、同架落阳桥等内容。可供研究侗族歌场风情和民间文学参考。龙更清、欧阳家泉等搜集、记录、整理、翻译。32开纸38页，712行。收入《中国民间文学三套集成·贵州天柱县歌谣卷》，天柱县民族事务委员会1995年编印。

（贵州　欧俊姣）

款歌　侗语南部方言生活歌。流传于湖南靖州文溪、寨牙一带。讲述侗族的祖先身居高山，挖地种菜，砍树做栏养猪，艰苦度日，但种的菜和养的猪，主人舍不得吃，而用来招待客人。反映了少数民族勤劳朴实、热情好客的品质。对研究侗族社会生活有参考价值。吴家帅、吴永权演唱，1951年吴永权笔录，吴以成汉译。16开纸5页，64行。收入《靖州侗族民歌选集》。

（湖南　龙立明）

盘问歌　侗语南部方言生活歌。流传于湖南靖州藕团一带。通过侗族女青年对男青年的盘问，如盘问锁、盘问花等，考察男青年的知识面和随机应变能力。对研究民族文化有参考价值。吴发连、潘洪文演唱，1949年吴三麟笔录，吴以成汉译。16开纸6页，60行。收入《靖州侗族民歌选集》。

（湖南　龙立明）

盘歌　侗语北部方言劳动歌。流传于贵州三穗侗族地区。歌词采用问答的形式，都是关于劳动生产的，盘问以“什么”和“哪样”开头。可供研究侗族地区生产劳动习俗参考。周昌武、吴展明搜集、整理。32开纸2页，62行。收入《侗族文学资料》第三集（三穗县专集），《侗族文学史》编写组1984年编印。（贵州　龙耀宏）

参堂歌　侗语北部方言歌场对歌。流传于贵州天柱。内容包括流离歌、进场寻伴、初相会、白话。可供研究侗族歌场对歌习俗参考。龙更清等搜集、整理、汉译。32开纸12页，239行。收入《中国民间文学三套集成·贵州天柱县歌谣卷》，天柱县民族事务委员会1995年编印。（贵州　欧俊姣）

养牛歌（嘎拜金）　侗语南部方言劳动歌。流传于贵州从江新安。孩童独唱。由于年龄小孩子不能做重活，只好翻山越岭去放牛，天天如此。若有牛丢失，回家要被父母骂，找牛过程中被草割伤痛在外，被爸妈骂却痛在心。小孩认为自己放牛太辛苦，期望自己快快长大。可供研究侗族劳动生产、生活习俗参考。万永显口述，万彦章1988年8月于贵州省从江县新安乡皮林村搜集、整理。32开纸1页，19行。收入《中国民间歌谣集成·贵州省黔东南州从江县卷》，从江县民间文学集成编委会1988年编印。

（贵州　龙耀宏）

劳动歌　侗语北部方言劳动歌。流传于贵州天柱。内容包括锄头落地不误人、四季活路、月月生产忙、水利歌、十二个月农事、十二个月农谚歌、木夫歌、请水江上放排歌。可供研究侗族民间文学参考。龙更清、蒋志勋等搜集、整理、汉译。32 开纸 10 页，387 行。收入《中国民间文学三套集成·贵州天柱县歌谣卷》，天柱县民族事务委员会 1995 年编印。　（贵州　欧俊姣）

劳动农时歌　侗语南部方言劳动歌。流传于贵州从江增冲。歌词大意为：天气干旱、自然灾害会减少农作物收成，雨水充足作物好，瑞雪兆丰年，人们要根据季节的变化安排生产，才能喜获丰收。可供研究侗族农业生产、生活习俗参考。石开建口述，陆海青搜集、整理。32 开纸 2 页，68 行。收入《中国民间歌谣集成·贵州省黔东南州从江县卷》，从江县民间文学集成编委会 1988 年编印。　（贵州　龙耀宏）

薅草打谷歌　侗语北部方言劳动歌。流传于贵州岑巩天马地区。歌词大意为：当太阳大的时候，人们希望老天起云层，太阳晒，雨不淋，就使劲地薅草，累了就伸腰歇口气，如不赶紧忙活，不但耽搁自己，也帮不了别人。种庄稼，收谷子，要不怕雨淋、太阳晒。可供研究侗族农业生产习俗参考。刘智元口述，刘胜余搜集、整理、汉译。32 开纸 1 页，汉译文约 112 字。收入《中国民间文学三套集成·岑巩县卷》，岑巩县民间文学三套集成办公室 1990 年编印。

（贵州　欧俊姣）

十二月采茶歌　侗语北部方言劳动歌。流传于贵州岑巩、石阡、玉屏、江口等地。讲述正月间妹妹们都到茶园去做生意，二月茶发芽了姑娘、小伙去摘茶，三月去采茶，四月去割荞麦，五月姑娘在家加工茶，六月栽柳栽桑，七月在家织绫罗绸缎，八月茶花飘落，九月重阳喝桂花酒，十月虽冷采茶牵动他人心，冬月希望姑娘们来相会，腊月姊妹们得了茶钱回家。可供研究侗族农事劳动参考。杨昌跃口述，晏晓明搜集、整理、汉译。32 开纸 2 页，汉译文约 336 字。收入《中国民间文学三套集成·岑巩县卷》，岑巩县民间文学三套集成办公室 1990 年编印。

（贵州　欧俊姣）

二十四节气歌　侗语北部方言节令歌。流传于贵州岑巩思旸、大有、天马、水尾等地。讲述侗家一年二十四节气的具体时间，十五天一节气，二十四节气是一年，历朝历代如此，侗家人记心间。可供研究侗族天文历法参考。姚本春口述，道安搜集、整理、汉译。32 开纸 2 页，汉文 400 字。收入《中国民间文学三套集成·岑巩县卷》，岑巩县民间文学三套集成办公室 1990 年编印。

（贵州　欧俊姣）

二十四节气歌（嘎共者）　侗语南部方言劳动歌。流传于贵州从江。一年十二个月，分二十四节气，侗族人民根据天气的变化唱出各节气的特征，以及人们应该如何从事劳动生产。人们要随着季节的变化而播种、收获。可供研究侗族劳动生产习俗参考。梁振辉口述，吴秀华 1984 年搜集、整理。32 开纸 2 页，52 行。收入《中国民间歌谣集成·贵州省黔东南州从江县卷》，从江县民间文学集成编委会 1988 年编印。

（贵州　龙耀宏）

二十四节农事歌　鄂西侗族汉语劳动歌。流传于湖北宣恩。介绍二十四节气与农事的关系，如何根据节气的变化安排农事。可供研究侗族农业生产习俗参考。1985 年陈洪亮

演唱，姚祖瑞记录。16开纸2页，22行，每行24字。收入《琵琶歌选》，岳麓书社1993年版。（湖北　姚祖瑞）

二十四节农事歌　鄂西侗族汉语劳动歌。流传于湖北宣恩猫山。介绍从“一九”到“九九”的自然景致和农事安排，重点唱述从立春到冬至一年二十四节气的景致变化和相关农事的安排。对研究侗族农业生产习俗有参考价值。1985年陈宏亮、易子刚演唱，姚祖瑞记录。16开纸6页，72行，每行7字。收入姚祖瑞编《宣恩侗乡民间歌谣集》，2001年编印。（湖北　汪晓玲）

十二月劳动生产歌　侗语北部方言劳动歌。流传于贵州岑巩。歌词大意为：正月里把秧田整平，期望当年有好收成；二月里把田翻好；三月里下基肥；四月里把秧插好；五月里为秧除草；六七月间加强田间管理；八月里把谷子收进仓；九月间种小季，对油菜、荞麦等加强管理；腊月里勤积肥，为下一年做准备。可供研究侗族农业生产参考。刘宗华口述，声咸整理、汉译。32开纸2页，汉译文约1200字。收入《中国民间文学三套集成·岑巩县卷》，岑巩县民间文学三套集成办公室1990年编印。（贵州　欧俊姣）

十二月农事歌　侗语南部方言劳动歌。流传于贵州从江。叙述侗家劳动人民一年四季少有空闲，十二个月里有不同的农事安排。可供研究侗族劳动生产、生活习俗参考。万玉成口述，万彦章1985年5月于贵州省从江县新安乡皮林村搜集、整理。32开纸6页，320行。收入《中国民间歌谣集成·贵州省黔东南州从江县卷》，从江县民间文学集成编委会1988年编印。

（贵州　龙耀宏）

十绣　鄂西侗族汉语劳动歌。流传于湖北宣恩会口。叙述柳小姐放学回家上绣鞋楼玩耍，看见绣鞋楼丫环给货客绣花的经过，自己学绣，绣出天上星、明月梭等十桩事物。对研究侗族民间艺术和风俗习惯有参考价值。1985年陈久林演唱，罗绍殷记录。16开纸10页，106行。收入姚祖瑞编《宣恩侗乡民间歌谣集》，2001年编印。

（湖北　汪晓玲）

十绣香担　鄂西侗族汉语歌谣。流传于湖北宣恩八台。叙述一位青年女子日日为情人绣香担，时时思念自己的情人。对于研究侗族生活习俗有参考价值。1985年庄茂文演唱，吴宝三、姚祖瑞记录。16开纸2页，20行。收入姚祖瑞编《宣恩侗乡民间歌谣集》，2001年编印。（湖北　汪晓玲）

纺织工序歌　侗语南部方言劳动歌。流传于广西三江、龙胜，湖南通道，贵州黎平、榕江、从江侗族地区。叙唱侗族民间纺织的整套工序。轧棉、弹棉、纺纱、扒纱、绞纱、排纱、梳纱、织布，每个工序均有四句歌来叙唱。对研究侗族纺织及服饰文化有参考价值。广西壮族自治区龙胜各族自治县平等乡八榜村侯万能演唱，1986年石本忠笔录、汉译。16开纸1页，32行。收入农冠品主编《中国歌谣集成·广西卷》，中国社会科学出版社1992年版。（广西　吴　浩）

富歌　侗语北部方言生活歌。流传于贵州岑巩一带。歌词大意为：人富有是因为不辞劳苦，生意公平做，不做违法事，常管家务，合家上下相帮助，家有贤妻，教子有方。可供研究侗族生活观参考。刘燕口述，晏晓明搜集、整理、汉译。32开纸1页，汉文10行。收入《中国民间文学三套集成·岑巩县卷》，岑巩县民间文学三套集成办公室1990

年编印。（贵州　欧俊姣）

穷歌　侗语北部方言生活歌。流传于贵州岑巩、玉屏一带。歌词大意为：人贫穷是因不务正业，不务农活，交友不慎重，好出风头而闹官司，好要面子摆大架子，妻子懒惰，子孙又不求上进，一生在贪杯好赌中过。可供研究侗族生活观参考。刘燕口述，晏晓明搜集、整理、汉译。32 开纸 1 页，汉译文 10 行。收入《中国民间文学三套集成·岑巩县卷》，岑巩县民间文学三套集成办公室 1990 年编印。（贵州　欧俊姣）

自谦歌　侗语北部方言生活歌。流传于贵州岑巩县思旸、大有等地。歌词大意为：侗家人样样精通，却自谦只是雕虫小技，唱歌也说在冒充，自谦是个山鸡崽不敢比凤凰，能进武场说只会两三手，能买几坝田却说只有一吊钱，能细说大街小巷却说不知城门在何方，能排八卦却说是个文盲，能蹬山顶却说止步不前，能下海跳龙门却自谦好似“活套伍命”。可供研究侗族民间文学参考。刘福菊口述，路笛、季雨搜集、整理、汉译。32 开纸 2 页，汉译文 34 行。收入《中国民间文学三套集成·岑巩县卷》，岑巩县民间文学三套集成办公室 1990 年编印。

（贵州　欧俊姣）

铃铃歌（嘎铃）　侗语南部方言生活歌。流传于贵州从江新安。叙述人们劳动结束后回家路上的情景。一人领唱，众人以叠音附和。太阳下坡，劳动的人们收工，大人扛犁耙，小孩赶牛羊走山腰，人们边走边唱歌，山水相映，走出树林到河边，生活多美好。可供研究侗族生活习俗和民间文学参考。石龙女口述，1976 年皮林村包忠玉搜集、整理。32 开纸 1 页，19 行。收入《中国民间歌谣集成·贵州省黔东南州从江县卷》，从江县民间文学集成编委会 1988 年编印。

（贵州　龙耀宏）

水之歌（嘎能）　侗语南部方言生活歌。流传于贵州从江新安。叙述春天到了，山泉欢笑，春到人间，随着自然的年轮，人们的年纪也跟随长大。叠音合唱开头，后有人领唱。可供研究侗族生活习俗和民间文学参考。石梅芝口述，1976 年包忠玉搜集、整理。32 开纸 1 页，32 行。收入《中国民间歌谣集成·贵州省黔东南州从江县卷》，从江县民间文学集成编委会 1988 年编印。

（贵州　龙耀宏）

春牛歌　汉语桂北方言歌谣。流传于广西龙胜侗族地区。广西侗族用汉语唱的春牛歌。为了祈求风调雨顺、国泰民安，侗家都要在立春当天舞春牛，边舞春牛边唱春牛歌。内容主要赞颂太平盛世，祝愿当年风调雨顺、五谷丰收。对研究多民族民俗文化交融有参考价值。广西壮族自治区龙胜各族自治县平等乡平等村石万梅演唱，1986 年石万彬笔录、汉译。32 开纸 1 页，24 行。收入《中国歌谣集成·广西卷·龙胜资料本》，龙胜各族自治县民间文学三套集成办公室 1986 年编印。（广西　石本忠）

围猎歌　侗语南部方言赶山号子。流传于广西三江侗族地区。为目前仅见的唯一一首侗族赶山号子，内容为赶山围猎。是侗族歌谣最古老的歌种之一，讲述侗族古代集体围猎的生产方式。对研究侗族先民渔猎时代的生产、生活状况及歌谣的起源有参考价值。广西壮族自治区三江侗族自治县独峒乡高定村甫引花、公完清演唱，1985 年吴浩笔录、汉译。16 开纸 1 页，24 行。收入农冠品主编《中国歌谣集成·广西卷》，中国社会科学出版社 1992 年版。（广西　吴　浩）

拉木歌　侗语南部方言拉山号子。流传于广西三江侗族地区。为目前仅见的一首侗族拉山号子。在众人拉木翻山时喊唱，词句简短，一呼众和，节奏感强。反映了侗族先民的原始劳动状况。对研究侗族古代社会的生产、生活状况及歌谣的起源有参考价值。广西壮族自治区三江侗族自治县林溪乡程阳村吴运丑等演唱，1985 年吴浩笔录、汉译。16 开纸 1 页，12 行。收入农冠品主编《中国歌谣集成·广西卷》，中国社会科学出版社 1992 年版。　（广西　吴　浩）

铜鼓歌　侗语南部方言风情歌。流传于广西三江。反映侗家村民击铜鼓迎新春的景象。可供研究侗族节日风情参考。杨权搜集、整理、汉译。32 开纸 2 页，侗汉对译 9 行。收入《侗歌三百首》，民族出版社 2002 年版。　（贵州　欧俊姣）

挖蕨歌　鄂西侗族汉语方言歌谣。流传于湖北恩施芭蕉。由挖蕨、洗蕨、打蕨、煮蕨、吃蕨五部分组成，反映了侗族人提炼蕨粉的技术。对研究侗族的传统传统生产技术和生活习俗有参考价值。1986 年苏永芝演唱，碧玉、先谦记录。32 开纸 1 页，10 行。收入《中国歌谣集成·湖北卷·恩施市歌谣分册》，恩施市民间文字三套集成编委会 1989 年编印。　（湖北　汪晓玲）

采茶歌　鄂西侗族汉语歌谣。流传于湖北宣恩会口。唱述不同季节采茶的自然特征，同时唱出妲己等十桩古人古事。批评了一些历史人物的无道和蛮横无理，反映了侗族人对邪恶势力的憎恨。对研究侗族的传统伦理道德观和人文风俗有参考价值。1984 年张显凯演唱，姚祖树、姚祖瑞记录。16 开纸 2 页，20 行。收入姚祖瑞编《宣恩侗乡民间歌谣集》，2001 年编印。　（湖北　汪晓玲）

山歌　鄂西侗族汉语歌谣。流传于湖北宣恩晓关。歌词反映了侗乡人劳动的情景。多人轮唱，可以消减劳动过程中的疲累感。对研究侗族民风民俗有参考价值。1984 年姚祖瑞、杨昌珍等演唱，姚祖瑞等记录。16 开纸 6 页，58 行。收入姚祖瑞编《宣恩侗乡民间歌谣集》，2001 年编印。

（湖北　汪晓玲）

谢主歌　鄂西侗族汉语歌谣。流传于湖北宣恩晓关。歌者在主人家表演花鼓，奉承主人家能够获得足够财富、建设美好的家园，并致以新年的问候和祝福。反映了侗乡人渴望过上美好幸福生活的愿望。对研究侗族的新年习俗有参考价值。1985 年姚祖廷、庄茂文演唱，姚祖瑞记录。16 开纸 2 页，10 行。收入姚祖瑞编《宣恩侗乡民间歌谣集》，2001 年编印。　（湖北　汪晓玲）

点兵歌　鄂西侗族汉语歌谣。流传于湖北宣恩八台。叙述朝廷点兵时，被点到的男子与家中的老少亲人依依不舍，并嘱咐家人安心生活，为自己今后不能分担家里的事务而感到愧疚。对研究侗族民风民俗和民族特征有参考价值。1984 年梁玉梅演唱，姚祖树记录。16 开纸 2 页，21 行。收入姚祖瑞编《宣恩侗乡民间歌谣集》，2001 年编印。

（湖北　汪晓玲）

唱桃源　侗语北部方言歌谣。流传于贵州岑巩的思旸、大有等地。讲述桃园洞里喜气洋洋，人们纷纷到那里看已故的爹娘，免得他们心里牵挂，并请他们快还阳，阳间总比阴间好。可供研究侗族习俗和民间信仰参考。杨继英口述，卢笛、王才搜集、整理、汉译。32 开纸 1 页，汉文 56 字。收入《中国民间文学三套集成·岑巩县卷》，岑巩县民间文学三套集成办公室1990年编印。

（贵州　欧俊姣）

三月三　侗语南部方言风情歌。流传于侗语南部方言区。叙述三月初三日，家家户户煮饭做菜来宴客，腌鱼烧鱼，肉煮汤。可供研究侗族节日风俗和民间文学参考。龙玉成、杨通山等搜集、整理、汉译。32开纸2页，侗汉对译8行。收入《侗歌三百首》，民族出版社2002年版。（贵州　欧俊姣）

看戏　侗语南部方言风情歌。流传于侗语南部方言区。叙述侗戏班子在侗家演出，寨里的男女老少都要看戏，气氛十分热烈。小孩们幻想自己长大后也能上台表演。可供研究侗族民间风情参考。龙玉成、杨通山等搜集、整理、汉译。32开纸1页，侗汉对译8行。收入《侗歌三百首》，民族出版社2002年版。（贵州　欧俊姣）

斗牛　侗语南部方言风情歌。流传于侗语南部方言区。叙述斗牛场上气势磅礴、热闹非凡的壮观景象。可供研究侗族风情参考。吴定邦搜集、整理、汉译。32开纸1页，侗汉对译8行。收入《侗歌三百首》，民族出版社2002年版。（贵州　欧俊姣）

摔跤　侗语南部方言风情歌。流传于侗语南部方言区。反映年轻力壮的小伙子参加摔跤、勇于挑战的精神。可供研究侗族风情参考。张勇、吴远等搜集、整理、汉译。32开纸1页，侗汉对译4行。收入《侗歌三百首》，民族出版社2002年版。

（贵州　欧俊姣）

烧鱼　侗语南部风方言风情歌。流传于侗语南部方言区。叙述秋收摘禾时节，人们将田水放干后，捉田中养的鲜鱼在田边烧烤，味道十分鲜美。可供研究侗族风情参考。张勇搜集、整理、汉译。32开纸1页，侗汉对译8行。收入《侗歌三百首》，民族出版社2002年版。（贵州　欧俊姣）

侃参堂　侗语北部方言地区歌场集会的一种说唱（俗称白话）形式歌词。流传于贵州天柱、锦屏，湖南靖州等地。内容为四十八寨歌场由来及初相会、莫买小、赞歌仙、伙计庚等。民国六年（1917）刘英凡父亲用汉字记侗音方法记录。32开纸235页，2885行。稿存贵州省天柱县竹林乡龙塘村刘英凡处。

（贵州　龙启休）

闹五更歌　鄂西侗族汉语方言歌谣。流传于湖北宣恩晓关。记孔明等五桩古人古事。歌词叙述孔明、商纣、柳金花、李三娘、哪吒五人的事迹，歌颂了古代名人的大智大勇、大仁大义，批评了无道的历史人物。反映了侗乡人民扬善抑恶的传统。对研究侗族的人文风俗和伦理道德有参考价值。1985年刘明清演唱，罗绍殷、姚祖树记录。16开纸1页，10行。收入姚祖瑞编《宣恩侗乡民间歌谣集》，2001年编印。（湖北　汪晓玲）

五更歌　鄂西侗族汉语歌谣。流传于湖北宣恩桐子营。用商纣调戏女娲、桃园三结义等古人古事来唱五更。表现了侗族人对历史无道人物的鞭挞和对忠义仁侠的英物人物的崇拜，反映了侗族人扬善抑恶的传统。对研究侗族人民的传统伦理道德和人文风俗有参考价值。1984年姚祖树演唱，姚祖瑞记录。16开纸1页，6行。收入姚祖瑞编《宣恩侗乡民间歌谣集》，2001年编印。

（湖北　汪晓玲）

装呆傻　侗语南部方言民歌。流传于贵州黎平肇兴一带。歌词分七段，以自然界花鸟虫鱼、动物繁衍生息，喻指夫妻从相识相恋到白头偕老，一定要诚心实意，不怕风吹雨打。对研究侗族社会生活有参考价值。当地歌手演唱，杨宗福、吴定邦1989年记录、记谱，王胜先1990年整理、汉译。32开纸25页，120行。资料先存贵州省黎平县民族歌舞团，后由贵州省艺专（现贵州大学艺术学院）收入《侗歌教学演唱选曲一百首》，贵州民族出版社1991年版。（贵州　陈乐基）

故意傻　侗语南部方言大歌。流传于贵州黎平、从江、榕江的“九洞”、“六洞”地区。歌词唱道：“人生相投六十年中还算短，人不相投六十年算长，男不娶妻自有父业享用，女不嫁夫就像滩头浪，六十年光阴没有多长久，女不结亲就怕老来难。”歌词富有哲理，反映过去侗族社会婚姻家庭的实际。对研究侗族妇女生活有参考价值。黎平纪堂奶焕基、奶岑香演唱，吴治德记录、汉译，欧亨元整理。32开纸2页，34行。收入《民间文学资料》（第三十集），贵州省民间文学工作组1960年编印；《侗族大歌》，贵州民族出版社2003年版。（贵州　龙耀宏）

蝉儿悲鸣太阳落坡哪有心干活　侗语南部方言民歌。流传于贵州从江上皮林一带。这是一首悲歌，主要反映丈夫死去之后妻子的思念情怀。尽管悲愁万般无奈，但也依然追念与丈夫在一起时的欢歌笑语，绝望中期待美好生活的到来。对研究侗族的民间文学有参考价值。当地歌手演唱，杨宗福、吴定邦1989年记录、记谱，王胜先1990年整理、汉译。16开纸20页，200行。资料先存贵州省从江县城关小学侗歌班，后由贵州省艺专（现贵州大学艺术学院）收入《侗歌教学演唱选曲一百首》，贵州民族出版社1991年版。（贵州　陈乐基）

人不爱歌人衰老　侗语南部方言民歌。主要流传于贵州从江上皮林一带。多为男女声混声、合声、多声部的无伴奏演唱。是侗族民歌中独有的古老传歌方式，曲调宛转悠扬，起伏跌宕。歌词分四段，主要反映侗族人民“心中的歌儿随口唱，河里的鱼儿随水游，人不爱歌人衰老，我常唱歌乐悠悠，尽管岁月催老白了头，但常唱歌随着日月走，一生一世乐悠悠”。对研究侗族风俗习惯有参考价值。当地歌手演唱，杨宗福、吴定邦1989年记录、记谱。王胜先1990年整理、汉译。16开纸16页，160行。资料先存贵州省从江县城关小学侗歌班，后由贵州省艺专（现贵州大学艺术学院）收入《侗歌教学演唱选曲一百首》，贵州民族出版社1991年版。（贵州　陈乐基）

白天我回顾以往　侗语南部方言民歌。流传于贵州黎平、从江交界的“九洞”一带。这是一首妻子思念丈夫的叙事情歌。歌词分三段六十句。第一段反映夫妻从相识相爱到结婚生儿育女的美好生活；第二段反映丈夫另有所爱，在追求另一个妹娘；第三段反映妻子仍在思念丈夫，用回顾以往相识相爱的甜言蜜语和关心体贴感化丈夫，使他回心转意，回到娇妻怀抱，夫妻俩更加百般恩爱像鸳鸯。对研究侗族社会习俗有参考价值。当地歌手演唱，杨宗福、吴定邦1989年记录、记谱，1990年整理、汉译。32开纸60页，480行。资料先存贵州省黎平县民族歌舞团，后由贵州省艺专（现贵州大学艺术学院）收入《侗歌教学演唱选曲一百首》，贵州民族出版社1991年版。（贵州　陈乐基）

邀妹一起同逃婚　侗语南部方言民歌。流传于贵州黎平、从江的“六洞”地区。这是一首邀女逃走的歌谣。侗族有姑表亲互娶互嫁的习俗，青年人都反对这种姑表亲，许多青年在月堂坐夜行歌寻到合心的伴侣就互相约逃。对研究侗族婚姻习俗和男女社交活动有参考价值。贵州省侗族民间文艺工作组1959年搜集、整理。32开纸1页，24行。收入《民间文学资料》（第三十集），贵州省民间文学工作组1960年编印。

（贵州　龙耀宏）

邀哥一起逃外乡　侗语南部方言民歌。流传于贵州黎平、从江的“六洞”一带。歌谣唱道：“嘉庆做皇帝的时候只有纳汉拐姑娘，如今换了一朝皇帝，让我们姑娘也来拐罗汉，丢爹丢娘我俩同时丢，丢家丢产劝你不要心酸，只要咱俩不灰心，就能有出头的一天。”对研究侗族婚姻习俗有参考价值。贵州省侗族民间文艺工作组1959年搜集、整理。32开纸2页，26行。收入《民间文学资料》（第三十集），贵州省民间文学工作组1960年编印。　（贵州　龙耀宏）

同心来采茶　侗语北部方言歌谣。流传于贵州岑巩天马、凯本、平庄等地区。歌词大意为：姊妹们穿着海罗纱一起来采茶，罗纱上绣有芝兰花、海常花、牡丹花等，一年四季日月星晨，伴有桃花，又种瓜，有喧哗的龙船，有欢乐的笑声，遍地还有金黄的稻子；到了冬月寒风吹起海罗纱，姊妹们采完一年的茶，收拾行装回到自己的家。可供研究侗族古代茶园劳动生活参考。刘胜槐口述，晏晓明搜集、整理、汉译。32开纸2页，汉译文约420字。收入《中国民间文学三套集成·岑巩县卷》，岑巩县民间文学三套集成办公室1990年编印。　（贵州　欧俊姣）

请七姐祝词　侗语北部方言歌谣。流传于贵州岑巩水尾、大有、天星、思旸、龙田等地。歌词大意为：每年正月十五，都要请七姐来看灯，梭罗树下有交情，不管从哪里请七姐，七姐都莫要怕，有柴、水、油、针、线、瓦、砖帮她来到人间。可供研究侗族习俗和民间信仰参考。杨继英口述，卢笛、王才搜集、整理、汉译。32开纸1页，汉文210字。收入《中国民间文学三套集成·岑巩县卷》，岑巩县民间文学三套集成办公室1990年编印。　（贵州　欧俊姣）

上梁吉利辞　侗语北部方言庆典辞令。流传于贵州天柱。包括美酒敬梁桂花香、脚踩云梯步步高、金梁日夜放豪光、恭贺主家多吉庆等部分。可供研究侗族建造礼俗及民间文学参考。王瑞均、欧阳家泉等搜集、记录、翻译、整理。32开纸6页，242行。收入《中国民间文学三套集成·贵州天柱县歌谣卷》，天柱县民族事务委员会1995年编印。

（贵州　欧俊姣）

新居落成敬梁辞　侗语北部方言庆典辞令。流传于贵州天柱。新居落成，亲戚朋友备席敬梁，由礼生唱敬梁歌。歌词大意为：唯愿代代文人蔚起，世世甲第联升，多福多寿多男子，日富日贵日康宁；千年大吉，万代兴隆。可供研究侗族建造祭典习俗及民间文学参考。欧阳家泉搜集、记录、翻译、整理。32开纸1页，13行。收入《中国民间文学三套集成·贵州天柱县歌谣卷》，天柱县民族事务委员会1995年编印。

（贵州　欧俊姣）

开大门吉利辞　侗语北部方言庆典辞令。流传于贵州天柱。新屋安装大门后，举行开大门仪式，唱开大门吉利歌，以示庆贺。开门仪式在清晨进行，届时大门紧闭，木匠师傅执斧立于门内，等候客人踩门。客人是一老一少。老者是寨中有威望且是儿女齐全的文化人，身穿长衫，头戴礼帽，脚登靴鞋，手执雨伞、算盘，文质潇洒；少者扮成书童模样，身背包袱，手提小称，跟随老者漫步而来。二人来到前门，由老者首先唱货喊门，门内木匠师傅接声应唱，一问一答，互出难题以求对方唱和。可供研究侗族建造祭典习俗及民间文学参考。王瑞均、龙范亭搜集、记录、翻译、整理。32 开纸 6 页，199 行。收入《中国民间文学三套集成·贵州天柱县歌谣卷》，天柱县民族事务委员会 1995 年编印。

（贵州　欧俊姣）

陪十姊妹告祖安席菜词　鄂西侗族汉语歌谣。流传于湖北宣恩晓关。词中叙述临出嫁女子敬祖先、祖公、祖婆，在宴席上诉说自己不愿离家出嫁的心情和对家中亲人的良好祝愿。对研究侗族的婚嫁习俗有参考价值。1985 年杨有玉演唱，罗绍殷记录。16 开纸 3 页，34 行。收入姚祖瑞编《宣恩侗乡民间歌谣集》，2001 年编印。

（湖北　汪晓玲）

歌颂行孝人　鄂西侗族汉语歌谣。流传于湖北宣恩桐子营。通过叙述盘古开天辟地以来从舜、伊尹到岳飞、杨四郎等古人孝敬父母的历史事迹，歌颂了孝敬父母的美好品德，反映了侗乡人孝顺父母的传统。对研究侗族的传统伦理道德和民风民俗有参考价值。1985 年莫福生演唱，周锦云、姚祖瑞记录。16 开纸 4 页，48 行。收入姚祖瑞编《宣恩侗乡民间歌谣集》，2001 年编印。

（湖北　汪晓玲）

天地君亲师位六字歌　鄂西侗族汉语歌谣。流传于湖北宣恩晓关。分别用拆字法拆开天、地、君、亲、师、位六个字，并对相关内容进行阐述和颂唱。反映了侗族人民的精神信仰和对理想生活的向往与追求。对研究侗族的人文风俗和民族特征有参考价值。1985 年黄光儒、龙守金等演唱，黄光儒、龙守金等记录。16 开纸 2 页，12 行。收入姚祖瑞编《宣恩侗乡民间歌谣集》，2001 年编印。

（湖北　汪晓玲）

开财门　鄂西侗族汉语歌谣。流传于湖北宣恩桐子营。新年，歌者借“玉帝嗟我下凡来”之意给主人家开财门，恭祝主人家风调雨顺，添财进宝。反映了侗族人民对美好、富裕生活的向往和追求。对研究侗族民风民俗有参考价值。1984 年庄茂文、姚祖适演唱，姚祖树、姚祖瑞记录。16 开纸 2 页，22 行。收入姚祖瑞编《宣恩侗乡民间歌谣集》，2001 年编印。

（湖北　汪晓玲）

开六合财门　鄂西侗族汉语歌谣。流传于湖北宣恩八台。由对说对唱形式组成的宣恩花灯调。把狗、鸡、蛇、木马、洗脚盆、面条美化成“麒麟狮象”、“双凤朝阳”、“双龙抱柱”、“竿筒笔架”、“金瓜铖斧”、“五色旌番”把守财门。反映了侗乡人民向往富足、美好生活的愿望。对研究侗族民风民俗和民族个性有参考价值。1984 年姚祖廷、姚本相演唱，姚祖瑞记录。16 开纸 2 页，24 行。收入姚祖瑞编《宣恩侗乡民间歌谣集》，2001 年编印。

（湖北　汪晓玲）

古人十二月　鄂西侗族汉语歌谣。流传于湖北宣恩会口。记十二桩古人古事。将四季十二月的自然特征、节气和历史传说人物的故事结合起来叙述，歌颂了历代名人忠孝仁义的精神，反映了侗乡人对英雄的崇拜。对研究侗族的人文风俗有参考价值。1984 年姚祖锡、梁玉梅演唱，姚祖树、姚祖瑞记录。16 开纸 2 页，24 行。收入姚祖瑞编《宣恩侗乡民间歌谣集》，2001 年编印。

（湖北　汪晓玲）

四季十二月　鄂西侗族汉语歌谣。流传于湖北宣恩长潭河。讲述侗族田园风情。是一首侗族生活歌，从正月唱到十二月。反映了侗族人民劳动的辛苦和社会生活的不平等。对研究侗族社会生活有参考价值。1986 年李华焦演唱，李永祥记录。32 开 3 页，42 行。收入《中国歌谣集成·湖北卷·宣恩县歌谣分册》，宣恩县文化局 1989 年编印。

（湖北　龙顺成）

长工十二月　鄂西侗族汉语歌谣。流传于湖北宣恩晓关。讲述长工的凄苦生活。是贫苦侗乡人倾吐苦水时所唱的苦情歌，以一年十二个月为范围，讲述长工一年无闲月，吃的是残羹冷饭，住的是草棚、羊圈。对研究侗族古代社会生活有参考价值。1985 年姚胜清演唱，罗绍殷记录。16 开纸 7 页，12 行。收入姚祖瑞编《宣恩侗乡民间歌谣集》，2001 年编印。

（湖北　汪晓玲）

八月桂花香　鄂西侗族汉语歌谣。流传于湖北宣恩晓关。叙述八月桂花香时，女儿出嫁要求红罗帐、象牙床、铁火挟、梳妆台、花木瓶等嫁妆及其理由。对研究侗族的婚嫁习俗有参考价值。1985 年黄定陆演唱，罗绍殷、姚祖瑞记录。16 开纸 2 页，22 行。收入姚祖瑞编《宣恩侗乡民间歌谣集》，2001 年编印。

（湖北　汪晓玲）

莲香词　鄂西侗族汉语歌谣。流传于湖北宣恩猫山。叙述侗乡人一年中十二个月的不同生活内容。反映了侗族人日常生活特点。对研究侗族的生活习惯和民风民俗有参考价值。1985 年刘明涛演唱，罗绍殷、姚祖瑞记录。16 开纸 1 页，6 行。收入姚祖瑞编《宣恩侗乡民间歌谣集》，2001 年编印。

（湖北　汪晓玲）

三缝九老十八匠　鄂西侗族汉语歌谣。流传于湖北宣恩张官。由三缝、九老、十八匠三部分组成。主要介绍了三缝（鱼缝、两缝、刺缝）、九老（劁猪老、补锅老、打封老、庄稼老、打渔老、淘金老、长老、月老、叫化老）、十八匠（金匠、银匠、铜匠、铁匠、锡匠、木匠、漆匠、篾匠、弹匠、机匠、染匠、瓦匠、解匠、鼓匠、皮匠、雕匠、岩匠等）这 30 种职业及其特点。反映了不同职业的劳动习惯和侗乡人热爱劳动的传统。对研究侗族的传统职业有参考价值。1985 年龙守全、龙守席、庄茂文演唱，周锦云、姚祖瑞记录。16 开纸 7 页，68 行。收入姚祖瑞编《宣恩侗乡民间歌谣集》，2001 年编印。

（湖北　汪晓玲）

彩莲船来源歌　鄂西侗族汉语歌谣。流传于湖北宣恩张官。是侗族人民节日里玩彩莲船时所唱的歌谣，歌词大意为：洛阳人民修桥还差几个磴难接，观音大士脱下绣鞋帮助人们接好桥，绣鞋就变成了彩莲船，后人就玩彩莲船感谢观音。对研究侗族的风俗习惯有参考价值。1984 年腾久德、陈松柏、陈协南演唱，姚祖瑞记录。16 开纸 3 页，26 行。收入姚祖瑞编《宣恩侗乡民间歌谣集》，2001 年编印。

（湖北　汪晓玲）

彩船简调　鄂西侗族汉语歌谣。流传于湖北宣恩猫山。由弯直流调、梳装台调、哭长城调、莲香调、当当切调和花花花花扇儿调六部分组成。为侗乡人民玩彩船时所唱，分别描述了玩彩船、庆丰收、道祝福、祈吉祥等情景。对研究侗族的节日习俗有参考价值。1985 年陈宏亮、易子刚演唱，姚祖瑞记录。16 开纸 2 页，23 行。收入姚祖瑞编《宣恩侗乡民间歌谣集》，2001 年编印。

（湖北　汪晓玲）

锣鼓开台词　鄂西侗族汉语歌谣。流传于湖北宣恩猫山。为薅草锣鼓的开台词，叙述了人们敲锣打鼓打闹台，请木城寨、火城寨、金城寨、水城寨、土城寨诸神和土地神，准备表演薅草锣鼓的经过。对研究侗族的宗教信仰和风俗习惯有参考价值。1985年陈宏志演唱，罗绍殷记录。16开纸5页，56行。收入姚祖瑞编《宣恩侗乡民间歌谣集》，2001年编印。（湖北　汪晓玲）

薅草锣鼓　鄂西侗族汉语方言歌谣。流传于湖北宣恩猫山。薅草时节主东家请来歌师演唱，为劳动助兴。叙述四川肖公牛夫人所生儿子肖和、肖利、肖元、肖太、肖青先后外出闯事业，因年轻有为，各被主公封为天门土地神、地府土地神、龙宫桥梁神、山神、五谷神的经过。对研究侗族的社会生产和风俗习惯有参考价值。1986年姚胜清等演唱，罗绍殷记录。16开纸13页，176行。收入姚祖瑞编《宣恩侗乡民间歌谣集》，2001年编印。（湖北　汪晓玲）

晓关薅草锣鼓　鄂西侗族汉语歌谣。流传于湖北宣恩晓关。由“扬歌”和“请土地神”两部分组成。苞谷薅草或高山地区挖土时表演可以指挥劳动、提高工效。“扬歌”部分主要讲要请土地神，“请土地神”部分则为土地神自述自家经历。反映了侗乡人对以身创业、美好生活的向往。对研究侗族的宗教信仰和劳动习俗有参考价值。1984年周北海、陈松柏、雷林生演唱，姚祖瑞记录。16开纸4页，60行。收入姚祖瑞编《宣恩侗乡民间歌谣集》，2001年编印。

（湖北　汪晓玲）

下报书俚词　鄂西侗族汉语歌谣。流传于湖北省宣恩会口。由朝台先生、报书先生问答词和朝台先生、红叶先生回答词两部分组成。为男方到女方娶亲时双方管事先生的问答词，报书先生首先报喜，朝台先生出面来考报书先生，然后是朝台先生与红叶先生问答，涉及上下五千年的历史。对研究侗族的婚嫁习俗和民间人文传统有参考价值。16开纸8页，100行。收入姚祖瑞编《宣恩侗乡民间歌谣集》，2001年编印。

（湖北　汪晓玲）

干豇豆诉苦　鄂西侗族汉语歌谣。流传于湖北宣恩晓关。叙述金秀、银秀姐妹同时买满月猪，金秀勤快，银秀懒散，所以两只猪一只成“肉墩”，一只成“豇豆”。银秀的“干豇豆”向“胖肉墩”诉说银秀干活不认真，让自己成了“干豇豆”。反映了侗乡人对勤劳者的颂扬和对懒惰者的鞭挞。对研究侗族的传统劳动价值观有参考价值。1984年吴德成演唱，姚祖树记录。16开纸4页，39行。收入姚祖瑞编《宣恩侗乡民间歌谣集》，2001年编印。（湖北　汪晓玲）

饺子小调　鄂西侗族汉语歌谣。流传于湖北宣恩晓关。讲述一位以卖饺子为生的女子日夜操劳，重复同样的劳动，还常常惦记远行的丈夫生活不如意。反映了侗乡女子的勤劳、善良和对美好幸福生活的向往、追求。对研究侗族的生活习惯和传统价值观念有参考价值。1985年张玉珍、杨桃珍演唱，罗绍殷、姚祖瑞记录。16开纸3页，32行。收入姚祖瑞编《宣恩侗乡民间歌谣集》，2001年编印。（湖北　汪晓玲）

扮土地　鄂西侗族汉语歌谣。流传于湖北宣恩晓关。新年时节情人到家中演唱，祈祷吉祥和幸福。叙述“土地神”到主人家中贺新年、道祝福，为百姓赐福。反映了侗乡人民对于美好幸福生活的追求和向往。对研究侗族的宗教信仰有参考价值。1985年陈大林演唱，罗绍殷、姚祖瑞记录。16开纸2页，20行。收入姚祖瑞编《宣恩侗乡民间歌谣

集》，2001 年编印。（湖北　汪晓玲）

一年四季全见花　鄂西侗族汉语歌谣。流传于湖北宣恩会口。按时间顺序记叙了十二个月中不同的自然景致和各种农事活动的开展，展现了侗乡十二个月的生活场景。反映了侗乡人丰富多彩的生活和勤劳朴实的性格。对研究侗族的风土人情有参考价值。1984 年姚祖树、姚胜春演唱，姚祖瑞记录。16 开纸 2 页，24 行。收入姚祖瑞编《宣恩侗乡民间歌谣集》，2001 年编印。

（湖北　汪晓玲）

古州山寨　侗语南部方言民歌。流传于贵州从江上皮林一带。概述侗族迁徙建寨多依山傍水，生态环境优美，侗族人捕鱼种果，让远方客人喝上油茶和拦路酒，家家户户和睦相处同欢乐。对研究侗族社会发展史有参考价值。当地歌手演唱，杨宗福、吴定邦、张明江 1986 年记录、记谱，王胜先整理、汉译。32 开纸 25 页，250 行。资料先存贵州省从江县城关小学侗歌班，后由贵州省艺专（现贵州大学艺术学院）收入《侗歌教学演唱选曲一百首》，贵州民族出版社 1991 年版。

（贵州　陈乐基）

走出门楼　侗语南部方言哭嫁歌。流传于广西罗城侗族地区。姑娘出嫁时唱的哭嫁歌。内容包括叹苦、逼嫁、出嫁等。通常在姑娘临出嫁之前唱三天三夜。叹苦，叙唱女人之命凄苦，没有福分与父母长住，不得不出嫁。逼嫁，叙叹自己本来不愿出嫁，而父母兄弟却逼迫自己出嫁（不是对所嫁之夫不满意，而是对“女子一定要出嫁”的风俗表示不满）。这一节内容，唱得凄凄惨惨。出嫁，叙叹出嫁后，远离父母，不能报答父母之恩的无奈心情。对研究侗族婚俗有参考价值。广西壮族自治区罗城仫佬族自治县黄金乡伍莲高演唱，1987 年梁瑞光笔录、汉译。16 开纸 1 页，36 行。收入农冠品主编《中国歌谣集成·广西卷》，中国社会科学出版社 1992 年版。（广西　吴　浩）

（七）情　　歌

细声歌（嘎经）　侗语方言情歌。流传于湖南怀化侗族地区。为对唱形式，表达的意思大致是男方要追求女方，女方就推却，怕男方对自己不真诚。此歌用了许多比喻。对研究侗族情歌有参考价值。吴家齐演唱，吴子英笔录、汉译。32 开纸 6 页，126 行。收入《中国民间歌谣谚语集成·湖南卷·通道县资料本》，通道侗族自治县民间文学集成办公室 1987 年编印。稿存湖南省通道侗族自治县档案馆。（湖南　陆有智）

贯洞坐夜歌　侗语南部方言情歌。流传于贵州从江贯洞。男女对唱，小琵琶或牛腿琴伴奏。歌词表达的感情浓烈、细腻。对研究侗族文学艺术有参考价值。1959 年贵州省从江县贯洞吴玉荣、梁维学、梁立桃等演唱，杨秀斌记录、汉译，贵州侗族民间文艺工作组整理。32 开纸 50 页，收歌 101 段。收入《民间文学资料》（第三十集），贵州省民间文学工作组 1960 年编印。

（贵州　龙耀宏）

行歌坐夜　侗语南部方言情歌。流传于侗语南部方言区。劳动之余，姑娘和小伙子们聚集在一起唱歌游玩，用歌声来播种爱情，选择情侣。可供研究侗族民俗风情和民间文学参考。龙玉成、杨通山等搜集、整理、汉译。32 开纸 2 页，侗汉对译 8 行。收入

《侗歌三百首》，民族出版社 2002 年版。

（贵州　欧俊姣）

鼓楼对歌　侗语南部方言情歌。流传于侗语南部方言区。叙述歌队出寨去访问时，主寨邀请客人于夜间在鼓楼里对唱大歌。可供研究侗族习俗和民间文学参考。龙玉成、杨通山等搜集、整理、汉译。32 开纸 2 页，侗汉对译 8 行。收入《侗歌三百首》，民族出版社 2002 年版。（贵州　欧俊姣）

侗族歌头（夜歌）　侗语南部方言情歌。流传于湖南通道侗族地区。歌头是侗乡流行的一种夜歌，特别在三月三“看新人”时最盛行，属对唱形式，三首为一组。一般是女子初次到一个男子家或男子初次到一个女人家的试探性的唱词。对研究侗族情歌有参考价值。佚名演唱，李万良、李才锦笔录、汉译。32 开纸 9 页，189 行。《中国民间歌谣谚语集成·湖南卷·通道县资料本》，通道侗族自治县民间文学集成办公室 1987 年编印。稿存湖南省通道侗族自治县档案馆。

（湖南　陆有智）

石洞侗族情歌　侗语北部方言情歌。流传于贵州天柱石洞地区。由初会、初恋、相思、深恋、成双、埋怨、失恋、忧愁、辞别、赠物、谦逊、问话等组成。以歌的形式表达了侗族青年对婚姻自由的向往和对幸福生活的愿望。对研究侗族婚姻习俗有参考价值。1964 年王朝根根据手抄本校誊，1982 年王朝根整理、汉译。16 开纸 16 页，9640 行。稿存贵州省天柱县石洞镇克寨村王朝根处。

（贵州　龙启休　谌业林）

玩山歌　侗语北部方言情歌。流传于贵州天柱。叙述未婚男女通过玩山、花园对歌，由初相会到结伴，由“架桥”借“把凭”到“久的伴”，从相思到成双的发展过程。可供研究侗族青年社交习俗及情歌文学参考。龙更清、龙玉成等搜集、记录、整理、汉译。32 开纸 56 页，2574 行。收入《中国民间文学三套集成·贵州天柱县歌谣卷》，天柱县民族事务委员会 1995 年编印。

（贵州　欧俊姣）

玩山歌　侗语北部方言情歌。流传于贵州天柱。内容包括十二月对歌、月月栽花月月发、十里送行、十字连唱、十送同良、盘花跟、攀花问答、问歌花圆有几层、约娇变对鸳鸯鸟、报效栽花莫冷心等。可供研究侗族情歌文学参考。龙更清等搜集、整理、汉译。32 开纸 11 页，445 行。收入《中国民间文学三套集成·贵州天柱县歌谣卷》，天柱县民族事务委员会 1995 年编印。

（贵州　欧俊姣）

玉屏侗族情歌　侗语北部方言情歌。流传于贵州玉屏。共收侗族情歌 612 首。侗族男女青年谈恋爱，以对歌方式表达对美好爱情和自由恋爱的向往和追求。对研究侗族的婚恋习俗有参考价值。32 开纸 574 页，2484 行。稿存贵州省玉屏县民族宗教局。

（贵州　陈昌文）

鄂西侗族情歌　鄂西侗族汉语歌谣。流传于湖北宣恩。为侗族男女歌颂美好爱情所唱的情歌，由七部分组成。反映了侗族人多情善感的性格，体现了侗族人独特的爱情婚姻观念。对研究侗族的爱情婚姻与民族风情有参考价值。1985 年吴东三、姚祖瑞演唱，姚祖瑞、吴保山记录。16 开纸 2 页，45 行。收入《侗歌三百首》，中国民族出版社 2002 年版。（湖北　姚祖瑞）

鄂西侗族情歌　鄂西侗族汉语情歌。流传于湖北宣恩晓关。反映侗乡男女“三月三”定情风俗。表现青年男女从相识到相恋的过程，在劳动中传情示爱，互相关怀，互相倾慕，分别之后，“隔上千里路，同天共日头”，最后三月三侗家节约会，情定今生，永不分离。反映了侗族人民对美好爱情和自由恋爱的向往和追求。对研究侗族的婚恋习俗和爱情观有参考价值。1984 年庄茂文、姚源茂等演唱，庄茂文、姚祖瑞等记录。32 开纸 25 页，246 行。收入姚祖瑞编《宣恩侗乡民间歌谣集》，2001 年编印。

（湖北　汪晓玲）

劝情歌（石苦歌）　侗语南部方言情歌。流传于广西龙胜。广西龙胜平等寨有一对青年男女相爱，不料女方被父母包办嫁到外乡石苦寨，男方苦苦相思，不知所措，于是寨上歌师罗相田代他编了这支劝情歌，待女方回娘家时，男方向她唱起这支歌，女方深受感动，决心反抗包办婚姻，父母出于无奈，只好同意女儿离婚，这对有情人终成眷属。对研究侗族婚姻制度有参考价值。16 开纸 6 页，8 行。稿存广西壮族自治区龙胜各族自治县政协文史委员会石本忠处。

（广西　石本忠）

评理歌　侗语南部方言情歌。流传于湖南通道侗族地区。此歌分五部分：开篇、谈情、评理、成婚、尾声。反映一个姑娘从恋爱到结婚的过程。对研究侗族情歌有参考价值。黄宝林演唱，李万良、李才锦笔录、汉译。32 开纸 8 页，192 行。收入《中国民间歌谣谚语集成·湖南卷·通道县资料本》，通道侗族自治县民间文学集成办公室 1987 年编印。稿存湖南省通道侗族自治县档案馆。

（湖南　陆有智）

叙情歌　侗语南部方言情歌。流传于湖南靖州三秋一带。叙述男女青年谈情说爱，“妹恋哥如同青山恋笋”，“哥想妹如同衣裤想连线”。男女互诉相思情。对研究侗族青年婚恋有参考价值。吴世万演唱，1960 年吴国敏笔录。16 开纸 8 页，80 行。收入《靖州侗族民歌选集》。

（湖南　龙立明）

十八情歌　侗语南部方言情歌。流传于湖南通道侗族地区。侗族短笛歌。多为男女双方相互有意，故意试探对方是否有意的情歌。对研究侗族短笛歌有参考价值。潘建桓演唱，1964 年杨锡笔录、汉译。16 开纸 12 页，240 行。稿存湖南省通道侗族自治县档案馆。

（湖南　陆有智）

单身歌　侗语南部方言情歌。流传于广西三江梅林侗族地区。内容表现男女之间的爱情。男女相恋，都想天天见到对方和得到对方。如歌中所说，“我想做那捞绞捞鱼盼望你做鱼下浪”，“白天上山劳动盼望心爱的人从草丛中出来和我轻声细语话衷情”。开始坐夜两人情投意合，海誓山盟，可谁知不久对方却反悔了，“我的情伴已是鲫鱼入网不想现在漏出网”。此歌用的比喻比较形象独特。对研究侗族歌谣和婚恋习俗有参考价值。广西壮族自治区三江侗族自治县梅林乡新民中寨屯吴甫美鸾等演唱，2004 年吴美莲笔录、汉译。16 开纸 1 页，16 行。稿存广西壮族自治区三江民族语言文字工作委员会吴美莲处。

（广西　吴美莲）

单身汉、单身郎　鄂西侗族汉语情歌。流传于湖北宣恩晓关侗族乡。表述一对男女青年相恋的艰辛历程和生死相恋的决心。反映了侗族青年对美好爱情的向往和追求，体现了侗家人对爱情的执著与忠贞。可供研究侗族婚恋习俗参考。1986 年宋安正演唱，张文武记录。32 开纸 3 页，40 行。收入《中国

歌谣集成·湖北卷·宣恩县歌谣分册》，宣恩县文化局1989年编印。（湖北　龙顺成）

盘歌——邀唱　侗语南部方言细声歌。流传于广西三江，贵州黎平、从江侗族地区。细声歌中的盘歌。远寨姑娘走亲访友来到某寨，寨上的男青年晚上便到姑娘的住家去对歌，通常在开始之时，以盘歌方式邀请姑娘对歌。所谓盘歌，即有盘问、试探、邀约之意，是侗族青年男女交际习俗礼仪之一。歌词多用比喻，生动有趣。此为一组邀约对唱的盘歌。如：“鲤鱼遇逢清水鲤鱼欢，草鱼遇逢水艾草鱼乐，今天遇见姑娘心高兴哟，邀请姑娘出到月堂来对歌。”对研究侗族婚恋习俗及歌谣有参考价值。广西壮族自治区三江侗族自治县同乐乡杨婄述、杨婄进演唱，1987年吴浩、吴善诚笔录、汉译。32开纸3页，80行。收入《三江各族民歌》，三江侗族自治县民间文学三套集成办公室1989年编印。（广西　吴　浩）

盘歌——盘问　侗语南部方言细声歌。流传于广西三江，贵州黎平、从江侗族地区。细声歌中的盘歌。姑娘结队到外村走亲访友，外村的男青年晚上与她们对歌。这是盘歌中以盘问为主要内容的一组歌。通过盘问，互相了解，互结深情。歌词多为四句、六句或八句。如：“他乡的姑娘哟我大胆来相问，今日不知你从哪方来？因为何事来到我们寨？你们像那雁鹅高飞成一排，你们像那雄鹰落在榕树梢，我似小鸟见了好惊怪。”对研究侗族婚恋习俗及歌谣有参考价值。广西壮族自治区三江侗族自治县良口乡河里村谭甫彩枝、覃甫梅香演唱，1987年谭华铭笔录、汉译。32开纸2页，72行。收入《三江各族民歌》，三江侗族自治县民间文学三套集成办公室1989年编印。（广西　吴　浩）

唱给他乡的情人　侗语南部方言细声歌。流传于广西三江，贵州黎平、从江侗族地区。细声歌中的盘歌。此组歌以“他乡情人”为对象，互相倾诉远离相思之情。此类歌，每首多为八句以上，对情感叙述比较细致、完满，首与首之间在情感上不断推进、加深，很有感染力。如：“他乡的情人好难相聚在一起，刚刚相见又要匆匆两别离。我是紫燕迎着春雨飞过坳，你是画眉被禁笼中让人挂在屋檐底。你有情人好比豆角爬竿成双对，我无知己好比榕树寒风做伴冷兮兮。当初会面我俩也有一份情义在，谁知离别之后你变了心让我好孤凄，今夜重逢我也知道难让河水流回转，只求与你同坐一夜叙叙一段旧情谊。”对研究侗族婚恋习俗及歌谣有参考价值。广西壮族自治区三江侗族自治县良口乡晒江村石善福演唱，1987年韦明智笔录、汉译。32开纸4页，102行。收入《三江各族民歌》，三江侗族自治县民间文学三套集成办公室1989年编印。（广西　吴　浩）

敬重的情人　侗语南部方言细声歌。流传于广西三江良口、洋溪、同乐、梅林侗族地区。侗族青年男女坐夜对唱时特有的一种情歌，对唱双方均把对方称为心中敬重的情人。此种歌的歌调，多为河边歌（细声歌中的一种）。歌词内容均以赞颂对方为主题，倾诉对对方的爱慕之情。此歌是这种歌种的典型歌例。广西壮族自治区三江侗族自治县富禄乡匡里村奶凤梅演唱，1994年吴美莲用拼音侗文笔录、汉译。16开纸1页，20行。载《侗文专刊》1994年总11～12期。（广西　吴美莲）

唱给敬重的情人　侗语南部方言细声歌。流传于广西三江，贵州黎平、从江侗族地区。细声歌中的盘歌。在侗言南部方言区的榕江沿岸，侗族男女青年对歌时，均喜欢把对方尊称为“敬重的情人”。这组歌，即是他们之间对唱时互相夸赞对方的歌。如男唱：“敬重的情人你长得美丽又娇艳，你身上散发的阵阵清香引来蝴蝶飞满园。今日有心与你同栽花，誰知蜜蜂采蜜一起飞落你身边。”女答：“敬重的情人好比天上一颗星，我无翅膀怎能穿过云层把你来追寻。天地相隔本来就是难来往，哪有单独相思也能双双两结情。难与阿哥结情我的心里真悲伤，有钱买纸买香贿赂阎王他也不领我的情。”比喻贴切，情感真挚，耐人回味。对研究侗族婚恋习俗及歌谣有参考价值。广西壮族自治区三江侗族自治县良口乡晒江村石善福、同乐乡平溪村韦培花演唱，1987 年韦明智笔录、汉译。32 开纸 5 页，156 行。收入《三江各族民歌》，三江侗族自治县民间文学三套集成办公室 1989 年编印。　（广西　吴　浩）

本寨情人歌　侗语南部方言双歌。流传于广西三江林溪、八江、独峒侗族地区。叙唱一位男子对本寨一位女子的恋情。两人同村，同山共岭劳动，八字也相合，男子很想邀女子谈情说爱，但又有些自卑，怕姑娘嫌贫不给面子，因此只能心中暗恋。表达了男子既思恋又自卑的复杂心理。对研究侗族婚恋习俗有一定的参考价值。广西壮族自治区三江侗族自治县林溪乡枫林村吴炳全演唱，1991 年吴利成用拼音侗文记录，吴美莲汉译。16 开纸 1 页，12 行。载《侗文专刊》1991 年总 5～6 期。　（广西　吴美莲）

半情人　侗语南部方言笛子歌。流传于广西三江林溪、八江、独峒等地。青年男女行歌坐夜时对唱的恋情歌。表述男方虽有缘与女方坐夜谈情，但知道谈了也白谈，因为自己的条件与女方相比，差距太大，不会被对方看中，是谈来谈去也只能相爱而不能结亲的“一半情人”。侗族情歌大多有一个特点，即抬高对方贬低自己，以此来表达自己因对对方的思恋而引起的痛苦和忧伤，从而获得对方的安慰与好感，并使双方的情感逐步加深。对研究侗族婚恋习俗有参考价值。广西壮族自治区三江侗族自治县林溪乡枫木村亮周屯黄汉书演唱，1998 年黄汉书用拼音侗文记录，杨尚荣汉译。16 开纸 1 页，28 行。载《侗文专刊》1998 年第 1 期（总 17 期）。

（广西　吴美莲）

蝉歌　侗语南部方言情歌。流传于贵州黎平、榕江、从江，广西三江等唱大歌的地区。描述雄蝉和雌蝉相对鸣叫的声音，用蝉声比喻青年男女之情歌不断，诉不尽相思不断的恋情。可供研究侗族大歌音乐和民间文学参考。吴翠莲演唱，吴浩搜集、整理、汉译。32 开纸 2 页，侗汉对译 21 行。收入《侗歌三百首》，民族出版社 2002 年版。

（贵州　欧俊姣）

小歌　侗族南部方言情歌。流传于贵州黎平、从江、榕江的“九洞”、“六洞”地区。小歌是结构较为短小的月堂情歌。一般为男女对唱，用小琵琶或牛腿琴伴奏，男弦女歌，边弹边唱边叙情。分为初见、相望、盟誓、分散等相对独立的内容。对研究侗族青年人社交活动和民间文学有参考价值。1959 年贵州省侗族民间文艺工作组搜集。32 开纸 12 页，34 行。收入《民间文学资料》（第三十集），贵州省民间文学工作组 1960 年编印。　（贵州　龙耀宏）

如果　侗语南部方言木叶歌。流传于广西融水侗族地区。木叶歌中的情歌。用木叶伴奏的歌称“木叶歌”。此歌虽然篇幅不长，却是这一歌种的代表作，以六种假设和比喻（如果我得同你并排走、并排站、牵手下河边、一道去赶坡、挑担上山岭、答一句话）

抒发了情人之间的恋情。可供研究侗族婚恋习俗和民间文学参考。广西壮族自治区融水苗族自治县洞头乡韦玉发、覃启光、石启光等演唱，1957年覃桂清笔录、汉译。16开纸1页，12行。收入农冠品主编《中国歌谣集成·广西卷》，中国社会科学出版社1992年版。（广西　吴　浩）

相会歌　侗语南部方言地区汉语情歌。流传于湖南靖州三秋、藕团一带。讲述侗族男女青年在“花园”相会私订终身大事，相互难舍难分的情景。反映了侗族青年渴望婚姻自主的良好愿望。陆顺祖演唱，1954年梁永宝笔录。16开纸2页，20行。收入《靖州侗族民歌选集》。（湖南　龙立明）

相会歌　侗语北部方言情歌。流传于贵州天柱、湖南新晃一带。内容有初相会、参堂、夸赞、逞能等，均为七字四句三韵，是侗语北部方言第二土语区以歌会友、有约无约借歌说情时歌唱的情歌。是研究侗族民间文学的参考资料。2003年秦廷锡根据手抄本整理、汉译、油印成集。稿存贵州省天柱县民族宗教事务局。（贵州　秦廷锡）

初相会　侗语南部方言细声歌。流传于广西三江、龙胜，湖南通道侗族地区。细声歌中的走寨歌，青年男女行歌坐月的仪式歌之一。初次相会的青年男女，互不了解情况，通常要以初相会为主题，互相试探，逐步加深了解。有时用暗喻试探，如：“今夜相逢心欢喜，好比鱼虾遇见龙王在那深海底。”有时则直接了当地表达心意：“隔山隔岭不知阿妹是单还是双，若是单身我向阿妹来求情。”一问一答，有明有暗，有虚有实，反反复复地进行。这类歌有传统的，也有即兴编唱的。对研究侗族婚恋习俗和歌谣有参考价值。广西壮族自治区三江侗族自治县八江乡牙龙村杨永芳、八江乡岩脚村杨社端演唱，1987年杨梅笔录、汉译。32开纸2页，48行。收入《三江各族民歌》，三江侗族自治县民间文学三套集成办公室1989年编印。（广西　吴　浩）

邀伴歌　侗语南部汉语情歌。流传于湖南靖州三秋、藕团一带。述及男青年“郎”因为久闻善良、温柔、漂亮的女青年“良”尚未婚嫁，历尽千辛万苦，“无路修路、无桥架桥”，想尽一切办法与女青年见面，结交朋友。对研究侗族青年婚恋有参考价值。吴三麟演唱，1956年吴发贵笔录。16开纸4页，40余行。收入《靖州侗族民歌选集》。（湖南　龙立明）

“努宁美”歌　侗语南部方言情歌。流传于湖南通道播阳。“努宁美”为侗语，即汉语看新人的意思。侗族村寨有哪家来了外地的姑娘做客，本寨的男青年都要去找姑娘对歌玩耍。男女以对唱的形式、相互谦让的口吻，向对方表白尚未成家的事实和愿与对方结为夫妻的美好心愿。是研究侗族婚恋形态的参考资料。吴美珠演唱，1982年吴子英笔录、汉译。32开纸8页，168行。（湖南　谭少剑）

连妹歌　侗语北部方言爱恋歌。流传于贵州岑巩思旸、大有一带。歌中唱道：“姑娘好言相劝多情哥，别忘了哥在妹跟前说的千言万语，不要搬弄花言巧语，丢开妹到别处连心，移心别人身上，脚踏两只船，最终就如萝蔸挑水两头空，后悔来不及。如今别人成双对，你却独单去漂泊，眼泪拭都拭不干，这样玩耍不能双双到白头。”可供研究侗族民间文学参考。姚祖菊口述，卢笛、三才搜集、整理、汉译。32开纸2页，汉文30行。收入《中国民间文学三套集成·岑巩县

卷》，岑巩县民间文学三套集成办公室1990年编印。（贵州　欧俊姣）

连妹歌　侗语北部方言爱恋歌。流传于贵州岑巩天马、凯本一带。歌词大意为：小伙子想与十八妹相连，望得与妹成团圆，哥的真心不怕别人谗言，爹娘封建思想不管用，能与妹成双对，男耕女织福无边，黄泉路上心也甜，时刻想妹心不断，永远不学陈世美遗臭万年。可供研究侗族青年男女社交习俗参考。杨文华口述，王元洪搜集、整理、汉译。32开纸32页，汉文28行。收入《中国民间文学三套集成·岑巩县卷》，岑巩县民间文学三套集成办公室1990年编印。

（贵州　欧俊姣）

连妹歌　侗语北部方言爱恋歌。流传于贵州岑巩注溪、天马一带。歌词大意为：小伙子不怕山高水深，得意来看心上妹，看看妹妹有心开不开花，如妹有心成一家，郎哥累死也心甘；不要做赖汉，要去勤耕田，种花有蝴蝶，郎哥心里不知有多高兴。可供研究侗族民间文学参考。张万祥口述，声威搜集、整理、汉译。32开纸1页，汉文28行。收入《中国民间文学三套集成·岑巩县卷》，岑巩县民间文学三套集成办公室1990年编印。（贵州　欧俊姣）

望郎歌　鄂西侗族汉语情歌。流传于湖北宣恩张官。通过叙述一位侗乡女子“一望”、“二望”、“三望”……“十望”，对远方情郎深切的想念，反映了侗乡女子多愁善感的性格。对研究侗族的恋爱习俗和民族特征有参考价值。1985年吴东三演唱，吴宝三、姚祖瑞记录。16开纸2页，20行。收入姚祖瑞编《宣恩侗乡民间歌谣集》，2001年编印。（湖北　汪晓玲）

望郎歌　鄂西侗族汉语情歌。流传于湖北宣恩会口。按时间顺序叙述了女子不同季节触景生情，对情郎深深的思念。反映了侗乡女子多愁善感的个性和侗乡人民日常生活的特色。对研究侗族的婚恋习俗和民族特征有参考价值。1985年同锦云、周国柱演唱，姚祖瑞记录。16开纸2页，24行。收入姚祖瑞编《宣恩侗乡民间歌谣集》，2001年编印。

（湖北　汪晓玲）

望郎歌　鄂西侗族汉语情歌。流传于湖北宣恩会口。叙述思妇日日望郎，相思成病的情景。表现了侗乡女子多情善感的个性和对情人真挚深沉的思念。对研究侗族民风民情有参考价值。1984年梁玉梅演唱，姚祖树记录。16开纸3页，36行。收入姚祖瑞编《宣恩侗乡民间歌谣集》，2001年编印。

（湖北　汪晓玲）

苦恋歌　侗语北部方言情歌。流传于贵州岑巩思旸。讲述侗家小伙为与妹相会，早早动身赶路去，夜半三更到妹家，左喊右喊妹不应，房前屋后转了转，只闻鼾声不见人。只好把石板当成床，醒来心灰冷，叹声把妹醒，急忙把门开，饭菜急着弄，对酒喝两杯，如今闹官司，哥妹死也要连心。可供研究侗族民间文学参考。姚祖菊口述，卢振开、刘逢春搜集、整理、汉译。32开纸2页，汉文47行。收入《中国民间文学三套集成·岑巩县卷》，岑巩县民间文学三套集成办公室1990年编印。（贵州　欧俊姣）

逗歌　侗语北部方言地区汉语情歌。流传于贵州三穗侗族地区。以水为背景，用四言七句的歌唱形式，表达侗家男子对女子的爱恋之情。可供研究侗族社交习俗参考。黄昌炳搜集，周昌明、吴展明选辑。32开纸1页，16行。收入《侗族文学资料》第三集（三

穗县专集)，《侗族文学史》编写组1984年编印。 (贵州 龙耀宏)

夸讲歌 侗语北部方言地区汉语情歌。流传于贵州三穗侗族地区。男女对唱，双方从初会唱到有缘，夸奖对方，然后用借问等方式对对方进行探测，以物相赠定情并嘱咐对方不要变心。可供研究侗族青年男女社交习俗和民间文学参考。李桃英口述，周昌武1982年搜集、整理。32开纸6页，212行。收入《侗族文学资料》第三集（三穗县专集)，《侗族文学史》编写组1984年编印。

(贵州 龙耀宏)

初连歌 侗语北部方言地区汉语情歌。流传于贵州三穗侗族地区。以姐弟相称的形式来表达男女之间的爱情。可供研究侗族婚姻习俗和民间文学参考。黄昌炳搜集、整理。32开纸1页，16行。收入《侗族文学资料》第三集（三穗县专集)，《侗族文学史》编写组1984年编印。 (贵州 龙耀宏)

解疑歌 侗语北部方言地区汉语情歌。流传于贵州三穗侗族地区。男女对唱，女方对男方婚否表示怀疑，而男方则以棉花送纺相比，解除妹的疑虑。可供研究侗族婚姻习俗和民间文学参考。杨仙引口述，吴展明搜集、整理。32开纸1页，8行。收入《侗族文学资料》第三集（三穗县专集)，《侗族文学史》编写组1984年编印。

(贵州 龙耀宏)

扎咐歌 侗语北部方言地区汉语情歌。流传于贵州三穗侗族地区。婚后女方对男方的扎咐（即嘱咐)，用蚂蚁作比喻，要求男方做人要踏实，珍惜婚姻，白头偕老。可供研究侗族婚姻习俗和民间文学参考。杨引仙口述，吴展明搜集、整理。32开纸1页，21行。收入《侗族文学资料》第三集（三穗县专集)，《侗族文学史》编写组1984年编印。

(贵州 龙耀宏)

想念歌 侗语北部方言地区汉语情歌。流传于贵州三穗侗族地区。男女对唱，各自倾诉出心中想念对方，谋求成双成对，结为夫妻，共同生活。可供研究侗族婚姻习俗和民间文学参考。杨仙引口述，吴白明搜集、整理。32开纸1页，20行。收入《侗族文学资料》第三集（三穗县专集)，《侗族文学史》编写组1984年编印。 (贵州 龙耀宏)

久伴歌 侗语北部方言地区汉语情歌。流传于贵州三穗侗族地区。以妇女独唱形式出现，词语重叠，唱述婚后夫妻生活的不幸遭遇。婚后丈夫变心，而妻子则希望恩爱到白头。可供研究侗族婚姻习俗和民间文学参考。姜灵珍、姜灵妃口述，周昌武、吴展明搜集、整理。32开纸1页，22行。收入《侗族文学资料》第三集（三穗县专集)，《侗族文学史》编写组1984年编印。

(贵州 龙耀宏)

吃粑歌 侗语北部方言地区汉语情歌。流传于贵州三穗侗族地区。歌词从十个方面进行劝说：一劝同良莫心忧；二劝同良莫心愁；三劝同良莫心悲；四劝同良莫心慌；五劝同良莫心哀；六劝同良莫心酸；七劝同良莫心急；八劝同良莫心焦；九劝同良莫心乱；十劝同良莫心痛。可供研究侗族情歌文学参考。张承孝口述，周昌武、吴展明搜集、整理。32开纸2页，40行。收入《侗族文学资料》第三集（三穗县专集)，《侗族文学史》编写组1984年编印。 (贵州 龙耀宏)

杨梅歌 侗语南部方言情歌。流传于侗语南部方言区。每当杨梅成熟之时，青年男女们便邀约上山，以吃杨梅为名对歌、谈情说爱。可供研究侗族风情和民间文学参考。龙玉成、杨通山等搜集、整理、汉译。32 开纸 1 页，侗汉对译 8 行。收入《侗歌三百首》，民族出版社 2002 年版。

（贵州　欧俊娇）

十许歌　鄂西侗族汉语情歌。流传于湖北宣恩会口。表现一对青年男女情投意合，互示爱意，用象棋、戒箍、手钏、戒指等物互传情意。反映了侗乡男女之间真挚、美好的爱情。对研究侗族的婚恋习俗和人文风情有参考价值。1985 年姚本金演唱，姚祖瑞记录。16 开纸 1 页，10 行。收入姚祖瑞编《宣恩侗乡民间歌谣集》，2001 年编印。

（湖北　汪晓玲）

十代歌　鄂西侗族汉语情歌。流传于湖北宣恩桐子营。以丑、旦角对唱的形式。表现一对青年男女借包头、簪子、耳环、戒箍、领褂、衣服、裙子、裤子、裹脚、鞋子等物品来表达相恋之情。反映了侗乡男女之间深厚的情意和他们的多才多艺。对研究侗族的婚恋习俗和人文传统有参考价值。1984 年吴可全演唱，姚祖树、姚祖瑞记录。16 开纸 1 页，14 行。收入姚祖瑞编《宣恩侗乡民间歌谣集》，2001 年编印。（湖北　汪晓玲）

十爱歌　鄂西侗族汉语情歌。流传于湖北宣恩晓关。青年男子赞美青年女子的美，从头、眉、环、脸、手、衣、裙、裤到脚、身，每一样都令男子喜爱。对研究侗族的婚恋习俗和民风民俗有参考价值。1984 年梁玉梅演唱，姚祖树、姚祖瑞记录。16 开纸 31 页，10 行。收入姚祖瑞编《宣恩侗乡民间歌谣集》，2001 年编印。（湖北　汪晓玲）

十送郎　鄂西侗族汉语情歌。流传于湖北宣恩晓关。表现一位青年女子送丈夫去考状元，从房门边到火炉边……到豇豆林，到五更坡，夫妻二人依依不舍的情景。对研究侗族的民风民俗有参考价值。1984 年胡胜来、康朝友演唱，姚祖瑞记录。16 开纸 2 页，20 行。收入姚祖瑞编《宣恩侗乡民间歌谣集》，2001 年编印。（湖北　汪晓玲）

十送郎　鄂西侗族汉语情歌。流传于湖北宣恩晓关。叙述侗乡女子送郎情景，涉及情郎的帽、衣、裤、袜、鞋、扇、伞、马、刀、弓，并以杨宗保、薛丁山等十位古代名人作比方。表现了侗乡人对古代英雄的崇拜，反映了侗乡人对美好生活的向往之情。对研究侗族的人文传统和民风民情有参考价值。1985 年周福生、周国柱演唱，周锦云记录。16 开纸 2 页，22 行。收入姚祖瑞编《宣恩侗乡民间歌谣集》，2001 年编印。

（湖北　汪晓玲）

云盖山坡害我心难落　侗语南部方言情歌。流传于贵州从江邑扒一带。歌词分六个部分：情歌、恋歌、伴歌、生活歌、命歌、葬歌。对研究侗族的婚恋习俗有参考价值。当地歌手演唱，杨宗福、吴定邦 1989 年记录、记谱，王胜先 1990 年整理、汉译。16 开纸 2 页，32 行。资料先存贵州省黎平县民族歌舞团，后由贵州省艺专（现贵州大学艺术学院）收入《侗歌教学演唱选曲一百首》，贵州民族出版社 1991 年版。（贵州　陈乐基）

告别歌　侗语南部方言细声歌。流传于广西三江、龙胜，湖南通道侗族地区。细声歌中的走寨歌，青年男女行歌坐月时演唱的仪式歌之一。夜深了，雄鸡已叫了几遍，情侣们唱告别歌表达恋恋不舍之情。如：“今晚我们互诉衷情嫌夜短哟，不知不觉雄鸡啼叫快天明，情话绵绵但愿我们将来像条木船同江游，情丝长长但愿我们像匹蓝布同晒一根竹竿染上深深情。”“叫哥常来莫丢久哟，隔山隔岭莫隔心，隔山隔岭莫隔夜哟，隔了三夜不来我猜阿哥会变心。”对研究侗族婚恋习俗及歌谣有参考价值。广西壮族自治区三江侗族自治县八江乡高迈村吴健、八江乡福田村杨社端演唱，1987 年杨梅笔录、汉译。32 开纸 2 页，40 行。收入《三江各族民歌》，三江侗族自治县民间文学三套集成办公室 1989 年编印。（广西　吴　浩）

告状歌　侗语南部方言笛子歌。流传于广西三江、龙胜侗族地区。抒唱不怕进衙门告状，不怕坐牢，也要死心相恋的一组情歌。多把告状和坐牢作为一种假借的条件来表示双方的真情。对研究侗族的传统婚恋有参考价值。广西壮族自治区三江侗族自治县独峒乡高定村吴银玉、奶蓓巳演唱，1986 年吴浩笔录、汉译。32 开纸 2 页，48 行。收入广西柳州民族中专吴浩采风本《侗族笛子歌》。（广西　吴　浩）

高山歌　侗语南部方言情歌。流传于广西三江梅林侗族地区。高山歌传唱很广，但各地的歌词有些区别。此歌第一首表达男女之间的爱情，说的是情哥跟着别人难舍难分，丢姑娘在一边好伤心。表达了姑娘的思念之情。第二首歌告诉人们趁年轻时要多走寨坐夜谈情，要多唱歌，要梳妆打扮，要不，上了年纪想打扮想唱歌也就不好意思了。这两首歌属同一组歌。对研究侗族多声部民歌有参考价值。广西壮族自治区三江侗族自治县梅林乡新民中寨屯吴甫美鸾演唱，2005 年吴美莲笔录、汉译。16 开纸 1 页，22 行。载《侗文专刊》2004 年第 1 期（总 25 期）。（广西　吴美莲）

闹堂歌　侗语南部方言情歌。流传于广西三江梅林侗族地区。侗族大歌中的恋情歌，又叫“嗯堂歌”。叙唱情郎对情妹的恋情：“阿妹长得白嫩，像园中鲜嫩的萝卜和白菜，使得我总想去偷，去爱慕，但爱慕来爱慕去，却比不过你的丈夫像蜜蜂恋花蜜一样恋你。在这么强的爱情攻势下，你倾向他，把我俩的旧情话忘了。但我想我也会像他一样痴迷，总有一天我俩在一起。”对研究侗族多声部民歌有一定的参考价值。广西壮族自治区三江侗族自治县梅林乡新民中寨屯吴甫美鸾等演唱，2004 年吴美莲笔录、汉译。16 开纸 1 页，10 行。汉译文载《侗文专刊》2004 年总 25 期，曲谱载《侗文专刊》2004 年总 26 期。（广西　吴美莲）

开门歌　侗语南部方言细声歌。流传于广西三江、龙胜，湖南通道侗族地区。细声歌中的走寨歌。侗族青年男女恋爱方式之一，是行歌坐月，俗称走寨。晚上，姑娘三五成群，聚集一家，或纺纱织布，或绣花，等待男青年的到来。男青年也是三五成群，或吹着竹笛，或弹着琵琶，到寨巷中游走，看哪家有姑娘欢聚，便登门对歌。如逢姑娘家关了大门，男青年就得先唱开门歌，请求姑娘们开门让他们进去。开门歌通常唱得幽默有趣，男方心急火燎地请求开门，女方却不紧不慢地逗着、试探着，久久才把门打开。行歌坐月，其实就是从对唱开门歌开始。对研究侗族婚恋习俗及歌谣有参考价值。广西壮族自治区三江侗族自治县八江乡牙龙村杨永芳、八江乡岩脚村杨社端演唱，1987 年杨梅笔录、汉译。32 开纸 1 页，18 行。收入《三江各族民歌》，三江侗族自治县民间文学三套集成办公室 1989 年编印。（广西　吴　浩）

讨凳歌　侗语南部方言细声歌。流传于广西三江、龙胜，湖南通道侗族地区。细声歌中的走寨歌。侗族青年男女行歌坐月时，男青年走进姑娘家的月堂，本来姑娘们准备好凳子摆在一边，让他们就座，可他们故意装着找不到板凳来坐，开口唱歌向姑娘讨板凳。姑娘们也便顺着他们，装穷叫苦起来，说她们孤苦伶仃，没有男人可怜，因此，山上没有树木，家中没有桌椅板凳，只好请他们多多原谅了。这其实也是走寨歌中的仪式歌之一。歌词幽默有趣，是青年男女们比试歌才的起步阶段。对研究侗族婚恋习俗和歌谣有参考价值。广西壮族自治区三江侗族自治县八江乡高迈村吴健、八江乡福田村杨腾引演唱，1987 年杨梅笔录、汉译。32 开纸 2 页，38 行。收入《三江各族民歌》，三江侗族自治县民间文学三套集成办公室 1989 年编印。

（广西　吴　浩）

讨水歌　侗语南部方言细声歌。流传于广西三江、龙胜，湖南通道侗族地区。细声歌中的走寨歌，行歌坐月时演唱的仪式歌之一。对歌久了要喝水解渴，男青年要喝水，不能自己去要水，要唱讨水歌请姑娘们舀水来。男唱女答，有时对唱了几个小时，最后姑娘才甜甜地一笑，转身舀水敬给对方。有时，姑娘逗趣地把一对筷子放在水瓢上递给对方，男方必须以歌来对，收去筷子，方能喝水。对研究侗族婚恋习俗和歌谣有参考价值。广西壮族自治区三江侗族自治县八江乡高迈村吴健、八江乡福田村杨腾引演唱，1987 年杨梅笔录、汉译。32 开纸 1 页，32 行。收入《三江各族民歌》，三江侗族自治县民间文学三套集成办公室 1989 年编印。

（广西　吴　浩）

大雁歌　侗语南部方言双歌。流传于广西三江林溪、八江、独峒侗族地区。叙唱姑娘因久不见情郎来坐夜谈情，心里很思念，借问雁鹅见到她的情郎没有，雁鹅说你情哥是啥样，她说："我那情人像那山中刚长出的竹子，面目光亮盖过众村乡。"并托雁鹅带信给情郎，叫情郎趁年轻多来走，先别忙着当家，不要丢我像那鱼丢水，让我好像江望龙，别让我望穿秋水。侗族青年常用假借的办法，以雁鹅来作为情感表达的信使，具有独特性。对研究侗族婚恋习俗和歌谣艺术有参考价值。1995 年黄汉书用拼音侗文记录，亚娟汉译。16 开纸 1 页，22 行。载《侗文专刊》1995 年第 1 期（总 13 期）。

（广西　吴美莲）

雁传书　侗语南部方言笛子歌。流传于广西三江、龙胜，湖南通道侗族地区。笛子歌中的结情歌。假借与鸿雁对话，抒叹对情人的赞美和爱慕之情，最后托付鸿雁帮助传送情书。此歌抒叹情感的方法独特，对研究侗族文学有参考价值。广西壮族自治区三江侗族自治县林溪乡吴士英演唱，1979 年吴居敬笔录、汉译。16 开纸 1 页，36 行。收入农冠品主编《中国歌谣集成·广西卷》，中国社会科学出版社 1992 年版。

（广西　吴　浩）

雁鹅歌　侗语南部方言笛子歌。流传于广西三江、龙胜侗族地区。笛子歌中的一组恋情歌。情人双方都假借雁鹅作为送信的使者，通过与雁鹅的对话向对方倾诉思恋之情。雁鹅是飞行的，叙唱的场景也多变换，在山上、在江边、在树林里、在水井旁，等等，表示情感的方式独特有趣。对研究侗族文学和生活习俗有参考价值。广西壮族自治区三江侗族自治县独峒乡高定村吴银玉、奶纯德演唱，1986 年吴浩笔录、汉译。32 开纸 3 页，80 行。收入广西柳州民族中专吴浩采风本《侗族笛子歌》。（广西　吴　浩）

恋情　侗语南部方言笛子歌。流传于广西龙胜侗族地区。是一组恋情歌。每首均用生产、生活中的事物作比喻，层层推进，深沉地、多角度地展示男女之间的恋情。对研究侗族的婚恋习俗和传统文学有参考价值。广西壮族自治区龙胜各族自治县瓢里乡宝赠村杨楼伍演唱，1979 年黄钟警笔录、汉译。16 开纸 1 页，45 行。收入农冠品主编《中国歌谣集成·广西卷》，中国社会科学出版社 1992 年版。（广西　吴　浩）

嘎两尼　侗语南部方言情歌。流传于侗语南部方言地区。叙述一侗族青年婚后被拉夫多年不回，妻子无奈改嫁他人。青年回家后，请侗戏鼻祖吴文彩编歌到妻子改嫁的村子唱，唤回了妻子，两人重归于好。张勇搜集、整理。收入《侗语》课本第二册，贵州省民族研究所 1982 年编印。（贵州　吴兴武）

死恋歌　侗语南部方言笛子歌。流传于广西三江、龙胜侗族地区。也称“殉情歌”。表示在阳间不能结情而愿意到阴间去结情的一组情歌。侗族称阴间为“高胜牙安”，即“雁鹅居住的地方”，侗语称这种歌为“嘎高胜牙安”，简称为“嘎牙安”。歌中将阴间“高胜牙安”叙唱得十分美好，是个无忧无虑的乐园。对研究侗族的民间信仰和文学有参考价值。广西壮族自治区三江侗族自治县独峒乡高定村吴银玉、奶纯德演唱，1986 年吴浩笔录、汉译。32 开纸 2 页，64 行。收入广西柳州民族中专吴浩采风本《侗族笛子歌》。（广西　吴　浩）

私奔歌　侗语南部方言笛子歌。流传于广西三江、龙胜侗族地区。男女相恋而老人反对结亲，一对情人可以相搭（侗语，即私奔）到外地结婚，这是得到公众认可的。这组歌以私奔为主要内容，男女双方互相倾诉自己的恋情。对研究侗族婚恋习俗有参考价值。广西壮族自治区三江侗族自治县独峒乡盘贵村张海、独峒乡高定村吴连英演唱，1986 年吴浩笔录、汉译。32 开纸 2 页，68 行。收入广西柳州民族中专吴浩采风本《侗族笛子歌》。（广西　吴　浩）

私奔　侗语南部方言情歌。流传于湖南通道侗族地区。收录多首标题都为“私奔”的情歌，内容大同小异，都是通过私奔、逃婚而反抗侗族陋俗——姑表结婚的故事。对研究侗族旧婚俗有参考价值。杨软浓、石通文、陆友正演唱，1963 年吴家金、杨锡笔录、汉译。16 开纸。稿存湖南省通道侗族自治县档案馆。（湖南　陆有智）

说梦歌　侗语南部方言笛子歌。流传于广西三江、龙胜侗族地区。笛子歌中的一组情歌。假借说梦，将梦里所见、所闻、所感对情人倾诉，特别是把梦作为人的魂魄可以游动的场景来抒叹自己的恋情和苦情。对研究侗族文学和民间信仰有参考价值。广西壮族自治区三江侗族自治县独峒乡高定村吴银玉、独峒乡干冲村吴行松演唱，1986 年吴浩笔录、汉译。32 开纸 3 页，86 行。收入广西柳州民族中专吴浩采风本《侗族笛子歌》。（广西　吴　浩）

试探歌　侗语南部方言笛子歌。流传于广西三江、龙胜侗族地区。笛子歌中的试探歌。情人初相识，赞颂对方而试探对方是否有心结情。通过反复多次的试探之后，如果确认对方有心，便可接唱结情歌。对研究侗族的婚恋习俗和文学有参考价值。广西壮族自治区三江侗族自治县独峒乡盘贵村张海、独峒乡高定村吴连英演唱，1986 年吴浩笔录、汉译。32 开纸 3 页，64 行。收入广西柳州民族中专吴浩采风本《侗族笛子歌》。

（广西　吴　浩）

换段歌 侗语南部方言笛子歌。流传于广西三江、龙胜侗族地区。是一种承上启下的歌。多为唱完试探歌之后，接唱结情歌之前，中间互相对唱几首换段歌，表示对歌进入深的层次，也表示情感进入深的层次。对研究侗族礼俗和婚恋习俗有参考价值。广西壮族自治区三江侗族自治县独峒乡盘贵村张海、独峒乡高定村吴连英演唱，1986 年吴浩笔录、汉译。32 开纸 1 页，36 行。收入广西柳州民族中专吴浩采风本《侗族笛子歌》。（广西 吴 浩）

结情歌 侗语南部方言笛子歌。流传于广西三江、龙胜侗族地区。表示情人之间互相倾心、互相苦恋、互相恩爱的一组恋情歌。多用比兴手法，涉及生产、生活诸多内容，具有文学性和艺术性。对研究侗族文学和生产、生活状况有参考价值。广西壮族自治区三江侗族自治县独峒乡盘贵村张海、独峒乡高定村奶蓓巳演唱，1986 年吴浩笔录、汉译。32 开纸 4 页，120 行。收入广西柳州民族中专吴浩采风本《侗族笛子歌》。

（广西 吴 浩）

结情何须用媒人 侗语南部方言笛子歌。流传于广西三江、龙胜侗族地区。男女结情，以歌为媒，这是侗族的古老习俗。近代有的地区要求媒人作为牵线人。这组歌赞颂了以歌为媒的传统婚俗，而对用媒人来牵线搭桥的婚姻表示嘲讽。对研究侗族婚俗的演变过程有参考价值。广西壮族自治区三江侗族自治县独峒乡盘贵村张海、独峒乡高定村吴连英演唱，1986 年吴浩笔录、汉译。32 开纸 2 页，64 行。收入广西柳州民族中专吴浩采风本《侗族笛子歌》。（广西 吴 浩）

不见情妹好心悲 侗语南部方言情歌。流传于广西三江梅林侗族地区。侗族大歌中的恋情歌。表达了男女之间深深的爱情。如歌中说：“鱼儿得水鱼高兴，不见情妹好心悲；丢久不见情哥脸，一日好比度一年。”又如：“今宵得与妹相会，胜过牛郎会天仙。”三江境内的梅林乡、富禄乡，是侗族大歌之乡。此地的侗族大歌，与贵州从江小黄等地的侗族大歌调式大体相同，均为无器乐伴奏的多声部民歌系列，但歌的内容却有较大的差别，自有其特色。对研究侗族大歌和婚恋习俗有一定的参考价值。广西壮族自治区三江侗族自治县梅林乡新民中寨屯吴甫美鸾演唱，2005 年吴美莲笔录、汉译。16 开纸 1 页，10 行。稿存广西壮族自治区三江侗族自治县民族语言文字工作委员会吴美莲处。

（广西 吴美莲）

三恋四恋也难得 侗语南部方言情歌。流传于贵州黎平。表述女子被男子遗弃的抱怨，同时表述女子依然依恋男子的矛盾心理。可供研究侗族大歌音乐和民间文学参考。龙玉成、杨通山搜集、整理、汉译。32 开纸 2 页，侗汉对译 28 行。收入《侗歌三百首》，民族出版社 2002 年版。（贵州 欧俊姣）

鹞弃铜铃难舍线 侗语南部方言情歌。流传于贵州黎平。用山鹞舍弃铜铃不弃线比喻青年男子宁愿舍弃性命也不舍弃心爱的姑娘。可供研究侗族民间文学参考。龙玉成、杨通山搜集、整理、汉译。32 开纸 1 页，侗汉对译 12 行，收入《侗歌三百首》，民族出版社 2002 年版。（贵州 欧俊姣）

痴心恋你 侗语南部方言情歌。流传于侗语南部方言区。叙述一个青年男子痴恋一女子，好不容易相见，又害怕分离后女子移情别恋。可供研究侗族民间文学参考。杨权搜集、整理、汉译。32 开纸 1 页，侗汉对译 11 行。收入《侗歌三百首》，民族出版社

2002年版。（贵州　欧俊姣）

结伴难成　侗语南部方言情歌。流传于贵州黎平口江一带。这是一首古老的思恋情歌。歌词以散文诗体形式分三自然段四十一句。反映一对男女青年在鼓楼相会，行歌坐月，倾吐爱慕，海誓山盟，但始终没有结成夫妻伴侣。随着岁月流逝，当年相识的情人后来各自成家立业，但谁也没有忘记那段缠绵的情感生活，共同祝愿对方珍惜人生的每一刻幸福时光。对研究侗族社会婚恋习俗及精神文明建设有参考价值。当地男女歌手演唱，杨宗福、吴定邦1989年记录、记谱，王胜先1990年整理、汉译。16开纸8页，96行。资料先存贵州省黎平县民族歌舞团，后由贵州省艺专（现贵州大学艺术学院）收入《侗歌教学演唱选曲一百首》，贵州民族出版社1991年版。（贵州　陈乐基）

哪能把你来忘记　侗语南部方言情歌。流传于贵州黎平岩洞一带。这是一首思恋歌。歌词分三段十二句。曲调宛转悠扬，主要表现“男儿一日三思在想怎样娶个好妻，女子左右思量在想怎样嫁个好夫婿”，歌声情真意切。反映了男女青年追求幸福、自由生活的愿望和心声。对研究侗族婚恋习俗有参考价值。当地男女歌手演唱，杨宗福、吴定邦1989年记录、记谱，王胜先1990年整理、汉译。16开纸10页，150行。资料先存贵州省黎平县民族歌舞团，后由贵州省艺专（现贵州大学艺术学院）收入《侗歌教学演唱选曲一百首》，贵州民族出版社1991年版。（贵州　陈乐基）

可爱的阿哥阿妹哟　侗语南部方言细声歌。流传于广西三江，贵州黎平、从江侗族地区。细声歌中的河边歌，男女青年行歌坐夜时对唱的一组情歌。歌词很有生活气息和情趣。如：“可爱的阿哥哟你是早年的一口井，找你千山不见影，妹想引水引不到，妹想种田种不成。”“今夜相逢本想把思恋对你讲，谁知你有了丈夫不理人。早知我俩无缘分，那也不来坐夜枉费神……”对研究侗族民俗和民间文学有参考价值。广西壮族自治区三江侗族自治县同乐乡平溪村韦老朋、韦蓓颖、韦蓓花演唱，1986年韦明智笔录，韦明智、黄钟警汉译。16开纸2页，52行。收入农冠品主编《中国歌谣集成·广西卷》，中国社会科学出版社1992年版。

（广西　吴　浩）

十四的月亮　侗语南部方言细声歌。流传于广西三江、龙胜侗族地区。青年男女之间互相对唱的一组情歌，以互相赞美对方为主题，巧妙地运用比喻、象征等手法。如：“阿妹美得好似十四的月亮挂中天，我在屋檐下望整整一夜不眨眼。”“阿哥你是天边五彩霞，我手拿剪刀登上屋顶想剪剪不下。”对研究侗族民间文学有参考价值。广西壮族自治区三江侗族自治县八江乡吴健、杨腾引、陆军兰，林溪乡吴仲儒演唱，1986年杨通山、吴炳金笔录、汉译。16开纸2页，60行。收入农冠品主编《中国歌谣集成·广西卷》，中国社会科学出版社1992年版。

（广西　吴　浩）

隔山隔岭不隔心　侗语南部方言细声歌。流传于广西三江、龙胜侗族地区。不同村寨的青年男女之间对唱的一组情歌。以隔山隔岭不隔心为主题，抒发双方内心的情感。如：“隔一重山隔一重岭哟，只要没有隔心阿妹邀我上天我跟随。”“隔山隔岭不隔心，阿哥呀，你要等到何年何月才来接妹登上你家门。”对研究侗族的婚恋习俗及民间文学有参考价值。广西壮族自治区三江侗族自治县独峒乡干冲村吴定贤、吴花梅演唱，1980

年吴浩笔录、汉译。16开纸1页，22行。收入农冠品主编《中国歌谣集成·广西卷》，中国社会科学出版社1992年版。

（广西　吴　浩）

月夜巷寨起歌声　侗语南部方言走寨歌。流传于广西三江侗族地区。侗族男青年月夜走寨寻访外寨女伴时唱的歌。此组情歌是“报信歌”，是对女伴的呼唤。以歌为媒，以歌传情。对研究侗族的婚恋习俗和歌谣有参考价值。广西壮族自治区三江侗族自治县八江乡梁宿飞、张玉清，林溪乡吴仲儒等演唱，1985年、1986年杨梅、吴炳金笔录、汉译。16开纸1页，28行。收入农冠品主编《中国歌谣集成·广西卷》，中国社会科学出版社1992年版。　（广西　吴　浩）

请求姑娘来开月堂门　侗语南部方言走寨歌。流传于广西三江侗族地区。男青年走寨走到姑娘门，与姑娘隔着门对唱。内容以开门为题，互相倾诉衷情。对研究侗族的婚恋习俗和民歌有参考价值。广西壮族自治区三江侗族自治县八江乡吴永芳、吴健、杨社端、杨腾引演唱，1986年杨通山笔录、汉译。16开纸1页，32行。收入农冠品主编《中国歌谣集成·广西卷》，中国社会科学出版社1992年版。　（广西　吴　浩）

笛声不静我不睡　侗语南部方言走寨歌。流传于广西三江侗族地区。走寨时，姑娘家门外男女青年对唱的歌。抒唱姑娘尚未开门时后生的心情：“龙女在海底啊难见她的影子，好容易从窗口瞧见你呀我的情人！我见你呀你不见我，我心想你呀你却不知情！”“半箩筐的话要当面诉给你听。”姑娘答唱“好禾放在禾仓底，中意的后生后半夜来，”“等一时夜深人静把门开”。对研究侗族的婚恋习俗有参考价值。广西壮族自治区三江侗族自治县八江乡中朝村梁宿飞演唱，1956年杨通山笔录、汉译。16开纸1页，36行。收入农冠品主编《中国歌谣集成·广西卷》，中国社会科学出版社1992年版。

（广西　吴　浩）

哥走泥路来　侗语南部方言双歌。流传于广西龙胜、三江侗族地区。青年男女交往时对唱的一组留客歌。以深情地挽留客人为主要内容，如：“留客住哟，留客住下一月不是住一年，留你住下一年你的妻子好悲伤哟，天天抱着孩子在那路口盼望泪涟涟……”对研究侗族文学和民俗学有参考价值。广西壮族自治区龙胜各族自治县瓢里乡庖田村韦炳光、杨友新演唱，1985年粟万雷、石本忠笔录、汉译。16开纸2页，44行。收入农冠品主编《中国歌谣集成·广西卷》，中国社会科学出版社1992年版。

（广西　吴　浩）

约妹私奔过他河　侗语南部方言双歌。流传于广西三江林溪、八江侗族地区。侗家过去有“女还舅门”的旧婚俗，即姑妈的女儿回舅家与表哥结婚的习惯。姑娘如不愿嫁表哥，而与别的男子情投意合，她可与自己的意中人私奔。叙唱一对情人的私奔路线和私奔经历。俩人背着包袱、雨伞村过村、寨过寨，过“王盘山”到“也弄”，过“高滩”到湖南的“木瓜”、独坡，继而出贵州“六洞”地区，到朋友刘家，然后在“万发”家住下。一住就是三年。三年后，等外家人消气了，送上好酒好肉去认外公外婆。因生米已煮成熟饭，外家也就认了这门亲事。对研究侗族社会婚恋习俗有参考价值。1998年吴全义用拼音侗文记录、整理、汉译。16开纸1页，48行。载《侗文专刊》1998年第1期（总17期）。　（广西　吴美莲）

不怕山岭高 侗语南部方言双歌。流传于广西三江侗族地区。双歌中的一组结情歌，男女对唱，分为试探、结交、连情三个层次，层层深入，是双歌中的精品。对研究侗族婚恋习俗和民间文学均有参考价值。广西壮族自治区三江侗族自治县独峒乡高定村妮宝才、独峒乡干冲村吴定贤演唱，1982 年吴浩笔录、汉译。16 开纸 2 页，80 行。收入农冠品主编《中国歌谣集成·广西卷》，中国社会科学出版社 1992 年版。

（广西　吴　浩）

要吃鲜鱼下河滩 侗语南部方言双歌。流传于广西三江侗族地区。双歌中的一组结情歌，男女对唱，巧用比喻，生动有趣，是双歌中的精品。对研究侗族婚恋习俗和文学有参考价值。广西壮族自治区三江侗族自治县独峒乡高定村妮蓓巳、妮行德、甫蓓根演唱，1979 年吴浩笔录、汉译。16 开纸 1 页，34 行。收入农冠品主编《中国歌谣集成·广西卷》，中国社会科学出版社 1992 年版。

（广西　吴　浩）

互换信物歌 侗语南部方言细声歌。流传于广西三江、龙胜，湖南通道侗族地区。细声歌中的走寨歌。青年男女通过行歌坐月，互相爱恋，互换信物，确定姻缘。男方如对女方有意，便用歌来向女方索取信物。女方如果也有意，再三推托以进一步试探对方是否真情实意之后，才与男方互换信物。如男唱："有心相爱那我俩就互换把凭（信物）定终身，莫要让我一年四季心情不定空背名。"女答："换了把凭也不一定成夫妻，只要诚心两手空空也能双双结深情。"对研究侗族婚恋习俗和歌谣有参考价值。广西壮族自治区三江侗族自治县八江乡牙龙村杨永芳、八江乡福田村杨腾引演唱，1987 年杨梅笔录、汉译。32 开纸 1 页，20 行。收入《三江各族民歌》，三江侗族自治县民间文学三套集成办公室 1989 年编印。

（广西　吴　浩）

换把凭歌 侗语南部方言细声歌。流传于广西三江八江、林溪侗族地区。把凭是侗族青年的定情物。此歌为对唱形式，一首二句或四句，有套路。用贴切的比喻来试探对方，如女方唱"现我不看田塘只看郎儿好"，"心想鲢鱼草鱼共一塘"。男方则谦虚作答。唱到最后以互换信物为题，将情感推上高潮。对研究侗族的婚恋习俗有参考价值。广西壮族自治区三江侗族自治县八江乡三团村吴永团演唱，1995 年吴永团用拼音侗文笔录，奶献文汉译。16 开纸 2 页，44 行。载《侗文专刊》1995 年第 1 期（总 13 期）。

（广西　吴美莲）

火塘坐妹歌 侗语南部方言细声歌。流传于广西三江、龙胜，湖南通道侗族地区。一组青年男女晚上在火塘边对唱的情歌。分为开门、试探、结情、告别四个层次。每个层次所唱的歌，长短有别，但内容连贯，情感层层推进。当唱到告别歌时，常常唱得难舍难分，通宵达旦而不忍心别离。对研究侗族婚恋习俗有参考价值。广西壮族自治区龙胜各族自治县西腰村吴国芬演唱，1986 年黄钟警笔录、汉译。16 开纸 3 页，100 行。收入农冠品主编《中国歌谣集成·广西卷》，中国社会科学出版社 1992 年版。

（广西　吴　浩）

远路的情人哟 侗语南部方言细声歌。流传于广西三江，贵州黎平、从江侗族地区。远路的情人之间对唱的一组情歌。以路远而情长为主题，抒发双方内心的情感。对研究侗族的婚恋习俗和民间文学有参考价值。广西壮族自治区三江侗族自治县同乐乡平溪村韦光明、韦蓓花、韦蓓颖演唱，1986年韦明智笔录，莫俊荣汉译。16开纸1页，26行。收入农冠品主编《中国歌谣集成·广西卷》，中国社会科学出版社1992年版。

（广西　吴　浩）

撒网不怕河底深　侗语南部方言细声歌。流传于广西三江、龙胜，湖南通道侗族地区。细声歌中的一组结情歌。以撒网、架桥作比喻，层层推进，男唱女答，互相表白对爱情的忠贞。对研究侗族的婚恋习俗有参考价值。广西壮族自治区三江侗族自治县八江乡吴健、杨蓓二、杨蓓四，林溪乡枫木村吴仲儒演唱，1986年杨通山、吴炳金笔录，杨通山、吴炳金、吴浩汉译。16开纸2页，62行。收入农冠品主编《中国歌谣集成·广西卷》，中国社会科学出版社1992年版。

（广西　吴　浩）

破个铜钱两半分　侗语南部方言细声歌。流传于广西三江侗族地区。以破铜钱盟誓来订终身的一组情歌。破铜钱盟誓，各持半边，表示对爱情忠贞，永不变心，是侗族古代的婚俗之一。对研究侗族古老婚俗有参考价值。广西壮族自治区三江侗族自治县林溪乡吴仲儒、吴军兰演唱，1986年杨通山、吴炳金笔录、汉译。16开纸1页，30行。收入农冠品主编《中国歌谣集成·广西卷》，中国社会科学出版社1992年版。

（广西　吴　浩）

十二月相思　侗语南部方言双歌。流传于广西龙胜侗族地区。一般为男女对唱，男女分别唱述一年十二个月的相思之情。对研究侗族婚恋习俗有参考价值。广西壮族自治区龙胜各族自治县平等乡庖田村潘敏演唱，1979年石本忠笔录、汉译。32开纸3页，44行。收入《中国歌谣集成·广西卷·龙胜资料本》，龙胜各族自治县民间文学三套集成办公室1986年编印。

（广西　石本忠）

十二月连胶　侗语北部方言地区汉语情歌。流行于贵州三穗侗族地区。歌词以每个月的传统节日为题，表达情人间的思恋之情。七言体，表达的思想感情丰富，多在玩山赶坳的后期演唱。可供研究侗族民间文学参考。杨精林、周昌武搜集、整理。32开纸2页，40行。收入《侗族文学资料》第三集（三穗县专集），《侗族文学史》编写组1984年编印。

（贵州　龙耀宏）

不要哄郎上树你收梯　侗语南部方言细声歌。流传于广西三江、龙胜，湖南通道侗族地区。细声歌中的走寨歌，行歌坐月的仪式歌之一。以结情为主题，互相倾诉衷情。唱完试探歌之后，男女双方已互相了解，此时，互有倾慕者，便进入深层次的对唱——向对方倾诉恋情。这类歌，有传统的，也有即兴演唱的，多用比喻，是走寨歌中的精华部分，比喻生动，情真意切，通常唱几天几夜也唱不完。如："不要哄郎上树你收梯哟，让我蹬在树腰上也难上、下也难下两眼汪汪成泪人。""架座木桥三年五载会霉烂哟，架座石桥你我同走一世人。"对研究侗族婚恋习俗和歌谣有参考价值。广西壮族自治区三江侗族自治县八江乡高迈村吴健、八江乡福田村杨社端演唱，1987年杨梅笔录、汉译。32开纸3页，76行。收入《三江各族民歌》，三江侗族自治县民间文学三套集成办公室1989年编印。

（广西　吴　浩）

三个腊汉吹笛在坡巅　侗语南部方言情歌。流传于贵州黎平口江一带。以叙事为主，反映三个腊汉站在山巅吹笛，五个姑娘在山下泉边吹萧，以笛萧声回旋比喻男女相恋如蝉歌绵绵。对研究侗族婚恋习俗有参考价值。

当地歌手演唱，杨宗福、吴定邦1989年记录、记谱，王胜先1990整理、汉译。16开纸8页，80行。资料先存贵州省黎平县民族歌舞团，后由贵州省艺专（现贵州大学艺术学院）收入《侗歌教学演唱选曲一百首》，贵州民族出版社1991年版。

（贵州　陈乐基）

终日想你难开颜　侗语南部方言情歌。流传于贵州黎平三龙一带。主要反映男女青年对相识相恋的渴望与对爱情忠贞不渝的追求。对研究侗族婚恋习俗有参考价值。当地歌手演唱，杨宗福、吴定邦1989年记录、记谱，王胜先1990年整理、汉译。16开纸10页，80行。资料先存贵州省黎平县民族歌舞团，后由贵州省艺专（现贵州大学艺术学院）收入《侗族教学选曲一百首》，贵州民族出版社1991年版。　（贵州　陈乐基）

处处蝉歌不见蝉儿面　侗语南部方言情歌。流传于贵州从江龙图一带。内容分三个部分：一是唱支蝉歌送给知心人；二是蝉声“朗朗雷不断”，比喻男女相伴海枯石烂不变心；三是用蝉之歌比喻春天的到来，万象峥嵘，青年男女向往美好生活。对研究侗族婚恋习俗有参考价值。当地歌手演唱，杨宗福、吴定邦1989年记录、记谱，王胜先整理、汉译。16开纸12页，96行，1800字。资料先存贵州省黎平县民族歌舞团，后由贵州省艺专（现贵州大学艺术学院）收入《侗歌教学演唱选曲一百首》，贵州民族出版社1991年版。　（贵州　陈乐基）

蜜蜂采花酿成蜜　侗语南部方言情歌。流传于贵州黎平岩洞一带。歌词大意是：蜜蜂采花酿成密，男女一时不能忘记相恋的言语，以前的荒坪已经变成了绿州，幸福美满的生活比蜜更甜蜜。对研究侗族婚恋习俗有参考价值。当地歌手演唱，杨宗福、吴定邦1989年记录、记谱，王胜先1990年整理、汉译。16开纸6页，90行。资料先存贵州省黎平县民族歌舞团，后由贵州省艺专（现贵州大学艺术学院）收入《侗歌教学演唱选曲一百首》，贵州民族出版社1991年版。

（贵州　陈乐基）

燕子双双远飞行　侗语南部方言细声歌。流传于广西三江、龙胜，湖南通道侗族地区。以互相邀约私奔为主要内容的一组情歌。男女青年私奔结婚，是侗族的婚俗之一。虽然受双方或一方父母的反对，却得到社会的认可。历史上，侗族男女青年私奔结婚的事例不少，此组情歌是对这一婚俗的间接记录。对研究侗族的婚俗有参考价值。广西壮族自治区三江侗族自治县林溪乡吴仲儒、吴军兰演唱，1986年杨通山、吴炳金笔录、汉译。16开纸1页，24行。收入农冠品主编《中国歌谣集成·广西卷》，中国社会科学出版社1992年版。　（广西　吴　浩）

河边滩脚听到燕善鸟叹息　侗语南部方言情歌。流传于贵州黎平肇兴一带。这是一首以爱情为主题的情歌，男女相聚鼓楼，对唱对答。歌为四段，歌词大意：一是想起初恋情话，在河边滩脚漫步，常和那燕善鸟一起叹息、私语；二是共同生活，通过劳作耕耘不会缺衣穿、缺禾米；三是好夫妻一世相亲相爱、矢志不移；四是夫妻缘分是天意，唱着老人留下的歌走到底。对研究侗族婚恋习俗有参考价值。当地歌手演唱，杨宗福、吴定邦1989年记录、记谱，王胜先1990年整理、汉译。16开纸7页，105行。资料先存贵州省黎平县民族歌舞团，后由贵州省艺专（现贵州大学艺术学院）收入《侗歌教学演唱选曲一百首》，贵州民族出版社1991年版。

（贵州　陈乐基）

我村的井水泡了爱恋药　侗语南部方言笛子歌。流传于广西龙胜侗族地区。是一组结情歌。以生产、生活中常见的物体作比喻，抒叹情人之间的恋情。对研究侗族的婚恋习俗有参考价值。广西壮族自治区龙胜各族自治县瓢里乡宝赠村吴必耀演唱，1979 年黄钟警笔录、汉译。16 开纸 2 页，62 行。收入农冠品主编《中国歌谣集成·广西卷》，中国社会科学出版社 1992 年版。

（广西　吴　浩）

天上星星分数不均匀　侗语南部方言情歌。流传于贵州黎平、榕江、从江的“六洞”、“九洞”地区。歌谣感叹自己的八字轻薄，命运不好，不能和自己相爱的哥哥结婚做一家。歌谣句式较长，表达感情真挚。对研究侗族民间文学有参考价值。贵州省侗族民间文艺工作组 1959 年搜集、整理。32 开纸 4 页，54 行。收入《民间文学资料》（第三十集），贵州省民间文学工作组 1960 年编印。

（贵州　龙耀宏）

只怕箍霉盆散连不拢　侗语南部方言笛子歌。流传于广西龙胜侗族地区。笛子歌中的结情歌。用树上的柿子、火塘中的三脚架、织布机上的穿梭、水桶的竹箍等多种物件作比喻，形象地抒叹情人之间的恋情。对研究侗族婚恋习俗有参考价值。广西壮族自治区龙胜各族自治县庖田村黄雪映演唱，1986 年石本忠笔录、汉译。16 开纸 1 页，20 行。收入农冠品主编《中国歌谣集成·广西卷》，中国社会科学出版社 1992 年版。

（广西　吴　浩）

大江的水去悠悠　侗语北部方言地区汉语情歌。流传于贵州三穗侗族地区。用大江的水悠悠流去比喻男女双方爱情的无尽头，最后两人各走一方，表现出女方对男方的怨恨。可供研究侗族婚恋习俗和民间文学参考。姜灵珍、姜灵妃口述，周昌武、吴展明搜集、整理。32 开纸 1 页，25 行。收入《侗族文学资料》第三集（三穗县专集），《侗族文学史》编写组 1984 年编印。（贵州　龙耀宏）

画眉难跟雄鹰远飞腾　侗语南部方言细声歌。流传于广西三江，贵州黎平、从江侗族地区。细声歌中的苦情歌。此种歌，以倾诉苦苦思恋之情为主题，多为情感深厚而又不能缔结良缘的情侣之间的对唱。如泣如诉，句句饱含深情。如：“姑娘静静听我唱一首歌叹苦情，我的歌儿好比山藤牵得远来根底深。你是天上的雄鹰飞得高来飞得远，我是树底的画眉怎能与你同飞腾。你是江底的鱼儿游得深来游得快哟，我是岸上的公鸡下不了水只好拨翅空悲鸣。你是田里的糯禾天天有水来灌养哟，我是坡上的旱禾一年四季盼雨淋。黄连命苦难同牡丹共一园哟，我因家贫难配姑娘共一庭。”对研究侗族婚恋习俗及歌谣有参考价值。广西壮族自治区三江侗族自治县良口乡南寨村吴大任演唱，1987 年吴浩笔录、汉译。32 开纸 8 页，224 行。收入《三江各族民歌》，三江侗族自治县民间文学三套集成办公室 1989 年编印。

（广西　吴　浩）

重情轻财歌　侗语南部方言笛子歌。流传于广西三江、龙胜侗族地区。表示不惜一切钱财，哪怕变卖一切家产，也要互相结情连为夫妻的一组恋情歌。这是对侗族“恋爱自由、婚姻不能自主”的传统习俗的一种抗争。对研究侗族传统社会婚姻有参考价值。广西壮族自治区三江侗族自治县独峒乡高定村吴银玉、奶蓓巳演唱，1986 年吴浩笔录、汉译。32 开纸 2 页，68 行。收入广西柳州民族中专吴浩采风本《侗族笛子歌》。

（广西　吴　浩）

我爱你已仔细思量 侗语南部方言情歌。流传于贵州从江往洞一带。这是一首古老的歌，世世代代相传。歌词共分七段六十二句。主要反映一对男女自由恋爱，不讲门当户对，心心相印，以对自由生活的向往说服父母，求得乡亲同情，向封建礼教婚姻挑战。对研究侗族传统社会婚俗有参考价值。当地歌手演唱，杨宗福、吴定邦1989年记录、记谱，王胜先1990年整理、汉译。16开纸12页，72行。资料先存贵州省黎平县民族歌舞团，后由贵州省艺专（现贵州大学艺术学院）收入《侗歌教学演唱选曲一百首》，贵州民族出版社1991年版。

（贵州 陈乐基）

结伴相识我回头问情哥 侗语南部方言情歌。流传于贵州黎平肇兴一带。这是一首叙事问答情歌。歌词分四段共五十三句。女方向男方提出恋爱、婚姻、家庭，如何共患难、共荣辱、同奋斗、同享福，白头偕老等一系列人生问题。对研究侗族婚姻家庭有参考价值。当地男女歌手演唱，杨宗福、吴定邦1987年记录、记谱，王胜先1990年整理、汉译。32开纸14页，84行。资料先存贵州省黎平县民族歌舞团，后由贵州省艺专（现贵州大学艺术学院）收入《侗歌教学演唱选曲一百首》，贵州民族出版社1991年版。

（贵州 陈乐基）

年轻人作伴无忧愁 侗语南部方言情歌。流传于贵州黎平、从江、榕江的“六洞”、“九洞”一带。歌谣唱道：“如今咱们年轻人在一起做伴到深夜也没有什么忧愁，恐怕到后来咱们都各自当了家，男的讨得一个懒得出奇的姑娘，女的嫁得一个脾气不好的丈夫，日子将怎么过？如果我们能干活共坡，走路同步，纵然少吃少穿心里也甜。”对研究侗族社交风俗和民间文学有参考价值。贵州省侗族民间文艺工作组1959年搜集、整理。32开纸3页，58行。收入《民间文学资料》（第三十集），贵州省民间文学工作组1960年编印。

（贵州 龙耀宏）

一跨出十八岁 侗语南部方言情歌。流传于贵州黎平、从江、榕江的“六洞”地区。由姑娘演唱。歌词大意是：十八岁是人生最美好的时光，人到了十八岁就会相爱，要把握十八岁，不要错过十八岁。歌词表达情感真挚。对研究侗族民间文学有参考价值。杨秀斌记录、搜集，贵州省侗族民间方艺工作组整理。32开纸12页，19段，276行。收入《民间文学资料》（第三十集），贵州省民间文学工作组1960年编印。

（贵州 龙耀宏）

鱼苗盆之歌 侗语南部方言情歌。流传于贵州从江龙图、贯洞等地。属于“小歌”的范畴，男女对唱。歌词表达感情细腻。对研究侗族民间文学有参考价值。贵州省侗族民间文艺工作组1959年搜集、整理。32开纸5页，19段，收入《民间文学资料》（第三十集），贵州省民间文学工作组1960年编印。

（贵州 龙耀宏）

你唱一首莫唱多 侗语南部方言情歌。流传于湖南通道。男子劝女子少唱一些歌，不然他们对不上只有散走回家钻被窝。可供研究侗族民间习俗和民间文学参考。吴柳帜演唱，吴万源搜集、整理、汉译，32开纸2页，侗汉对译9行，收入《侗歌三百首》，民族出版社2002年版。

（贵州 欧俊姣）

鸭啊鹅啊不是光饿你们 侗语南部方言牛腿琴歌。流传于广西三江侗族地区。用牛腿琴伴奏的歌，称“牛腿琴歌”。此歌为情郎（长工）向情妹诉叹一年中的苦情，概括了长工一年十二个月的生产、生活状况及其苦楚。对研究侗族社会生活状况有参考价值。广西壮族自治区三江侗族自治县梅林乡罗正举演唱，1979年罗德玉笔录、汉译。16开纸2页，56行。收入农冠品主编《中国歌谣集成·广西卷》，中国社会科学出版社1992年版。（广西 吴 浩）

四方板凳都坐满 侗语南部方言情歌。流传于湖南通道。歌词大意是：四方的板凳都坐满了人，前后边都是男子，男子居多姑娘少，女子被夹在中间，心中难透亮。可供研究侗族习俗和民间文学参考。吴彩云演唱，吴万源搜集、整理、汉译，32开纸1页，侗汉对译8行。收入《侗歌三百首》，民族出版社2002年版。（贵州 欧俊姣）

天上北斗先升起 侗语南部方言情歌。流传于湖南通道。歌词大意是：天上北斗先升起，五方星空后出现，同伴聪明头晚催，而我自己愚昧催唱第二晚。可供研究侗族习俗和民间文学参考。龙孟水演唱，吴万源搜集、整理、汉译，32开纸1页，侗汉对译10行。收入《侗歌三百首》，民族出版社2002年8月版。（贵州 欧俊姣）

贵村河水真湍急 侗语南部方言情歌。流传于湖南通道。女子唱述对方歌者的村河水急，溪水汹涌且人的性子也急，坐的板凳未暖歌已浓。可供研究侗族习俗和民间文学参考。吴万学演唱，吴万源搜集、整理、汉译，32开纸1页，侗汉对译9行。收入《侗歌三百首》，民族出版社2002年版。（贵州 欧俊姣）

伴有豆地锄豆地 侗语南部方言情歌换段歌。流传于湖南通道。换段歌是青年男女坐夜歌的一种。此歌唱述女子没有换段歌唱而唱媒人歌，歌不对题。可供研究侗族婚恋习俗和民间文学参考。吴柳帜演唱，吴万源搜集、整理、汉译，32开纸1页，侗汉对译10行。收入《侗歌三百首》，民族出版社2002年版。（贵州 欧俊姣）

三斤锄头挖旱田 侗语南部方言情歌换段歌。流传于湖南通道。叙述男子挖地用三斤重的锄头，把轻巧锄头拿给情妹去挖菜地，且男子不去唱换段歌而对情人唱花歌。可供研究侗族习俗和民间文学参考。杨廷贤演唱，杨锡、吴万源搜集、整理、汉译，32开纸1页，11行。收入《侗歌三百首》，民族出版社2002年版。（贵州 欧俊姣）

侗乡玩山歌 侗语北部方言情歌。流传于贵州三穗、天柱，湖南新晃等地。内含试探、初相会、邀拌、夸奖、谦虚、借伴、推辞、约日子、分散、相送、久伴、相思、劝歌、送嫁、分别、后悔、重走、哭夫等玩山歌（又称情歌）160多种。还包括部分侗垒（白话）、船歌等。是研究侗族人民生活、习俗的参考资料。陆承远、龙昭竹、杨银月、龙义先、张承远、李冬芝等讲唱，1982年吴展明笔录，1998年吴展明汉译。16开纸523页。稿存贵州省三穗县吴展明处。（贵州 吴展明 杨秀清）

不为花香我不来 鄂西侗族汉语情歌。流传于湖北宣恩晓关。是侗族男女憧憬美好爱情时所唱的情歌。表现侗族男女从相识、相慕到相恋的过程。对研究侗族民风民情有参考价值。1981年陈代庭演唱，刘吉清记录。32开纸2页，16行。收入《中国歌谣集成·湖北卷·宣恩县歌谣分册》，宣恩县文化局1989年编印。（湖北 龙顺成）

唱得情妹心也粑 鄂西侗族汉语情歌。流传于湖北宣恩晓关。为侗族男子思念恋人时所唱的情歌。表达侗族青年男子对女子的赞慕和相思之情。反映了侗族男子对美好爱情的向往与追求。对研究侗族民风民情有参考价值。1981年陈代庭演唱，刘吉清记录。32开纸1页，4行。收入《中国歌谣集成·湖北卷·宣恩县歌谣分册》，宣恩县文化局1989年编印。（湖北　龙顺成）

正派只有姐正派　鄂西侗族汉语情歌。流传于湖北宣恩。主要唱述侗族男儿对心上人的赞慕之情。反映了侗族男儿对美好爱情的向往与追求。对研究侗族民风民情有参考价值。1981年陈代庭演唱，刘吉清记录。32开纸1页，4行。收入《中国歌谣集成·湖北卷·宣恩县歌谣分册》，宣恩县文化局1989年编印。（湖北　龙顺成）

恋姐不到要学乖　鄂西侗族汉语情歌。流传于湖北恩施黄泥塘。由侗族郎挑水和侗族女抱柴两个细节组成，反映了侗族男儿痴情的性格，体现了侗族人爱水、爱火的习俗。对研究侗族民风民俗有参考价值。1988年何红琳演唱，苏学章记录。32开纸1页，5行。收入《中国歌谣集成·湖北卷·恩施市歌谣分册》，恩施市民间文学三套集成编委会1989年编印。（湖北　汪晓玲）

一把扇子二面青　鄂西侗族汉语情歌。流传于湖北宣恩桐子营。通过叙述一对青年男女以扇为媒，相识、相恋、定婚、成亲、生儿育女、考取功名的经过，反映了侗乡人真挚的爱情和上进的生活态度。对研究侗族的婚恋形态和民风民情有参考价值。1984年姚祖廷、姚本全演唱，姚祖树、姚祖瑞记录。16开纸1页，10行。收入姚祖瑞编《宣恩侗乡民间歌谣集》，2001年编印。（湖北　汪晓玲）

十二时情歌　鄂西侗族汉语情歌。流传于湖北宣恩桐子营。通过叙述一对情侣从辰时、巳时、午时、未时、申时、酉时、戌时、亥时、子时、丑时、寅时到卯时的相思、约会和离别，反映了侗乡男女之间真挚的情谊。对研究侗族的恋爱习俗和民间风情有参考价值。1985年吴东三演唱，吴宝三、姚祖瑞记录。16开纸2页，36行。收入姚祖瑞编《宣恩侗乡民间歌谣集》，2001年编印。（湖北　汪晓玲）

十劝小情郎　鄂西侗族汉语歌谣。流传于湖北宣恩张关。内容为情妹劝导青年男子发奋做田庄、读文章，莫做词状、不喝酒、莫赶场、不赌博、不吸烟、稳当家、不玩刀枪、孝顺爹娘。反映了淳朴的侗乡民风和侗乡人对美好生活的向往和追求。对研究侗族的传统伦理道德观念有参考价值。1984年梁玉梅演唱，姚祖树记录。16开纸4页，40行。收入姚祖瑞编《宣恩侗乡民间歌谣集》，2001年编印。（湖北　汪晓玲）

嫩牡丹　鄂西侗族汉语情歌。流传于湖北宣恩。主要歌唱侗族男子对心上人的仰慕与深恋之情。反映了侗族男子对美好爱情的向往与追求。对研究侗族民风民情有参考价值。1981年陈代庭演唱，刘吉清记录。32开纸1页，8行。收入《中国歌谣集成·湖北卷·宣恩县歌谣分册》，宣恩县文化局1989年编印。（湖北　龙顺成）

思想歌　鄂西侗族汉语情歌。流传于湖北宣恩会口。叙述一个青年女子恋爱的经过，从正月正得了相思病到最后九月九成亲，腊月同过年。反映了侗乡男女对美好幸福婚姻生活的向往和追求。对研究侗族的婚恋形态有参考价值。1985年李桃云、李胜云演唱，吴三宝、姚祖瑞记录。16开纸2页，24行。收入姚祖瑞编《宣恩侗乡民间歌谣集》，

2001 年编印。（湖北　汪晓玲）

双挥珠　鄂西侗族汉语情歌。流传于湖北宣恩桐子营。按"正月挥妹子元宵"到"腊月挥妹子梅花开"的时间顺序叙述了一对青年男女相识、相恋到定下婚姻，相约白头到老的经过，反映了侗乡男女对于自由恋爱的追求。对研究侗族的婚恋习俗和爱情观有参考价值。1985 年李永生、覃小平演唱，吴宝三记录。16 开纸 4 页，48 行。收入姚祖瑞编《宣恩侗乡民间歌谣集》，2001 年编印。

（湖北　汪晓玲）

五更歌　鄂西侗族汉语情歌。流传于湖北宣恩晓关。叙述女子一更绣彩墙，二更里绣开门，三更进绣洞房，四更里郎转身，五更里天明与男子约会的经过。反映了侗乡男女对自由恋爱的追求。对研究侗族的婚恋形态有参考价值。1985 年杨通友演唱，罗绍殷、姚祖瑞记录。16 开纸 2 页，15 行。收入姚祖瑞编《宣恩侗乡民间歌谣集》，2001 年编印。（湖北　汪晓玲）

孟姜女寻夫歌　鄂西侗族汉语情歌。流传于湖北宣恩八台。按时间顺序叙述了孟姜女前往长城寻夫路上的景致和触景而产生的对丈夫的种种思念之情。对研究侗汉文化交流有参考价值。1985 年姚本玲、黄月英演唱，罗绍殷、姚祖瑞记录。16 开纸 3 页，48 行。收入姚祖瑞编《宣恩侗乡民间歌谣集》，2001 年编印。（湖北　汪晓玲）

闹元宵　鄂西侗族汉语情歌。流传于湖北宣恩晓关。一对相恋的年轻男女互唱情歌，互示爱意，反映了侗乡人以歌为媒的恋爱习俗。对研究侗族的婚恋和民族特征有参考价值。1985 年姚本玲、黄月英演唱，罗绍殷、姚祖瑞记录。16 开纸 2 页，24 行。收入姚祖瑞编《宣恩侗乡民间歌谣集》，2001 年编印。（湖北　汪晓玲）

尼姑闹五更　鄂西侗族汉语情歌。流传于湖北宣恩桐子营。叙述小尼姑悲叹在庙堂修行，无缘配有情郎，羡慕人间爱情，最终决定离开庙堂，不再回头。反映了旧宗教对人性的压抑和青年女子对爱情的向往。对研究侗族婚恋价值观有参考价值。1984 年吴德成、吴成全演唱，姚祖树、姚祖瑞记录。16 开纸 2 页，17 行。收入姚祖瑞编《宣恩侗乡民间歌谣集》，2001 年编印。（湖北　汪晓玲）

姻缘歌　鄂西侗族汉语情歌。流传于湖北宣恩桐子营。叙述一对青年男女"前世"定情，机缘巧合，由于对爱情的忠贞如一，能够今生再定姻缘的经过。对研究侗族的爱情观有参考价值。1984 年梁玉梅演唱，姚祖树记录。16 开纸 2 页，22 行。收入姚祖瑞编《宣恩侗乡民间歌谣集》，2001 年编印。

（湖北　汪晓玲）

抬头望天　侗语北部方言地区汉语爱情白话。流传于贵州三穗侗族地区。歌词大意是：抬头望天，低头望地，转眼看姐，如花似玉；再看自己，人呆口钝，不知礼仪。不过生来有缘，才得相会。若姐不嫌，看得中意，请留件把凭（信物），作为根据，结成久伴，千年古纪。可供研究侗族民间文学参考。周昌武搜集、整理。32 开纸 1 页，汉译文 299 字。载《南风》1983 年第 1 期。收入《侗族文学资料》第三集（三穗县专集），《侗族文学史》编写组 1984 年编印。

（贵州　龙耀宏）

柑子团团　侗语北部方言地区汉语爱情白话。流传于贵州三穗侗族地区。词为："柑子团团，叶子尖尖，今日同姐坐一堂，好比十五月亮团圆。不是阴（姻）缘，也是阳缘，一日风光，想光百年。阳崔记得千年树，我郎记得五百年。”可供研究侗族民间文学参考。周昌武搜集、整理。32 开纸 1 页，汉译文 184 字。载《南风》1983 年第 1 期。收入《侗族文学资料》第三集（三穗县专集），《侗族文学史》编写组 1984 年编印。

（贵州　龙耀宏）

千里迢迢　侗语北部方言地区汉语爱情白话。流传于贵州三穗侗族地区。词为：“千里迢迢，万里遥遥，情姐不嫌，才得结交。杀鸡吃血，只讲同生死，我俩结伴，只想成双同老。望姐用心用力用计，早把恩爱化为鸾凤和鸣，月圆花好。”可供研究侗族民间文学参考。周昌武搜集、整理。32 开纸 1 页，汉译文 230 字。载《南风》1983 年第 1 期。收入《侗族文学资料》第三集（三穗县专集），《侗族文学史》编写组 1984 年编印。

（贵州　龙耀宏）

褒讲白话　侗语北部方言地区汉语爱情白话。流传于贵州三穗侗族地区。对姐夸奖道：“樱桃红，红桃脸，见多识广，出口成篇，论文论武，算姐周全。”弟自贬道：“住在山中，少见江东，有话不会讲，有理不会论，得罪姐们，莫记在心。”可供研究侗族民间文学参考。周昌武、吴展明搜集、整理。32 开纸 2 页，汉译文 36 行。收入《侗族文学资料》第三集（三穗县专集），《侗族文学史》编写组 1984 年编印。

（贵州　龙耀宏）

初会白话对讲　侗语北部方言地区汉语爱情白话。流传于贵州三穗侗族地区。处于恋爱中的男女，以哥妹相称的形式，用对唱的方法表达爱慕之情。如：“千言万语，望姐开恩，不论大小，留件把凭，带弟同进花园行。”可供研究侗族社交习俗参考。周引榴、李桃英口述，周昌武搜集、整理。32 开纸 5 页，汉译文 201 行。收入《侗族文学资料》第三集（三穗县专集），《侗族文学史》编写组 1984 年编印。

（贵州　龙耀宏）

初会借件白话　侗语北部方言地区汉语爱情白话。流传于贵州三穗侗族地区。男女初次相会，男方要求女方给信物：“混沌初开，今日初来，跟姐学礼，跟姐学乖，到此弟起谋心来，请姐不论大小借一样，下回为弟才好来，若是姐有意，头发丝丝是人情。”可供研究侗族社交习俗参考。黄昌柄搜集，周昌武、吴展明整理。32 开纸 1 页，汉译文 21 行。收入《侗族文学资料》第三集（三穗县专集），《侗族文学史》编写组 1984 年编印。

（贵州　龙耀宏）

借件白话　侗语北部方言地区汉语爱情白话。流传于贵州三穗侗族地区。男女初见时男方表达爱慕之情，向女方索要定情信物：“抬头望天，白云飘飘，今日见姐，为弟起心，初次会面，望姐开恩，带弟同进花园。”可供研究侗族民间文学参考。周昌武、吴展明搜集、整理。32 开纸 2 页，汉译文 78 行。收入《侗族文学资料》第三集（三穗县专集），《侗族文学史》编写组 1984 年编印。

（贵州　龙耀宏）

谢件白话　侗语北部方言地区汉语爱情白话。流传于贵州三穗侗族地区。词为：“久伴讲成双用，人逢喜事开怀，为弟生来，得姐关怀，承姐不嫌，带弟同游，得姐结伴，六十年中，生死莫丢。”可供研究侗族社交习俗参考。周昌武、吴展明搜集、整理。32 开纸 2 页，汉译文 36 行。收入《侗族文学资料》第三集（三穗县专集），《侗族文学史》编写组 1984 年编印。（贵州　龙耀宏）

五、款　词

族源款　侗语南部方言款词。流传于湖南、贵州、广西交界侗族地区。款词，是侗族特有的一种诗歌形式，以对偶句为主，兼押腰韵、脚韵。"族源款"侗语称"款真人"，又名"人源款"。叙述天地间产生第一代人类之后，由于姜良与雷郎打架引发了洪水滔天，除姜良、姜妹兄妹二人躲进葫芦瓜得救之外，世界上再也没有其他人了。后来姜良、姜妹兄妹成婚，生育一个肉团，把肉团砍碎撒播各地，孕育成各族人群。在侗族神话系列中占有较重要的位置。对研究侗族宇宙观与民族起源有参考价值。广西壮族自治区三江侗族自治县八江乡牙龙村公包芳、林溪乡马安村陈永基等演唱，1980 年、1982 年吴浩笔录、汉译。16 开纸 4 页，216 行。以"人源歌"为题收入农冠品主编《中国歌谣集成·广西卷》，中国社会科学出版社 1992 年版。

（广西　吴　浩）

民族分布款　侗语南部方言款词。流传于湖南、贵州、广西交界侗族地区。记述该地区侗、壮、苗、汉等民族的分布状况及其服饰、文化特色。叙述侗人的祖先最先住在潭溪、堆绞等地，苗人的祖先住在平洲（三江古时称平洲），壮人的祖先住在平洲的下边塘口等地，汉人的祖先住洋洞（明代以前三江治所）、老堡等地。对研究明代及以前这一地域的民族杂居状况及其文化特色有参考价值。广西壮族自治区三江侗族自治县林溪乡马安村陈永基演唱，1984 年吴浩笔录、汉译。32 开纸 4 页，96 行。以"齐诵款"为题收入《侗族款词耶歌酒歌》（侗汉对译本），三江侗族自治县民间文学三套集成办公室 1987 年编印。

（广西　吴　浩）

分洞款　侗语南部方言款词。流传于贵州从江、黎平，广西三江侗族地区。贵州六洞地区款组织的分洞词。记述贵州从江、黎平交界地区侗族款组织社会小款组织的分布状况，因小款组织在这一带地方称为洞，故称分洞款。对每个洞所辖村寨及其户数均有叙述。是研究侗族款组织社会的重要史料。贵州省从江县冠洞村吴冠如演唱，1986 年吴浩笔录、汉译。32 开纸 2 页，38 行。收入邓敏文、吴浩著《没有国王的王国》，中国社会科学出版社 1995 年版。

（广西　吴　浩）

侗族款词　侗语南部方言款词。流传于湖南通道、贵州黎平。叙述开天辟地之事。侗族先民跋山涉水来到现在的地方安居乐业，但好景不长，到了明朝洪武年间，朝廷"拔兵下屯，拔民下寨"，弄得侗乡鸡犬不宁。侗民奋起反抗，赶走官兵，得以回村，然后定下规约，治理侗寨。可供研究侗族历史参考。杨盛中根据贵州省黎平县龙额平金村韦应志口述的"六洞"款词及湖南省通道侗族自治县流源村杨光保家保存的古款本的材料整理。32 开纸，汉文 254 行。收入《黔东苗族侗族自治州民间文学资料集》（第一集），黔东南苗族侗族自治州文学艺术研究室 1981 年编印。（贵州　龙耀宏）

立约款　侗语南部方言款词。流传于湖南通道侗族地区。分为两部分：第一部分起款，是讲开始讲款了，大家要注意；第二部分立约，是讲大家应遵守的礼仪及应尽的义务。对研究侗族款词有参考价值。石万顺、粟保林演唱，杨锡笔录、汉译。32 开纸 40 页，408 行。收入《侗款》，岳麓书社 1988 年版。稿存湖南省通道侗族自治县档案馆。

（湖南　陆有智）

开款立法　侗语南部方言款词。流传于湖南通道侗族地区。分为两部分：第一部分开款，召集人员，宣布开始讲款；第二部分介绍款规，讲十二条款与十八规章的具体内容。对研究侗族乡规民约有参考价值。杨万发、吴才文、石万顺演唱，杨锡、吴治德、杨锡光笔录、汉译。16 开纸 47 页，658 行。收入《侗款》，岳麓书社 1988 年版。稿存湖南省通道侗族自治县档案馆。（湖南　陆有智）

款条款　侗语南部方言款词。流传于湖南通道侗族地区。分为两部分：第一部分款头，是讲开始讲款；第二部分款条，介绍 16 条款约具体内容。对研究侗族立约有参考价值。杨光礼演唱，杨锡光、杨锡笔录、汉译。32 开纸 22 页，328 行。收入《侗款》，岳麓书社 1988 年版。稿存湖南省通道侗族自治县档案馆。（湖南　陆有智）

九十九公合款　侗语南部方言款词。流传于湖南通道侗族地区。讲人类最早的始祖母孵蛋生出松桑与松恩，松恩又生七子，分别是蛇、龙、虎、雷、姜郎、姜妹、猫。姜郎烧山，要虎进山，龙进海，蛇进洞，雷上天，猫爬岩，人到水旁。结果虎、龙、蛇、雷、猫发现上当后，非常生气，要报复姜郎，最后演绎成了姜郎、姜妹与自然作斗争的故事。对研究侗族起源传说有参考价值。陆尚坤演唱，吴治德笔录、汉译。32 开纸 120 页，1440 行。收入《侗款》，岳麓书社 1988 年版。稿存湖南省通道侗族自治县档案馆。

（湖南　陆有智　谭少剑）

约法款　侗语南部方言款词。流传于贵州黎平、从江、榕江，广西三江、龙胜，湖南通道侗族地区。约法款，又名“款规”、“款约”，是侗族款组织社会民间立法的总称。其主要内容分为六面阴规、六面阳规、六面威规，共计 18 条。通过款组织盟誓而制定，世代传承。六面阴规是判处死刑的法规；六面阳规是判处罚款及其他附带处罚的法规；六面威规是警告、劝告方面的法规。约法款在侗族历史上长期施行，影响深远，是研究侗族款组织社会民间立法比较系统的资料。广西壮族自治区三江侗族自治县独峒乡吴申堂、吴定忠，林溪乡陈永基、陈永彰等演唱，1980 年、1982 年、1984 年吴浩笔录、汉译。32 开纸 40 页，770 行。收入《侗族款词耶歌酒歌》（侗汉对译本），三江侗族自治县民间文学三套集成办公室 1987 年编印；农冠品主编《中国歌谣集成·广西卷》，中国社会科学出版社 1992 年版。

（广西　吴　浩）

约法款·六面阴规·一层一部　侗语南部方言款词。流传于湖南、贵州、广西交界侗族地区。六面阴规也称“六面厚规”和“六面重规”，是处以极刑（死刑）的条规。侗族款组织对罪犯处以极刑，通常用较为残忍的办法，或活埋或水淹或乱棍打死。约法款中六面阴规的一层一部，其内容是对于破坏坟山风水、骑坟葬祖、挖坟掘墓等方面的罪行给予惩处的条规。对研究侗族款组织社会的政治法律有参考价值。广西壮族自治区三江侗族自治县独峒乡独峒村吴申堂、干冲村吴定忠等演唱，1982 年、1985 年吴浩笔录、汉译。32 开纸 2 页，40 行。收入《侗族款词耶歌酒歌》（侗汉对译本），三江侗族自治县民间文学三套集成办公室 1987 年编印；农冠品主编《中国歌谣集成·广西卷》，中国社会科学出版社 1992 年版。

（广西　吴　浩）

约法款·六面阴规·二层二部　侗语南部方言款词。流传于湖南、贵州、广西交界侗族地区。其内容是对挖墙拱壁、盗取金银财物的罪犯规定处以极刑。并有对拆屋倒梁、驱赶家人出村者的惩罚办法。对研究侗族款组织社会的政治法律制度及社会治安状况有参考价值。广西壮族自治区三江侗族自治县独峒乡高定村吴永华、八江乡布央村公述起等演唱，1980 年、1985 年吴浩笔录、汉译。32 开纸 2 页，38 行。收入《侗族款词耶歌酒歌》（侗汉对译本），三江侗族自治县民间文学三套集成办公室 1987 年编印；农冠品主编《中国歌谣集成·广西卷》，中国社会科学出版社 1992 年版。　（广西　吴　浩）

约法款·六面阴规·三层三部　侗语南部方言款词。流传于湖南、贵州、广西交界侗族地区。其内容是对拦路抢劫、谋财害命、放火烧寨、纵火毁林等罪犯处以极刑。对研究侗族款组织社会的法律制度有参考价值。广西壮族自治区三江侗族自治县八江乡牙龙村公包芳、中朝村甫田昆演唱，1980 年、1985 年吴浩笔录、汉译。32 开纸 2 页，40 行。收入《侗族款词耶歌酒歌》（侗汉对译本），三江侗族自治县民间文学三套集成办公室 1987 年编印；农冠品主编《中国歌谣集成·广西卷》，中国社会科学出版社 1992 年版。

（广西　吴　浩）

约法款·六面阴规·四层四部　侗语南部方言款词。流传于湖南、贵州、广西交界侗族地区。其内容是对道德败坏、奸人之妇、乱伦等罪犯处以沉潭等极刑。对研究侗族款组织社会的法律制度及道德规范有参考价值。广西壮族自治区三江侗族自治县八江乡马胖村吴昌宏、林溪乡马安村陈永基等演唱，1980 年、1985 年吴浩笔录、汉译。32 开纸 1 页，26 行。收入《侗族款词耶歌酒歌》（侗汉对译本），三江侗族自治县民间文学三套集成办公室 1987 年编印；农冠品主编《中国歌谣集成·广西卷》，中国社会科学出版社 1992 年版。　（广西　吴　浩）

约法款·六面阴规·五层五部　侗语南部方言款词。流传于湖南、贵州、广西交界侗族地区。其内容是对偷盗田中稻谷、塘中鱼类的罪犯处以驱逐出寨、罚款、死刑等处罚。对研究侗族款组织社会的法律制度及经济生产状况有参考价值。广西壮族自治区三江侗族自治县独峒乡独峒村吴申堂、干冲村吴定忠演唱，1980 年、1985 年吴浩笔录、汉译。32 开纸 1 页，26 行。收入《侗族款词耶歌酒歌》（侗汉对译本），三江侗族自治县民间文学三套集成办公室 1987 年编印；农冠品主编《中国歌谣集成·广西卷》，中国社会科学出版社 1992 年版。　（广西　吴　浩）

约法款·六面阴规·六层六部　侗语南部方言款词。流传于湖南、贵州、广西交界侗族地区。其内容是对在交易中以诈骗、欺哄等手段谋取别人钱财（数量大）的罪犯进行处罚，做到买卖公平。对研究侗族款组织社会的法律制度及社会治安状况有参考价值。广西壮族自治区三江侗族自治县八江乡布央村公述起、中朝村甫田昆演唱，1980年、1985年吴浩笔录、汉译。32开纸1页，32行。收入《侗族款词耶歌酒歌》（侗汉对译本），三江侗族自治县民间文学三套集成办公室1987年编印；农冠品主编《中国歌谣集成·广西卷》，中国社会科学出版社1992年版。（广西　吴　浩）

约法款·六面阳规·一层一部　侗语南部方言款词。流传于湖南、贵州、广西交界侗族地区。六面阳规，也称“六面薄规”或“六面轻规”，是对较轻的违规行为处以罚款及其他附带处罚的条规。约法款中六面阳规的一层一部，阳者，即处以死刑以外的法规。其内容是对婚恋中变心悔婚行为作出罚款及其他附带的处罚，规定罚款的数额及其他附带处罚的具体方式。对研究侗族款组织社会的法律制度和婚恋习俗有参考价值。广西壮族自治区三江侗族自治县独峒乡高定村吴永华、干冲村吴定忠等演唱，1980年、1985年吴浩笔录、汉译。32开纸3页，74行。收入《侗族款词耶歌酒歌》（侗汉对译本），三江侗族自治县民间文学三套集成办公室1987年编印；农冠品主编《中国歌谣集成·广西卷》，中国社会科学出版社1992年版。（广西　吴　浩）

约法款·六面阳规·二层二部　侗语南部方言款词。流传于湖南、贵州、广西交界侗族地区。其内容是对婚外恋及抢夺人妻的行为处以游街、罚银两等处罚规定。这是六面阳规中罚款最重的一条。对研究侗族款组织社会的法律制度及侗族传统的婚恋习俗有参考价值。广西壮族自治区三江侗族自治县独峒乡独峒村吴申堂、林溪乡马安村陈永基演唱，1980年、1985年吴浩笔录、汉译。32开纸5页，118行。收入《侗族款词耶歌酒歌》（侗汉对译本），三江侗族自治县民间文学三套集成办公室1987年编印；农冠品主编《中国歌谣集成·广西卷》，中国社会科学出版社1992年版。（广西　吴　浩）

约法款·六面阳规·三层三部　侗语南部方言款词。流传于湖南、贵州、广西交界侗族地区。其内容是对偷鸡偷鸭以及上山偷套中鸟、下河偷钓上鱼等不轨行为作出处罚规定，同时对“青年煮茶偷韭菜”、“小孩煮茶偷南瓜”等行为作出不予处罚的规定。对研究侗族社会的生产、生活习俗及法律制度有参考价值。广西壮族自治区三江侗族自治县八江乡牙龙村公包芳、马胖村吴昌宏演唱，1980年、1985年吴浩笔录、汉译。32开纸2页，34行。收入《侗族款词耶歌酒歌》（侗汉对译本），三江侗族自治县民间文学三套集成办公室1987年编印；农冠品主编《中国歌谣集成·广西卷》，中国社会科学出版社1992年版。（广西　吴　浩）

约法款·六面阳规·四层四部　侗语南部方言款词。流传于湖南、贵州、广西交界侗族地区。其内容是对破坏山界林权和偷砍林木的行为作出处罚规定。对研究侗族款组织社会的法律及林业生产状况有参考价值。广西壮族自治区三江侗族自治县林溪乡马安村陈永基、八江乡马胖村吴昌宏演唱，1980年、1985年吴浩笔录、汉译。32开纸1页，38行。收入《侗族款词耶歌酒歌》（侗汉对译本），三江侗族自治县民间文学三套集成办公室1987年编印；农冠品主编《中国歌谣集成·广西卷》，中国社会科学出版社1992年版。（广西　吴　浩）

约法款·六面阳规·五层五部　侗语南部方言款词。流传于湖南、贵州、广西交界侗族地区。其内容是对破坏水利设施及违反农田用水的行为给予处罚。对研究侗族款组织社会的法律及农田水利设施状况有参考价值。广西壮族自治区三江侗族自治县独峒乡独峒村吴申堂、干冲村吴定忠等演唱，1980年、1985年吴浩笔录、汉译。32开纸1页，30行。收入《侗族款词耶歌酒歌》（侗汉对译本），三江侗族自治县民间文学三套集成办公室1987年编印；农冠品主编《中国歌谣集成·广西卷》，中国社会科学出版社1992年版。

（广西　吴　浩）

约法款·六面阳规·六层六部　侗语南部方言款词。流传于湖南、贵州、广西交界侗族地区。其内容是对偷盗红薯、芋头、瓜豆等小偷小摸行为处以背着菜篓游寨的处罚。对研究古代侗族款组织社会的法律及农业生产状况有参考价值。广西壮族自治区三江侗族自治县林溪乡马安村陈永基、八江乡中朝村甫田昆等演唱，1980年、1985年吴浩笔录、汉译。32开纸1页，26行。收入《侗族款词耶歌酒歌》（侗汉对译本），三江侗族自治县民间文学三套集成办公室1987年编印；农冠品主编《中国歌谣集成·广西卷》，中国社会科学出版社1992年版。

（广西　吴　浩）

约法款·六面威规·一层一部　侗语南部方言款词。流传于湖南、贵州、广西交界侗族地区。六面威规，是以劝告、警告、约束为主要内容的条规。威者，警示也。约法款中六面威规的一层一部，叙述了立威的重要性，即“天上有雷威，水中有龙威，山中有虎威”，因此，村寨中必须有人威。村寨有了人威，横蛮之人才能慑服，坏事才能清扫干净，各种礼俗才能遵行，村寨才能安稳太平。对研究侗族款组织社会法规有参考价值。广西壮族自治区三江侗族自治县独峒乡独峒村吴申堂、高定村吴永华演唱，1980年、1985年吴浩笔录、汉译。32开纸2页，34行。收入《侗族款词耶歌酒歌》（侗汉对译本），三江侗族自治县民间文学三套集成办公室1987年编印；农冠品主编《中国歌谣集成·广西卷》，中国社会科学出版社1992年版。

（广西　吴　浩）

约法款·六面威规·二层二部　侗语南部方言款词。流传于湖南、贵州、广西交界侗族地区。其内容为：村寨之间进行文化交往和集体做客，必须互守诚信，互遵礼俗，互相敬重。对研究侗族款组织社会的约法及施行、侗族传统文化习俗有参考价值。广西壮族自治区三江侗族自治县八江乡布央村公述起、林溪乡马安村陈永基演唱，1980年、1985年吴浩笔录、汉译。32开纸2页，58行。收入《侗族款词耶歌酒歌》（侗汉对译本），三江侗族自治县民间文学三套集成办公室1987年编印；农冠品主编《中国歌谣集成·广西卷》，中国社会科学出版社1992年版。

（广西　吴　浩）

约法款·六面威规·三层三部　侗语南部方言款词。流传于湖南、贵州、广西交界侗族地区。其内容为：款众各守本分，遵循山界林权、家庭财产的划分界线，不能以强欺弱，以大欺小，各自遵守规约，好好生产。对研究侗族款组织约法及伦理道德有参考价值。广西壮族自治区三江侗族自治县八江乡牙龙村公包芳、八江乡中朝村甫田昆演唱，1980年、1985年吴浩笔录、汉译。32开纸1页，28行。收入《侗族款词耶歌酒歌》（侗汉对译本），三江侗族自治县民间文学三套集成办公室1987年编印；农冠品主编《中国歌谣集成·广西卷》，中国社会科学出版社1992年版。

（广西　吴　浩）

约法款·六面威规·四层四部　侗语南部方言款词。流传于湖南、贵州、广西交界侗族地区。其内容为劝告约束各个村寨不能窝藏罪犯，不能包庇坏人，判案要实事求是，不能漏掉坏人，不能陷害好人，要重证据，要以事实来定罪。对研究侗族约法款的施行状况有参考价值。广西壮族自治区三江侗族自治县独峒乡高定村吴永华、干冲村吴定忠演唱，1980 年、1985 年吴浩笔录、汉译。32 开纸 2 页，52 行。收入《侗族款词耶歌酒歌》（侗汉对译本），三江侗族自治县民间文学三套集成办公室 1987 年编印；农冠品主编《中国歌谣集成·广西卷》，中国社会科学出版社 1992 年版。 （广西　吴　浩）

约法款·六面威规·五层五部　侗语南部方言款词。流传于湖南、贵州、广西交界侗族地区。其内容为劝告款众村民要与别民族的人和睦相处，人与人之间、民族与民族之间不要互相制造仇恨，不要有害人之心，更不要无缘无故地伤人。对研究侗族传统约法、传统心理以及民族关系有参考价值。广西壮族自治区三江侗族自治县八江乡马胖村吴昌宏、牙龙村公包芳演唱，1980 年、1985 年吴浩笔录、汉译。32 开纸 2 页，34 行。收入《侗族款词耶歌酒歌》（侗汉对译本），三江侗族自治县民间文学三套集成办公室 1987 年编印；农冠品主编《中国歌谣集成·广西卷》，中国社会科学出版社 1992 年版。 （广西　吴　浩）

约法款·六面威规·六层六部　侗语南部方言款词。流传于湖南、贵州、广西交界侗族地区。其内容为警告那些横行霸道、践踏众人约法的人要改邪归正，否则，将受到款组织的严惩。对研究侗族款组织社会的法律有参考价值。广西壮族自治区三江侗族自治县林溪乡马安村陈永基、八江乡布央村公述起演唱，1982 年、1985 年吴浩笔录、汉译。32 开纸 1 页，26 行。收入《侗族款词耶歌酒歌》（侗汉对译本），三江侗族自治县民间文学三套集成办公室 1987 年编印；农冠品主编《中国歌谣集成·广西卷》，中国社会科学出版社 1992 年版。 （广西　吴　浩）

约法款结尾语　侗语南部方言款词。流传于湖南、贵州、广西交界侗族地区。约法款的结束语。是款组织在宣讲约法款时，最后吟诵的一段款词。记述约法款最先盟誓立约的地点，并号召众人世代传承，“百人同条心，百村同条规，坏人绝种，坏事绝根”。对研究约法款产生的历史有参考价值。广西壮族自治区三江侗族自治县独峒乡高定村吴本贤、吴永华演唱，1980 年吴浩笔录、汉译。32 开纸 1 页，16 行。收入《侗族款词耶歌酒歌》（侗汉对译本），三江侗族自治县民间文学三套集成办公室 1987 年编印；农冠品主编《中国歌谣集成·广西卷》，中国社会科学出版社 1992 年版。 （广西　吴　浩）

祖公上大河　侗语南部方言款词。流传于贵州黎平、广西三江侗族地区。吴姓祖先祖源歌。叙述黎平岩洞侗族吴姓祖先的迁徙路线，与其他地区流传的《祖公上河》的古歌有较大差别，其迁徙路线是：岩州—香港—广州—梧州—柳州—黄金龙岸—老堡口—高诵—贯洞—龙图—洛香—皮林—上黄—长春—弄胖—兰龙—井胖—归料—新洞—竹坪。对研究侗族迁徙历史及民族关系有参考价值。贵州省黎平县岩洞乡竹坪村郑培盛演唱，1981 年邓敏文笔录、汉译。32 开纸 16 页，120 行。收入吴浩主编《中国侗族村寨文化》，民族出版社 2004 年版。

（广西　吴　浩　龙耀宏）

祖公入村款　侗语南部方言款词。流传于广西龙胜侗族地区。记述龙胜平等等地的祖先建村立寨的历史。平等村建寨的时间为北宋天圣二年甲子（1024），是侗族地区比较古老的村寨之一。平等村最先入住的李姓祖先，从湖南迁移而来，在迁徙路上，通过摆罗盘（定方向）、祭牛头（祭拜神灵）、称河水（以河水重之地为吉地宝地）等方式来决定迁徙的路线和建村立寨之地。平等，侗语原称“坪登”（即长满草莓之坪地），最先由李姓祖先开出大片良田，然后在此建村立寨。民国时期，才改称平等村。对研究侗族历史有参考价值。广西壮族自治区龙胜各族自治县平等村陈基安、陈基武演唱，1986年陆德高笔录、汉译。32开纸2页，80行。节选收入《中国侗族村寨文化》，民族出版社2004年版。（广西　吴　浩）

祖公入村款　侗语南部方言款词。流传于广西三江、龙胜，湖南通道侗族地区。记述广西、湖南交界的六个款坪所辖村寨的建寨历史，时间的计算方法采用“六十甲子纪年法”。款词中记述有每个村寨最早入寨的祖先及具体时间。这些村寨建寨的时间，前后120年。对于研究侗族历史有参考价值。广西壮族自治区三江侗族自治县林溪乡马安村陈永基演唱，1984年吴浩笔录、汉译。32开，3页，84行。收入《侗族款词耶歌酒歌》（侗汉对译本），三江侗族自治县民间文学三套集成办公室1987年编印。

（广西　吴　浩）

侗族古规起源的传说　侗语南部方言款词。流传于贵州从江高增等地。传说古时候侗族寨上无法可依，纠纷不断，搞得村不安静，寨不安宁。为了克服这种混乱局面，八万洞乡的99位老人汇集在塄半上腊的地方开“款”会，共同商定了“款约”12条。可供研究侗族社会历史和习惯法参考。吴生贤搜集整理，32开纸1页，780字。收入《黔东南苗族侗族自治州民间文学资料集》（第一集），黔东南苗族侗族自治州文学艺术研究室1981年编印。（贵州　龙耀宏）

侗族古法十二条　侗语南部方言民间习惯法。流传于贵州黎平、从江等地。讲古法的来历和具体的内容。由治偷鸡鸭、治偷猪狗、治偷牛马、治冤枉好人、治私通人妻、治抓住的歹徒、治不孝、治嫁娶、治打人、防贼、防火、治不遵守此约者等12部分组成。可供研究侗族民间习惯法参考。吴生贤收集整理。32开纸6页，汉译120行。收入《从江民间文学资料集》（第一集），从江县民族事务委员会、从江县文化馆1983年编印。（贵州　欧俊姣　龙耀宏）

六洞款歌　侗语南部方言款词。流传于贵州从江和黎平交界的“六洞”地区。包括款约13条，前6条是“六洞”所属各寨参加起款的各寨的寨名，后7条是有关的规约，内容包括山界水源管理、男女行歌坐夜的规矩、保护庄稼、处罚偷盗等。对研究侗族社会历史及习惯法有重要参考价值。杨权记录、汉译，张勇整理。32开纸1页，780字。收入《黔东南苗族侗族自治州民间文学资料集》（第一集），黔东南苗族侗族自治州文学艺术研究室1981年编印。

（贵州　龙耀宏）

以前我们做大款　侗语南部方言款词。流传于贵州黎平一带。叙述从前侗族做大款，头在贵州古州（今榕江），尾在广西柳州，但由于古代交通不便，起大款并不能起到很好的社会效果。又叙述清朝乾隆十八年（1753），侗族地区99个寨子的99位老人赶到良溪，又杀牛起款，并订下款约12条。对研究侗族古代社会组织有重要参考价值。1953年杨权从侗族歌师梁绍华珍藏的小册子中收集，1980年张勇整理。32开纸4页，

3100字。收入《黔东南苗族侗族自治州民间文学资料集》（第一集），黔东南苗族侗族自治州文学艺术研究室1981年编印。

（贵州　龙耀宏）

歌头款　侗语南部方言款词。流传于湖南、贵州、广西交界侗族地区。又名“歌的起源”。侗族琵琶歌师每次开歌堂唱歌时，首先要念诵这首款词。记述歌谣最先是由古代圣人珠夫编造的，由名叫四也的人挑去传乡村，过河时把好些歌都泼到河里去了，为河下游的人捡起而传开。对研究侗族歌谣的起源有参考价值。广西壮族自治区三江侗族自治县林溪乡皇朝村吴贵元演唱，1985年周东培笔录、汉译。16开纸2页，88行。以“拿个南瓜做胆”为题收入农冠品主编《中国歌谣集成·广西卷》，中国社会科学出版社1992年版。

（广西　吴　浩）

启锦词　侗语南部方言款词。流传于广西三江梅林。在起唱有说有唱的琵琶歌（侗语称嘎锦）时吟诵的款词。记述歌的来源。词中说，“鼓不敲不响，话不讲不明；无风不起浪，有风三丈高；一代传一代，才传到今朝，有人讲，有人听……人多爱说戏，无书无根底”；“四也把书挑，四也传歌游天下，扁担断了泼歌下河中。江西鱼夫把网撒，拉得书柜上船头，打开书柜来观看，少了三部赞歌、九部情歌、十部大歌，现今我们会唱的也不多”。说古代有位叫“四也”的人去讨歌并散布侗族乡村，他挑歌书来到半路时扁担断了，歌书掉进河里，打捞不完，因此歌也就少了。对研究侗歌来源有参考价值。广西壮族自治区三江侗族自治县梅林乡新民中寨屯吴甫美鸾念诵，2001年吴美莲笔录、汉译。16开纸1页，30行。稿存广西壮族自治区三江侗族自治县民族语言文字工作委员会吴美莲处。

（广西　吴美莲）

祭祖词　侗语南部方言祭词。流传于广西龙胜侗族地区。又名“祭祖歌”。记述龙胜龙坪等地侗族杨姓祖先的迁徙路线及迁徙原因。这支杨姓，称父亲为亚，其祖先从湖南迁徙而来，先到蒙洞暂居，后又到独下安家，最后才定居龙坪。到龙坪定居已有近400年历史。之所以定居龙坪，是因为那里风水好。传说明代的吴勉王曾到过龙坪，说龙坪是四龙抢宝之地。对研究侗族历史有一定的参考价值。广西壮族自治区龙胜各族自治县平等乡龙坪村杨亚光杰演唱，1957年杨光杰笔录、汉译。32开纸3页，68行。收入吴浩主编《中国侗族村寨文化》，民族出版社2004年版。

（广西　吴　浩）

吴姓祖源款　侗语南部方言款词。流传于广西三江、湖南通道侗族地区。记述广西与湖南交界地区侗族吴姓祖先的源流及迁徙路线。吴姓原姓吞，为隐姓埋名才将“天口”上下移动变为吴姓，从江西“鹅颈大丘”一路逃难到广西、湖南交界地区定居。对研究侗族历史有参考价值。湖南省通道侗族自治县六团吴送神演唱，1980年吴万源笔录、汉译。32开纸10页，340行。节选收入吴浩主编《中国侗族村寨文化》，民族出版社2004年版。其余稿存广西柳州民族中专吴浩处。

（广西　吴　浩）

结婚祝词　侗语南部方言款词。流传于广西三江、龙胜，湖南通道，贵州黎平、从江侗族地区。在结婚仪式中由祭师念诵的祝词。记叙从洪水滔天、人类起源到侗族历史上破姓开亲的婚姻发展史。赞颂现在的婚俗继承了古代的传统，因此为神灵所保佑，并代表神灵对新娘新郎进行祝福，祝福他们婚姻美满、大吉大利。对研究侗族婚俗有参考价值。广西壮族自治区三江侗族自治县良口乡和里南寨谭荣培、梁英培演唱，1980年谭华铭笔录，谭华铭、吴浩汉译。32 开纸 17 页，442 行。收入《侗族款词耶歌酒歌》（侗汉对译本），三江侗族自治县民间文学三套集成办公室 1987 年编印；以“婚嫁唱词”为题收入农冠品主编《中国歌谣集成·广西卷》，中国社会科学出版社 1992 年版。

（广西 吴 浩）

上梁祝词 侗语南部方言祝词。流传于广西三江、龙胜，湖南通道侗族地区。侗族修建木楼竖柱上梁时念诵此词。多由修建此楼的掌墨师站在屋顶上念诵。内容为吉词祝语。其一为日吉时良，主家上梁；其二为仙人踩梁，金玉满堂；其三为华堂造就，儿孙满堂。掌墨师边走边念诵，当走到屋梁中间时，从梁顶上悬挂一匹红布下来，主家在下面跪接。当掌墨师念到金玉满堂一段时，便将三个元宝（以糯米糍粑代替）沿着布匹放下来，让主家收取，以示招财进宝。对研究侗族的宗教信仰有参考价值。广西壮族自治区三江侗族自治县独峒乡吴永华、八江乡马胖村雷文星演唱，1982 年吴浩笔录、汉译。32 开纸 3 页，108 行。稿存广西柳州民族中专吴浩处。（广西 吴 浩）

开楼门祝词 侗语南部方言祝词。流传于湖南、贵州、广西交界侗族地区。款词中的祝词吉语。在鼓楼竣工庆典仪式中念诵。鼓楼的竣工庆典仪式，主要为开楼门仪式。新鼓楼的大门，必须由一德高望重而且具有歌才的长者来打开，他开楼门之时必须用歌谣来回答鼓楼里众位老人的稀奇古怪的提问，并获得众位老人的赞赏以及村人的喝彩，才能吹起芦笙打开楼门。开楼门之时，念诵此词。对鼓楼的重要性、建造艺术、功能及其相关的民俗和鼓楼的历史均有阐述。对研究侗族建筑发展史和村寨发展史有参考价值。广西壮族自治区三江侗族自治县八江乡马胖村雷文星演唱，1982 年吴浩笔录、汉译。32 开纸 4 页，120 行。稿存广西柳州民族中专吴浩处。

（广西 吴 浩）

踩桥祝词 侗语南部方言祝词。流传于广西三江、龙胜，湖南通道，贵州黎平、从江侗族地区。恭贺新桥竣工的祝词。侗族的桥梁竣工庆典仪式称为踩桥，即在桥上铺一匹红布，由一德高望重的老者率领众老人从红布上先踩过去，老人每走一步，放一个银元，并大声吟诵此词。词的内容均为吉词祝语，即对村寨的赞颂祝福。对研究侗族的宗教信仰与建筑文化有参考价值。广西壮族自治区三江侗族自治县林溪乡陈永彰、吴道德演唱，1984 年吴浩笔录、汉译。32 开纸 3 页，108 行。用汉字记侗音，汉文直译、汉文意译、整理。稿存广西柳州民族中专吴浩处。

（广西 吴 浩）

新年交谊款·开台词 侗语南部方言祝词。流传于广西壮族自治区三江、龙胜，湖南通道，贵州黎平、从江侗族地区。新年期间村寨之间进行文化交流时念诵的开台词。记述侗族地区新年期间村寨之间进行文化交流和集体做客习俗的源流及其内容。如：“游到你们村寨做客。你们备办十样佳肴，好比十马配齐佳鞍……”对研究侗族的风俗习惯及社会文化生活有参考价值。广西壮族自治区三江侗族自治县林溪乡马安村陈永彰演唱，1986 年邓敏文笔录、汉译。32 开纸 2 页，58 行。收入邓敏文、吴浩著《没有国王的王国》，中国社会科学出版社 1995 年版。

（广西 吴 浩）

芦笙祭词 侗语南部方言款词。流传于湖南、贵州、广西交界侗族地区。记述侗族芦笙的起源。芦笙的簧片最先用木片、竹片、牛角片来做，其声音都不理想，最后用响铜来做，其声音才响亮。芦笙的定调与和声，是摸拟瀑布的水声而组合成高中低音的。这说明艺术的起源与仿声学有关。对研究侗族艺术的起源有参考价值。广西壮族自治区三江侗族自治县独峒乡干冲村吴行松、八江乡中朝村甫田昆演唱，1982 年、1984 年吴浩笔录、汉译。16 开纸 2 页，156 行。收入《侗族款词耶歌酒歌》（侗汉对译本），三江侗族自治县民间文学三套集成办公室 1987 年编印；农冠品主编《中国歌谣集成·广西卷》，中国社会科学出版社 1992 年版。

（广西　吴　浩）

十三坪款　侗语南部方言款词。流传于广西三江、龙胜，湖南通道侗族地区。专门记述款组织及讲款坪分布状况的款词。记述了广西、湖南交界地区 13 个款坪（侗族款组织社会中层款组织盟誓立碑的场所）的具体地址及每个款坪所辖区域内的村寨名称。对研究侗族款组织社会的组织结构及地理分布状况有参考价值。广西壮族自治区三江侗族自治县独峒乡独峒村吴申堂、林溪乡马安村陈永基演唱，1980 年、1982 年吴浩笔录、汉译。32 开纸 8 页，198 行。收入《侗族款词耶歌酒歌》（侗汉对译本），三江侗族自治县民间文学三套集成办公室 1987 年编印；以“款坪款”为题收入农冠品主编《中国歌谣集成·广西卷》，中国社会科学出版社 1992 年版。

（广西　吴　浩）

榕江十塘款　侗语南部方言款词。流传于广西三江侗族地区。古代三江榕江十塘款组织制定的款词。记述三江榕江沿岸一个款坪所辖的十个塘的小款组织的村寨名称及其共同盟誓立碑的规约内容。这十塘款，塘与塘之间的距离约为十华里，每塘所辖村寨的户数三百至五百户不等。以良口村为“桶底”，以梅林、石碑两村为“桶盖”（其意为“紧密团结，互为结盟，互相支援，联为一个整体”）。每年在塘华（处于十塘款的中间地带）举行一次或两次集会，宣讲或修改规约。对研究侗族款组织社会有参考价值。广西壮族自治区三江侗族自治县洋溪乡培吉村公春眉演唱，1986 年吴浩笔录、汉译。32 开纸 2 页，40 行。收入邓敏文、吴浩著《没有国王的王国》，中国社会科学出版社 1995 年版。

（广西　吴　浩）

出征款　侗语南部方言款词。流传于湖南、贵州、广西交界侗族地区。为款组织出征打仗时念诵的款词。主要是为鼓舞斗志、宣布作战目的、严格作战纪律。号召众款民“要像蚂蚁聚众咬杀穿山甲”，“要像黄蜂协力叮刺大蟒蛇”，“要像大风过坳哗哗威风大”，“要像冰雹落地削削杀气大”，“要像雷公放起佛法杀妖怪”。是目前搜集到的唯一一条出征款，对研究款组织的作战能力及其军纪状况有参考价值。广西壮族自治区三江侗族自治县八江乡牙龙村公包芳演唱，1982 年吴浩笔录、汉译。32 开纸 2 页，52 行。收入《侗族款词耶歌酒歌》（侗汉对译本），三江侗族自治县民间文学三套集成办公室 1987 年编印。

（广西　吴　浩）

祝福款　侗语南部方言款词。流传于湖南、贵州、广西交界侗族地区。在村寨进行文化交流和集体做客时，客人赞颂祝福主人，分别对主寨的老人、中年人、青年人、小孩进行赞颂和祝福，体现了主客之间的情谊。如祝福老人“好像红槌树，风不吹，雷不铲，与山同命根，与天同寿岁”。对研究侗族精神文化及人生理想追求有参考价值。广西壮族自治区三江侗族自治县八江乡牙龙村公包芳、独峒乡干冲村吴行松演唱，1982 年、1984 年吴浩笔录、汉译。32 开纸 7 页，182 行。收入《侗族款词耶歌酒歌》（侗汉对译本），三江侗族自治县民间文学三套集成办公室1987年编印；农冠品主编《中国歌谣集成·广西卷》，中国社会科学出版社1992年版。（广西　吴　浩）

勉王款　侗语南部方言英雄款词。流传于广西三江、龙胜，湖南通道，贵州黎平、从江、榕江侗族地区。勉王，名吴勉，史书称“吴面儿”，是明初侗族农民起义的领袖。吴勉起义队伍号称二十万众，整个侗族地区的款组织几乎都参加了他的起义队伍。起义队伍曾攻占黎平、从江、靖州、武冈等地，威震朝廷。朝廷派重兵镇压，起义军坚持八年之久，终归失败，吴勉也英勇就义。记述了吴勉的成长史及其领导的农民起义的全过程，带有较为浓厚的传奇色彩。如勉王鞭赶石头、剪纸成兵、塞河断流、断头再接、死而复生等。在侗族文学史上亦占有较重要的地位。对研究明代侗族地区的政治、历史状况有参考价值。广西壮族自治区三江侗族自治县独峒乡高定村吴本贤、八江乡牙龙村公包芳等演唱，1972年、1985年吴浩笔录、汉译。32开纸9页，210行。收入《侗族款词耶歌酒歌》（侗汉对译本），三江侗族自治县民间文学三套集成办公室1987年编印；农冠品主编《中国歌谣集成·广西卷》，中国社会科学出版社1992年版。（广西　吴　浩）

制约头人款规　侗语南部方言款词。流传于广西三江、龙胜，贵州黎平、从江、榕江，湖南通道侗族地区。是侗族款组织针对本身各级组织的领导人——头人、款首制定的规约，要求他们对款规款约要模范遵守，率先垂范。共有6条规约。对研究侗族款组织社会约法的施行情况有参考价值。广西壮族自治区三江侗族自治县林溪乡程阳村吴甫明德演唱，1952年杨保愿笔录、汉译。16开纸2页，88行。收入农冠品主编《中国歌谣集成·广西卷》，中国社会科学出版社1992年版。（广西　吴　浩）

出娘舅银款　侗语南部方言款词。流传于广西三江、龙胜，湖南通道，贵州黎平、从江侗族地区。又名“出钉粑银款”，是古代款组织制定的婚姻方面的一条法规。叙述侗族古代社会“女还舅门”的婚姻状况，并对母舅权力作了较为详尽的阐述。按照“女还舅门”之俗，表妹一生下地，便法定为表哥（舅舅之子）之妻，不管表哥是聋是瞎，表妹也得嫁。只有表哥不愿娶表妹，表妹才能嫁他人，出嫁时还必须按规定送给舅舅家一定的银两。对研究侗族古代社会的婚姻制度有参考价值。广西壮族自治区三江侗族自治县洋溪乡培吉村公春眉演唱，1986年吴浩笔录、汉译。32开纸1页，31行。收入邓敏文、吴浩著《没有国王的王国》，中国社会科学出版社1995年版。（广西　吴　浩）

越活越精神　侗语南部方言款词。流传于广西三江、融水侗族地区。是一首叙述如何做人的款词。是侗族在伦理道德方面的格言警句，如“学榕树遮荫”，“学月亮做灯”，“学石板铺路”，“学高山耿正，你这样做人罗，越活越精神”。对研究侗族的伦理道德有参考价值。广西壮族自治区融水苗族自治县洞头乡石玉发演唱，1978年王天若笔录、汉译。32开纸1页，18行。收入农冠品主编《中国歌谣集成·广西卷》，中国社会科学出版社1992年版。（广西　吴　浩）

祈丰收　侗语南部方言祝词。流传于广西三江、龙胜，湖南通道，贵州黎平、从江侗族地区。又名“庆丰收”，是每年春节或秋收过后村寨集会时念诵的祝词。记述从春耕到秋收的整个农活过程，并在其间插入了许多祝词吉语，以祈望和庆贺稻谷丰收。对研究侗族的稻作文化及习俗有参考价值。广西壮族自治区三江侗族自治县林溪乡皇朝村吴道德、马安村陈永彰演唱，1985 年吴浩笔录、汉译。16 开纸 2 页，86 行。收入《侗族款词耶歌酒歌》（侗汉对译本），三江侗族自治县民间文学三套集成办公室 1987 年编印；农冠品主编《中国歌谣集成·广西卷》，中国社会科学出版社 1992 年版。

（广西　吴　浩）

添粮祝寿词　侗语南部方言祝词。流传于广西三江、龙胜，湖南通道，贵州黎平、从江侗族地区。款词中的祝词，在为老人举行添粮祝寿时念诵。侗族习俗，当老人身体有些虚弱时，即要为老人举行添粮祝寿仪式。通过添粮仪式对老人进行祝寿，从物质（添粮而增寿）和精神（充满乐趣的祝词）两方面对老人进行抚慰，使老人健康长寿。对研究侗族的人生礼仪有参考价值。广西壮族自治区三江侗族自治县独峒乡高定村吴昌仁 林溪乡马安村陈永彰演唱，1980 年、1985 年吴浩笔录、汉译。32 开纸 4 页，86 行。收入《侗族款词耶歌酒歌》（侗汉对译本），三江侗族自治县民间文学三套集成办公室 1987 年编印；农冠品主编《中国歌谣集成·广西卷》，中国社会科学出版社 1992 年版。

（广西　吴　浩）

金银王款　侗语南部方言款词。流传于广西龙胜、三江侗族地区。金银王，名吴金银，清乾隆年间农民起义领袖。吴金银以淹官府的催粮官作为前奏，随后迅速联络龙胜、绥宁、通道、城步等地的款组织及村寨举行拜王仪式，众拥戴其为“金银王”，并以此组织起义队伍。几天之内，其起义队伍达数万之众。他们以平等、广南、芙蓉、江口、石京、拉里等为据点，安营扎寨，分兵出击，进攻龙胜、绥宁、城步等地，使地方官府防不胜防，闻风丧胆。桂林知府在无计可施的情况下，派义宁、临桂两县知县到广南去“招抚”，均被起义军斩首。此事惊震朝廷，于是命楚、粤、黔三省调兵进剿。起义失败，吴金银被俘，壮烈牺牲。对研究清代侗族地区的政治、历史有参考价值。广西壮族自治区龙胜各族自治县平等乡平等村妮蓓莲、罗尚才、杨盛高演唱，1979 年杨金邦笔录、汉译。16 开纸 2 页，68 行。节选收入农冠品主编《中国歌谣集成·广西卷》，中国社会科学出版社 1992 年版。稿存杨金邦处。

（广西　吴　浩）

祭鱼头　侗语南部方言款词。流传于湖南通道侗族地区。反映侗族古代婚姻情况。破姓结亲，结婚仪式中为了表示夫妻婚姻永恒不变，在堂屋柱头上钉上钉子。对研究侗族婚姻习俗有参考价值。杨再顺演唱，1979 年杨锡笔录，吴万源、杨锡汉译。16 开纸 36 页，382 行。收入《民族民间文学资料》第二十七集《通道侗族款词》，湖南省民族事务委员会、中国民族研究会湖南省分会民族民间文学整理组 1980 年编印。稿存湖南省通道侗族自治县档案馆。

（湖南　陆有智）

侗记谱——新造宗支时务及补充材料　侗语南部方言款词。流传于湖南通道侗族地区。讲述通道侗族的来源、迁徙、分布情况及杨氏门中宗十八代等。对研究侗族来源有参考价值。石万顺、杨进文、杨昌宗演唱，1963 年、1964 年杨锡笔录，杨锡、杨锡光汉译。16 开纸 27 页，422 行。收入《民族民间文学资料》第二十七集《通道侗族款词》，湖南省民族事务委员会、中国民族研究会湖南省分会民族民间文学整理组 1980 年编印。稿存湖南省通道侗族自治县档案馆。

（湖南　陆有智）

鸡尾客的款　侗语南部方言款词。流传于湖南通道侗族地区。主要讲述侗族的根源由来，怎么做芦笙，制定了哪些法规等。对研究侗族款组织有参考价值。杨进举演唱，吴治德笔录、汉译。32开纸42页，504行。收入《侗款》，岳麓书社1988年版。稿存湖南省通道侗族自治县档案馆。　（湖南　陆有智）

牛的来源　侗语南部方言款词。流传于湖南、贵州、广西交界侗族地区。又名“牛的来历”。叙述吴家的祖先在山上耕种，常受到野牛的践踏。后来，他们想办法把野牛捉住，用棕索穿起牛鼻子进行驯养，使野牛变成了耕牛。对研究侗族社会生产发展有参考价值。广西壮族自治区三江侗族自治县独峒乡干冲村吴行松、八江乡牙龙村公包芳演唱，1982年、1984年吴浩笔录、汉译。32开纸4页，88行。收入《侗族款词耶歌酒歌》（侗汉对译本），三江侗族自治县民间文学三套集成办公室1987年编印；农冠品主编《中国歌谣集成·广西卷》，中国社会科学出版社1992年版。　（广西　吴　浩）

猪的来源　侗语南部方言款词。流传于湖南、贵州、广西交界侗族地区。又名“猪的来历”。叙述侗族杨姓的祖先在山上耕种，常受到野猪的危害。因此，他们就设法将野猪活捉，抬回家来关进圈栏进行驯养，使野猪变成了家猪。对研究侗族社会生产发展有参考价值。广西壮族自治区三江侗族自治县八江乡牙龙村公包芳演唱，1984年吴浩笔录、汉译。16开纸2页，82行。收入《侗族款词耶歌酒歌》（侗汉对译本），三江侗族自治县民间文学三套集成办公室1987年编印；农冠品主编《中国歌谣集成·广西卷》，中国社会科学出版社1992年版。　（广西　吴　浩）

草鱼的来源　侗语南部方言款词。流传于湖南、贵州、广西交界侗族地区。叙述侗族地区的草鱼最先来源于衡州的六神县，那里的一条河产有草鱼蛋。还叙述了草鱼的喂养方法及养鱼经验。对研究侗族社会生产发展有参考价值。广西壮族自治区三江侗族自治县八江乡牙龙村公包芳演唱，1984年吴浩笔录、汉译。16开纸2页，124行。收入《侗族款词耶歌酒歌》（侗汉对译本），三江侗族自治县民间文学三套集成办公室1987年编印；农冠品主编《中国歌谣集成·广西卷》，中国社会科学出版社1992年版。

（广西　吴　浩）

芦笙的来历　侗语南部方言款词。流传于湖南通道侗族地区。主要内容为：传说芦笙是野洞陈现所做，经过多次制作取音，终于使芦笙发出优美动听的声音。对研究侗族芦笙起源有参考价值。杨再善、龙儒太、石庆贤、石万顺演唱。1979年杨锡笔录，杨锡、杨锡光汉译。16开纸7页，77行。收入《民族民间文学资料》第二十七集《通道侗族款词》，湖南省民族事务委员会、中国民族研究会湖南省分会民族民间文学整理组1980年编印。稿存湖南省通道侗族自治县档案馆。　（湖南　陆有智）

根猪（猪的由来）　侗语南部方言款词。流传于湖南通道侗族地区。叙说有四只野猪跑到一个杨姓家地里吃苗，被人追捉，有两只脚长身高的跑得快，就还是野猪，而另两只脚短身圆的被捉住，被圈养成了家猪。对研究侗族社会生产发展有参考价值。石万顺演唱，1979年杨锡笔录、汉译。16开纸10页，99行。收入《民族民间文学资料》第二十七集《通道侗族款词》，湖南省民族事务委员会、中国民族研究会湖南省分会民族民间文学整理组1980年编印。稿存湖南省通道侗族自治县档案馆。　（湖南　陆有智）

六、宗教经词

（一）傩愿经词

傩愿——祭桥歌 侗语南部方言傩愿经词。流传于广西三江、龙胜，湖南通道侗族地区。在举行傩愿仪式的最后一天（第三天），傩师在村寨鼓楼坪上用生杉木板架桥（实际为一条长凳），称之为天桥，桥上铺一匹红布。桥之一头朝向寨外森林深处，一头朝向寨内。仪式开始，来参加傩愿仪式的外寨客人集队撑伞先走过桥。祭师（主持摊愿仪式的傩师）向他们发问，问他们带什么礼物来，众客人齐声回答。然后祭师戴着面具走过天桥，并与围观的村人边搭话边念诵此经文。祭师说他是天上的仙人，他说的话就是天上仙人说的话。经文大半内容为“荤歌”，其余为祝福之语。对研究侗族宗教信仰有参考价值。广西壮族自治区三江侗族自治县林溪乡程阳村杨满荣、杨平周演唱，1987年吴浩笔录、汉译。32开纸2页，34行。稿存广西柳州民族中专吴浩处。

（广西 吴 浩）

傩愿——送花歌 侗语南部方言傩愿经词。流传于广西三江、龙胜，湖南通道侗族地区。在傩愿送花仪式时念诵。举行傩愿仪式的第二天，傩师用五色纸剪好一篮子五色纸花，摆设在祭坛上，村中已婚无育或少育之少妇，一齐到祭坛来等待傩师送花。傩师一边念诵经文一边给少妇们撒花（妇女们跪着，翻起前面的衣襟来接）。经文内容从正月唱到十二月，月月唱百花开，如“百花开放得结果，送花送子上娘身”。仪式始终谢绝男人靠近。对研究侗族宗教信仰及生育文化有参考价值。广西壮族自治区三江侗族自治县林溪乡程阳村杨满荣、杨平周演唱，1987年吴浩笔录、汉译。32开纸3页，72行。稿存广西柳州民族中专吴浩处。

（广西 吴 浩）

傩愿——和尚歌 侗语南部方言傩愿经词。流传于广西三江、龙胜，湖南通道侗族地区。演唱和尚歌是傩愿的重要仪式之一，也称“点公发公母”。“和尚”，秃头，在整个仪式中象征男性生殖器，由傩师的几个徒弟戴上面具扮演。架桥仪式之后，把一头发情的母猪捆绑后抬到鼓楼坪中央，旁边放只母鸭。扮演和尚的几个人手舞木棍边跳边上场。傩师边念唱经文边与他们对答。所有的经文内容均与性和生殖器有关。对研究侗族宗教信仰与生殖崇拜有参考价值。广西壮族自治区三江侗族自治县林溪乡程阳村杨满荣、杨平周演唱，1987年吴浩笔录、汉译。32开纸2页，48行。稿存广西柳州民族中专吴浩处。

（广西 吴 浩）

傩愿——请圣词　侗语南部方言傩愿经词。流传于广西三江、龙胜，湖南通道侗族地区。请圣就是请各方神灵及历代祖师临坛受祭，是傩愿的开场仪式。请圣之后，才开始搭花棚、架天桥、制幡旗、书写神位等。请的神灵当中，以侗族的始祖神张良、张妹为主神，其次是太上三元法主三桥王母、太上老君、北极紫微帝君、太上三十三天至尊金阙玉帝、太上梅山大小雷神、法堂院上三百六十防身护命宗神、三洞花王圣婆等。每请到一方神灵，便有一段唱词，以说明该神的来历。祭品主要为白米和鸡蛋，摆放五十一碗米和五十一个鸡蛋。面具七个：张良、张妹、桥王、判官、郎君、和尚、土地。对研究侗族民间宗教有参考价值。广西壮族自治区三江侗族自治县林溪乡程阳村杨满荣、杨平周演唱，1987 年吴浩笔录、汉译。32 开，7 页，180 行。稿存广西柳州民族中专吴浩处。

（广西　吴　浩）

傩愿——造殿祭词　侗语南部方言傩愿经词。流传于广西三江、龙胜，湖南通道侗族地区。造殿是傩愿仪式之一。用竹条弯曲起来，绕上各色纸条，搭成几十个花棚，谓之花林大殿。在殿中安设各种神位，摆上祭品，插香，并在殿外插幡旗。造殿毕，傩师领众弟子同唱此词。内容主要是请各方神灵登坛受祭，并诵报各种祭品数目。设坛受祭的主神有：侗族始祖神张良公公、张妹婆婆，太上老君道君北极紫微帝君，太上三十三天至尊金阙玉皇上帝，太上三元法主三桥王母张赵二郎圣王三郎，太上梅山大小雷神诸阶兵将，法堂院上三百六十防身护命宗神，敕赐大由得道李王公公李王婆婆一盖人马圣众，敕赐七万本师父八万本师爷师祖兵马一切圣众，敕赐大堂远年白口伤神一盖人马圣众，敕赐滩头白大王一盖人马圣众等。对研究侗族原始宗教有参考价值。广西壮族自治区三江侗族自治县林溪乡程阳村杨满荣、杨平周演唱，1987 年吴浩笔录、汉译。32 开纸 4 页，86 行。稿存广西柳州民族中专吴浩处。

（广西　吴　浩）

傩愿——点判官祭词　侗语南部方言傩愿经词。流传于广西三江、龙胜，湖南通道侗族地区。点判官是傩愿仪式之一。判官有面具，念唱此词时，傩师戴上判官面具，以判官身份出现，对许愿和还愿之人进行判别，并将许愿和还愿之内容向神灵通报。如某姓某人向神灵求子，若愿望实现，将出资备办祭品、举办祭祀仪式以酬谢神灵，此为许愿。而求子得子之人，便按许愿承诺，将祭品供祭神灵，此为还愿，也称消愿，即愿望兑现、祭品兑现，将许愿者姓名消除。对研究侗族民间宗教有参考价值。广西壮族自治区三江侗族自治县林溪乡程阳村杨满荣、杨平周演唱，1987 年吴浩笔录、汉译。32 开纸 2 页，46 行。稿存广西柳州民族中专吴浩处。

（广西　吴　浩）

傩愿——串花林祭词　侗语南部方言傩愿经词。流传于广西三江、龙胜，湖南通道侗族地区。串花林是傩愿仪式之一。傩师带领许愿人一起游花林大殿，向花林四圣婆许愿求花。同时到野外大路边去安架灵魂桥。先安阴桥——把灵魂从阴间接来；后安阳桥——把灵魂接上阳桥到阳世投胎。祭词分为架桥、接魂、送魂、投胎等几段，其间也演唱“荤歌”。安桥时，祭三桥王母之神——护送灵魂过桥。对研究侗族民间宗教有参考价值。广西壮族自治区三江侗族自治县林溪乡程阳村杨满荣、杨平周演唱，1987 年吴浩笔录、汉译。32 开纸 3 页，62 行。稿存广西柳州民族中专吴浩处。

（广西　吴　浩）

傩愿——倒傩唱词　侗语南部方言傩愿经词。流传于广西三江、龙胜，湖南通道侗族地区。倒傩是傩愿仪式之一。傩师将祭坛上的主神偶像取下，一手持一个，反复作一分一合动作（象征男女交配），并念唱祭词。祭词以洪水滔天神话中的张良、张妹兄妹结亲而繁衍人类为主要内容——傩师手中持的主神偶像即是张良、张妹的偶像。唱词的衬词全部为男女生殖器的名称。所谓倒傩，实际为傩神交配而繁衍人类的代名词。对研究侗族原始宗教有参考价值。广西壮族自治区三江侗族自治县林溪乡程阳村杨满荣、杨平周演唱，1987 年吴浩笔录、汉译。32 开纸 2 页，46 行。稿存广西柳州民族中专吴浩处。

（广西　吴　浩）

傩愿——踩步罡唱词　侗语南部方言傩愿经词。流传于广西三江、龙胜，湖南通道侗族地区。踩步罡是傩愿仪式之一。傩师手持法棍，先吹牛角号，其徒弟数人在旁敲锣打鼓。然后傩师持法棍边跳边唱。其舞步按一中二乾三兑四艮五离六坎七坤八震九巽次序腾跳（说是按文王九宫八卦图示踩跳），跳一步念唱一句唱词，反复跳三次而罢。每一句唱词请一位神灵复归原位——与请圣唱词中的各位神灵相同，实际为送神词。对研究侗族原始宗教有参考价值。广西壮族自治区三江侗族自治县林溪乡程阳村杨满荣、杨平周演唱，1987 年吴浩笔录、汉译。32 开纸 1 页，27 行。稿存广西柳州民族中专吴浩处。

（广西　吴　浩）

傩愿——锯木歌　侗语南部方言傩愿经词。流传于广西三江、龙胜，湖南通道侗族地区。傩愿以许愿还愿、求花送子为主要内容。锯木歌，是在锯木仪式中唱的经文。祭坛上摆设一锯木架，三个徒弟用木条当锯子，做锯板状，一推一拉，傩师在旁边念诵经文。经文分为买木、砍木、锯木三段。前两段以赞颂树木粗大，花果挂满枝头为主要内容（暗示人的生育能力像树木一样繁茂）；后一段以锯木声为衬词，进行性渲染。对研究侗族宗教信仰有参考价值。广西壮族自治区三江侗族自治县林溪乡程阳村杨满荣、杨平周演唱，1987 年吴浩笔录、汉译。32 开纸 2 页，40 行。稿存广西柳州民族中专吴浩处。

（广西　吴　浩）

傩歌　侗语北部方言傩堂歌。流传于贵州天柱。包括请傩探病歌、病房探病歌、送傩歌、小山记、病人死在傩堂等唱段。可供研究傩文化及民间文学参考。欧阳家泉、杨贤台搜集、记录、翻译、整理。32 开纸 21 页，1083 行。收入《中国民间文学三套集成·贵州天柱县歌谣卷》，天柱县民族事务委员会 1995 年编印。

（贵州　欧俊姣）

（二）巫符经词

侗族斗牛词　侗语南部方言古词。流传于贵州从江高增、和平等侗族地区。叙述斗牛的来历和高增等地的 48 处牛塘地名，可供研究侗族古代社会组织和风俗参考。吴昌贤口述，吴生贤搜集、整理。32 开纸 3 页，汉文 112 行。收入《黔东南苗族侗族自治州民间文学资料集》（第一集），黔东南苗族侗族自治州文学艺术研究室 1981 年编印。

（贵州　龙耀宏）

斗牛古词　侗语南部方言古词。流传于贵州黎平、从江、榕江的“九洞”侗族地区。“九洞”地区平楼牛塘斗牛时的祭祖念词。叙述侗族祖先进入往洞，建村立寨，安居乐业。到了三国，天下大乱，皇帝派兵屠杀侗族和苗族先民，孟获带领侗族和苗族先民奋起反抗，连败官军。孔明用计擒孟获，“以夷治夷”，教侗族先民斗牛吹芦笙为乐，从此天下太平，村村寨寨效仿，斗牛风俗万古流传。对研究侗族款组织和斗牛风俗有重要参考价值。吴启发口述，吴支柱搜集，杨盛中记录、整理、汉译。32 开纸 25 页，侗汉对译 250 行。收入亨元、张士良、陈昌壁、杨引东编《侗族传统文学选遍》（侗文版），贵州省民族事务委员会 1984 年编印。

（贵州　龙耀宏）

四十八堂斗牛词　侗语南部方言叙事念词。流传于贵州从江县小黄等地。从江一带侗族地区斗牛前的念词。叙述斗牛起源于清水江河头的剑河小广，后一路传到黎平的罗里、孟彦，传到竹坪、口江，传到从江的央里、弄漂，传到小黄的巴西、美意，从此议下条款，共同欢乐。可供研究侗族古代的社会组织和风俗参考。吴显才口述，王胜先记录、整理、汉译。32 开纸 2 页，汉文 45 行。收入《黔东南苗族侗族自治州民间文学资料集》（第一集），黔东南苗族侗族自治州文学艺术研究室 1981 年编印。（贵州　龙耀宏）

立房上梁词　侗语北部方言诀术歌谣。流传于贵州岑巩县思肠、大有、天马等地。大意为：弟子抬头望天庭，看见天上涌起祥云，叩头请鲁班到人间；一请鲁班，二请善安，三请圣贤，弟子今天立房，端上三杯酒；二十八宿坐中央，秦安坐在上边，立房的梁在什么地方，原来在杉方选择好天，请风水先生看看。可供研究侗族民间信仰参考。周布昌口述，周政勤搜集、整理、汉译。32 开纸 1 页，汉文 109 字。收入《中国民间文学三套集成·岑巩县卷》，岑巩县民间文学三套集成办公室 1990 年编印。

（贵州　欧俊姣）

天宝日推算歌　侗语南部方言巫经。流传于广西三江、龙胜，湖南通道侗族地区。侗族传统习俗，每逢婚丧嫁娶、树柱上梁、进新屋、竣工庆典等红白喜事，均要择吉日良辰方能举行。天宝、福生之日，谓之大吉大利之日。此歌即为测算天宝日之经文。在左掌中测算：每年的元月、四月、七月、十月，从无名指第一节算起（即每月从初一起算），凡逢中指的第一节之日，即为天宝日；每年的二月、五月、八月、十一月，从中指第一节起算，凡逢中指第一节即为天宝日；每年的三月、六月、九月、十二月，则从食指第一节起算，凡逢中指第一节为天宝日。天宝日，是吉星、吉神当值之日，故谓之大吉大利之日。对研究侗族宗教信仰有参考价值。广西壮族自治区三江侗族自治县独峒乡高定村吴求成、吴永华演唱，1987 年吴浩笔录、汉译。32 开纸 1 页，12 行。附有掌中测算图示。稿存广西柳州民族中专吴浩处。

（广西　吴　浩）

福生日推算歌　侗语南部方言巫经。流传于广西三江、龙胜，湖南通道侗族地区。侗族传统习俗，每逢婚丧嫁娶、树柱上梁、进新屋、鼓楼或风雨桥竣工庆典等红白喜事，均要择吉日良辰方能举行。天宝、福生之日，谓之大吉大利之日。此歌即为测算福生日之经文。福生日，即福之所生之日。元月酉日、二月卯日、三月戌日、四月辰日、五月亥日、六月巳日、七月子日、八月午日、九月丑日、十月未日、十一月寅日、十二月申日，均为福生之日。每月福生之日，均有两句歌来阐述。如元月：“元月金鸡声声啼，福禄寿喜报大吉。”又如二月：“二月白兔吃青草，添金添银添财宝。”金鸡喻酉日，白兔喻卯日。对研究侗族宗教信仰有参考价值。广西壮族自治区三江侗族自治县独峒乡高定村吴求成、吴永华演唱，1987年吴浩笔录、汉译。32开纸1页，24行。稿存广西柳州民族中专吴浩处。（广西　吴　浩）

苦日测算歌　侗语南部方言巫经。流传于广西三江、龙胜，湖南通道侗族地区。侗族传统习俗，凡逢苦日，禁忌办理一切红白喜事。清明节逢上苦日，也禁忌扫墓祭拜祖坟。苦，隐含有灾难之义。此歌为苦日测算歌。元月、七月的己亥日，二月、八月的甲子、甲午日，三月、九月的乙丑、乙未日，四月、十月的庚寅、庚申日，五月、十一月的己卯、己酉日，六月、十二月的壬辰、壬戌日，均测算为苦日。苦日之说法，其理不清，许多巫师对此均未能作明白的解释。尽管如此，侗族的许多村寨，至今仍然相信苦日的说法。对研究侗族宗教信仰有参考价值。广西壮族自治区三江侗族自治县独峒乡高定村吴求成、吴永华演唱，1987年吴浩笔录、汉译。32开纸1页，12行。稿存广西柳州民族中专吴浩处。（广西　吴　浩）

鼓脏歌　侗语南部方言念词。流传于贵州榕江往里一带。杀牛祭祖的念词。念诵吃鼓脏的来源，鼓脏牛的选购、饲养，放牛角斗的时间、地点。杀牛祭祖场面越盛大，来年庄稼就越好，人才越旺。对研究侗族节日习俗和宗教信仰有参考价值。杨家义口述，杨成林记录、汉译，石宗庆、龙玉成整理。32开纸9页，侗汉对译69行。收入《民间文学资料》（第七十集），中国民间文艺研究会贵州分会1985年编印。（贵州　龙耀宏）

鸡卜符　侗语南部方言丧葬经词。流传于广西三江、龙胜，湖南通道侗族地区。也称乐穴祭词。安葬之时，预卜墓穴是否正位，侗族习惯采用鸡卜的方式。将下葬之时，将一只公鸡砍头后丢入墓穴中，让它在墓穴中跳来跳去，以其最后断气跌落时的姿势及方位来判断吉凶。所以此词在将要砍鸡之时念诵。此仪式称为“跳井乐穴”，所以此词也称为乐穴祭词或乐穴歌。其内容多为祝福语。鸡卜分为宝卦、阳卦、阴卦三种卦象。鸡最后跌落在墓穴中央，侧身，为宝卦，大吉大利；鸡最后跌落的姿势两脚朝天，为阴卦，凶也；鸡最后跌落的姿势两脚扑地，阳卦，小吉无凶。如逢阴卦，要念诵除邪避凶经文，方可下葬，或只能作临时墓地，日后要改葬他处。对研究侗族民间宗教和葬丧习俗有参考价值。广西壮族自治区三江侗族自治县独峒乡高定村吴求成、吴丙吉演唱，1987年吴浩笔录、汉译。32开纸2页，42行。稿存广西柳州民族中专吴浩处。

（广西　吴　浩）

走阴间符语　侗语南部方言巫经。流传于广西三江、龙胜，贵州黎平、从江，湖南通道侗族地区。侗族巫师说其可通阴阳两界，是词即为其走阴仪式的符语。举行此仪式时，多由两个巫师主持，一个吟诵符语，一个坐在板凳上，眯眼抖动下肢，然后喃喃自语或吟唱山歌，以表示其已到了冥界。此词分为走阴间和返阳间两部分。前一部分有请师护送之语，后一部分则有请师接回之语。其师分为阴师傅、阳师傅，前时师傅、后时师傅等，祖师为太上老君。其中心词语为：“头戴尖尖帽，脚踩地龙神，龙神不肯动，百鬼走纷纷。东方有马，南方有马，有马骑马，随马飞奔。东方开五里，南方开五里，平地中央开去八万里。阴阳两界，随我周游，爱走就走，爱留就留。”对研究侗族宗教信仰有参考价值。广西壮族自治区三江侗族自治县独峒乡高定村、干冲村杨正贤、吴行松演唱，1987年吴浩笔录、汉译。32开纸2页，

36 行。稿存广西柳州民族中专吴浩处。

（广西　吴　浩）

遮盖阳魂符语　侗语南部方言巫经。流传于广西三江、龙胜，湖南通道侗族地区。遮盖阳魂是侗族丧葬仪式之一。某人去世，为防止其亲属的魂魄（阳魂）追随亡人的魂魄而去，故要请巫师设坛，吟诵符语，以示把阳魂遮盖拦截起来。此仪式，侗语谓之“架堆”，其意为把阳世间遮盖起来。巫师从亡者亲属身上，每人扯下一根棉线（象征魂魄），搓成一把，用一个银手镯（象征重物）压在一碗米上，然后又在上面盖上木皮、瓦片、布匹、禾把，最后用一张网把整个物件遮盖严实（米、禾把、布匹、木皮、瓦片等物象征阳间人世）。巫师每放一件物品，便念一句符语，最后，点燃一根香，手持一碗水，用香在水上画符，反复吟诵此符语三次，并用嘴含水喷洒在封盖的物件上。此仪式做得极其神秘，巫师多不让旁人靠近。对研究侗族民间宗教有参考价值。广西壮族自治区三江侗族自治县独峒乡高定村杨正忠、吴丙吉演唱，1989 年吴浩笔录、汉译。32 开纸 4 页，92 行。稿存广西柳州民族中专吴浩处。

（广西　吴　浩）

开魂符　侗语南部方言巫经。流传于广西三江、龙胜，湖南通道侗族地区。某人久病不起，举行招魂等仪式后，仍不见好转，便认为有部分魂魄（巫师传言：人有七个魂魄，其中六个魂魄容易脱离人体而游动四方）未招回，为重物所压或为牢笼所困，故要另外举行开魂仪式（即把重物推开或把牢笼撬开之意）。此词在开魂仪式中念诵。有破牢、撬岩、碎石、掘土等段落。对研究侗族宗教信仰有参考价值。广西壮族自治区三江侗族自治县独峒乡高定村吴仓灵、吴仓仁演唱，1987 年吴浩笔录、汉译。32 开纸 1 页，16 行。稿存广西柳州民族中专吴浩处。

（广西　吴　浩）

开路符语　侗语南部方言丧葬经词。流传于广西三江、龙胜，贵州黎平、从江侗族地区。开路是侗族葬礼仪式之一。即将出柩之时，巫师手抓一只公鸡的两脚，边念诵符语边扯鸡的颈毛吹走，最后将鸡扳死在棺木上，此时众人即呼喊一声，把棺木抬走。此鸡为引路鸡（即开路鸡），引导亡魂去到雁鹅之乡——侗族传说中祖先居住之乡。词之内容即为引导亡魂去到雁鹅之乡——逍遥快乐之乡。对研究侗族民间宗教有参考价值。广西壮族自治区三江侗族自治县良口乡上寨村吴甫曲德演唱，1986 年吴浩笔录、汉译。32 开纸 1 页，26 行。稿存广西柳州民族中专吴浩处。

（广西　吴　浩）

开放阳魂符语　侗语南部方言丧葬经词。流传于广西三江、龙胜，湖南通道侗族地区。开放阳魂是侗族葬礼仪式之一。亡人安葬完毕之后，原来“架堆”遮盖的阳魂便认为可开放。这时，由巫师设坛念诵此词。此词与遮盖阳魂符语互为对应，一盖一放，均为侗族葬礼仪式中的重要经文之一。对研究侗族丧葬习俗和宗教信仰有参考价值。广西壮族自治区三江侗族自治县独峒乡高定村杨正忠、吴丙吉演唱，1989 年吴浩笔录、汉译。32 开纸 3 页，86 行。稿存广西柳州民族中专吴浩处。

（广西　吴　浩）

开土符语　侗语南部方言丧葬经词。流传于广西三江、龙胜，湖南通道侗族地区。开土是侗族丧葬仪式之一。择好坟地之后，先请巫师举行开土仪式（象征性地挖几锄土），念诵此词。通过金、木、水、火、土及其所属的五个方位，对坟地进行赞颂，从而祝福主家安葬之后子孙发达，富贵安康。对研究侗族丧葬习俗有参考价值。广西壮族自治区三江侗族自治县独峒乡高定村杨正忠演唱，1992年吴浩笔录、汉译。32开纸2页，52行。稿存广西柳州民族中专吴浩处。

（广西　吴　浩）

出征作战护身符　侗语南部方言巫经。流传于广西三江、龙胜，湖南通道侗族地区。侗族巫师经词。侗族古代款组织每逢聚集款众出征抵御外侮时，总要先到圣母坛（即萨岁坛）和飞山庙（英雄神）去祭拜，款众每人从圣母坛上的神树（千年矮）摘片树叶收藏在身上，并念护身符，以示得到神灵护佑。款首还一路抛撒白米（象征神兵，为队伍壮威）。对研究侗族宗教信仰和款组织的军事行动有参考价值。广西壮族自治区三江侗族自治县独峒乡独峒村公元起演唱，1986年吴浩笔录、汉译。32开纸1页，16行。稿存广西柳州民族中专吴浩处。

（广西　吴　浩）

铜钱卦卜卦符语　侗语南部方言巫经。流传于广西三江、龙胜，贵州黎平、从江侗族地区。巫师称之为文王卦。取铜钱三枚，放入竹筒中，每次摇动三回，看其卦象。然后将卦象与青龙、白虎、朱雀、玄武、勾陈、腾蛇六神相对应。每次为一卦，共分六卦。青龙象征财喜，白虎象征孝服，朱雀象征口舌，玄武象征盗贼，勾陈象征恶鬼，腾蛇象征魂走别桥。除青龙一卦外，其他卦象均有符语排解，总称为铜钱卦卜卦符语。对研究侗族民间宗教有参考价值。广西壮族自治区三江侗族自治县独峒乡高定村吴仓灵演唱，1986年吴浩笔录、汉译。32开纸2页，36行。稿存广西柳州民族中专吴浩处。

（广西　吴　浩）

盖棺收影符语　侗语南部方言丧葬经词。流传于广西三江、龙胜，贵州黎平、从江侗族地区。盖棺收影是丧葬仪式之一。亡人下棺之时，众多子孙均站在棺木旁边哭丧，其影子容易进入棺内。据说人之魂魄随影子而动，此时须由巫师念诵收影符语，将众子孙的影子及魂魄从棺木内收出来，众子孙才能安康。此符语仅有简短几句，为巫师假借太上老君之口传达之律令。巫师反复念诵三次，并以手势做收影之状。对研究侗族宗教信仰有参考价值。广西壮族自治区三江侗族自治县良口乡上寨村吴卜曲德演唱，1986年吴浩笔录、汉译。32开纸1页，12行。稿存广西柳州民族中专吴浩处。

（广西　吴　浩）

乌鸦鸣啼测吉凶掌中推算歌　侗语南部方言巫经。流传于广西三江、龙胜，湖南通道侗族地区。村人集体出行之时，如有乌鸦在头上盘旋鸣啼，通常要请巫师预测此行之吉凶。如预测的是凶兆，则取消此次行动，或是改换出门之时辰。此歌按出门时的月、日、时进行测算，在左掌上排列测算。有月上起时推算法和日上起时推算法两种。通常两种方法结合运用。如果测算的结果均为凶兆，则认为是大凶，此行必定取消。掌中排列九宫，其顺序为：财（逢财，吉兆）；喜（喜悦，吉兆）；身（与领头人有关联，小凶）；凶（与众人有关联，大凶）；信（有紧急的信息通报，凶）；事（有事发生，凶）；酒（有酒喝，吉）；肉（有肉吃，吉）；鱼（有鱼吃，吉）。对研究侗族宗教信仰有参考价值。广西壮族自治区三江侗族自治县独峒乡高定村吴求戌、吴永华演唱，1987年吴浩笔录、汉译。32开纸2页，30行。附有掌中测算图示。稿存广西柳州民族中专吴浩处。

（广西　吴　浩）

收影符　侗语南部方言巫经。流传于广西三江、龙胜，湖南通道侗族地区。某人久病不起，请巫师卜卦，被认为是其人之影子被鬼神所捕捉。因此，必须准备供品祭祀鬼神，并由祭师念诵收影符，以祈求鬼神将影子放回，解除病人之病根。符之内容涉及到天神、地神、水神、山神等数十种凶神恶煞，也涉及到东、南、西、北、中五方主神，祭师向各方各路的神灵祈求，敬请他们登临祭坛受祭，并将病人的影子放回阳世。祭师以其祖师“甫安”之名举行祭祀仪式。对研究侗族宗教信仰有参考价值。广西壮族自治区三江侗族自治县独峒乡高定村吴求戍、吴永华演唱，1987 年吴浩笔录、汉译。32 开纸 2 页，44 行。稿存广西柳州民族中专吴浩处。

（广西　吴　浩）

解天马符　侗语南部方言巫经。流传于广西三江、龙胜，湖南通道侗族地区。健康之人忽然倒地，口吐白沫，身上红一块紫一块，昏迷不醒。遇上此种情况，相传为天马所伤，须请巫师到场，念诵符语以急救。巫师点燃一根香，拿在右手，左手持一碗水，并以香作笔，在碗上作写字状，口中念诵此词。念完一遍学老虎叫一次，如此反复三次。念毕，嘴含碗中之水喷洒在病者身上。传说此法多有灵验，病人很快苏醒。此词之内容涉及到老虎、麒麟、白马蛇等神灵崇拜，有“你是云中白马蛇，我是山中老虎爷”，“不变不灵，变了麒麟”等语。对研究侗族宗教信仰有参考价值。广西壮族自治区三江侗族自治县独峒乡高定村吴求戍、吴永华演唱，1987 年吴浩笔录、汉译。32 开纸 1 页，24 行。稿存广西柳州民族中专吴浩处。

（广西　吴　浩）

米卦符语　侗语南部方言巫经。流传于广西三江、龙胜，湖南通道侗族地区。侗族巫师给人看病，常用米卦来卜算病人触犯了哪方凶神恶煞。其做法是：用木盆装半盆水，随意抓几颗米撒在水中，以米在水中撒成的图像来判断是何方凶神恶煞。确定是何方凶神恶煞作怪之后，就设祭坛念诵经文以解除。这些经文，通常称为米卦符语。符语中对九种凶神恶煞有专门经文解除，即山妖、水妖、山魈、刀鬼、枪鬼、傩神、白虎、勾神、黄泉鬼等，并有不同的驱解仪式和相对应的物品，如解白虎用鞭炮。米卦多有祖师传下来的图示。巫师根据祖师传下的图示来解释米粒在水中形成的各种图像。对研究侗族宗教信仰有参考价值。广西壮族自治区三江侗族自治县独峒乡高定村吴求戍、吴永华、吴仓灵演唱，1987 年吴浩笔录、汉译。32 开纸 6 页，120 行。稿存广西柳州民族中专吴浩处。

（广西　吴　浩）

招魂符　侗语南部方言巫经。流传于广西三江、龙胜，湖南通道侗族地区。某人因为受惊吓而久病不起，巫师便认为是其魂魄掉落（脱离人体）之故，因而要举行招魂仪式进行招魂。此词在招魂仪式上念诵。巫师在仪式上边念诵经文边摇动事先准备好了的树枝，树枝上掉落一些小动物（通常是小蜘蛛），便谓之是病人之魂魄已招回了，然后用纸钱做口袋把小动物装起来，放到病人身上背戴。其词首先有“阳命某人某月某日某时诞生，三魂六魄凋落五方桃园仙洞，命请弟子前来商赎”等语，然后叙述“摇花树口诀”和“蜘蛛掉网”等内容。对研究侗族宗教信仰有参考价值。广西壮族自治区三江侗族自治县独峒乡高定村吴求戍、吴永华演唱，1987 年吴浩笔录、汉译。32 开纸 3 页，56 行。稿存广西柳州民族中专吴浩处。

（广西　吴　浩）

驱怪符　侗语南部方言巫经。流传于广西三江、龙胜，湖南通道侗族地区。此为巫师专用以驱怪的经文。人有病，通过卜卦如认为是山妖水怪作祟所致，便要举行驱怪仪式。驱怪仪式在野外举行，除祭品（全为生的食品）之外，在祭坛边插上五种颜色令旗五张、芦笙五把、弓箭五把。经文中提及的山妖水怪，藏身深山老林或悬崖陡壁、深潭险滩之中，人们上山下河劳动，稍有不慎，便会得罪它们。这些山妖水怪，均有隐身之法，当它们找不到食品之时，便会使法，使人生病。但这些山妖水怪，传说均对侗族神话始祖神张良、张妹十分惧怕。因此，经文有请圣驱怪之内容。巫师传言，当始祖神张良、张妹挥动令旗、吹起芦笙、拉起弓箭时，山妖水怪就会逃走，病人的病也就好了。对研究侗族宗教信仰有参考价值。广西壮族自治区三江侗族自治县独峒乡高定村吴求戌、吴永华、吴仓灵演唱，1987 年吴浩笔录、汉译。32 开纸 4 页，74 行。稿存广西柳州民族中专吴浩处。 （广西　吴　浩）

破土咒　侗语北部方言诀术歌谣。流传于贵州岑巩境内。其词为：“招财童子，进宝郎君，起禀土地王菩萨，今日良晨动土，确保四方安宁。”可供研究侗族民间信仰参考。林兴祥口述，岑运升搜集、整理、汉译。32 开纸 1 页，汉文 27 字。收入《中国民间文学三套集成·岑巩县卷》，岑巩县民间文学三套集成办公室 1990 年编印。

（贵州　欧俊姣）

免灾咒　侗语北部方言诀术歌谣。流传于贵州岑巩境内。其词为：“老鸦叫，老鸦死，老鸦头上戴白帽子。今天死一个，明天死一双，启天死得精打光。”可供研究侗族民间信仰参考。林兴祥口述，岑运升搜集、整理、汉译。32 开纸 1 页，汉文约 27 字。收入《中国民间文学三套集成·巩县卷》，岑巩县民间文学三套集成办公室 1990 年编印。

（贵州　欧俊姣）

请瓢把神咒　侗语北部方言诀术歌谣。流传于贵州岑巩水尾地区。其词为：“瓢把神，瓢把神，正月请你二月灵。人家请你无别事，我家请你查年庚，查得年庚真和假，请你下来耍一耍。”可供研究侗族民间信仰参考。杨继英口述，路笛、三才搜集、整理、汉译。32 开纸 1 页，汉文 41 字。收入《中国民间文学三套集成·岑巩县卷》，岑巩县民间文学三套集成办公室 1990 年编印。

（贵州　欧俊姣）

请月亮神咒　侗语北部方言诀术歌谣。流传于贵州岑巩水尾一带。其词为：“月亮菩萨飞东来，天堂地狱九重开，一万八千诸佛在，诸位菩萨两边排。月亮八月十五生，家家念佛点香灯，斋席里敬奉你，保佑万民得安宁。”可供研究侗族民间信仰参考。杨继英口述，路笛、三才搜集、整理、汉译。32 开纸 1 页，汉文 54 字。收入《中国民间文学三套集成·岑巩县卷》，岑巩县民间文学三套集成办公室 1990 年编印。

（贵州　欧俊姣）

治诸疮肿痛秘诀　侗语北部方诀术歌谣。流传于贵州岑巩龙田地区。其词为：“太阳从东方升起，苍苍皎皎，就像金童玉女，来收我的疮，第一次收不痛，第二次收不要有浓但有血，第三次收不要成疮或成疗，很快就消散，不要到了明天还在，神笔到的地方什么病都消除，我们侗家人奉太上老君请快立令。”可供研究侗族民间信仰参考。陈文德口述，谢伯华搜集、整理、汉译。32 开纸 1 页，汉文 79 字。收入《中国民间文学三套集成·岑巩县卷》，岑巩县民间文学三套集成办公室 1990 年编印。 （贵州　欧俊姣）

收吓咒　侗语北方言诀术歌谣。流传于贵州岑巩龙田、思肠地区。其词为："三脚公，三脚婆，向你付点吓药药，百药百草，作了就好。狗咬倒跟狗去，滚打倒，作了就好。"可供研究侗族民间信仰参考。陆菊昌口述，路笛搜集、整理、汉译。32 开纸 1 页，汉文 35 字。收入《中国民间文学三套集成·岑巩县卷》，岑巩县民间文学三套集成办公室 1990 年编印。（贵州　欧俊姣）

收吓咒　侗语北方言诀术歌谣。流传于贵州岑巩大有、水尾等地。其词为："佛钦！天推天，地推地，不是唐僧是唐僧，井鬼柳星张翌轸，角绞民房心尾算，斗牛女虚危室壁，奎娄胃昂华嘴参脸上推天吓，脚上推地吓，推娇吓，推怪吓，推恶山恶水吓，推猪牛吓，推蛇虫蚂蚁吓，推月月星晨吓，吾奉太上老君，急急如令下。"可供研究侗族民间信仰参考。吴本乡口述、周政勤搜集、整理、汉译。32 开纸 1 页，汉文 94 字。收入《中国民间及学三套集成·岑巩县卷》，岑巩县民间文学三套集成办公室 1990 年编印。（贵州　欧俊姣）

（三）祭祀经词

圣母坛祭词　侗语南部方言祭祀经词。流传于广西三江、龙胜，贵州黎平、从江、榕江，湖南通道侗族地区。村寨修建圣母坛时，念诵此祭词。内容分为：请圣母归坛——记述圣母的各种称谓及其形象；圣母坛安放的圣物——每件圣物均有四句经文解述；请圣母护寨安民——保护村寨幸福安康、人丁发达、六畜兴旺、风调雨顺、百灾消除。对研究侗族原始宗教及图腾崇拜有参考价值。广西壮族自治区三江侗族自治县独峒乡独峒村公元起演唱，1986 年吴浩笔录、汉译。32 开纸 3 页，72 行。稿存广西柳州民族中专吴浩处。（广西　吴　浩）

祭祖念词　侗语方言祭祖神词。流传于贵州黎平岩洞一带。主要介绍侗族的历史以及侗族祖先哪里来。对研究侗族的历史及民间习俗有参考价值。邓昌职演唱，银永明笔录、汉译。10 万字，1.4 万行。稿存贵州省黎平县民族宗教委员会。（贵州　杨再元）

祭萨词　侗语南部方言祭词。流传于广西三江梅林车寨。祭祀侗族圣祖母的祭词。内容是先请各路神仙，如萨岁天子大祖母、小萨仙姑、十二路神仙、十二路鬼神，一齐到来吃个饱。然后说到我们的地方好，有龙神护佑，碗里不缺鱼和肉，金银满箱，富贵之村，人们健康等。再说到祖先入村成寨，即罗姓先入村，石姓后入寨，三团四甲聚成今天的寨子。现我们新年头在这里举行仪式进行祭祀，目的是祈求圣祖母"萨"的护佑，保佑一年风调雨顺，六畜兴旺，富贵吉昌，大发大旺。对研究侗族来源及祖先崇拜有参考价值。广西壮族自治区三江侗族自治县梅林乡车寨村平寨屯罗光华念诵，2005 年吴美莲笔录、汉译。16 开纸 1 页，44 行。稿存广西壮族自治区三江侗族自治县民族语言文字工作委员会吴美莲处。（广西　吴美莲）

沙拜老　侗语南部方言丧葬祭祀词。流传于贵州从江庆云一带。侗族老人去世后，在祭祀仪式上由鬼师来给亡灵送行，回忆亡者生前的事迹，超度他回到祖先发源的地方。可供研究侗族丧葬习俗参考。石星明提供汉字记录侗音抄本。梁之槐、潘永荣搜集、整理。32 开纸，汉文 822 行。收入《贵州民族古籍资料》（第一辑），贵州省少数民族古籍整理出版规划小组办公室 1992 年编印。

（贵州　龙耀宏）

沙或然　侗语南部方言建房祭祀念词。流传于贵州从江下江。叙述古时候人们用芭茅草做墙壁经不起风吹雨打，后来人们依靠燕子寻得杉种，学会用杉树来造屋，家也兴、人也旺了。对研究侗族历史文化有重要参考价值。梁炳科提供手抄本，梁之槐搜集、整理、汉译。32 开，汉文 84 行。收入龙小金、杨新年主编《贵州民族古籍资料》（第二辑），贵州省少数民族古籍整理出版规划小组办公室 1993 年编印。（贵州　龙耀宏）

侗族卵卜念词　侗语南部方言占卜念词。流传于贵州从江往洞地区。往洞地区的侗族凡举行大型的祭祀活动，如安堂祭萨、卜葬、卜居、斗牛等都要举行卵卜，以验吉凶。此念词是卜萨堂念词。对于研究侗族的原始宗教信仰有参考值。搜集于从江县往洞乡弄吾村，潘光德口述，潘永荣搜集、整理。32 开纸，汉文 140 行。收入龙小金、杨新年主编《贵州民族古籍资料》（第二辑），贵州省少数民族古籍整理出版规划小组办公室 1993 年编印。（贵州　龙耀宏）

侗戏开台祭词　侗语南部方言祭祀经词。流传于广西三江，贵州黎平、从江侗族地区。侗族南部地区，戏班在开台演出之时，先要摆上祭坛拜祭历代师傅，敲锣打鼓闹台后才开始演出。内容为：请师——念诵历代师祖名字；告师——告知各位师祖今日演出何剧目；敬师——敬请各位师祖临场指导。对研究侗族戏曲历史有参考价值。广西壮族自治区三江侗族自治县富禄镇廖仕真、贵州省黎平县龙额乡龙额村王绍坤演唱，1987 年吴浩笔录、汉译。32 开纸 2 页，32 行。稿存广西柳州民族中专吴浩处。（广西　吴　浩）

婚姻祭词　侗语南部方言祈福经词。流传于广西三江，贵州黎平、从江侗族地区。在婚礼过程中，喜宴举行之时念诵此词。记述了从人类始祖张良、张妹兄妹结亲繁衍人类开始，到侗族历史上“破姓开亲”，以及后来婚姻的演变过程。对研究侗族社会史及婚姻发展史有参考价值。广西壮族自治区三江侗族自治县洋溪乡培吉村公春眉演唱，1987 年吴浩笔录、汉译。32 开纸 10 页，270 行。稿存广西柳州民族中专吴浩处。

（广西　吴　浩）

婚姻祭词　侗语南部方言祈福经词。流传于广西三江，贵州黎平、从江侗族地区。在婚礼过程中，当准备送新娘回门时（一般在婚礼的第二天下午），由祭师念诵此词。先简要介绍婚姻的演变过程，然后用较多的词句祝贺新娘、新郎婚姻美满，永久相爱，多子多福，并祝福两亲家代代联姻。对研究侗族婚俗有参考价值。广西壮族自治区三江侗族自治县洋溪乡培吉村公春眉、贵州省黎平县龙额乡龙额村王绍坤演唱，1987 年吴浩笔录、汉译。32 开纸 7 页，144 行。稿存广西柳州民族中专吴浩处。

（广西　吴　浩）

婚姻祭词　侗语南部方言祈福经词。流传于广西三江、龙胜，湖南通道，贵州黎平、从江、榕江侗族地区。接新娘进屋时，由祭师摆下祭坛，请历代祖先临坛受祭，并念诵此经文。经文分为请神、择吉日吉时、婚配、成家立业等多层内容，具有较为浓厚的原始宗教色彩。如：“你俩情义长长，像江河水一样长；你俩情义深深，像海里龙宫一样深。”“你们今日结亲，生下的儿孙，像瓜藤结瓜，牵得满山满岭。”“结亲结上三世，搓绳搓上三股。”“你绕屋走了三回，你进门进了三次，你是这家人的媳妇，你是这男人的妻子。你是块水田，一定能长出稻谷；你是棵茶树，一定能结出茶籽。”对研究侗族婚姻习俗和宗教信仰有参考价值。广西壮族自治区三江侗族自治县良口乡上寨村吴甫曲德、杨甫应机念诵，1986 年吴浩笔录、汉译。32 开纸 3 页，70 行。稿存广西柳州民族中专吴浩处。　（广西　吴　浩）

婚姻祭词　侗语南部方言祈福经词。流传于广西三江、龙胜，贵州黎平、从江、榕江侗族地区。接新娘进屋时，新娘跨过门槛之后，必须先跨过用红布缠绕的事先架在水桶上的挑水扁担（扁担象征男人，红布象征女人），然后坐在祭师为其准备好的一张四方木凳上（称金凳银凳）。此词即以请神、接新娘进门、跨扁担、坐银凳金凳为内容。如“张良张妹，婚姻之神，领你进门，配对成婚”，“男人是扁担，女人是布匹。女人恋着男人，布匹缠着扁担。缠缠缠，缠得你夫妻大团圆，子孙千万”。对研究侗族婚姻习俗有参考价值。广西壮族自治区三江侗族自治县良口乡上寨村吴甫曲德、杨甫应机念诵，1986 年吴浩笔录、汉译。32 开纸 3 页，62 行。稿存广西柳州民族中专吴浩处。

（广西　吴　浩）

少妇背婴儿走外婆家祭词　侗语南部方言巫经。流传于广西三江、龙胜、融水，湖南通道侗族地区。侗族习俗，妇女生下婴儿满月后，首先要背婴儿去走一次外婆家。临行前，要请巫师到家里来摆祭坛，念诵祭词，并在婴儿的额头上用锅底烟灰蘸桐油画上十字，方可背婴儿出门。词中有“吉日出门，神灵护佑；去时有虎威，归时有龙威；去时健如岩猴，归时壮如黄牛”等语。对研究侗族原始宗教有参考价值。广西壮族自治区三江侗族自治县洋溪乡培吉村公春眉演唱，1986 年吴浩笔录、汉译。32 开纸 2 页，42 行。稿存广西柳州民族中专吴浩处。

（广西　吴　浩）

进新屋祭词　侗语南部方言祈福经词。流传于广西三江、龙胜，贵州黎平、从江侗族地区。主家进新屋，四方亲友送礼来祝贺，主家设盛宴款待。在宴席开始摆祭坛之时由祭师念诵此词。叙述人类在远古之时的住居状况及其相关的生产生活习俗。如：“当初张古置天，盘古置地，张良张妹，兄妹结亲，传下先人。那古之时，稻已成谷，人已成群，米粮没有仓，人群没有屋。用木皮来当瓦，用牛屎来当壁，与猫狗同住，与猪羊同宿，男人卧床见阳光，女人卧床望星星。因为呀因为，因为天火烧尽了山林，因为洪水淹没了山岭，男人找不到柱子盖屋，女人找不到扁担挑水……因为呀因为，因为燕子寻来了杉树种，张良拿去育秧，栽满山岗。”对研究侗族古代居住状况及其建筑史有参考价值。广西壮族自治区三江侗族自治县洋溪乡培吉村公春眉念诵，1986 年吴浩笔录、汉译。32 开纸 9 页，176 行。稿存广西柳州民族中专吴浩处。　（广西　吴　浩）

开斋词　侗语南部方言祭词。流传于广西三江、龙胜，湖南通道，贵州黎平、从江侗族地区。在葬礼仪式中开斋时念诵，又名“安葬吉语”、“安葬祝词”。叙述人从生到死是必然过程，赞颂了孝子为死者备办了丧服、棺木及其他祭品，劝慰孝子节哀，祝福孝子孝孙日后大发大旺、大吉大利。对研究侗族丧葬习俗有参考价值。广西壮族自治区三江侗族自治县独峒乡高定村吴昌仁演唱，1980 年吴浩笔录、汉译。32 开纸 10 页，242 行。以“安葬祝词”为题收入《侗族款词耶歌酒歌》（侗汉对译本），三江侗族自治县民间文学三套集成办公室 1987 年编印；汉译文以“开斋词”为题，节选（60 多行）收入农冠品主编《中国歌谣集成·广西卷》，中国社会科学出版社 1992 年版。（广西　吴　浩）

打猎敬神词　侗语南部方言巫辞。流传于贵州榕江乐里地区。是古代侗族人民在低下的生产力条件下为摆脱野兽的侵扰、破坏和威胁，保障生产、生活、生命安全而乞求神力帮助除野兽所举行的敬神活动的念词。对研究侗族原始宗教文化有重要的参考价值。1982 年杨胜贵笔录、汉译。16 开纸 20 页，74 行。稿存贵州省榕江县乐里瑞里小学退休教师杨胜贵处。（贵州　杨国良）

富贵歌　侗语南部方言丧葬经词。流传于广西三江、龙胜，贵州黎平、从江侗族地区。亡人下葬砌好坟墓之时念诵此词。内容涉及到墓之定位和取向，并以此来赞颂亡者葬得好山好水，日后其子孙就会大富大贵、大发大旺。故称为富贵歌。对研究侗族丧葬习俗和宗教信仰有参考价值。广西壮族自治区三江侗族自治县洋溪乡培吉村公春眉、贵州省黎平县龙额乡龙额村王绍坤演唱，1987 年吴浩笔录、汉译。32 开纸 1 页，22 行。稿存广西柳州民族中专吴浩处。

（广西　吴　浩）

富贵歌　侗语南部方言祭词。流传于广西三江八江、独峒、林溪等地。丧葬仪式中吟诵的祝词。共分三段，每段在不同的场合吟诵。第一段是祭师挑着挖坑时吃剩的祭祀品进屋时，边走边吟诵的。内容是赞老人死了得宝地，今后儿孙兴旺，男儿样样行，姑娘灵巧漂亮等。第二段在下葬后回来的酒席上吟诵。内容为安慰死者家属，表示哀悼。第三段在举办丧事后第三天主家感谢房族、亲朋好友帮助而设的酒宴上吟诵。内容均为吉词祝语，祝福孝子孝孙兴旺发达，钱财用不尽，六畜兴旺等。对研究侗族丧葬习俗有参考价值。广西壮族自治区三江侗族自治县林溪乡平铺村吉昌屯吴仕军念诵，2004 年吴仕光用拼音侗文记音、汉译。16 开纸 4 页，170 行。载《侗文专刊》2004 年第 1 期（总 25 期）。（广西　吴美莲）

挖井词　侗语南部方言祝词。流传于广西三江、龙胜，湖南通道，贵州黎平、从江侗族地区。丧葬仪式中开挖墓穴时念诵的祭词。主要叙述墓穴所选择的地点在地理方位上所具有的宗教方面的优点（风水）和因此而带来的吉祥和福分。如：“一开东方甲乙木，牛眠吉地逢主户；二开南方丙丁火，兴工动土万事安。”对研究侗族的信仰习俗有参考价值。广西壮族自治区三江侗族自治县独峒乡高定村吴永华演唱，1982 年吴浩笔录、汉译。16 开纸 15 行。收入农冠品主编《中国歌谣集成·广西卷》，中国社会科学出版社 1992 年版。（广西　吴　浩）

游桃园洞词　侗语南部方言巫经。流传于广西三江、龙胜，湖南新晃侗族地区。有些巫师通常通过送人去游桃园洞来宣传自己具有通神的本领。其仪式是：巫师烧香纸祭拜神灵之后，叫游桃园洞的人坐在一条长木凳上，眯眼，两手放在膝盖上，意念随着巫师符语指引的路而游走。当游走者全身抖动起来，并唱起人们似懂非懂的山歌时，便说明游走者已经到了桃园洞。约两根香的时间，巫师再念符语把游走者接回来。游走者这时停止抖动，如梦方醒。此经文以一接一送为主要内容，意思说桃园洞景色迷人又有金童玉女为伴，但也只能看一眼，不可贪恋，因为那里是阴间，看久了魂魄就收不回了。对研究侗族宗教信仰有参考价值。广西壮族自治区三江侗族自治县独峒乡干冲村吴行松演唱，1987年吴浩笔录、汉译。32开纸1页，26行。稿存广西柳州民族中专吴浩处。

（广西 吴 浩）

“月也”祭词 侗语南部方言祭祀经词。流传于广西三江、龙胜，贵州黎平、从江侗族地区。春节期间，村寨之间进行文化交流及集体做客，侗族谓之“月也”。“月也”的队伍即将出发之时要到圣母坛去祭拜侗族女神萨岁，此词为拜祭时念诵的经文。经文中对女神萨岁作这样的描述和祈求：“请你天子大祖婆，披毡走过田塅，撑伞走过木桥。大伞遮着众人，小伞遮住队伍。保护众人平安，护佑队伍团结。您身穿银丝，头戴银帽。早晨您让乌云遮住山林，夜晚你让彩霞遮住天空。您把老虎关在大山，您把蟒蛇锁进岩坎。您保护我们众人，男人吹笙，女人唱歌，欢欢乐乐，通宵达旦。”对研究侗族宗教信仰及社交习俗有参考价值。广西壮族自治区三江侗族自治县林溪乡冠洞村杨甫平义念诵，1988年吴浩笔录、汉译。32开纸2页，32行。稿存广西柳州民族中专吴浩处。

（广西 吴 浩）

杨氏始祖梧州来 侗语南部方言祭词。流传于贵州榕江车江。叙唱祖先从梧州迁徙而来的原因及迁徙路线。因梧州、音州地方田高水低、谷穗长得很短、棉花结桃桃不开等众多古怪现象而搬迁。沿河而上，爬山涉水，一路寻找兴旺发达之地。过平美，过三千，上岑九，出巴灭……这些地方别人都已住满，后听说古州地方好，三宝坝子平，祖先很高兴，决定到古州三宝建寨立村。来到三宝后，“种棉棉成球，种谷谷丰收，猪羊满圈人兴旺，村村寨寨乐悠悠”。对研究侗族历史有参考价值。贵州省榕江县车江乡杨玉贤讲述，1987年张勇笔录、汉译。32开纸3页，68行。节选收入吴浩主编《中国侗族村寨文化》，民族出版社2004年版。

（广西 吴 浩）

收魂谢土唱词 侗语南部方言丧葬经词。流传于广西三江、龙胜，湖南通道，贵州黎平、从江、榕江侗族地区。在安葬下棺之时，通常要由巫师先举行收魂仪式，即把生人的魂魄从墓坑中收出，以防被鬼魂迷住。安葬完毕，举行谢土仪式，即向五方龙神拜谢，祈求龙神护佑：生者富贵安康，死者逍遥快乐。此词为巫师在收魂谢土时念诵。词中有“甫安祖师敕吾弟子来收魂，收到孝男孝女老幼人等生魂出，亡者之魂入墓中”等语。甫安，是侗族巫师普遍祀奉的祖师，传说是他首先将道教传入侗族地区，并将道教的经文翻译成侗语而在侗族地区传播。对研究侗族丧葬习俗有参考价值。广西壮族自治区三江侗族自治县独峒乡高定村吴求成、吴永华演唱，1987年吴浩笔录、汉译。32开纸2页，42行。稿存广西柳州民族中专吴浩处。

（广西 吴 浩）

踩棺——请龙神唱词 侗语南部方言丧葬经词。流传于广西三江、龙胜，湖南通道侗族地区。安葬之时，棺木放下墓坑，填土，露出一点棺木，铺上一匹红布，谓之天桥，祭师穿上一对新布鞋，手持罗盘，边踩天桥边吟诵此词。内容分为架天桥、驱邪赶鬼、招请龙神、祝福等。如“我是江南百鹤仙，身腾云雾到坟前，满天星斗来护我，凶神恶煞走一边”；“一匹白布白浪浪，万丈红布架桥梁，桥梁架在棺木上，洞中百鬼走慌张”；“如今安葬后——一要长命富贵，二要金玉满堂，三要亡人安稳，四要子孙吉昌，五要龙神进财宝，六要百鹤进田粮”。对研究侗族葬丧习俗及宗教信仰有参考价值。广西壮族自治区三江侗族自治县独峒乡高定村吴永华演唱，1987年吴浩笔录、汉译。32开纸

4页，92行。稿存广西柳州民族中专吴浩处。（广西　吴　浩）

踩棺——请龙神唱词　侗语南部方言丧葬经词。流传于广西三江、龙胜，湖南通道侗族地区。在安葬踩棺时念诵。祭师手提罗盘，边踩棺边念诵。唱词一开始即祝福："百鹤上天棺，家门万事昌，一步进财宝，二步进田仓，三步多发达，四步大吉昌……"有时边转罗盘边叙述："罗盘转一转，龙神回位服我管；罗盘升一升，田地年年进，财谷齐相增；罗盘推三针，子孙代代为公卿。"还有与孝子互相问答的词句："问你要富是要贵?"孝子答："富也要，贵也要。""要富者，送你金银满斗；要贵者，送你万卷文章。"对研究侗族葬丧习俗有参考价值。广西壮族自治区三江侗族自治县独峒乡高定村吴求成、吴总涛演唱，1987年吴浩笔录、汉译。32开纸6页，122行。稿存广西柳州民族中专吴浩处。（广西　吴　浩）

乐穴词　侗语南部方言祭词。流传于广西三江、龙胜，湖南通道，贵州黎平、从江侗族地区。丧葬仪式中下葬时念诵的祭词。将下葬之时，先将香、纸及干树枝丢下墓穴中去烧，称为暖穴。待火将灭之时，即将一只公鸡砍去头，抛到墓穴的炭火中去，让其跳来跳去，称为"鸡跳井"，也即"乐穴"。此词对用以"乐穴"的"跳井鸡"及墓穴作了赞颂，并以此对生者和死者进行祝福。对研究侗族的丧葬习俗有参考价值。广西壮族自治区三江侗族自治县独峒乡高定村吴永华演唱，1982年吴浩笔录、汉译。16开纸1页，23行。收入农冠品主编《中国歌谣集成·广西卷》，中国社会科学出版社1992年版。（广西　吴　浩）

安葬禁忌歌　侗语南部方言丧葬经词。流传于广西三江、龙胜，湖南通道侗族地区。侗族自古有停棺待葬之俗，此俗一直延续至今。之所以要停棺待葬，民间认为死者死不逢时，遇上了凶神恶煞，故不能在死的那一年内入土下葬。此歌即是演算死者遇逢何种凶神恶煞的经文。经文以六十甲子及九宫八卦为基础，同时融入金、木、水、火、土、五行相生相克的理念，根据死者出生的年月日（以阴历为准）进行推算。多数祭师均可把九宫排列掌上（左掌），几分钟即可推算出结果。经文中所列出的吉神和凶神，有的与原始宗教有关，有的则与道教有关，是原始宗教与道教的混合体。对研究侗族宗教信仰的演变和发展有参考价值。广西壮族自治区三江侗族自治县独峒乡高定村吴求成、吴永华演唱，1987年吴浩笔录、汉译。32开纸3页，64行。稿存广西柳州民族中专吴浩处。（广西　吴　浩）

安葬唱词　侗语南部方言祝词。流传于广西三江、龙胜，湖南通道，贵州黎平、从江侗族地区。在葬礼仪式中由祭师念诵的唱词。记叙从人类起源到家庭产生，从野蛮社会到文明社会的丧葬演变过程。说远古之时，"人活千岁，命长万年"，"在当初混沌之年——父死不知哭泣，母死不知悲伤，不知跪地烧香，不知收尸安葬，抛进山洞，丢进水塘"。到了文、武、成、康，"……他抓锄上山，刨土来盖，挖石来砌，砌成坟堆，堆成坟墓，但还没有寿木梓棺，还没有地理先生"。"后到胡氏为王，从海边走过，看见龙马布图，背上有九宫八卦（图）……"这时才知道讲风水地理，葬进龙山虎坡。对研究侗族丧葬习俗演变过程有参考价值。广西壮族自治区三江侗族自治县林溪乡马安村陈永彰演唱，1985年吴浩笔录、汉译。32开纸6页，156行。收入《侗族款词耶歌酒歌》（侗汉对译本），三江侗族自治县民间文学三套集成办公室1987年编印。

（广西　吴　浩）

安葬祝词　侗语南部方言祝词。流传于广西三江、龙胜，湖南通道，贵州黎平、从江侗族地区。在棺木下葬时念诵，又名“撒金米词”。棺木落井之后，盖上一层土，巫师一边撒玉米一边念诵：“米撒东，左边叠叠是青龙……一赐你，孝门永吉……祖德重光。”内容均为吉词祝语，集中叙述了侗族人民的信仰和理想。对研究侗族的信仰和丧葬习俗有参考价值。广西壮族自治区三江侗族自治县独峒乡高定村吴永华演唱，1986年吴浩笔录、汉译。16开纸2页，79行。以“撒金米词”为题收入农冠品主编《中国歌谣集成·广西卷》，中国社会科学出版社1992年版。

（广西　吴　浩）

送灵词　侗语南部方言祝词。流传于广西三江、龙胜，湖南通道，贵州黎平、从江侗族地区。在出柩时念诵的祝词，又名“富贵款”。对亡灵要送达的地方——阴间大堂作了美好的描述，说那是“逍遥地方，快乐行宫”，有“金童引进，玉女接去”。同时对墓地也作了赞颂，说“山坡那有宝，地盘那有龙，山脚有斗金，山头有斗银”。对研究侗族丧葬习俗和宗教信仰有参考价值。广西壮族自治区三江侗族自治县八江乡牙龙村杨通义、独峒乡高定村吴永华演唱，1982年吴浩笔录、汉译。32开纸3页，76行。汉字记侗音与汉译文对照整理后，以“富贵款”为题收入《侗族款词耶歌酒歌》，三江侗族自治县民间文学三套集成办公室1987年编印；汉译文以“送灵词”为题收入农冠品主编《中国歌谣集成·广西卷》，中国社会科学出版社1992年版。

（广西　吴　浩）

丧（葬）歌　侗语南部方言丧葬歌。流传于湖南通道北部地区。由进孝堂、叹亡人、劝孝家、诉母（父）恩、唱历代行孝人五段歌组成。丧歌以悲叹的曲调、循序渐进的叙事手法吟诵亡故老人养儿育女的种种艰辛，颂扬历代孝敬父母的典型人物，劝导世人在生时要孝敬父母。对了解侗族地区的丧葬习俗和道德教育有参考价值。杨霖演唱，1983年谭少剑笔录，吴国夫汉译。32开纸16页，384行。收入《中国民间歌谣谚语集成·湖南卷·通道县资料本》，通道县民间文学集成办公室1987年编印。稿存湖南省通道侗族自治县文化馆。

（湖南　谭少剑）

佛歌　侗语北部方言佛教歌。流传于贵州天柱。包括十八罗汉之歌、十求、修阴德、积德、目连歌、艾香歌。可供研究侗族佛教文化及民间文学参考。杨瑞荷演唱，杨心搜集、记录、整理、汉译。32开，5页，218行。收入《中国民间文学三套集成·贵州天柱县歌谣卷》，天柱县民族事务委员会1995年编印。

（贵州　欧俊姣）

吊唁歌　侗语北部方言吊丧佛歌。流传于贵州天柱。包括女婿奠岳母的一则韵词、赞歌：开场词、献香词、献香词、献酌词、献酌词、献帛词、献帛词、行三叩之礼歌、行三叩之礼歌；一则客奠诗歌：序歌、上香歌、奠酌歌、献豚方歌、献箸歌、献食歌、献豚腿歌、献豚肝歌、献家凫歌、献德禽歌、献龙腹歌、献龙盘歌、献羹汤歌、献鳝歌、献小鲜歌、献柔毛歌、献刚列歌、献仙食歌、献茶歌、献纳饩歌、献钪席歌、献鲜歌、献帛歌、祝文。可供研究侗族丧葬习俗及佛教信仰参考。龙复林演唱，龙更清、欧阳家泉搜集、记录、整理、汉译。32开纸2页，99行。收入《中国民间文学三套集成·贵州天柱县歌谣卷》，天柱县民族事务委员会1995年编印。

（贵州　欧俊姣）

咒语 侗语北部方言咒语。流传于贵州天柱。包括小儿哭夜咒、收异咒、起水咒。可供研究侗族民间信仰参考。欧阳崇森演唱，欧阳家泉、陈光柏搜集、记录、整理、汉译。32 开纸 2 页，58 行。收入《中国民间文学三套集成·贵州天柱县歌谣卷》，天柱县民族事务委员会 1995 年编印。

（贵州 欧俊姣）

七、侗戏（曲）

侗戏祖歌 侗族南部方言叙事歌。流传于贵州黎平肇兴地区。叙述四埃传歌、侗戏的起源以及历代侗族戏师编戏传戏的情况。可供研究侗戏文化参考。黎平陆国辉演唱，田兴民整理，石新民汉译。32开纸4页，侗汉对译35行。收入贵州省黎平县民族事务委员会、贵州省少数民族古籍整理出版规划小组办公室编，杨盛中主编《侗族叙事歌》，贵州人民出版社1992年版。（贵州 龙耀宏）

妹桃 侗语南部方言传统戏剧。流传于贵州黎平、从江、榕江，广西三江、龙胜，湖南通道侗族地区。又名“妹桃引郎”。贵州省黎平县水口六甲那弱杨胜明约于1899年前后根据侗族琵琶长歌改编。剧情是：贵州“十洞”姑娘妹桃，远嫁给湖南中铺路塘表哥引郎。“十洞”与路塘，相距15天的路程。一次妹桃单独回“十洞”探亲，半路被蛇精拖进岩洞，逼她成婚。妹桃用计拖延时间，并逃出岩洞，回到路塘。妹桃与引郎邀约本村青年男女，组成送亲队，用计杀死蛇精。此剧反映侗族古代“女还舅门”、“同姓不婚”、姑娘远嫁他乡的习俗。侗族历史上的破姓开亲，据说即以妹桃远嫁遇险为理由而聚款订立盟约，改革同姓不婚、同寨不婚的习俗。对研究侗族古代婚俗及戏曲艺术有参考价值。1956年广西三江富禄乡侗剧班演唱，廖振茂、覃忠义笔录、汉译。32开纸28页，约800行。手抄本存广西壮族自治区三江侗族自治县富禄乡廖振茂、覃忠义处。（广西 吴 浩）

卜宽 侗语南部方言传统戏剧。流传于贵州黎平、从江、榕江，广西三江、龙胜，湖南通道侗族地区。贵州省从江县小黄潘德太（又名潘国泰）约于1890年前后根据侗族机智人物故事创编。剧情根据卜宽故事中的智取大水牯、牛上树、腌酸肉、智取羊群、宝竹筒等情节改编。此剧为喜剧，常常台下笑声四起，最为青少年欢迎。在传统剧目中，该剧是唯一的喜剧。对研究侗族戏曲艺术有参考价值。1956年广西三江富禄侗戏班演唱，廖振茂、覃忠义笔录、汉译。32开纸28页，约800行。手抄本存广西壮族自治区三江侗族自治县富禄乡侗戏班戏师廖振茂、覃忠义处。（广西 吴 浩）

珠郎娘美 侗语南部方言传统戏剧。流传于贵州黎平、从江、榕江，广西三江、龙胜，湖南通道侗族地区。贵州从江新安梁绍华（1893～1978）、梁耀庭于1920年根据梁婆转田口述故事合作改编。剧情是：古州三宝姑娘娘美，与情人珠郎自幼相恋，不愿嫁给表哥朝苗，与珠郎私奔到从江县贯洞定居。贯洞财主银宜贪恋娘美姿色，与款首蛮松勾结，害死珠郎。娘美知情后，通过滴血辨骨，设计为夫报仇，杀死银宜，背着丈夫遗骨逃回老家三宝。此剧情节曲折，峰回路转。其中月堂对歌、击鼓聚众、滴血辨骨、为夫报仇等几场戏很有侗族特色，引人入胜。此剧的问世，标志侗族戏曲创作走向成熟阶段，是侗戏发展史上最优秀的剧目之一。梁绍华演唱，1956 年吴贵元、过伟笔录、汉译。16 开纸 120 页，5000 行。收入《侗族文学资料》（第一集），广西民间文学研究会 1962 年编印。（广西　吴　浩）

三郎五妹　侗语南部方言传统戏剧。流传于贵州黎平、从江、榕江，广西三江、龙胜，湖南通道侗族地区。贵州从江高增吴昌华约于 1890 年前后根据侗族琵琶歌改编。剧情是：榕江县车江大寨后生三郎，放木排下榕江，到三江境内的竹脚村停留，晚上到寨上行歌坐夜，与五妹相互钟情，约定放木排到梧州回来成婚。三郎到梧州，被木排老板的女儿看中，扣下木款逼他成婚，三郎逃走。五妹因父母逼嫁表哥而服毒殉情。三郎到竹脚寨，得知噩耗，奔往停棺的山崖，打开棺盖，面对五妹的尸体哭诉，感动神灵，使五妹复活，双双回榕江车寨成亲。此剧侗族生活特色浓郁，对情感的渲染也很强烈，传播极广，各地侗剧团均有上演。对研究侗族戏曲艺术及婚恋习俗有史料价值。1956 年广西三江富禄侗戏班演唱，吴居敬笔录、汉译。32 开纸 30 页，约 800 行。稿存广西壮族自治区三江侗族自治县文化馆吴贵元处。

（广西　吴　浩）

金汉　侗语南部方言传统戏剧。流传于贵州黎平、从江、榕江，广西三江、龙胜，湖南通道侗族地区。为贵州从江贯洞张鸿干(1779～1839) 1809～1829 年据侗族琵琶歌改编，开了侗戏取材于侗族本民族生活的先河。剧情是：贯洞村吴宗堂之子金汉，为玉帝下派的仙人投胎所生。宗堂要他娶表妹桂花为妻，他不愿。他与姑娘列媄相恋，欲娶列媄为妻。而列媄之父则要她嫁表哥金碧，列媄亦拒婚。金汉、列媄私奔湖南衡州。其父派人将二人追回。金汉去行歌坐夜，又认识杨妍、莫娘，与二女相恋，二女怀孕自杀。金汉从衡州买鱼花回来的路上，被杨妍、莫娘鬼魂勾引，同到阴间行乐。列媄闻讯，两次到阴间将金汉追回（金汉为太白金星救活），两人重归于好。此剧剧情离奇，情牵阴阳两界，反映了侗族的婚恋习俗和信仰，具有浓烈的生活气息和民族特色。可供研究侗族戏曲史参考。1956 年广西三江富禄侗戏班演唱，吴贵元笔录、汉译。32 开纸 25 页，约 1000 行。稿存广西壮族自治区三江侗族自治县文化馆吴贵元处。

（广西　吴　浩）

金汉　侗语南部方言戏剧。流传于贵州从江、榕江、黎平等地。该剧由清代中叶侗族文人张鸿干所编，以戏剧的形式诉述了主人翁金汉从小在父母包办下与门当户对的富家女烈美结为夫妻。可随着金汉年岁的增长，歌堂中的谈情说爱，使他结识了贫家女娥美，两人产生了真正的爱情。世态炎凉，加上贫富悬殊，终使两人的恋爱成为悲剧。可二人决定成双成对，阳间不成就奔阴间去。他们理想中的阴间是自由平等、幸福美好的世界，歌舞升平的地方。金汉之妻烈美，不顾阴间异路，追到阴间寻找丈夫，她历经鬼魂的道道关卡，好不容易在三层歌堂里找到了丈夫。可回到阳间的金汉，其心已丢在阴间的十二层歌堂里，与娥美天天歌舞，寸步不离，跟随烈美的仅仅是一具木偶似的躯壳……该剧反映了封建礼教给侗族青年男女婚姻带来的不幸和痛苦以及他们追求恋爱自由、婚姻自主的强烈愿望，是历史上第一个反映侗民族生活的戏剧。吴普梅等演唱，1989 年梁维安、张盛笔录，王胜先、张盛、梁维安汉译。16 开纸 270 页，18900 行。稿

存贵州省黔东南苗族侗族自治州民族宗教事务委员会。（贵州　张　盛　杨再元）

门龙　侗语南部方言传统戏剧。流传于贵州黎平、从江、榕江，广西三江、龙胜，湖南通道侗族地区。又名“门龙绍女”。为贵州省从江县洛香镇独洞村石玉秀（1867～1924）根据汉族戏曲《刘文龙菱花镜》改编。以门龙（文龙）、绍女悲欢离合的爱情故事为主线，以门龙、绍女与松重之间的纠葛为副线，生活场景、人物感情、语言侗族化，具有较强的艺术感染力。此剧约创编于1878年前后，从江县龙图村1978年83岁的老戏师梁正林推断，他年轻时曾向石玉秀学唱过此剧。可供研究侗族戏曲史参考。1956年广西三江富禄侗戏班演唱，吴贵元笔录、汉译。32开纸26页，约1000行。稿存广西壮族自治区三江侗族自治县文化馆吴贵元处。（广西　吴　浩）

梅良玉　侗语南部方言传统戏剧。流传于贵州黎平、从江、榕江，广西三江、龙胜，湖南通道侗族地区。第一部侗族戏曲。贵州省黎平县腊洞吴文彩（1798～1845）约于1828～1838年间根据汉族戏曲《二度梅》改编，演绎梅伯高为奸臣卢杞谋害后，梅良玉与陈杏元悲欢离合的故事。吴文彩用三年时间改编成剧本，并从侗族民族歌中吸取素材，始创了侗戏音乐，为此剧谱曲。从此，侗族有了自己的剧种——侗戏。吴文彩后来也就成为了侗族地区受人敬重的戏师。如今侗族地区戏班每逢开台演戏时，均要祭拜吴文彩（当作戏神）。《梅良玉》一剧，也在侗族地区广泛流传，家喻户晓。对研究侗族戏曲史有参考价值。1955年广西三江侗戏团演唱，吴贵元笔录、汉译。32开纸38页，约1400行。稿存广西壮族自治区三江侗族自治县文化馆吴贵元处。（广西　吴　浩）

李旦凤姣　侗语南部方言传统戏剧。流传于贵州黎平、从江、榕江，广西三江、龙胜，湖南通道侗族地区。吴文彩于1840年前后根据汉文小说《薛刚反唐》改编成他的第二个侗戏剧本。内容主要反映武则天改唐为周后，王子李旦流落民间与凤姣悲欢离合的故事。剧中的生活场景以及所表现的风情习俗已侗族化，因此，深受侗族人民的喜爱。与《梅良玉》一剧一样，广为流传，至今仍有许多侗剧团在上演。对研究侗戏早期创作以及吴文彩本人的创作经验有参考价值。1956年广西三江侗剧团演唱，吴居敬笔录、汉译。32开纸32页，约1200行。稿存广西壮族自治区三江侗族自治县文化馆吴贵元处。（广西　吴　浩）

毛红玉英　侗语南部方言传统戏剧。流传于贵州黎平、从江、榕江，广西三江、龙胜，湖南通道侗族地区。贵州省从江县仁洞吴志瑜于1851年前后根据汉文传书改编。剧情是：玉英父母原无生养，到庙中求子，曾许愿，如求得一女，愿嫁给毛红为妻。后果生一女，取名玉英。玉英长大后，美如天仙。萧家财主前来提亲，要娶玉英为儿媳。玉英之父嫌贫爱富，不认原来所许之愿，硬逼玉英嫁给萧家。玉英与毛红情感深厚，宁死不从，在前往萧家的路上自杀身亡。萧家退亲，毛红安葬玉英。玉英托梦给毛红，说她已在洛阳投胎，愿与毛红二世结亲。毛红到洛阳，寻得玉英投胎之家，叙述缘由，得到玉英再生父母的支持。他们送毛红读书，科考成名，与玉英完婚。此剧为各地侗戏班经常上演的剧目。对研究侗戏艺术有史料价值。1986年广西三江林溪乡冠洞侗戏班演唱，杨平义笔录，吴永勋汉译，32开纸26页，约1000行。稿存广西壮族自治区三江侗族自治县林溪、八江、独峒等乡文化站。（广西　吴　浩）

刘高 侗语南部方言传统戏剧。流传于贵州黎平、从江、榕江，广西三江、龙胜，湖南通道侗族地区。贵州省黎平县下皮林吴通简于1849年前后根据汉文书籍中刘知远故事改编，并将刘知远改名为刘高。剧情主要演绎刘知远与李三娘的爱情经历。此剧曾一度在侗族地区广为流传。侗族地区成立比较早的侗剧班，均上演过此剧。对研究侗戏早期创作状况有史料价值。1956年广西三江富禄侗戏班演唱，吴居敬笔录、汉译。32开纸25页，约1000行。稿存广西壮族自治区三江侗族自治县文化馆吴贵元处。（广西　吴　浩）

刘梅莽子 侗语南部方言传统戏剧。流传于贵州黎平、从江、榕江，广西三江、龙胜，湖南通道侗族地区。又名“刘金二郎”。贵州省从江县龙图下寨戏师甫珠约于1870年根据侗族民间故事创编。剧情是：一算命先生到刘梅的寨子，见刘梅在井边打水而心生邪念，借故讨水喝而调戏，刘梅因此骂了算命先生。算命先生怀恨在心，在给刘梅的大哥刘金和二哥刘二算命时，便说其妹命硬克兄，会给其家带来大难。刘金、刘二深信算命先生之言，上山劳动时，将刘梅推下悬崖。刘梅掉落悬崖被山藤挂住，为猎人莽子所救，二人结为夫妻。后刘金、刘二家败沦为乞丐，讨饭到刘梅家，悔悟认罪。对研究侗族民间信仰、伦理道德、文学艺术有参考价值。1956年广西三江侗剧团演唱，1956年吴居敬笔录，1986年罗家阔、吴浩汉译。16开纸25页，1200行。稿存广西壮族自治区三江侗族自治县文化馆、侗族艺术团。

（广西　吴　浩）

郎夜 侗语南部方言传统戏剧。流传于贵州黎平、从江、榕江，广西三江、龙胜，湖南省通道侗族地区。贵州省从江县高增吴甫举约于1860年前后根据侗族民间故事创编。另一说为从江县洛香吴公丙创编，可能为两个版本。叙述一位善良美貌的姑娘因抗婚而被父母禁闭家中。此事被郎夜（夜，侗语，青蛙之意）知晓，并夜夜去与姑娘相会（郎夜，原为大青蛙，脱去蛙皮，成为英俊的后生），谈情对歌，产生恋情。后来，郎夜送一件绿衣（蛙皮）给姑娘。姑娘披上这件绿衣变成大青蛙，被父母弃于山涧，姑娘因此而得与郎夜成婚。此剧至今仍为各地侗戏班经常上演的剧目。对研究侗族戏曲艺术有参考价值。广西三江梅林新民侗戏班演唱，1986年吴新华笔录、汉译。32开纸30页，约800行。稿存广西壮族自治区三江侗族自治县文化馆吴新华处。（广西　吴　浩）

娘梅助郎歌 侗语南部方言传统戏剧。流传于广西三江侗族地区。叙述古州三宝侗族姑娘娘梅与后生助郎行歌坐夜，相恋情深。娘梅反抗“女还舅门”旧俗，不嫁表哥，而与祝朗私奔贯洞。当地财主银宜谋占娘梅，诬陷助郎并将他杀害。娘梅找到助郎尸骨，到鼓楼击鼓聚众，当众声明：谁帮葬助郎尸骨便嫁给谁。银宜应诺，随娘梅上山挖坑葬骨。娘梅设计杀之，逃回古州。后助郎借尸还魂，与娘梅过上幸福生活。对研究侗族民间戏剧有参考价值。广西三江廖振茂演唱，1956年过伟、吴贵元笔录、汉译。16开纸51页，1000行。收入《侗族民间文学资料》（第一集），广西民间文学研究会1962年编印。

（广西　过伟）

戏师传 侗语南部方言琵琶歌。流传于贵州黎平、从江，广西三江等侗族地区。叙唱侗族戏师创编侗戏的事迹及对13部侗戏作品的评价。具体的侗戏及作者是：吴文彩《梅良玉》、石玉秀《门龙》、吴通简《刘高》、梁绍华《珠郎娘美》、潘国泰《卜宽》、陆公丙《郎夜》、吴文斌《李旦凤姣》、张鸿干

《金汉》、甫珠《刘金二郎》、吴昌华《三郎五妹》、吴公举《金丁》、杨胜明《妹桃》、石正斌《龙孟金》等。此歌的作者在评说中表达了如下艺术见解：“情”（以情感人），“趣”（以趣乐人），“味”（以味引人），“奇”（以奇迷人）。总结了“博”（多才多艺），“精”（十年磨一戏），“广”（广泛搜集素材）的创作经验。对研究侗族民间戏剧有参考价值。贵州省从江县吴冠如演唱，1987 年吴浩笔录，吴浩、过伟汉译。32 开纸 7 页，62 行。收入《少数民族古代文论选集》，新疆人民出版社 1994 年版；过伟、力平主编《秦娘梅传奇》，香港天马图书有限公司 1998 年版。（广西 过 伟）

丁郎龙女 侗语南部方言戏剧。流传于湖南通道侗族地区。杨成林编剧。主要讲丁郎救了一条花鱼，花鱼却是龙王的女儿，龙女为报恩嫁给丁郎。后来，索梅（丁郎的表妹）因嫁丁郎不成，就在丁郎面前讲龙女的坏话，后又嫁给丁郎，逼走龙女。最后，龙王召回龙女，发洪水淹死索梅，丁郎人财两空。对研究侗族戏剧有参考价值。32 开纸 100 页，2400 行。收入《侗族文学资料》，贵州省民委、贵州省文联民研会 1985 年编印。稿存湖南省通道侗族自治县档案馆。（湖南 陆有智）

鼓楼大歌——噢嗬顶 侗族大歌。流传于贵州榕江、从江、黎平侗族地区。“噢嗬顶”是鼓楼大歌的一种唱腔。得名于“噢嗬顶”衬词。男女唱腔统一，各地曲调大同小异。歌词结构属近体歌，由一个上句和一个下句组成一冏，若干个冏组成一段或一首。唱腔内容是打招呼，鼓楼对歌要先唱。一般由主队先唱，对客队表示欢迎和夸奖；客队答唱，赞美主人及村寨。萨翠环等演唱，张勇、杨胜奎、张铁红搜集、整理。收入《侗族大歌》，贵州民族出版社 2003 年版。（贵州 普 虹）

鼓楼大歌——干赛久 侗族大歌。流传于贵州榕江、从江、黎平侗族地区。“干赛久”是鼓楼大歌的主要唱腔，得名于唱腔开头的衬词，贯穿于鼓楼对歌的始终。男女唱腔有别，各地曲调大同小异。对唱多为一首还一首，也有一套（三首）还一套的。歌词结构属古体歌向新体歌过渡阶段的一种形式，既保留古体歌的风格，又具有新体歌的音韵；以长句歌为主，也有少量新体歌句式。“干赛久”内容广泛，分为嘎高堂、大路歌、钻蓬歌、老人歌、分散歌等。乃珍珠、乃舟、萨翠环、罗应和、罗甫余等演唱，张勇、杨胜奎、张铁红搜集、整理。收入《侗族大歌》，贵州民族出版社 2003 年版。（贵州 普 虹）

声音歌 侗族大歌。流传于贵州榕江、从江、黎平侗族地区。为侗族大歌的一种，也是鼓楼对歌过程中的精彩插曲。歌词短小，以展现音乐为主，听众也以欣赏音乐为重点。歌队常常模仿虫鸣鸟叫，拉腔时由几个歌手轮换唱高音，此起彼伏，优美动听，最能发挥歌队的整体演唱水平，深受听众欢迎。金鸾、鸾化、平英、珍珠、海桃、珍岚等演唱，张勇、杨胜奎、张铁红搜集、整理。收入《侗族大歌》，贵州民族出版社 2003 年版。（贵州 普 虹）

侗族大歌谱例 流传于贵州黎平、从江、榕江毗连的“九洞”地区。《侗族大歌》的正文系文学古籍版本。本谱例选用了流行于贵州黎平、从江、榕江毗连的“九洞”大歌十个不同风格的谱例，有噢嗬顶、嘎桂朵、嘎朗雷、拦路歌、分散歌、嘎退老、孔子歌和探外婆等。由“九洞”地区的男女声歌队演唱，普虹记谱。收入《侗族大歌》，贵州民族出版社 2003 年版。（贵州 普 虹）

条目汉语音序索引

A

B

C

E

F

G

H

J

K

L

M

N

O

P

R

rú

rù

S

sā

sà

sān

T

W

X

Y

Z

后　　记

1997年，国家民委确立编纂《中国少数民族古籍总目提要》这一跨世纪的重点文化建设工程，于7月30日下发民办（文宣）字［1997］114号文件，部署编写《中国少数民族古籍总目提要》工作。1998年5月，国家民委在广西桂林举办全国少数民族古籍编目培训班。此后，侗族古籍的编目工作也和其他民族的古籍编目工作一样开始启动。侗族分布的有关省区对《中国少数民族古籍总目提要·侗族卷》的编写工作非常重视，各自成立了编委会，对侗族古籍编目工作进行安排部署，组织有关人员深入基层调查摸底，举办了民族古籍编目培训班，组织人员开展编写工作。贵州省民委领导对这项工作高度重视，给予了大力支持。一是全文转发国家民委民办（文宣）字［1997］114号文件，同时，结合本省实际进行部署，并提出具体要求。二是派人参加1998年上半年国家民委在桂林举办的登录人员培训班，随后分别在全省各市、州、地举办了17期《中国少数民族古籍总目提要》编写培训班，受训骨干500多人次，使各级民族工作部门相关领导及工作人员掌握了民族古籍登录工作的基本要求和操作程序。三是对全省民族古籍现有存藏量进行调查摸底工作，对工作量作了初步测定，做到心中有数。四是部分市、州、地成立了《中国少数民族古籍总目提要》编写领导小组和办公室。组长一般由分管市长、州长、专员担任，办公室主任由民宗委分管领导担任。五是在培训和调查的基础上，进行了卡片登录和条目撰写工作。六是于2002年12月24日召开了全省民族古籍编目工作会议，总结了前段的编目工作，部署了今后的编目任务。

鉴于贵州苗族、侗族人口占国内本民族人口总数一半以上，这两个民族的古籍主要集中在贵州的实际，2004年7月7～9日，由贵州省民委承办召开了有贵州、湖南、湖北、广西、云南、四川、重庆、海南八省、区、市民（宗）委（厅）古籍办、文教处、民族研究所的负责人和民族古籍专家学者共30余人参加的苗族、侗族古籍总目提要编纂工作跨省区协作会议。为贯彻这次会议精神，2004年9月16～17日贵州省民委在凯里召开全省苗族、侗族古籍编目协作会议，进一步狠抓落实。除了抓贵州、湖南、广西、湖北四省区各级民委、古籍办这条线外，我们还聘请贵州民族学院的有关专家撰写条目。2005年7月29日，在贵阳召开了全省苗族、侗族古籍编目工作会议，交流情况，分析问题，强化措施。此外，积极协调侗族卷编纂协作省区的编写工作。书稿由贵州省民族古籍办公室汇总、编排，对不符合要求的条目通过与撰稿人联系作了删除和反复修改。2007年8月7～9日，贵州省民委召开了《中国少数民族古籍总目提要》苗族卷、侗族卷审稿会。来自湖南、广西、云南、四川、重庆、海南、贵州七省、区、市民（宗）委（厅）古籍办、文教处、民族研究所的负责人和民族古籍专家学者共30人参会，国家民委全国少数民族古籍整理研究室副主任李晓东到会指导。贵州省民委主任郝桂华致辞。贵州省民族古籍办主任陈乐基对苗族卷、侗族卷的编纂工作情况作了汇报；中国社会科学院民族学与人类学研究所聂鸿音研究员等对苗族卷、侗族卷两个稿本作了充分肯定，并对今后的修改定稿提出了具体意见。贵州省民委副主任徐飞作了会议总结。

会后，贵州省民族古籍办组织人员根据会议意见对两个稿本作进一步修改后，交给聂鸿音、黄建明两位教授审阅，并把他们的审稿意见反馈到各相关省区编纂人员修改。2008年6月，贵州省民族古籍办聘请贵州民族学院龙耀宏、贵州省榕江县文化馆张勇、湖南省怀化市民委石佳能等专家学者对侗族卷进行修改、增删。2009年3月将侗族卷交《中国少数民族古籍总目提要》编委会审查。2010年上半年，根据《中国少数民族古籍总目提要》主编、中央民族大学教授张公瑾的意见，贵州省民族古籍办积极与各协作省区撰稿人联系，集中精力再次修改书稿。2010年7月书稿再次送编委会审查。2010年11月10～13日，贵州省民族古籍办梁学凡、湖南省怀化市民委石佳能到京对书稿进行了最后的审改。

侗族卷的编纂工作始终按照《中国少数民族古籍总目提要编写纲要》的要求进行的。梁学凡、杨再显等同志负责了全书的统稿、分类编排和照片的筛选与审定，吴浩、杨再显、龙耀宏、石佳能负责序言的撰写。

在编纂侗族卷的过程中，全国少数民族古籍整理研究室主任李冬生、副主任李晓东给予了悉心指导。贵州省人大常委会副主任（贵州省民委原主任）唐世礼，贵州省民委主任郝桂华，分管民族古籍工作的民委原副主任李明金、副主任徐飞和刘晖等领导对侗族古籍登录工作十分重视，经常过问工作进度，了解登录状况，帮助协调各方力量，解决工作中出现的问题，为侗族卷的顺利出版做了大量工作。广西、湖南、湖北等省区民族工作部门的领导和负责登录、编纂工作的同志以保护和发展民族文化为己任，积极配合落实侗族卷编纂委员会的分工，做了大量细致扎实、卓有成效的工作。在整理、汇编和审稿、定稿过程中，贵州省民族古籍办陈乐基、罗世荣、龙小金、梁学凡、杨再显、付贵云、敖翔，贵州民族学院教授龙耀宏，广西壮族自治区侗学研究会会长吴浩，湖南省侗学研究会秘书长石佳能等同志同心协力，共同完成了侗族卷的整理、汇编工作。中央民族大学教授张公瑾、中国社会科学院民族学与人类学研究所研究员聂鸿音、中央民族大学古籍研究所所长黄建明等为保证此书的出版质量，认真审阅修改书稿，耗费了不少精力。总之，侗族卷的编纂出版凝聚了许多领导、专家和学者的智慧和汗水，是编委会全体成员、全体登录工作人员和众多侗族古籍收藏单位和个人团结合作、辛勤劳动的结晶。在此，对以上单位和个人表示衷心感谢！

由于编写工作涉及的范围广，审定时间较仓促，加之编写人员学识水平有限，错漏之处在所难免，敬请指正。

《中国少数民族古籍总目提要·侗族卷》编纂委员会
2010年11月15日